DIRITTO PENALE ITALIANO

APPUNTI DI PARTE GENERALE

Volume I

MARCELLO GALLO
Professore Emerito di Diritto Penale all'Università "La Sapienza" di Roma

DIRITTO PENALE ITALIANO

APPUNTI DI PARTE GENERALE

Terza edizione

Volume I

IUSTITIAM COLIMUS
G. Giappichelli Editore

VIA PO, 21 - TEL. 011-81.53.111 - FAX: 011-81.25.100

http://www.giappichelli.it

ISBN/EAN 978-88-921-3762-2

Stampa: Rotolito S.p.A. - Pioltello (MI)

Allo Stato dei diritti
e ai miei nipoti
Alessandro, Francesco,
Rocco e Lucio

INDICE

pag.

CAPITOLO II
LE FONTI

CAPITOLO III
LA VALIDITÀ DELLA NORMA PENALE NEL TEMPO

CAPITOLO IV
LA VALIDITÀ DELLA NORMA PENALE NELLO SPAZIO

CAPITOLO V
LA VALIDITÀ DELLA NORMA PENALE NEI CONFRONTI DELLE PERSONE

CAPITOLO VI
VALIDITÀ DELLE REGOLE PENALI NEI LORO RAPPORTI CON ALTRE REGOLE PENALI E NON PENALI

pag.

PARTE II
IL REATO: LA FATTISPECIE OGGETTIVA

CAPITOLO VII
IL REATO NEL SISTEMA DEGLI ILLECITI

CAPITOLO VIII
IL FATTO DI REATO

pag.

PARTE III
IL REATO: L'ELEMENTO PSICOLOGICO

CAPITOLO X
L'ART. 42 C.P.

CAPITOLO XI
I CRITERI DI IMPUTAZIONE SOGGETTIVA: IL DOLO

pag.

CAPITOLO XII
LA COLPA

CAPITOLO XIII
IGNORANZA ED ERRORE

CAPITOLO XIV
IL REATO ABBERRANTE

AVVERTENZA

Apro questo libro con una confessione: il titolo "Diritto penale italiano. Appunti di parte generale" tutto sommato mi suona mistificatorio. Detta così, infatti, i due volumi si presentano come lettura e tentativo di spiegazione dei principi fondamentali del nostro attuale ordinamento penale. Ora, a prescindere dai risultati, dei quali giudicherà il paziente lettore, questo è vero solo a metà. Nelle pagine che seguono troverete trattati gli istituti chiave del sistema penale – più esattamente, mi occupo degli istituti regolati dalla Costituzione, dal codice penale e dalle leggi complementari in materia di "delitti e pene". E per cominciare va bene: fatto è, però, che lo strumento repressivo e preventivo non si ferma ai reati e alle conseguenti sanzioni. Da lungo tempo – prudentemente mi limito al nostro Paese – l'intervento sanzionatorio non si accontenta di attendere la realizzazione di un fatto ritenuto, da chi ha il potere normativo, inaccettabile e comunque da fare in modo che non accada. Dall'Unità in poi, c'è stato tutto un fiorire, meglio: un pullulare, di regolamenti cd. di polizia, ad impedire che personalità "asociali" potessero esercitare malefici influssi. Preoccupazione, timore, che sembravano aver raggiunto il culmine sotto il governo fascista. In superficie abbastanza rispettoso della legalità codicistica e formale, il regime poteva permettersi un volto legalitario, sicuro come era della efficacia di misure di polizia imperniate sulla pericolosità. A questo punto, un lungo discorrere sull'ideologia che sta alla base di questo concetto: ma qui non interessa. Ci basta tener presente che, ad ogni modo, ci si muoveva sempre nell'ambito di una sola imperiosa idea: far sì che certe personalità siano messe in condizione di non poter dar fuori quanto dai detentori del potere è pensato come inaccettabile. Ne è venuto un ordinamento duale le cui linee parallele sin dall'inizio distavano fra di loro molto di più di quanto non contemplasse il cd. proclamato doppio binario: pene e misure di sicurezza. Categorie, salvo la sparuta eccezione dei quasi reato, fondate entrambe in prima istanza sul reato, e poi, in aggiunta a quest'ultimo, sulla presenza o no di cd. pericolosità sociale. Un discorso che correva sul filo, certamente rischioso ma in grado di offrire un minimo di appiglio rassicurante, espressione di un pensiero penalistico che in buona parte del mondo parlava italiano e, più precisamente, l'italiano della cd. scuola positiva. Malgrado ogni diversità, ogni polemica, in definitiva si trattava di consolidare l'una rispetto all'altra le proprie posizioni, sempre restando però nei confini storici: questione di metodologie diverse per maneggiare la stessa materia. Questa la storia raccontata. Sotto, la realtà di due ordini paralleli: il primo dalla faccia severa, per tanti sempre un male, ma un male minore; il secondo, recondito e buio, dai tratti indecifrabili come l'acronimo dell'istituto che alla fine lo ha compendiato, OVRA. Il grande gioco si svolgeva tra due mondi che poco o nulla avevano in comune: quello legalitario delle pene e delle misure di sicurezza, da un lato, e quello spiccio, sotto copertura, delle misure di polizia, dall'altro. La costituzione, non in senso sostanziale, che non vuol dir molto, ma crudamente "sostanziale", si riassumeva nella legge di pubblica sicurezza, con gli atti e documenti che ne facevano corona.

La continuità statuale, criterio guida del secondo dopoguerra, non ha mancato di farsi sentire anche in merito alle misure preventive. Ad onta della saggia messa in guardia di quel grande costituzionalista, grandissimo conoscitore della storia delle Carte costituzionali, che è stato Leopoldo Elia, le "ragioni" della prevenzione si sono subito fatte sentire. Con risultati che, oggi come oggi, non sarebbero spiaciuti ad Alfredo Rocco e ad Arturo Bocchini, uomo simbolo della polizia del ventennio. Una storia che va ripresa accanto e molte volte in contrasto con quella che cerco di farvi trovare in queste pagine. Cominciamo allora da queste.

Un grazie tutto particolare va, poi, a Maristella Amisano Tesi, senza la cui preziosa collaborazione la prima e basilare stesura di questi appunti probabilmente sarebbe stata assai diversa.

Molti e molte sono gli amici e le amiche che voglio ringraziare per l'appoggio che mi hanno prestato nel corso di questa scrittura. La frase secondo la quale quanto c'è di buono in essa è merito loro mentre i difetti e le lacune sono tutti miei non è convenzionale frase d'obbligo, ma piena verità. Ripeto, sono tanti e tante: li racchiudo tutti in due nomi, Gaetano Insolera, fonte inesauribile di aperture, punti di vista nuovi, ramificazioni e Valentina Giuliana Brigandì, collaboratrice attenta, sagace, se del caso soavemente impietosa.

Anche questa edizione degli Appunti è dedicata ai miei quattro nipoti: Alessandro, Francesco, Rocco e Lucio Gallo. In più, un libro letto nel lontanissimo 1945 quando, uscito di clandestinità, riprendevo a studiare e mi imbattevo, nel primo esame sostenuto dopo la lunga pausa, nel disarmante fascino di Norberto Bobbio. Un libro che mi dette senso e scopo: "Problemi penali odierni." del Maestro che sarebbe diventato per sempre il mio professore, Francesco Antolisei.

PERCHÉ "APPUNTI"

Ho mantenuto a questo lavoro il titolo con il quale in più quaderni aventi ad oggetto temi di parte generale del diritto penale è circolato in qualche facoltà di giurisprudenza; non solo per attaccamento ad una scrittura e ad uno stile di anni ormai lontani, ma soprattutto perché esso non vuol essere né un corso, né un manuale, né tantomeno un trattato.

Vuole continuare ad avere il carattere che ha avuto sin dalla prima pubblicazione: quello di un testo integrativo, di supporto a una delle molte eccellenti opere (manuali e via dicendo) di cui i lettori possono usufruire.

Dunque: appunti; con l'avvertenza che essi sono sì di diritto penale, ma anche sul diritto penale.

Questo volume che tratta di alcuni aspetti, che ritengo salienti, della regola – della legge – penale, sarà seguito da altri che riprenderanno e ripercorreranno i cammini dei vecchi appunti.

Le parole hanno il loro posto in frasi, testi e situazioni.

Liberiamo la parola dal suo isolamento, poniamola nella concatenazione del suo contesto, ed insieme a questo in una situazione di vita vissuta. È così che si presentano normalmente le parole. Altrimenti non si comprende cos'è una parola e come funziona il suo significato.

La frase è il ponte tra il significato e l'intendimento.

Assieme all'ulteriore contesto e alla situazione inerente, la frase limita il significato (ampio, vago, sociale, astratto) in funzione dell'intendimento (circoscritto, preciso, ordinariamente individuale e concreto).

Tra i poli del significato e dell'intendimento c'è una scala mobile che si estende tra i valori ampio e circoscritto, vago e preciso, sociale e individuale, astratto e concreto.

Contesto e situazione sono i regolatori per mezzo dei quali possiamo fissare, centrare su questa scala qualsiasi valore.

Questo regge anche per i concetti, i quali non sono altro che parole i cui significati sono preparati in modo particolare.

Essi sono localizzati, a seconda del tipo e dell'abilità della definizione, in qualche punto al centro di quella scala semantica, generalmente più vicino al polo del significato che a quello dell'intendimento. Tendono, infatti, non solo a coincidere con un caso individuale concreto preciso, ma anche ad essere applicabili all'intero campo del discorso.

Ma torniamo all'azione regolatrice svolta dal contesto e dalla situazione e facciamone applicazione a quel tipo particolare di frase che è la regola.

Un aspetto essenziale della questione è rappresentato dalla circostanza che le relazioni che intercorrono tra regole non sono fattuali, bensì logiche. Ciò vuol dire che i concetti (che non hanno lo status semantico di una parola isolata, ma quello di una parola nel testo) di cui le regole sono intessute rinviano a dati, di ulteriore contesto e di situazione inerente, costituiti anch'essi da regole. Regole che dispongono, appunto, in quale senso la frase (le singole frasi che enunciano: "se A allora deve essere B") viene limitata nel suo significato in funzione dell'intendimento.

Ma prima di passare ad analizzare, brevemente, come ciò avvenga è opportuno chiederci che ruolo svolgano i dati di situazione inerente. Occorre riflettere a questo punto sul modello di comunicazione.

La lingua è comunicazione e codice tra una persona che parla ed una persona che ascolta.

Nell'enunciato "se A allora deve essere B" la miglior ragione che possiamo avere per credere che la conseguenza si verificherà, non è certamente costituita dall'evidenza di cui disponiamo – in connessione con qualche legge causale. L'elemento di situazione qui rilevante è rappresentato dal soggetto, al quale viene imputato l'enunciato in termini generali: dal soggetto che parlando si indirizza ad altri.

L'individuazione del soggetto costante da cui derivano le regole garantisce la loro validità o, in altre parole, l'esser dovuto del dovere che esse esprimono.

Incomincia, così, a delinearsi il senso del rapporto tra ciò che chiamiamo parte generale e ciò che chiamiamo parte speciale di un codice. Al di là di ogni problema di collocazione (che può essere variamente risolto) emerge la necessità di una determinazione, le cui caratteristiche, tipiche del linguaggio normativo, sono quelle di non incidere sulla somma dei (possibili) significati, ma di fornire alla frase un valore.

Incomincia, così, a delinearsi il senso della superfluità dell'interrogativo circa l'indispensabilità di una parte generale. Ovunque situata, nel codice stesso, o in un corpo di leggi che si definiscano per esempio costituzionali, questo dato di situazione, che individua il soggetto che parla, non può essere mentalmente soppresso.

Naturalmente, la complessità del dato si articola lungo una scala, di cui può dirsi soltanto questo: a misura che il grado di autorevolezza del soggetto al quale si imputano le regole si pone come di per sé meno evidente e perentorio, la situazione si arricchisce di elementi condizionanti. Non sarà più sufficiente la pura e semplice enunciazione di chi pone le regole, ma via via, passando attraverso i vari stadi di organizzazione del potere, si renderà necessario fissare i modi e le forme di produzione delle regole stesse.

È nello Stato dei diritti[1] *che la nostra attesa di determinazione viene maggiormente appagata.*

---

[1] Preferisco parlare di Stato dei diritti anziché, come usa, di Stato di diritto. Questa è formula che è sorta, e vieppiù si è sviluppata nel tempo, caricata di buone intenzioni.

Il significato che le si attribuisce, però, è condivisibile solo da chi dà alla parola diritto un valore superiore a quello della mera positività. Dal punto di vista dell'effettuale, ogni Stato, cioè gli ordinamenti la cui norma base non riposi su altra appartenente ad un sistema di rango superiore, è Stato di diritto: perfino il più embrionale o tirannico.

Certo, mi rendo conto che anche Stato dei diritti rinvia all'assetto normativo che tali diritti assicura. C'è, però, il grande vantaggio di individualizzare le prescrizioni normative: mettendo in evidenza la posizione di soggetti titolari di facoltà o aspettative. C'è, insomma, l'espressione di un momento di garanzia che serve a definire in senso penalistico un ordinamento, uno Stato.

Principio (più esattamente: regola) di legalità e principio (anche qui, meglio: regola) di tipicità delle previsioni normative stabiliscono che, indipendentemente dal suo significato, una regola dipende dai processi che la pongono in essere e dalle modalità che ne contrassegnano la formulazione.

Se non è rispettata la scansione del processo fissato, viene a cadere la validità delle regole; quando così poco reciso e tanto debole da non poter svolgere alcuna concreta funzione di delimitazione divenga il "no", la negazione insita in ogni campo semantico, il significato (l'arco dei possibili significati) si amplia tanto da mettere in crisi la validità della regola. Quanto, invece, più piccolo e chiaramente strutturato è il campo semantico, quanto più reciso è questo "no", tanto maggiore è il soddisfacimento della aspettativa di determinazione, che è alla base di ciò che conveniamo chiamare: principio di tipicità.

Così, dalla combinazione dell'essere una regola prodotta da un determinato soggetto in un certo modo e – tendenzialmente – strutturata in maniera da rendere la più chiara possibile la negazione in essa imita, potremmo, a rigore, considerare esaurito l'insieme delle condizioni di validità delle regole o, il che è lo stesso, i dati della situazione inerente alla frase, in un momento culturale che riassumiamo nella definizione-programma: Stato dei diritti.

Naturalmente, raggiunto questo minimo necessario, permangono interrogativi di importanza centrale, ai quali occorre dare una risposta completa.

La tematica della validità delle regole con riferimento alle persone, allo spazio e al tempo, costituisce un'eccellente esemplificazione di questi interrogativi, delle risposte fornite e, quindi, dei dati di situazione inerenti alle regole. Dati che avendo, tendenzialmente, per un insieme di regole, applicazione generale, esigono di essere individuati prima che di ogni singola regola sia chiarito, in funzione dell'intento, il significato.

Certo, a questo punto, è lecito chiedersi se la preliminarietà della individuazione importi anche preliminarietà della posizione di questi dati. Basta pensare al genere di procedimento che bisognerebbe adottare se ogni frase-regola dovesse essere dotata di tutti gli enunciati concernenti la sua validità, per convincersi che nessuno, al riguardo, seguirebbe una strada del genere.

Né le cose cambiano quando alla domanda attribuiamo un senso più sottile e impegnativo.

Non ci si chiede, cioè, se sia o no più utile enucleare previamente i dati di validità delle singole regole ma se sia possibile ed utile porre tali dati, costruire insomma la tête de chapitre di una cosiddetta parte generale, prima della posizione delle singole regole.

E qui dovrà farsi attenzione alla realtà secondo la quale le condizioni di validità di una regola non discendono dal cielo. Si inscrivono in un quadro di diritto pubblico generale, interno ed internazionale, che ne determina contenuti e portata. Costituiscono prese di posizione, su un fronte più ristretto, di regole di applicazione assai più vasta. La necessità che le singole regole rispettino, tendenzialmente, certi dati di validità non è frutto di un bene intenzionato – ma del tutto fuori posto – disegno di armonia sistematica, bensì il risultato della lezione delle cose. Ed, ovviamente, si parla in termini generali, che non escludono il cammino, quanto rischioso!, dell'eccezione.

Possiamo accennare a quelle regole, delle quali va ormai scontata la validità, che dispongono in quale senso la frase "Se A allora deve essere B" è limitata nel suo significato, in funzione dell'intento. Assumiamole come regole del contesto e domandiamoci in che modo sia possibile operare, con il loro ausilio, la riduzione del significato, ampio vago astratto, della frase all'idea che si intende.

Il contesto esprime un dato di fatto e rende certo un significato, lo constata.

Le parole del testo si limitano e si circoscrivono a vicenda e questo tanto più efficacemente quanto più è completo il testo. Ma ragionare su una singola frase, quasi essa esaurisse il testo, può reggere solo per un'ipotesi di laboratorio, come sarebbe quella di un ordinamento costituito da un'unica regola.

Allo stesso modo delle parole nella frase, anche le frasi in un insieme non sono fatte per essere usate da sole e a sé stanti.

E, ancora, la stessa determinazione di che cosa è frase in un insieme non può essere compiuta se non si tiene conto di tutte le altre componenti del contesto.

Il che implica, in primo luogo, l'esistenza di regole volte espressamente ad ordinare i rapporti tra frase e frase. Certo, in non pochi casi, la determinazione della frase nel contesto pare avvenire, una volta assunta l'unità dell'insieme, tutta e soltanto in base alla relazione sistematica che intercorre tra le parti e il tutto.

Si pensi al rapporto di specialità cosiddetto in astratto. Qui è già il contesto che riduce il significato delle due o più frasi poste in tale rapporto, eliminando, per così dire, dal vasto significato di ciascuna di esse le parti che sono inconciliabili, per intento, con i significati delle frasi collaterali. Definiamo determinazione questa operazione e ricordiamo la massima di Spinoza: 'Determinatio negatio est". Si capisce, però, che l'operazione stessa è possibile solo in quanto sulla base di una regola, logicamente preesistente alle singole frasi, sia lecito, o addirittura, doveroso, considerarle come un tutto. In altri termini il passaggio dalle frasi all'insieme non avviene mediante la semplice analisi delle frasi.

È necessaria una regola generale, di parte generale appunto, che permetta e imponga la lettura di un sistema unitario e coerente.

Vero è, peraltro, che in casi come quelli caratterizzati da specialità in astratto, l'apporto della regola di parte generale si limita in tutto e per tutto a fornire la cornice entro la quale si collocano le singole regole. Può dirsi, in sostanza, che a questo modo il contesto orienta la determinazione per il fatto stesso di essere.

Ma non è a credere che i rapporti tra regola e regola si sviluppino sempre, ed unicamente, lungo il modello segnato dalla specialità in astratto.

La varia gamma dei criteri elaborati per precisare quale sia, in funzione dell'intento, tra diverse regole, tutte apparentemente riferibili ad una situazione concreta, quella sotto il cui significato, più convenientemente, possa essere riportata la situazione stessa, sta a dimostrare l'indispensabilità di un intervento che arricchisca il contesto di indicazioni atte a sottrarre la soluzione dei relativi problemi alla seduzione del caso per caso. Dove, semmai, è da lamentare talora l'assenza di qualsiasi indicazione e, talora, come per il codice penale italiano, l'eccessiva stringatezza del dettato (art. 15 c.p.) che rischia di tradirne l'effettiva precisione.

Mi sono sin qui mosso dal polo del significato verso il polo dell'intento. E ho cer-

cato di dimostrare come attraverso i dati di situazioni e quelli di contesto sia possibile comprendersi con chiarezza, malgrado l'ampiezza di ogni significato.

Quanto più articolato, complesso, ricco è il contesto di una frase o di un gruppo di frasi, tanto maggiore è la riduzione del significato all'intento. Questo è senza dubbio un fatto del quale è difficile non tener conto. Piuttosto, può mettersi in discussione l'opportunità, l'utilità che ciò avvenga. Può spezzarsi più di una lancia in favore di un sistema di regole che lasci a chi è chiamato a leggerle ed applicarle il maggior campo di scelta tra i significati obiettivamente affidabili alla proposizione linguistica. La latitudine della scelta, mai in concreto eliminabile, può esser vista come qualcosa da favorire e non da combattere. Che non vuol dire, evidentemente, fare a meno di una parte generale, ma circoscriverla a quei dati irrinunciabili di situazione e di contesto, ai quali s'è già fatto cenno.

Al riguardo, vengono in discussione non tanto le formulazioni di parte generale con le quali è delineato un elemento, positivo o negativo, di fattispecie; quanto quelle che dispongono un modello al quale deve adeguarsi l'elemento effettivamente richiesto in una figura di reato.

Per le prime, infatti, può dirsi che servono ad evitare inutili ripetizioni prospettano, una volta per tutte, un dato che sempre costante è suscettibile di verificarsi in relazione ad un numero praticamente illimitato di ipotesi oggetto di previsione normativa.

Il vero problema investe, invece, come è chiaro, le seconde. Queste concettualizzano più fatti giuridici (astratti) in un "modello" unico, che ne coglie l'aspetto formale costante, rinviando per il contenuto concreto alle singole regole incriminatrici.

Ora, se il modello esercitasse una funzione meramente passiva, costituisse, cioè, soltanto il risultato di un lavoro di semplice generalizzazione, ci troveremmo di fronte ad una questione tutto sommato innocua e assai poco impegnativa: questione, insomma, che in questi termini si potrebbe anche fare a meno di sollevare.

In realtà, dietro a tutto ciò sta chiaramente la convinzione che questi modelli non si limitano ad evitare fastidiose, ingombranti ripetizioni, senza incidere per nulla sul risultato al quale l'interprete sarebbe, comunque, arrivato in base alla regola colta nel suo contesto. Il vero è che questi modelli entrano a far parte del contesto e contribuiscono così, e quanto efficacemente!, a circoscrivere il novero dei significati (in astratto) affidabili alla proposizione linguistica.

Per convincercene ragioniamo in negativo, che è assai spesso un modo di considerare le cose quanto mai opportuno per impedire che, date per scontate, certe realtà ci passino sotto gli occhi inavvertite. Pensiamo, allora, alle gravi conseguenze di ordine interpretativo-applicativo rese possibili dalla pur esistente ma estremamente ampia e vaga clausola generale sul concorso di persone nel reato, che figura nel codice penale italiano.

Ho introdotto, a questo punto, e volutamente, un'espressione di valore: gravi conseguenze. Con ciò, deliberatamente, mi colloco in un cerchio culturale nel quale sovrastano i principi del garantismo e della certezza. E siano pure miti. Ché se è bello che si trovino tanti spiriti critici, pronti a spiare, a scoprire e denunciare i miti, i miti duri a morire conservati o insinuati nella vita di oggi, penso per esempio al Bar-

thes delle Mythologies, credo anche che dovremmo essere tutti così illuminati da essere capaci di credere a un mito, sapendo che è un mito.

Un'avvertenza ancora. Il lettore si accorgerà subito che cito prevalentemente giurisprudenza. Ma sia chiaro: non perché attribuisca particolare valenza, oltre i limiti della cosa giudicata, agli atti giurisprudenziali. In un sistema che non conosce il vincolo del precedente, ci sono limiti che bisogna rispettare. Ma c'è una forza nei responsi giudiziari che merita la più seria considerazione. Prese di posizione di una cultura che si propone, certo, di conoscere il mondo, ma per quanto possibile, anche di cambiarlo.

* * *

Voglio qui ricordare tutti i miei studenti di Urbino, Torino e Roma che con la loro intelligente attenzione e con le domande che ne seguivano mi hanno aiutato a riflettere su tante cose.

Un grazie particolare a mia moglie per l'interessamento caldo, qualche volta affettuosamente ironico e saggiamente censorio, con cui ha seguito i miei percorsi e alla Prof.ssa Maristella Amisano senza il suo fervido impegno questo libro molto probabilmente non avrebbe visto la luce. Naturalmente manchevolezze ed errori sono tutti imputabili a me: del positivo, in ogni modo, sono debitore.

Parte I
LA LEGGE PENALE

Capitolo I

CARATTERI DELLA REGOLA GIURIDICA E REGOLA GIURIDICA PENALE

1. *Oggetto dell'indagine*

Deve essere chiaro che alla definizione dell'oggetto della indagine si potrà arrivare solo quando questa sarà conclusa. Occorre, però, un punto di partenza. Prendiamo le mosse, allora, dalla diffusa identificazione del diritto penale con il complesso delle regole che ricollegano ad un certo fatto una sanzione cui si riconosca natura penale.

La formula, di per sé non inesatta, va sviluppata in modo che non ne restino escluse:

a) le regole che, pur operando sul piano strettamente penale, non dispongono sanzioni (es.: regole che disciplinano la prescrizione o l'amnistia);

b) le regole che prevedono una modifica di conseguenze sanzionatorie (es.: regole che prevedono ipotesi di aumento o di diminuzione di pena).

Occorre, insomma, ampliare la dizione per giungere ad un modello che rispecchi la diversa efficacia dei fatti giuridici penalmente rilevanti.

Si può accettare la formula sintetica secondo la quale il diritto penale è quella parte dell'ordinamento giuridico che disciplina i fatti costituenti il reato. Più analiticamente, consideriamo *diritto penale il complesso di regole giuridico-statuali che prevedono fatti cui è collegata, come conseguenza, la costituzione, la modificazione o l'estinzione del dovere di applicare una sanzione penale.*

2. *Analisi della formulazione*

Nota generica

Le regole penali appartengono al genere delle regole giuridico-statuali.

Regola giuridica: in quanto dotata di effettività, è quella che funge da cerniera di tutte le altre regole presenti in un complesso sociale. Regola statuale è quella imputabile all'ordinamento che appare idoneo per eccellenza a garantire l'effettività delle regole. È opportuno precisare che, per regole effettive, si intendono quelle regole proprie di un ordinamento che nel suo complesso è dotato di effettività: non rileva in concreto la violazione o la disapplicazione, pur a lungo protratta, di singoli disposti.

Per comodità di delimitazione del campo di indagine assumiamo ad oggetto di esame le regole che sono imputabili allo Stato, in quanto ordinamento che si *conviene* considerare idoneo per eccellenza a garantire l'effettività delle regole.

Mentre rimane per il momento impregiudicata la questione se le regole alla cui analisi ci accingiamo siano tutte di diritto pubblico, merita rilevare come il punto di vista adottato non esclude che si possa correttamente parlare di regole giuridiche con riferimento a ordinamenti diversi da quello statuale: circoscrivere la ricerca a quest'ultimo dipende da considerazioni e rilevazioni storico-fattuali che convincono della particolare *utilità* di una scelta siffatta.

Differenza specifica

Si tratta di regole che prevedono fatti costitutivi, modificativi, estintivi di conseguenze sanzionatorie di ordine penale. Questa nota è fondamentale ai fini della interpretazione e dell'applicazione delle regole stesse. Ci permette, cioè, di individuare le regole penali come categoria ben determinata, con principi peculiari (es.: ambito del divieto di analogia).

L'elemento che caratterizza il diritto penale nel sistema dell'ordinamento giuridico è dato dalla natura della sanzione; occorre quindi individuare il criterio in base al quale chiamiamo una sanzione "penale".

Più precisamente, bisognerebbe parlare di "sanzione criminale": riteniamo che facciano parte del diritto penale anche quelle forme di reazione all'illecito che sono le *misure di sicurezza.*

3. *Sanzioni esecutive e sanzioni punitive*

Due sono le categorie in cui le sanzioni si distinguono:

a) sanzioni esecutive,
b) sanzioni punitive.

Le prime consistono nell'esecuzione del precetto giuridico violato.

Sono preordinate, si afferma, al fine di attuare il precetto primario o di realizzarne uno equivalente. Più precisamente, va detto che tendono a costituire una situazione (di fatto) identica o equivalente a quella che si sarebbe realizzata se si fosse adempiuta la regola trasgredita.

Le seconde hanno come contenuto una diminuzione di beni giuridici (libertà personale, patrimonio), di cui è titolare un soggetto che – come vedremo – in diritto penale non può essere che l'autore del fatto condizionante la conseguenza sanzionatoria. A questo modo non si rende esecutivo il precetto, ma se ne afferma l'effettività.

La differenza si coglie facilmente con un esempio: nel caso di furto, la sanzione prevista dall'art. 624 c.p. (reclusione e multa) è sanzione punitiva; la restituzione della cosa rubata (sanzione di diritto civile, disposta dall'art. 185, I comma, c.p.) è sanzione esecutiva.

Secondo l'opinione dominante le sanzioni criminali sono tutte sanzioni punitive.

Il punto, però, va ripreso con riferimento alle conseguenze, disposte da leggi speciali, che si aggiungono alle pene cosiddette accessorie.

4. *Ulteriore qualificazione della sanzione criminale*

Non basta qualificare la sanzione criminale come sanzione punitiva per individuarla rispetto ad altre sanzioni previste dall'ordinamento. Anche a ritenere che non si danno sanzioni criminali non punitive, incontriamo sanzioni che, pur non essendo criminali, appartengono al tipo delle sanzioni punitive: tali, ad esempio, la privazione-limitazione della libertà personale contemplata per certe ipotesi di trasgressioni disciplinari di regolamenti militari, ecc.

Deve essere chiaro che la ricerca sui caratteri che contrassegnano come giuridico-penale una certa regola non è ricerca di teoria generale. Si può rispondere alla domanda solo sul piano dell'analisi di un concreto ordinamento.

In questa analisi è opportuno prescindere dai contenuti delle conseguenze sanzionatorie; contenuti che possono essere di uguale natura, pur appartenendo ora al diritto penale, ora al diritto amministrativo e via dicendo. Ogni singolo ordinamento enuncia di volta in volta, espressamente o implicitamente, ciò che esso vuole che sia sanzione penale.

Una prima caratteristica distintiva delle sanzioni criminali dalle altre parrebbe rinvenirsi attraverso il ricorso alla applicabilità delle prime solo mediante il riferimento a quell'insieme di regole di accertamento dei fatti, di irrogazione ed esecuzione delle sanzioni che costituisce il "processo penale".

Parliamo di "riferimento": è sufficiente, cioè, che anche se la sanzione è irrogata da organi diversi da quelli giurisdizionali-penali e attraverso procedure non conformi al modello del processo penale, quest'ultimo si ponga sullo sfondo, sia immanente al meccanismo del procedimento. Il che si verifica ogniqualvolta i rimedi offerti dalla legge contro la pronuncia della sanzione determinino l'instaurazione del processo penale nelle sue forme tipiche.

Potrebbe a questo punto sollevarsi l'obiezione che anche per le misure di prevenzione (l. 27 dicembre 1956 e segg.) ricorrono modi e forme del processo penale. Il rilievo, però, non sembra insuperabile.

D'accordo che le misure di prevenzione prescindono dalla commissione di un fatto illecito costitutivo di reato: però, riportarle nell'ambito delle reazioni sanzionatorie di carattere penale presenta, malgrado le indubbie differenze rispetto alle pene in senso stretto, il vantaggio di assicurare garanzie d'ordine costituzionale disposte per le pene in senso stretto.

Si avrebbe in tal modo una sorta di parallelismo con le misure di sicurezza, le quali, nonostante le peculiarità di disciplina che le contraddistinguono (non è prevista la irretroattività) non esulano, a nostro avviso, dalla materia penale.

Senonché, dire che è sanzione penale quella applicata attraverso il processo penale si traduce in una vera e propria tautologia. E invero, quando ci chiediamo che cos'è processo penale, la risposta: quello teso all'applicazione di sanzioni penali apre un circolo vizioso.

Non resta allora che rifarci alla volontà normativa.

Sono penali le sanzioni espressamente definite come tali dalla legge. È solo raggiunta la conclusione che una certa sanzione è d'ordine penale che potremmo dire che i modi e le forme di accertamento della fattispecie condizionante, di pronuncia ed esecuzione delle conseguenze condizionate sono quelli del procedimento penale – non al contrario.

Al processo penale si perviene, insomma, accertata la natura penale della conseguenza, il che è espresso o direttamente o attraverso segni semantici. L'individuazione delle sanzioni penali si effettua in primo luogo facendo capo all'elencazione operata dal codice: in base ad un criterio nominalistico.

Quante volte, cioè, al verificarsi di un certo fatto è ricollegabile l'ergastolo, la reclusione, la multa, l'arresto e l'ammenda, cioè le pene principali, ed ancora le pene accessorie e le misure di sicurezza, c'è norma penale.

Il criterio nominalistico, però, non basta: spesso sanzioni di diritto amministrativo, ad esempio, presentano lo stesso *nomen iuris*, multa o ammenda, di quelle penali. Come si fa allora a distinguere? Anche qui la risposta è data solo dal diritto positivo, ricostruendo in via interpretativa il significato di una certa regola nell'ambito del *corpus* di cui fa parte. La verifica se una certa conseguenza sanzionatoria appartenga o no al diritto penale riposa anzitutto su una convenzione nominalistica; nei casi in cui il criterio nominalistico non sia sufficiente (ad es. nel caso delle multa) occorre fare ricorso a tutti quei criteri interpretativi (*sedes materiae*, intenzione del legislatore ecc. ...) che consentono di qualificare o no come penale una certa norma.

Con particolare riferimento alla normativa extra codicistica penale saranno indicativi della natura di certe regole intestazioni del tipo "Disposizioni penali in materia di società e consorzi", che figura nel Capo I del Titolo XI del Libro V del codice civile, la circostanza che nel testo normativo si qualifichi il fatto condizionante come reato e, per contro, che i termini multa o ammenda appaiano in una disciplina tutta amministrativistica. Dove è chiaro che allorquando ci imbattiamo nelle definizioni reato o disposizioni penali non si tratta di mere opinioni dottrinali da parte del legislatore, bensì di segni che sintetizzano un modo di disciplina: cioè quello proprio del diritto penale.

5. *La struttura della regola penale*

Poniamoci ora la domanda sulla struttura formale delle disposizioni giuridico-statuali che costituiscono diritto penale. Va precisato che non ci occupiamo qui delle cosiddette fonti delle disposizioni stesse, bensì del modo in cui queste risultano composte. Vogliamo, inoltre, evitare una impostazione di teoria generale del diritto, per affrontare l'indagine sul piano del nostro ordinamento, come problema di interpretazione concreta.

Un punto va subito chiarito. Quello che adesso ci interessa è cogliere la struttura della proposizione giuridica astratta, la quale consta di tutte le disposizioni che si combinano in una affermazione di giuridicità (*rectius*: di antigiuridicità) di un determinato comportamento umano.

È questo il terreno classico dello scontro fra sostenitori della norma come comando, giudizio di valore ovvero ancora giudizio ipotetico.

Se l'indagine fosse di pura teoria del diritto bisognerebbe concludere a favore della norma come giudizio ipotetico. Tuttavia, per quanto concerne l'identificazione del modello della norma in un giudizio di valore (*rectius*: di disvalore), abbiamo già visto che appare difficile, se non addirittura impossibile, trovare un criterio, diverso da quello che fa capo alla sanzione, per fissare e misurare il disvalore espresso dall'ordinamento.

Alla riduzione della regola giuridica al comando non si oppone, certo, la difficoltà di individuare il soggetto dalla cui volontà il comando emanerebbe. È stato, infatti, sufficientemente dimostrato che la realtà di una relazione interpersonale non è indispensabile perché una proposizione (enunciata o enunciabile: non è richiesto che essa sia pronunciata) agisca psicologicamente *come se* fosse un comando. Ciò che impedisce di accogliere quale formula descrittiva della regola giuridica quella del comando è la possibilità di pensare un complesso normativo che proceda tutto attraverso un rigoroso sistema di responsabilità obiettiva: un sistema nel quale non sia data rilevanza di sorta a requisiti psicologici. E se questo è caso limite – del quale, però, l'analisi formale propria della teoria generale del diritto deve pur tenere conto – è innegabile la presenza in numerosi ordinamenti di singole ipotesi di mera responsabilità oggettiva. Ipotesi che, accollando all'autore del fatto ciò che va oltre i limiti della sua sfera di dominio, rendono impossibile configurare un divieto (comando a contenuto negativo) di porre in essere il fatto produttivo di conseguenza sanzionatoria.

Sul piano della teoria generale non resta che lo schema generalissimo della norma come giudizio ipotetico: se si verifica A (fattispecie condizionante, rispetto alla quale è più esatto dire: se è accertato, secondo certe regole, che A si è verificato), *deve* verificarsi una determinata conseguenza giuridica (conseguenza che, in ultima istanza, conduce alla sanzione e rispetto alla quale è più esatto dire: secondo certe regole deve essere pronunciata ed eseguita la conseguenza giuridica).

Si è detto, però, che non interessa qui optare per l'uno o l'altro dei modi di cogliere, su una linea di dottrina pura del diritto, la struttura della norma giuridica. L'interrogativo che ci poniamo è il seguente: poiché, al modello del giudizio ipotetico possono ricondursi tutte le esperienze giuridiche, reali o concrete, il nostro ordinamento penale è suscettibile di una qualificazione che, alla stregua di elementi contenutistici, riportandoci, cioè, al suo essere effettivo, permetta un modello che risulti arricchito da connotazioni ulteriori?

Ora, nel nostro ordinamento sono previsti fatti di reato che non rientrano compiutamente nella sfera di dominio del soggetto agente – autore del fatto stesso. Sono fatti imputati, sia pur non nella loro completezza ma per segmenti rilevanti, a titolo di responsabilità oggettiva.

Casi tipici sono quelli dell'omicidio preterintenzionale e dei cosiddetti reati aggravati dall'evento. Dunque, l'ordinamento estende la sua considerazione a comportamenti la cui caratteristica è di determinare effetti ai quali la volontà non era diretta. Il corso degli accadimenti appare in essi regolato secondo un ordine meramente causale.

È evidente che in tali ipotesi non è individuabile il comando, del quale i comportamenti in questione dovrebbero rappresentare violazione. Tale comando non può, con riferimento ad esempio al fatto di cui all'art. 584 c.p., identificarsi col divieto di percuotere o ledere o, più esattamente, col divieto di porre in essere atti diretti a percuotere o ledere. Questo è il contenuto dei comandi discendenti rispettivamente dagli artt. 581 e 582 c.p., o, più esattamente, dei comandi discendenti dalla integrazione della regola che prevede il tentativo (art. 56 c.p.) con le disposizioni incriminatrici dei delitti di percosse e di lesione personale.

Né sarebbe corretto arricchire il divieto, ad esempio, di percuotere, con la specificazione: "perché ne potrebbero derivare conseguenze non volute", come la morte della persona offesa. Ciò equivarrebbe ad esigere per l'addebito di effetti della condotta criteri soggettivi di imputazione (rispettivamente: rappresentabilità ed evitabilità delle conseguenze non volute). Ma è proprio questo doppio criterio che la legge non richiede. È chiaro, pertanto, che la forma comando non è qui ipotizzabile.

Quanto precede verrebbe ad escludere la possibilità, alla cui verifica stiamo procedendo, di addivenire ad una definizione della norma penale che, muovendo dal modello assoluto e costante del "giudizio ipotetico", consenta di identificare la forma della norma stessa in quella di "imperativo".

Potrebbe, tutt'al più, sostenersi che allorquando all'analisi della "costante" si sostituisce l'esame delle singole disposizioni, la concezione imperativistica del diritto risponde ad esigenze che trovano accoglienza nella massima parte delle soluzioni legislativamente consacrate.

Potrebbe anche parlarsi di direttiva, di una evoluzione, di una linea di tendenza. E a conferma di una tale linea, andrebbe significativamente ricordata la modifica arrecata dall'art. 1 della l. 7 febbraio 1990, n. 19 all'art. 59 c.p., I e II comma, al regime di imputazione delle circostanze aggravanti.

Tutto ciò risponde pienamente allo stato dell'ordinamento, a livello di legislazione ordinaria.

Occorre, però, fare i conti con il principio della natura personale della responsabilità penale, sancito dalla Costituzione all'art. 27, I comma.

Questo disposto pone un duplice problema: di contenuto e di efficacia.

Non deve sembrare lapalissiano parlare di problema di contenuto, rispetto ad una proposizione normativa. Dal più al meno non ve n'è che non sollevi interrogativi dalla risposta ai quali dipende l'interpretazione.

Il punto è, però, che al dettato in questione sono stati attribuiti, nel corso del tempo, contenuti, se non opposti, almeno radicalmente differenziati.

Da una prima lettura, secondo la quale la regola costituzionale si sarebbe limitata a sancire il divieto di responsabilità penale per "fatto altrui", dottrina e giurisprudenza si sono orientate nel senso che ad assicurare *personalità* alla responsabilità penale, non basterebbe che il fatto sia posto in essere dallo stesso soggetto per esso sanzionato: la carica innovativa del precetto starebbe nell'affermazione della indispensabilità di criteri soggettivi di imputazione. Di quei criteri, cioè, che facendo capo alla volontà, effettiva o finalisticamente possibile, del soggetto, inverano, sul piano normativo, la rilevanza che esso possiede in quanto "persona umana".

Su tal via vanno segnalate pronunce della Corte Suprema di Cassazione e della Corte costituzionale'[1]. In particolare quest'ultima, chiamata a decidere sulla legit-

---

[1] La Corte costituzionale (sent. 31 maggio 1965, n. 42) ha dichiarato infondata la questione di illegittimità costituzionale dell'art. 116 c.p., ritenendo che la norma fosse solitamente "interpretata nel senso della sussistenza di un rapporto di causalità psichica accanto al rapporto di causalità materiale". Al momento della pronuncia, l'asserto, che si proponeva come rilevazione di quanto già avveniva, poteva apparire troppo sbilanciato verso una lettura del 116, presente in dottrina e giurisprudenza, ma non indiscussa. Forse sarebbe stata più rispondente alla realtà effettuale una pronuncia che chiarisse, senza mezzi termini, che dal principio costituzionale si ricavano elementi che fanno corpo con le regole penali interessate.

A partire da questa decisione, sono numerose le pronunce della Suprema Corte la cui semantica sembra svolgersi in piena aderenza alla presa di posizione della Consulta. Cfr.: Cass. I, 21 aprile 1972, n. 2593: "A base della responsabilità prevista dall'art. 116 c.p. si esige la sussistenza non solo di un rapporto di causalità materiale, ma anche di un rapporto di causalità psichica, inteso nel senso che il reato diverso ovvero diverso e più grave, commesso dal concorrente, deve potersi rappresentare alla psiche dell'agente, nell'ordinario concatenarsi dei fatti umani, come uno sviluppo logicamente prevedibile di quello voluto, affermandosi in tal modo la necessaria presenza anche di un coefficiente di colpevolezza. Ne consegue che l'art. 116 c.p. non comporta alcuna violazione del principio della personalità della responsabilità penale stabilito dall'art. 27, I comma, Cost."; Cass. I, 13 maggio 1976, n. 5764: "Nel caso di cui all'art. 116 c.p. il reato diverso e più grave deve potersi rappresentare, nell'ordinario svolgersi dei fatti, alla psiche dell'agente come uno sviluppo logicamente prevedibile di quello voluto: ciò determina la necessità dell'appartenenza del fatto all'agente sullo stesso piano spirituale in adempimento dell'art. 27, I comma, Cost. che puntualizza l'inderogabilità dell'aspetto personalistico della responsabilità penale"; Cass. I, 7 gennaio 1978, n. 352: "Sebbene l'art. 116 c.p. presupponga, nella sua formulazione letterale, un rapporto causale, solo materiale, tra azioni o omissioni ed evento, non pare dubbio che sia necessario, anche in adempimento del precetto costituzionale, consacrato nell'art. 27, I comma, un nesso di causalità psichica. Pertanto, il reato diverso e più grave, commesso dal concorrente, deve potersi rappresentare alla psiche dell'agente nell'ordinario svolgersi dei fatti umani, come uno sviluppo logicamente prevedibile di quello voluto"; Cass. I, 27 febbraio 1978, n. 2246: "L'applicabilità dell'art. 116 c.p. presuppone, in ossequio alla componente personalistica della responsabilità penale di cui all'art. 27, I comma, Cost. l'esistenza d'un nesso psichico tra azioni o omissioni ed evento. Pertanto, iI reato diverso e più grave, commesso da uno dei concorrenti, deve potersi rappresentare alla psiche degli altri, nell'ordinario e concatenato svolgersi dei fatti umani, come uno sviluppo logicamente prevedibile di quello voluto"; Cass. I, 11 giugno 1980, n. 7319. "In aderenza al principio costituzionale della natura personale della responsabilità penale, per l'applicabilità dell'art. 116 c.p., occorre l'esistenza di un nesso psichico tra la condotta del compartecipe che ha voluto solo il reato meno grave concordato e l'evento più grave cagionato da altro concorrente. Tale nesso psichico non consiste nella intenzionalità e nella volizione dell'evento più grave, altrimenti si avrebbe concorso pieno e non anomalo. È sufficiente, invece, che il reato diverso e più grave rispetto a quello concordato commesso da uno dei concorrenti debba potersi rappresentare alla psiche degli altri, nell'ordinato e concatenato svolgersi dei comportamenti umani, come uno sviluppo logicamente prevedibile di quello voluto"; Cass. I, 16 gennaio 1982, n. 354: "Il nesso di causalità psichica richiesto dall'art. 116 c.p. è da intendere nel senso che il reato diverso commesso dal concorrente deve potersi rapportare alla psiche dell'agente, nell'ordinario svolgersi dei fatti umani, come uno sviluppo logicamente prevedibile di quello voluto. Ne deriva la necessità dell'estremo della prevedibilità che si collega alle modalità ed ai mezzi di esecuzione della condotta criminosa, posto che le anzidette modalità rendono prevedibile in concreto la realizzazione da parte di taluno dei concorrenti dell'evento diverso.".

Si è detto sopra che *sembra* esservi aderenza alla sentenza della Corte costituzionale. Il dubbio nasce dalla ricorrente precisazione che il collegamento psichico avrebbe a sua base l'ordinario svolgersi dei fatti umani come sviluppo logicamente prevedibile di quello voluto. Dove pare evidente che non si vada oltre la richiesta di un nesso di causalità obiettiva, sia pure inteso nei termini della c.d. causalità adeguata. Dà corpo a questo dubbio, in modo particolarmente energico: Cass. I, 20 aprile 1984, n. 3605 "Ai fini dell'applicabilità dell'art. 116 c.p. è richiesto che il comportamento anomalo del compartecipe, dal quale sia derivato l'evento diverso e più grave, rientri nell'ambito di una normale prevedibilità come ordinario evolversi del reato concordato: di qui il necessario nesso psichico che rappresenta il fondamento della colpevolezza. (Nella specie, sulla base dell'enunciato principio, si è chiarito che l'ordinario svolgersi dei fatti umani si realizza quando il reato diverso e più grave non costituisce un evento eccezionale o atipico rispetto al crimine voluto e concordato, affermandosi che l'omicidio della vittima in occasione di una rapina si raccorda alla disciplina dell'art. 116 c.p. ...)".

Più espressive dell'esigenza di un collegamento psichico da accertare in *concreto* alla stregua di ciò che poteva in *concreto* raffigurarsi al soggetto agente: Cass. VI, 4 gennaio 1974, n. 31 "L'applicazione dell'art. 116 c.p. postula l'esistenza di un rapporto di causalità, materiale e psichica, tra la condotta di un concorrente in un reato e l'evento diverso da quello voluto, ma non richiede che questo sia stato completamente previsto e tantomeno accettato dallo stesso quale possibile conseguenza della sua azione od omissione, essendo necessario soltanto che un evento del genere sia prevedibile in astratto, in base all'ordinario evolversi delle situazioni umane"; Cass. I, 31 maggio 1979, n. 5053 "L'art. 116 c.p. presuppone certamente anche un rapporto di causalità psichica, nel senso che il reato diverso e più grave commesso dal concorrente deve potersi rappresentare alla psiche dell'agente, nell'ordinario svolgersi dei fatti umani, come sviluppo logicamente prevedibile di quello voluto. (Nella specie la Corte ha censurato l'omesso esame di questo aspetto che si è definito essenziale ai fini della stessa legittimità costituzionale dell'art.

timità di disposti dai quali letteralmente sarebbe discesa, e di fatto così era avvenuto, responsabilità oggettiva, ha assicurato la validità delle proposizioni normative *sub judice* – le ha, in sostanza, salvate – considerando in esse impliciti uno o più requisiti di imputazione soggettiva: e questo, proprio sul fondamento dall'art. 27 citato.

6. *Continua sulla struttura della regola penale alla luce del principio di personalità della responsabilità penale*

Abbiamo detto come la regola posta dal I comma dell'art. 27 Cost. dia luogo a due distinti interrogativi, a seconda che ci si chieda quale ne sia l'effettivo contenuto e quale, invece, l'efficacia, o più esattamente, la portata che essa possiede nel sistema.

Alla prima domanda può rispondersi nel senso che giurisprudenza e dottrina convergono oggi su un punto. La lettura che attribuiva alla proposizione normativa in questione un contenuto in forza del quale deve ritenersi incompatibile con l'ordinamento ogni forma di responsabilità penale per fatto altrui è, perlomeno, incompleta.

Nessun dubbio che, contrariamente a quanto accade ad esempio in diritto civile – nel quale non mancano casi di responsabilità per fatto altrui –, la responsabilità penale è rigorosamente condizionata alla commissione, da parte del soggetto sanzionato, del fatto tipico (art. 25, II comma, Cost.). Principio generale, questo, al quale si ispirava già il Codice del 1930, anche prima della modifica arrecata, in tema di reati commessi col mezzo della stampa, all'art. 57 del Codice stesso, dall'art. 1 della l. 4 marzo 1958, n. 127. La "novità" sancita dalla Costituzione sta proprio nel richiedere per l'accollo di un fatto proprio al soggetto che ne è l'autore, la realizzazione di requisiti di imputazione, di riferibilità soggettiva, tali da permettere di considerare l'agire umano come qualcosa di essenzialmente diverso

116 c.p., ritenendosi che, col richiedersi il solo rapporto di causalità materiale tra l'azione e l'evento, si sancisca una responsabilità oggettiva in contrasto con l'art. 27 Cost.)"; Cass. I, 5 aprile 1984, n. 3120 "In conformità al canone della personalità della responsabilità penale, il concorrente è chiamato, a norma dell'art 116 c.p., a rispondere d'un reato doloso in dipendenza di un atteggiamento colposo, com'è provato dalla mancanza della volontà del fatto sotto il profilo del dolo sia diretto che eventuale, dalla violazione di elementari regole di prudenza, facendosi affidamento, ai fini della realizzazione dell'azione criminosa, sull'altrui iniziativa, che è insuscettibile di controllo, e dalla previsione o prevedibilità dell'evento"; Cass. V, 19 marzo 1993, n. 2634 "È manifestamente infondata la questione di legittimità costituzionale dell'art. 584 c.p., in quanto previsione normativa di un'ipotesi di responsabilità obiettiva, in contrasto con l'art. 3 Cost., sotto il profilo della disparità di trattamento rispetto a fattispecie che presenterebbero identica connotazione (evento non voluto posto a carico dell'agente: artt. 83, 116, 586 c.p.) e con l'art. 27, I comma, Cost. in forza del quale l'imputazione dell'illecito penale si concreta nella rapportabilità (o riferibilità) psichica del fatto all'agente sotto il profilo minimale della prevedibilità, intesa quale capacità di prevedere le conseguenze della propria condotta e di esercitare su questa il dovuto controllo finalistico. (...)".

da una forza ciecamente causale: vale a dire, la possibilità di riportare tale agire alla sfera di dominio della volontà, effettiva o potenziale.

Ciò posto, è chiaro come il problema della identificazione della struttura delle regole penali, nel nostro ordinamento, in quella del comando o in quella della "costante" rappresentata dal giudizio ipotetico, si risolve a seconda della funzione che va riconosciuta alle regole costituzionali, rispetto alle regole di legge ordinaria.

Se dette regole svolgono, in tutto e per tutto, il ruolo di criteri alla cui stregua deve essere giudicata la legittimità delle disposizioni di legge ordinaria, può tranquillamente concludersi nel modo seguente: stante la previsione, cui sopra si è fatto cenno, di ipotesi contrassegnate da responsabilità cosiddetta oggettiva, non può sostenersi che forma della regola penale sia il comando. Nel sistema costituzionale, infatti, ogni regola di diritto è correttamente imputabile all'ordinamento – fino al giorno successivo alla pubblicazione della decisione della Corte costituzionale che ne dichiari la illegittimità.

È lecito, però, porsi il quesito se questa di parametro per il giudizio di legittimità costituzionale (e prima ancora – ma sempre in vista di tale giudizio – per la pronuncia, demandata agli organi competenti, di non manifesta infondatezza della questione di legittimità), sia la sola funzione che, in materia di rapporti fra regole di legge ordinaria e regole costituzionali, queste ultime svolgano.

In proposito, va innanzitutto tenuto presente l'effetto costitutivo che la regola costituzionale possiede tutte le volte che ne derivino situazioni giuridico-soggettive in capo a tutti o determinati soggetti. L'effettività ad esempio di diritti soggettivi, direttamente posti da un dettato costituzionale (cfr. per tutti: art. 21 Cost. e, particolarmente, i primi tre commi) è dato ben noto tanto alla riflessione teoretica che alla concreta esperienza giuridica.

Fuori da tale fenomenologia, già decisamente indicativa, rilevano le decisioni della Corte costituzionale cosiddette interpretative di rigetto[2].

Quando la Corte dichiara la legittimità costituzionale di una disposizione ordinaria, *in quanto* interpretata in modo da riconoscerle contenuto non contrastante con un principio costituzionale, può dirsi che viene implicitamente assunta come operativa, nel sistema di leggi ordinarie, una regola costituzionale.

Muovendo dalla distinzione tra norma e testo normativo, la Corte ha esattamente ritenuto di essere chiamata a pronunciarsi sulla costituzionalità delle *norme* e non su quella di articoli di legge. E, invero, quando, come il più delle volte accade, a questi ultimi possono essere attribuiti contenuti diversi, è necessario operare una scelta tra contenuti ipoteticamente e (da un punto di vista interno alla proposizione linguistica) correttamente loro affidabili. Il giudizio è portato non su formulazioni astratte, bensì su norme vigenti nel significato che assumono, con

---

[2] Cfr. Corte Cost., sent. 15 giugno 1956; sent. 6 maggio 1976, n. 108; sent. 10 maggio 1979, n. 13; sent. 10 dicembre 1981, n. 186; sent. 3 giugno 1983, n. 148, sulle quali torneremo più approfonditamente nel capitolo II.

tutte le altre del sistema, attraverso l'interpretazione degli organi giurisdizionali.

Deve, anzi, ritenersi che, indipendentemente dall'interpretazione giurisdizionale, da cui discende, peraltro, il requisito della *effettività*, una proposizione normativa *è quasi sempre* suscettibile di svilupparsi in tante norme quanti sono i significati che essa può ricevere.

La stessa terminologia delle regole dettate dalla Costituzione e dalle leggi che ne completano la disciplina parla contro la confusione tra norme e articoli di legge. L'art. 136 Cost. dispone, infatti, la dichiarazione di illegittimità di "una norma di legge o di un atto avente forza di legge" con la conseguente cessazione di efficacia della *norma* medesima; l'art. 30 della l. n. 87/1953, al III e IV comma, prevede l'impossibilità di applicare "norme dichiarate incostituzionali".

Ma poiché contro l'argomento testuale potrebbe obiettarsi che il legislatore identifica norme e disposizioni legislative; e poiché, soprattutto, la terminologia non è costante (si veda ad es. il I comma del citato art. 30), il fondamento dell'asserto secondo il quale oggetto del giudizio di legittimità sono norme e non proposizioni normative o articoli di legge è meglio affidato alla considerazione del sistema e delle conseguenze assurde cui si perverrebbe ritenendo il contrario.

Certo, la funzione delle sentenze di legittimità della Consulta non è di interpretazione normativa, essendo la giurisdizione di legittimità costituzionale preordinata alla cancellazione dall'ordinamento delle norme invalide; si deve, però, riconoscere che questa funzione *costitutiva* può essere adempiuta soltanto attraverso un procedimento di doppia interpretazione: del testo legislativo ordinario e di quello, di grado superiore, sul metro del quale il primo deve essere valutato.

Di questa doppia interpretazione, che si verifica sempre, anche quando la pronuncia di accoglimento o di rigetto concerna la formulazione legislativa in ciascuno dei suoi possibili svolgimenti, qui ci interessa quella che avviene, per così dire, più allo scoperto e cioè, nei casi in cui venga isolato uno dei significati obiettivamente affidabili alla proposizione normativa come significato che permette di dichiarare la legittimità della norma ricavata dal mero enunciato linguistico.

Ora, sia che tale significato discenda da interpretazione giurisdizionale ordinaria – rappresenti, cioè, il senso della norma reale nell'ordinamento –; sia che la norma concreta venga direttamente accertata dalla pronuncia della Corte, senza passare attraverso la mediazione di un consolidato orientamento giurisdizionale, non v'è dubbio che è attuato l'inserimento nell'articolo di legge di elementi di fattispecie posti da uno o più dettati di rango costituzionale.

Ciò posto, il problema dell'efficacia, della portata, che nel sistema possiede la regola del I comma dell'art. 27 Cost. va affrontato e risolto tenendo conto, oltre che della funzione, riflessa sulla struttura formale, delle sentenze di legittimità costituzionale, anche del loro contenuto di accertamento.

Su tal via, ogni proposizione normativa che non enunci espressamente quei requisiti minimi di imputazione soggettiva che garantiscono l'osservanza del principio per il quale "la responsabilità penale è personale", va integrato, già nella struttura letterale, dai requisiti in questione. E così, la Corte costituzionale ha proceduto con le cosiddette sentenze interpretative di rigetto. Si tratterebbe, a questo punto, di riconoscere, per uniformità e compiutezza di sistema, la necessità di ritenere operativo in generale un siffatto modo di intendere il rapporto tra regole costituzionali e regole ordinarie. Indipendentemente, cioè, dalla pronuncia della Corte, che oltretutto nei casi in cui il dispositivo è formalmente di rigetto si dice (ma il punto è discutibile) che non possieda efficacia vincolante di sorta, sarebbe la stessa regola costituzionale a far sì che la regola ordinaria debba essere letta in modo da assicurare l'osservanza della prima, come questa è stata interpretata dal Giudice di legittimità costituzionale.

La certezza del diritto, nel passaggio dai singoli casi sui quali si è avuta pronuncia della Corte a tutti gli altri, contrassegnati da caratteristiche identiche a quelle che hanno dato vita al giudizio, sarebbe fatta salva dall'esigenza che alla regola costituzionale sia stata attribuita una determinata valenza ad opera del giudizio della Corte.

Ed è a questo punto che la concezione imperativistica del diritto rivendica tutto il suo valore: valore, naturalmente, non di teoria generale, ma circoscritto ad un sistema di cui faccia parte una regola come quella dell'art. 27, I comma, Cost.

In altri termini, il modello della norma penale quale comando non si esaurisce, per il nostro ordinamento, in una verifica di tendenza o in una direttiva di sviluppo, ma si pone come criterio legislativamente consacrato.

7. *La norma penale reale*

Abbiamo visto che al termine norma si attribuiscono le strutture più varie, da quella di imperativo a quella di giudizio di valore, giudizio ipotetico e anche di programma di una propria azione futura: sotto la comune etichetta di concezione normativa si riconduce, dunque, tutta una gamma di opinioni. Ciononostante, una considerazione di insieme non è ingiustificata, dato che a ciascuna di tali opinioni è comune il pensiero del diritto come regola di condotta; le differenze *formali* sembrano consistere in fondo nella determinazione del soggetto il cui comportamento è normativamente fissato. Si discute, cioè, se destinatari delle regole giuridiche siano i consociati; o se l'unico contenuto della volontà normativa sia il comportamento degli organi preposti al meccanismo coattivo-sanzionatorio.

Che cosa significa, però, individuare un soggetto come destinatario di una regola di diritto? Se non si riduce il fenomeno giuridico a fenomeno puramente intellettualistico, ravvisando in esso soltanto un particolare modo di considerare la realtà e, cioè, una serie di giudizi di liceità o di illiceità posti in astratto o predicati in concreto, occorre riconoscere che la valutazione normativa non è fine a se stessa e può essere espressa dall'ordinamento solo attraverso l'atteggiamento *pratico* che esso assume davanti ai comportamenti umani; vale a dire, attraverso le conseguenze ricollegate al loro verificarsi.

Ciò posto, destinatario della regola penale è il soggetto passibile di sanzione qualora ponga in essere un dato comportamento.

Mentre è chiaro che quel che rileva non è l'effettività della sanzione ma la condizione di assoggettamento alla possibilità di una sanzione, in conseguenza della commissione di un certo fatto, altrettanto evidente è che il prodursi dell'effetto sanzionatorio non può fare a meno di regole che disciplinino l'accertamento del fatto che condiziona l'assoggettamento a sanzione e le modalità che contrassegnano l'irrogazione e l'eventuale esecuzione della sanzione stessa.

Se ne deduce che la norma penale *reale,* la proposizione cioè che esaurisce il significato che ad una determinata condotta umana è attribuito in quel settore dell'ordinamento definito penale e criminale, consta di segmenti che delineano la fattispecie condizionante e le conseguenze condizionate e di segmenti che dispongono come deve essere accertata detta fattispecie e come vanno pronunciate (irrogate) ed eseguite le conseguenze sanzionatorie.

Ragioni di semplicità e di comodità espositive fanno sì che i segmenti della prima categoria – quelli che riguardano fattispecie ed effetti – siano denominati diritto penale sostanziale; i segmenti della seconda categoria – che riguardano i modi di accertamento della fattispecie e di irrogazione ed esecuzione degli effetti – siano denominati diritto processuale penale, dando luogo a distinte fonti di cognizione (codici) ed a distinti insegnamenti.

In realtà non esiste una norma penale sostanziale o una norma processual-penalistica. C'è la norma penale reale composta da regole sostanziali e da regole processuali: le une e le altre si compongono in un tutt'uno.

La precisazione, senza dubbio di valore conoscitivo, ma di scarso rilievo pratico in un ordinamento retto da una legge costituzionale elastica (come lo Statuto Albertino), rappresenta la premessa ad un momento interpretativo, di grande importanza, nell'ambito di un ordinamento retto da legge costituzionale rigida (come la Costituzione del 1948).

Poiché in un siffatto sistema le regole ordinarie devono conformarsi a quanto posto dalle regole costituzionali, diventa essenziale, per la comprensione della realtà normativa, stabilire se, o in quali casi, allorché la Costituzione detta regole qualificate da riferimento alla materia "penale", tali regole concernono quei segmenti della norma reale che si definiscono di diritto sostanziale – e questo sembra pacifico – o anche quei segmenti che si assegnano al diritto processuale penale.

Non vogliamo lasciare equivoci. La soluzione al quesito non può trovarsi in una meccanicistica applicazione del dato concettuale. Quel che conta, come sempre, è accertare la *ratio,* e il preciso contenuto che dalla *ratio* discende, della regola di diritto.

In ipotesi è corretto pensare che il legislatore costituente, quando pone le condizioni della "punibilità", si riferisca unicamente ai segmenti della norma reale penale che ne costituiscono la struttura cosiddetta sostanziale. Potrebbe anche darsi, però, che il disposto costituzionale riguardi non solo la disciplina del *perché* si è assoggettati a sanzione criminale (e cioè la disciplina del fatto di reato) ma anche il come l'assoggettamento deve prodursi (e cioè il procedimento).

Ci imbatteremo, più avanti, nei problemi concreti che, a tal riguardo, la regola costituzionale solleva.

Qui ci interessa, per il momento, sottolineare come il concetto di norma reale, essendo un concetto di teoria generale, sottratto a condizionamenti da parte di contenuti di diritto positivi, è concetto puro: concetto, cioè, del quale deve dirsi che se da esso non possono trarsi regole positive, è altrettanto vero che la sua validità non ne dipende. Fa parte, insomma, del limitato arsenale dei concetti che sono di teoria pura del diritto proprio perché prescindono dal contenuto normativo, reale o pensato come tale.

8. *Diritto pubblico e diritto penale*

Abbiamo lasciato in sospeso la risposta alla domanda se il diritto penale sia composto, come per tradizione si ritiene, tutto da regole di diritto pubblico o se ne facciano parte anche regole di diritto privato.

La tradizione, ripetiamo, è nel primo senso dell'alternativa.

Il magistero penale, la potestà punitiva, appaiono inseparabili dalle note che contrassegnano la struttura di ogni ordinamento la cui norma base non riposi, di fatto, su norma appartenente ad ordinamento superiore.

In altre parole, si ritiene che rappresentino uno dei momenti essenziali di ogni istituzione che, di fatto, si affermi, almeno per ciò che concerne la sua sfera interna, originariamente autonoma: o, che è lo stesso, sovrana. Questa opinione coincide con la nascita e lo sviluppo dell'idea di sovranità. È significativo che, allorquando si verifica la cosiddetta recezione del diritto romano, ciò avviene per tutte le parti del *Codex* giustinianeo, salvo quelle dedicate ai delitti e alle pene. Davanti a questa soglia si fermano tanto l'Impero quanto il Comune o la Signoria che non rinuncino ad effettiva autonomia. Presa di posizione, questa, di valore storico e ideologico superiore ad ogni qualificazione nei termini della scienza giuridica. Su quest'ultimo piano, più modesto ma indubbiamente chiarificatore, diventa decisiva, però, la ricerca del criterio in base al quale regole giuridiche possono essere correttamente dichiarate di diritto pubblico o di diritto privato.

Impostazioni che facciano riferimento a pretesi caratteri ontologici, a parte ogni rilievo di metodo, si rivelano sempre praticamente insostenibili per l'impossibilità di stabilire con un minimo di sicurezza le note distintive.

Nella difficoltà di cogliere contenuti precisi, è la forma, o meglio, la regolamentazione della messa in moto del meccanismo coattivo-sanzionatorio a determinare l'appartenenza di una regola giuridica ad una delle due grandi province dell'ordinamento: il diritto pubblico o il diritto privato.

Procedendo alla valutazione dei vari interessi protetti o da proteggere, possono essere adottate due distinte tecniche di tutela.

La conseguenza sanzionatoria (*rectius*: il procedimento che sbocca nell'assoggettamento ad una conseguenza sanzionatoria) è attivata d'ufficio. Il meccanismo che conduce alla sanzionabilità in concreto si mette in moto al solo verificarsi della acquisizione di una notizia di illecito da parte degli organi del procedimento. Si ha in questo caso, in capo al soggetto titolare dell'interesse protetto, una situazione giuridico soggettiva, come vedremo più avanti, di mero interesse oggettivamente tutelato. L'interesse in questione è in tale ipotesi considerato, o per la sua importanza o per la specificità che presenta, meritevole di una difesa che prescinde da qualsivoglia dichiarazione di volontà del soggetto titolare dell'interesse leso. Ciò sta a significare che la reazione ad una offesa – effettiva lesione o messa in pericolo arrecata ad un interesse oggetto di siffatta tutela, è concepita come *affare* che non riguarda, puramente e semplicemente, il soggetto offeso, bensì la collettività giuridicamente organizzata.

Le regole giuridiche costruite nel modo che si è detto rappresentano, assieme alle regole di organizzazione, che attribuiscono determinate qualifiche alle persone o alle cose o che disegnano la struttura dell'ordinamento, ciò che si intende come diritto pubblico.

Accanto alla scelta operata attraverso la disciplina che si è vista, l'ordinamento può adottare (e nella maggior parte degli ordinamenti, di fatto, adotta) una tecnica di tutela radicalmente diversa.

La realizzazione della conseguenza sanzionatoria è subordinata ad una dichiarazione di volontà del privato che si configura titolare dell'interesse assunto come leso. Questa attribuzione al privato di potere-facoltà di intervento si può spiegare solo con la considerazione che l'interesse protetto, per un insieme di ragioni che vanno da caratteristiche specifiche a valutazioni di opportunità, è ritenuto di pertinenza, prima che della collettività, del privato.

Le regole giuridiche nelle quali il dovere della sanzione è condizionato dalla istanza del soggetto immediatamente offeso costituiscono ciò che si chiama diritto privato.

Su tal via, le norme penali reali sono di diritto pubblico per quella parte, di gran lunga la più vasta, che è contrassegnata dalla messa in moto d'ufficio del meccanismo coattivo-sanzionatorio.

Si danno, però, norme penali reali caratterizzate dalla necessità dell'intervento di una dichiarazione di volontà del privato, cui fa capo l'interesse assunto come leso, per la realizzazione della conseguenza sanzionatoria.

È il caso dei reati perseguibili a querela della persona offesa.

In tali ipotesi, anzi, il potere dispositivo del privato in ordine alla sanzionabilità non è di regola limitato alla messa in moto del procedimento che conduce alla sanzionabilità: salvo eccezioni, di grande importanza, esso si proietta lungo il corso dell'intero procedimento, attraverso il potere di remissione della querela, l'esercizio del quale determina addirittura l'estinzione del reato.

Situazioni giuridico-soggettive, diverse da quella dell'interesse oggettivamente protetto, ma più fievoli rispetto a quelle fondate da norme che prevedono reati perseguibili a querela, sono date dalla necessità della "istanza della persona offesa" per la punibilità di delitti ordinariamente perseguibili d'ufficio, se commessi all'estero.

Da quanto più addietro si è detto a proposito della riconducibilità, nel nostro ordinamento, della forma della norma penale a comando – di fare o di non fare: per il momento ciò non rileva – e dal significato che va riconosciuto alla circostanza che il meccanismo sanzionatorio sia attivato nell'uno o nell'altro dei modi esposti, dipende l'individuazione delle situazioni giuridico-soggettive scaturenti dalla norma penale. Quelle situazioni, cioè, che nell'incontro con la norma attengono alla posizione del soggetto rispetto ad un comportamento ipotetico (proprio o di altri soggetti) normativamente fissato. Ed è discorso che sembra chiudersi in una sfera di mera astrazione, avulso da quelli che sono i problemi della cosiddetta esperienza giuridica concreta. Ma sarebbe impressione affrettata. Avremo modo di constatare come ne dipendano, in notevole misura, fra l'altro, il modo di affrontare e – possibilmente – risolvere le questioni concernenti i rapporti fra illecito penale ed illecito extrapenale.

9. *Le situazioni giuridico-soggettive discendenti dalla regola penale*

Ci occupiamo qui delle figure di qualificazione, discendenti dalla norma penale, che delineano la posizione del soggetto (più esattamente: dei soggetti) cui la norma si riferisce.

La considerazione della realtà, operata dalla norma, non può avvenire che nei modi peculiari al diritto: per tipi ed astrazioni. È, insomma, quella considerazione che secondo antichi concetti e antiche denominazioni non si saprebbe caratterizzare altrimenti che come valutazione legalistica degli uomini e delle cose.

Ancora, bisogna tenere presente che – come si è già accennato – allorché si parla di figure di qualificazione si impone una importante distinzione.

Mentre alcune stanno a significare i modi nei quali si articola la regolarità determinata dalle norme e, prescindendo da ogni contenuto di fattispecie, sorgono e si estinguono nella conclusione di un sillogismo che ha per premessa la forma della norma e per medio una qualunque situazione di fatto; altre presuppongono il riferimento, sia pure minimo, ad elementi di fattispecie, effettivamente dati, cioè reali, o pensati come tali. Evidentemente, la validità di questo secondo gruppo si estende ad un ambito meno esteso del primo. Essa è storicamente condizionata – in quanto dipendente dall'ipotizzazione di uno o più fatti giuridici.

Essendo, questa, una indagine di diritto positivo, considereremo solo le posizioni soggettive poste nel nostro ordinamento dalla norma penale. Ancora, va precisato che riserviamo a quanto dovremo dire più avanti la trattazione delle figure di qualificazione concernenti il comportamento umano, che consistono nell'indicazione riassuntiva del valore che questo assume per il diritto. La priorità data nell'ordine dell'esposizione alle figure soggettive dipende dalle seguenti ragioni.

I due gruppi, nonostante in definitiva contemplino la medesima realtà, il comportamento umano, non possono confondersi e non sono in contrasto, ma si pongono in due diverse prospettive – l'uno dal punto di vista del comportamento, l'altro dal punto di vista del soggetto. Poiché il diritto non può prendere in considerazione una condotta, se non con riferimento ad un soggetto, ogni qualificazione del fatto implica una preesistente situazione giuridico soggettiva, che funge rispetto alla prima da titolo di legittimazione.

Il sostrato di fatto delle situazioni giuridico soggettive è costituito dalla particolare condizione di preminenza o di subordinazione di un soggetto rispetto ad uno o a tutti gli altri consociati, relativamente ad un determinato bene della vita, così come risulta dalla valutazione (media) del vantaggio o dello svantaggio che le conseguenze collegate dal diritto ad un comportamento, proprio o altrui, arrecano al titolare della situazione.

La disputa sulla priorità delle posizioni favorevoli o di quelle sfavorevoli, che segnano una posizione di preminenza o che indicano la subordinazione di un soggetto nel senso appena proposto, sembra da tempo conclusa con l'assunzione a punto centrale del sistema giuridico del concetto di obbligo. Si riconosce, pertanto, che il mezzo tecnico con cui il diritto opera è la subordinazione di determinati interessi a vantaggio di altri.

Va detto, però, che a questa asserita centralità fa riscontro una elaborazione meno attenta di quella a cui la dottrina ha sottoposto le situazioni favorevoli.

Mentre gli svolgimenti che si sono avuti in quest'ultimo campo hanno consentito una visione assai articolata dell'oggetto di indagine, per quanto concerne l'obbligo, si tende a trascurare le differenze riscontrabili nel suo ambito. L'attenzione è concentrata su poche o, addirittura, su una sola nota essenziale: quella della sanzionabilità di un soggetto in caso di realizzazione di un comportamento proprio del soggetto stesso. Se delle distinzioni sono operate, ciò avviene non alla stregua di eventuali caratteristiche strutturali, bensì con riguardo al termine correlativo. Si parla così di "doveri" per indicare le situazioni sfavorevoli alle quali non corrisponde un altrui diritto soggettivo in senso stretto; "obblighi" sarebbero, invece, quelle che con una simmetrica situazione favorevole pongono i termini di un rapporto giuridico. Ma è distinzione, questa, il cui superamento è implicito nella corretta concezione del rapporto, non come relazione tra individui, ma tra l'individuo e la norma.

Non ci occupiamo per il momento della situazione sfavorevole di soggezione. Questa riguarda il rapporto tra un soggetto e le conseguenze giuridiche dell'agire di altro soggetto, che incidano negativamente, cioè in maniera svantaggiosa, sulla sfera di diritto del primo. Situazione, puramente passiva, quindi, che non ammette possibilità di violazione da parte della persona "assoggettata": illecito può essere realizzato soltanto ad opera del soggetto il cui comportamento sia previsto nella norma come produttivo di effetti a carico di terzi, allorché a questo comportamento egli risulti tenuto.

Per il penalista italiano la soggezione presenta notevole interesse in quanto ad essa si deve ricorrere, nel nostro ordinamento, per spiegare il rapporto tra il reo e le conseguenze riconnesse alla commissione dell'illecito criminale. Non esiste, infatti, un vero e proprio dovere giuridico di subire la pena. La soggezione, però, non può essere concepita come fatto naturale: è impossibile che la conseguenza giuridica di un fatto giuridico non consista, a sua volta, in una situazione giuridica.

Occorre adesso occuparci della situazione sfavorevole che si crea in capo al soggetto normativamente dichiarato sanzionabile a seguito della commissione di un comportamento proprio. Possiamo assumere, per tale situazione, la denominazione generica di dovere.

Va osservato, a questo punto, che la sanzionabiltà è soltanto ciò che *ordinariamente* rivela l'illiceità di un fatto; da sola essa non è sufficiente a costituire una situazione di dovere.

Occorre tener conto dei casi di cosiddetto danno da fatto lecito: i casi, cioè, in cui l'ordinamento pur *facoltizzando espressamente* una certa attività, pone a carico di chi l'ha posta in essere la riparazione dei danni eventualmente cagionati.

Fatto contrario ad un dovere e fatto produttivo di conseguenza sfavorevole per l'agente sono dunque concetti che, se di solito vanno insieme, non coincidono interamente: il secondo non si esaurisce nel primo. Anzi, il fatto che determina una situazione di responsabilità per comportamento autorizzato non solo non è considerato sfavorevolmente dall'ordinamento, ma deve ritenersi contraria al dovere (antigiuridica) l'attività volta ad impedirne la libera esplicazione.

La liceità o la illiceità di un fatto, stante l'insufficienza dell'elemento "sanzione", dipende dal complessivo trattamento che esso trova nell'ordinamento o in quel ramo dell'ordinamento nell'ambito del quale è preso in considerazione. Col termine "trattamento" si pone in rilievo che la ragione della qualifica di un dato comportamento sta nella reazione che ad esso dà l'ordinamento. Con l'aggettivo "complessivo", si precisa che non bisogna fermarsi ad uno solo dei segni utilizzabili per stabilire se il fatto rappresenti o no violazione di un dovere giuridico, ma occorre guardare a tutto l'insieme della formazione che lo concerne. Così, se il diritto, pur disponendo misure contro gli effetti dannosi che possono derivare da una qualche attività, di quest'ultima garantisce lo svolgimento, l'attività stessa deve ritenersi lecita.

Il giudizio di disvalore che il diritto pronuncia su un certo comportamento si fonda sulla sanzionabilità, accompagnata dalla mancanza di una tale garanzia; del comportamento in questione può e deve affermarsi la contrarietà ad un dovere.

Questa categoria del dovere esprime la messa in contatto di una pretesa normativa con un destinatario, individuato dall'imputazione che gli viene fatta di determinate conseguenze sanzionatorie ove – senza esserne espressamente facoltizzato – realizzi il comportamento descritto nella fattispecie condizionante. Si tratta, insomma, di una costante della giuridicità, l'enucleazione della quale è possibile sulla sola base della struttura logica della norma, al di fuori di ogni ricorso a fatti giuridici, storicamente dati (o pensati come tali).

Abbiamo visto quale sia nel nostro sistema la rilevanza della regola costituzionale, secondo la quale la responsabilità penale è personale.

Questa regola fa sì che la pretesa normativa deve avere ad oggetto un comportamento volontario, o comunque evitabile mediante una possibile tensione delle facoltà volitive e percettive dell'agente: diciamo possibile perché, di fatto, essa è mancata e se ne deve discutere astraendo – come vedremo – dalle circostanze che in concreto l'hanno impedita.

Il rapporto tra pretesa e destinatario della pretesa stessa è caratterizzato da quel vincolo (potenziale) della volontà su cui si impernia la teoria imperativistica.

Nell'amplissima categoria del dovere, come posta dai sostenitori della norma quale giudizio ipotetico, possiamo, allora, distinguere, una figura specifica: quella che sorge, appunto, tra norma idonea a fungere da comando e il suo destinatario.

Se le norme reali penali tipicizzano, nel sistema, un comportamento riconducibile alla volontà dell'agente, questo può sviluppare un processo psicologico volto a realizzare un comportamento esterno, attivo o passivo, conforme alle esigenze del diritto.

Obbligo in senso stretto, come specificazione della categoria di dovere, chiamiamo la situazione soggettiva che si crea dalla messa in contatto di proposizioni giuridiche che hanno la struttura di comando, con un soggetto destinatario delle relative pretese.

Se la regola del I comma dell'art. 27 Cost. vale a rendere elementi essenziali di fattispecie quelli che assicurano la riconducibilità del fatto alla sfera volitiva e cognitiva dell'agente, anche in statuizioni di regole ordinarie che detti elementi non enunciano, ne consegue che la situazione giuridico soggettiva sfavorevole attiva cui dà luogo, nel nostro ordinamento, l'incontro tra norma e destinatario sarà l'obbligo.

10. *Interessi obiettivamente protetti e diritto soggettivo*

Abbiamo sopra visto come il diritto penale adotti due distinte tecniche di tutela degli interessi considerati meritevoli di protezione.

La prima, ricordiamo, è quella che stabilisce la messa in moto del meccanismo coattivo-sanzionatorio puramente e semplicemente sulla base dell'acquisizione di una *notitia criminis* da parte degli organi preposti al meccanismo stesso.

Non v'è posto, in tali casi, per il potere dispositivo del privato.

Se un potere dispositivo assume rilevanza è in ogni caso sul piano sostanziale, non procedurale. Il che si verifica quando è leso o posto in pericolo un diritto "col consenso della persona che può validamente disporne" (art. 50 c.p.). Dove è chiaro che qui il consenso esclude addirittura la realizzazione di un fatto *tipico,* cioè corrispondente alla figura astratta delineata dalla regola incriminatrice. Non ha nulla a che vedere con il processo e il suo svolgimento: questo deve ritenersi pienamente valido pur se si conclude nel senso che non vi è stato reato proprio per il consenso dell'avente diritto.

L'incontro tra regola incriminatrice, caratterizzata dalla cosiddetta procedibilità d'ufficio, e il soggetto portatore dell'interesse tutelato dà luogo ad una situazione soggettiva favorevole, passiva. Sia per quanto concerne la soddisfazione dell'interesse, sia per l'attuazione della tutela predisposta dall'ordinamento, l'iniziativa del soggetto portatore dell'interesse in questione è impensabile o irrilevante.

Impensabile in ordine alla soddisfazione dell'interesse tutelato: che questo sia o no rispettato dipende non da un comportamento di chi ne è titolare, bensì dalla circostanza che i terzi consociati (destinatari dell'obbligo) si astengano o meno da indebite ingerenze poste in essere attraverso comportamenti previsti dalla regola incriminatrice.

Irrilevante perché all'attuazione in concreto della conseguenza di sanzionabilità si perviene senza bisogno alcuno di manifestazione di volontà del soggetto tutelato: perfino contro il suo volere e i suoi desideri.

Della situazione giuridico soggettiva così delineata parliamo come di interesse obiettivamente protetto.

Diversamente stanno le cose quando la concretizzazione dell'effetto sanzionatorio è subordinata ad una manifestazione di volontà in tal senso posta in essere dal titolare dell'interesse.

La situazione soggettiva che si viene, per questo modo, a creare è quella di vero e proprio diritto soggettivo in senso stretto. Diritto soggettivo caratterizzato da differente intensità a seconda che il potere dispositivo si eserciti solo sulla messa in atto del meccanismo coattivo-sanzionatorio, o anche sulla estinzione del procedimento e del reato che di quest'ultimo costituisce l'oggetto.

Situazioni tipicamente favorevoli dunque da considerarsi passive solo per ciò che concerne l'aspettativa di non ingerenze estranee, in cui viene a trovarsi il soggetto che ne è titolare. Attive rispetto al potere di azione per attuare in concreto la (possibile) tutela.

11. *La natura primaria o secondaria della regola penale*

Occorre ancora esaminare il problema della natura sanzionatoria o ulteriormente sanzionatoria del diritto penale e, cioè, se sia esatto o no che ogni norma penale o incriminatrice presupponga necessariamente una violazione antecedente di una norma che ha natura non penale.

Alcuni autori sostengono che tali norme di natura non penale debbano appartenere o appartengano ad alcuni rami o settori particolari dell'ordinamento giuridico, altri parlano genericamente di norme che sono norme giuridiche senza precisare il settore di appartenenza.

Invero il discorso sulla natura primaria o, potremmo dire, secondaria delle norme di diritto penale – nel senso che sempre presuppongano la violazione di un precetto giuridico non penale – posto in questi termini, non ha un'importanza eccessiva. L'importanza, invece, diventa a tutti evidente quando il problema viene tradotto nei termini seguenti: ci si pone, cioè, l'interrogativo se sia esatto che ogni fatto costitutivo di reato passi necessariamente attraverso la realizzazione di un momento di torto oggettivo che ne costituisce il nucleo essenziale, prima e indipendentemente dalla realizzazione di quelli che sono gli elementi soggettivi del fatto di reato. Si porta ad esempio l'omicidio: intenzionale (doloso); colposo (negligenza ed imprudenza); preterintenzionale (quando con atti volontariamente diretti a ledere o a percuotere si cagiona la morte di un uomo). Se non ci sono tali criteri di imputazione (dolo, colpa o preterintenzione) il fatto costitutivo della causazione della morte di un uomo non realizza l'illecito penale: la sanzione penale non scatta se non in presenza di dolo, colpa o preterintenzione.

Ebbene, nella realizzazione di questo comportamento che, per la sua illiceità penale ha bisogno di questi elementi psicologici, esiste o no un momento di torto oggettivo, il quale rappresenti la realizzazione di un fatto illecito e come tale sia sanzionato dall'ordinamento giuridico? Il momento di torto oggettivo, cioè, indipendente dalla realizzazione degli elementi psicologici di quello che sarà poi l'omicidio colposo o doloso o preterintenzionale, esiste ed è antigiuridico perché sanzionato da quella conseguenza di ordinamento generale che è rappresentata dall'impedibilità. Tutto ciò ha rilevante importanza agli effetti del raccordo tra illecito penale e illecito civile; significa che già la pura e semplice messa in pericolo dell'interesse alla vita autorizza sia il soggetto portatore dell'interesse (soggetto di cui la vita viene minacciata) sia un terzo (si può reagire anche a tutela di un diritto di un terzo) ad impedire il comportamento che si sta svolgendo, indipendentemente dall'accertamento relativo alla realizzazione dell'elemento psicologico: sarebbe un assurdo, logico prima che giuridico, condizionare la possibilità di "legittima difesa" all'accertamento dell'elemento psicologico di chi pone in pericolo un diritto proprio o altrui.

La legittima difesa presuppone un pericolo attuale di offesa ingiusta ad un diritto proprio o altrui e la norma che prevede la legittima difesa è norma a cui l'ordinamento perviene per delle necessità che non possono essere altrimenti risolte: l'ordinamento quanto è più moderno tanto più centralizza gli organi che sono preposti al meccanismo coattivo sanzionatorio.

Se questo è vero, ci sono tuttavia ipotesi in cui anche l'ordinamento, più modernamente centralizzato, più modernamente organizzato sulla base di una delega a soggetti appositamente preposti al meccanismo coattivo-sanzionatorio, si deve arrestare e deve concedere una possibilità di difesa e di reazione immediata al soggetto in pericolo o a colui il quale muove in aiuto di questo soggetto.

La situazione di emergenza che costringe anche l'ordinamento più centralizzato ad ammettere la possibilità di reazione da parte del privato, di colui che è in pericolo o di colui che muove in aiuto di questo, è quella di attualità, di necessità, di urgenza, di imminenza così connessa alla situazione di pericolo da non consentire l'intervento degli organi del meccanismo coattivo-sanzionatorio.

Se il pericolo è imminente, si deve ammettere la reazione, che è tutta in chiave di impedibilità di quella condotta che pone in pericolo un diritto proprio o altrui.

Ciò posto – e questo costituisce una necessità alla quale si deve piegare ogni ordinamento, anche il più centralizzato – è assurdo imporre a colui che è in pericolo o a colui il quale muove in aiuto di una persona che è in pericolo di accertare l'elemento soggettivo della condotta che ha creato il pericolo.

Se l'impedibilità fosse così condizionata non potrebbe mai esercitare il ruolo che le spetta nell'ordinamento giuridico. Se il soggetto in pericolo o che muove in aiuto del soggetto in pericolo si accertasse dell'elemento psicologico di colui che pone in essere il pericolo dell'offesa ingiusta, l'offesa ingiusta verrebbe a maturarsi e la *ratio* dell'impedimento fallirebbe completamente.

Allora si deve dire che la sanzione di impedibilità è posta in essere quando è minacciata un'ingerenza non giustificata nella sfera giuridica propria o altrui, indipendentemente dal realizzarsi di quei requisiti di carattere psicologico (dolo, colpa, preterintenzione), che poi sono necessari per il sopravvenire della sanzione penale.

L'impedimento (da parte di colui che è in pericolo o muove in aiuto di un terzo che è in pericolo) che sarebbe un illecito penale, si trasforma, proprio perché cagionato da un pericolo attuale ed imminente di un'offesa ingiusta al proprio o altrui diritto, nel contrario, cioè, in una sanzione.

Si badi che ogni sanzione è un comportamento che, se non si giustifica come reazione all'illecito, sarebbe esso stesso un illecito; ogni sanzione, menomando una situazione di diritto preesistente, verrebbe ad essere un vero e proprio comportamento antigiuridico, salvo che antigiuridico non è, in quanto derivante da un precedente illecito. L'impedibilità è questa sanzione generale di ordinamento e, si dice generale, perché non appartiene ad un determinato settore dell'ordinamento, ma sottende l'intero ordinamento nella sua globalità; non ha né natura penale, né natura civile, né natura amministrativa.

Ogni illecito penale passa, nella sua realizzazione, attraverso un momento che pone in essere questo illecito oggettivo al quale si può reagire in via sanzionatoria attraverso l'impedibilità che, se non fosse condizionata da un illecito, rappresenterebbe un caso di indiscusso comportamento antigiuridico, come, d'altra parte, ogni altro comportamento sanzionatorio.

Ogni illecito penale passa dunque attraverso la realizzazione di un momento di illecito oggettivo sanzionato da una conseguenza generale di ordinamento generale, che è costituita dall'"impedibilità" legislativamente – ed inevitabilmente – consacrata.

12. *Regola penale e regola morale*

Domanda sempre ritornante, pur se proposta in vari modi e rispetto ad istituti anche assai diversi tra di loro, è quella del rapporto fra regole penali e regole etiche.

Il tema va affrontato prescindendo dalla presa di posizione circa il carattere autonomo o eteronomo di queste ultime.

Ciò che conta è stabilire se, dall'uno o dall'altro dei due punti di vista, valutazione giuridico-penale e giudizio morale coincidano o *debbano* coincidere.

I sostenitori della *doverosità* della coincidenza preferiscono oggi esprimersi in termini che, senza postulare espressamente un obbligo di carattere meta-giuridico, fanno riferimento alla struttura, taluno dice all'ontologia, delle regole penali. Ma è chiaro che chi afferma che il diritto è la morale stessa considerata da un punto di vista più statico, più obbiettivo, si pone su un piano di "dover essere" rispetto al quale non vale rilevare che assai spesso può darsi storicamente contraddizione tra un precetto morale e una regola penale, o che talora le regole appartenenti ai due ordini normativi sono reciprocamente indifferenti.

La discussione si impernia, pertanto, sulla possibilità che, sia pure in linea meramente logica, il giudizio del diritto coincida con quello dell'etica.

Si noti che anche i più risoluti sostenitori della tesi affermativa avvertono che la valutazione giuridica non può scendere alla radice della azione per coglierne la più lieve sfumatura, il più remoto atteggiamento; ma per evidenti ragioni di uniformità e di uguaglianza sociale si preoccupa solo di fissare i profili esterni della azione e alcune connotazioni soggettive indispensabili per imputare il fatto al suo autore. E invero, le valutazioni attributive di significato giuridico a situazioni e condotte umane debbono, per necessità di cose, trascurare la persona nella sua concreta essenza, per concentrarsi sul *tipo*. In questa immancabile astrazione ci potranno essere certo delle graduazioni, magari assai rilevanti; e così il diritto penale si presenta come più circostanziato, maggiormente preoccupato di rispecchiare nelle sue singole note l'accadimento reale che non, ad esempio, il diritto privato o il diritto amministrativo. Mentre in genere l'ordinamento prende in considerazione la pura causazione di una lesione di interessi degni di tutela, esigendo al massimo la rappresentabilità e l'evitabilità del danno, per il diritto penale rilevano scopi, moventi, modalità dell'azione; tutta una gamma di elementi che, variamente previsti nella disposizione base e in disposizioni accessorie, tendono a realizzare la maggiore aderenza della figura legale al comportamento storicamente verificatosi. L'illecito penale è insomma un illecito personale. Ma se tutto questo è vero, altrettanto vero è che ad un minimo (che poi è un minimo abbastanza consistente) di generalizzazione anche la norma penale non potrà rinunziare, a pena di abdicare alla funzione tipica del diritto, che è quella di fornire regole per il comportamento umano.

Ciò posto, è innegabile che la contrapposizione tra l'irripetibilità, l'individualità del giudizio etico che è assoluto perché concreto, e il carattere astratto e pertanto contingente dei giudizi del diritto, non potrà mai essere superata. Il che non significa affermare l'amoralità del fenomeno giuridico, il quale, considerato sia come esperienza sia come norma, è sempre oggetto di giudizio etico, né, tantomeno, escludere per il legislatore l'obbligo o, se si preferisce, la convenienza, di foggiare i propri precetti in conformità ai principi della morale, o per l'interprete di scegliere, alla luce di quei principi, il concreto contenuto da affidare ad una proposizione normativa. Il rapporto tra i due ordini è di tensione, quindi, di diversità. Non si può, pertanto, negare validità ad una valutazione giuridica sulla base di una sua mancata corrispondenza ad una valutazione morale.

Né deve sembrare questo dualismo tra diritto ed etica conclusione dura e per molti inaccettabile; anzi, occorre ricordare che quando validità e giustizia sono state identificate, non si è dichiarata invalida la legge ingiusta, ma si è preferito giustificare, a tutti i costi, la legge valida. È proprio la distinzione tra i due piani a consentire, rispetto al dato storico, quella libertà che è necessaria tanto per stabilire la giuridicità di una regola quanto per giudicarla alla stregua dell'etica.

CAPITOLO II
LE FONTI

1. *Fonti di produzione e fonti di cognizione*

La locuzione "fonti del diritto" ha due accezioni:

a) fonti come "modi di produzione del diritto" (fonti di produzione);
b) fonti come "strumenti materiali mediante i quali il diritto è portato a conoscenza dei destinatari" (fonti di cognizione).

Qui ci occuperemo delle fonti nel primo senso, analizzeremo, cioè, quali siano i modi di produzione del diritto propri del settore penalistico dell'ordinamento.

Si impone, però, una precisazione ulteriore. Correntemente per fonte di produzione si indica tanto il procedimento con cui la regola giuridica è creata, quanto la regola attraverso tale procedimento creata. Dato che lo studio dei procedimenti di produzione di regole giuridiche costituisce uno degli oggetti del diritto costituzionale, in questa sede ci riferiremo alle regole prodotte – seppur non in maniera esclusiva.

Va detto infatti che la netta distinzione, senza reciproche interferenze, tra procedimento di produzione e regola prodotta può essere affermata solo a proposito delle regole poste in essere dalla volontà di un legislatore.

Diversamente stanno le cose allorché si passi a considerare la regola cosiddetta consuetudinaria, ovvero quella ottenuta attraverso operazione di estensione analogica. Come vedremo più avanti, in questi casi per cogliere la struttura della regola è inevitabile, anzi, indispensabile, risalire ai modi, fattuali o di operazione giuridica, mediante i quali si costituisce la regola. Certo, anche le regole prodotte dalla volontà di un legislatore sono *valide* in quanto sia stato seguito un determinato modo di produzione del diritto. Ma da qui a considerare la conformità alle regole che disciplinano i modi di produzione elemento integrante di ogni fattispecie enunciata dalle regole prodotte – come accade, invece, per la regola consuetudinaria o la regola discendente da analogia – ce ne corre: è la stessa distanza che passa tra il piano della giuridicità, formalmente intesa, nell'ambito di un ordinamento posto e quello del suo contenuto concreto.

Ciò detto, dobbiamo allora determinare a che tipo di regola giuridico-statuale debbano appartenere quelle che costituiscono il nostro ordinamento penale.

2. *Gradualità delle regole giuridiche*

Ogni ordinamento giuridico, anche il più primitivo e rudimentale, si impernia sulla *gradualità* delle regole che lo compongono. Ogni regola trova la ragione della sua giuridicità in una regola di rango superiore – fino a giungere ad una proposizione base che si giustifica da sola. È proposizione, questa, che serve ad esprimere in modo sintetico come si produce il diritto in un determinato ambito. Riflette, insomma, una mera constatazione di carattere storico che si disvela nella sua natura di *posterius* per mezzo del quale si descrive ciò che già è, e non di *prius* che determini ciò che sarà, ogniqualvolta la rivoluzione in una qualunque delle sue forme divenga l'aspetto permanente di un gruppo.

Rappresenta, ripetiamo, il criterio riassuntivo dei modi di formazione del diritto: ciò per cui esso non *è dover essere*, bensì *esser dovuto*.

3. *Regole primarie e regole secondarie*

Abbiamo già considerato l'importanza e il ruolo che le regole costituzionali assumono per l'intelligenza del sistema. Ritorneremo sul punto. Occorre adesso prendere in esame le regole primarie e le regole secondarie.

Sono primarie le leggi ordinarie, direttamente, seppur con caratteristiche di specificità contenutistica diverse, promananti dal potere legislativo. Sono regole secondarie i regolamenti, cioè quei disposti generali ed astratti emanati da poteri oggettivamente o funzionalmente diversi dal legislativo, non in virtù di delega, ma sulla base di competenza originaria.

La subordinazione del regolamento alla legge si esplica su due piani distinti:

a) la norma secondaria non può modificare la norma primaria; questo rapporto, valido sempre e in ogni settore dell'ordinamento, è analogo a quello che, in regime di Costituzione rigida, intercorre tra legge ordinaria e regola costituzionale;

b) riserva di legge; questo tipo di disciplina – meramente eventuale – si verifica ogni volta che il legislatore escluda che una certa materia o un certo modo di produzione del diritto possano essere disciplinati altrimenti che per legge.

4. *Art. 25 Cost.: riserva di legge in materia penale*

Il principio della riserva di legge in materia penale, già accolto dal Codice Penale vigente all'art. I, è stato costituzionalizzato, congiuntamente al principio della irretroattività della legge penale incriminatrice, all'art. 25 Cost. Il II comma di detto articolo stabilisce che: "Nessuno può essere punito se non in forza di una legge che sia entrata in vigore prima del fatto commesso".

Come si vede, la lettera del disposto costituzionale parrebbe stabilire che almeno una certa categoria di regole penali e, precisamente, quelle ad efficacia costitutiva, che ricollegano, cioè, ad un certo comportamento una conseguenza sanzionatoria, debba necessariamente possedere il rango e la validità di *legge*.

Se ciò sia vero o se l'area delle regole penali coperta dalla riserva sia più ampia o, meglio, comprensiva, oltre che delle regole ad efficacia costitutiva anche di quelle che pongono limiti a regole generali, ovvero modificazioni o estinzione di conseguenze sanzionatorie, sospensione di rapporti normativi, potremo dirlo quando ci renderemo conto delle ragioni che stanno a fondamento del regime di riserva.

Per affrontare, perciò, il problema delle fonti del diritto penale, appare necessario procedere anzitutto all'esame della portata della riserva prevista in Costituzione.

5. *Continua sulla riserva di legge* ex *art. 25 Cost.*

Ci si chiede se la riserva prevista dall'art. 25 Cost. sia riserva di *campo di materia* o di *tipo di disciplina.*

La questione rileva soprattutto per quanto concerne la domanda se le regioni abbiano o no competenza a legiferare in materia penale: infatti, se si trattasse di riserva di campo di materia si dovrebbe ammettere la competenza delle regioni ad emanare regole che comminino sanzioni penali nell'ambito delle materie elencate all'art. 117 Cost. (es.: caccia e pesca).

Dottrina e giurisprudenza sono generalmente orientate nel senso di escludere la competenza delle regioni in materia penale. Vedremo più appresso se l'esclusione della legge regionale dalle possibili fonti in materia penale riguardi solo la legge incriminatrice o anche quella che si limiti a giustificare alcuni dei comportamenti ricompresi sotto la previsione generale ed astratta della regola penale che delinea una ipotesi criminosa. Come per altri problemi che si presenteranno nel corso della indagine, la risposta dipende essenzialmente dalla *ratio* che vedremo sottendere il dettato costituzionale. Qui va sottolineato come considerare la riserva di legge disposta dalla Costituzione quale *riserva di modo di disciplina* non discende dalla (ipotetica) premessa del monopolio della legge statuale in materia penale: è chiaro, infatti, che accettata questa premessa, il problema è già risolto. Ma la premessa, che in realtà costituisce punto di arrivo, come tale deve essere motivata. Gli argomenti più probanti, a sostegno della opinione che nega la legittimazione delle regioni a statuire in materia penale, sembrano quello delle inderogabili condizioni di uguaglianza, sancita dall'art. 3 Cost., in tema di libertà personale, nonché il divieto, posto alle regioni dall'art. 120, II e III comma, Cost., di adottare provvedimenti che ostacolino o limitino l'esercizio, da parte dei cittadini, di diritti fondamentali. Esercizio che verrebbe inevitabilmente compresso dalla previsione di fatti di reato ad opera di leggi regionali. A ciò si aggiunga il rilievo, formale ma non privo di importanza, secondo il quale allorché la Costituzione fa uso del termine "legge", senza la specificazione *regionale,* il riferimento è sempre a legge dello Stato [1]. Ogni altro argomento, pur rispettabile, ha il sapore di pregiudizio ideologico.

Assai importante è stabilire se dalla regola costituzionale discende un regime di riserva *assoluta o relativa* [2].

Si tratta di precisare se l'art. 25, II comma, Cost. disponga che la materia penale può essere disciplinata soltanto da leggi ovvero se, sempre sulla base di una legge, rappresentino valida fonte anche regolamenti, cioè regole secondarie.

Limitiamo per il momento la nostra indagine alle regole ad efficacia costitutiva: che prevedono fatti di reato e relative sanzioni criminali; nonché, per quanto concerne l'area coperta dal termine "legge", alle regole prodotte attraverso l'ordinario procedimento di formazione – riservando al prosieguo la risposta al quesito se per legge si debba intendere anche la regola emanata dal Governo a ciò espressamente delegato dalle Camere (art. 76 Cost.), nonché il provvedimento provvisorio adottato in casi straordinari di necessità e di urgenza dal Governo, sotto la sua responsabilità (art. 77, II comma, Cost.).

La lettera della regola costituzionale sembrerebbe lasciar pensare che venga fissata riserva soltanto relativa.

Il legislatore costituente si è, infatti, valso di una formulazione più elastica di quella enunciata all'art. 1 c.p. Quest'ultimo, nel disporre che "Nessuno può essere punito per un fatto che non sia *espressamente* preveduto come reato dalla legge, né con pene che non siano da esso stabilite", pare disporre una riserva di carattere assoluto. Naturalmente, dato che l'art. 1 c.p. è legge ordinaria, esso può sempre subire deroga ad opera di legge avente il medesimo rango.

Ma la nostra è una Costituzione rigida: ciò che conta è l'art. 25. Ora, il testo in questione, "Nessuno può essere punito se non *in forza* di legge ..." sembra consentire che anche un regolamento possa corredare di sanzioni criminali i propri precetti.

Il dato letterale rappresenta, però, un punto di partenza, ma, certamente, non un punto di arrivo; oltretutto, sarebbe troppo sbrigativo trascurare che i lavori preparatori della Carta costituzionale appaiono orientati nel senso della riserva assoluta.

---

[1] Cfr. Corte Cost., sent. 29 dicembre 1982, n. 239.

[2] Afferma esplicitamente trattarsi di riserva assoluta: Cass. VI, 4 settembre 1992, n. 9397.

6. *Tipologia dei rapporti tra legge e regola secondaria*

È opportuno condurre la ricerca tenendo conto delle conseguenze che si produrrebbero a seconda che si intenda che la Costituzione disponga riserva relativa ovvero assoluta, facendoci, come è chiaro, carico delle esigenze che il regime di riserva deve soddisfare o, più esattamente, di quali esigenze sottostanti all'uno o all'altro tipo di riserva risultino confacenti al sistema costituzionale.

La dottrina ritiene che, in regime di riserva relativa, il regolamento può esplicare la sua rilevanza in tre direzioni:

a) la legge affida al regolamento la concreta determinazione di alcune delle note costitutive dell'illecito previsto;

b) la legge non delinea alcuna fattispecie criminosa, limitandosi a qualificare come reato la trasgressione, qualunque trasgressione, di uno qualunque dei disposti che il regolamento *emanerà;*

c) la legge rimette al regolamento la facoltà di stabilire quali fra i comportamenti che esso disciplina siano penalmente sanzionati.

La legittimità dei rapporti tra legge e regolamento, nelle ipotesi suesposte, si pone diversamente in regime di costituzione elastica e in regime di costituzione rigida.

In regime di costituzione *elastica* la riserva costituisce per il legislatore ordinario una autolimitazione di principio che, non trovando vincoli superiori, può essere superata. La dottrina pubblicistica e quella penalistica, prima dell'entrata in vigore della Costituzione, propendevano, in genere, per la legittimità dei rapporti, sopra delineati, fra legge e regolamenti: la riserva di legge, insomma, sarebbe stata rispettata purché il legislatore avesse fissato alcuni principi cui il regolamento avrebbe dovuto uniformarsi. Più analiticamente, con riguardo all'art. 1 c.p., dovrebbe affermarsi che il regime da esso posto è di riserva assoluta, a condizione, però, che altra legge non rinvii nei modi sopra visti ad un regolamento, non ancora emanato, che, nella sua dimensione penale, assume la figura di *regolamento delegato.*

Occorre mettere l'accento sulla circostanza che il rapporto legge-regolamento, in materia penale, va studiato distinguendo se si tratti di regolamento in vigore oppure di regolamento futuro. Occupiamoci, per il momento, di quest'ultimo caso che, come vedremo, alimenta la realtà del problema affrontato.

7. *Svolgimento dottrinale sui rapporti tra legge e regola secondaria*

Deve respingersi l'opinione secondo la quale la legge conferirebbe la sua stessa forza alle regole secondarie richiamate dal disposto penale. Si può infatti osservare, al riguardo, che se la norma secondaria acquistasse il rango di legge, non potrebbe essere modificata o abrogata che da un'altra legge e non anche, come spesso avviene, da un'altra regola secondaria. Né potrebbe obiettarsi che la vicenda normativa sarebbe contrassegnata dalla efficacia modificativa o abrogativa della regola secondaria soltanto per quanto concerne la materia da questa disciplinata ad effetti non penali: la necessità dell'intervento di una legge riguarderebbe unicamente il disposto ad effetti penali nascente dall'innesto della regola secondaria su quella primaria. È evidente che, per tal modo, non si argomenta ma ci si limita, in tutto e per tutto, ad offrire come conclusione proprio ciò che dovrebbe essere dimostrato. Tanto vale dire, infatti, che qualunque regola, di qualunque rango, emanata o futura, cui la legge faccia riferimento, diventa legge.

Maggiore attenzione va dedicata a quelle prese di posizione che cercano di dare al principio di riserva (relativa) un contenuto che non vanifichi assurdamente l'esigenza dell'intervento della legge in materia penale. Si vuole evitare, insomma, che la riserva assuma tratti tali da svuotare praticamente di ogni significato il principio stesso: come potrebbe accadere, infatti, qualora, spingendo al limite della capacità semantica l'espressione "in forza di legge" si ritenesse sufficiente, in ipotesi, che una sola legge delegasse il potere esecutivo a configurare fatti di reato e sanzioni a mezzo di regole secondarie.

Nel tentativo di dare alla riserva una interpretazione non confliggente col dato normativo rappresentato dalla enunciazione, a livello costituzionale, della regola, si è detto che, sulla base della disciplina sostanzialmente già dettata da legge, la regola secondaria potrebbe specificare più dettagliatamente la struttura dell'illecito o la misura della sanzione (criminale).

La logica della impostazione, in definitiva imperniata sulla lettera del testo, porta, però, a considerare come rispondenti al dettato costituzionale anche le ipotesi in cui la legge si limiti a qualificare come reato la violazione di una qualunque fra le regole che un regolamento avrà ad emanare e, addirittura, quella in cui la legge assegni al regolamento la facoltà di stabilire quali fra i comportamenti che esso disciplinerà saranno penalmente sanzionati. Ma la tesi della "disobbedienza come tale", secondo la quale il reato non consisterebbe nella trasgressione di questo o quel disposto della regola secondaria, bensì nella trasgressione della legge che obblighi ad obbedire alla regola secondaria, costituisce una variante, puramente verbale, dell'asserto che basta ritrovare una regola di legge a fondamento di una disciplina penale per far salvo il principio della necessità di intervento della legge: che cosa poi questa legge disponga è affare che potrebbe sfuggire completamente alla previsione della legge stessa, per essere deciso da una regola secondaria.

Si comprende facilmente come l'ordine di idee cui si è fatto cenno sia motivato soprattutto da ragioni pratiche; non si vuole creare una grave crisi dell'ordinamento penale, come si teme che accadrebbe a revocare in dubbio la legittimità delle previsioni di cui ai casi anzidetti. Ma non è, certo, il pensiero di chi vuole segnare una sostanziale continuità tra il sistema delle fonti di diritto penale, prima e dopo la Costituzione, che può cogliere l'elemento di novità introdotto con l'art. 3, II comma, Cost.

E, poi, il timore di sterilizzare, come si dice, le fonti dell'ordinamento penale è abbastanza anacronistico in momenti in cui si tende a depenalizzare tutto ciò per cui non è veramente necessaria la sanzione criminale.

L'ideologia volta a giustificare la legittimità delle relazioni fra regola primaria e regola secondaria – in ciascuna delle ipotesi indicate – si rivela con particolare vigore in posizioni che muovono dalla affermazione del carattere assoluto della riserva.

Si comincia con la critica alla teorica sovraesposta, alla quale si muove l'appunto che essa verrebbe a negare, o, per lo meno, a rendere esangue il concetto stesso di riserva. Si ribadisce che la legge penale deve delineare l'intiera fattispecie e che non può, conseguentemente, rinviare a fonti normative diverse per integrare la disciplina da essa posta. Malgrado, però, il punto di partenza, le conclusioni finiscono col coincidere con quelle di chi sostiene la previsione, da parte dell'art. 25 Cost., di un regime di riserva elastica, così sfibrato, da arrivare ad autonegarsi.

Vale la pena di seguire brevemente il cammino attraverso il quale si perviene ad esiti contrastanti, sul piano effettuale, con la premessa. Oltretutto, ripercorrere questo ordine di idee è veramente istruttivo per chi si voglia rendere conto delle possibilità quasi infinite delle tecniche e dei riti verbali della "costruzione" giuridica.

La legge – si afferma – va considerata come unica fonte *normativa* del disposto penale. Ciò non implica, però, la illegittimità del rapporto regola primaria-regola secondaria nelle ipotesi che stiamo esaminando. In tal caso, infatti, la regola secondaria non rileverebbe quale fonte o regola giuridica, bensì come mero *presupposto di fatto del disposto penale.*

Allo stesso modo che presupposto della condotta costitutiva del reato di bigamia è la presenza di un precedente vincolo matrimoniale, il regolamento non verrebbe ad individuare il contenuto del precetto, ma sarebbe semplice condizione – presupposto della applicabilità di questo. In sostanza non esplicherebbe funzione diversa da quella svolta nella fattispecie prevista dall'art. 388 c.p. dalla sentenza di condanna da cui nascono obblighi civili: pur essendo di per sé atto normativo, la sentenza qui si porrebbe come presupposto di fatto del divieto di non eseguire un provvedimento del giudice.

Pertanto, la legittimità della regola secondaria cui la legge penale fa riferimento si armonizzerebbe perfettamente con il regime di riserva assoluta. Ne discende, ed è conseguenza, a fini pratici, tutt'altro che criticabile, che l'errore che cade su una norma secondaria andrebbe trattato come errore su uno degli elementi costitutivi del fatto di reato.

Ma si può davvero ritenere che la regola secondaria possegga una mera rilevanza di presupposto di reato? Non soffermiamoci troppo sul rilievo, pur dotato di qualche valore, che non è spiegato in quale modo la regola secondaria, fonte di diritto, sia pur subordinata, venga a perdere questa sua natura per diventare presupposto di fatto. Nemmeno nello schema del rapporto di presupposizione fra norme, nel quale la regola rinviante fa riferimento ad altra regola giuridica (che ne rappresenta, quindi, un presupposto) senza conformarsi a quest'ultima, può dirsi che la regola rinviata sia elemento di fatto e non di diritto: come vedremo, la disciplina dell'art. 47, III comma, c.p. è sul punto assai significativa.

Più importante è constatare, per trarne tutte le dovute conseguenze, che nelle ipotesi di cui discutiamo, la regola primaria non fa che modellarsi, a seconda dei casi, su contenuto e disciplina della regola secondaria. Assistiamo, cioè, ad una rinuncia alla esigenza che sia la legge a segnare i confini tra ciò che è e ciò che non è illecito penale.

D'altronde è sufficiente riportarci all'esempio, richiamato, del ruolo svolto dal provvedimento del giudice nel reato di cui all'art. 388 c.p. per avvertire subito la profonda differenza che intercorre tra le ipotesi in cui un elemento normativo assume rilevanza di fatto a quelle in cui questo non accade. Anzitutto, va osservato che la "sentenza di condanna" è sì atto normativo, ma atto normativo *singolo,* non dotato cioè di generalità ed astrattezza. In secondo luogo, non è sul contenuto degli obblighi civili nascenti dalla sentenza che si modella il contenuto del divieto discendente dall'art. 388 c.p. Questa norma, infatti, non impone l'adempimento degli obblighi stabiliti dal provvedimento del giudice, bensì, ed è tutt'altra cosa, in presenza di un tale provvedimento, vieta il compimento sui propri o altrui beni di fatti fraudolenti nonché la "elusione", che è ben più di omessa esecuzione, di un provvedimento del giudice civile concernente l'affidamento di persona incapace o misure cautelari a difesa della proprietà, ecc.

Abbiamo sopra accennato alla comunanza di impostazione ideologica fra opinioni che paiono presentarsi nettamente distinte nella identificazione della natura della riserva. Il vero è che, attraverso motivazioni diverse, si cerca sempre di mantenere un'area aperta alla rilevanza delle regole secondarie in campo penale. Anche le più recenti e contenute prese di posizione al riguardo si fermano davanti a soluzioni che escluderebbero la possibilità di un apporto della fonte secondaria tale da specificare su un piano "tecnico" elementi del fatto già ipotizzato dalla legge che prevede il reato.

8. Ratio *della riserva di cui al II comma dell'art. 25 Cost.*

È necessario, a questo punto, vagliare la compatibilità di un regime di riserva relativa con le esigenze che stanno a fondamento dell'istituto della riserva in materia penale.

È frequente in dottrina l'asserto che la *ratio* della riserva enunciata dall'art. 25 Cost. è quella della *certezza del diritto.*

Su tal via, mentre vengono generalmente dichiarati inconciliabili con l'art. 25 Cost. i rapporti legge-regolamento nelle ipotesi delineate *sub* b) e c) (cfr. § 6), la tendenza è nel senso di ritenere la legittimità dell'ipotesi *sub* a); si dice, cioè, che tale ipotesi deve essere ammessa perché la legge, rinviando al regolamento per semplici specificazioni o chiarimenti di suoi elementi, permetterebbe ai destinatari di conoscere preventivamente quel che è lecito o illecito, in conformità, appunto alla *ratio* della riserva.

Intendiamo dimostrare che:

– i tre casi non possono essere differenziati;

– la riserva di cui al II comma dell'art. 25 Cost. deve considerarsi assoluta sulla base di una *ratio* diversa e parallela rispetto a quella della certezza del diritto;
– le leggi che rinviano a regolamenti futuri sono illegittime.

L'ordine di idee che identifica la *ratio* della riserva posta dall'art. 25 Cost., II comma, con la certezza del diritto va incontro all'obiezione che, se questa è la ragione della disciplina, essa non è sufficientemente garantita neppure nell'ipotesi *sub* a). Se la legge rinvia ad un regolamento futuro, sia pur per concretizzare soltanto alcuni dei caratteri dell'illecito configurato, finché il regolamento non sia emanato non sarà possibile conoscere con precisione quale è il comportamento penalmente sanzionato.

Vero è che a questa prima osservazione può replicarsi che la legge troverà applicazione *dopo* l'emanazione del regolamento: a partire da tale momento la fattispecie risulta compiutamente delineata, sì che sarebbe assicurata la garanzia di certezza.

L'argomento, in sé esatto, prova troppo. Vale, oltre che per l'ipotesi *sub* a), anche per le altre due ipotesi sopra configurate: successivamente all'entrata in vigore del regolamento, cui la legge rinvia nelle ipotesi *sub* b) e c), la certezza del diritto verrebbe ad essere egualmente fatta salva.

Da quanto precede si dovrebbe, perciò, concludere che la riserva è relativa e che le tre ipotesi di rapporto legge-regolamento, che non possono essere differenziate, sono da considerarsi tutte legittime.

L'ordine di idee, di cui ci occupiamo, deve essere vagliato muovendo da quella che ne costituisce la premessa. Ci si chiede se si possa convenire con la identificazione della *ratio* della riserva nella certezza del diritto.

L'esigenza di certezza, se per essa si intende il porre il destinatario del disposto in grado di conoscere quali siano i comportamenti leciti e quali gli illeciti, è soddisfatta anche se i disposti sono tutti regolamentari. L'unica condizione perché il fine della certezza sia raggiungibile è che la regola giuridica trovi applicazione soltanto per fatti posti in essere dopo l'entrata in vigore della regola stessa. La natura della regola, primaria o secondaria che sia, non riguarda la certezza del diritto. Anzi, potrebbe sostenersi che concernendo in genere i regolamenti una cerchia di destinatari meno ampia di quella della legge, ne verrebbe facilitata la loro conoscibilità da parte degli interessati.

Ciò significa che la riserva di legge, che postula un certo rango della regola in virtù della quale si è punibili, obbedisce a motivazioni ben diverse da quelle che stanno alla base del principio di *irretroattività* della regola penale, anch'esso sancito dal II comma dell'art. 25 Cost. È questo il principio che rende possibile la certezza del diritto e, come si è visto, la sua osservanza non ha nulla a che fare con la tipologia della regola il cui contenuto deve essere certo, cioè preventivamente conoscibile.

Il costituente ha conferito alla legge il monopolio della enunciazione della fattispecie penalmente sanzionata (e delle conseguenze sanzionatorie penali) perché le regole penali incidono sui beni fondamentali dei loro destinatari.

Si è ritenuto, infatti, che il procedimento legislativo (e, come vedremo, il controllo del potere legislativo sugli atti del potere esecutivo cui la Costituzione assegna *forza di legge*) sia in un ordinamento liberal-democratico il mezzo più idoneo a garantire la libertà e i beni fondamentali dei singoli.

Questa di cui si è ora detto è la *ratio* dalla quale discende la lettura del testo normativo nel senso della statuizione di un regime di riserva assoluta. Se ne deve concludere che ogni volta che il potere legislativo si spoglia del monopolio che gli è attribuito, per delegarlo al potere regolamentare, comunque ciò avvenga, esso rinuncia all'esercizio della funzione di cui è investito in forza del principio della riserva. Ogni ipotesi di rapporto legge autorizzante-regolamento delegato (futuro) è in contrasto con la regola della riserva di legge, e va, pertanto, considerata illegittima.

9. *Specificazione del contenuto e dei limiti della riserva di legge*

Il monopolio del potere legislativo in materia di criminalizzazione dei comportamenti umani non è dettato, deve esser chiaro, da considerazioni puramente formali attinenti alla gradualità e, quindi, al diverso rango, delle fonti di produzione del diritto.

La ragione della disciplina adottata sta nel consentire, ed è tipico del pensiero liberal-democratico, una riflessione particolarmente attenta sulle ragioni che portano a qualificare reato un certo fatto umano, nonché alla possibilità offerta alle minoranze di intervenire sugli indirizzi e sulle scelte di politica criminale della maggioranza: in un processo dialettico al quale si partecipa – si dovrebbe partecipare – per convincere ma anche per essere convinti.

Abbiamo già accennato alla critica sovente mossa a chi legge nel II comma dell'art. 25 Cost. la statuizione del regime di riserva assoluta. Esso depaupererebbe, in maniera inammissibile, le fonti del diritto penale.

Abbiamo già brevemente sottolineato come un tale ordine di idee suoni inattuale rispetto alla forte tendenza alla cosiddetta depenalizzazione. Prima di ritornare su questo punto è opportuno, però, proprio per l'esatta intelligenza dei modi attraverso i quali, nel rispetto della riserva assoluta, la regola penale può essere posta per non incorrere, quindi, in pericolosi fraintendimenti, mettere a fuoco tutto ciò che la riserva permette e tutto ciò che esclude.

In primo luogo, occorre ricordare che il nostro ordinamento, accanto alle leggi prodotte, con l'ordinario processo di formazione, dalle due Camere, assegna a determinati atti dello Stato e delle Regioni forza di legge.

Per quanto concerne le leggi regionali si è visto come la riserva *ex* art. 25 Cost., II comma, sia di *modo di disciplina* e non di *campo di materia.* Pertanto, va escluso che, ai sensi della regola costituzionale, sotto il paradigma legge possa ricondursi altra regola che non sia quella statuale.

Rimangono gli atti normativi dello Stato e, cioè, i cosiddetti *decreti legislativi* o leggi delegate e i *decreti-legge* (artt. 76 e 77 Cost.).

A favore dell'opinione che annovera sia il decreto legislativo che il decreto-legge tra le fonti, costituzionalmente legittime, di produzione di regole penali sta, in primo luogo, il dato di diritto positivo: la Costituzione attribuisce a tali atti normativi efficacia pari a quella delle leggi ordinarie[3].

Sembra, invero, difficile una interpretazione volta a ridimensionare l'assolutezza del testo costituzionale (che parla di uguale efficacia rispetto a quella della legge ordinaria, senza limitazioni di sorta) nel senso di escludere la loro rilevanza come fonti penali. È chiaro, infatti, che l'espressione "aventi forza di legge" non si esaurisce in una pura e semplice qualificazione, quasi dottrinale: riassume sinteticamente una complessa disciplina alla quale, senza decisive controindicazioni, non possono essere sottratti temi e materie regolabili per leggi ordinarie. Controindicazioni in tal senso si sono potute cogliere a proposito della legge regionale. È da chiedersi se ne esistano anche per l'uno o l'altro tipo di atti normativi statuali richiamati o per entrambi.

Al riguardo va ricordato che l'esercizio della funzione legislativa riconosciuto all'esecutivo non rappresenta affatto una cambiale in bianco sottratta alla garanzia di disamina e vaglio da parte del potere legislativo.

Per ciò che concerne i decreti legislativi, o leggi delegate, l'art. 76 Cost., innovando profondamente sul precedente sistema, esige che alla funzione legislativa sia delegato il Governo, nel suo insieme, e non il singolo Ministro. Inoltre, ed è ancor più importante, occorre che siano determinati principi, criteri direttivi, e che la delega sia limitata nel tempo e rilasciata per oggetti definiti.

Non può dirsi, quindi, che la regola delegata si ponga rispetto alla regola-delegante nello stesso rapporto che contrassegna le regole secondarie (regolamenti futuri) rispetto alle regole primarie che alle prime facciano rinvio. Sono le caratteristiche della legge-delega, che stabilisce principi e criteri direttivi, riguarda oggetti definiti e limita nel tempo l'esercizio della funzione legislativa da parte del Governo, a permettere quei tempi di riflessione e di discussione la cui necessità coincide con la *ratio* sottesa alla riserva di legge[4].

A patto di rispettare, ma raramente avviene, le condizioni poste dall'art. 77

---

[3] Su questa linea la giurisprudenza, ad es.: Cass. VI, 29 settembre 1988, n. 9548: "L'atto normativo del potere esecutivo (nella specie: decreto ministeriale) può costituire fonte mediata di norme penali, stabilire cioè gli elementi costitutivi del fatto incriminato, solo in quanto una legge o un atto equiparato, che costituiscono *ex* art. 25 Cost. le esclusive fonti delle norme penali, abbiano indicato con sufficiente specificazione le condizioni ed i limiti dei provvedimenti dell'autorità non legislativa, alla trasgressione dei quali è ricollegabile la sanzione penale".

[4] Vale la pena di ricordare che come ulteriore momento di controllo del Parlamento sul decreto delegato si pone il disposto dell'art. 14, IV comma, l. 23 agosto 1988, n. 400: "In ogni caso, qualora il termine previsto per l'esercizio della delega ecceda i due anni, il Governo è tenuto a richiedere il parere delle Camere sugli schemi dei decreti delegati. Il parere è espresso dalle Commissioni permanenti delle due camere competenti per materia entro sessanta giorni, indicando specificamente le eventuali disposizioni non ritenute corrispondenti alle direttive della legge di delegazione. Il Governo, nei trenta giorni successivi, esaminato il parere, ritrasmette, con le sue osservazioni e con eventuali modificazioni, i testi alle Commissioni per il parere definitivo che deve essere espresso entro trenta giorni".

Cost., II comma, la garanzia non è scalfita nemmeno in ipotesi di provvedimenti provvisori con *forza di legge* adottati dal Governo. Va sottolineata, al riguardo, la perentorietà, addirittura enfatica, con la quale si limita tale eventualità a *casi straordinari di necessità e di urgenza*. Occorre tenere presente, inoltre, che il Governo adotta tali provvedimenti *sotto la sua responsabilità*.

Infine, ma è questo l'aspetto della normativa costituzionale che più assicura l'osservanza delle esigenze poste a fondamento della riserva assoluta, i decreti perdono efficacia *sin dall'inizio* se le Camere non li convertono in legge entro 60 giorni dalla loro pubblicazione. Certo, come vedremo, tutto ciò solleva problemi non lievi, soprattutto per quanto concerne la successione di leggi in materia penale; ma non può dirsi che il controllo da parte delle Camere sia eluso: è soltanto rinviato, con effetti tali da produrre, per così dire, l'azzeramento del decreto non convertito.

In secondo luogo, non bisogna confondere il caso in cui il legislatore rinvia ad un regolamento futuro, cioè emanando, e conseguentemente rinuncia al monopolio in materia penale, con quello in cui è disposta la assoggettabilità a sanzione criminale di comportamenti previsti da regolamenti già esistenti, o fa riferimento a questi ultimi per la specificazione di elementi di fattispecie. In tal caso il potere legislativo, al momento del rinvio, conosce – è in grado di conoscere – le regole alle quali rimanda e quindi non c'è violazione della riserva di legge.

Al riguardo, anzi, va ricordato che sarebbe errato considerare, nella determinazione dei rapporti fra regola primaria e regola secondaria, regolamento ogni atto normativo che il legislatore così chiami. Può accadere, infatti, che sia denominato "regolamento" un provvedimento futuro delegato al Governo, nell'osservanza di tutti i requisiti di cui all'art. 76 Cost. Non v'è dubbio che sarà legittimo il rinvio effettuato dalla legge a regole così prodotte ad opera dell'esecutivo[5].

10. *Continua sul contenuto della riserva di legge*

Ratio e lettera del testo costituzionale ci permettono, quindi, di cogliere gli esatti confini della riserva di legge.

Cominciamo dal dato letterale.

L'espressione "Nessuno può essere punito" si riferisce, oltre che alla fattispe-

---

[5] Ai sensi dell'art. 14, 1 comma, l. n. 400/1988 *supra cit.*: "I decreti legislativi adottati dal Governo ai sensi dell'art. 76 Cost. sono emanati dal Presidente della Repubblica con la denominazione di 'decreto legislativo' e con l'indicazione, nel preambolo, della legge di delegazione, della deliberazione del Consiglio dei Ministri e degli altri adempimenti del procedimento prescritti dalla legge di delegazione". Lo stesso vale per i regolamenti; infatti l'art. 17, IV comma, legge cit. recita: "I regolamenti di cui al I comma [regolamenti governativi] ed i regolamenti ministeriali e interministeriali, che devono recare la denominazione di 'regolamento', sono adottati previo parere del Consiglio di Stato, sottoposti al visto ed alla registrazione della Corte dei Conti e pubblicati nella Gazzetta Ufficiale".

cie criminosa, anche alle conseguenze sanzionatorie che danno concretezza alla *punizione*.

Suonerebbe, infatti, del tutto insoddisfacente una regola costituzionale che si limitasse a prescrivere che la previsione dei comportamenti costituitivi di reato debba avvenire per legge e, poi, abbandonasse a regole secondarie, cioè al potere esecutivo, la determinazione di ciò che significa, in realtà, *essere puniti*. Ma, ripetiamo, sono proprio i termini usati dal costituente, all'art. 25, che impongono tale conclusione.

Si può dire, insomma, che la regola costituzionale sintetizza, in modo appropriato, l'enunciato dell'art. 1 c.p.: semmai, potrebbe rilevarsi che la Costituzione sembra privilegiare più il momento dell'effetto (sanzionatorio) che quello della causa di esso (il fatto illecito).

La lettera è pienamente aderente alla *ratio* che la sottende.

Non avrebbe senso sancire una disciplina imperniata sul monopolio del legislativo in materia penale se tale monopolio si arrestasse alla definizione dei comportamenti penalmente vietati, disinteressandosi, per il resto, a quanto attiene alle conseguenze discendenti dal comportamento incriminato. Le esigenze di particolare riflessione che si richiede in materia penale e di possibile libera discussione, in Parlamento, concernono non solo i *delitti* ma anche le *pene* comminando le quali si incide, in via generale ed astratta, sui beni essenziali dei consociati.

Naturalmente, *ratio* e lettera della regola costituzionale fanno sì che la riserva operi nei confronti di tutti gli effetti d'ordine criminale ricollegati all'illecito: con riguardo sia al tipo che alla misura – nei limiti di esercizio del potere discrezionale affidato all'organo a ciò preposto per legge, compatibile col principio della riserva.

L'individualizzazione della sanzione criminale discendente dalla natura personale della responsabilità penale e la finalità rieducativa richiesta, entro ben determinati confini, dall'art. 27, III comma, Cost., impongono un sistema di sanzioni predeterminate, tra un minimo ed un massimo edittali, assieme alla possibilità di scegliere tra diversi tipi di sanzioni previste per legge; il che consente, altresì, di adeguare la sanzione al disvalore *concreto* dell'illecito commesso; che è, anche questa, esigenza connaturata al principio della personalità della responsabilità. Principio che è pienamente attuato quando i suoi effetti investano non soltanto la considerazione del soggetto autore del fatto di reato, ma, altresì, lo spessore di quel frammento di vita del soggetto, costituito dall'illecito, che egli ha posto in essere.

Se il sistema delle regole costituzionale contrasta la cosiddetta pena tariffa rigida, la dilatazione del potere discrezionale attribuito all'organo giudiziario svuoterebbe, però, la *ratio* della riserva. Così come il legislatore non può abdicare di fronte all'esecutivo, lo stesso deve dirsi per i rapporti che intercorrono tra chi pone la legge e chi è chiamato ad interpretarla (cfr. più appresso sulla *tassatività* delle previsioni penali) e ad applicarla. Sarebbero costituzionalmente illegittime una pena indeterminata anche solo nel massimo e la statuizione di un arco edittale di pena entro limiti troppo divaricati. E ciò non tanto perché in questo modo la fattispecie incriminatrice verrebbe a scindersi in tutte le sotto-fattispecie individuabili dal giudice alla stregua di un proprio autonomo giudizio sull'effettivo disvalore delle singole fattispecie concrete, quanto perché una disciplina siffatta equivarrebbe alla rinuncia da parte del potere legislativo a valutare la gravità dei fatti configurati come illeciti e a dosarne la pena.

Avremo modo, in seguito, di constatare come i limiti posti, in tema di sanzioni, alla discrezionalità del giudice siano decisivi per la corretta interpretazione dell'art. 90 Cost., là dove esso sancisce la responsabilità del Presidente della Repubblica, per ciò che concerne gli atti compiuti nell'esercizio delle sue funzioni, solo per alto tradimento o per attentato alla Costituzione. La soluzione del quesito se le formule riportate disegnino fattispecie autonome o non, piuttosto, rappresentino criteri riassuntivi e di richiamo di fattispecie già previste da leggi ordinarie, dipende, infatti, dall'ampiezza che si ritenga costituzionalmente legittima del potere discrezionale.

La riserva di legge è, insomma, rispettata, solo se l'arco edittale risulti ragionevole in base ai criteri oggettivi che definiscono la gravità dell'offesa arrecata al bene protetto, nonché al rango di quest'ultimo.

Con riferimento ai limiti del potere discrezionale, abbiamo parlato di pena e non, più genericamente, di sanzione criminale. In particolare, per ciò che riguarda le misure di sicurezza, dovremo constatare (cfr. più appresso) come la riserva di legge sancita nei loro confronti dall'art. 25, III comma, Cost. subisca, per effetto del rinvio compiuto dal costituente all'istituto così come regolato dal codice penale, una significativa attenuazione.

La regola costituzionale è dunque esaustiva: concerne, con la riserva or ora sollevata in tema di misure di sicurezza, tutti gli effetti, d'ordine criminale, normativamente ricollegati al reato. Non deve suscitare meraviglia o, peggio, trarre in inganno l'autonoma previsione di riserva di legge contenuta all'art. 25 Cost. Questa regola ha una doppia funzione; la prima di metodologia legislativa, la seconda prescrittiva.

Da un lato ha disimpegnato il costituente da ogni presa di posizione di carattere dommatico-classificatorio sulla natura giuridica delle cosiddette *misure di sicurezza*.

Dall'altro sottolinea come, per ragioni che più appresso saranno esaminate e discusse, le misure di sicurezza sono oggetto soltanto della garanzia della riserva di legge e non anche di quella della irretroattività delle regole che le prevedono. E non basta. Il rinvio è effettuato dalla regola costituzionale al sistema codicistico e non ad un puro e semplice *nomen juris*: misure di sicurezza. Così, infatti, va letta ogni proposizione costituzionale allorché faccia riferimento, senza controindicazioni, ad istituti già disciplinati da legge ordinaria.

L'art. 25, III comma, ammette, pertanto, la possibilità che quelle sanzioni criminali, che sono le misure di sicurezza, non siano determinate nel massimo. Si può dire, in proposito, che il principio di legalità non funziona qui come presidio contro la dilatazione del potere discrezionale.

Ma una sanzione non è un'astrazione convenzionale. Essa è contrassegnata dal contenuto che le è proprio: il che vuol dire che la comminazione di un effetto sanzionatorio non può non comprendere tutta la disciplina che ne concerne l'*esecuzione.*

Sarebbe mistificante la regola costituzionale che si accontentasse di stabilire che solo per legge può essere prevista una sanzione avente *una certa denominazione.* Il complesso di motivi, aspirazioni, anche illusioni, che sono a fondamento della riserva, trova soddisfazione quando sia la legge e non una regola secondaria o, addirittura, un atto amministrativo a dettare la disciplina del *come* una sanzione trova, nel reale, applicazione.

Vedremo in seguito che esistono, nelle previsioni di legge, elementi normativi del fatto. Va detto che esistono, e non meno importanti, elementi normativi della sanzione.

La norma giuridica reale si ottiene, insomma, tenendo presente l'apporto che le regole alle quali è dato rinvio offrono, non soltanto alla definizione del fatto previsto, ma altresì al contenuto e al modo di essere di una conseguenza sanzionatoria: per dirla in breve, il dettato di legge è integrato anche da tutte le proposizioni (di legge) che ci dicono che cosa è in concreto, ad esempio, una pena della reclusione da 3 a 12 anni.

Due punti debbono essere chiariti.

La lettera dell'art. 25 Cost., come quella dell'art. 1 c.p., pare limitare la riserva di legge alle regole incriminatrici, nonché, abbiamo visto, alle relative conseguenze d'ordine criminale.

Ci si domanda se il regime di riserva assoluta si estenda o no alle regole che hanno funzione modificativa o estintiva dell'illecito o dei suoi effetti giuridici.

La risposta non può che essere questa: stante il principio che i fatti costitutivi di illeciti penali, e le conseguenze (criminali) ad essi ricollegate, debbono essere previsti da regole ordinarie, qualsiasi effetto modificativo o estintivo, vuoi del fatto vuoi della sanzione, non può essere stabilito a mezzo di regola secondaria (futura rispetto alla regola primaria). Se così non fosse, si verrebbe ad ammettere che ciò che la legge dispone è derogabile o modificabile da atti normativi di grado inferiore. Conclusione, questa, inammissibile tanto sulla base della *ratio* che sottende la riserva assoluta, quanto sulla base del principio della gerarchia delle fonti, proprio di una costituzione *rigida.*

La seconda questione che occorre, adesso, affrontare è la seguente.

Si è visto sopra come la *norma penale reale* risulti formata da segmenti di diritto cosiddetto sostanziale e da segmenti di diritto cosiddetto processuale.

Il significato di una proposizione giuridica che configura un fatto di reato è pienamente raggiunto unicamente quando la formula linguistica, ad esempio: "Chiunque cagiona la morte di un uomo è punito con la reclusione non inferiore ad anni 21", è sciolta in quella che suoni così: "A chiunque si accerta, attraverso l'impiego di determinate forme previste da determinate regole, che abbia cagionato la morte di un uomo deve irrogarsi, attraverso determinate forme previste da determinate regole, la reclusione non inferiore ad anni 21 da eseguirsi attraverso determinate forme previste da determinate regole".

La possibilità di pervenire ad una lettura completa della regola incriminatrice, solo tenendo conto delle regole (primarie) cui è implicitamente fatto rinvio, si coglie con particolare evidenza rispetto alle regole che disciplinano l'esecuzione degli effetti: diversamente, si ridurrebbe l'enunciato "reclusione non inferiore ad anni 21" ad un mero *flatus vocis.* Tant'è vero che è oggetto di discussione, più o meno utile, la collocazione di queste regole in questa o quella branca del diritto.

Ma basta pensare a come l'espressione "Chiunque cagiona la morte di un uomo" rimandi necessariamente alla descrizione, inevitabile, dei modi di accertamento del fatto incriminato; a come l'espressione "è punito" rimandi necessariamente alla descrizione dei modi attraverso i quali la sanzione da oggetto di comminazione in astratto diventa oggetto di irrogazione in concreto, per renderci conto che la fusione, e più ancora la compenetrazione, tra i due ordini di segmenti (cosiddetti sostanziali e cosiddetti processuali) costitutivi della norma reale rappresenta una costante dalla quale non può prescindersi.

Soprattutto è da tenere nel dovuto conto la considerazione che siamo in presenza di una vera e propria compenetrazione: cioè, di un processo di dare e avere. Sia le tecniche prescritte per accertare il fatto, sia i modi di irrogazione ed esecuzione della sanzione incidono, le prime, sulla struttura del fatto (si rifletta ad es. su ciò che significa dal punto di vista sostanziale la disciplina dell'onere probatorio), le seconde sulla reale sostanza di ciò che è sinteticamente definito "reclusione non inferiore ad anni 21".

E, per contro, la struttura della fattispecie condizionante la sanzione si riflette sulle regole di accertamento. Non tanto condizionandone direttamente il dettato, quanto nella enucleazione delle regole di giudizio alle quali bisogna affidarsi nel processo di verifica della corrispondenza tra fattispecie concreta e fattispecie (normativa) astratta: la costellazione di circostanze ed elementi dai quali è lecito desumere un dato oggettivo è diversa e, soprattutto, va "trattata" in modo diverso dalla costellazione di circostanze ed elementi alla stregua dei quali può desumersi la realizzazione di un dato a contenuto psicologico.

11. *Ancora sui rapporti tra legge penale e regole giuridiche richiamate: le c.d. norme penali in bianco*

La disamina sopra svolta ci permette di prendere brevemente posizione sulle cosiddette norme penali in bianco.

Più precisamente, poiché con tale denominazione sono individuate quelle regole che, per ciò che concerne il precetto, il contenuto del comando, fanno riferimento in tutto e per tutto ad una regola diversa da quella enunciativa della sanzione, ancora una volta ci troviamo in presenza ad enunciati che sintetizzano linguisticamente l'attribuzione a fonte diversa da quella legislativa del potere di condizionare la previsione della sanzione. Ora, se questa previsione è contenuta in regole secondarie, già entrate in vigore nel momento in cui è prodotta la regola penale che ricollega la sanzione alla violazione di quelle regole, il principio della riserva assoluta di legge è rispettato.

Attraverso un assai spesso malinteso espediente di *economia normativa*, la regola primaria, anziché ripetere il contenuto dei precetti o dei divieti secondari la cui inosservanza si vuole sanzionare penalmente, opera un rinvio a ciò che fa già parte dell'ordinamento giuridico.

Con una sola regola primaria si può assicurare tutta una disciplina a carattere penale, con possibilità di modificare quello che si vuole modificare, di apportare emendamenti dove si desidera apportare emendamenti, di negare, quando lo si ritenga opportuno, il presidio della sanzione penale ad una data regola secondaria. Nessuna violazione, insomma, della riserva assoluta di legge.

Non c'è bisogno di spendere troppe parole per denunciare, invece, una irrimediabile situazione di contrasto col principio costituzionale, allorché la regola penale in bianco operi il rinvio ad una regola secondaria *non ancora entrata in vigore.*

Poiché nel momento in cui si dispone che sarà sanzionato il comportamento contrario ad una regola della quale, al momento della statuizione, si ignora il contenuto, il legislatore primario viene meno all'onere di sottoporre a vaglio particolarmente accurato ed alla discussione più aperta quel che è oggetto di disciplina penale[6]. Che un vaglio o una discussione del genere spesso, per le ragioni più varie, non abbiano luogo, non consente di confondere quanto è dovuto con quanto di fatto accade.

Stabilito che la sistemazione, che abbiamo considerato, dei rapporti fra regola

---

[6] Cfr. Cass. VI, 29 settembre 1988, n. 9548: "(...) Invero, la riserva di legge, di cui all'art. 25, II comma, Cost., riguarda in modo assoluto la determinazione della pena, mentre la riserva concernente il precetto deve essere interpretata in senso meno rigoroso purché, naturalmente, resti garantito il principio di legalità". Non è condivisibile l'asserto (Cass. VI, 29 settembre 1988, n. 9548) secondo cui il principio "riguarda in modo assoluto la determinazione della pena, mentre la riserva concernente il precetto deve essere interpretata in senso meno rigoroso purché, naturalmente, resti garantito il principio di legalità". In primo luogo non si coglie il motivo della proclamata differenza di contenuto tra riserva di legge concernente la pena e riserva di legge concernente il precetto. Certo, la pena incide immediatamente e direttamente su diritti fondamentali: ma sempre come effetto della violazione di un comando. Le garanzie che devono presiedere la formulazione di quest'ultimo si riflettono sull'irrogazione e l'esecuzione della sanzione.

Meno ancora convincente, poi, appare il richiamo alla necessità che sia comunque assicurato il rispetto della legalità. Dove legalità sembra ridursi alla presenza di una regola di legge, posta a fondamento, più che altro come titolo di legittimazione, alla disciplina effettuale. Se si va oltre questo *minimum*, e questo sembra il pensiero della Corte, la difesa della legalità non può che concentrarsi su rilievi contenutistici d'ordine quantitativo (il più è enunciato dalla legge, il meno dalla legge richiamata) o su affermazioni tanto facili a profferirsi quanto restie alla prova (elementi marginali e così via). Piuttosto va sottolineato come si trascuri la condizione fondamentale che deve reggere la dialettica regola richiamante-regola richiamata. Quest'ultima, salvi i casi – come vedremo – di norma più favorevole, entra a far parte della proposizione penale solo quando il legislatore (penale) abbia potuto vagliarne portata e impatto sulla disciplina penalistica: purché, insomma, sia che si tratti di norma primaria, sia che si tratti di norma secondaria, essa potesse essere convenientemente valutata ai fini della sua incidenza su un disposto penale.

primaria e regola secondaria già in vigore (e, quindi, ripetiamo, oggetto di possibile riflessione e di motivata discussione da parte del potere legislativo) non lede il principio di riserva assoluta, dobbiamo completare l'asserto per precisare le condizioni in presenza delle quali è lecito parlare di osservanza del dettato costituzionale.

Partiamo dall'ovvia constatazione che la regola primaria, cosiddetta in bianco, effettua un rinvio ad altra regola.

Ora, il rinvio operato da una regola ad un'altra regola – o ad altro sistema di regole – può essere di due tipi: rinvio meramente *recettizio* o rinvio *formale*[7].

Si ha il primo allorché la regola di diritto che rimanda ad altra regola – o ad altro sistema normativo – prende come riferimento il contenuto delle regole, rispetto alle quali è effettuato il rinvio, così come queste sono vigenti nel momento in cui l'operazione di rinvio è enunciata.

Instaurata una siffatta relazione, la regola in bianco non segue quelle che saranno le *eventuali vicende normative* (abrogazione, modifica) delle regole richiamate. Come già detto, l'operazione persegue soltanto un risultato di economia normativa. Non viene ripetuto quanto è già disposto in altro settore dell'ordinamento e ci si limita ad integrare la fattispecie prevista dalla regola primaria o, addirittura, unicamente a comminare la conseguenza sanzionatoria sul contenuto della regola secondaria oggetto di rinvio.

Il carattere recettizio di questo tipo di rinvio, che, deve esser chiaro, può verificarsi vuoi nei confronti di una regola secondaria vuoi nei confronti di una regola primaria, si coglie in tutta evidenza se si pensa che, attraverso questa tecnica, ci si può riferire non soltanto ad una regola facente parte dell'ordinamento giuridico

---

[7] Contrariamente a quanto figura in altri miei precedenti lavori, mi adeguo all'uso corrente delle espressioni rinvio formale e rinvio recettizio (cfr. in giurisprudenza: Cass. I, 1° marzo 1993, n. 226: "Le misure patrimoniali di prevenzione del sequestro e della confisca, previste nei confronti delle persone indiziate di appartenenza ad associazioni di tipo mafioso, sono applicabili anche ai soggetti pericolosi ai sensi dell'art. 1, nn. 1, 2, 3 e 4 della l. n. 1423/1956. Ed invero il rinvio di cui all'art. 19, I comma della l. 22 maggio 1975, n. 152, contenente norme a tutela dell'ordine pubblico, non ha carattere materiale o recettizio, ma è di ordine formale, nel senso che, in difetto di un'espressa esclusione o limitazione, deve ritenersi esteso a tutte le norme successivamente interpolate nell'atto-fonte, in sostituzione, modificazione o integrazione di quelle originarie"; Cass. VI, 14 giugno 1994, n. 6889: "In tema di stupefacenti, il rinvio che l'art. 80, I comma, lett. *b)*, d.p.r. n. 309/1990 opera all'art. 113, n. 4, c.p. deve intendersi riferito al testo dell'art. 112 c.p. vigente all'epoca in cui è entrato in vigore l'art. 18, l. 26 giugno 1990, n. 162, contenente la norma riportata nell'art. 80 cit., essendo l'art. 18 formulato in maniera tale da dar luogo al recepimento della disposizione richiamata così come all'epoca vigente. Mancano, infatti, per la specificità e puntualità del rinvio, elementi che possano indurre a considerarlo un rinvio formale").

Dal punto di vista lessicale, però, mi sembrerebbe che l'espressione rinvio *formale* corrisponda meglio all'assunzione da parte di una regola di altra colta puramente e semplicemente nella sua testualità; laddove rinvio *recettizio* starebbe a significare assunzione globale di una regola da parte di altra, che se ne compenetra fino a seguirne ogni vicenda normativa: abrogazione, modifiche e via dicendo.

nazionale, ma anche a regola di ordinamento straniero o internazionale: può addirittura effettuarsi rinvio a regole abrogate o a regole di ordinamento, nel suo insieme, abrogato. Si opera, insomma, una "fotografia" del contenuto della regola, in ordine alla quale è compiuto il rinvio, rinunciando a seguire quello che è, per così dire, il "film" della regola a cui si rimanda, regola che può essere oggetto nel tempo di vicende ad efficacia abrogativa o modificativa.

Il rinvio è, per contro, formale quando la regola che lo effettua esprime l'intenzione del legislatore di adeguare la disciplina dettata per una determinata materia alla disciplina già stabilita da regole diverse. Adeguamento raggiunto imponendo che, man mano che si modificano o sono abrogate le regole rispetto alle quali si opera il rinvio, gli effetti si riverberano, *immediatamente e direttamente, sul contenuto della regola di rinvio.* Per tal modo, si opera l'accettazione preventiva di tutte le vicende normative che potranno verificarsi in ordine alle regole rinviate.

Ci domandiamo quale sia il tipo di rinvio, formale o recettizio, adottato in campo penale, da regole primarie che fanno riferimento ad altre regole.

Dobbiamo, al riguardo, distinguere a seconda che la regola rinviata sia primaria o secondaria.

Cominciamo da quest'ultima ipotesi.

Da tutto quanto abbiamo prima osservato discende che, in tal caso, *il rinvio non può che essere meramente recettizio.* La legittimità costituzionale, infatti, esige che il potere legislativo abbia la possibilità di vagliare, controllare, modificare, le regole con riferimento alle quali si compie il rinvio. Ma ciò può avvenire unicamente in relazione al contenuto della regola in vigore nel momento in cui è enunciata la regola primaria che ad essa rinvia. E si badi: non rileva qui l'intenzione del legislatore. È dall'esigenza che la regola ordinaria non sia in contrasto con la regola costituzionale che segue la conclusione secondo la quale, nell'ipotesi considerata, il rinvio va sempre inteso come rinvio recettizio. La regola primaria è, insomma, cristallizzata nel contesto ottenuto dalla integrazione, nel suo contenuto, del contenuto della regola secondaria rinviata.

Diversamente stanno le cose quando la regola primaria rinvia ad altra regola *anch'essa primaria.* Il che può avvenire tanto se la regola penale si limita a prevedere la sanzione per chi non osserva disposizioni dettate da una regola primaria di diritto civile, amministrativo, ecc., quanto se la fattispecie enunciata dalla regola primaria presenta elementi cosiddetti normativi, sintetizzati, in genere, da una qualifica per la cui comprensione è indispensabile il ricorso a quel che prescrive altra o altre regole (ad es. il requisito dell'"altruità" all'art. 624 c.p.) – nel caso, primarie.

Se la regola richiamata non è ancora in vigore, dovremmo, alla stregua delle considerazioni sopra svolte, concludere per la violazione del principio della riserva assoluta. Verrebbe meno, infatti, pure in questo caso, la possibilità di controllo, da parte del potere legislativo, su quella che sarà l'effettiva struttura della disposizione penale che attende di essere integrata da disposti (primari) di diritto civile, amministrativo, ecc.

Si avrebbe, invece, una situazione di piena legittimità costituzionale quando il rinvio è operato nei confronti di regole primarie *già entrate in vigore.*

Sembrerebbe, insomma, che non vi sia ragione alcuna per differenziare le risposte che occorre dare alle domande che sorgono in ipotesi di rinvio da regola (penale) primaria a regola primaria (non penale), rispetto alle risposte cui si arriva quando il rinvio è da regola (penale) primaria a regola secondaria.

Interviene, però, sul principio di riserva assoluta il principio di irretroattività, sancito, anch'esso, dal II comma dell'art. 25 Cost.

Sono due principi, come abbiamo avuto occasione di ricordare, ben distinti l'uno dall'altro: ma, proprio perché distinti, in grado di *interagire.* E non sarebbe possibile altrimenti: anche la Costituzione va interpretata quale sistema unitario. In particolare, per quel che qui ci interessa, bisogna ammettere che un principio costituzionale può subire deroga ad opera di altro principio costituzionale o, comunque, modellarsi sul contenuto di questo.

Ciò posto, mentre del principio di irretroattività ci occuperemo, in modo specifico, più avanti, dobbiamo, a questo punto, chiarire come le caratteristiche del regime di riserva assoluta, in materia penale, dipendano dal significato complessivo che assume, nell'ordinamento, il principio di irretroattività.

Nessun dubbio che se la regola non penale, in ordine alla quale si dà rinvio, è sottoposta ad abrogazione o a modifiche che rendano più grave la posizione del destinatario della regola penale, il rinvio è meramente recettizio. La regola penale non può accogliere la prospettiva di varianti alle regole, sia pur primarie, rinviate, quando le varianti si traducano o nella incriminazione di un fatto precedentemente non contemplato come reato, o nell'inasprimento della disciplina vigente.

Principio, questo, che è indubitabile che valga per i fatti posti in essere *prima* della modifica delle regole cui rimanda la regola penale. Per quelli successivi a tale modifica, la questione si presenta più complessa.

Da un lato può dirsi che, essendo disposta da legge la modifica di regola primaria richiamata, che dà sostanzialmente vita, modificandone la struttura, ad una nuova figura di reato o ne inasprisce la disciplina, il principio di riserva assoluta è rispettato.

Dall'altro, si può osservare che, come abbiamo visto, il principio di riserva non si esaurisce in una mera questione di rango normativo, ma trova, alla sua base, ragioni sostanziali che si riassumono nell'esigenza che la materia penale sia convenientemente delibata e discussa. Ora, siamo sicuri che questa esigenza venga osservata allorché la regola penale subisce modifiche *in pejus* per effetto di varianti arrecate a regole primarie che hanno direttamente ed immediatamente ad oggetto materia non penale? Se la risposta è negativa si dovrà coerentemente ritenere che il principio di riserva impone che una regolamentazione penale può essere dettata solo da fattori legislativi capaci di produrre regole primarie, che svolgano la loro funzione – sia pur richiamando regole giuridiche esistenti – *in campo penale.*

Non sorprenderà chi ci ha fin qui seguito se la nostra propensione è per questo modo di intendere il principio di riserva assoluta.

Il legislatore, che procede in atto a disciplinare penalmente una certa materia, deve avere sott'occhio tutto ciò che è, appunto, sul piano normativo, espressione della disciplina voluta: struttura della fattispecie condizionante, effetti condizionati. Ed è chiaro che, in caso di rinvio, ciò può darsi solo con riferimento a regole giuridiche (primarie o secondarie) che facciano parte dell'ordinamento; vale a dire, entrate in vigore o, quanto meno, considerando decisiva la possibilità di conoscenza e, quindi, di valutazione e di discussione, *pubblicate,* anche se ancora non entrate in vigore.

Parrà ad alcuno che la conclusione cui giungiamo imponga al legislatore ordinario un onere troppo pesante: ma ci sembra l'unica in grado di realizzare un adeguamento soddisfacente a quella che abbiamo visto essere la *ratio* del principio in questione[8].

Si è detto che la riserva assoluta di legge va interpretata in un contesto unitario, che tenga conto anche del principio di *irretroattività.*

Se, fino a questo punto, non abbiamo trovato segni di tale interazione, le cose cambiano quando si passi a considerare l'abrogazione o la modifica della regola rinviata, ove le suddette vicende normative abbiano ad oggetto la regola giuridica non penale in forza della quale un certo fatto risultava costitutivo di reato o ne veniva assicurata una disciplina più severa (ad es., in quest'ultimo caso, prevedendo una situazione di fatto assunta, nel richiamo operato dalla regola penale, a circostanza aggravante).

Se si ritenesse sempre puramente recettizio il rinvio operato da regola primaria a regola primaria, l'abrogazione o le modifiche subite dalla regola rinviata non

---

[8] Si noti che spesso le norme penali c.d. in bianco vengono identificate con le norme che presentano elementi normativi di fattispecie, ove il rinvio ad altre regole non è fatto ai fini dell'indicazione del comportamento sanzionato o della sanzione. Trattasi, invero, di fenomeni diversi, come è dimostrato, anche dopo la sentenza n. 364/1988, dalle differenze che si incontrano nella disciplina dell'errore, per la cui validità, tuttavia, vanno poste le medesime condizioni: che il rinvio sia operato nei confronti di regole già esistenti oppure, se successive al rinvio, non peggiorative e dettate specificamente per la materia penale. Si veda Cass. III, 18 dicembre 1997, n. 11828: "È manifestamente infondata l'eccezione di legittimità costituzionale dell'art. 5, lett. *d)* della l. 30 aprile 1962, n. 283, sulla disciplina igienica degli alimenti, per violazione dell'art. 25 Cost., in quanto la norma contiene in sé la nozione di 'nocività', intesa con riferimento a quelle sostanze alimentari che possono creare un pericolo per la salute pubblica per non essere genuine, e quella di 'alterazione', e cioè della presenza di un processo modificativo di una sostanza alimentare che diviene altra da sé per un fenomeno di spontanea degenerazione. Non si tratta pertanto di una norma penale in bianco, dovendosi considerare le eventuali indicazioni contenute in circolari del Ministero della Sanità un parametro scientificamente valido al quale ancorare il giudizio e non già un necessario completamento della norma incriminatrice".

Qui, per la verità, non abbiamo a che fare né con norma in bianco né con norma nella cui struttura figurino elementi per la comprensione dei quali è indispensabile rifarsi ad altre regole giuridiche (elementi normativi in senso stretto). La realtà è che concetti come nocività o alterazione sono concetti "aperti", finestre sul cortile di altre discipline: come tali potranno essere colti anche avvalendosi di circolari e simili – che, però, non hanno alcun valore vincolante. Il giudicante potrà sempre discostarsene, vuoi esigendo di più, vuoi accontentandosi di meno di quanto dette circolari propongono: salvo (ma è il caso di dirlo? Purtroppo sì) l'onere della motivazione.

verrebbero ad incidere sulla qualificazione o sul trattamento del fatto criminoso.

Certo emergerebbe una deroga al disposto del II e III comma dell'art. 2 c.p., che stabiliscono, in via pressoché assoluta, la retroattività della legge più favorevole al destinatario dell'obbligo penalmente sanzionato: "Nessuno può essere punito per un fatto che, secondo una legge posteriore, non costituisce reato; e, se vi è stata condanna, ne cessano l'esecuzione e gli effetti penali.

Se la legge del tempo in cui fu commesso il reato e le posteriori sono diverse, si applica quella le cui disposizioni sono più favorevoli al reo, salvo che sia stata pronunciata sentenza irrevocabile". Ma sarebbe facile rispondere ad una obiezione in tal senso motivata che l'art. 2 è legge ordinaria e, pertanto, come ammette deroga ad opera di altra legge ordinaria, *a fortiori* può subire eccezione in virtù del principio costituzionale della riserva assoluta di legge.

Resta da vedere, però, se il principio di irretroattività sancito dall'art. 25 comprenda il principio di retroattività della legge più favorevole.

In caso positivo, avremmo l'interferenza di un principio costituzionale su un principio più generale (quello della riserva di legge); interferenza che verrebbe a disegnare i confini precisi entro i quali questa regola è contemplata.

Naturalmente, tutto dipende dall'ampiezza che si dovrà riconoscere al principio di irretroattività disposto, sempre, dal II comma dell'art. 25 Cost.

A livello di legge ordinaria, la situazione che si profila allorché, in virtù di una legge posteriore, il fatto non è più costitutivo di reato o, sempre in virtù di una legge posteriore, riceve una disciplina più favorevole al reo, salvo che sia stata pronunciata sentenza irrevocabile, è decisamente limpida.

Occorre verificare se la soluzione adottata dal Codice trovi o no rispondenza nella regola costituzionale: in altri termini, se non si può negare il riconoscimento di una vicenda normativa modellata sui canoni del rinvio formale, allorquando la regola giuridica successiva si innesti sulla regola penale abrogando l'ipotesi criminosa o, con la riserva del passaggio in giudicato della sentenza, le dia una disciplina più favorevole.

12. *Considerazioni conclusive sulla riserva di legge*

Fissiamo alcuni dei risultati cui la ricerca è pervenuta.

La logica della riserva di legge porta a concludere che la riserva è sempre di natura assoluta, sì da escludere, con l'eccezione (che si è vista) in caso di sopravvenienza di normativa più favorevole, la possibilità di rinvio a regole non conoscibili e valutabili al momento della creazione della regola penale, siano esse norme secondarie o, addirittura, primarie, ma prodotto di attività legislativa avente ad oggetto materia non coperta da specifica riserva in campo penale. Questo, a patto che non esista altro principio costituzionale che ponga un limite all'assolutezza del disposto sulla riserva di legge. Così all'art. 23 Cost., che stabilisce che nessuna prestazione patrimoniale può essere imposta se non in base alla legge, si affianca l'art. 128, sempre della Carta costituzionale, in virtù del quale "le Province e i Comuni sono enti autonomi ...". Perché l'autonomia sia effettiva, reale e non mero enunciato di facciata, bisogna che questi enti siano dotati di capacità di imposizione tributaria. Ed è sufficiente proprio per il dettato costituzionale che tale capacità sia svolta nell'ambito, cioè sulla base dei principi fissati da leggi generali della Repubblica.

Allo stesso modo, si sciolgono i dubbi che solleva il decreto legislativo (non il decreto-legge) che non è sottoposto a controllo da parte del potere legislativo. Come abbiamo già visto, il Governo, su delegazione delle Camere, con determinazione di principi e criteri direttivi, per un tempo limitato e per oggetti definiti, può emanare decreti che hanno *valore di legge ordinaria* (artt. 76 e 77, I comma, Cost.). *Valore*, si dice all'art. *77,* ed è espressione più forte dell'altra "forza o efficacia di legge", perché riguarda non solo gli effetti ma l'intiero disposto, anche nella sua parte precettiva. Una piena equiparazione, quindi, ad ogni conseguenza, compresa quella della riconducibilità del decreto legislativo al termine "legge" del I comma dell'art. 25 Cost. E la Corte costituzionale giudica "sulle controversie relative alla legittimità costituzionale delle leggi e degli atti aventi forza di legge ..." (art. 134 Cost.).

La portata che spetta al principio di riserva permette di evitare l'abuso che ordinariamente si fa del concetto di *norma penale in bianco.* Questa si ha soltanto quando la regola rinvia ad altra regola giuridica di *carattere generale ed astratto.* Tutte le volte che la regola penale fa riferimento a provvedimenti individuali non siamo in presenza di cosiddetta norma penale in bianco.

Così nel caso, già citato, dell'art. 388 c.p. Analogamente, non è norma penale in bianco l'art. 650 c.p., semprecché il provvedimento legalmente dato dall'Autorità per ragioni di giustizia o di sicurezza pubblica o d'ordine pubblico o di igiene, la cui inosservanza è punita, si rivolga ad uno o più destinatari individuati dal contenuto del provvedimento stesso. Ed è chiaro che le cose cambiano ove il provvedimento in questione non individui la sfera dei destinatari e si ponga, invece, come generale ed astratto: con tutto quanto ciò comporta alla stregua del principio di riserva di legge.

Ancora, la rigidità che il principio di riserva, a nostro avviso, possiede asseconda molto bene la spinta alla depenalizzazione del sistema, ogniqualvolta una sanzione civile o amministrativa appaia preferibile alla sanzione penale.

La necessità di passare attraverso il filtro legislativo può essere utile consigliera contro la proliferazione di leggi penali – purché la materia non risulti di tale gravità da esigere l'intervento della pena e, per contro, a condizione che la depenalizzazione faccia salve le garanzie richieste dalla funzione preventiva e da quella repressiva.

Ovviamente, la lettura proposta del principio di riserva, enunciato dall'art. 25, II comma, Cost. costringe a ritenere che vi sia trasgressione del principio stesso ogni volta che la fonte secondaria specifichi "da un punto di vista tecnico" elementi del fatto già contemplati dalla legge che configura il reato [9].

---

[9] *Contra:* Corte Cost., ord. 29 ottobre 1987, n. 356.

E, invero, non è dato vedere, ad esempio, la ragione in virtù della quale la specificazione, mediante decreto del ministro competente, di sostanze non autorizzate, non incida sulla completezza del precetto penale, che risulterebbe "pienamente costituito" dal divieto di fare uso di sostanze di un certo genere, nell'ambito del quale vanno poi individuate quelle che condizionano la punibilità.

È proprio il disposto della norma secondaria (decreto del Ministro competente) che definisce l'oggetto materiale della condotta incriminata e fa di quella che sarebbe altrimenti una regola penale dai confini praticamente indefiniti un precetto a contenuto ben delineato.

La regola penale, pertanto, non può dirsi pienamente costituita fino al momento in cui non intervenga l'apporto della fonte secondaria: ma, a questo punto, ritorna il problema del controllo che il legislatore penale deve esercitare sulla materia da lui regolata. E, come sempre, occorrerà distinguere se la regola secondaria sia già in vigore e, quindi, conosciuta e valutabile dai fattori legislativi o si tratti, invece, di regola non ancora emanata allorché si procede alla formazione della regola primaria.

Si potrà, al riguardo, dire, con una sorta di voluta sottovalutazione del fenomeno, che il decreto ministeriale opera un semplice aggiornamento (così, ad es., nella normativa sugli stupefacenti, la cui nozione è rimessa a tabelle soggette a modifiche da parte di decreti ministeriali) ma non potrà negarsi che con aggiornamenti di questo tipo si interviene, talora in modo decisivo, sulla reale portata della regola incriminatrice.

Certo, il punto di vista sostenuto può rivelarsi di impaccio in quei settori della normativa penale che, essendo tecnicamente complessi, sono esposti a necessità di vigile e continuo aggiornamento. Ma le difficoltà sono superabili col ricorso ad una tecnica legislativa che tipicizzi, in modo veramente completo, le figure di illecito più rilevanti, riservandone l'adattamento a scoperte scientifiche, mutate esigenze di vita e così via, alla normazione per decreto-legge.

Sullo sfondo rimane, poi, per le figure di illecito minori, lo strumento della depenalizzazione, nonché l'utilizzazione di ipotesi di illecito civile, affiancabili alla figura base rappresentata dalla fattispecie dell'art. 2043 c.c.

Naturalmente, per quanto concerne quest'ultima possibilità, occorrerà escogitare conseguenze sanzionatorie che, senza escludere quella del risarcimento del danno, si rivelino più idonee a prevenire ed a reprimere i comportamenti antigiuridici in questione.

Non esiste, infatti, alcun motivo per limitare all'obbligo di risarcimento la sanzione caratterizzante i fatti illeciti civili. Ferma restando l'opportunità di una clausola generale, come quella dell'art. 2043, si possono costruire figure di torto civile specificate alla stregua degli effetti sanzionatori che appaiono risposta adeguata ai comportamenti previsti, o, che è lo stesso, si possono costruire sanzioni particolarmente proporzionate ed adeguate alle caratteristiche degli illeciti da cui conseguono.

Se non si vuole sacrificare a tutti i costi, alla mitologia del magistero penale (carceri, corpi separati ed altro, ma soprattutto l'abominevole idea che la crudeltà può essere terapeutica se applicata a uomini in colpa) si deve pur riconoscere che in non pochi casi sanzioni siffatte possono rivelarsi più incisive di quelle penali. Grandi sono le possibilità di un ordinamento statuale che non attenui ma, anzi, rafforzi, le garanzie per i destinatari dei suoi precetti, operando, però, lungo tutti i percorsi che allo Stato moderno – Stato dei diritti, delle situazioni giuridico-soggettive, favorevoli e sfavorevoli, non Stato di diritto, come si è già detto (cfr. nota 1 in *Perché "appunti"*), slogan che dal punto di vista scientifico è mera tautologia – si offrono. Come dimostra la l. 24 dicembre 1993, n. 537 in tema di tassazione dei proventi da attività illecite (penali, civili e amministrative): legge, senza dubbio bisognevole di ritocchi e precisazioni che ne rendano più agevoli lettura ed applicazione, ma che risponde ad un principio della cui equità ed opportunità non è possibile dubitare.

13. *La c.d. riserva di codice*

Una novella, l'art. 1 del d.lgs. del 1° marzo 2018, n. 21 con decorrenza dal 6 aprile 2018 (oggi art. 3 *bis* c.p.) enuncia una riserva in aggiunta alla riserva di legge: la riserva di codice.

Il testo in questione: "Nuove disposizioni che prevedono reati possono essere introdotte nell'ordinamento solo se modificano il codice penale ovvero sono inserite in leggi che disciplinano in modo organico la materia".

Ho già detto che è norma che apre il d.lgs. cit., così intestato: "Disposizioni di attuazione del principio di delega della riserva di codice nella materia penale a norma dell'art. 1, comma 85, lettera q, della l. 23 giugno 2017, n. 103". Risalgo alla fonte, alla legge delega, e trovo quanto segue: art. 1, comma 85: "I decreti legislativi recanti modifiche all'ordinamento penitenziario per i profili di seguito indicati, sono adottati nel rispetto dei seguenti principi e criteri direttivi...". Sempre l'art. 1 richiama espressamente il criterio di cui alla lett. *q)* del comma in questione: "Attuazione, sia pure tendenziale, del principio della riserva di codice nella materia penale, al fine di una migliore conoscenza dei precetti e delle sanzioni e quindi dell'effettività della funzione rieducativa della pena, presupposto indispensabile perché l'intero ordinamento penitenziario sia pienamente conforme ai principi costituzionali, attraverso l'inserimento nel codice penale di tutte le fattispecie criminose previste da disposizioni di legge in vigore, che abbiano a diretto oggetto di tutela beni di rilevanza costituzionale, in particolare i valori della persona umana, e tra questi il principio di uguaglianza, di non discriminazione e di divieto assoluto di ogni forma di sfruttamento a fini di profitto della persona medesima, e i beni della salute, individuale e collettiva, della sicurezza pubblica e dell'ordine pubblico, della salubrità e integrità ambientale, dell'integrità del territorio, della correttezza e trasparenza del sistema economico di mercato".

Nell'affollata prosa della lett. *q)* le parole chiave, per ciò che qui interessa, mi sembrano: "presupposto indispensabile perché l'intero ordinamento penitenziario sia pienamente conforme ai principi costituzionali" assieme a "attraverso l'inserimento nel codice penale di tutte le fattispecie ...".

Ci aspetteremmo, quindi, di trovare nell'art. 3 *bis* c.p. la regola in forza della quale certe disposizioni, e, precisamente i decreti legislativi recanti modifiche all'ordinamento penitenziario – a queste, e soltanto a queste si riferisce l'art. 1, comma 85, legge delega – vanno inserite nel codice penale. Questo, dicevo, ci aspetteremmo. Invece, nessun accenno al codice come *locus* delle suddette disposizioni delle quali è detto solo, in modo assolutamente ovvio – non c'è dubbio, infatti, che precetti, regolarmente emanati, entrano a far parte dell'ordinamento giuridico – che debbano costituire normativa vigente. Manca, come si vede, l'individuazione del settore ordinamentale di cui le disposizioni in parola dovrebbero entrare a far parte: secondo la lettera e lo spirito del comma 85 della legge delega, sarebbe il codice penale. Che, però, è richiamato unicamente per specificare quali siano le disposizioni oggetto della norma in questione: quelle che prevedono reati e modificano il codice penale stesso. Di nuovo, assoluta ovvietà. Nuove regole "che prevedono reati" per definizione modificano il codice penale: sia che ne cancellino qualcosa, sia che arricchiscano i disposti codicistici di nuovi precetti. Quella che dovrebbe funzionare come specificazione, risulta, insomma, del tutto superflua. E poi: che cosa si vuol dire, con precisione, quando si menzionano disposizioni nuove che "prevedono reati"?. Alla lettera, dovremmo ritenere che ci si riferisca soltanto alle disposizioni che configurino nuove ipotesi criminose: solo queste prevedono reati. Con bonomia interpretativa, si può ritenere che il disposto, o meglio: ciò che si vorrebbe disporre, riguardi tutto quello che serve a disciplinare una figura criminosa. Però, anche letto estensivamente, l'art. 3 *bis* c.p., in qualunque parte lo si consideri, non ha senso alcuno. E se avesse senso, come conciliarlo con il comma 85 e con la lett. *q)* dell'art. 1 legge delega, dalla portata circoscritta ai "decreti legislativi recanti modifiche all'ordinamento penitenziario"? Salta agli occhi che, per contro, l'art. 3 *bis* c.p. non concerne solo questo o quel settore dell'ordinamento penale, ma suona destinato a tutta l'area della realtà fattuale e giuridica definibile come penale. E non basta. Forti dubbi suscita perfino l'*iter* di formazione. Il d.lgs. n. 21 è del 1° marzo 2018: quando il governo in carica aveva competenza solo per gli affari correnti. Problematica, quindi, la legittimità di una norma che, secondo le intenzioni, dovrebbe valere per tutte le novelle aventi ad oggetto reati. Ed ancora, sempre in questa linea di lettura, quale la sorte delle disposizioni che, in quanto non corrispondenti ai canoni – ma non si sa quali – dettati dall'art. 3 *bis* c.p., non potrebbero essere "introdotte nell'ordinamento". Disposizioni illegittime o, addirittura, inesistenti. Chi risponda nel primo senso dell'alternativa, verrebbe, puramente e semplicemente, ad ipotizzare un livello di legittimità intermedio tra quello delle leggi ordinarie e quello delle costituzionali. Livello teoricamente pensabile, ma che non può essere posto da una legge ordinaria che sarebbe dotata di efficacia vincolante per il legislatore ordinario. Non c'è bisogno di troppe parole a ricordare che legge ordinaria può estinguere o modificare altra legge ordinaria, mai vincolare il legislatore ordinario.

C'è la seconda possibilità: i decreti che non rispettino certi criteri sarebbero, più che illegittimi, inesistenti. Ma qual è l'effettiva valenza di questo termine, inusitato nel linguaggio legislativo? Tanto inusitato da suscitare, e non risolvere, inevitabili, spinosi, problemi di successione delle leggi nel tempo.

In conclusione, verrebbe da dire che l'unico effetto dell'art. 3 *bis* è la sua inserzione nel codice penale. Non si va oltre: tutt'al più, e senza ironie fuori luogo, l'art. 3 *bis* può essere visto come esempio, modello, di attuazione del principio secondo il quale vanno incluse nel codice penale le novelle che, in qualunque modo, lo modifichino. Valore didattico, quindi, più che valore normativo.

Non voglio lasciare equivoci. Ritengo non solo opportuno ma, addirittura, doveroso renderci conto della effettiva, assolutamente scarsa, consistenza della norma in questione. Ciò non toglie, però, che l'intento perseguito va preso con la maggiore serietà. A parer mio, questo intento va condiviso.

Come alla lettera, una volta tanto, lodevolmente misurata, si esprime la legge delega, si vuole attuare, sia pure solo tendenzialmente, la maggiore concentrazione possibile dei precetti penali in un testo di insieme: che dopo le regole generali della disciplina penale raccolga i comandi muniti, in caso di inosservanza, di sanzione penale. Tutti i comandi, o per lo meno, quelli che si pongono come ossatura portante del sistema. La posta in gioco è il ricupero del senso del codice.

È trascorso molto tempo da quando, per la prima volta, mi è capitato di denunciare la perdita di questo senso, sacrificato ad una profluvie di leggi cosiddette "complementari". Leggi che, sovente, ben più che di contorno, e comunque, non contraddittorie rispetto al Codice, rappresentano una linea di pensiero, sono frutto di *ratio*, non di rado contraria ai principi che caratterizzano il codice stesso. Penso a certi profili della normativa sulle misure preventive e mi confermo nell'idea che la sistemazione sotto il medesimo tetto eviterebbe o, per lo meno, renderebbe più difficile la coesistenza di regole dalla ispirazione eterogenea, la coesistenza di regole che solo a patto di rischiose acrobazie e di deliberata noncuranza, possono leggersi come facenti parte dello stesso sistema. Il fine è buono, il mezzo scelto per attuarlo assai meno. Bisogna escogitare mezzi più efficaci.

14. *Le sentenze della Corte costituzionale*

Così definiti il contenuto e la portata del principio di riserva di legge, occorre ancora soffermarsi sulle sentenze della Corte costituzionale e sul loro significato all'interno della gerarchia delle fonti che abbiamo prima delineato.

La Corte costituzionale, nel suo operare, può pronunciare sentenze di accoglimento, di rigetto, interpretative di rigetto e additive. Le sentenze di accoglimento non creano problemi di fonti normative; dichiarando illegittima una certa norma in riferimento al parametro costituzionale, la Corte espunge tale norma dall'ordinamento. Non sorgono questioni se non di successione di regole nel tempo: ma di ciò oltre.

Anche le sentenze di rigetto non danno luogo, per ciò che concerne il tema delle fonti, a dubbi di sorta. Esse lasciano inalterata la situazione normativa che aveva determinato la rimessione alla Corte della domanda sulla legittimità di una legge.

Restano le sentenze cosiddette interpretative di rigetto; quelle, cioè, in cui all'accertamento della validità costituzionale si perviene attraverso un lavoro di interpretazione che isola, tra i significati della regola, quello che, facendo salvi i principi costituzionali, permette di considerare legittima una disposizione [10].

---

[10] Cfr., relativamente a diversi settori dell'ordinamento, le seguenti pronunce: Corte Cost., 15 giugno 1956, in *Riv. pen.,* 1956, p. 455: "L'art. 27, I comma, Cost. consacra il principio che non si risponde se non per fatto proprio.

Il direttore di un periodico risponde per fatto proprio perché tra la sua omissione, posta in essere con la inosservanza degli obblighi di vigilanza e di controllo ai quali egli è tenuto per il fatto di essere direttore, e l'evento c'è un nesso di causalità materiale, al quale si accompagna sempre un certo nesso psichico sufficiente a conferire alla responsabilità il connotato della personalità. La responsabilità viene meno tutte le volte in cui il caso fortuito o la forza maggiore, il costringimento fisico o l'errore invincibile vietino di affermare che l'omissione sia cosciente e volontaria.

Pertanto la disposizione dell'art. 57, n. 1, c.p. non è costituzionalmente illegittima. Lo stesso vale per l'art. 3, l. 8 febbraio 1948, n. 47 che, con la formula 'direttore responsabile', si ricollega alla regolamentazione giuridico-penale di cui all'art. 57 c.p.

Il procedimento di interpretazione della norma sospetta di incostituzionalità, che la Corte ha dovuto seguire, può trovare applicazione in altri casi, ma la sua generale validità trova una particolare giustificazione nella questione della legittimità dell'art. 57, n. 1, che è di quelle nelle quali la dubbiezza del testo legislativo impone un più sottile e penetrante processo di interpretazione"; Corte Cost., 6 maggio 1976, n. 108: "In collegamento con l'art. 495, III comma, n. 2, c.p., sentenza interpretativa di rigetto. Secondo l'ordinanza di rinvio l'imputato sarebbe obbligato a rispondere, per non incorrere in sanzioni penali, in ordine ai propri precedenti penali, rendendo dichiarazioni a sé sfavorevoli. Ma la Corte ha ritenuto circoscritto l'obbligo all'indicazione delle generalità in senso stretto, mentre l'imputato non è tenuto a rispondere (né tacendo viola alcun precetto penale) relativamente ai propri precedenti (come risulta dagli artt. 78 e 366 c.p.p.)"; Corte Cost., 10 maggio 1979, n. 13: "Secondo il giudice a *quo* l'art. 271, V comma nel disciplinare la detrazione, dalla durata della pena detentiva, dei periodi di custodia preventiva relativi ad altri reati, escluderebbe la fungibilità tra custodia preventiva e pena reclusiva quando la custodia si riferisca a reato diverso da quello per cui è stata irrogata per il quale è intervenuta sentenza assolutoria non ancora passata in giudicato. Ma il requisito della irrevocabilità della sentenza non è contenuto nella legge. La norma va interpretata nel senso che dalla durata della pena detentiva inflitta per un reato vanno detratti i periodi di carcerazione preventiva sofferti per un altro reato (commesso prima che la carcerazione abbia avuto inizio) anche se la sentenza di esclusione per tale reato non sia ancora definitiva"; Corte Cost., 10 dicembre 1981, n. 186; "Pronuncia interpretativa di rigetto nei sensi di cui in motivazione, dovendosi correttamente intendere la disposizione denunciata, così come la Cassazione l'ha intesa, nel senso che la condizione normativa alla circostanza che si tratti di orfani di entrambi i genitori, non fa alcun riferimento al momento in cui la condizione si viene a verificare (consentendo tale esegesi di evitare quella disparità di trattamento ingiustificata denunciata dal giudice *a qua).* Viene meno, pertanto, lo stesso presupposto del dedotto dubbio"; Corte Cost., 3 giugno 1983, n. 148: "Rigetto della eccezione di inammissibilità proposta dall'Avvocatura dello Stato e basata sulla natura di norma penale sostantiva in favore della disposizione impugnata, interpretata nel senso di porre in essere una causa di non punibilità specifica, ma rigorosamente circoscritta, avente per oggetto le sole manifestazioni di pensiero funzionali all'esercizio dei poteri-doveri, costituzionalmente spettanti ai componenti dei Consiglio Superiore della magistratura (CSM). Esclusione che la norma, così interpretata, si ponga in contrasto con gli artt. 3, 28 e 112 Cost. secondo la norma denunciata: 'I componenti del Consiglio Superiore non sono punibili per le opinioni espresse nell'esercizio delle loro funzioni e concernenti l'oggetto della discussione'. Assume il giudice *a quo* che

Quale efficacia hanno siffatte sentenze? Cominciamo dal considerare in generale gli effetti delle sentenze di rigetto.

---

la norma introduce una esimente estesa anche ai fatti-reato diversi dalle offese all'onore ed alla reputazione venendo a creare per i componenti del CSM una posizione di non soggezione alla legge penale. Preliminarmente si pone il problema della rilevanza. Al riguardo nella giurisprudenza della Corte costituzionale sono individuabili due indirizzi. Mentre in taluni casi sono state ritenute ammissibili le impugnative concernenti norme penali di favore (implicanti in conseguenza della pronuncia di accoglimento problemi di interpretazione delle leggi affidati ai giudici comuni), in altri e più frequenti casi, si è affermato che le questioni di costituzionalità delle norme penali più favorevoli sono sempre inammissibili, per difetto di rilevanza, poiché tali norme dovrebbero essere comunque applicate anche in caso di pronuncia di accoglimento. Le gravi conseguenze di questo secondo indirizzo (che crea delle 'zone franche' sottratte al sindacato della Corte, reso nelle forme incidentali rispetto a norme penali applicabili nel giudizio *a qua*, e non manifestamente infondate) inducono la Corte a riconsiderare il problema tenendo distinte le garanzie che i principi del diritto penale offrono agli imputati restando circoscritta l'efficacia spettante alle dichiarazioni di illegittimità delle norme penali di favore (che va sempre esclusa nei loro confronti, rispetto a fatti commessi prima della pubblicazione in Gazzetta Ufficiale del dispositivo della sentenza di accoglimento), dal problema più generale di ammissibilità del sindacato sulle norme stesse, che va sempre ammesso riconoscendo la sussistenza della rilevanza oltre le semplicistiche schematizzazioni delle possibili pronunzie nella alternativa fra (semplice) rigetto ed accoglimento. A seguito della pronuncia di accoglimento riguardante una norma penale di favore anche se resta fermo il fondamentale principio di civiltà giuridica canonizzato nell'art. 25, II comma, Cost. (dovendosi escludere l'applicazione della norma generale meno favorevole) la decisione della Corte spiega egualmente effetti in sede penale sotto un triplice profilo: a) in quanto in forza della dichiarazione di illegittimità risulta modificato il fondamento normativo della decisione (che richiama accanto alla norma costituzionalmente illegittima, per giustificarne la perdurante efficacia, gli artt. 2 c.p. e 25, 11 comma, Cost.); b) in quanto l'annullamento della norma si riflette nel sistema (a parte i profili generali della irretroattività) sul piano della interpretazione affidato ai giudici di merito (onde il nucleo di verità del richiamato indirizzo della Corte); c) perché, infine, la pronuncia della Corte, non dovendo necessariamente accogliere l'interpretazione del giudice *a quo*, può rivestire le forme della sentenza interpretativa di rigetto, e, comunque, discostarsi dalle premesse esegetiche della ordinanza di rinvio, sfociando in una decisione suscettibile di influire sugli esiti del giudizio penale pendente. Per affrontare il merito della dedotta questione occorre, anzitutto, puntualizzare la portata della norma denunciata interpretata così come specificato in premessa. Pertanto da un lato le condotte delittuose dei componenti del Consiglio che non si esauriscano in manifestazioni del pensiero (e nei voti resi in seno al Consiglio stesso) restano soggette al diritto penale comune, quand'anche poste in essere dai consiglieri nell'esercizio delle loro funzioni: dall'altro la scriminante in questione si differenzia dall'immunità parlamentare perché attiene alla non punibilità delle sole manifestazioni di pensiero funzionali all'esercizio dei poteri-doveri costituzionalmente spettanti ai componenti del CSM e non comporta la sottrazione dei medesimi ai giudici penali mediante un'immunità di tipo processuale, ovvero creando una situazione analoga a quella propria della garanzia amministrativa. Resta da individuare il fondamento costituzionale della causa di non punibilità in esame che non deve essere necessariamente 'espressa', potendo anche trovare fondamento implicito nel sistema. Al riguardo appare determinante la considerazione della posizione e delle funzioni del CSM che, a prescindere dalla sua esatta qualificazione dogmatica, trattandosi comunque e sicuramente di un organo di rilievo costituzionale, sono state concepite dalla Costituzione in termini così caratteristici da fornire una adeguata ragione giustificativa della scriminante in discussione. Appare, invero, manifesto che la parte centrale e costituzional-

Si è detto che non creano problemi per quanto riguarda la produzione di diritto: ma si discute sulle conseguenze che la loro pronuncia determina sul procedimento che ha dato occasione alla pronuncia della Corte e su procedimenti diversi e futuri.

Prescindendo da differenze particolari, tre sono, sostanzialmente, le tesi avanzate sulla efficacia delle pronunce di rigetto.

La prima riconosce a tali decisioni autorità *erga omnes,* come se fossero interpretazioni autentiche convalidative, una volta per sempre, della legge impugnata. Sottolineiamo il "come se". A stretto rigore non potrebbe parlarsi di interpretazione autentica perché quest'ultima si dà soltanto ad opera dei fattori che hanno prodotto la regola. Ciò che si vuole intendere è che il risultato interpretativo della Corte ha lo stesso valore di quello frutto di vera e propria interpretazione autentica.

La seconda, muovendo dal rilievo che la giurisdizione della Corte costituzionale è di diritto oggettivo e non di diritto soggettivo, ritiene applicabili alle pronunce di rigetto le regole che delimitano obbiettivamente l'efficacia della "cosa giudicata", ma non quelle che quest'ultima delimitano soggettivamente. La Corte costituzionale non potrebbe pertanto, neanche ad istanza di soggetti diversi, riesaminare sotto lo stesso profilo la questione di illegittimità già una volta respinta nel merito.

La terza, infine, è nel senso che le decisioni contrarie al ricorso esercitano la loro autorità soltanto fra le parti in causa, ed eventualmente nei confronti del giudice della controversia concreta, dinanzi al quale sia sorta la questione circa la validità della legge ordinaria.

Parrebbe che la prima delle opinioni sopra enunciate sia la più idonea a fornirci la soluzione del problema che riguarda le decisioni interpretative di rigetto. E, invero, attribuito alla sentenza che respinge un ricorso un valore generale di interpretazione autentica, ogni dubbio circa il vincolo che da tale sentenza sorgerebbe nei confronti dei giudici ordinari, verrebbe a cadere. Non soltanto, cioè, tali giudici non potrebbero adottare interpretazioni dichiarate inammissibili dall'organo costituzionale, ma per di più dovrebbero attenersi positivamente all'interpretazione attuata da quest'ultimo.

Contro il presupposto di un siffatto ordine di idee, vale a dire l'affermazione che, essendo il sindacato sulla costituzionalità delle leggi svolto in via principale e

---

mente necessaria dell'azione del consiglio, a garanzia della autonomia della magistratura, consiste in apprezzamenti sulle attitudini, sui meriti e sui demeriti dei magistrati, essendo nella logica del sistema costituzionale che il consiglio sia garantito nella propria indipendenza attraverso strumenti del tipo di quello qui considerato. Tutto ciò premesso le specifiche censure di contrasto con gli artt. 112 e 28 in relazione all'art. 3 Cost. risultano prive di fondamento. L'art. 112 Cost. non viene invocato a proposito, riguardando l'obbligatorietà dell'azione penale, che nel caso di specie è stata esercitata, e ben poteva esserlo poiché la norma denunciata non attiene alla proponibilità dell'azione, ma all'antigiuridicità del fatto contestato agli imputati. La responsabilità penale dei funzionari e dei dipendenti pubblici impone, in linea di massima, un trattamento egualitario, ma al legislatore non è vietato di dettare regole particolari in funzione di specifici addentellati costituzionali, venendo in rilievo, sotto questo profilo, la peculiare posizione del CSM già sottolineata".

generale, l'organo che lo esercita non è un organo giurisdizionale, bensì paralegislativo o superlegislativo, si è in genere esercitata la critica della nostra dottrina.

Non direi che tutti gli argomenti addotti in proposito siano di uguale peso.

Anzitutto, che la dichiarazione di illegittimità costituzionale abbia o non abbia effetto retroattivo, non sembra elemento determinante per decidere il carattere legislativo o giurisdizionale delle pronunce della Corte; esistono, infatti, nel nostro ordinamento norme aventi efficacia retroattiva: quelle penali più favorevoli e tutte quelle ordinarie rispetto alle quali è espressamente dichiarata la retroattività. L'art. 11 delle Disposizioni sulla legge in generale è legge ordinaria e, come tale, suscettibile di deroga da parte di altra legge di uguale o superiore rango.

Né, d'altra parte, sembra decisivo il rilievo che l'art. 136 Cost. attribuisca autorità *erga omnes* soltanto alle decisioni che dichiarano la invalidità costituzionale di una legge, non a quelle che ne riconoscono la legittimità. Contrariamente a quanto, in una revisione del suo pensiero, è venuto a ritenere lo stesso autore che ha sostenuto in Italia la tesi della interpretazione autentica, si tratta proprio di precisare i limiti esatti di una pronuncia di rigetto.

Tutto considerato, sarei di opinione che il dato fondamentale in base al quale si può sostenere la natura legislativa delle funzioni esercitate dalla Corte, e cioè il rilievo che il sindacato di quest'ultima colpisce la legge nel suo momento normativo, non nel suo momento giurisdizionale, non abbia incontrato finora obiezioni veramente risolutive: che davvero l'esercizio di un potere legislativo non libero, ma comandato dalla Costituzione, in un regime di costituzione rigida, costituisca un paradosso, è asserto sul quale non mi sentirei di consentire.

Ma non mi pare il caso di insistere su quest'aspetto della questione, che oltretutto ci porterebbe troppo lontano, dato che la problematica che abbiamo messo in luce si pone tanto aderendo alla concezione della natura legislativa, che a quella giurisdizionale del sindacato attuato dalla Corte.

Da qualunque premessa di ordine generale si prendano le mosse, si è d'accordo nel ravvisare la struttura e il contenuto delle pronunce di rigetto come un tutto unitario avente rilevanza unicamente per ciò che concerne l'affermata legittimità costituzionale della legge sottoposta ad esame. Come è stato limpidamente osservato, non essendo stabilito un termine entro il quale una legge, anche la più annosa, possa essere impugnata per illegittimità in via incidentale, non si può escludere che, dopo una prima decisione di rigetto, la stessa legge possa essere impugnata in altri processi per vizi di legittimità diversi da quelli per cui era stata impugnata la prima volta.

Ora, è chiaro che nel sistema posto in essere dalla Costituzione, e confermato dalla l. 11 marzo 1953, n. 87 che con il suo art. 30 prescrive che sia data pubblicità solenne soltanto alle sentenze della Corte che accolgano l'istanza di dichiarazione di illegittimità costituzionale di una legge, la sentenza con la quale la Corte respinga l'istanza stessa vale soltanto per il caso deciso.

La disciplina positiva è tutta nel senso di attribuire autorità *erga omnes* unicamente alle decisioni di accoglimento dell'istanza: non si vede bene in che cosa consiste la funzione di interpretazione autentica di una sentenza che in tutto e per tutto si limiti a dichiarare la costituzionalità di una legge. Al massimo, qui si potrebbe parlare di interpretazione autentica non della legge ma dell'ordinamento, al quale si riconosce validamente imputabile la disposizione sottoposta a sindacato. D'accordo, quindi, che l'autorità *erga omnes* vada riconosciuta soltanto alle sentenze che dichiarino la fondatezza di un ricorso: conviene però precisare la particolare struttura che non di rado le sentenze di rigetto dell'istanza di illegittimità costituzionale possono presentare.

Va qui richiamata la peculiarità di un procedimento di indagine sulla validità costituzionale di una legge che esiga una attività interpretativa particolarmente delicata e complessa. In simili ipotesi, l'ermeneutica dei giudici costituzionali può sovente isolare uno dei significati affidabili alla proposizione normativa come quello che permette di considerare quest'ultima costituzionalmente legittima. Lo schema della pronuncia si presenta allora in questi termini: la tal disposizione ha il tale contenuto e, pertanto, è conforme alla Costituzione. Se non vi è dubbio che la forma di una simile pronuncia è quella di una decisione di rigetto del ricorso, altrettanto indubbio mi sembra che in questi casi da un punto di vista sostanziale, l'istanza deve ritenersi respinta solo parzialmente: non si ha infatti una dichiarazione di legittimità della proposizione normativa in ciascuno dei significati che, a seconda delle varie interpretazioni, possono esserle dati, ma è la scelta di uno solo di questi significati a condizionare la validità della proposizione stessa.

Ora, se ci fermiamo ad una considerazione puramente nominalistica, dovremo dire che, trattandosi di una sentenza di rigetto, il giudice ordinario è libero di adottare una interpretazione che sia, anche nettamente, contrastante con quella in forza della quale la Corte costituzionale ha ritenuto di poter dichiarare la validità di una legge. Un vincolo che precludesse un'interpretazione di questo genere non potrebbe nascere né dalla sentenza, se essa viene concepita – ripeto – unicamente come sentenza che respinge il ricorso, né dalla interpretazione data dalla Corte al principio costituzionale rispetto al quale si è instaurato il giudizio di conformità, posto che tale interpretazione si limita a fornire il presupposto per la decisione dei giudici costituzionali e non estende i suoi effetti al di là del procedimento in cui la decisione medesima è presa.

Le conseguenze di questo modo di concepire l'efficacia di una simile pronuncia sono evidenti e gravi soprattutto per chi ritenga che dopo una prima decisione di rigetto la stessa legge possa essere impugnata in altri processi soltanto per vizi di illegittimità diversi da quelli per cui era stata impugnata la prima volta.

La pronuncia della Corte costituzionale resterebbe, insomma, vera e propria lettera morta. Ed anche ammettendo che il ricorso si possa presentare per lo stesso motivo per cui la questione era stata sollevata la prima volta, non è chi non veda la differenza tra il caso in cui ciò avvenga, perché si mira ad ottenere dalla Corte una pronuncia contraria a quella precedentemente emanata, e quello in cui l'istanza sarebbe proposta al solo scopo di ottenere una pronuncia di contenuto identico alla prima.

Non solo: ma occorre tener presente come, esauriti i ricorsi contro disposizioni di legge che, senza possibilità di discussioni, urtano contro la Costituzione, casi del genere si moltiplicheranno e la soluzione del problema della Costituzionalità o meno di una certa norma dipenderà, sempre più, dalla interpretazione a cui essa sarà sottoposta dalla Corte.

Dire, come autorevolmente è stato fatto, che in simili ipotesi la parola spetta agli organi legislativi che dovrebbero provvedere a conformare il diritto positivo al punto di vista espresso dalla Corte, significa enunciare una esigenza di ordine meramente politico e non un obbligo giuridico di cui non è traccia nel sistema; inoltre, non mi pare che si tenga nel dovuto conto che la funzione di guardiana della costituzionalità delle leggi, propria della Corte, va esercitata anche e soprattutto nei momenti di crisi, che potrebbero vedere, ad esempio, un dissenso sistematico tra gli organi legislativi e la Corte medesima. Ma se si conta, in definitiva, soltanto sulla buona volontà del Parlamento per assicurare con intervento legislativo la conformità del diritto positivo a pronunce del tipo in discorso (interpretative di rigetto) ci si troverà sprovveduti nel caso in cui tale buona volontà venga a mancare. Il che avrebbe potuto mettere la Corte in una alternativa di cui non si sarebbe saputo quale termine preferire. E, cioè: o la Corte avrebbe dovuto rassegnarsi a che le proprie decisioni affermative della legalità costituzionale di una legge, ottenute alla stregua di una data interpretazione, fossero, per quel che riguarda altre interpretazioni eventualmente contrastanti con un principio costituzionale, puramente indicative della opinione dei giudici costituzionali, ma prive di ogni altro valore vincolante. Ovvero, per cautelarsi di fronte alla possibilità che ad una norma possa essere data una interpretazione in forza della quale verrebbe a essere violato un principio costituzionale, tutte le volte che una simile eventualità apparisse ragionevolmente possibile la Corte si sarebbe veduta costretta a dichiarare la illegittimità costituzionale della intiera proposizione linguistica dalla quale scaturisce la norma.

Accanto a questa alternativa si pone però una terza strada, lastricata di buone intenzioni, ma che conduce a risultati assai poco ortodossi: quella delle sentenze additive, delle quali ci occuperemo più avanti.

L'alternativa sopra indicata si sarebbe potuta evitare passando dalla considerazione puramente nominalistica alla presa d'atto dell'effettivo contenuto di una pronuncia della Corte costituzionale del tipo di cui stiamo occupandoci. Formalmente siffatte pronunce si presentano come decisioni di rigetto: sostanzialmente in esse sono da individuare due distinti disposti. Il primo che è quello con cui, adottata una certa interpretazione, si proclama conforme alla Costituzione la disposizione in esame; il secondo col quale si dichiara inammissibile ogni interpretazione che sia incompatibile con il principio che ha presieduto alla dichiarazione di legittimità.

Il meccanismo di questa doppia pronuncia si spiega sia aderendo alla tesi del carattere legislativo che a quella del carattere giurisdizionale del controllo di costituzionalità. Nel primo caso, la pronuncia avrà valore di atto di interpretazione con efficacia *erga omnes*. E questo – si badi – non per la parte positiva nella quale si dichiara la validità di una legge, ma per quella negativa con la quale si preclude all'interprete la possibilità di attribuire alla legge stessa un contenuto contrastante con un disposto costituzionale. Nel secondo caso, mi pare necessario considerare con attenzione quelle dottrine che con grande rigore logico sostengono che non bisogna confondere tra proposizione normativa, intesa come schema di possibili interpretazioni attuabili nel sistema, e norma reale, la quale si attua solo con l'attribuzione di un dato contenuto, tra quelli giuridicamente consentiti, ad una proposizione normativa.

Nel quadro di questa concezione sarà, pertanto, lecito distinguere nella pronuncia della Corte quella che è la dichiarazione di legittimità costituzionale di una norma e quella che è la dichiarazione di illegittimità di una o più norme sempre ricavabili da una identica proposizione linguistica. Ed è opportuno mettere in evidenza come, quale che sia la formulazione prescelta, il vincolo che si profila per il giudice ordinario avrà sempre carattere negativo, non positivo: egli potrà entro certi limiti disattendere l'interpretazione data dalla Corte, ma non potrà adottare – ed è questo che conta – un'interpretazione che urti contro il principio costituzionale alla cui stregua si è operata quella interpretazione che ha fatto ritenere la legittimità della disposizione.

Non mi pare che quanto detto urti contro il sistema di pubblicità disposto dalla l. 11 marzo 1953, n. 87 per le sole sentenze che accolgono l'istanza di illegittimità: quelle di cui ci stiamo occupando sono pronunce che solo per una parte del loro contenuto possono essere considerate di rigetto del ricorso. Né ritengo che avrebbe molto senso il rilievo che nessun rimedio sarebbe offerto dal sistema contro una interpretazione che rientrasse tra quelle escluse come giuridicamente ammissibili dalla Corte. Il giudicato si forma anche se un giudice applica ad un rapporto controverso una legge abrogata, ritenendola per errore ancora in vigore, ma questo non significa che non esista per i giudici l'obbligo di applicare soltanto la legge in vigore.

15. *Continua sulle sentenze della Corte costituzionale: le sentenze c.d. additive*

Per una serie di motivi che qui sarebbe troppo lungo rintracciare e la cui ricerca appartiene alla storia del diritto, probabilmente sotto l'influenza dell'art. 30, l. 11 marzo 1953, n. 87 (che, comunque, è legge ordinaria) la Corte costituzionale ha preferito pervenire a conclusioni identiche a quelle cui si sarebbe arrivati con la tecnica delle sentenze interpretative di accoglimento scegliendo la strada delle cosiddette sentenze additive. Quelle cioè che pronunciano la illegittimità di un disposto di legge "in quanto" o "perché" non enuncia uno o più elementi di fattispecie, la cui rilevanza, ad una valutazione di costituzionalità, non potrebbe essere esclusa. Con la conseguenza di "aggiungere" al disposto su cui la Corte è chiamata a pronunciarsi elementi che nel testo mancano. Su tal via, la regola di diritto ordinario, che nasce viziata da illegittimità costituzionale, si completerebbe e diventerebbe costituzionalmente legittima mediante l'inclusione nel suo enunciato di quei dati che la Corte reputa necessari per assicurare la conformità alla Carta. Dunque, una pronuncia che accoglie il ricorso nei confronti del testo in vigore, ma, contemporaneamente, sostituisce ad esso altro opportunamente integrato. Soffermiamoci sul significato che assume un'operazione con la quale si aggiunge ad un testo normativo qualcosa che, prima del vaglio della Corte, esso non conteneva. Operazione, va subito aggiunto, alla quale la Corte mostra di attribuire piena legittimità quando espressamente qualifica la propria pronuncia come additiva. Ma è proprio di tale legittimità che è lecito dubitare.

Intendiamoci: nessuno pone in discussione il potere della Corte di emettere sentenze come quelle di cui stiamo parlando. Il problema è tutt'altro: e, cioè, quello della efficacia di decisioni siffatte.

La pronuncia della Corte che accoglie la questione di illegittimità si limita a proporre una nuova norma, ad invitare il legislatore a porre rimedio a quella che viene ritenuta una lacuna in contrasto con regole costituzionali.

Se non interviene il legislatore a regolare la materia secondo il principio enunciato dalla Corte costituzionale, non è applicabile una regola che non fa parte del nostro ordinamento. Come si è ricordato, infatti, le pronunce di accoglimento della Corte costituzionale hanno validità estintiva della norma dichiarata costituzionalmente illegittima; ma a questo e soltanto a questo si limita la loro possibilità di incidere sulla validità di proposizioni linguistiche costituenti regole di legge in vigore.

È ben vero che le direttive e gli inviti rivolti al legislatore spesso non hanno avuto esito alcuno, tuttavia non è in base a considerazioni di cronaca parlamentare o ideologiche che si possono immettere in un sistema tratti che non gli sono propri.

La stessa Corte costituzionale ha seguito, in altri tempi, tale orientamento, ben espresso dalla sent. 23 marzo 1983, n. 71, i cui principi sono stati più volte ripresi da successive ordinanze [11].

La Corte costituzionale non può, secondo la sent. n. 71/1983 [12], sostituirsi al legislatore, a cui solo spettano le scelte di depenalizzare norme, aggiungere elementi di fattispecie e così via [13].

---

[11] Fra tutte: ord. 16 giugno 1983, n. 177.

[12] Sent. 23 marzo 1983, n. 71: "È inammissibile, perché diretta ad ottenere una decisione che eccede dai poteri della Corte costituzionale, la questione di costituzionalità con la quale si ponga in dubbio la legittimità di una norma depenalizzatrice per il fatto di non aver escluso dalla depenalizzazione uno o più comportamenti che in precedenza erano stati sanzionati penalmente. (...)".

[13] L'inammissibilità delle sentenze additive costituisce un punto fermo quando si tratti di materia sanzionatoria o di limitazione di diritti: cfr. ord. Corte Cost. 23 giugno 1988, n. 721: "È manifestamente inammissibile la questione incidentale di legittimità costituzionale dell'art. 2 *ter*, III, IV e VI comma della l. 31 maggio 1965, n. 575, come modificato e integrato dall'art. 14, l. 13 settembre 1982, n. 646, nella parte in cui non consente di disporre la confisca dei beni di provenienza illegittima nelle ipotesi di non applicazione della misura personale di prevenzione e di cessazione della stessa per decorso del termine o per morte del sottoposto, in quanto si richiede sentenza additiva in materia sanzionatoria o, quanto meno, limitativa di diritti, come tale di competenza esclusiva del legislatore"; nello stesso senso ed in analoga materia si veda anche: Corte Cost. sent. 8 ottobre 1996, n. 335.

Decisioni, tutte, che arrivano a soluzioni impeccabili: va sempre osservato, però, che

Ciò posto, anche per venire incontro ad una esigenza di conservazione dell'atto legislativo, si può aderire alla tesi che riconosce vincolatività alle sentenze "additive" unicamente quando esplicitino una norma che rappresenti estrinsecazione di un principio generale, o a livello di legge ordinaria e, più precisamente, del settore a cui la norma oggetto della decisione della Corte appartiene, o di normativa costituzionale.

In entrambi i casi gli elementi di cui la pronuncia della Corte arricchisce il testo sottoposto al suo giudizio non sono arbitrariamente dettati dalla Corte stessa. Rappresentano o il risultato dell'innesto sulle fattispecie di un elemento enunciato da norma costituzionale (si pensi alla valenza riconosciuta al principio di personalità della responsabilità penale dalla sent. n. 364/1988), o discendono da un principio generale di ordinamento, o di settore di ordinamento, la cui inosservanza, per omissione, si pone, alla stregua dell'art. 3 Cost., in contrasto col principio di ragionevolezza.

È a questo modo che può dirsi assicurato il rispetto della regola secondo la quale "i giudici sono soggetti soltanto alla legge": fino a che non intervenga il legislatore non possono applicare regole dettate in positivo da fonte che non sia quella legislativa.

In conclusione, deve ritenersi che le sentenze della Corte costituzionale costituiscono fonte di diritto positivo quando, affermandone la illegittimità, cancellano dal sistema una legge ordinaria o un atto a questa equiparato. Non producono, invece, diritto, quando si sostanziano nella costruzione di una nuova fattispecie, risultante dall'inserzione di elementi – non prescritti da regola costituzionale o da principio generale la mancata considerazione del quale *è irragionevole* – dettati dalla Corte, su un testo che ne era privo.

In quest'ultimo caso – ripetiamo – ritenere vincolante per il giudice ordinario la pronuncia della Corte significa ammettere che, invalidata una disposizione in vigore, la Corte stessa possa porre una norma nuova.

Norma, per di più, fornita del crisma della legittimità costituzionale attribuitole dallo stesso organo che ne è fonte di produzione.

16. *Regole penali, regole internazionali generalmente riconosciute, regole comunitarie*

Chiariti il contenuto e i limiti della riserva di legge dettata dall'art. 25 Cost., si pongono anche i presupposti di soluzione di un problema che la cultura giuridica odierna, e non soltanto italiana, si trova ripetutamente ad affrontare. Quali sono i

l'inammissibilità delle sentenze additive va affermata anche quando esse concernano oggetto diverso da quello su cui si sono soffermate le pronunce da ultimo richiamate. Non è questione infatti, a nostro avviso, della rilevanza di un campo di materia rispetto ad un altro, ma di un problema di fonti. In nessun caso da una sentenza additiva può discendere diritto vincolante per il giudice.

rapporti tra regole di diritto interno e regole di diritto internazionale consuetudinario pattizie e, fra queste, in modo particolare, comunitarie?

La discussione si svolge con grande impegno, qualche volta con la preoccupazione di non apparire "cattivi europei". Cominciando dal problema del rango che spetta alle regole di diritto interno rispetto alle comunitarie, generalmente si fa la distinzione, esatta, fra regole penali ed extrapenali: più esattamente, fra regole penali incriminatrici e tutte le altre. Per queste ultime vale il principio della immediata e diretta applicabilità da parte del Giudice italiano, a scapito della regola di diritto interno, anche successiva a quella comunitaria. Il dato normativo è fornito dagli artt. 10 e 11 Cost., nonché dall'art. 288 TFUE (*ex* art. 249 TCE, originariamente art. 189 del Trattato della Comunità Europea). E poiché la regola pattizia in questione è stata resa esecutiva con legge ordinaria, di primaria importanza sono le regole costituzionali, anche se l'art. 288 arreca un contributo decisivo alla loro lettura.

Il principio dell'adeguamento dell'ordinamento italiano alle regole di diritto internazionale generalmente riconosciute, tra le quali è di fondamentale importanza che "*pacta sunt servanda*", si riferisce, attraverso la mediazione del suddetto principio, anche alle regole comunitarie che eventualmente non coincidessero con regole di diritto internazionale consuetudinario. Lo stesso vale per il consenso prestato alle limitazioni di sovranità poste per ragioni di giustizia (art. 11 Cost.). Ciò detto, rimane da chiarire se le regole costituzionali citate abbiano come loro destinatari tutti gli interpreti e, soprattutto, quell'interprete particolarmente qualificato che è il giudice, ovvero gli organi di produzione legislativa dei singoli Stati. Il testo normativo e la considerazione che, se avessero voluto assicurare validità ed efficacia diretta all'interno dell'ordinamento statuale, i Costituenti avrebbero manifestato la *voluntas legis* in modo più chiaro e perentorio (si trattava di una radicale innovazione della tradizione legislativa e scientifica italiana) farebbero propendere per la seconda delle risposte prospettate. Vincolo per gli organi legislativi e, quindi, possibilità di imputare allo Stato un illecito in caso di inosservanza dell'obbligo.

Ai testi costituzionali apporta, però, una chiave di lettura ben diversa da quella sopra delineata il disposto dell'art. 288 TFUE: "Per esercitare le competenze dell'Unione, le istituzioni adottano regolamenti, direttive, decisioni, raccomandazioni e pareri.

Il regolamento ha portata generale. Esso è obbligatorio in tutti i suoi elementi e direttamente applicabile in ciascuno degli Stati membri.

La direttiva vincola lo Stato membro cui è rivolta per quanto riguarda il risultato da raggiungere, salva restando la competenza degli organi nazionali in merito alla forma e ai mezzi.

La decisione è obbligatoria in tutti i suoi elementi. Se designa i destinatari è obbligatoria soltanto nei confronti di questi.

C'è qui un bellissimo esempio di circolarità dell'ordinamento; la regola costituzionale, attraverso il principio che *pacta sunt servanda*, si riferisce anche alle regole pattizie. Una parte di queste, e cioè quelle prodotte dalla Comunità Europea, ricevono attraverso la legge, che rende esecutivo un trattato, applicabilità diretta all'interno dell'ordinamento. Ne consegue, in virtù del disposto costituzionale, la prevalenza sulle regole di diritto interno. Anche su quelle successive, data la forza che deriva da una norma costituzionale [14]. Ovviamente, dovrà essere tenuto presente ogni altro principio costituzionale che investa la materia trattata: ad esempio quello di uguaglianza e, ove sia il caso di conseguenze giuridiche che peggiorano la situazione del soggetto cui vanno applicate, a nostro avviso, quello di irretroattività. E sul punto, più avanti, il § 18.

Torniamo, a questo punto, alla riserva di legge.

Poiché per legge va intesa la regola statuale che è legge in senso formale, od ogni altro atto ad essa equiparato, il disposto che attribuisce applicabilità diretta ai regolamenti della Comunità Europea non può ritenersi tale da porre una deroga alla riserva. Non c'è dubbio che potrebbe aversi un'ipotesi di necessità di interpretazione sistematica fra due regolamentazioni costituzionali del medesimo ordinamento: quella posta dagli artt. 10 e 11 e quella dell'art. 25 Cost. Come sempre, l'interpretazione sistematica si trova di fronte alla necessità di privilegiare la *ratio* dell'una rispetto a quella dell'altra. Ora, la peculiarità del modo di disciplina penalistico, la tradizione storica, la perentorietà della formulazione normativa portano a ritenere che la regola dell'art. 25 non sia intaccata a vantaggio di fonti sovranazionali, il che è generalmente riconosciuto, sia pure ricorrendo talora alla giustificazione di fatto e non di diritto, che non potrebbe farsi luogo all'applicazione diretta di precetti che, come quelli comunitari, sono generalmente privi di sanzione. Osservazione pertinente; non risponde, però, alla domanda che sorge in presenza di regolamenti forniti tanto di precetto che di sanzione.

Perplessità assai notevoli suscita invece l'opinione secondo la quale i regolamenti comunitari se non possono creare nuove figure di reato, possono modificare o, addirittura, abrogare quelle esistenti. La riserva di legge segue tutta la vicenda normativa; non soltanto presiede al momento della posizione della regola di diritto ma ne controlla anche tutto il percorso successivo, dalla modifica all'abrogazione. Ed è caratteristica, questa, che non può essere aggirata parlando di "disapplicazione" anziché abrogazione.

Non si vede quale sia la fonte di questo potere accordato al giudice singolo che, proprio al contrario, ove si opinasse la prevalenza del regolamento comunitario, in ipotesi di ritenuto contrasto con regola interna, dovrebbe non disapplicare quest'ultima bensì sollevare questione di legittimità costituzionale.

Se la disapplicazione è esclusa allorché si ravvisa illegittimità costituzionale alla stregua della Costituzione nazionale, non si capisce perché dovrebbe essere accordata quando si profili il contrasto col regolamento comunitario. Questo, in linea di principio. Bisogna, però, tener conto, come vedremo più avanti, del nuovo art. 117 Cost.

Ed è da ricordare anche che quando l'ordinamento assegna al giudice singolo il potere di prescindere, nel caso specifico a lui sottoposto, da una norma, l'ope-

---

[14] Cfr. Corte Cost., sent. 8 giugno 1984, n. 170.

razione prevista dal sistema non è quella di disapplicazione bensì quella della pronuncia di abrogazione tacita o implicita.

Altra questione concerne il rilievo che regolamenti comunitari possono avere sulla struttura di elementi normativi della fattispecie criminosa. Si è già visto come non è affatto detto che la qualifica del sostrato di fatto dell'elemento cosiddetto normativo ("ingiusto", "indebito" e così via) debba discendere sempre da legge. Alla condizione che non sia violato il principio di irretroattività della norma incriminatrice, può in questi casi farsi ricorso a qualunque fonte normativa: naturalmente purché questa non collida con principi generali dell'ordinamento o, addirittura, con regole costituzionali. Delimitare l'ampiezza dell'arco che il riferimento a fonti diverse da quella incriminatrice descrive per ogni singola ipotesi di elemento normativo è questione di interpretazione. Così come andrà risolta in via interpretativa, e cioè caso per caso, la domanda se per i parametri della qualifica a titolo di colpa di una certa condotta possa farsi riferimento anche a regolamenti comunitari (a ben guardare, tutto si riduce per tale ultima ipotesi, così spesso ricordata, ad accertare se i regolamenti forniscano – e a quale soggetto agente forniscano – criteri per il giudizio di rappresentabilità ed evitabilità dell'evento dannoso).

Rimane la questione concernente la possibilità che da una fonte comunitaria discenda la facoltà legittima o il dovere il cui esercizio o il cui adempimento dia luogo ad una causa di giustificazione. Può fondatamente sostenersi che le scriminanti incidano, quale che sia la posizione che si voglia loro riconoscere rispetto alla struttura del fatto incriminato, sulla figura criminosa: in ogni caso, nel senso di restringerne i confini. D'altra parte, come vedremo più appresso, c'è nel sistema la trattazione distinta e parallela degli elementi che debbono realizzarsi perché ci sia reato e di quelli che, invece, debbono mancare perché si realizzi un illecito. Se la riserva si riferisca soltanto agli elementi della prima o, anche, a quelli della seconda categoria è possibile precisare solo dopo l'analisi delle scriminanti e degli effetti che esse producono sulla qualificazione del fatto.

17. *Il nuovo arrivato: l'art. 117 Cost.*

Basta una prima, veloce, lettura dell'art. 117 Cost. (novellato dalla l. cost. n. 3/2001) per renderci conto che esso si pone immediatamente al centro dei problemi sollevati dalla necessità di precisare quale sia il rapporto tra diritto nazionale e diritto dell'Unione Europea. Poiché "La potestà legislativa è esercitata dallo Stato e dalle Regioni nel rispetto della Costituzione, nonché dei vincoli derivanti dall'ordinamento comunitario e dagli obblighi internazionali", la prima delle domande che questo rapporto solleva sembra trovare risposta facile e, soprattutto, esauriente. Norme costituzionali e regole metanazionali da cui discendano i vincoli e gli obblighi richiamati dal 117 sono enunciate in una sequenza che le pone in perfetta parità. Questo significa che tra i criteri che possono governare la convivenza tra norme interne di rango costituzionale e norme appartenenti all'ordinamento comunitario o a quello riconosciuto genericamente internazionale, il Legislatore costituente avrebbe scelto il criterio cronologico: se una determinata materia appare retta da più regole, tutte presentate come dello stesso rango, sarà l'ultima a prevalere sulle precedenti.

Ciò che l'art. 117 non ci dice è in qual modo la prevalenza dell'ultima regola dovrebbe operare: e qui le soluzioni prospettabili si presentano piuttosto divaricate l'una rispetto all'altra.

A sciogliere il nodo, le risposte possibili.

La prima, assolutamente ortodossa, conforme ai canoni del diritto internazionale così come si è venuto formando nei due secoli scorsi, è che c'è bisogno di una legge interna, nazionale, che di volta in volta stabilisca quale delle due regole debba cedere, arretrare, davanti all'altra, se quella interna ovvero quella comunitaria o internazionale. Asserto di fondo che dà luogo alla domanda se la vicenda così delineata implichi annullamento della disposizione interna soccombente o se si tratti invece di mera disapplicazione. Com'è chiaro, le strade convergono entrambe sulla norma interna. La differenza principale nascente dalla scelta fra le due posizioni si coglie allorché il vincolo o l'obbligo metanazionali siano revocati: adottando la seconda, la norma interna semplicemente sospesa riprende vigore; alla stregua della prima – azzeramento della regola considerata incompatibile con quella metanazionale – deve intervenire una nuova norma a prendere il posto di quella annullata. Nel quadro generale dettaglio, ma nella prassi di importanza assai notevole: qual è l'organo legittimato alla pronuncia, il giudice ordinario o il giudice delle leggi?

La seconda soluzione al quesito sulla prevalenza della norma nazionale o di quella metanazionale è l'immediata efficacia di quest'ultima. Anche in questo caso è di tutta evidenza che è assai importante individuare l'organo legittimato alla pronuncia.

Il paziente lettore avrà già intuito che a questo punto mi chiedo quale sia la norma, il principio che legittimi l'una o l'altra delle conclusioni prospettate.

Ho sul tavolo, come sempre quando tratto di questioni che hanno a che fare con l'ordito del nostro ordinamento, il *Corso di diritto costituzionale* di Augusto Barbera e Carlo Fusaro. La questione è affrontata con la solita chiarezza e ricchezza di dati. L'argomentazione si snoda lungo l'analisi di tutta una serie di pronunce della Corte Costituzionale e delle giurisdizioni europee. Per parte mia la regola vien prima del giudizio. Mi rendo conto che a questo modo vado controcorrente. Credo, però, di aver spiegato con qualche ampiezza le ragioni della scelta: come quasi tutte le ragioni, dietro c'è – meglio, forse, sarebbe dire: si riducono a – una ragione di fondo. In questo caso: la predicibilità, la calcolabilità del comando giuridico.

Alla svolta mi si para davanti l'art. 11 della Carta.

A puntare l'attenzione sul verbo che regge la proposizione, difficilmente si sbaglia. Dunque: "L'Italia … consente". Un verbo, questo consente, a quanto mi risulta poco ricorrente nel linguaggio della nostra normativa. Se guardo alla radice mi viene in mente il consenso dell'avente diritto, l'espressione, cioè, di un'adesione ad un progetto perlopiù altrui. Nulla è detto, però, sul modo in cui questa adesione deve essere comunicata. Insomma, l'art. 11 può essere letto tanto come se esigesse una presa di posizione formulata in via generale mediante una legge, quanto nel senso di decisione assunta caso per caso, nel giudizio. Fin qui, se ci fermiamo a "consente" e basta. Ma il consenso ipotizzato dall'art 11 non è pura e semplice discrezionalità rimessa a chi questo consenso può manifestare. C'è una condizione di notevolissimo peso: la parità con gli altri Stati. Ci rendiamo subito conto che si tratta di condizione facile ad esprimersi, ma parecchio difficile ad accertare: per tacer d'altro, occorrono informazioni a lunghissimo raggio che non possono essere sostituite da un vago "sentito dire", da un "è noto". Alla bisogna, provvede meglio la presa di posizione, generale ed astratta, di un organo che, almeno in linea di principio, si profila più qualificato a orientarsi in una valutazione così problematica.

Torniamo all'art. 117 Cost.: vincoli ed obblighi metanazionali debbono essere riconosciuti, consentiti, da una legge interna. È sufficiente una legge ordinaria o c'è bisogno di una legge costituzionale, emanata cioè secondo quanto la Carta prescrive all'art. 138?

La lettera dell'art. 117, che impone allo Stato e alle Regioni, nell'esercizio della potestà legislativa, il rispetto della Costituzione nonché dei vincoli derivanti dall'ordinamento comunitario e dagli obblighi internazionali, sembra distinguere nettamente dalla Costituzione le regole da cui questi vincoli e questi obblighi discendono. Ora, poiché Costituzione è non soltanto la Carta, ma anche tutte le regole che accompagnano la Carta prodotte nei modi di cui all'art. 138, dovremmo pensare che la norma in forza della quale hanno efficacia regole metanazionali sia di rango diverso da quello costituzionale.

Ad una considerazione puramente sintattica il discorso sembra correre senza ostacoli. Dobbiamo riflettere, però, sulla funzione che l'art. 117 assegna a vincoli ed obblighi metanazionali. Se, nell'esercizio della potestà legislativa, Stato e Regioni debbono attenersi a questi vincoli e a questi obblighi debitamente riconosciuti da legge italiana, la legge, statale o regionale, eventualmente in contrasto con regole metanazionali, è viziata da illegittimità. La norma che pone questi vincoli è, dunque, criterio di validità della legge italiana. Conclusione ragionevole: la legge che riconosce l'efficacia della norma metanazionale deve essere di rango costituzionale. A metro della validità di una legge interna non può assurgere una regola che non si trovi all'apice della scala normativa: e ancora, poiché la legge interna che riconosce la validità di vincoli ed obblighi metanazionali si pone come filtro di questa validità, essa non deve essere di rango inferiore alla regola che "lascia passare" nel nostro ordinamento.

A questo punto, la questione più delicata che l'art. 117 solleva.

Abbiamo visto (art. 11 Cost.) che il riconoscimento di vincoli metanazionali è subordinato alla parità con gli altri Stati. Formulazione tanto lata da consigliare che il relativo giudizio sia affidato al potere legislativo, in grado, o così dovrebbe essere, di una valutazione ponderata, sottratta alle suggestioni spesso insidiose del caso concreto. Ma anche a ritenere che il giudizio sia affidato al giudice di una determinata *res*, il problema si pone sempre negli stessi termini. Che cosa accade qualora la regola internazionale risulti incompatibile con una regola o un principio della Costituzione italiana.

Uno dei tanti casi in cui ci chiediamo come vada interpretata la Carta. Sappiamo già che questa non si sottrae all'inevitabile passaggio dall'esegesi delle singole regole, lette nella loro autonoma portata, all'ermeneutica: ad una considerazione, cioè, che tenga nel dovuto conto il significato, il rilievo, che ciascuna di queste regole presenta rispetto alle altre, le relazioni che tra di esse intercorrono. Soltanto così si disegna, in tutta interezza, l'architettura costituzionale: non congerie di norme snocciolate per identità o contiguità di materia, ma sistema, armonia. Dobbiamo arrenderci all'idea che non è paradosso orwelliano ammettere che ci sono regole più costituzionali di altre, che alcune debbono adattarsi a quelle più forti. Dove "regola forte" val quanto regola che imprime un carattere all'assetto peculiare di un certo ordinamento. Regola di massima enunciata tra quelli che il costituente ha, molto opportunamente, chiamato "principi fondamentali".

Il discorso si dipana dall'art. 3 – dal primo, e per quanto adesso ci riguarda, forse ancor più dal secondo comma di questo articolo. Forse di più perché, a differenza del primo, il secondo comma è carico di finalismo, mira all'azione degli organi all'azione stessa legittimati. Al tempo stesso rappresenta criterio per giudicare del rilievo che ad un dettato costituzionale va riconosciuto. Vediamo, allora, quale sia il metro, la misura con cui dobbiamo operare. Vanno rimossi gli ostacoli che, limitando di fatto la libertà e l'eguaglianza dei cittadini, ne impediscono il pieno sviluppo e l'effettiva partecipazione [15] all'organizzazione politica, economica e sociale del Paese. Vari e molteplici gli ostacoli con i quali bisogna fare i conti. Qui ne voglio considerare uno davvero irto e roccioso: l'efficacia retroattiva di una legge presidiata da sanzione. Che partecipazione possiamo attenderci dal destinatario di un comando che castiga anche per condotte commesse prima che il comando sia entrato in vigore? A meno di supporre persona dotata di un singolare, insolito potere di prevedere gli eventi, è impossibile chiedere partecipazione, cioè collaborazione, quando l'invito non è comunicato in tempi e modi che ne permettano l'osservanza.

Non sfugge, a questo punto, l'importanza dell'art. 25, II comma, Cost., lievito di un principio valido, salvo espressa statuizione contraria, per tutto l'universo sanzionatorio. Sanzionare a cagione di un fatto realizzato quando il precetto che si vuole applicare non era stato ancora posto, è assolutamente incompatibile con l'art. 25: che deve essere sempre osservato – sempre nel penale e, purché non vi sia deroga certa, in modo assolutamente certo trasmessa, anche fuori del penale.

Va da sé: dicendo "l'art. 25, II comma, deve essere sempre osservato" vado oltre la ragione, pur fortissima, scaturente dalla regola costituzionale. È la pura e semplice logica del comando ad esigere, se non vuole ridursi a cappello di

---

[15] A dire il vero, l'art. 3 sembra limitare l'esigenza di partecipazione ai lavoratori. Tutta la Carta, però, è nel senso che a partecipare sono chiamati tutti i cittadini. Probabilmente la dizione adottata è un residuo della formulazione, poi abbandonata, che in un primo momento si è cercato di dare all'art. 1: "L'Italia è una repubblica democratica di *lavoratori*". Che sarebbe stata dizione apertamente incompatibile con l'*ethos* dell'intero art. 3: avrebbe, infatti, segnato chi sta alla destra e chi alla sinistra dell'ordine organizzato.

Gessler, che il comando stesso possa pervenire a chi ne è destinatario e perviene – mi ripeto, ma sul punto insisto – solo purché la persona cui è destinato possa tanto osservarlo quanto trasgredirlo. Condizione che ovviamente non si verifica quando il soggetto in questione non sia posto in grado di conoscere il messaggio che gli è rivolto.

Nelle pagine che seguono ci soffermeremo su un caso assolutamente vistoso di contrasto tra una regola metanazionale e la regola della irretroattività – regola questa che, a rigore di scienza, dovremmo chiamare nazionale, perché posta dalla nostra Carta, oltre che da quasi tutte le altre. In realtà, connotato necessario di una normativa che non voglia porsi sfacciatamente autoreferenziale, sfacciatamente perché sarebbe priva di scopo e, oltretutto, tirannica.

18. *Lo scandaloso II comma dell'art. 7 CEDU*

Il discorso cade sulla Convenzione Europea dei Diritti dell'Uomo: la chiameremo, d'ora in avanti, con l'acronimo CEDU.

Varie le ragioni che hanno indotto la cultura giuridica italiana a ritenere pressoché definitivamente risolutiva di non poche delicate e complesse questioni la normativa citata. Dico solo che c'è stata un'accoglienza cordialmente festosa, al punto da lasciare in secondo piano le domande sulla collocazione nella scala normativa che a queste regole va riconosciuta. L'incontro si è svolto sotto stelle quanto mai propizie, soprattutto perché le prescrizioni metanazionali sono state considerate sugello delle garanzie enunciate dalla nostra Carta. Vero per la maggior parte di esse. Va detto, però, che la CEDU riserba qualche non gradita sorpresa.

Per restare sul tema sin qui svolto, e perché la sorpresa è di quelle che fanno sobbalzare, l'art. 7. A parare ogni obiezione, non si tratta di una svista o di locuzione che esprime più di quanto si volesse in realtà comunicare. Questa è norma alla quale i Legislatori europei debbono essere particolarmente affezionati, fino a ribadirla, pari pari, all'art. 49 della Carta dei Diritti Fondamentali dell'Unione Europea, nota come Carta di Nizza (7 dicembre 2000).

Mi accorgo che lo stupore, l'incredulità suscitati da questo disposto mi hanno fatto saltare un passaggio essenziale al discorso. Torno in carreggiata e passo subito a leggere, ancora una volta, a me stesso il testo in discussione.

Questo l'art. 7 rubricato *Nulla poena sine lege*: "1. Nessuno può essere condannato per una azione o una omissione che, al momento in cui è stata commessa, non costituiva reato secondo il diritto interno o internazionale. Parimenti, non può essere inflitta una pena più grave di quella applicabile al momento in cui il reato è stato commesso. 2. Il presente articolo non ostacolerà il giudizio e la condanna di una persona colpevole di una azione o di una omissione che, al momento in cui è stata commessa, costituiva un crimine secondo i principi generali di diritto riconosciuti dalle nazioni civili".

Ovviamente, molto bene rubrica e I comma. Ben diverso il giudizio sul II. Che cosa significa, infatti, l'asserto che quanto disposto da questo articolo non impedisce processo e condanna dell'autore di una condotta, attiva od omissiva, criminosa secondo i principi generali di diritto riconosciuti dalle nazioni civili? Mi pare che la risposta non possa essere che una: accertata la contrarietà a questi principi del fatto posto in essere, ne segue una pena irrogata anche in difetto di una norma incriminatrice in vigore prima della commissione del fatto in questione. E non basta: si aggiunge che, qualora il fatto sia incriminato da norma precedente, potrà essere inflitta una pena più grave di quella sancita al momento della commissione del fatto. Come a dire: se hai violato un principio di diritto comune ai paesi civili, sarai punito anche a costo di buttare alle ortiche principi fondamentali di un ordine penale rispettoso di diritti giuridicamente essenziali alla persona umana. Si fa a meno, come se nulla fosse, della tipicità del fatto, della tipicità della sanzione, della irretroattività della legge che, violata, prevede la punizione del colpevole. Questo, e soltanto questo, il senso di una regola che pudicamente evita l'indicativo-imperativo e si rifugia nella negazione: "non ostacolerà...". Certo, la Corte Europea dei Diritti dell'Uomo fa un uso decisamente parco del II comma dell'art. 7. Quando ritiene di dovere applicare retroattivamente una regola, preferisce altre strade. Una delle più battute fra queste strade, quella che assegna al diritto processuale penale certi istituti: per tutti, la prescrizione. Ma con ciò si incorre in una doppia svista. La prima, quella di non farsi carico delle convincenti obiezioni che a questo ordine di idee sono state sollevate [16]. La seconda, restringere la portata dell'art. 25, II comma, Cost. alle previsioni del fatto-reato e alle conseguenze sanzionatorie, sì da escludere la copertura costituzionale a tutto quanto, pur di diritto sostanziale, non sia enunciazione del comportamento illecito e relativi effetti sanzionatori. Mi limito a questi rilievi. Non voglio ritornare su quel che ho già detto a proposito dell'ampiezza del dettato dell'art. 25: quando si dispone che "nessuno può essere punito se non ..." si dà rilievo oltre al perché, anche al come è irrogata la pena.

In ogni modo, frequente o no che sia il ricorso al capoverso dell'art. 7, la norma c'è, pronta all'utilizzo quando lo si ritenga conveniente. La realtà è che il disposto è segnato dallo spirito di Norimberga. Non ho dubbi in proposito: i condannati avevano ampiamente meritato il loro destino, ma è la strada scelta, ammantata di pensosa giuridicità, che lascia perplessi. Giudizio e condanna: atti di guerra e di una guerra giusta, e non soltanto erano tali ma dovevano anche apparire. Rivestirli, come invece è accaduto, di fraseologia giuridica turba insieme le ragioni di una guerra, ripeto, giusta per quanto è possibile che una guerra sia giusta, e le ragioni del diritto. Guai a trattare certi principi come se fossero slogan utili fino a che non appaia opportuno metterli da parte.

La prudenza della Corte Europea non sempre si riscontra nel giudice nazionale. Valga per tutte la recente decisione della Cassazione, II sezione penale, del 11.02.2016: "La disposizione di cui all'art. 7, comma secondo, CEDU, secondo cui il principio di irretroattività della legge incriminatrice non opera per i crimini

---

[16] Per tutte, cfr. Cass., sez. III pen., ord. n. 28346 del 30 marzo 2016.

contro l'umanità che offendono interessi transnazionali, impone di ritenere non applicabile al delitto di strage la regola della adozione della norma più favorevole sulla prescrizione in caso di successione di norme nel tempo; ne consegue che, avuto riguardo all'attuale disciplina in tema di reati puniti con la pena astratta dell'ergastolo dall'art. 157 cod. pen., la regola della imprescrittibilità va applicata anche ai fatti di strage commessi anteriormente alla modifica intervenuta con la legge 5 dicembre 2005, n. 251". Chiari e ben scanditi i punti chiave dell'argomentazione. In primo luogo, la S.C. non si fa scudo della pretesa natura processuale della prescrizione: questa è trattata come ogni altro istituto di diritto penale sostanziale – ai miei due o tre affezionati, pazienti lettori non ho bisogno di ribadire che io aggiungerei e di diritto processuale penale. Non soffermiamoci, però, sul dettaglio e cogliamo, piuttosto, il positivo che c'è nella considerazione della vicenda prescrittiva come vicenda sostanziale e non processuale. Ciò detto, ritengo che la decisione sia, per tutto il resto, non condivisibile. Innanzitutto, una lettura quanto mai incerta, oscillante, del capoverso dell'art. 7. Delitti nei confronti dei quali non si configurerebbe violazione del principio di irretroattività, sarebbero quelli che offendono "in ogni tempo e luogo gli interessi dell'Unione". Ma basta un'occhiata al testo del capoverso per renderci conto che il dettato normativo è del tutto frainteso quando al posto dei "principi generali di diritto riconosciuti dalle nazioni civili" troviamo gli interessi dell'Unione. Il diverso linguaggio non è precisazione analitica o parafrasi del linguaggio normativo, ma vera e propria sostituzione di termini concettuali. Tant'è che la massima cerca di riparare alla interpretazione restrittiva del dettato. Riprendendo un passaggio ulteriore della decisione – sempre dubbiosa – qualifica i delitti oggetto della eccezione sancita nel capoverso dell'art. 7 come "crimini contro l'umanità che offendono interessi transnazionali". Ed anche così ci troviamo di fronte ad una manipolazione della norma: questa, infatti, mentre non richiede che l'illecito sia talmente grave da doversi ritenere contro l'umanità, non si accontenta di una generica violazione di interessi transnazionali, ma esige la contrarietà ai principi generali di diritto riconosciuti dalle nazioni civili. Come se non bastasse, tutto questo dopo aver arricchito il capoverso di notazioni che non gli sono proprie, fino ad asserire che: "Appare infatti evidente che la dizione contenuta nel secondo comma dell'art. 7 CEDU vada riferita ad ogni crimine che per la sua particolare gravità ed efferatezza costituisca violazione delle regole di comune convivenza esistenti all'interno dell'Unione Europea". Dove l'asserita evidenza, come tante volte accade, fa le veci di una motivazione in realtà mancante. Non parliamo, poi, di quanto sia arbitrario il riferimento alla sola Unione Europea come centro di imputazione degli interessi pregiudicati: l'art. 7, almeno in questo, è assai più generoso e menziona tutti i paesi civili.

Rilievi tutti mossi all'interno di una decisione che, anche sfrondata delle ondivaghe espressioni sopra citate, appare viziata dalla risoluta condivisione dell'idea che in certi casi, perfino in diritto penale, può darsi legge retroattiva *in peius*.

Per fortuna quasi in pari data alla decisione che abbiamo visto accettare, come se nulla fosse, che l'irretroattività della legge penale possa talora essere accantonata, altra, particolarmente ben motivata, ricca di spunti e notazioni interessanti e soprattutto appropriate, scioglie una sorta di canto al principio di irretroattività della legge più severa. Davvero non ci sono parole più eloquenti di quelle che, a riguardo, leggiamo in Cass., sez. III pen., n. 28346 del 30 marzo 2016: "La dimensione di valore essenziale dell'identità costituzionale del principio di irretroattività della legge penale sfavorevole, idoneo ad essere 'azionato' come 'controlimite', appare talmente evidente da far sembrare ultronea qualsiasi argomentazione al riguardo, trattandosi di garanzia posta a fondamento di tutti gli ordinamenti costituzionali democratici". E continua appellandosi alla appassionata presa di posizione della C. Cost. in sentenza n. 394 del 23 novembre 2006: "Il principio di irretroattività della norma penale sfavorevole [...] si pone come essenziale strumento di garanzia del cittadino contro gli arbitri del legislatore, espressivo dell'esigenza della 'calcolabilità' delle conseguenze giuridico-penali della propria condotta, quale condizione necessaria per la libera autodeterminazione individuale" e, aggiungerei, condizione necessaria per la partecipazione all'organizzazione politica, economica e sociale del Paese. Conta il pensiero sotteso a queste parole. Come in un'architettura ben riuscita, tutto nella Costituzione è importante: alcune pietre, però, oltre che importanti si rivelano necessarie. Da qui l'ordine che rende possibile la lettura della Carta come di un insieme. E non c'è dubbio che tra questi segmenti fondamentali ai primi posti troviamo la regola della assoluta irretroattività *in peius*, delle norme penali. Ne consegue che non c'è norma, anche costituzionale, che, contrastante, non debba arretrare davanti a questo principio. Unica possibile eccezione, almeno sulla carta, quella della forma repubblicana che è, per così dire, rafforzata al massimo giuridicamente possibile dall'art. 139 Cost. Dico: "sulla carta" perché, nei fatti, è difficile pensare ad una regola che, vigente la Costituzione del 1948, disponga a riguardo con efficacia retroattiva. Comunque sia, a parte il 139 che è una sorta di chiusura ordinamentale, l'inderogabilità dell'art. 25 II comma è fuori discussione.

Torniamo adesso all'art. 117 Cost. Ne abbiamo già visto il disposto: la potestà legislativa deve essere esercitata nel rispetto, oltre che della Costituzione, dei vincoli derivanti dall'ordinamento comunitario e dagli obblighi internazionali. Vincoli, questi ultimi, di cui abbiamo detto che tendenzialmente non possono andar contro un disposto costituzionale. E qui si apre una questione certamente interessante: tutte le regole costituzionali, senza distinzione, prevalgono su regola di fonte metanazionale o questa valenza va riconosciuta soltanto a regole fondamentali? Quale che sia la risposta, la basilare rilevanza del principio che in penale non è consentita retroattività *in peius* mi esime dal prendere posizione sull'interrogativo. L'assoluta inderogabilità del principio posto dall'art. 25 II comma della Carta non tollera dubbi.

Inevitabile, allora, il giudizio sul capoverso dell'art. 7 CEDU. Nel momento in cui stabilisce la possibilità di derogare alla regola della irretroattività della norma penale incriminatrice *ex novo* o più severa, risulta assolutamente incompatibile con la regola dettata dalla nostra Carta. Mi sono soffermato sulla retroattività consentita dalla norma CEDU: medesima conclusione vale per la previsione di un possibile cedimento del principio di legalità. Anche sotto questo profilo l'incompatibilità con l'art. 25 II comma è irrimediabile. Irretroattività e legalità sono entrambe di estrema importanza. Quest'ultima, però, è stata finora esposta a tentativi di aggiramento, se non di vero e proprio risoluto superamento, in misura assai più morbida di quel che è accaduto e accade nei confronti della prima. Al più si ricorre a formule elastiche, vaghe, suscettibili di letture quanto mai aperte: come per un ritorno all'idea, mai completamente sopita, della legge-indirizzo. Ben diversamente il Legislatore tratta l'irretroattività. Il modo con cui viene letta ed applicata la legge Severino è davvero esemplare. A mettere le cose a posto, sarebbe bastato un intervento interpretativo volto a chiarire che la legge in questione è efficace *ex nunc*, riguarda fatti tutti successivi alla sua entrata in vigore. Assoluto silenzio invece, difficilmente spiegabile data la persistente polemica; dunque, assenso ad una lettura fuori delle regole della legge stessa. Vicenda che sarebbe già di per sé grave anche se fosse limitata al provvedimento in questione. Purtroppo l'andazzo, generalizzato e vasto, si spinge ben oltre, fino a settori assai delicati come quello delle misure di prevenzione. Dall'esordio nel nostro sistema, dalla Costituzione repubblicana, con la l. n. 1423 del 27 dicembre 1956, a recenti normative, specie in tema di provvedimenti patrimoniali, la caratura retroattiva è come un filo rosso che percorre tutto questo campo di materia.

Riprendo il discorso sull'art. 117 Cost. Bisogna dare a questa norma un'interpretazione restrittiva. Come ogni interpretazione, autenticamente restrittiva, di un qualunque testo normativo la necessità di dare alle parole utilizzate un senso meno ampio di quello che, alla lettera, queste parole permetterebbero, nasce anche [17] dall'incastro della regola in questione con le regole che ne completano l'effettiva portata, con le regole che vanno lette assieme a quella immediatamente sottoposta ad esegesi. Ma non voglio che la *sedes materiae* mi faccia scrivere in modo che quanto dico sembri confinato all'esegesi prima e all'ermeneutica poi di linguaggi normativi. In realtà, sempre, attribuiamo alle parole che pronunciamo o che leggiamo un significato condizionato dal contesto in cui la parola è inserita. Ciò vale in modo particolare per i termini polisenso (abito-dimoro, abito-vestito; piano-programma, piano-lentamente, e potremmo andare avanti per decine e decine di esempi), ma in modo più o meno forte sempre il contesto contribuisce a individuare e definire il valore di un termine.

Quanto alla procedura che bisogna seguire ove appaia non manifestamente infondato il dubbio sulla conciliabilità tra una legge ordinaria e l'art. 117 debitamente snellito, non sto a ripetere il già detto. Le ragioni per le quali deve ritenersi che il monopolio delle questioni concernenti la conciliabilità o meno di una qualunque legge, che voglia farsi valere nell'ambito del nostro ordinamento, con una norma o un principio costituzionale, cioè con regola al vertice della scala normativa interna, le ragioni per le quali questo monopolio spetta alla Corte Costituziona-

---

[17] Non si dimentichi, però, che la lettura del contesto letterale non può prescindere dalla considerazione dell'intento dei fattori legislativi.

le sono intuitive e si incentrano tutte sulla peculiare attitudine di questo organo a considerazioni riportata lunga e vasta com'è quella consentita al Giudice delle leggi. Adesso dobbiamo fare i conti con l'art. 267 TFUE[18]: "La Corte di giustizia dell'Unione europea è competente a pronunciarsi, in via pregiudiziale:

a) sull'interpretazione dei trattati;

b) sulla validità e l'interpretazione degli atti compiuti dalle istituzioni, dagli organi o dagli organismi dell'Unione.

Quando una questione del genere è sollevata dinanzi ad una giurisdizione di uno degli Stati membri, tale giurisdizione può, qualora reputi necessaria per emanare la sua sentenza una decisione su questo punto, domandare alla Corte di pronunciarsi sulla questione.

Quando una questione del genere è sollevata in un giudizio pendente davanti a una giurisdizione nazionale e riguardante una persona in stato di detenzione, la Corte statuisce il più rapidamente possibile".

Immediatamente e direttamente questa norma tende a regolare ogni problema sollevato dai rapporti tra diritto metanazionale e diritto interno: ambisce, quindi, ad un campo di applicazione decisamente più ampio di quello segnato dal confronto tra norma metanazionale e norma costituzionale. I due campi di materia sono come cerchi attraversati da un'asse verticale che ne sta al centro, che è comune ad entrambi. Questa verticale è l'art. 11 Cost.: "L'Italia consente...". Le questioni che, data la premessa, si profilano sono tutte trattate e risolte alla luce di questa regola. Trattate e risolte da un punto di vista, secondo una lettura che considera il testo, così valorizzato, come se il consenso fosse prestato dal nostro Paese in via assoluta, una volta per tutte. Abbiamo già visto[19] che le cose stanno ben diversamente. La Costituzione subordina a "condizioni di parità con gli altri Stati" il consenso alle limitazioni di sovranità necessarie ad un ordinamento che assicuri la pace e la giustizia fra le Nazioni. Ritorno ad un discorso già svolto. Decidere se esistano o no le condizioni di parità richieste dalla Carta è compito assai delicato, che esige fra l'altro specializzazione nella materia dei rapporti internazionali e delle situazioni interne ai singoli Stati nonché, importante quanto la formazione, informazione vasta, precisa, continuamente aggiornata. Dal che ho ritenuto e ritengo che si tratti di compito che non può essere demandato al singolo giudice procedente: deve intervenire un organo particolarmente attrezzato ad indagini di orizzonte tanto vasto – nel nostro ordinamento, la Corte Costituzionale. Oltretutto, solo le pronunce della Consulta possono fornire soluzioni dettate da criteri validi per la generalità dei casi. Nota qualificante, questa della validità generale, particolarmente richiesta a pronunce che, il più delle volte, hanno ad oggetto questioni delicate e, per di più, di grande momento.

---

[18] Si tratta dell'art. 234 Trattato CE diventato qui art. 26 TFUE.

[19] Cfr. il § 17 di questo capitolo.

19. *La consuetudine nel diritto penale*

Come avviene per le altre fonti del diritto, con lo stesso termine (consuetudine) si intende sia il modo di produzione di una regola giuridica, sia la regola così prodotta.

Nel primo senso si parla di processo di formazione di una regola, *per consuetudine*, che è la ripetizione generale, frequente e pubblica di un comportamento tenuto con la convinzione di adempiere ad un precetto giuridico. Definizione, questa, che sostituisce alle note della costanza ed uniformità di condotta quelle della frequenza e della pubblicità.

L'esigenza che il comportamento posto in essere si presenti uniforme è implicita nell'affermazione che è un certo (cioè determinato) comportamento quello la cui ripetizione, qualificata da ulteriori caratteristiche, dà origine ad una regola di diritto. Quanto alla costanza del comportamento, essa appare più espressione di un desiderio preoccupato di giustificare e spiegare come da una semplice serie di accadimenti si produca diritto, che frutto di osservazione storica: più aderente alla realtà, perché si accontenta di più agevole constatazione, è la richiesta della "frequenza".

Essenziale, poi, che lo stato di fatto sia dotato del carattere della pubblicità: che è quello che permette, appunto, l'accertamento di comportamenti assunti come significanti.

La regola giuridica si forma quando la generalità degli interpreti decide di considerare diritto (è dovuto che ...) il risultato dell'osservazione storica. Sì che il fatto concreto diviene fatto costitutivo della parte condizionante della norma giuridica o, più raramente, delle conseguenze condizionate.

La consuetudine presenta rilevanza diversa e, qualche volta, diverse connotazioni (ad es., si stabilisce talora che la ripetizione deve raggiungere un minimo di durata) a seconda dei diversi ordinamenti o dei diversi settori di uno stesso ordinamento.

In particolare, l'ordinamento italiano annovera, all'art. 1 delle Disposizioni sulla legge in generale, gli *usi* tra le fonti del diritto, e all'art. 8 delle Disposizioni citate stabilisce che: "Nelle materie regolate dalle leggi e dai regolamenti gli usi hanno efficacia solo in quanto sono da essi richiamati".

Da quest'ultima disposizione si deduce *a contrario* che nel nostro ordinamento la consuetudine è fonte primaria per tutte le materie non regolate da leggi o regolamenti; una significativa applicazione del principio è data all'art. 1374 c.c. per il quale "Il contratto obbliga tutte le parti non solo a quanto è nel medesimo espresso, ma anche a tutte le conseguenze che ne derivano secondo la legge, *o, in mancanza, secondo gli usi* e l'equità".

Ci chiediamo adesso quale sia il ruolo che la consuetudine svolge in campo penale.

Deve escludersi anzitutto la legittimità di regole consuetudinarie incriminatrici. Il principio della riserva di legge suona, al riguardo, in maniera inequivocabile. Quand'anche si formi, per via di consuetudine (ma non si riscontrano esempi del genere), una regola che preveda una figura di reato non contemplata da legge, tale regola sarebbe, per definizione, in contrasto con l'art. 25, II comma, Cost. Va sottolineato che ciò che è decisivo ai fini dell'inammissibilità di una regola consuetudinaria avente il contenuto di cui si è detto, non è il dettato dell'art. 8 delle Disposizioni sulla legge in generale. In una Costituzione di tipo elastico, come la Costituzione precedente la Costituzione attuale, al disposto dell'art. 8, legge ordinaria, era possibile derogare ad opera di regola consuetudinaria cui si sarebbe dovuto attribuire rango primario. Anzi, avrebbe potuto essere questa la riprova della validità della tesi che assegna alla consuetudine il primato tra le fonti del diritto, le quali, tutte, in ultima analisi, deriverebbero la loro validità dagli usi dei consociati.

La rigidità del sistema costituzionale vigente fa sì che, per lo meno per ciò che concerne la regola ad efficacia incriminatrice (tanto con riguardo alla fattispecie condizionante che alle conseguenze condizionate), non v'è posto per la consuetudine.

Diverso, secondo alcuni, sarebbe il caso di regola consuetudinaria integratrice, cui la legge faccia rinvio per completare la descrizione di elementi di fattispecie. Si cita, ad esempio, l'art. 625 c.p., n. 7, che prevede, come circostanza aggravante del furto, che il fatto sia commesso su cosa esposta "... per consuetudine ..." alla pubblica fede.

Ma la terminologia, non di rado oscillante, non deve trarre in inganno.

Il legislatore adopera, a volte, come equivalente di consuetudine, il termine "uso" (cfr. l'art. 8 delle Disp. Prel. cit.); e, viceversa, come nell'art. 625, denomina consuetudine quella che non è regola giuridica, bensì una mera abitudine. Il dovere di non impossessarsi dell'altrui automobile esposta alla pubblica fede non nasce da regola consuetudinaria, ma dalla legge che prevede tale comportamento come furto aggravato. Ci avviciniamo qui per la prima volta al fenomeno delle cosiddette *fattispecie aperte*; dove il rinvio non è ad una regola giuridica, ma ad un elemento di fatto che non è direttamente specificato (tipico, al riguardo, il dettato dell'art. 529 c.p.). E vedremo che altre, strettamente apparentate, ma non identificabili con quelle sollevate dalla riserva di legge, sono le questioni che tale categoria di fattispecie presenta.

Deve essere chiaro, insomma, che di vera e propria consuetudine integratrice si può parlare solo quando la legge rinvii, per esplicitare la sua previsione, non ad uso come mera abitudine, compatibile con altri precetti legali, bensì ad una regola giuridica formatasi per consuetudine [20]. Ma è questo ammissibile? La dottrina è in larga parte orientata ad una risposta affermativa e presenta come esempio, particolarmente rilevante, l'art. 40 c.p. che, al II comma, dispone: "Non impedire un evento, che si ha l'obbligo giuridico di impedire, equivale a cagionarlo". L'obbligo giuridico, si dice, può essere posto, immediatamente o mediatamente, attraver-

---

[20] Cass. III, 26 ottobre 2006, n. 2481 che in tema di riduzione e mantenimento in servitù posta in essere dai genitori nei confronti dei figli e di altri bambini in rapporto di parentela, ridotti in stato di soggezione continuativa e costretti all'accattonaggio, non è invocabile da parte degli autori delle condotte la causa di giustificazione dell'esercizio del diritto, per richiamo alle consuetudini delle popolazioni zingare di usare i bambini nell'accattonaggio "atteso che la consuetudine può avere una valenza scriminante ai sensi dell'art. 51 solo in quanto sia stata richiamata da una legge, secondo il principio di gerarchia delle fonti di cui all'art. 8 disp. prel. cod. civ.".

so fatti giuridici che individualizzano il precetto, oltre che da una regola di legge, anche da una fonte consuetudinaria.

Senonché un simile ordine di idee equivale ad ammettere la possibilità che la legge rinvii a regole giuridiche che non sono di legge: il che, abbiamo visto, va escluso nel rapporto legge-regolamento.

Non v'è ragione alcuna per giungere, con riguardo alla consuetudine, ad una conclusione diversa. Conclusione che, innegabilmente, verrebbe a superare l'*onere* scaturente, per il legislatore ordinario, dal principio fissato all'art. 25, II comma, Cost.: a pena di produrre una legge costituzionalmente illegittima, non può dar vita a regole che rimandino a regole giuridiche, ancorché di rango in ipotesi uguale, che non siano leggi e atti normativi *specificamente qualificati* come aventi forza o efficacia di legge.

Alla stessa conclusione si perviene ponendoci un ultimo problema: se può darsi consuetudine che abroghi, in tutto o in parte, una fattispecie criminosa, modifichi gli effetti di questa, configuri una scriminante non prevista dalla legge o, finalmente, dia vita ad una causa estintiva del reato o della pena. Cominciamo dai primi due casi.

Il nostro ordinamento prevede, all'art. 15 delle Disposizioni sulla legge in generale, che la legge può essere abrogata solo da un'altra legge:

- che lo dichiari espressamente (abrogazione espressa),
- che sia con la prima incompatibile (abrogazione tacita),
- che regoli l'intera materia regolata dalla precedente (abrogazione implicita).

Si è di solito concordi nell'escludere la possibilità di abrogazione di regole penali per consuetudine (*rectius: desuetudine*). A sostegno si assume che la ragione per la quale la consuetudine non può esplicare efficacia abrogativa sta nel fatto che, presentando in genere contorni troppo vaghi, si presta ad interpretazioni assai disparate, sì da non garantire la certezza, indispensabile in materia penale. Dove è apprezzabile il tentativo di una motivazione che non faccia capo puramente e semplicemente al disposto dell'art. 15 – legge scritta che, in ipotesi, potrebbe essere abrogata, modificata o corretta, da regole consuetudinarie.

Conta ben altro, però.

A parte il rilievo che, come sopra si è detto, la *ratio* della riserva di legge ha poco a che fare con l'esigenza di certezza, se dovessimo riconoscere che alla consuetudine va negato ogni effetto abrogativo in base all'esigenza di certezza, dovremmo concludere che in materia penale non sarebbe ammissibile né abrogazione tacita, né abrogazione implicita. Entrambe, infatti, danno egualmente adito ad interpretazioni ben lontane da una, sia pur relativa, univocità. Ma, una affermazione del genere non potrebbe essere accettata in quanto contraria, fra l'altro, a ciò che si ricava da una precisa disposizione di legge.

L'art. 1 della l. 7 gennaio 1929, n. 4, sulla repressione delle violazioni delle leggi finanziarie, escludeva espressamente, per le disposizioni da essa enunciate e per quelle richiamate dal Libro Primo del Codice Penale, la possibilità di abrogazione tacita o implicita. Il che significa che il legislatore muoveva dal presupposto che ordinariamente si dà abrogazione tacita o implicita anche in campo penale. Vero è che questo comma dell'art. 1, legge cit., è stato abrogato dall'art. 13 del d.l. 10 luglio 1982, n. 429, convertito nella l. 7 agosto 1982, n. 516, con decorrenza dal 1° gennaio 1983. Ma non può dirsi che l'abrogazione sia dovuta al riconoscimento della superfluità della norma (come sarebbe nel caso che si dovesse considerare, in via generale, inammissibile, in materia penale, l'abrogazione tacita o quella implicita). È lo stesso art. 13 che al II comma stabilisce che ai reati previsti negli articoli indicati al I comma, *continuano ad applicarsi le norme, anche processuali, vigenti alla data del 31 dicembre 1982*: con il che è evidente che si vogliono sottrarre i reati in questione alle vicende dell'abrogazione tacita o implicita, la cui rilevanza sarebbe, altrimenti, discesa dai principi generali.

Il motivo per cui si deve escludere la possibilità che per *desuetudine* siano abrogate regole penali incriminatrici va, perciò, individuato non nell'esigenza di certezza, bensì nella situazione di assoluto contrasto, anzi, di incompatibilità che la rilevanza di una consuetudine abrogativa verrebbe a creare rispetto al monopolio legale sancito dalla riserva assoluta.

Se la conclusione cui si arriva per le regole che configurano ipotesi di reato deve considerarsi esatta, non sussistono differenze che giustifichino una diversa soluzione quando ci si chieda se la regola consuetudinaria possa modificare gli effetti ricollegati ad una fattispecie criminosa, ipotizzare una scriminante non prevista dalla legge o, infine, una causa estintiva del reato o della pena. Ed, invero, se la riserva assoluta riguarda tutta la disciplina penale, assegnata ad una certa materia, è cosa di nessun conto che la rottura del principio avvenga sul versante delle norme incriminatrici, su quello della loro abrogazione o sia circoscritta alle conseguenze della regolamentazione data dalla legge o ai confini che la legge si pone prevedendo, rispetto al fatto, quel sistema di limiti che è rappresentato dalle cosiddette scriminanti (consenso dell'avente diritto, esercizio del diritto, ecc.), ovvero, nella proiezione temporale, attraverso la previsione di cause che estinguono il reato o la pena (amnistia, prescrizione, ecc.).

Con ciò non si vuol negare che, nella storia del nostro ordinamento, si siano verificati fenomeni che sul piano giuridico sembrerebbero potersi spiegare solo col ricorso alla desuetudine. Così per gli scioperi posti in essere tra la fine del regime fascista e il 1948, in un arco di tempo in cui tali comportamenti erano ancora considerati come reati dal Codice Penale, quando la Costituzione, che sancisce il diritto di sciopero, non era ancora entrata in vigore.

Poiché non si è proceduto nei confronti di coloro che pur, *formalmente*, avevano realizzato comportamenti qualificabili come illeciti penali, si è detto che già prima della nuova Costituzione, la regola penale era caduta in desuetudine a causa della soppressione dell'ordine corporativo o, più incisivamente, per la mutazione dei principi istituzionali.

Insoddisfacente la prima spiegazione, posto che se un sistema corporativo di norma non ammette lo sciopero, non è necessariamente vero il contrario (si vedano, al riguardo, sul piano storico, le costituzioni dell'U.R.S.S., certamente non imperniate su istituti corporativi).

Più penetrante la constatazione del cambiamento dei presupposti istituzionali, che si avvicina alla spiegazione *giuridica* della vicenda.

Se non si vuol ripiegare sul riconoscimento della prevalenza di una regola consuetudinaria (abrogativa) rispetto alla regola di legge (ricordiamo che anteriormente all'entrata in vigore della Carta repubblicana la Costituzione era di tipo elastico), resta il fatto che momenti di evoluzione accelerata del contesto possono dare contenuti nuovi a regole e categorie la cui relativa stabilità dipende da una, anch'essa relativa, stabilità politica.

Si fa strada, allora, il principio secondo il quale possono essere considerati punibili solo i fatti che ledono o mettono in pericolo quei beni valutati come degni di protezione dall'ordinamento considerato nel suo complesso. Ed è proprio per il *principio di offensività*, la cui rilevanza è assicurata da regole ordinarie preesistenti alla Costituzione, che disposti, formalmente non abrogati, perdono efficacia incriminatrice dal momento che la loro capacità di qualifica permette unicamente la verifica della corrispondenza dei fatti al tipo descrittivo, senza che a tale corrispondenza si aggiunga il requisito sostanziale dell'offesa ad un bene tutelato.

20. *Procedimento analogico in campo penale e artt. 13 e 25 Cost.*

Il procedimento cosiddetto analogico non può considerarsi fonte del diritto per chi non ammette, accanto all'*interpretazione estensiva*, un procedimento di *estensione per analogia* con caratteristiche sue proprie ovvero sottrae tale procedimento ad ogni regolamentazione giuridica, per considerarlo un puro fenomeno politico.

E sono posizioni, queste, che portano da vie opposte al medesimo risultato: quello dell'affermazione della inesistenza di una regola giuridica ottenuta mediante lo specifico procedimento analogico. Da un siffatto angolo visuale, che qui possiamo assumere come indifferenziato, non v'è dubbio che diventa priva di fondamento la questione se l'operazione analogica faccia o no parte del sistema dei fatti cui è riconosciuta forza di produrre diritto. Eventuali regole che ponessero divieti in ordine a determinate materie dovrebbero, pertanto, intendersi come semplice *memento* rafforzativo, per certe materie, di un principio che sarebbe, pur tuttavia, operante anche fuori dei campi direttamente oggetto del divieto stesso.

Sembra, però, che né la prima, né la seconda delle strade che conducono a questo risultato siano percorribili.

Quanto alla prima, va detto che ogni proposizione normativa presenta limiti linguisticamente insuperabili: se, entro questi limiti, sia pur dilatati sino alla massima capacità di espansione delle parole, resteremo sempre nell'ambito di una determinata proposizione, è certo che ad un dato momento il confine sarà raggiunto e non potrà essere superato, a pena di rinunciare ad attribuire alle parole un significato comunque ammesso dall'uso. Quest'ordine di idee potrà dunque ridurre, anche in modo considerevole, il numero delle ipotesi che non sono direttamente regolabili in base alle proposizioni normative da cui si prendono le mosse: ma non potrà mai eliminarle completamente. La questione dell'analogia tornerà sempre a presentarsi, sia pur in proporzioni più modeste.

Quanto alla seconda, l'affermazione che il procedimento analogico consisterebbe nella sostituzione di un diritto *desiderato* al diritto *reale,* è esatta solo con riferimento ad un sistema che non comprenda una regola vincolante, o per lo meno, autorizzante al procedimento di integrazione per analogia. Ma ove una tale regola effettivamente esista (e questa è senza dubbio ipotesi frequente), non si può relegare l'analogia nella sfera delle pure avventure politiche.

La presenza di una regola che obblighi o facoltizzi al ricorso all'analogia esclude, prima di ogni altra cosa, che l'attività svolta da chi pone in essere un procedimento di estensione analogica possa essere considerata interpretazione del diritto soltanto alla stregua di una finzione: si converrebbe, cioè, di considerare dichiarativa una attività che, fuori di ogni dubbio, sarebbe invece creativa. Certo, deve esser chiaro, che, stante la regola vincolante o autorizzativa, l'operazione di chi si trova a *leggere* il diritto si compirebbe sempre nell'ambito delle strutture dell'ordinamento.

Ma questo non toglie, si dice, che l'utilizzazione del criterio analogico avverrebbe sulla base dell'accettazione di un presupposto, indispensabile ma indimostrabile: quello di considerare l'ordinamento giuridico, anche in ipotesi di estensione analogica, compiuto "per il fatto che il diritto non formulato viene espressamente richiamato dal legislatore, per il fatto che l'attività del giudice si svolge entro limiti legali, sia pur latissimi".

Rileviamo come sia riduttivo accennare soltanto all'attività del giudice. Il discorso va condotto ponendo a soggetto l'interprete; sotto questo profilo il giudice non è che un interprete particolarmente qualificato.

Comunque sia, riconoscere l'esistenza di limiti legali significa implicitamente ammettere che il legislatore impone all'interprete un criterio al quale questi è tenuto. Criterio che può consistere nella determinazione di un certo modo di produzione del diritto (ad es., quando il legislatore prescrive di decidere in una certa materia secondo equità) ovvero nella descrizione, più o meno sommaria ed elastica, di fatti giuridici e di conseguenze giuridiche. Ed è chiaro che in quest'ultimo caso si ha vera e propria regola giuridica linguisticamente formulata, la quale permette una valutazione diretta del comportamento rilevante. Che è parlare di attività dichiarativa e non di attività funzionalmente creativa.

Tutto sta, allora, nel verificare come la proposizione vincolante o facoltizzante al procedimento analogico, si innesti sul complesso delle rimanenti regole dell'ordinamento.

Decisivo è, al riguardo, l'art. 12, II comma, delle Disposizioni sulla legge in generale: "Se una controversia non può essere decisa con una precisa disposizione, si ha riguardo alle disposizioni che regolano casi simili o materie analoghe; se il caso rimane ancora dubbio, si decide secondo i principi generali dell'ordinamento giuridico dello Stato".

Lasciamo, pure, da parte il riferimento alle "materie analoghe". La tautologia, infatti, salta agli occhi. Si tratta di fissare *il criterio* che governa l'estensione analogica: di rispondere, in tutto e per tutto, menzionando l'analogia fra materie; quando ciò che si chiede è proprio di stabilire in che cosa consista il rapporto di relazione in forza del quale possiamo dire che un dato, non riconducibile a "precise disposizioni", è analogo ad altro che, sotto precisa disposizione, invece ricade.

Né più illuminante per cogliere la peculiarità dell'analogia sembra l'obbligo di decidere, in caso dubbio, secondo i principi generali dell'ordinamento. Il ricorso ai principi generali non fa sorgere un problema di relazione tra quanto è espressamente regolato e quanto no. Il disposto impone di ricavare, dalle singole regole, regole generali di ampiezza tale da ricomprendere anche i casi carenti di specifica disciplina. Vuol dire, insomma, che salvo divieto espresso, è regola di diritto positivo anche quella ottenuta per via di astrazione generalizzante.

Il dato sul quale occorre accentrare l'attenzione, per renderci esatto conto della struttura del procedimento analogico, è costituito dall'espressione "casi simili". Si prospetta, in questo modo, la necessità di reperire un rapporto di simiglianza tra il caso regolato da una precisa disposizione e quello che tale non è. Rapporto che, ovviamente, non può fondarsi su caratteristiche comuni o lievemente diverse presentate dalla fattispecie concreta espressamente prevista e da quella che prevista non è. Al giudizio di simiglianza si perviene alla stregua di una valutazione dei motivi che spiegano una certa disciplina normativa e che si ritengono validi anche per il caso non contemplato: si parla, quindi, di identità di *ratio* tra ciò che è oggetto di disciplina e ciò che non lo è.

Ora, una proposizione normativa, come questa in esame, che ricollega alle ipotesi simili a quelle direttamente considerate da una serie di regole le stesse conseguenze giuridiche, si scinde logicamente in tante regole che presentano come fattispecie ipotesi simili a quelle contemplate dalle regole a cui il procedimento analogico si applica, e come conseguenze condizionate le medesime conseguenze.

Indubbiamente, il criterio di descrizione delle fattispecie, così enunciate, è singolare: ma, fino a un certo punto, niente si oppone a che il legislatore costruisca le fattispecie di tutto un complesso di regole sulla base della somiglianza con le ipotesi tipiche di altre regole. Può dirsi, anzi, che si tratta di una tecnica assai ingegnosa per colmare le cosiddette lacune sostanziali dell'ordinamento. Se è vero, infatti, che sul piano meramente formale è improprio parlare di lacune (anche l'ordinamento composto da una sola norma è pienamente idoneo a qualificare tutti i possibili comportamenti umani: è vietato il parricidio, tutto il resto è lecito), sul piano *sostanziale* possono emergere ipotesi per le quali, in difetto di una regolamentazione espressa, si avverte la necessità di dare una disciplina imputabile al sistema. L'argomento analogico è escogitato proprio per sopperire ad esigenze del genere.

Detto questo, prendiamo le mosse dall'art. 1 c.p. Nello stabilire che "Nessuno può essere punito per un fatto che non sia espressamente preveduto come reato dalla legge ...", il legislatore penale ha voluto in tal modo eliminare la possibilità di applicazione del procedimento analogico alle regole incriminatrici.

Ancora: il divieto di analogia è sancito e rafforzato dall'art. 14 delle Disposizioni sulla legge in generale, per il quale "Le leggi penali e quelle che fanno eccezione a regole generali o ad altre leggi non si applicano oltre i casi e i tempi in esse considerati".

Dal punto di vista linguistico c'è un crescendo dall'art. 1 c.p. all'art. 14 delle Disposizioni sulla legge in generale. Il primo sembra limitare il divieto di estensione analogica alle sole regole incriminatrici; il secondo si riferisce in modo globale alle leggi penali (quindi, parrebbe, a tutte le regole che contribuiscono alla disciplina penale di una fattispecie) e ad esse affianca le leggi cosiddette eccezionali.

Su questa base si sviluppa la ben nota controversia sui limiti del divieto di analogia in diritto penale. Si discute se tale divieto sia dettato unicamente con riguardo alle regole incriminatrici e, quindi, salvo che non siano *eccezionali*, non si applichi alle regole che prevedono scriminanti, cause che estinguono il reato o la pena, ecc.; ovvero se la lettera dell'art. 14 delle Disposizioni sulla legge in generale che, come abbiamo visto, menziona, agli effetti del divieto, le leggi penali senza fare tra di esse distinzione alcuna, e la logica delle proposizioni normative che pongono obblighi, non conducano piuttosto a ritenere insuscettibile di estensione analogica ogni regola che, comunque, definisca la disciplina penale di un fatto, quali ne siano funzioni ed efficacia.

A livello di analisi della disciplina stabilita da norme di legge ordinaria, la dottrina appare, oggi, prevalentemente orientata nel senso della prima delle due soluzioni. Il principio del *favor rei* porta ad escludere la sola estensione analogica delle regole incriminatrici: simmetricamente non vi sarebbe motivo per vietare il procedimento analogico rispetto a regole che restringono il campo della punibilità o, in ogni caso, assicurano condizioni meno severe.

Non si può prendere posizione sull'argomento senza verificare se l'art. 25 Cost. (o altra regola costituzionale) assuma come principio di rilevanza costituzionale il divieto di analogia in materia penale.

Il problema non è di lieve momento: se il divieto di analogia deve considerarsi posto unicamente da leggi ordinarie, esso non costituisce altro che una regola ermeneutica (rivolta a chi legge una regola penale) alla quale il legislatore ordinario medesimo potrà – e vedremo più avanti come ciò talora avviene – derogare; se, invece, il divieto è posto anche da una regola costituzionale, esso costituisce un *onere* per il legislatore ordinario con la conseguenza che ogni legge ordinaria che non ottemperi all'onere stesso risulterà costituzionalmente illegittima.

Tutto ciò, evidentemente, prescinde dalle conclusioni cui si perviene circa l'ampiezza del divieto. Questo potrà essere più o meno esteso: l'impossibilità di superarlo, con legge ordinaria, *nei limiti che gli siano riconosciuti*, è fuori discussione.

Occorre però riflettere che se il divieto di analogia, in materia penale, è oggetto di previsione da parte di regole costituzionali, sarà proprio la *ratio* che sta a fondamento di tale previsione a darci l'esatta misura del divieto stesso.

Cominciamo, intanto, col porre in rilievo come l'estensione analogica di regole penali incriminatrici sia espressamente vietata dal II comma dell'art. 13 Cost., in forza del quale: "Non è ammessa forma alcuna di detenzione ... né qualsiasi altra restrizione della libertà personale, se non per atto motivato dell'autorità giudiziaria e nei soli casi e modi previsti dalla legge". Ed è appena il caso di rimarcare che la lettera del dettato costituzionale riprende quella dell'art. 14 delle Disposizioni sulla legge in generale che, come abbiamo visto, dispone che le *leggi penali* e quelle eccezionali non si applicano, appunto, *oltre i casi e i tempi* in esse considerati. Anzi, deve dirsi che la dizione risulta da un lato più precisa, dall'altro più perentoria di quella dell'art. 14. Alla parola "tempi", che con la proibizione del procedimento analogico non si vede bene che cosa abbia a che fare, è sostituita quella, più consona alla operazione ermeneutica regolata, di "modi". Inoltre, si accentua l'efficacia vincolante del divieto premettendo ai termini "casi e modi" l'aggettivo *soli*. Né varrebbe osservare che la regola costituzionale si riferisce unicamente alla *detenzione* o a qualsiasi altra restrizione della libertà personale: il principio non riguarderebbe, quindi, le regole incriminatrici che comminano pene pecuniarie invece che detentive.

Gli artt. 106 ss. della l. 24 novembre 1981, n. 689 (Modifiche al sistema penale), dispongono, in caso di mancata esecuzione di pena pecuniaria, la conversione della pena stessa, con conseguenze che vengono a limitare ("restringere") la libertà personale del soggetto cui sono riferite.

E non basta. L'art. 106 legge cit. stabilisce la conversione della libertà controllata o del lavoro sostitutivo, non ancora eseguiti, in un uguale periodo di reclusone o di arresto, a seconda della specie – multa o ammenda – della pena pecuniaria originariamente inflitta. Deve, pertanto, concludersi che anche là dove la regola penale non commina direttamente una pena detentiva, forme di limitazione della libertà personale o, addirittura, la detenzione, sono implicite, quali effetti penali, anche nella statuizione che prevede pene pecuniarie.

Questa individuazione del divieto costituzionale di estensione per analogia delle regole incriminatrici è di notevole importanza.

È vero che, nel nostro ordinamento, non si sono mai dati casi in cui il legislatore ordinario, disciplinando, in via penale, una determinata materia, si sia pronunciato stabilendo che la normativa espressamente posta è suscettibile di estensione per analogia. Potrebbe sembrare, insomma, che preoccuparsi se esista o no, a livello costituzionale, il divieto di estendere per analogia regole incriminatrici, proponga, tutto sommato, una questione teoricamente giustificata, ma priva di pratica rilevanza, dal momento che il legislatore ordinario risulta sufficientemente vincolato alla regola che, per le disposizioni incriminatrici, vieta a livello ordinario, il ricorso all'analogia.

A parte l'ovvio rilievo che quanto non è finora accaduto potrebbe pur sempre verificarsi, va tenuto presente che se non si reperiscono statuizioni che espressamente deroghino al divieto di cui all'art. 1 c.p., non di rado sono adottate tecniche di costruzione delle fattispecie penali le quali impongono un vero e proprio impiego dell'argomento analogico.

Si pensi ad una regola incriminatrice che prevedendo una certa pena per un determinato comportamento estenda la sanzione a chi pone in essere un comportamento analogo o simile (la terminologia formalmente diversa esprime, però, il medesimo concetto) a quello espressamente indicato dal legislatore: e tutto questo, si badi, sempre nel testo della disposizione incriminatrice. Formalmente non si va oltre i confini della proposizione normativa. Chiediamoci, però, quale sia il procedimento logico che deve seguire chi è chiamato a leggere una regola formulata nel modo che si è detto. È evidente che tale procedimento non può essere che quello di estensione analogica: ciò che conta, infatti, non è tanto l'esistenza di una regola a sé stante che, sintatticamente estranea alla regola incriminatrice, di quest'ultima ampli la portata fino ai casi simili, bensì, l'operazione alla quale occorre fare capo per stabilire, appunto, quali siano e quali no i casi simili[21].

Ora, se il divieto fosse puramente e semplicemente di legge ordinaria, la deroga, in forza di altra legge ordinaria, non potrebbe essere contestata. Ben altrimenti, è chiaro, stanno le cose quando, come nel nostro ordinamento, il divieto di analogia (nei confronti delle regole incriminatrici) ha rango costituzionale. L'illegittimità di proposizioni normative strutturate come sopra si è detto, risulta a tutti evidente: il divieto, se ha un senso, non sorge, infatti, con riferimento al contesto linguistico adottato dal legislatore, bensì al tipo di criterio di lettura che l'enunciato linguistico impone.

Abbiamo finora parlato di regole incriminatrici, quelle cioè che configurano un fatto di reato, ma non v'è dubbio che la lettera stessa dell'art. 13 Cost. esclude la possibilità di estensione analogica di regole che, senza disegnare nuove ipotesi criminose, si limitano, in via generale o relativamente a specifiche previsioni, ad aggravare le conseguenze sanzionatorie o, comunque, a rendere più sfavorevole la condizione del soggetto cui la regola va applicata.

Ciò posto, dobbiamo guardarci da trarre dalla previsione espressa del divieto di estensione analogica di regole incriminatrici penali e di quelle più sfavorevoli al destinatario, una conseguenza che, a questo punto, sarebbe senz'altro affrettata.

Troppo sbrigativo pensare che, avendo il legislatore costituente posto in termini espressi la regola che vieta il ricorso all'analogia solo con riferimento alle regole incriminatrici ed a quelle più sfavorevoli per il destinatario, mentre per tutte le altre, pur rilevanti ai fini della disciplina complessiva dell'illecito penale, la normativa costituzionale non fa parola, se ne deve dedurre che *ubi voluit dixit, ubi noluit tacuit*.

Siamo tutt'altro che propensi a negare, come una certa moda insegna, rilievo al principio di logica ermeneutica in questione. Per valere, esso vale. Quel che conta, però, proprio per consentirne una corretta applicazione, è accertare quali siano le ragioni che hanno condotto il legislatore ad uscire in una certa regolamentazione espressa e, successivamente, chiederci se il suo silenzio, fuori dei confini disegnati dalla regolamentazione espressa, sia reale o soltanto apparente.

Alla prima domanda si risponde agevolmente.

La disciplina posta dal II comma dell'art. 13 Cost. non si esaurisce nel puro e semplice divieto di dar luogo, per via analogica, "a detenzione ... ed a qualsiasi altra restrizione della libertà personale" quali effetti disposti da regola penale incriminatrice. Essa riguarda anche tutte le forme di limitazione della libertà personale che non sono contenuto di sanzioni comminate da regole incriminatrici, ben-

---

[21] Cfr. Cass. VI, 25 agosto 1995, n. 9089: "L'art. 348 c.p. (abusivo esercizio di una professione), è norma penale in bianco, che presuppone l'esistenza di norme giuridiche diverse qualificanti una determinata attività professionale, le quali prescrivono una speciale abilitazione dello Stato ed impongono l'iscrizione in uno specifico albo, in tal modo configurando le c.d. professioni protette. Di guisa che l'eventuale lacuna normativa non può essere colmata dal giudice con la prescrizione di regole generali o astratte".

sì la materia costitutiva di taluni mezzi di ricerca della prova e delle cosiddette misure cautelati personali. Va detto, anzi, che, in genere, la lettura dell'art. 13 Cost. trascura il riferimento alle regole incriminatrici (da qui l'opinione che il legislatore costituente non avrebbe espressamente costituzionalizzato il divieto di analogia nemmeno con riguardo alle proposizioni incriminatrici) per accentrare la propria attenzione sul tema dei mezzi di ricerca della prova e dei provvedimenti cautelari, assistiti dalla doppia garanzia della riserva di pronuncia per atto motivato dell'Autorità giudiziaria e di stretta previsione legislativa.

Rimane adesso da sciogliere il quesito se, come si è detto, per le regole penali, diverse da quelle incriminatrici o sfavorevoli, il silenzio del costituente sia, e in quali limiti, solo apparente.

Ed è qui che il nostro discorso deve tornare all'art. 25, II comma, Cost.

21. *Sempre sull'analogia: in particolare l'art. 25, II comma, Cost.*

Si è visto come la riserva di legge stabilita dall'art. 25, II comma, Cost. concerna l'intiera gamma delle disposizioni rilevanti ai fini della disciplina penale di un determinato comportamento umano. Si è visto, cioè, che non soltanto le regole incriminatrici, ma anche tutte le altre che concorrono a delineare l'esatta e complessiva regolamentazione penale del fatto, debbono essere leggi o atti aventi efficacia di legge.

Sarebbe, però, gravemente improprio sul piano metodologico, perché tristemente viziato da un approccio al problema di stile puramente concettualistico, concludere che, essendo il procedimento analogico, là dove è consentito, un modo di produzione del diritto, tutte le volte che un certo tipo di normativa non può essere fissato che per legge, il ricorso all'analogia è perciò stesso vietato.

Si potrebbe, intanto, replicare che l'operazione che conduce alla descrizione di una regola, ricavata per via analogica, se è modo di produzione del diritto, lo è di un tipo tutt'affatto particolare.

Il risultato dell'operazione analogica sarebbe implicito nella regola che autorizza o impone l'analogia. All'interprete non spetterebbe che esplicare quanto già racchiuso ai casi cosiddetti simili. Più che di modo di produzione del diritto, si dovrebbe, per il procedimento analogico, parlare di modo di interpretazione dell'ordinamento.

Ma sarebbe anche questo un tentativo di superare una argomentazione tutta concettualistica con altra argomentazione, concettualistica anch'essa. Cerchiamo allora di non sovrapporre il concetto alla regola.

La questione va sciolta in via strettamente interpretativa.

Il principio di riserva fissato dal disposto costituzionale esclude, per quanto attiene alla disciplina penale di una data materia, la rilevanza di norme, primarie e secondarie, che non siano oggetto di rinvio formale da parte della regola primaria penale (con la sola eccezione a favore del rinvio sostanziale, per le ragioni in parte già esposte e sulle quali dovremo ritornare in seguito, in caso di modifica o abrogazione di regole, primarie o secondarie, richiamate, che rendano la regola penale più favorevole per il destinatario).

Va ripreso e ribadito, a questo punto, un altro degli snodi attraverso i quali siamo passati per giungere a quella lettura della regola costituzionale unica compatibile con la *ratio,* anch'essa unica, sottesa al principio.

Il rigore e la ponderatezza che debbono caratterizzare un modo di disciplina che, come quello penale, tanto incide sulla libertà personale, sono incompatibili con la possibilità di assumere, agli effetti di tale disciplina, ordinamenti futuri, e quindi, al momento dell'attività legislativa specificamente volta a porre una regola penale, non ancora conoscibili e valutabili, prodotti vuoi di formazione secondaria, vuoi di formazione primaria, direttamente indirizzate a regolamentazione non penale: civile, amministrativa. Va, insomma, posto in rilievo che il principio di riserva, se ha un senso, pone dei confini ben precisi non soltanto rispetto alla normazione secondaria, ma anche rispetto all'attività produttiva di leggi o di atti aventi efficacia di legge, quando non abbiano direttamente ad oggetto conseguenze penali.

Questi il contenuto e significato della regola di riserva.

È impensabile, allora, che le cautele adottate nei confronti dei fattori normativi, di cui si è parlato, non abbiano a sussistere, e ad esplicare tutti i loro effetti, rispetto all'attività di chi legge l'ordinamento, e soprattutto di quel lettore particolarmente qualificato che è il giudice, nel momento in cui fosse chiamato ad identificare le ipotesi simili a quelle contemplate da regole penali, ancorché non incriminatrici (per queste ultime c'è il divieto espresso dell'art. 13 Cost.).

Un punto deve essere, anzitutto, chiaro.

L'ultimo comma dell'art. 25 Cost. ("Nessuno può essere sottoposto a misure di sicurezza se non nei casi previsti dalla legge") non va invocato a *pro* della possibilità di estendere per analogia regole penali non incriminatrici e, pertanto, come abbiamo visto, non presidiate dal divieto di cui all'art. 13 Cost.

L'espressa previsione di cui all'ultimo comma dell'art. 25 non è utilizzabile ai fini di una argomentazione così formulata: il costituente ha vietato il ricorso all'estensione analogica per le regole incriminatrici (art. 13 Cost.); ha ripetuto tale divieto per le misure di sicurezza (art. 25, ultimo comma, Cost.: "nei casi previsti dalla legge"). Ciò significa che, in mancanza di altri disposti costituzionali, non vi è divieto di estensione analogica delle regole penali non incriminatrici.

Ma sarebbe anche questa una erronea applicazione del principio *ubi voluit dixit ubi noluit tacuit.*

I motivi che hanno indotto il costituente a dettare la regola, di cui stiamo parlando, sono di un duplice ordine.

In primo luogo, il costituente, non prende posizione, in via di qualificazione dommatica, sulla cosiddetta natura delle misure di sicurezza – se penali, amministrative o appartenenti ad un *tertium genus*: e fa benissimo. La qualificazione di elementi di fattispecie e di conseguenze a queste ricollegate, quando non esprima sinteticamente un modo di disciplina, si esaurisce tutta e soltanto nella manifestazione di quella che è l'opinione dottrinale che i fattori di produzione del diritto nutrono nei confronti del dato regolato. Opinione rispettabilissima, ma che non vincola l'interprete.

Se non v'è, però, presa di posizione rispetto alla qualifica spettante alle misure di sicurezza, c'è una fondamentale nota differenziale nei confronti della disciplina dettata per la regolamentazione penale che si concreta nella comminazione di pene, principali, sostitutive o accessorie.

Adeguandosi all'ordine di idee che, come vedremo più appresso, non considera le misure di sicurezza vere e proprie sanzioni, bensì forme di terapeutica sociale (non dobbiamo sottovalutare o, peggio ancora, dimenticare il debito, mai esplicitamente dichiarato, ma fortissimo, del codice Rocco verso il progetto Ferri-Mortara), già il legislatore ordinario ha escluso che per le misure di sicurezza, da lui denominate "misure amministrative", valga il principio di irretroattività, in forza del quale è necessario che la legge da applicare sia entrata in vigore prima del fatto commesso. Medesimo punto di vista quello adottato dal costituente.

Diventava, quindi, indispensabile una regola che, a proposito delle misure di sicurezza, facesse risaltare come per esse è prevista la pura e semplice riserva di legge.

In secondo luogo, va ricordato che l'art. 13, II comma, Cost. limita ai soli casi e modi previsti dalla legge ogni forma di detenzione o qualsiasi altra forma di restrizione della libertà personale. Di altri effetti e di altro contenuto, che la legge può dettare, non si occupa.

Ora, accanto alle misure di sicurezza *personali*, che incidono tutte sulla libertà personale, l'ordinamento conosce misure di sicurezza patrimoniali: e queste ultime evidentemente non sono comprese nel divieto dell'art. 13.

Esclusa, quindi, la rilevanza, ai fini della soluzione del problema che ne occupa, dell'ultimo comma dell'art. 25, dobbiamo adesso chiederci se le regole che prevedono scriminanti, attenuanti, o cause di esclusione del reato o della pena siano da considerarsi *eccezionali.* Se così fosse, a livello di legge ordinaria, il divieto di estensione analogica discenderebbe dall'art. 14 Disp. prel. – aperta restando la questione relativa alla costituzionalizzazione o no del divieto stesso.

Ora, se per norme eccezionali si intendono quelle "caratterizzate da una collisione o contrasto o deroga rispetto ai principi fondamentali di carattere politico-valutativo dell'ordinamento giuridico in cui sono inserite e di cui, sia pur in deroga, esse fanno parte", la risposta non può essere che negativa.

Ed, invero, non soltanto non esistono nell'ordinamento principi contrari o almeno sostanzialmente diversi, da quelli che esprimono le regole che prevedono scriminanti ecc., ma deve dirsi che ciascuna di esse appare collegata ad un principio generale.

Così è per quanto concerne le disposizioni che prevedono scriminanti (artt. da 50 a 54 c.p., nonché le disposizioni che ipotizzano scriminanti speciali, vale a dire operative solo rispetto ad una o più determinate figure di reato), tutte riconducibili al principio generale, secondo il quale non può costituire illecito penale il fatto compiuto nell'adempimento di un dovere o nell'esercizio di una facoltà legittima (per la terminologia cfr. art. 652 c.p.p.).

Mutatis mutandis, lo stesso vale per le circostanze attenuanti, la previsione delle quali risponde alla logica insita nella struttura del reato come *illecito di modalità di offesa* e, quindi, in ultima analisi, al principio che la responsabilità penale è personale (art. 27 Cost.), sì che deve esserci la possibilità di valutare la fattispecie concreta nel modo più aderente alla realtà ed alle caratteristiche del comportamento posto in essere. E non basta. Sempre a proposito delle circostanze attenuanti, occorre tenere presente come il legislatore ordinario abbia svuotato di contenuto ogni discorso circa la estendibilità per analogia delle regole che le configurano. E ciò ha fatto mediante la previsione delle cosiddette *attenuanti generiche* (art. 62 *bis* c.p.).

Quando si statuisce che "il giudice, indipendentemente dalle circostanze prevedute nell'art. 62, può prendere in considerazione circostanze diverse, qualora le ritenga tali da giustificare una diminuzione della pena", si detta una regola per la quale, senza bisogno di ricorrere all'argomento analogico – il riferimento al criterio di *somiglianza* è espressamente escluso sia dalla clausola negativa di apertura (indipendentemente dalle circostanze ...), sia dalla espressa affermazione che le circostanze che si possono prendere in considerazione debbono essere *diverse* da quelle prevedute nell'articolo precedente – si viene a creare una ipotesi circostanziale, i cui elementi costitutivi fattuali non possono essere che quelli dettati dall'assolutamente esaustivo art. 133 c.p. Siamo, pertanto, sempre nell'ambito dell'applicazione di criteri normativi immediatamente e direttamente posti.

Quel che segna il passaggio dall'esercizio del potere discrezionale di applicare la pena, nei limiti fissati dalla legge, tenendo conto dei coefficienti di gravità del reato e di capacità a delinquere del colpevole, alla facoltà di disporre, sulla base di quei coefficienti, una diminuzione della pena al di sotto della misura edittale, è soltanto il giudizio sul particolare spessore degli elementi indicati dall'art. 133. Che è una tecnica, cui non di rado il legislatore ricorre (cfr., ad es., art. 73, V comma, d.p.r. 9 ottobre 1990, n. 309), col doppio vantaggio di evitare da un lato l'utilizzazione dell'argomento analogico dall'altro di assicurare sufficientemente, e attraverso la delimitazione negativa e attraverso la necessità di fare riferimento ai parametri dell'art. 133 c.p., il rispetto del principio di tassatività delle previsioni penali.

Quanto, poi, alle cause estintive del reato e della pena, non può parlarsi di regole eccezionali se gli istituti in questione sono oggetto di previsione costituzionale (cfr. per l'amnistia e l'indulto l'art. 79 Cost.), assolvono puntuali oneri posti da regole costituzionali (così l'art. 27, III comma, Cost. a proposito della rieducazione del condannato cui le pene devono tendere) o rappresentano l'applicazione allo specifico penale del principio in forza del quale il decorso del tempo sortisce, di norma, l'effetto di annullare situazioni giuridico-soggettive.

Escluso che le regole considerate siano "eccezionali", non resta che sciogliere il quesito da cui abbiamo preso le mosse: se sia, cioè, corretto asserire che il costituente non si è pronunciato sulla legittimità dell'estensione analogica di regole penali diverse da quelle incriminatrici o più rigorose.

Dobbiamo, ancora una volta, tornare alla *ratio* che giustifica e rende ragionevole il principio di riserva di legge. Ancora una volta, insomma, ci chiediamo se il controllo che il legislatore primario è tenuto ad esercitare, *in sede legislativa penale*, sul modo di disciplina che caratterizza la forma penale, consente l'attribuzione, a chi è chiamato a leggere e ad applicare una regola di diritto, di un potere di interpretazione tanto ampio da portare, sulla scarna traccia del criterio di somiglianza, alla configurazione di ipotesi, appunto, "simili" o "analoghe" a quelle espressamente previste dalla legge.

Certo, abbiamo sopra rilevato come vi siano casi in cui il rigore del principio è attenuato: e questo, quando la regola, primaria o secondaria che sia, alla quale la regola penale rinvia, passi, successivamente, attraverso una vicenda normativa di abrogazione o di modificazione *in melius* per il destinatario. Ma abbiamo detto anche, con anticipazione su quanto dovremo più attentamente esaminare in seguito, come ciò sia dovuto alla necessità di contemperare il principio di riserva col principio di retroattività della legge più favorevole, principio, quest'ultimo, a nostro avviso, di rango costituzionale.

Dunque, è il risultato di una lettura sistematica delle regole costituzionali quello che si traduce in una deroga all'assolutezza della riserva di legge.

Ora, non v'è dubbio che chi pensa che la *ratio* del divieto di analogia porti a concludere che il termine "legge penale" (accertato che le regole che non hanno efficacia incriminatrice non possono considerarsi eccezionali) comprende solo quelle che importano una restrizione della libertà personale (pertanto, l'estensione per analogia sarebbe ammessa *in bonam partem*, quando si tratti, cioè, di regole che, in un modo o nell'altro, attenuano la severità della prescrizione penale), non v'è dubbio che chi pensa così dà per presupposto, consapevolmente o no, l'esistenza di un principio costituzionale tale da allargare la portata del *in dubio pro reo* dal campo delle prove di fatto a quello della individuazione di regole di diritto tali che la loro applicazione si risolva in un miglioramento della condizione del destinatario del disposto penale.

Ma un principio del genere, che giustificherebbe un potere di lettura della regola penale così forte da collocarsi a mezza strada tra l'interpretazione e la creazione di diritto, non esiste.

Allorquando esso viene invocato siamo davvero in presenza di una operazione che sostituisce al diritto reale un diritto desiderato. E, poi, quali sono i casi per i quali si vorrebbe ricorrere ad un siffatto potere?

È significativo che l'estensione per analogia di regole che prevedono cause di estinzione del reato o della pena – che pure, come sappiamo, non sono dettate da regole eccezionali non ci risulta mai proposta. Non va scambiata, infatti, per utilizzazione dell'argomento analogico, la riconduzione di fatti giuridici per i quali non appare espressamente dettata una disciplina esauriente o una qualificazione che questa disciplina riassuma, sotto la categoria, ad esempio, delle cause estintive del reato (così per la desistenza volontaria nel delitto tentato: art. 56, III comma, c.p.). Qui abbiamo, puramente e semplicemente, la immediata e diretta applicazione della normativa posta per tutti quei fatti giuridici che l'ordinamento, anche senza chiamarli esplicitamente tali, configura, per gli effetti che producono e per il modo in cui si pongono rispetto all'illecito, come vere e proprie cause estintive del reato.

Il terreno sul quale si pongono le esemplificazioni più frequentemente addotte dalla dottrina è quello delle scriminanti.

Senonché, come vedremo trattando espressamente delle scriminanti, vengono prospettati casi che o non risultano meritevoli di non punibilità, o ricadono sotto una delle scriminanti espressamente previste.

Naturalmente ci sono dei residui. Ad esempio, il caso del medico che, nelle condizioni di cui al I comma dell'art. 365 c.p., "omette o ritarda di riferirne all'Autorità", quando il referto esporrebbe la persona assistita, persona coinvolta in delitto di cui sia ravvisabile il carattere di procedibilità d'ufficio, non a procedimento penale per quel delitto (se così fosse si realizzerebbe la scriminante in questione), bensì, ad esempio, all'esecuzione di un ordine di custodia cautelare, emesso per tutt'altra causa. Se la *ratio* della non punibilità è qui rappresentata dall'interesse ad incoraggiare, per non aggravare le conseguenze di un precedente reato, il paziente a presentarsi ad un sanitario senza timore che il referto di quest'ultimo lo esponga a provvedimento penale, è evidente che essa sottende anche l'ipotesi presa in considerazione.

Sul punto dovremo tornare trattando delle scriminanti. Una cosa va, però, adesso chiarita e rappresenta una "moralità" della quale non ci si può dimenticare quando si parla di analogia. Fuori discussione che nella valutazione del caso singolo, che si vorrebbe regolato per estensione analogica, il fautore dell'analogia avrà sempre ragione. Perfino con riguardo alle regole incriminatrici, l'opinione di chi sostiene l'utilità di costituire intorno ad esse una fascia di prevenzione e, quindi, di repressione per quei comportamenti che, come si dice, si mantengono ai margini del codice, senza incapparvi direttamente, può essere difesa.

Ci si domanda, però, se è più vantaggioso risolvere, per via analogica, nel modo che appare più *giusto*, questa o quella ipotesi che la legge non regola espressamente, o mantenere fermo il principio che garantisce i destinatari delle norme e lo stesso legislatore da arbitri realizzabili da chi è chiamato ad applicare le regole penali.

Ogni abuso deriva da un precedente legittimo; o, per dirla con le parole che Sallustio mette in bocca a Giulio Cesare, nella seduta del Senato in cui si decide della sorte dei Catilinari: "*Omnia mala exempla ex rebus bonis urta sunt*".

22. *Il precedente*

C'è una logica alla quale chi vede nel diritto soprattutto la definizione di una questione concreta non può sottrarsi. Se le ragioni della decisione sono "giuste" non c'è motivo per non ritenerle operanti, oltre i limiti del deciso, per tutti i casi rispetto ai quali le ragioni stesse appaiano motivanti, determinanti, allo stesso modo che per il caso già definito. È questa la logica cui ubbidisce il *common law* anglosassone: l'ispirazione è la stessa da un lato all'altro dell'Atlantico, l'attuazione dell'idea di fondo si dirama, però, lungo percorsi spesso assai diversi l'uno dall'altro. Chi voglia saperne di più può avvalersi della chiara, completa informazione che ne dà Ugo Mattei[22]. Senza soffermarmi sulle particolarità dello *stare decisis*

[22] U. MATTEI, *Il modello di* common law, Giappichelli, 2014, p. 147 ss.

inglese (non possiamo dire: del Regno Unito, perché la Scozia è di diritto romano) nei confronti di quello, ad esempio, statunitense, senza soffermarmi, mi limito a richiamare due fondamentali articolazioni.

Il vincolo nascente dal giudicato, che abbia provveduto ad un caso "simile" all'oggetto della decisione in corso, può esprimersi orizzontalmente o verticalmente. Può, cioè, intercorrere tra giudici di uguale rango o muovere dal giudice di rango superiore verso il giudice di rango inferiore – ed è superfluo sottolineare che parlo di superiorità e di inferiorità unicamente nel senso che la decisione emessa dal giudice c.d. inferiore è appellabile o ricorribile davanti al giudice c.d. superiore.

Peculiare caratteristica di ciò che significa la regola dello *stare decisis* è, poi, che, orizzontalmente o verticalmente, ciò che fa stato è il punto di diritto, o meglio: il fondamento della soluzione data al punto di diritto, fondamento senza il quale il giudizio terminale non sarebbe quello che è. Ci possono essere considerazioni collaterali, non strettamente necessarie alla conclusione, rispettabili ma non vincolanti: gli *obiter dicta*. Importante il modo in cui è intesa l'efficacia, la forza del precedente: che non crea diritto, ma lo rivela se giusto, lo rimuove se sbagliato. Ciò che conta è l'idea di fondo che sorregge e spiega la soluzione giuridica.

Quali che siano le caratteristiche, le modalità con cui ci si presenta lo *stare decisis*, dobbiamo riconoscere che esso nasce da un sentimento che si fa volontà, sempre lo stesso malgrado la differenza delle forme di manifestazione. Si afferma un contropotere nei confronti del potere legislativo. Contropotere che si esplica in due direzioni. In primo luogo normativizza vicende e situazioni sulle quali la legge tace: normativizza con l'effetto generale che avrebbe avuto la legge mancante. E poi lo *stare decisis* è una sorta di *memento*: si vuole dissuadere il Legislatore dall'operare in senso non conforme al principio di giustizia che sta dietro al diritto.

Il precedente sorge e si consolida in terra britannica. In un Paese, cioè, dove i giudici si chiamano fra di loro Dick, Jack, ed Harry non a cagione di una colleganza, dovuta al superamento di un concorso[23] sul quale convergono le più disparate esperienze, o per la coabitazione di palazzi ai quali si arriva da culture, aspirazioni, interessi distinti e assai spesso contrastanti. Dick, Jack, Harry, giudici di *common law*, si chiamano per nome da sempre, dalla scuola primaria, si conoscono da quando hanno indossato i primi calzoni corti, hanno studiato, pagando, eccome, se di famiglie che potevano farlo, borsisti, oggi sempre più numerosi, se meritevoli. Hanno studiato, dicevo, nei medesimi college, nelle medesime univer-

[23] Che non ci siano dubbi: il concorso che occorre superare per accedere alla magistratura è di estrema serietà. La selezione è retta da criteri assolutamente meritocratici, tanto che i Giudici italiani sono, molto probabilmente, fra i più preparati giudici continentali. Le lentezze che già Amleto lamentava sono della legge, cioè del sistema che, alla nascita, era non soltanto giusto ma inevitabile. Bisognava sostituire alla frammentarietà delle Corti di giustizia pre-unitarie concentrazione e unitarietà: percorso necessario ad uno stato che, malgrado la continuità dinastica (Vittorio Emanuele si proclamava II, non I), si poneva come assolutamente diverso dal Regno del sud, dai Granducati, Ducati e Province imperiali dell'Italia espressione geografica.

Quanto a noi, dobbiamo porci la domanda se il giusto passo compiuto non debba andare avanti verso soluzioni consone a come stanno adesso le cose.

sità. Non soltanto la battaglia di Waterloo, come diceva il Duca, fu vinta sui campi da gioco di Ethon: anche parecchie battaglie legali sono state preparate e vinte su quel terreno. La situazione cambia, ma non per ciò che è essenziale, quando si guardi agli Stati Uniti. Dove è particolarmente rilevante, per i nostri studi, il ruolo delle Università della Ivy League, nonché, con la stessa prestigiosità, di Notre Dame du Lac e della Loyola University New Orleans.

In tutto il mondo di *common law*, le persone chiamate a dire che cosa è diritto vengono da una sicura identità culturale: condividono scopi e, fino ad un certo punto, mezzi per raggiungerli. C'è un fondale di certezze ampie e partecipate è facile spiegare la fiducia che il giudice di *common law* pone nell'operato dei propri colleghi, dei quali conosce quasi tutto quello che degli altri si può conoscere. Quanto sia diverso lo scenario offerto dal mondo giuridico continentale rispetto a quello di *common law* è cosa che salta agli occhi. Guardiamo al nostro Paese. Forse solo in due o tre regioni non manca una tradizione familiare: generazioni di magistrati. Dunque un crocevia di flussi culturali, di interessi, di aspirazioni sociali, quanto mai disparati. E può anche darsi che questo insieme variegato sia un bene: consenta la rappresentazione fedele delle tessere che compongono il mosaico sociale su cui la giurisdizione agisce. Sta di fatto, però, che rende difficile comprendere ed accettare le ragioni per le quali, a certe condizioni, il verdetto di un giudice debba essere vincolante per chi dovrà decidere, dopo di lui, su casi simili.

A questo punto, dobbiamo prendere atto di come stia cambiando il rapporto tra le funzioni statuali. Non c'è dubbio che per tutta una serie di eventi che si sono verificati – potremmo anche dire: si sono abbattuti – sul Paese, la funzione legislativa è sempre più nell'ombra; l'opposto accade, com'è naturale, per la funzione esecutiva e per quella giudiziaria. Ovviamente ci interessa l'impoverimento del legislativo a fronte dell'arricchimento del giudiziario: arricchimento inevitabile, una regola comunque va data. Altrettanto ovvia è la progressione del fenomeno. La spirale tende alla possibilità che la decisione sul singolo caso acquisti lo spessore e l'ampiezza di una decisione generale – se non sostituendosi, almeno affiancandosi alla regola legislativa.

Come sempre l'esempio è illuminante. Cass., sez. III pen., n. 28346 del 30 marzo 2016 Presidente Grillo, Relatore Riccardi: "La questione di legittimità che viene rimessa al sindacato di costituzionalità ha rilevanza nel procedimento in corso, in quanto la sentenza *Taricco* ha un valore generale e vincola non soltanto il giudice *a quo*, ma anche tutti i giudici nazionali, nonché la pubblica amministrazione". A rincalzo, sono citate due sentenze: Corte costituzionale n. 284 del 13 luglio 2007 Presidente Bile, Relatore Tesauro e Corte Europea dei Diritti dell'Uomo causa C-105/14 dell'8 settembre 2015, Presidente Skouris, Relatore Berger (per intenderci, la già citata Taricco). Torniamo al principio enunciato dalla S.C. Il punto di diritto, come abbiamo visto, è questo: la sentenza Taricco avrebbe valore generale e, pertanto, vincolerebbe non solo il giudice *a quo*, ma anche tutti i giudici nazionali e gli uffici amministrativi. Asserto che troverebbe efficace riscontro prima, con valore di anticipazione, vera e propria presa di posizione esegetica-sistematica, nella citata decisione della Consulta; in seguito, e comprensibilmente, con gli effetti immediati e diretti del giudicato, nella Taricco. Cominciamo dalla prima: "Le statuizioni della Corte di Giustizia delle Comunità europee[24] hanno, al pari delle norme comunitarie direttamente applicabili cui ineriscono, operatività immediata negli ordinamenti interni (sentenze n. 389 del 1989 e n. 113 del 1985). Nel caso in cui, in ordine alla portata di dette statuizioni, i giudici nazionali chiamati ad interpretare il diritto comunitario, al fine di verificare la compatibilità delle norme interne, conservino dei dubbi rilevanti, va utilizzato il rinvio pregiudiziale prefigurato dall'art. 234 del Trattato CE". Operatività immediata del deciso dalla Corte di Giustizia quando le decisioni ineriscano a norme comunitarie direttamente applicabili. Questo non vuol dire, però, che vi sia un vincolo per giudizi futuri rispetto a quello in cui le decisioni stesse sono prese. Ciò che il *dictum* in questione esclude è la necessarietà di un filtro: che è imposto solo quando "venga in rilievo il limite, sindacabile unicamente da questa Corte, del rispetto dei principi fondamentali dell'ordinamento costituzionale e dei diritti inalienabili della persona". Statuizione, questa, che la Consulta ribadisce nell'ordinanza n. 24 del 26 gennaio 2017: "Il convincimento di questa Corte, del quale si chiede conferma alla Corte di giustizia, è che con tali asserzioni si sia inteso affermare che la regola tratta dall'art. 325 del TFUE è applicabile solo se è compatibile con l'identità costituzionale dello Stato membro, e che spetta alle competenti autorità di quello Stato farsi carico di una siffatta valutazione. Nell'ordinamento italiano ciò può avvenire attraverso l'iniziativa del giudice che, chiamato ad applicare la regola, chiede a questa Corte di saggiarne la compatibilità con i principi supremi dell'ordine costituzionale".

Accertata l'incompatibilità, non c'è più posto per dubbi: verrebbe meno l'utilizzabilità dell'art. 325 TFUE. Rispetto al quale va precisato che l'azione davanti alla Corte di Giustizia, perché si pronunci sulla interpretazione e validità di atti (Nota dell'Autore: in primo luogo) compiuti dalle istituzioni della Comunità, è obbligatorio solo quando è sollevato "in un giudizio pendente davanti a una giurisdizione nazionale, avverso le cui decisioni non possa proporsi un ricorso giurisdizionale di diritto interno". In tutti gli altri casi è facoltativo. Argomentazione, quella della Corte Costituzionale, tutta condivisibile quando conferma l'insuperabilità del diritto costituzionale interno. Problematico, invece, il dispositivo, con il quale si chiede alla CGUE il giudizio sulla interpretazione che occorre dare all'art. 325 e, cioè, se questa norma debba essere letta nel senso che dà per implicito il rispetto del limite rappresentato dalle regole costituzionali interne. Se l'esegesi e l'ermeneutica di queste regole spetta solo alla Corte Costituzionale nazionale, riesce difficile afferrare le ragioni per le quali ci si rivolge alla CGUE per ottenere una pronuncia, ovviamente interpretativa della norma in forza della quale la pronuncia stessa è richiesta, una pronuncia che non può essere emanata se prima non si dà corpo e sostanza a norme costituzionali interne, in particolare stabilendo se

[24] Nota dell'Autore: oggi, dopo il Trattato di Lisbona del 1° dicembre 2009, Corte di giustizia dell'Unione europea.

costituiscano o no un limite all'applicazione della norma CGUE: quanto dire che ci si rimette al giudizio della Corte Europea. Insomma, perché chiedere alla CGUE la conferma di un'opinione che non potrebbe essere più solidamente motivata e in ordine alla quale non si profilano eccezioni. Punto fermo, accettabile solo con uno sforzo di buona volontà, quello posto dalla decisione della Grande Sezione della Corte di Giustizia del 29 maggio 2017; ribadisce la necessità di rispettare l'art. 325 TFUE, a meno che non comporti una violazione dal principio di legalità dei reati e delle pene … o l'applicazione retroattiva di una normativa che impone un regime più severo di quello vigente al momento della commissione del reato.

Torniamo alla questione da cui abbiamo preso le mosse. Dobbiamo dire che non soltanto nei testi menzionati non v'è traccia di *stare decisis*, ma che, in questo silenzio, deve escludersi che l'esercizio della facoltà espressamente prescritta, e quindi la soluzione della questione che al giudice procedente si era posta, porti ad un esito con valore generale. Certo, gli atti richiamati sono assolutamente muti sul punto, certo, la lettura della normativa vigente proposta da Cass. n. 28346 del 30 marzo 2016 è irta di perplessità, ma non è il caso di argomentare come se questa decisione non ci fosse. Dico subito che non si può mettere in dubbio la cultura e la capacità esegetica di chi ha così deciso. Chiediamoci, piuttosto, quale sia il pensiero che anima il *dictum*, quale sia, insomma, l'intento perseguito. Da non pochi anni si accetta l'idea che la giurisdizione svolga un ruolo di supplenza alle mancanze, ai vuoti del potere legislativo. Momenti di fragilità palesi, oltre che per come il legislativo sbriga la sua funzione, quando, troppo spesso, tacitamente in genere e sovente in chiare lettere, si limita a dare delega alla magistratura o all'amministrazione affinché conferiscano concretezza, in espliciti, precisi comandi, al principio che si vuole statuire, momenti di fragilità, dicevo, dovuti anche a qualche incertezza nella lettura delle premesse costituzionali. Da qui all'aspirazione dei giudici di conferire alle proprie decisioni una portata generale, il passo è non solo breve, ma anche spiegabile e giustificabile. L'ausilio che al "diritto vivente" può venire dal diritto metanazionale è di tutta evidenza.

Nell'incertezza di un'Unione Europea oscillante tra riconoscersi federale o, piuttosto, realisticamente, confederale, affermare il primato della legge metanazionale val quanto sopperire a ciò che la legge nazionale non dice. Per ciò che ci riguarda vale a porre le coordinate di un teorema che avrebbe i suoi assiomi nella normativa metanazionale. Fin qui, la pronuncia: all'orizzonte si intravede un passaggio che, in questa cornice, non si configura particolarmente difficile. Se va attribuita valenza generale alle decisioni giudiziarie delle istituzioni comunitarie, non c'è ragione per negare che, nell'area di competenza interna, gli atti dei giudici nazionali posseggano la medesima forza.

CAPITOLO III

LA VALIDITÀ DELLA NORMA PENALE NEL TEMPO

SOMMARIO: 1. Irretroattività della legge penale. – 2. Problemi di interpretazione dell'art. 2 c.p., con particolare riferimento al I, II e IV comma. – 3. In particolare sulla nozione di legge più favorevole. – 4. Continua sull'interpretazione dell'art. 2: determinazione del *tempus commissi delicti*. – 5. Continua: il V comma dell'art. 2 c.p. – 6. La disciplina particolare delle leggi finanziarie. – 7. La successione nel tempo di leggi omogenee. – 8. Conclusioni sulla successione delle leggi penali finanziarie nel tempo: esame di alcuni problemi relativi alla disciplina penale finanziaria. – 9. Esame dell'art. 2, ultimo comma, anche con riferimento alle sentenze della Corte costituzionale. – 10. Un'esperienza dal vivo.

1. *Irretroattività della legge penale*

Abbiamo già avuto occasione di fare riferimento al secondo dei principi espressamente sanciti dall'art. 25, II comma, Cost.: quello della irretroattività della legge penale ("Nessuno può essere punito se non in forza di una legge che sia *entrata in vigore prima del fatto commesso*").

È questa una regola generale del nostro ordinamento, enunciata già nell'art. 11 delle Disposizioni sulla legge in generale; ha rilevanza costituzionale, però, soltanto per quanto concerne la materia penale. Ciò significa che, negli altri rami del diritto, il legislatore ordinario può derogare – ed è buona norma di tecnica legislativa farlo con tutta chiarezza, in maniera espressa – al principio della irretroattività, senza incorrere in illegittimità costituzionale.

La particolare importanza che la regola della irretroattività della legge presenta in diritto penale è dimostrata dall'analitica disciplina dettata, in proposito, nel Codice penale, all'art. 2. La differenza con la regolamentazione posta negli altri settori del diritto salta agli occhi. Fuori del diritto penale il principio non ha addentellati costituzionali e riposa, in tutto e per tutto, sulla dizione perentoria dell'art. 11 Disp. prel.:

"*La legge non dispone che per l'avvenire; essa non ha effetto retroattivo*". Ed è appena il caso di rilevare come di siffatta rigorosa perentorietà sia investito soltanto l'interprete: che non può applicare il disposto, alla cui lettura è chiamato, se non ai fatti ed alle situazioni giuridico-soggettive realizzate successivamente alla vigenza del disposto stesso.

Vincolo, dunque, quello operante fuori del diritto penale, che non si rivolge al legislatore. Il quale può sempre intervenire sul passato con una disciplina, chiaramente ed espressamente, voluta con efficacia retroattiva.

Anche l'art. 2 c.p. pone, in tema di successione di leggi penali, regole che, essendo l'art. 2 legge ordinaria, impegnano unicamente l'interprete e non anche il legislatore. Ma all'indifferenziata dizione dell'art. 11, sostituisce una disciplina assai più articolata.

Mentre il I comma ribadisce l'irretroattività della regola incriminatrice (e si tratta di proposizione quanto mai opportuna, ma non necessaria; non rappresenta, infatti, un *novum*: il suo contenuto sarebbe comunque disceso dall'art. 11 Disp. prel.), diversamente stanno le cose per quel che concerne i due commi seguenti.

Il II comma dispone l'applicabilità di regola successiva in forza della quale il fatto concreto non è più riconducibile alla qualifica di illecito penale, derivante da statuizione precedente. Dove è evidente la deroga al principio di irretroattività. Se questo valesse incondizionatamente, la regola successiva non potrebbe in alcun modo modificare la situazione di chi ha commesso un fatto che, in base alla normativa del tempo, costituiva reato.

Vedremo appresso come al tipo di vicenda normativa sopra delineato ci si possa riferire con l'espressione *abolitio criminis* solo sulla via di una generalizzazione comoda, ma espressa in termini che rischiano di renderla troppo riduttiva. Vedremo, cioè, come il II comma dell'art. 2 non esiga che la "legge posteriore" venga ad abrogare, nella sua intierezza, una fattispecie incriminatrice. Ciò che conta è che, secondo una legge posteriore, che può essere anche legge diversa da quella penale, il fatto da qualificare non risulti più costitutivo di reato. Continuiamo a parlare, dunque, di *abolitio criminis*: a patto, però, di tenere presente che ciò che deve venire meno non è sempre una figura criminosa, bensì la possibilità di qualificare, a seguito di regole posteriori, in qualunque modo incidenti sulla fattispecie qualificante, un fatto concreto come reato. Dottrina e giurisprudenza, su tal via, hanno opportunamente distinto tra *abolitio criminis*, che si realizza quando, in forza di una legge sopravvenuta un certo fatto sfugge completamente, radicalmente, alla qualifica di illecito penale (*rectius* alla qualifica che gli attribuisce rilevanza penale) e *abrogatio*, vicenda che copre un'area assai più limitata: caratterizzata, cioè, solo dalla impossibilità di qualificare una determinata situazione di fatto alla stregua di una disposizione successivamente abrogata. Rimane, però, la rilevanza di questa situazione secondo altra disposizione vigente, alla quale sia riconducibile senza residui di sorta. E si ricava da una lettura del II comma dell'art. 2 che non esaurisca arbitrariamente, senza motivo, la vicenda normativamente delineata nella cancellazione di ogni valenza penale della fattispecie della norma abrogata, ma contempli anche il caso in cui la fattispecie concreta rientri in ciascuno dei suoi componenti nella previsione di altra regola vigente. Si capisce che in virtù del I comma, sempre dell'art. 2, se la sanzione disposta dalla norma che prende, per così dire, il posto di quella abrogata è più grave della sanzione da quest'ultima comminata, sarà la seconda che troverà applicazione. Risultato al quale converge altresì il IV comma dell'art. 2. Per quanto concerne il I comma, la sua portata va colta nel divieto di sanzionare taluno con pena non prevista al momento del fatto. Il che, fuor di ogni dubbio, si verificherebbe quando si punisse un certo fatto alla stregua di una regola alla quale il fatto non era riportabile al momento della commissione. Fermo questo principio, la scelta della sanzione avviene secondo il criterio di maggior favore dettato dal IV comma dell'art. 2 [1].

Quanto sopra osservato vale anche per il IV comma dell'art. 2 c.p.

La proposizione normativa è formulata con precisione estrema, che tiene conto del contesto in cui è inserita.

A differenza di quanto disposto dal II comma, che stabilisce l'applicabilità della legge posteriore a spese della precedente che prevedeva un fatto come reato, nel IV comma il rapporto tra legge del tempo in cui fu commesso il reato e leggi posteriori, quando siano diverse rispetto alla prima, è risolto nel senso dell'ap-

[1] (Cfr. Cass. Sez. Un., n. 24468 del 26 febbraio 2009 "La modifica legislativa pone il delicato problema della corretta lettura dei canoni successori in materia di norme penali, regolati, secondo quanto dispone l'art. 2 c.p., dai principi fondamentali della irretroattività della norma penale incriminatrice o più sfavorevole e della retroattività di quella penale di favore (*lex mitior*), abbia quest'ultima contenuto abrogativo o meramente modificativo della disciplina previgente. La riflessione deve mirare a stabilire se si sia di fronte ad una ipotesi di continuità punitiva, regolata dall'art. 2 c.p., comma 4, con l'applicazione della disciplina più favorevole, salvo il limite dell'eventuale pronuncia di sentenza irrevocabile, ovvero ad un caso di vera e propria *abolitio criminis*, soggetto alla previsione del comma 2, del citato articolo, la quale ha la forza di travolgere persino lo stesso giudicato di condanna, obiettivo – questo – concretamente raggiungibile facendo ricorso al meccanismo processuale dettato dall'art. 673 c.p.p. [...] L'interprete, quindi, per accertare l'*abolitio cirminis*, deve procedere al confronto strutturale tra le fattispecie legali astratte che si succedono nel tempo, quella precedente e quella successiva all'intervento del legislatore, al fine di verificare la sussistenza di uno spazio comune alle dette fattispecie, senza la necessità di ricercare conferme della continuità, facendo ricorso ai criteri valutativi dei beni tutelati e delle modalità di offesa, inidonei ad assicurare approdi interpretativi sicuri (cfr. Cass. S.U. 26737003 N. 25887/03). Se l'intervento legislativo posteriore altera la fisionomia della fattispecie, nel senso che sopprime un elemento strutturale della stessa e, quindi, la figura di reato in essa descritta, ci si trova – di norma – di fronte ad un'ipotesi di *abolitio criminis*, il fatto ciò, già penalmente rilevante, diventa penalmente irrilevante per effetto dell'abrogazione di quell'elemento, quale conseguenza del mutato giudizio di disvalore insito nella scelta di politica criminale; in questo caso non può non trovare applicazione la disciplina prevista dall'art. 2 c.p., comma 2. [...] Non è invocabile, nello specifico, la regola di cui all'art. 2 c.p., comma 2, che, facendo sintomaticamente riferimento al "reato" e non al "fatto", postula, innanzi tutto, un rapporto e, quindi, un confronto tra le norme e, soltanto dopo, tra queste e il commesso reato, nella prospettiva di stabilire se ricorra l'ipotesi di una successione di norme meramente modificative della disciplina di una ben individuata fattispecie criminosa, la cui struttura nella sua essenzialità conserva, pur dopo la modifica, piena "efficienza", con la conseguenza di dovere applicare le disposizioni più favorevoli, "salvo che sia stata pronunciata sentenza irrevocabile" [...] L'abrogazione di una norma incriminatrice determina certamente una situazione di c.d. *abogatio sine abolitione*, se la scelta legislativa mantiene fermo il disvalore delle classi di fatti conformi alla detta norma, riportandole implicitamente alla disciplina prevista da altra norma preesistente, in rapporto di specialità con la prima. Si pensi, esemplificativamente, all'abrogazione dell'omicidio e delle lesioni personali a causa di onore (art. 587 c.p.) ad opera della L. 5 agosto 1981, n. 442, art. 1. Con l'abrogazione dell'art. 587 c.p., norma speciale, il legislatore non ha certo inteso rendere penalmente irrilevanti i "fatti" in essa previsti, ma ha voluto implicitamente ricondurre gli stessi alla disciplina generale di cui agli artt. 575 e 582 c.p., il cui nucleo strutturale, considerato nella sua essenzialità, non si discosta da quello della disposizione soppressa. In tal caso opera certamente la regola di cui all'art. 2 c.p., comma 4. A diversa conclusione deve pervenirsi, invece, quando l'intervento abrogativo si concreta nella scelta del legislatore di non dare più rilievo al disvalore insito in una determinata fattispecie incriminatrice così come descritta nelle sue varie componenti oggettive, senza che ciò, però, impedisca il riespandersi per effetto della ritrovata operatività, do altre norme preesistenti, poste a presidio di ipotesi di reato strutturalmente diverse da quella abrogata".

plicabilità della legge le cui disposizioni sono più favorevoli al reo, salvo che sia stata pronunciata sentenza irrevocabile.

E, invero, mentre la successione di leggi contemplata dal II comma postula due soli termini (la regola del tempo in cui è realizzato l'illecito e quella posteriore secondo la quale il fatto non è più costitutivo di reato), la sequenza considerata dal IV comma può essere scandita da più regole, entrate in vigore l'una dopo l'altra, diverse fra di loro e tutte diverse rispetto a quella del tempo in cui fu commesso il reato. Occorre, quindi, un criterio di scelta: e questo è dato, in sintonia con il disposto del II comma, dalla regola più favorevole.

Ciò posto, ci si domanda adesso quale sia il rapporto intercorrente tra l'art. 25, II comma, Cost. e l'art. 2 c.p.

Alla lettera, il dettato costituzionale stabilisce una irretroattività assoluta, che sembrerebbe in contrasto con le ipotesi di applicazione retroattiva della legge più favorevole previste dal codice.

Cominciamo, però, col mettere in chiaro come un eventuale contrasto riguarderebbe solo la disciplina posta dal IV comma dell'art. 2 c.p., non quella del II comma.

L'art. 25, II comma, Cost. esclude l'applicazione retroattiva della legge in forza della quale taluno *è punito.* Fuor di ogni dubbio, allora, la legittimità del II comma dell'art. 2, che dispone l'efficacia retroattiva di una regola che *non punisce,* ma, al contrario, assicura la non punibilità del fatto.

Quanto detto, però, non vale per il IV comma: qui è prevista la retroattività di regola in forza della quale si perviene pur sempre alla punibilità, anche se la disciplina del relativo titolo di reato è, in un modo o nell'altro, modificata, sì da dar luogo ad un trattamento che, in un modo o nell'altro, è più favorevole per il destinatario.

Né soccorre a negare la contraddizione con la lettera dell'art. 25 Cost. l'argomento secondo cui la regola da applicare sarebbe sempre quella precedente al fatto, solo modificata ad opera di regola successiva. La modificazione, così effettuata, comporta l'abrogazione della regola modificata e la sostituzione ad essa di una nuova disciplina.

Per verificare se e fino a che punto sia effettivo il contrasto, innegabile sul piano letterale, tra il dettato costituzionale e l'art. 2 c.p., con riguardo, per il momento, al IV comma della regola codicistica, occorre fare capo alla *ratio* dell'art. 25 Cost., nella parte in cui è costituzionalizzato il principio di irretroattività della legge penale incriminatrice.

Un punto, al riguardo, va subito chiarito. Chi voglia ricavare il concetto dalla regola (che è la sola strada metodologicamente corretta) e non condurre la lettura della regola alla luce di un concetto aprioristicamente fissato, non deve lasciarsi trarre in inganno da quella che, a prima vista, si profila quale soluzione, tutto sommato, appagante. Appagante perché se non altro sembra garantire un soddisfacente punto di incontro tra le ragioni dell'art. 25, II comma, Cost. e quelle del IV comma dell'art. 2 c.p. Scorrendo nell'ordine i vari commi dell'art. 2, cominciamo a considerare immediatamente e direttamente antitetico al testo costituzionale quest'ultimo disposto: per il motivo che abbiamo sopra illustrato non può parlarsi di contrasto con la regola costituzionale a proposito del II comma. Così definiti i termini entro i quali si apre il problema, la risposta che attribuisce valenza costituzionale unicamente alla irretroattività della regola incriminatrice, assicurando, a livello di legge ordinaria, la legittimità del IV comma dell'art. 2, è sostenuta dalla seguente argomentazione.

L'art. 25 garantisce ai destinatari delle regole penali che nessun intervento legislativo, successivo alla commissione del fatto, più severo, che detti una disciplina più sfavorevole o, addirittura, qualifichi come illeciti penali comportamenti che al momento della realizzazione tali non erano, può riguardarli. E, fino a questo punto, non si può non essere d'accordo.

Sancendo l'irretroattività della regola incriminatrice la Costituzione ubbidisce ad un'esigenza, oltre che di ovvia garanzia per i destinatari delle regole penali, *di certezza*. Esigenza, questa, che, come abbiamo sopra visto, non sta alla base della riserva di legge: le fonti di produzione delle regole costitutive di un certo settore di ordinamento possono mettere in crisi la certezza del diritto solo per ciò che attiene ai contenuti delle regole prodotte, non per i modi e le fonti, la tipologia, insomma dei fattori di produzione: normazione primaria o secondaria. In altre parole, può non dare certezza una regola primaria, ed essere, invece, assolutamente chiara e precisa una regola secondaria: tutto dipende dalla minore o maggiore facilità con la quale si perviene al senso, fatto palese dal significato proprio delle parole, secondo la connessione di esse, e dalla intenzione del legislatore.

Sulla struttura linguistica che le proposizioni normative devono presentare per assicurare un diritto certo, torneremo più avanti.

Adesso dobbiamo soffermarci su quella evenienza che più radicalmente potrebbe vanificare la tensione, oggettivamente presente nell'ordinamento, verso un diritto certo e, in modo particolare, verso un diritto penale certo.

Se una regola incriminatrice potesse disporre per il passato, elevando a reato ciò che al momento di commissione tale non risultava o, comunque, sottoponendolo ad una disciplina più sfavorevole, non v'è dubbio che verrebbe meno la prima e fondamentale condizione di una normativa certa: mettere, cioè, in grado il destinatario, al momento della condotta, di regolarsi tra il lecito e l'illecito[2] e, altresì, scelta la strada dell'illecito, di tenere conto di quanto, ai termini di legge, sia grave il fatto che vuol porre in essere.

Con il II comma dell'art. 25 il legislatore costituente si sarebbe, insomma, limitato a garantire l'impossibilità di creare, mediante un disposto di legge ordinaria successiva, una situazione penale più sfavorevole di quella presente al momento della commissione del fatto. Questo e non altro sarebbe presidiato dalla forza della norma costituzionale. Tutto il resto, e cioè la vicenda parallela a quella oggetto di previsione costituzionale, sarebbe lasciato alla discrezionalità del legislatore ordinario.

Tra la disciplina dell'art. 25, II comma, e quella del II e IV comma dell'art. 2 c.p., vi sarebbe soltanto compatibilità. La regolamentazione codicistica non urterebbe contro quella costituzionale, ma non verrebbe nemmeno imposta da questa[3].

---

[2] Cfr. Corte Cost., sent. 24 marzo 1988, n. 364.

[3] Cfr., in tal senso, Corte Cost., 23 novembre 2006, n. 393: "Il regime giuridico riservato alla *lex mitior* (retroattività) non riceve la tutela privilegiata *ex* art. 25, Cost. 2° comma in quanto la garanzia costituzionale, prevista dalla citata disposizione, concerne soltanto il divieto d applicazione retroattiva della norma incriminatrice, nonché di quella altrimenti più sfavorevole per il

Prima di verificare se sia ipotizzabile un rapporto di mera compatibilità tra le due regole codicistiche da un lato (II e IV comma art. 2 c.p.) e quella costituzionale dall'altro, fermiamoci un istante sul significato che un rapporto del genere, ove fosse possibile affermarlo, presenterebbe nel contesto della disciplina avente ad oggetto la successione delle leggi penali nel tempo.

L'asserto secondo cui la retroattività della regola penale più favorevole sarebbe soltanto *consentita* al legislatore ordinario, non può non identificarsi con quello che assicura la legittimità di un dettato che, a livello di legge ordinaria, in via generale, o per determinati casi, negasse la retroattività di prescrizioni più favorevoli, tanto nell'ipotesi del II che in quella del IV comma dell'art. 2. Conseguenza sulla quale i sostenitori dell'orientamento in esame paiono, per lo più, scivolare: quasi ritenendola evenienza puramente scolastica. Ed auguriamoci che le cose stiano in termini così rassicuranti: anche se occorre fare un qualche sforzo per dimenticare il ricorso a tecniche di normazione che, come è stato efficacemente sottolineato, paiono addirittura studiate per eludere il divieto di incriminazione retroattiva. Ma di ciò meglio appresso.

Adesso vediamo di stabilire se sia possibile ipotizzare un rapporto di compatibilità tra la regola costituzionale e quelle dell'art. 2, II e IV comma, c.p.

Per quanto concerne il II comma, abbiamo già avuto occasione di rilevare come esso non si ponga in alcun modo in contrasto con l'art. 25. Conclusione cui si perviene già ad una considerazione esclusivamente basata sulla lettera dei due testi. Dal II comma dell'art. 2 c.p. è disposta la non punibilità per un fatto che alla stregua della legge posteriore non costituisce reato; il II comma dell'art. 25 Cost. fissa il principio che si può essere puniti unicamente in forza di legge entrata in vigore prima del fatto commesso. Dunque piena compatibilità tra una proposizione normativa che pone la condizione primaria della punibilità e quella che prevede un caso di assoluta non punibilità. Sotto questo profilo potremmo ritenerci soddisfatti – a parte, naturalmente, l'inconveniente, ipotetico ma non trascurabile, della libertà lasciata al legislatore ordinario che volesse negare effetto retroattivo ad una legge posteriore secondo la quale il fatto non costituisce reato.

Diversamente stanno le cose quando si passi a considerare il IV comma dell'art. 2 c.p. Qui ci troviamo di fronte ad un disposto che stabilisce quale debba essere la legge alla cui stregua si è puniti; e tale legge è quella successiva al fatto, che, senza dar luogo ad una vicenda di cosiddetto *abolitio criminis,* risulti più favorevole. Dunque, ci troviamo di fronte ad una regola che, in contrasto con *la lettera* del II comma art. 25 Cost., stabilisce che si è punibili, sia pur in termini di minor severità, alla stregua di leggi entrate in vigore *dopo* la commissione del fatto. Da un punto di vista lessicale, il contrasto non potrebbe essere maggiore e ne dovrebbe discendere la illegittimità costituzionale del IV comma, art. 2, c.p.

A superare questo passaggio di innegabile difficoltà soccorre la *ratio* dell'art. 25, nella parte in cui stabilisce la irretroattività della legge incriminatrice.

Si è già visto come l'esigenza che sta alla base del principio di irretroattività sia

---

reo. Da ciò discende che eventuali deroghe al principio di retroattività della *lex mitior*, ai sensi dell'art. 3 Cost., possono essere disposte dalla legge ordinaria quando ricorra una sufficiente ragione giustificativa.".

quella di certezza. Si è sottolineato che la certezza del diritto rappresenta una garanzia formale ma importantissima per destinatari di regole giuridiche. Ora, se in una sequenza temporale si è garantiti quando l'ordinamento pone al sicuro da ogni tentazione di qualificare illeciti penali comportamenti che tali non risultavano quando erano stati posti in essere, occorre, sempre nella dimensione offerta dal tempo, aprire il dato formale ad un contenuto sostanziale. Occorre, cioè, che l'ordinamento non punisca, o continui a punire, per ragioni che, nell'ordinamento stesso, non sono più considerate valide.

La retroattività della legge penale più favorevole non rappresenta una mera soluzione equitativa, senza fondamento e validità costituzionale, bensì l'applicazione di un principio che ubbidisce alla *moralità* sottesa all'esigenza di certezza.

Così come ripugna al senso comune ritenere taluno responsabile di un fatto che, al momento della commissione, non costituiva reato, altrettanto difficile sarebbe accettare che si punisca o si continui a punire per un fatto che non costituisce più illecito penale o, se tale rimane, è oggetto di una disciplina più favorevole della precedente.

Certo, la scansione temporale pone dei rigidi confini che, a volte, sembrano vere e proprie mannaie: si pensi alle situazioni che si presentano quando si ha a che fare con i termini. Ma la considerazione che "così era nel passato" non può prevalere sulla constatazione che "oggi non è più così": la diversa valutazione, giustificata o ingiustificata che sia, corrisponde a mutamento di opinioni, giudizi di opportunità, rapporti di forze e di interessi, modo di sentire uomini e cose.

E non basta. Occorre anche tenere presente l'intenzione del legislatore. Guida alla lettura di proposizioni normative, questa dell'intento del legislatore, che può apparire superata a vantaggio dell'asserito processo di obiettivizzazione del prodotto dell'attività creatrice di diritto.

Che la lettura di una regola giuridica possa dal luogo a risultati interpretativi non previsti e, perfino, contrastanti con quelli che i fattori legislativi si prefiggevano è cosa sulla quale non bisogna spendere troppe parole. Ma queste svolte o, addirittura, capovolgimenti interpretativi vanno motivati: è necessario porre in chiaro le ragioni che, per mutato contesto normativo, vuoi dovuto a sopravvenute formulazioni linguistiche (e in questi casi si fa strada, di nuovo, l'intenzione del legislatore), vuoi per cambiamenti che intervengano nelle scelte interpretative (e in questi casi è indispensabile ripercorrere la strada che alle nuove scelte ha portato), rendono sbagliato e, comunque, inattuale il richiamo alla volontà del legislatore.

Ciò posto, può dirsi che al chiaro intento del costituente, come emerge dai lavori preparatori, di ribadire il principio stabilito da quelli che sono i disposti di fondo dell'art. 2 – irretroattività della regola incriminatrice e retroattività della regola più favorevole – si oppongono novazioni normative o idee, sentimenti, ragioni che sconsiglino l'argomento storico? Non sembra. Ché, anzi, l'idea della necessità di razionalizzare gli strumenti penali o, che è lo stesso, di considerarli fatti per gli uomini, e non il contrario, si fa sempre più strada.

Soffermiamoci sull'argomento storico: nel momento in cui è nata la Carta Costituzionale i costituenti ben sapevano dell'esistenza dell'art. 2 c.p., legge ordinaria, il cui principio non era stato affatto inficiato da atti del regime pregresso. Non si può credere, quindi, che il legislatore costituente, proprio in materia penale, si sia accontentato di un *minus* rispetto a quanto già garantito dall'art. 2 c.p. Né potrebbe obiettarsi che sarebbe rimasta sempre la differenza tra legge ordinaria e legge costituzionale. In regime di costituzione flessibile, com'era quello Albertino, non si davano regole, *formalmente*, di rango superiore a quelle ordinarie. Erano il contenuto e la portata di queste ultime che potevano loro attribuire il valore di costituzionalità sostanziale. E non v'è dubbio che quanto disposto dall'art. 2, concernendo fondamentali diritti di libertà, facesse parte del corpo di regole rappresentanti Costituzione sostanziale. La garanzia che è alla base dell'art. 25 Cost., quindi, deve completarsi con le ulteriori disposizioni che sanciscono la retroattività della regola penale più favorevole.

Limitando, per il momento, la nostra considerazione al IV comma dell'art. 2, si pone l'interrogativo suscitato dalla esclusione della retroattività della regola più favorevole quando sia stata pronunciata sentenza irrevocabile.

Innanzitutto: che cosa deve intendersi, a mente del IV comma, art. 2, per "sentenza irrevocabile"?

Se la disciplina della successione di leggi nel tempo, che si ricava dall'art. 25, II comma, Cost. e dai disposti codicistici che abbiamo finora esaminato, vale solo per le leggi penali sostanziali (che configurano un fatto di reato e dettano le relative conseguenze sanzionatorie), se ne conclude che la sentenza cui fa riferimento la norma in questione non può essere che sentenza di condanna.

Se, invece, il principio di irretroattività della regola in forza della quale si punisce e quello della retroattività della regola più favorevole concernono anche le regole processuali (che dispongono i modi di accertamento della fattispecie condizionante, di pronuncia e di applicazione degli effetti sanzionatori), la sentenza irrevocabile, che il IV comma dell'art. 2 pone a limite della retroattività di disposti più favorevoli, sarà anche sentenza di proscioglimento; si pensi al caso di regola processuale che ad una data formula di proscioglimento sostituisca altra di maggior favore per il soggetto cui va riferito.

Quale che sia, a quest'ultimo proposito, la soluzione imposta dall'ordinamento – e dovremo riprendere più appresso quanto abbiamo già anticipato – l'interrogativo, cui sopra si è fatto cenno, non ne è condizionato.

Quel che ci chiediamo, infatti, è se corrisponda alla logica della retroattività e, per ciò che abbiamo visto, si tratta di logica fatta propria dalla Costituzione, fermarsi davanti alla irrevocabilità di una sentenza.

In fondo, abbiamo già risposto all'interrogativo allorché si è rilevato come risulti inaccettabile non solo punire, ma anche *continuare a punire* in base a regole che, successivamente alla commissione del fatto, abbiano subìto modifiche che assicurano un trattamento meno severo.

E la proposizione va completata. Anche quando, cioè, non è questione di continuare a punire, perché la sanzione è stata intieramente eseguita o per altra causa estinta, occorre tenere presente che la sentenza può avere cagionato effetti penali che, alla stregua della disciplina successiva, non si sarebbero invece prodotti.

Non vi è alcun motivo per ritenere la compatibilità della regolamentazione codicistica, sul punto dell'ostacolo alla retroattività del disposto più favorevole offerto dalla sentenza irrevocabile, con il principio costituzionale.

Insomma, per chi legga l'art. 25 nel senso che esso stabilisce anche la retroattività di regole più favorevoli (e si è detto che una tale lettura è inevitabile se non si voglia ammettere l'illegittimità del IV comma dell'art. 2), la soluzione adottata dal codice non può non apparire dettata da preoccupazione unita a pigrizia mentale. Preoccupazione di dover rinnovare *ex novo* un processo sfociato in sentenza irrevocabile. Pigrizia mentale, o scarsa fantasia, che impediscono di escogitare su basi normative un sistema di parametri di adeguamento che, in via esecutiva, permettano di tradurre il dispositivo della sentenza, già pronunciata, in quello a cui avrebbe portato l'applicazione della nuova regola[4].

La soluzione proposta al riguardo dall'art. 5, III comma, dello schema di delega legislativa per l'emanazione di un nuovo Codice penale, per quanto ben intenzionata, non risulta appagante. Il limite alla retroattività di ogni disposizione che comporta un trattamento più favorevole rimane. Per di più, al riguardo, si precisa che questo limite è costituito da sentenza irrevocabile *di condanna:* con il che, evidentemente, si muove dal presupposto che la portata del principio costituzionale sia circoscritta alle sole leggi penali sostanziali ed a quelle di cui si deve tener conto nella interpretazione ed applicazione di tali leggi.

Le ragioni della retroattività sono, poi, in parte recepite apponendo un limite al limite. La retroattività della regola più favorevole si verifica quando essa commini una pena pecuniaria in luogo della pena detentiva, ovvero quando l'esecuzione di una pena detentiva debba protrarsi, in forza del giudicato, oltre il limite massimo stabilito dalla nuova legge. Che, oltre ad essere un modo piuttosto timido, e tutto sommato approssimativo, di risolvere i problemi di adattamento della situazione giuridica creata dalla sentenza irrevocabile a quanto stabilito dalla regola successiva più favorevole, evita di pronunciarsi sulla sorte degli effetti penali della sentenza.

Possiamo allora pervenire ad una conclusione. Il condizionamento alla mancanza di pronuncia irrevocabile non è difendibile sul piano della conformità di tutto quanto spiega e giustifica la retroattività di disposizioni più favorevoli. Va, però, ed è altrettanto importante sottolinearlo, evitato l'appesantimento e l'ingorgo processuale che potrebbero sopravvenire ove, a seguito di regola successiva più favorevole, il processo già concluso andasse rifatto. Ma non sarà difficile predisporre criteri di aggiustamento i quali permettano una rapida pronuncia in sede di esecuzione.

---

[4] La bozza di riforma del codice penale elaborata da Pagliaro risolveva in questo modo: "Rispetto alla retroattività delle leggi modificative più favorevoli, va tenuto fermo il limite, anche per esigenze pratiche imprescindibili, del giudicato, ponendosi però il problema della opportunità o meno di derogarvi, al fine di temperarne gli effetti più drastici, nei casi estremi di cui all'art. 5, n. 3". L'art. 5, n. 3 dell'articolato dispone: "Retroattività di ogni altra disposizione che comporti comunque un trattamento più favorevole al reo, salvo che sia stata pronunciata sentenza irrevocabile di condanna. Nonostante la suddetta sentenza, stabilire la retroattività della sopraindicata disposizione, quando essa preveda una pena pecuniaria in luogo della precedente pena detentiva, ovvero quando l'esecuzione di una pena detentiva sia destinata a protrarsi, in forza del giudicato, oltre il limite massimo stabilito dalla nuova legge. Definire legge più favorevole quella che, unitariamente considerata, assicuri complessivamente ed in concreto tale trattamento".

2. *Problemi di interpretazione dell'art. 2 c.p., con particolare riferimento al I, II e IV comma*

L'individuazione della *ratio* che presiede alla irretroattività della regola incriminatrice e di quella che sancisce una disciplina più severa per l'autore del comportamento costitutivo di reato, nonché la retroattività della regola più favorevole, va completata, adesso, con una più accurata specificazione di ciò che si intende per "successione di leggi penali nel tempo".

Ma attenzione all'espressione "successione di leggi penali", che è quella che figura nella intestazione dell'art. 2 c.p.

Abbiamo già visto come il testo del II e IV comma dell'articolo in esame debba essere letto nel senso che la legge posteriore, in base alla quale il fatto non è più costitutivo di reato, o quella le cui disposizioni sono più favorevoli per il destinatario, non siano necessariamente leggi penali. È sufficiente che si tratti di regole delle quali occorra tenere conto nell'applicazione della legge penale. L'impossibilità di procedere ad una qualifica in termini di illecito penale, o una disciplina meno severa, possono dipendere anche da vicende normative che concernono solo indirettamente la regola penale e direttamente regole a cui questa rinvia conferendo rilevanza ad "elementi normativi". E si è visto anche come nei casi in cui è questione di dare corretto corso al principio di retroattività del disposto più favorevole, il rinvio operato dalla regola incriminatrice ad altre regole vada inteso come rinvio non recettizio bensì formale.

Al contrario, il I comma, per il quale "Nessuno può essere punito per un fatto che, secondo la legge del tempo in cui fu commesso, non costituiva reato", si impernia sull'intervento di una nuova regola incriminatrice, espressamente enunciata in quanto tale. E, invero, l'abrogazione o la modifica di una regola giuridica richiamata da quella incriminatrice comportano l'ampliamento dell'area di punibilità solo quando sia espressamente voluto dal legislatore penale: cioè da fattori di normazione primari che operino avendo a specifico oggetto della loro attività un modo di disciplina penale. Esatto, comunque, parlare di "successione di leggi penali"; a condizione, però, che si abbia riguardo al risultato della vicenda normativa (la regola incriminatrice è regola nuova anche quando il suo contenuto risulta modificato per effetto di vicende concernenti altra regola cui essa faccia rinvio), non ai termini della sequenza temporale.

Vicenda normativa che, frequentemente letta come se descrivesse il fenomeno di due o più regole, tutte penali, che entrino in vigore l'una dopo l'altra, può dare luogo ad un grave equivoco. Come sarebbe quello di restringere indebitamente il campo di applicazione del II e IV comma dell'art. 2, tagliandone fuori i casi in cui ad una normazione più favorevole si perviene per abrogazione o cambiamento di regole non penali richiamate.

Deve essere, a questo punto, chiaro, come successione di leggi nel tempo si dia allorquando una fattispecie concreta si riporti per intiero sotto la qualificazione discendente da due o più regole, l'una consecutiva all'altra.

Sottolineiamo il riferimento alla fattispecie concreta – espressione, questa, che preferiamo a quella di *fatto concreto* perché pone in rilievo che l'accadimento, reale o come tale ipotizzato, deve essere conforme ad uno schema descrittivo.

Quel che conta, come per ogni problema davvero serio di concorso di più regole sulla medesima fattispecie, non è tanto il rapporto da specie a genere intercorrente fra più fattispecie astratte, bensì il confluire di queste ultime sullo stesso oggetto.

I termini del problema si pongono, per quel che riguarda l'individuazione di ciò che chiamiamo "successione di leggi", allo stesso modo in cui essi si presentano allorché si tratta di precisare che cosa si intenda per "materia regolata da più leggi penali o da più disposizioni della medesima legge penale" (art. 15 c.p.). Dovremo ritornare, e in maniera necessariamente più approfondita, sul significato che quest'ultima regola possiede. Per il momento ci basterà porre in evidenza la nota che accomuna la vicenda di successione nel tempo alla situazione disciplinata dall'art. 15.

In entrambi i casi la domanda su quale sia la disposizione da applicare nasce dalla circostanza che la *stessa materia*, cioè la stessa fattispecie concreta, è disciplinata (o sembra essere disciplinata) da più regole: la differenza sta nella circostanza che, in ipotesi di successione nel tempo, le regole si presentano in sequenza cronologica; nell'ipotesi di cui all'art. 15 le regole che vengono in discussione sono tutte *contemporaneamente* vigenti. Al di là di questa differenza, il rapporto tra più regole, l'una consecutiva all'altra, o tra più regole tutte vigenti nel medesimo momento può anche passare attraverso un rapporto di cosiddetta specialità in astratto (indifferente per quanto concerne la successione di leggi; fuori – come vedremo – dalla previsione dell'art. 15): ma non è questo che ci dà l'essenza dei due fenomeni.

La relazione di specialità in astratto costituisce, infatti, una mera eventualità nella vicenda di successione normativa; è addirittura estranea al disposto dell'art. 15.

Nel primo caso, la situazione regolata dall'art. 2 si realizza tanto se i disposti che si succedono sono l'uno speciale rispetto all'altro, quanto se le relative fattispecie astratte non possiedono questa caratteristica. Nel secondo, il dettato normativo non riguarda la specialità in astratto: a tacere di ogni altra considerazione, se così fosse, l'art. 15 sarebbe del tutto superfluo. In nessuno dei vari settori dell'ordinamento, la maggior parte dei quali è carente di una disposizione come quella dell'art. 15, si è mai dubitato che la regola speciale, che enuncia tutti gli elementi di altra regola più uno o più specificanti, prevalga su quella generale.

La funzione dell'art. 15, nel sistema, incomincia proprio quando non si può fare ricorso alla specialità in astratto, quando, cioè, il rapporto fra più regole non è, per così dire, lineare, bensì triangolare. Più regole, insomma, tutte convergenti, in quanto tutte idonee ad operare una compiuta qualificazione del medesimo fatto concreto.

Lo stesso va detto a proposito della successione di leggi.

È stato benissimo rilevato come specialità in astratto equivalga a rapporto di continenza tra nuova e vecchia fattispecie, chiarendo che tale ipotesi si verifica allorché la nuova regola intaglia una porzione di realtà comune a quella precedente, con l'aggiunta, però, di elementi che ne specificano l'ambito di applicazione, sì che in assenza della seconda regola i fatti sarebbero riportabili alla prima. Ma questo rapporto, pur realizzabile, non è una costante della successione di regole. Si pensi al caso in cui la disposizione più favorevole, ai sensi del IV comma dell'art. 2, sia costituita da quella che alla previsione, posta dalla regola precedente, di sanzione detentiva e di sanzione pecuniaria, congiuntamente comminate in via cumulativa, sostituisce la previsione, ad esempio, della sola pena pecuniaria. E qui bisogna intendersi. Se al termine fattispecie è conservato il significato di complesso di elementi che condizionano l'effetto o gli effetti giuridici, non v'è dubbio che, nell'ipotesi prospettata, la fattispecie rimane assolutamente immutata, non subisce, cioè, alcuna delimitazione a cagione di elementi specificanti.

Naturalmente le regole che definiscono *operativamente* il concetto di fattispecie possono essere cambiate. Al termine in questione può attribuirsi un significato più ampio: nel senso che esso comprende, oltre la situazione di fatto condizionante, le conseguenze condizionate.

A questo punto potrebbe osservarsi che un siffatto uso del concetto, che identifica la fattispecie con *istituto* giuridico, costringe pur sempre a distinguere tra concetti di fatti giuridici, cioè concetti di elementi condizionanti; concetti di conseguenze giuridiche; concetti, infine, dei nessi intercorrenti tra i primi e le seconde. Ma, così rispondendo, non si fa che predicare un certo uso linguistico laddove l'uso stesso è libero, purché ci si mantenga con rigorosa coerenza sul piano che l'accezione adottata postula.

3. *In particolare sulla nozione di legge più favorevole*

Si è visto come tanto la disciplina della successione della legge nel tempo, quanto quella della coesistenza di regole che convergono sulla stessa materia, dà vita ad un rapporto triangolare: che non si esaurisce, cioè, nel confronto fra due (o più) disposizioni, sulla via di una mera analisi e comparazione linguistica, ma ad una relazione triangolare, elemento essenziale della quale è la fattispecie concreta che occorre qualificare.

Per ciò che concerne la vicenda temporale è disposizione più favorevole quella che sul piano del diritto sostanziale, comprensivo degli effetti penali e non penali ricollegati ad un reato, e sul piano del diritto processuale assicura al soggetto che ne è destinatario un trattamento meno severo o, comunque, più corredato da garanzie[5].

Ma qui occorre non indulgere in formulazioni, tanto suggestive, quanto approssimative, come sono quelle che, per determinare se vi sia o no trattamento più favorevole, fanno riferimento ad una valutazione globale, ritenendo, cioè, che è disciplina più favorevole quella che nel complesso perviene a conseguenze meno restrittive per il reo.

Vero è che il IV comma dell'art. 2 c.p. si esprime in termini di legge "le cui disposizioni sono più favorevoli".

Questo farebbe pensare alla necessità di prendere in considerazione, ai fini che qui ci interessano, i micro sistemi normativi che concernono la stessa fattispecie:

---

[5] In senso restrittivo (limitatamente cioè alle sole norme di diritto sostanziale): Cass. I, 4 marzo 1995, n. 353: "L'art. 11 del d.l. 8 giugno 1992, n. 356, convertito con modifiche in l. 7 agosto 1992, n. 356, che ha elevato da tre a sei anni di reclusione la pena massima per il reato di falsa testimonianza previsto dall'art. 372 c.p., è una norma di natura sostanziale per cui, con riguardo ad essa, trova applicazione il principio di irretroattività previsto dall'art. 2 c.p. e garantito dall'art. 25, II comma, Cost. Pertanto, quando trattisi di reati di falsa testimonianza commessi prima dell'entrata in vigore del citato d.l. n. 306/1992 [*rectius* n. 356/1992], poiché la pena massima per essi prevista rimane contenuta entro i limiti della competenza pretorile fissati dall'art. 7, I comma, c.p.p., a detta competenza non si sostituisce quella del Tribunale".

proprio perché la regola dell'art. 2 parla di legge le cui disposizioni – al plurale – sono più favorevoli.

L'espressione non significa però che *tutte* le disposizioni debbano globalmente sortire effetti meno severi per il reo. Il plurale è utilizzato per ricomprendere quelle regolamentazioni che constano di più disposizioni: è in rapporto a ciascuna di queste che va effettuato il giudizio di maggior favore. Quel che conta è che sulla medesima fattispecie – ad esempio in ordine ai presupposti della condotta e al dolo intenzionale anziché specifico – non si dia luogo alla creazione di una terza regola che prenda elementi dall'una e dall'altra delle regole che in sequenza temporale su quelle fattispecie convergono [6].

Operazione che condurrebbe soltanto alla applicazione di un diritto desiderato ma inesistente. Detto questo, tenendo fermo che va applicata nella sua intierezza la *regola* che faccia parte di una delle normative susseguentisi, non v'è motivo di ritenere che essa non costituisca, di per sé sola, quella disposizione più favorevole, rilevante nel caso concreto. Così in presenza di una legge complessivamente più severa, che annoveri, però, tra le sue disposizioni una attenuante non prevista dall'altra che viene in rilievo nella successione temporale, l'applicabilità della circostanza non può essere negata.

Naturalmente, a patto che tenore e *ratio* della circostanza stessa risultino compatibili con tenore e *ratio* della disciplina posta dalla legge che non contempla quella diminuente [7].

4. *Continua sull'interpretazione dell'art. 2: determinazione del* tempus commissi delicti

Contestualmente all'analisi della disciplina prevista dall'art. 2 c.p. occorre determinare, ai fini dell'applicazione in concreto dei principi stabiliti dalla norma in esame, un criterio alla stregua del quale si possa puntualizzare il momento della commissione del reato.

Facciamo un esempio: Tizio spara a Caio, il quale muore in seguito al colpo ri-

---

[6] Cfr. Cass. VI, 29 gennaio 1998, n. 1192: "In tema di abuso di ufficio, a seguito della nuova fattispecie di cui all'art. 323 c.p. introdotta con la l. 16 luglio 1997, n. 234, trova applicazione l'art. 2, III comma [oggi IV], c.p., secondo cui il giudice, nella valutazione comparativa della norma abrogata e di quella nuova, disciplinanti la medesima materia dell'abuso funzionale del pubblico ufficiale, deve individuare e applicare quella più favorevole al reo, essendogli inibito di 'costruire' una terza disposizione che contenga gli elementi più favorevoli dell'una e dell'altra norma".

[7] Solo per completezza di indagine si veda, fra le molte: Cass. III, 6 febbraio 1997, n. 1058 "Nel caso di successione di norme incriminatrici nel tempo, tra due disposizioni, delle quali la prima prevede la pena detentiva e la seconda la pena alternativa, è sempre più favorevole quest'ultima, consentendo l'inflizione della sola pena pecuniaria, perché la conversione, *ex* art. 53, l. 24 novembre 1981, n. 689, della pena detentiva inflitta necessariamente per effetto della prima norma, pur potendo in concreto condurre ad una pena pecuniaria (sostitutiva) meno elevata, oltre ad essere eventuale, in quanto sempre discrezionale, sarebbe comunque esposta al rischio della revoca ai sensi del successivo art. 72, ricorrendone le condizioni".

cevuto, dopo aver agonizzato per sei mesi; nel periodo che intercorre tra la condotta di Tizio e l'evento morte, il legislatore muta la disciplina concernente l'omicidio, poniamo, inasprendola. Ai fini dell'applicazione della pena, secondo i principi sanciti dall'art. 2, quale sarà il momento in cui si potrà dire commesso il reato?

Il problema non è di lieve importanza; infatti, se si considera *tempus commissi delicti* quello del verificarsi dell'evento morte, la pena da applicare sarà senz'altro la più grave; se, invece, si considera *tempus commissi delicti* il momento della realizzazione della condotta, allora l'applicazione della norma che dispone la pena più grave costituirebbe una deroga all'irretroattività della norma penale meno favorevole.

Alcuni autori, muovendo da premesse logico-formali, propendono per la prima soluzione e considerano *tempus commissi delicti* quello in cui si è verificato il fatto criminoso (condotta più evento); altri precisano – per ricomprendervi i casi di condizione obiettiva di punibilità (ad es. la dichiarazione di fallimento nei confronti della bancarotta) [8] – che *tempus commissi delicti* è quello

[8] Cfr. Cass. I, 25 luglio 1991, n. 2988: "La sentenza dichiarativa di fallimento costituisce non una semplice condizione di punibilità dei reati di bancarotta, sia semplice che fraudolenta, bensì un elemento costitutivo di essi, indispensabile per la integrazione della fattispecie normativa prevista per ognuno di detti reati, il cui momento consumativo, allorché la condotta si esaurisca prima della dichiarazione di fallimento, si perfeziona all'atto e nel luogo della pronunzia della sentenza dichiarativa e non in quello, eventualmente diverso, in cui è stata realizzata la condotta vietata dal precetto penale. (Fattispecie in cui erano state pronunciate nei confronti della stessa impresa commerciale più sentenze dichiarative di fallimento e la Cassazione, nell'affermare il principio di cui in massima, ha ritenuto che il momento ed il luogo di consumazione del contestato delitto di bancarotta fraudolenta dovessero essere individuati in quelli della emissione della prima delle pronunzie)"; Cass. I, 5 agosto 1992, n. 3282: "In caso di bancarotta, sia semplice che fraudolenta, la dichiarazione di fallimento non costituisce una condizione di punibilità, ma un elemento costitutivo del reato e si colloca, per tutti i casi riferibili a condotte realizzate prima della dichiarazione di fallimento (come per tutte le ipotesi elencate nel I comma dell'art. 216, r.d. 16 marzo 1942, n. 267) quale ultimo atto che perfeziona il delitto di bancarotta e che quindi radica la competenza per territorio al giudice del luogo in cui il reato viene consumato, cioè dal luogo in cui si realizza l'ultimo atto, che è la declaratoria fallimentare. In caso, invece, di bancarotta post-fallimentare (di cui all'art. 216, II comma, r.d. 16 marzo 1942, n. 267) l'ultimo atto di esecuzione, e cioè il perfezionamento della fattispecie criminosa, viene realizzato non nel luogo in cui è dichiarato il fallimento, che anzi precede gli atti in frode alla massa fallimentare ed ai creditori, bensì nel luogo in cui vengono posti in essere gli ulteriori atti, esecutivi della bancarotta, ed è in questo luogo che si radica la competenza per territorio, a nulla valendo, agli effetti penali, la '*vis actractiva*' esercitata, in sede civile, dalla procedura fallimentare"; Cass. I, 5 novembre 1992, n. 4134: "In tema di bancarotta, la dichiarazione di fallimento rappresenta un elemento costitutivo del reato e non una condizione obiettiva di punibilità. Ne deriva che, nell'ipotesi di diverse dichiarazioni di fallimento, non sussiste identità di fatto-reato e, per conseguenza, difetta il presupposto del conflitto di competenza"; Cass. V, 23 agosto 1993, n. 7912: "La nuova disciplina processualpenalistica in materia di questioni pregiudiziali non incide sulla validità della tradizionale qualificazione della sentenza dichiarativa di fallimento come elemento costitutivo dei reati di bancarotta, ivi compresi quelli configurabili ai sensi dell'art. 223 legge fall. a carico dei soggetti ivi menzionati, in funzione delle qualità da essi rivestite. Ciò implica che rimane anche valido il principio per cui la dichiarazione di fallimento, una volta che abbia acquisito il carattere della irrevocabilità, viene a costituire un dato definitivo e vincolante sul quale non possono più sorgere questioni che non siano collegate alla produzione formale della

in cui si sono verificati tutti gli elementi della fattispecie.

Tale opinione sarebbe confermata dall'art. 158, il quale stabilisce che il termine di prescrizione decorre – allorché è prevista una condizione obiettiva di punibilità – dal momento del verificarsi di quest'ultimo. Viene così a precisarsi la *teoria dell'evento,* che, nei suoi termini più esatti, coincide con l'affermazione che *tempus commissi delicti* è quello in cui si realizza, al completo di ciascuno degli elementi che la costituiscono, la fattispecie criminosa.

Questo criterio, malgrado sembri trovare sul piano del diritto positivo, ad opera dell'art. 158, una decisiva conferma, conduce, però, a conseguenze tali da mettere in crisi la garanzia di certezza che è alla base del principio di irretroattività. Dobbiamo, perciò, domandarci se, su un piano di interpretazione di un singolo istituto, stante il complesso di esigenze che porta alla regola della irretroattività, non sia più opportuno considerare, ai fini dell'applicazione della disciplina concernente la successione delle leggi penali nel tempo, *tempus commissi delicti* non quello in cui si sono verificati tutti gli elementi della fattispecie criminosa, bensì quello in cui si è posta in essere la condotta che ha determinato l'evento.

Il *criterio della condotta* può dar luogo a qualche difficoltà per puntualizzare il momento in cui si realizza la condotta stessa, sicché appare utile una breve analisi svolta sui vari tipi di reato:

A) Per i *reati di azione* occorre operare una distinzione tra:

a) reati a forma vincolata, la cui fattispecie è delineata con precisione dal legislatore per ciò che concerne la condotta (es. furto: la condotta necessaria per la realizzazione di questo reato è descritta a mezzo di note interne alla condotta stessa). In questi casi determinare quando si è verificata la condotta implica un confronto tra la azione del soggetto e lo schema legislativo: anche se tale confronto non è esente, per necessità di cose, da un largo margine interpretativo, non si pone al riguardo un problema, di natura concettuale, particolarmente delicato;

b) reati a forma libera, per i quali il legislatore si limita a puntualizzare la causazione reale o ipotetica di un certo risultato. La condotta atta a realizzare tali fattispecie è perciò ogni e qualunque atto umano collegato o collegabile causalmente con l'evento indicato; l'esempio tipico di queste forme di reato è l'omicidio, per il quale – a differenza del furto o della truffa, in cui sono individuate *ab intrinseco* le rispettive condotte tipiche rilevanti agli effetti penali – la tipicità della condotta discende semplicemente dal collegamento causale ("chiunque *cagiona la morte di un uomo* ..."). È chiaro come in questi casi la determinazione della condotta, ai fini della individuazione del *tempus commissi delicti*, possa apparire assai difficile, specie se nella catena causale che

---

prova della sua giuridica esistenza"; Cass. I, 17 gennaio 1995, n. 4859: "La dichiarazione di fallimento è un elemento costitutivo del reato di bancarotta e non una condizione oggettiva di punibilità, di guisa che tale reato si concretizza in tutti i suoi elementi costitutivi solo nel caso in cui il soggetto, che abbia commesso anche in precedenza attività di sottrazione di beni, sia dichiarato fallito. (Nella fattispecie, relativa a revoca di indulto, la Corte ha ritenuto ininfluente, ai fini dell'individuazione del momento di consumazione del reato, la data, riportata in calce al capo di imputazione, che indicava solo il periodo di sottrazione dei beni dell'impresa)".

conduce all'evento si inseriscono più atti compiuti dal soggetto. Un primo criterio che si potrebbe proporre è quello secondo cui l'atto tipico sarebbe il primo della catena; ma questa tesi può essere assunta solo nel caso di un delitto cosiddetto d'impeto: quando invece si tratti di un delitto premeditato (per cui il primo atto causalmente orientato potrebbe essere, ad es., l'acquisto dell'arma) il rifarsi al primo atto verrebbe a porre in crisi una distinzione fondamentale nel diritto penale. Infatti se prendiamo in considerazione il tentativo, vediamo che, ai fini della determinazione dei confini della punibilità, si distingue tra atti di mera preparazione e atti di esecuzione e soltanto questi ultimi sono considerati rilevanti penalmente (si veda l'art. 56 c.p., in cui, pur non facendo espresso riferimento ad atti "di esecuzione", la regola prende in considerazione solo "atti *idonei*, diretti in modo *non equivoco* a compiere un delitto"). Ora, se si accettasse il criterio secondo cui la condotta tipica sarebbe realizzata con l'esecuzione del primo atto causalmente collegato o, come in questo caso, collegabile con l'evento, si verrebbe a dare rilevanza penale ad un atto che – qualora l'evento non si verificasse – non ne avrebbe alcuna, essendo un atto di mera preparazione. Questo, a parte l'inconveniente pratico di precisare quale possa considerarsi il primo atto causalmente collegato con l'evento, senza incorrere in un ricorso *ad infinitum*.

Per la fattispecie a forma libera bisogna dunque partire da una diversa impostazione: in questi casi "atto tipico" non può considerarsi quello collegato da un puro e semplice nesso causale, bensì quell'atto, *sorretto dalla volontà colpevole, che si deve realizzare per commettere il delitto*. In altre parole, quando vogliamo determinare qual è la condotta di un reato a forma libera, dobbiamo domandarci qual è l'atto che deve essere inderogabilmente sorretto dal dolo o dalla colpa per realizzare la fattispecie.

Ogni atto della vita umana rinvia immediatamente ad un precedente col quale appare così intimamente collegato che muovendo a ritroso da effetto a condizione, rischieremmo, si è detto, di allargare indefinitamente i confini delle fattispecie di illecito. Né a questa insufficienza potrebbe ovviare la considerazione del nesso psicologico che sorregge i singoli atti nei quali eventualmente si scinde il processo esecutivo. In primo luogo, perché ciò che desideriamo conoscere è proprio quale di questi atti è necessario che sia effettivamente sorretto dalla volontà. In secondo luogo, porterebbe ad ovvie disastrose conseguenze in tema di tentativo – come si è visto – ritenere che ogni atto animato da una certa intenzione e reputato in astratto – sulla base di un calcolo probabilistico – indispensabile alla produzione di un risultato voluto, costituisca l'esecuzione di attività criminosa. Dobbiamo perciò ricercare nel complesso degli atti compiuti da un soggetto e causalmente collegati o collegabili ad un evento, quello che più esprima nelle forme e nei modi richiesti dall'ordinamento la signoria dell'agente sul fatto e realizzi, quindi, la prima delle condizioni che del fatto permettono l'imputazione a fini giuridici.

A questo punto dobbiamo distinguere:

1) Nel caso di *realizzazione dolosa* della fattispecie, tale atto tipico non può essere che l'*ultimo*.

Ci si raffiguri, infatti, una serie causale costituita da un insieme di comportamenti di un certo soggetto. Questi comportamenti possono essere tutti realizzati per negligenza, forza maggiore o – addirittura – costringimento fisico. Ove però l'ultimo di essi sia *voluto*, nella più rigorosa accezione psicologica del termine, l'intiero processo causale diventa proprio dell'agente, legittimando, così, le ulteriori indagini necessarie per accertare la possibilità di imputargli a titolo di dolo il fatto nel suo insieme.

A nulla rileva, insomma, che io acquisti un fucile, mi apposti nelle vicinanze di un luogo ove Tizio suole abitualmente passare e spiani l'arma contro di lui soltanto perché materialmente costrettovi; se ho *voluto* la pressione del mio dito sul grilletto, avrò dato vita alla azione tipica del reato di omicidio doloso, a quella azione, cioè, che deve necessariamente verificarsi perché sia realizzata la figura criminosa in questione. E per contro, se le azioni sopra descritte sono volontarie, ma lo scatto dell'arma avviene perché scivolo e casco per terra, l'eventuale uccisione non potrebbe essermi attribuita a titolo di dolo. Perché questo sussista la volontà dell'atto deve essere effettiva e non va ricavata in via ipotetica attraverso un procedimento condotto alla stregua dell'*id quod plerumque accidit.*

2) Anche nel caso di *realizzazione colposa* delle fattispecie costruite in senso causale, la tipicità della condotta è in funzione dell'elemento soggettivo che la sorregge.

Qui, però, al contrario di quello che avviene nella forma di imputazione soggettiva primaria (dolosa), azione tipica, nella serie degli atti condizionanti un certo evento, sarà l'azione che *per prima* dia luogo ad una situazione di contrarietà rispetto ad uno dei criteri di qualificazione richiamati dal legislatore nella definizione della colpa – situazione di contrarietà che persista fino al momento della causazione dell'evento.

Così, se, ad esempio, un automobilista trascura di revisionare i freni della propria vettura e, procedendo a velocità che in condizioni normali sarebbe pienamente consentita, investe un passante perché gli manca l'indispensabile controllo del mezzo, non c'è dubbio che la condotta colposa va ravvisata nell'aver messo in moto la macchina senza essersi prima assicurato sullo stato dei freni: in un momento, dunque, antecedente a quello della manovra che determina il sinistro.

Per riassumere: nelle fattispecie a forma libera i criteri per la determinazione della condotta tipica, ai fini dell'individuazione del *tempus commissi delicti*, sono simmetrici a seconda che si tratti di fattispecie dolose ovvero colpose.

B) Ci siamo finora occupati di reati cosiddetti istantanei, che sono i più numerosi. Per queste figure criminose, poiché la realizzazione degli elementi previsti nella fattispecie astratta coincide con la loro consumazione, è impossibile ipotizzare una condotta criminosa protratta nel tempo.

Il nostro ordinamento, però, prevede anche delle forme di reato per le quali la protrazione nel tempo è perfettamente configurabile e che si denominano *reati permanenti.* I reati permanenti sono, in altre parole, quelle fattispecie criminose costituite su elementi ciascuno dei quali, una volta verificatosi, non rende impossibile la protrazione del reato nel tempo. Un esempio di reato così caratterizzato è il sequestro di persona: la condotta consistente nel privare taluno della libertà personale può protrarsi nel tempo, anzi, ne è proprio necessario un prolungarsi (più o meno lungo) perché si abbia un sequestro di persona realizzato e non semplicemente tentato. Si viene così a creare una divergenza tra il momento della realizzazione e quello della consumazione che si verifica soltanto allorché cessa il protrarsi della condotta criminosa[9].

Di fronte a tale divergenza ci dobbiamo allora domandare se, ai fini dell'applicazione dell'art. 2 c.p., debba considerarsi *tempus commissi delicti* il momento della realizzazione ovvero quello della consumazione di un reato permanente. Accogliere l'una o l'altra soluzione porta a diverse conseguenze; facciamo un esempio: Tizio realizza un sequestro di persona, vigente una determinata norma. Successivamente, durante la permanenza del reato, la disciplina viene inasprita. Quale norma dovrà allora essere applicata? Se si accetta il criterio della realizzazione, quella più mite; se invece si accetta il criterio della consumazione, quella più severa.

Vi è stato chi ha sostenuto che la novazione, operata dalla legge sopravvenuta successivamente alla realizzazione del reato, importi una interruzione della permanenza, con la conseguenza che il soggetto avrebbe commesso due reati permanenti, punibili secondo le due diverse leggi. Senonché, accettando una simile tesi, si traviserebbe la *ratio* dell'art. 2, che è volta ad assicurare un regime di *favor rei* addebitando non uno ma due reati all'agente.

Pensiamo che il criterio da accogliere sia quello che tiene conto della consumazione, purché sotto la vigenza della legge più severa siano stati posti in essere, per un apprezzabile lasso di tempo, tutti gli elementi del fatto criminoso. In questo caso sarebbe del tutto ingiustificato dimenticare che il colpevole ha continuato a privare taluno della libertà personale quando avrebbe potuto regolare la propria condotta alla stregua della nuova disciplina: quando, cioè, si

---

[9] La terminologia in proposito è alquanto incerta: cfr. Cass. I, ord. 26 agosto 1969, n. 704 "Fra le due espressioni 'consumazione del reato' e 'commissione del reato' esiste sostanziale diversità nel senso che mentre con la prima si fa riferimento alla realizzazione del reato nella totalità dei suoi elementi, con l'altra il legislatore ha inteso riferirsi alla esplicazione della condotta criminosa cioè al momento esecutivo"; Cass. SS.UU., sent. 7 marzo 1995, n. 2333 "Nella fattispecie criminosa di cui all'art. 4, I comma, n. 7 della l. 7 agosto 1982, n. 516, come descritta nel testo anteriore alle modificazioni introdotte con il d.l. 16 marzo 1991, n. 83, convertito nella l. 15 maggio 1991, n. 154, il nucleo costitutivo è concretato dalla dissimulazione di componenti positivi o dalla simulazione di componenti negativi del reddito, attuate in forme artificiose, in guisa da alterare in misura rilevante il risultato della dichiarazione: ond'è che la c.d. frode fiscale, compiuta con le modalità previste dal citato art. 4, I comma, n. 7, si *perfeziona* nel momento nel quale la dichiarazione dei redditi è presentata agli uffici finanziari e si traduce in un atto che esce dalla sfera soggettiva del contribuente, per porsi quale elemento strutturale della fattispecie, la cui *realizzazione* segna la *consumazione* del reato".

Con particolare rigore, per contro: Cass. III, 11 giugno 1997, n. 5532 "Qualora le innovazioni non autorizzate non determinino una abusiva occupazione dell'area demaniale ovvero quando vengano eseguite in una area demaniale che il soggetto già occupa legalmente, essendo munito della relativa concessione, e le stesse non determinino alcun abusivo ampliamento dell'area occupata, si configura il solo reato di realizzazione abusiva di innovazioni nell'area demaniale, il quale, al contrario del reato di arbitraria occupazione, non ha natura permanente, in quanto la *consumazione* cessa con l'ultimazione delle opere che costituiscono l'innovazione non autorizzata. Il permanere delle innovazioni, infatti, è un semplice effetto naturale della condotta dell'agente e non già, come l'occupazione, un evento che si protrae nel tempo con la permanente violazione della legge, sicché il termine prescrizionale comincia a decorrere dall'ultimazione dell'innovazione abusiva."; dove si evidenzia che, nei reati istantanei, realizzazione e consumazione, logicamente distinte, cronologicamente coincidono.

trovava nelle condizioni di porre fine al sequestro anche a cagione del sopravvenire del trattamento più severo [10].

---

[10] Per una soluzione conforme a quanto sostenuto nel testo, con riferimento alla successione nel tempo tra l'art. 416 c.p. e l'art. 416 *bis* c.p. si vedano: Cass. I, 17 novembre 1997, n. 11669: "Nel reato permanente la consumazione si protrae per un tratto di tempo per volontà cosciente dell'agente con la conseguenza che, nel caso di successione di leggi più severe, qualora la permanenza si protragga sotto il vigore della nuova legge, è questa soltanto che deve trovare applicazione, in quanto vigente la nuova legge il reato è commesso con la realizzazione di tutti gli elementi costitutivi, né trova ingresso in questo caso il III comma [oggi IV] dell'art. 2 c.p. Consegue pertanto che, a seguito dell'introduzione con l'art. 1, l. 13 settembre 1982, n. 646 della fattispecie criminosa dell'associazione di tipo mafioso nel codice penale (art. 416 *bis),* con natura di disposizione speciale rispetto alla fattispecie dell'associazione per delinquere comune (art. 416 c.p.), qualora la permanenza di una fattispecie associativa si protragga dopo l'entrata in vigore della nuova legge, e sia inquadrabile nella sua previsione, trova applicazione soltanto la legge successiva anche se più severa. Spetta tuttavia all'accusa la prova del protrarsi della condotta illecita concretante la partecipazione al reato permanente anche sotto il vigore della nuova legge, poiché nel dubbio sul punto giova all'imputato il principio del 'favor rei'; Cass. I, 6 luglio 1988, n. 7939: "Nell'ipotesi di reato permanente realizzatosi con unica condotta protratta nel tempo con modalità sempre uguali sotto la vigenza di due leggi diversamente sanzionatorie, va applicata solo l'ultima, sotto il cui imperio il reato si esaurisce. Pertanto, qualora il partecipe di una associazione mafiosa o camorristica sia perseguito, per un'unica condotta protratta nel tempo, precedente e successiva all'introduzione dell'art. 416 *bis* c.p. – egli non può essere punito ai sensi degli artt. 416 e 416 *bis* c.p., in continuazione fra loro, ma solo in forza di quest'ultima disposizione"; Cass. I, 16 giugno 1992, n. 6692: "L'applicabilità dell'art. 416 *bis* c.p. si estende anche a condotte che, obiettivamente inquadrabili nelle previsioni di detta norma, siano state poste in essere prima della sua entrata in vigore e proseguite in epoca successiva, senza che ciò comporti violazione dell'art. 2 c.p., non verificandosi in tal caso il fenomeno della retroattività ma solo quello della naturale operatività della nuova specificante qualificazione di una medesima condotta la quale, altrimenti, per la parte pregressa, rimarrebbe autonomamente sanzionabile, con svantaggio per l'imputato, in base alla più generica norma incriminatrice preesistente, costituita dall'art. 416 c.p."; Cass. II, 21 marzo 1996, n. 2963: "Qualora la condotta di appartenenza ad un'associazione per delinquere di tipo mafioso, caratterizzata cioè dai requisiti propri della figura delittuosa di cui all'art. 416 *bis* c.p., sia stata posta in essere fin da prima dell'entrata in vigore della l. 13 settembre 1982, n. 646, che tale ipotesi criminosa ha introdotto, si configura un unico reato associativo di natura permanente, con esclusione della continuazione fra i reati previsti dagli artt. 416 e 416 *bis* c.p. ed applicazione, anche per il periodo precedente all'entrata in vigore della predetta l. n. 646/1982, della pena prevista dall'art. 416 *bis* c.p.".

Come è chiaro, le decisioni in questione hanno tutte per oggetto la permanenza, dopo l'entrata in vigore della legge più severa, di una condotta che di fatto presentava, sin dall'inizio e, cioè, quando era in vigore il solo art. 416, i caratteri di quella che sarebbe poi diventata associazione di stampo mafioso *ex art.* 416 *bis. Contra*, giurisprudenza meno recente che ravvisa, parrebbe in ogni caso, la successione di due fatti distinti: Cass. I, 28 marzo 1985, n. 544: "Non sussiste violazione del principio della irretroattività della legge penale nel caso in cui, nell'ambito del reato permanente contestato all'imputato, la condotta a lui addebitata, iniziatasi anteriormente all'entrata in vigore della l. 13 settembre 1982, n. 646, che disciplina, fra l'altro, il fenomeno mafioso, sia stata ritenuta ricompresa, fino alla data predetta, sotto la previsione dell'art. 416 c.p. (associazione per delinquere) e, successivamente, sotto la norma introdotta con l'art. 416 *bis* c.p. (associazione per delinquere di tipo mafioso)"; Cass. I, 8 novembre 1988, n. 10816: "La norma di cui all'art. 2, III comma [oggi IV] a, c.p., per la quale, in caso di successione di legge penale, si applica quella le cui disposizioni sono più favorevoli al reo, salvo che sia stata pronunciata sentenza irrevocabile, riguarda soltanto il caso in cui la nuova legge comporti

Naturalmente, il giudice dovrà dosare la pena che applicherà, ai sensi dell'art. 133, anche in funzione di quanto si è svolto dopo il momento in cui è avvenuta la realizzazione del reato permanente.

C) Dobbiamo ora determinare il *tempus commissi delicti* per i reati di omissione, i quali si distinguono in:

a) reati omissivi di mera condotta, consistenti nella mancata realizzazione di una determinata condotta positiva prescritta dalla stessa norma penale incriminatrice (es.: omissioni di referto);

b) reati commissivi mediante omissione consistenti nel mancato adempimento di un dovere giuridico che conduce ad un risultato vietato dalla norma penale in-

---

una diversa disciplina di un'ipotesi criminosa completamente realizzata sotto il vigore di altra differente disposizione. Non è riconducibile a tale fenomeno la situazione che si è venuta a determinare in seguito alla entrata in vigore della l. 13 settembre 1982, n. 646 recante disposizioni in materia di misure di prevenzione di carattere patrimoniale ed integrazione alle ll. 23 dicembre 1956, n. 1423; 10 febbraio 1692, n. 57 e 31 maggio 1965, n. 575, in quanto, l'autonomia ontologica e strutturale fra l'art. 1 di tale legge, che disciplina l'associazione di tipo mafioso, e l'art. 416 c.p., comporta la sussistenza di due distinte figure di reato ad ognuna delle quali si rende applicabile la legge penale propria del tempo in cui questi furono commessi."; Cass. I, 16 marzo 1988, n. 3492: "L'introduzione, nel codice penale, della norma che prevede il delitto di associazione per delinquere di tipo mafioso – strutturalmente diverso dall'associazione per delinquere – non determina, rispetto alla norma che prevede quest'ultimo reato, un fenomeno di successione nel tempo di leggi penali, del quale si può legittimamente parlare solo quando il reato previsto dalla legge precedente nella sua struttura tipica – condotta, evento, elemento soggettivo – rimane identico a se stesso, e la nuova norma si caratterizza solo per la diversità della sanzione applicabile. Ne consegue che, ove la condotta criminosa, iniziatasi antecedentemente all'entrata in vigore della nuova disposizione, sia sussumibile anche nello schema legale prefigurato da quest'ultima, correttamente essa viene inquadrata nella figura dell'associazione per delinquere fino all'entrata in vigore della nuova legge e, successivamente, in quella dell'associazione per delinquere di tipo mafioso". Soluzione quest'ultima che può essere condivisa solo quando l'associazione di stampo mafioso si realizza successivamente all'entrata in vigore dell'art. 416 *bis* ed è preceduta da un'associazione di art. 416. In questo caso si avrà continuazione di reati. Né deve suonare strana una soluzione che conduce ad addebitare due illeciti distinti in un contesto che, a prima vista, può apparire meno grave di quello preso in esame e deciso dalle sentt. 17 novembre 1987, n. 11669; 6 luglio 1988, n. 7939; 16 giugno 1992, n. 6992; 21 marzo 1996, n. 2963. Il formarsi di un proposito criminoso rispondente ai tratti delineati dal 416 *bis* non maturato con la condotta che ne deriva, prima della vigenza di tale norma, denota una particolare capacità a delinquere che giustifica il trattamento *ex* art. 81, II comma, c.p.

A conclusione riportabile a quanto da noi sostenuto perviene la Cassazione nella sent. 11 gennaio 1998, n. 215: "In materia di reati permanenti, nell'ipotesi di successione di leggi penali nel tempo, non può essere invocato l'art. 2 c.p., giacché, data l'unicità del reato, si deve infliggere la pena stabilita dalla legge vigente al momento della cessazione della permanenza, in quanto si versa in un'ipotesi di pena non modificabile per il principio del divieto di *reformatio in peius* in assenza di impugnazione del pubblico ministero".

Va detto però che non si comprende bene che cosa significhi il rifiuto del ricorso all'art. 2 c.p., in una vicenda caratterizzata da successione di leggi nel tempo. Va detto ancora che l'applicabilità della legge in vigore al momento della cessazione della permanenza è condizionata, se questa legge è più severa della precedente, alla circostanza che sotto il suo imperio si sia verificato quel tanto di condotta sufficiente a realizzare il reato permanente.

criminatrice (es.: l'omissione, da parte della nutrice, di allattare il bambino con conseguente morte di quest'ultimo).

Una prima soluzione potrebbe discendere dalla seguente osservazione: dal momento che l'omissione consiste nella mancata esplicazione di una azione giuridicamente dovuta, e cioè, nella violazione di un obbligo a contenuto positivo, poiché un tale obbligo conterrà sempre, espresso od implicito, un termine, la condotta tipica si potrà dire realizzata alla scadenza di tale termine. Un criterio siffatto sarebbe valido per entrambi i tipi di reato omissivo.

Esso, però, con tutta probabilità, non può ritenersi accettabile; infatti, se è vero che ogni obbligo contiene una modalità cronologica, è altrettanto vero che, se l'obbligo è tale da imporre la realizzazione di una condotta positiva, la sua violazione può avvenire anche in un momento anteriore allo scadere del termine ultimo. Facciamo un esempio: Tizio, che ha l'obbligo di consegnare tutta la valuta straniera in suo possesso entro il 31 dicembre, viene sorpreso, poche ore prima della scadenza del termine, mentre sta cercando di varcare la frontiera in un luogo molto distante da quello in cui doveva effettuare la consegna. Anche volendolo, egli non potrebbe più adempiere all'obbligo prescritto. È a partire da questo momento che la legge non può guidare la condotta del soggetto.

Da quanto detto, appare evidente come *tempus commissi delicti*, per quanto concerne i reati di omissione, non sarà il termine ultimo entro il quale si deve adempiere l'obbligo prescritto, bensì il momento in cui il soggetto si è posto nella condizione di non poterlo più adempiere.

Criterio misto: Oltre ai criteri dell'evento e della condotta, sopra delineati, è stato prospettato da taluno un cosiddetto *criterio misto,* secondo cui *tempus commissi delicti* sarebbe sia quello della realizzazione della condotta che quello del verificarsi dell'evento; una simile tesi sarebbe confermata dall'art. 6 c.p. il quale è però diretto a disciplinare non il *tempus*, bensì il *locus commissi delicti.*

Probabilmente gli autori di tale concezione volevano alludere non tanto alla contemporanea validità di criteri diversi, quanto piuttosto ad una pluralità di criteri da applicarsi alternativamente a seconda dei vari casi. Sotto tale veste logica la tesi – altrimenti priva di ragionevolezza – può ritenersi accettabile. Infatti, non esiste nel nostro ordinamento un criterio unitario per la determinazione del *tempus commissi delicti*: ai fini della successione della legge penale nel tempo – di cui noi ora ci occupiamo – appare adottato il criterio della condotta; per quanto concerne invece altri istituti, come, ad esempio, quello della prescrizione, è adottato (come sopra si è accennato) il criterio dell'evento *ex* art. 158 c.p.

5. *Continua: il V comma dell'art. 2 c.p.*

Il V comma dell'art. 2 stabilisce che:

"Se si tratta di leggi eccezionali o temporanee, non si applicano le disposizioni dei capoversi precedenti".

In questa disposizione si ipotizzano le deroghe alla disciplina sin qui esaminata, in rapporto a due categorie di leggi, le temporanee e le eccezionali, cui non si applicano (fermo restando il I comma) le disposizioni del II, III e IV comma.

Leggi temporanee sono quelle la cui validità è, per regola espressa, limitata nel tempo; quanto alle leggi eccezionali, esse si possono sostanzialmente riportare alla matrice ed alle caratteristiche delle leggi temporanee, in quanto la loro validità è limitata al periodo in cui perdura l'evento particolare (eccezionale) che ne ha determinato l'emanazione.

Ciò che induce il legislatore a dettare una particolare disciplina per tali tipi di leggi è – si dice – l'esigenza di conservare l'effetto preventivo e deterrente nei confronti dei destinatari, anche per il periodo prossimo allo scadere del termine per le leggi temporanee o al venir meno della situazione che ha portato all'emanazione della legge eccezionale.

Un tale modo di impostare il problema è esatto, ma parziale.

Chi, infatti, dà speciale rilievo alla necessità di un costante effetto deterrente della norma presuppone un fenomeno di successione di una legge comune più favorevole, rispetto ad una legge temporanea od eccezionale precedente. Si può, però, dare il caso di una legge comune più severa cui faccia seguito una legge temporanea od eccezionale più mite; se valesse il principio della retroattività della legge penale più favorevole, la norma temporanea od eccezionale in questione dovrebbe applicarsi a tutti i fatti commessi prima della sua entrata in vigore. Ma questo è escluso dalla disposizione in esame in cui si dice genericamente: "se si tratta ..."; non rileva, cioè, per il legislatore, che la legge eccezionale o temporanea sia antecedente o successiva alla legge comune.

Non sempre, quindi, vale il ragionamento che fa capo alla convenienza di un effetto deterrente; la *ratio* della non retroattività quando uno dei termini della sequenza è una legge eccezionale o temporanea (salvo sempre il disposto del I comma dell'art. 2) risiede soprattutto nel fatto che considerare applicabili retroattivamente le leggi in questione significherebbe estendere un trattamento particolare a situazioni rispetto alle quali non sussistono le ragioni che hanno portato all'emanazione delle leggi stesse, che verrebbero così estese oltre i limiti logici ammissibili.

È la stessa natura di legge temporanea e di legge eccezionale a prescrivere che queste si applichino solo ai fatti verificatisi sotto il loro imperio.

La legge temporanea o eccezionale deve applicarsi – e solo a questi – ai fatti verificatisi perdurante la situazione di emergenza che ha determinato la legge eccezionale o nel periodo in cui vige la legge temporanea. È proprio l'operatività di tali leggi che nasce circoscritta ai soli fatti e rapporti verificatisi sotto il loro imperio, condizionata all'applicazione nei limiti della *ratio* determinante.

Ammettere la retroattività su fatti regolati da norme eccezionali o temporanee o ritenere che, se più favorevoli, queste possano retroagire su fatti disciplinati da norme precedenti significa svuotare di contenuto la ragion d'essere di questa categoria di norme.

6. *La disciplina particolare delle leggi finanziarie*

In dottrina, prima del d.l. 16 marzo 1991, n. 83, comunemente si equiparava la disciplina delle leggi penali eccezionali e temporanee a quella delle leggi finanziarie, i principi generali delle quali erano posti dalla l. 7 gennaio 1929, n. 4.

In realtà se si scende ad un esame più approfondito della questione, si può constatare, in particolare dall'esegesi dell'art. 20 della l. 7 gennaio 1929, n. 4 – che disciplinava la validità delle leggi finanziarie penali nel tempo – che questo non era del tutto vero.

Già la struttura del reato finanziario e la sua *ratio* denotano le difficoltà che si incontrano ad una piena assimilazione di quest'ultimo alle leggi temporanee ed eccezionali. La *ratio* della deroga "se si tratta" di leggi temporanee ed eccezionali è diversa dalla deroga che riguardava le leggi finanziarie: il legislatore, relativamente a queste ultime, aveva disposto un'eccezione alla retroattività della legge penale più favorevole; eccezione che non scaturiva dalla natura stessa delle norme (come nel caso delle leggi temporanee ed eccezionali), ma rispondeva alla esigenza di una particolare severità, necessaria, fra l'altro, si diceva, a creare una "coscienza tributaria" nei consociati.

L'art. 20 della legge in esame disponeva che [11]:

"Le disposizioni penali delle leggi finanziarie e quelle che prevedono ogni altra violazione di dette leggi si applicano ai fatti commessi quando tali disposizioni erano in vigore, ancorché le disposizioni medesime siano abrogate o modificate al tempo della loro applicazione".

È da questa norma che si è ritenuto di ricavare un tipo di disciplina analogo a quello delle leggi temporanee ed eccezionali. Ora, si è visto che la clausola generica usata dal legislatore al V comma dell'art. 2 ("se si tratta ... ") fa sì che al principio della retroattività della legge più favorevole si deroghi anche quando più severa è la legge comune precedente. Nell'art. 20 della legge del 1929 il legislatore configurava, invece, un solo ordine di ipotesi: che la norma precedente fosse la legge finanziaria, successivamente abrogata o modificata da una legge meno severa. Può darsi, però, anche il caso inverso: ad esempio è una legge comune che consideri espressamente come reato un fatto che potrebbe essere commesso, oltre che per altri riprovevoli fini, anche per motivi di evasione fiscale. Poniamo che il legislatore, proprio in considerazione del fatto che il reato in questione possa essere compiuto per il motivo, eventualmente considerato meno grave rispetto agli altri, di evasione fiscale, emani una legge finanziaria che assicuri un trattamento più benevolo (si pensi, ad es., ad una legge in forza della quale certi reati societari fossero puniti in maniera più mite se commessi non per frodare la società, i soci o terzi, ma per sottrarsi ad una obbligazione tributaria).

Nel caso prospettato, è la legge finanziaria ad essere più mite: potremmo, *ex* art. 20, ritenere applicabile retroattivamente la legge finanziaria più favorevole al reo per un fatto compiuto prima della sua entrata in vigore? Si sarebbe dovuto rispondere negativamente se l'art. 20 fosse stato redatto negli stessi termini dell'art. 2, IV comma, del codice. Ma la disposizione in esame usa un'espressione diversa e non altrettanto ampia di quella dell'art. 2. Prevede che una norma finanziaria sia modificata da altra più favorevole. Non viene presa in considerazione la vicenda in cui sia la legge finanziaria a risultare più mite nei confronti della legge ordinaria precedente: in tal caso si ritorna al principio della retroattività della legge più favorevole. Conclusione pienamente consequenziale con la *ratio* dell'art. 20.

---

[11] Detto articolo è stato modificato dall'art. 29, d.lg. 18 dicembre 1997, n. 472 nella parte in cui recitava "e quelle che prevedono ogni altra violazione di dette leggi".

Questa disciplina è stata parzialmente modificata (e si dice espressamente in deroga all'art. 20) dall'art. 7, d.l. 16 marzo 1991, n. 83 [12].

Con tale norma si è assicurata la retroattività *ex* art. 2, commi II e III delle disposizioni finanziarie incriminatrici più favorevoli rispetto alle violazioni commesse antecedentemente all'entrata in vigore del decreto stesso – sempreché per i periodi di imposta ai quali le violazioni si riferiscono si provveda alla regolarizzazione nei modi di cui all'art. 8.

La deroga risulta pertanto circoscritta a fatti posti in essere anteriormente all'entrata in vigore del decreto n. 83 del 1991: al di fuori di questo limite temporale la disciplina torna ad essere quella dell'art. 20.

7. *La successione nel tempo di leggi omogenee*

Chiarito il senso della deroga alla retroattività della legge più favorevole, occorre ora esaminare come si configuri la vicenda normativa allorché si abbia successione tra:

- legge temporanea e legge temporanea;
- legge eccezionale e legge eccezionale;
- legge finanziaria e legge finanziaria.

La questione, per quel che riguarda la successione di leggi finanziarie, è risolta in modo chiaro dall'art. 20 della legge finanziaria del 1929: con la riserva di cui all'art. 7, d.l. n. 83/1991, le disposizioni penali finanziarie devono applicarsi ai fatti commessi sotto il loro imperio anche se abrogate o modificate da una legge posteriore, sia essa comune o *finanziaria.*

Per quel che riguarda invece la successione tra legge temporanea e legge tempora-

---

[12] Si vedano in proposito: Cass. III, 3 aprile 1992, n. 3854: "In materia di omesso versamento di ritenute di acconto, l'art. 2, d.l. 10 luglio 1982, n. 429, convertito con l. 7 agosto 1982, n. 516, è stato integralmente sostituito dall'art. 3, d.l. 16 marzo 1991, n. 83, convertito con l. 15 maggio 1991, n. 154 e l'art. 7 del citato d.l. n. 83/1991 ha disposto una deroga al principio dell'ultrattività delle leggi penali tributarie, fissato nell'art. 20, l. 7 gennaio 1929, n. 4, stabilendo in particolare che le disposizioni dell'art. 3 del decreto-legge si applicano, se più favorevoli, anche alle violazioni commesse antecedentemente alla data di entrata in vigore del decreto-legge, a norma dei commi II e III dell'art. 2 c.p., sempre che per i periodi di imposta ai quali le violazioni si riferiscono si provveda alla regolarizzazione nei modi di cui all'art. 8"; Cass. IV, 3 dicembre 1996, n. 10344: "L'art. 7, II comma, del d.l. 16 marzo 1991, n. 83, convertito con modificazioni nella l. 15 maggio 1991, n. 154, pur avendo introdotto una deroga al principio della non retroattività delle disposizioni penali finanziarie fissate dall'art. 20 della l. 7 gennaio 1929, n. 4, consente l'applicazione delle norme successive più favorevoli in relazione a violazioni commesse sotto la vigenza di quelle precedenti solo se si provveda alla regolarizzazione nei modi indicati dal successivo art. 8; vale a dire alla definizione amministrativa mediante il pagamento dell'importo dovuto entro il 31 luglio 1991"; Cass. III, 24 aprile 1998, n. 4846: "In tema di omesso versamento di ritenute d'acconto la deroga al principio di ultrattività delle leggi penali tributarie, stabilita dall'art. 7 della l. 15 maggio 1991, n. 154, non ha luogo quando il fatto riguarda l'omesso versamento di ritenute effettivamente operate e risultanti dalle certificazioni rilasciate ai sostituti, perché tale fatto, quando l'importo superi i venticinque milioni; costituisce delitto e non contravvenzione, punito con pena più grave di quanto previsto dal testo originario".

nea e tra legge eccezionale e legge eccezionale, il legislatore non affronta il problema con esplicita disposizione.

Di conseguenza la dottrina ha ritenuto opportuno, in conformità al sistema e in relazione alla struttura di dette leggi, operare una distinzione:

– se la legge eccezionale posteriore è dovuta ad un evento di natura eccezionale diverso da quella da cui scaturisce la legge precedente, urterebbe contro la *ratio* del sistema applicare retroattivamente la legge posteriore.

– Se è sempre lo stesso evento di carattere eccezionale a determinare una nuova regolamentazione, qui, stante la medesimezza di *ratio* delle due discipline, il principio della retroattività della legge più favorevole al reo deve trovare applicazione.

Lo stesso discorso vale per le leggi temporanee.

Argomentazione condivisibile se fosse vera la premessa: se mancasse, cioè, realmente una disciplina legislativa.

Riteniamo che la successione tra legge temporanea e legge temporanea e tra legge eccezionale e legge eccezionale trovi la sua regolamentazione nel V comma dell'art. 2 c.p.

La dizione di esso ricomprende tutti i casi di successione di leggi in cui *almeno uno* dei termini sia costituito da una legge temporanea od eccezionale; a *fortiori* esso comprenderà il caso in cui entrambi i termini della successione sono leggi temporanee o leggi eccezionali.

Ciò è convalidato (per quanto questo non costituisca un argomento decisivo) dall'orientamento dei progetti di riforma del codice penale che si sono susseguiti dal 1949 in poi [13]. Progetti, o schemi, che sanciscono espressamente la retroattività della legge successiva più favorevole in caso di successione di leggi omogenee. E questa sarebbe una riprova – ma, ripeto, il rilievo non è decisivo: potrebbe trattarsi anche di disciplina utilmente applicativa – del fatto che, stando al vigente dettato normativo, deve ritenersi esclusa la retroattività della legge successiva nei casi sopra visti.

D'accordo che la disciplina che risulta dal V comma, art. 2, sotto questo profilo, non va esente da critiche e che si dovrebbero tenere distinte le ipotesi di successione di leggi eccezionali o temporanee aventi la medesima *ratio,* dalle ipotesi di successione di legge eccezionali o temporanee aventi *ratio* differenti; ma ciò vale quale indicazione di normativa futura, non sul piano del diritto positivo.

Da ultimo, occorre accennare alla tesi secondo cui le leggi finanziarie, temporanee ed eccezionali sarebbero caratterizzate, rispetto alle altre norme, dalla nota della ultrattività o extrattività, in quanto trovano applicazione anche dopo la cessazione della loro vigenza. Ma questo ordine di idee non ci pare accettabile: infatti, o extrattività significa applicazione della legge nei confronti di fatti commessi dopo la sua abrogazione, e questo è in contrasto con la disciplina dettata dall'art. 2 c.p.; ovvero extrattività significa applicabilità della legge, anche dopo abrogazione o modifica-

---

[13] Si tratta di: il progetto della commissione di Petrocelli, Gabrieli, Lampis e Lattanzi del 1949-1950; il progetto di riforma parziale della commissione Petrocelli del 1956, poi trasfuso in un progetto del guardasigilli Gonella nel 1959; il Progetto Vassalli del 1968 ed il progetto della commissione Pagliaro del 1988.

zione, rispetto a fatti commessi quando essa era in vigore. Ma questo, lungi dall'essere una caratteristica delle leggi in esame, rappresenta nient'altro che il rovescio della irretroattività, considerata non dal punto di vista della legge successiva come di solito siamo abituati a fare bensì da quello della legge antecedente.

8. *Conclusioni sulla successione delle leggi penali finanziarie nel tempo: esame di alcuni problemi relativi alla disciplina penale finanziaria*

La normativa vigente presenta alcune disposizioni sulle quali è bene soffermarci brevemente.

L'art. 29, I comma, lett. *a)* del d.lg. n. 472/1997 ha abrogato l'art. 1 della l. 7 gennaio 1929, n. 4. Questa norma al II comma disponeva che "Le disposizioni della presente legge, e in quanto questa non provveda, quelle del Libro I del codice penale, non possono essere abrogate o modificate da leggi posteriori contenenti i singoli tributi, se non per dichiarazione espressa dal legislatore con specifico riferimento alle singole disposizioni abrogate o modificate". Era posto, in tal modo, il cosiddetto principio della fissità della legge penale finanziaria. La *ratio* del disposto era quella di assicurare certezza del diritto in una materia soggetta a continui interventi legislativi. Senonché, la regola in questione, rivolta agli organi della giurisdizione, creava un grave problema di legittimità costituzionale.

Essa infatti non si limitava a prescrivere ai giudici un determinato comportamento ermeneutico; ma si rivolgeva in primo luogo al legislatore futuro: escludendo l'abrogazione inespressa, eliminava uno degli effetti normali e tipici ricollegati nel nostro ordinamento ad ogni norma successiva nei confronti della precedente.

Sorgeva allora il problema se una siffatta regola, di natura ordinaria, potesse vincolare il legislatore futuro.

In regime di Costituzione elastica, come quella dello Statuto Albertino, era estremamente difficile rispondere in senso affermativo. Paradossalmente si era cercato di dimostrare che, entrata in vigore la Costituzione repubblicana, si era verificato un (temporaneo) fenomeno di costituzionalizzazione dell'art. 1 ai sensi della XVI disposizione transitoria della Costituzione:

"Entro un anno dall'entrata in vigore della Costituzione si procede alla revisione ed al coordinamento con essa delle precedenti leggi costituzionali che non siano state finora esplicitamente o implicitamente abrogate".

Ora, pur riconoscendo che l'art. 1, l. 7 gennaio 1929, se avesse inciso sulle conseguenze delle leggi ordinarie, si sarebbe potuto considerare norma costituzionale in senso materiale, va ripetuto che, alla stregua dello Statuto, questo non era possibile: del tutto strano, e vorremmo dire inconcepibile, ipotizzare, allora, una vicenda in forza della quale la norma costituzionale posteriore rigida avrebbe impresso tale carattere a regole che, alla stregua dell'ordine costituzionale che le aveva prodotte, non poteva e non doveva averne. Certo, si sarebbe potuto pensare ad una voluta retroattività della disposizione transitoria citata, a condizione, però, di acconsentire alla assurda idea che il costituente, che voleva eliminare e sostituire le regole precedenti e incompatibili con la Carta, attribuisse, sia pure temporaneamente, a queste regole la "durezza" delle regole che formavano la fascia superiore delle regole repubblicane. La singolarità del disposto dell'art. 1, l. 7 gennaio 1929 era, in ultima analisi, colta dallo stesso legislatore.

All'art. 23 della legge citata si prescriveva che: "il giudice non può dichiarare, per effetto della disposizione del capoverso dell'art. 1, la inapplicabilità di norme penali contenute in leggi concernenti i singoli tributi, se prima non abbia promosso la decisione della Corte di cassazione. A tal uopo dispone con ordinanza, anche d'ufficio, la sospensione del procedimento e la trasmissione degli atti alla Corte medesima. Questa delibera a sezioni unite e la sentenza costituisce giudicato irrevocabile sul punto da essa deciso ...". La norma era frequentemente letta nel senso che solo a seguito della pronuncia della Corte Suprema il giudice di merito potesse dichiarare, in materia penale finanziaria, l'abrogazione espressa di una norma concernente un singolo tributo. A tale interpretazione faceva ostacolo la dizione per la quale la decisione della Corte Suprema era indispensabile alla declaratoria di "inapplicabilità" da parte del giudice di merito. Ma di inapplicabilità non poteva parlarsi in caso di abrogazione espressa: la prima con efficacia limitata alla *res iudicanda*, la seconda con efficacia *erga omnes.* E sarebbe stata del tutto illogica la necessità dell'intervento della Cassazione volto al riconoscimento che una legge che, *espressamente*, abrogava una norma precedente avesse proprio tali contenuto e portata.

Si doveva concludere quindi che il legislatore, di fronte alla delicatezza della situazione, a suo avviso derivante dall'art. 1, aveva voluto prevedere una maggiore garanzia per il caso di norma che *non* prevedeva abrogazione espressa: solo in questo caso ci si sarebbe trovati infatti di fronte ad una situazione problematica concernente il singolo tributo.

Se questa era, come noi crediamo, l'interpretazione esatta – e lo confermano e la lettera della legge e la volontà del legislatore che si può dedurre dalla relazione Mosconi – l'art. 23 (che, si noti, è rivolto unicamente al giudice) sta e cade con l'art. 1; se quest'ultimo cade, cade il presupposto dell'inapplicabilità della legge successiva concernente il singolo tributo.

Il giudice si trova quindi nella ordinaria situazione in cui si viene a trovare di fronte ad ogni caso di abrogazione tacita. Situazione normativa, questa così delineata, a cui hanno dato piena conferma l'art. 13, d.l. 10 luglio 1982, n. 429 che ha abrogato l'art. 23 della l. 7 gennaio 1929, n. 4 e il II comma dell'art. 1 della stessa legge. Ancor più radicalmente, l'art. 29, I comma, lett. *a)*, d.lg. 18 dicembre 1997, n. 472 ha provveduto ad abrogare l'art. 1 della l. 7 gennaio 1929 nella sua intierezza: I e II comma.

9. *Esame dell'art. 2, ultimo comma, anche con riferimento alle sentenze della Corte costituzionale*

Concludiamo l'analisi dell'art. 2 con l'esame dell'ultimo comma, che recita:

"Le disposizioni di questo articolo si applicano altresì nei casi di decadenza e di mancata ratifica di un decreto-legge e nel caso di un decreto-legge convertito in legge con emendamenti".

Questa disposizione era stata emanata vigenti le leggi del 1926 e del 1939, secondo le quali il decreto-legge, quando non era presentato alle Camere per la conversione entro il termine prescritto, o non era convertito, veniva a decadere con efficacia *ex nunc*. Poiché la mancata conversione o la conversione con emendamenti operava *ex nunc*, il decreto era non soltanto vigente fino a tutto il momento della mancata conversione, ma risultava in vigore, per il periodo intercorrente tra l'emanazione e la mancata conversione, anche dopo che quest'ultima si fosse verificata. Tutto si svolgeva, insomma, secondo i canoni dell'ordinaria successione di leggi nel tempo: naturale che trovassero applicazione le regole fin qui esaminate.

Con l'entrata in vigore della Costituzione la situazione è mutata. Il legislatore costituente voleva (ma non c'è riuscito) restringere al massimo la possibilità di ricorso ai decreti-legge, ponendo condizioni molto rigorose: così l'art. 77 Cost. prevede che il Governo possa emanare "provvedimenti provvisori con forza di legge" (si noti che il legislatore ha volutamente sostituito questa espressione al termine decreto-legge) solo sotto la sua responsabilità e a condizione che si tratti di casi straordinari di necessità ed urgenza. Riduce inoltre notevolmente, rispetto alle leggi del '26 e del '39, i termini per la procedura di conversione e – ciò che a noi qui più interessa – stabilisce che i decreti non convertiti perdono di efficacia fin dal momento della loro emanazione (*ex tunc*).

Ora, può questo meccanismo essere ricondotto a quello della successione della legge nel tempo?

I progetti di legge del '49, '56, '59 hanno evitato il problema. Questo silenzio è dovuto a ragioni diverse:

– una inevitabilmente affrettata lettura della Costituzione, per cui si credette ormai scomparso il decreto-legge dal nostro sistema normativo, nel '49;

– il riconoscimento nei successivi disegni di legge, della complessità del problema che emerge chiara quando si consideri il caso parallelo della sentenza della Corte costituzionale che sancisce l'illegittimità costituzionale di una norma penale. Infatti tanto l'ipotesi di decadenza di decreto-legge per mancata conversione in legge, quanto quella ipotesi di invalidazione di una norma penale da parte della Corte costituzionale, si presentano nei medesimi termini: cessazione di efficacia con effetto *ex tunc*.

Per arrivare a questa identità di posizione concettuale riguardo al decreto-legge decaduto ed alla legge dichiarata costituzionalmente invalida, fu necessario:

1) una più approfondita lettura dell'art. 136 Cost., che dispone:

"Quando la Corte dichiara l'illegittimità costituzionale di una norma di legge o di un atto avente forza di legge, la norma cessa di avere efficacia dal giorno successivo alla pubblicazione della decisione";

2) l'intervento della legge del 1953 sul funzionamento della Corte costituzionale.

A prima vista l'art. 136 sembra stabilire la cessazione *ex nunc* degli effetti di una legge dichiarata costituzionalmente illegittima dalla Corte costituzionale. Persino Calamandrei riteneva l'art. 136 in questo modo – pur denunciandone l'assurdità in un sistema che non prevede la possibilità di sollevare la questione di illegittimità direttamente di fronte alla Corte costituzionale, ma solo nel corso di un giudizio: evidentemente se la disposizione dichiarata illegittima continua ad essere applicata ai fatti accaduti prima della dichiarazione di illegittimità, non ci sarà nessun interesse delle parti a sollevare la questione di illegittimità di una legge. Questa denuncia indusse alcuni a rivedere la questione in modo da arrivare ad una interpretazione dell'art. 136 nel senso di una cessazione *ex tunc* degli effetti della legge invalidata. Così si è detto che l'espressione del legislatore: "la norma cessa di avere efficacia dal giorno successivo alla pubblicazione della decisione", va intesa nel senso che "la legge invalidata *non può*, a partire dal giorno successivo alla sentenza di illegittimità, essere applicata ai fatti verificatisi prima della pronuncia della sentenza".

Secondo altri, invece, la pronuncia di illegittimità opererebbe *ex nunc* nel senso che la legge invalidata si applicherebbe rispetto a tutti i casi avvenuti precedentemente tranne a quello che ha originato la pronuncia della Corte costituzionale. Quest'ultima teoria costituisce però un'evidente forzatura della lettera dell'art. 136.

La l. 11 marzo 1953, n. 87 intervenne ad eliminare ogni dubbio sancendo chiaramente la cessazione *ex tunc* della validità di una norma dichiarata incostituzionale. L'art. 30 di questa legge infatti stabilisce: "Le norme dichiarate incostituzionali *non possono avere applicazione* dal giorno successivo alla pubblicazione della decisione".

Se è chiaro che con ciò si è voluto dire che anche per i rapporti anteriori, che non siano coperti dal giudicato, la dichiarazione di inefficacia ha effetto retroattivo, meno chiara appare in dottrina la posizione in cui tale norma si trova rispetto all'art. 136 Cost. E, invero, ove si ritenga che il 136 disciplini gli effetti della pronuncia della Corte in modo sostanzialmente equivalente a quello di un atto di abrogazione, non si comprende come si concili con esso una regolamentazione in forza della quale la legge dichiarata illegittima è come se non fosse mai esistita. In altre parole, la Costituzione avrebbe disposto l'abrogazione della legge illegittima e l'art. 30, che – ricordiamo – è di legge ordinaria, avrebbe trasformato questo effetto abrogante e, pertanto, *ex nunc*, in un annullamento con efficacia *ex tunc*.

A questo punto osserviamo però che la stessa dizione usata: "la norma cessa di avere efficacia ecc.", non sembra indicativa di una intenzione del costituente di conservare alla legge illegittima piena forza e valore rispetto ai fatti passati. Una norma giuridica, infatti, vincola, oltre che i consociati tenuti a seguire il comportamento in essa prescritto, anche i giudici che debbono valutare alla sua stregua le azioni effettivamente poste in essere. Se così è, ne consegue che la perdita di efficacia importa anche l'impossibilità che gli organi giudiziari pongano a fondamento delle loro decisioni una legge riconosciuta illegittima.

Appare dunque chiaro che il regime di disapplicazione della legge invalida, esplicitamente posto dall'art. 30 della l. 11 marzo 1953, era già implicito nell'art. 136 Cost. Per precisione rileviamo inoltre che, sia per quanto concerne la disciplina posta dal 136 sia per quanto concerne il decreto-legge non convertito, non è esatto parlare di abrogazione così come non è corretto parare di disapplicazione. Non si ha abrogazione perché, come abbiamo visto, la decisione della Corte vincola tutti i giudici, indipendentemente dal tempo in cui è sorto il rapporto controverso e, quindi, anche se questo è anteriore alla decisione stessa. Non si ha disapplicazione, perché la decisione riguarda tutti gli effetti, compresi quelli futuri ed è *erga omnes*. Siamo in sostanza di fronte ad un caso di *annullamento* che travolge tutti gli effetti della legge illegittima e, pertanto, anche quello eventualmente abrogativo della legge anteriore, la quale riprenderà regolarmente vigore. Dal regime di annullamento così configurato (con conseguente reviviscenza della legge anteriore) nascono però delle difficoltà. Infatti, la norma riconosciuta costituzionalmente illegittima (o il decreto-legge non convertito) può avere modificato in senso più favorevole al reo o, addirittura, abrogato una incriminazione precedente. Riprendendo vigore al suo posto la legge passata, ne discenderebbe la punibilità per fatti che al momento in cui furono commessi non costituivano reato, o l'applicabilità di pene più gravi di quelle allora previste.

Se il regime della norma penale dichiarata invalida e quello del decreto-legge non convertito contenente disposizioni penali si riportano allo stesso schema, constatiamo che non è possibile far uso delle regole dettate in tema di successione di norme penali nel tempo per risolvere le difficoltà sopra delineate.

A tutta prima parrebbe che il regime di annullamento della legge incostituzionale (o del decreto-legge non convertito), con conseguente ritorno in vigore della legge precedente, abbia applicazione assoluta nel campo penale.

Come abbiamo visto, il ricorso ai principi dettati per la successione delle norme nel tempo è inammissibile, in quanto, nel nostro caso, una successione di regole non si è verificata. Non sarebbe nemmeno esatto, a rigore, rifarsi al principio dell'irretroattività della legge penale più sfavorevole, dato che, in tanto si può dire che una disposizione sia dotata di efficacia retroattiva, in quanto essa venga riferita a fatti compiuti prima della sua entrata in vigore. Il che non sarebbe esatto affermare nella situazione di cui ci stiamo occupando; la norma anteriore a quella riconosciuta costituzionalmente illegittima, così come quella anteriore al decreto non convertito riprende, invero, dopo la pronuncia della Corte o dopo la mancata conversione, la sua validità *ex tunc* e quindi, rispetto ai fatti e alle vicende verificatisi prima di tale momento, detta norma, intervenuta la mancata conversione o la sentenza di annullamento, si presenta come la legge in vigore al momento della loro attuazione.

Il sistema, però, pur salvandosi sul piano puramente formale, porterebbe a delle conseguenze assai gravi per la certezza del diritto e per la tutela dei singoli che si vedrebbero esposti a conseguenze penali per aver tenuto comportamenti considerati leciti da norme indiscutibilmente efficaci quando tali comportamenti erano stati posti in essere.

Da quanto detto, un punto deve essere chiaro. L'applicazione indifferenziata del criterio dell'annullamento della legge dichiarata costituzionalmente illegittima (e del decreto-legge non convertito) equivarrebbe sostanzialmente ad ammettere in materia penale l'efficacia retroattiva di disposizioni che il singolo, al momento di intraprendere un determinato comportamento, non poteva utilizzare come regole per la propria condotta.

Constatata, allora, questa divergenza tra la legge che appariva avere (ed aveva) efficacia nel momento del fatto e la legge risultante tale (realmente efficace al momento della commissione del fatto) nel momento della successiva valutazione di questo, quale di esse dovremo considerare "legge entrata in vigore prima del fatto commesso"?

A nostro avviso il problema va risolto contenendo l'estinzione *ex tunc* della norma illegittima e del decreto, e ciò in base all'art. 25 Cost. interpretato in modo che, al di là della lettera, ne faccia salvo lo spirito del disposto.

Se teniamo presenti le ragioni che stanno a fondamento del principio della irretroattività della legge penale più sfavorevole, le osservazioni sopra svolte ci portano ad una conclusione. Nella ipotesi in cui la legge in vigore all'epoca della commissione di un determinato fatto risulti diversamente individuata a seconda del punto di vista prescelto, appare indubbio che quel principio trova piena osservanza solo a patto di non dare applicazione alla legge anteriore più sfavorevole, che, successivamente alla mancata conversione o alla sentenza della Corte, si profila, in virtù degli artt. 77 e 136 Cost., valida già al momento del fatto.

Attraverso una interpretazione sistematica, che coordini il disposto apparentemente incondizionato degli artt. 77 e 136 con quello dell'art. 25 Cost., possiamo ritenere che deve essere applicato il decreto-legge decaduto o la legge invalidata se il decreto decaduto o la legge invalidata fossero più favorevoli al reo.

Non si tratta di una forzatura della legge, ma, come si è visto, della conseguenza di una corretta interpretazione dell'art. 25, alla stregua della sua *ratio.*

I confini dell'art. 25 Cost. e degli artt. 77 e 136 vanno segnati considerando che l'art. 25 sancisce uno di quei principi fondamentali dell'ordinamento che non possono essere disattesi in nessun caso. Saranno dunque gli artt. 77 e 136 che devono coordinarsi con l'art. 25 e non viceversa [14].

Rimane da esaminare il delicato problema, direttamente collegato col precedente, della sorte della sentenza emanata sulla base di un decreto-legge decaduto o una legge poi invalidata.

Per quel che riguarda il decreto-legge non convertito, l'art. 77 Cost. stabilisce la cessazione *ex tunc* dell'efficacia del decreto, non delle sentenze sulla sua scorta emanate.

Riteniamo, nonostante la contraria opinione di illustri costituzionalisti, che la cessazione *ex tunc* degli effetti del decreto-legge non convertito non abbia alcuna ripercussione sulle sentenze passate in giudicato.

La cosiddetta "intangibilità della cosa giudicata" deriva non dalla legge in base alla quale la sentenza è stata emanata, ma dalla sentenza stessa. Riprova di ciò è che se una sentenza è stata emanata in base ad una erronea applicazione della legge, una volta passata in giudicato, essa diviene irrevocabile salvo i casi di revisione.

Per quanto concerne la legge invalidata, sorge un problema per quel che ri-

---

[14] Per il caso simmetrico in cui, non convertito il decreto, la normativa sia reiterata da altro decreto o da legge successiva, si veda la netta presa di posizione in favore della irretroattività di questi ultimi: Cass. I, 17 dicembre 1996, n. 10821: "Una volta decaduto il decreto-legge contemplante una ipotesi di reato, la condotta illecita posta in essere nel periodo della sua efficacia non costituisce titolo per la condanna, a nulla rilevando la reintroduzione della norma incriminatrice in un successivo decreto-legge, che non può avere efficacia retroattiva"; Cass. I, 21 gennaio 1998, n. 7058: "Una volta decaduto il decreto-legge contemplante un'ipotesi di reato, la condotta illecita posta in essere nel periodo della sua vigenza non può essere più perseguita e sanzionata, a nulla rilevando che la norma che ne prevedeva l'illiceità, sanzionandola penalmente, sia stata reiterata in successivo decreto-legge o che una legge successiva abbia regolamentato i rapporti sorti sulla base di decreti-legge non convertiti, stante il divieto di retroattività della legge incriminatrice stabilito dall'art. 25, II comma, Cost.".

Quanto sostenuto nel testo, senza contraddire alle decisioni citate, va oltre. Si sostiene, cioè, che ritenere applicabile a fatti commessi sotto la vigenza di decreto, più favorevole, non convertito la disciplina antecedente costituirebbe un caso di retroattività (sfavorevole) sostanziale.

guarda il contrasto che si instaurerebbe tra la disciplina ordinaria e le conseguenze che essa porterebbe in campo penale.

Mentre si è visto, infatti, come l'annullamento della norma invalida, disposto dall'art. 136, faccia salve le sentenze passate in giudicato, pare superfluo insistere sulla perplessità che desterebbe una disciplina in forza della quale sarebbe intangibile il giudicato di condanna pronunciata alla stregua di una legge riconosciuta illegittima.

Il tema è regolato dall'art. 30, l. 11 marzo 1953, che all'ultimo comma dispone che "quando in applicazione della norma dichiarata incostituzionale è stata pronunciata sentenza irrevocabile di condanna, ne cessano la esecuzione e tutti gli effetti penali".

Si tratta, però, di una soluzione più apparente che reale. In primo luogo, non si vede come una norma non costituzionale possa dettare una disciplina contrastante con quella che sulla stessa materia ha dettato una norma costituzionale. In questo caso si avrebbe un effettivo conflitto tra la Costituzione e legge ad essa successiva. E, si noti, tale conflitto sussisterebbe anche nel caso che la sentenza di condanna fosse stata emanata alla stregua di una norma incostituzionale che incriminasse un fatto che secondo la legge anteriore non costituiva reato.

L'opinione per la quale il disposto dell'art. 30, l. 11 marzo 1953 sarebbe per questa ipotesi "perfettamente ortodosso", in quanto l'abrogazione di una legge incriminatrice travolgerebbe con sé anche il giudicato, sta e cade assieme al presupposto, da noi criticato, che l'art. 136 Cost. attribuisca alla dichiarazione della Corte efficacia *ex nunc*, dando così vita ad un fenomeno di successione di norme nel tempo.

Eliminato tale presupposto, è chiaro come anche per questa circoscritta ipotesi non possa affermarsi la conciliabilità tra la disciplina voluta dalla Costituzione e quella sancita dall'art. 30, ultimo comma, della legge in parola. Se si riesce invece – ma non vediamo proprio come – a superare l'ostacolo, l'interpretazione del disposto non dà luogo a gravi difficoltà.

Diciamo subito che, pure in questo caso, l'esatta portata della norma può essere raggiunta solo attraverso un procedimento che si preoccupi di inquadrare la norma stessa in tutto il sistema. Che cosa questo significhi si ricava non appena si consideri come la legge non faccia alcuna distinzione e si limiti a parlare genericamente di sentenze di condanna.

Presa alla lettera, dunque, tale legge contemplerebbe anche le sentenze emanate sulla base di una disposizione riconosciuta illegittima, più favorevole al reo di quella antecedente. Ma tutto il discorso che abbiamo sopra svolto ci dice che una soluzione del genere va respinta. E invero, caduto il giudicato, la fattispecie concreta dovrebbe pur essere regolata alla stregua della legge invalida (più favorevole), pertanto, non si vedrebbe l'utilità di un successivo giudizio condotto nuovamente sulla base della legge invalidata. Ne consegue che occorre interpretare restrittivamente l'art. 30, al fine di tener fuori dal suo ambito certe sentenze di condanna, quelle emesse secondo una legge più mite.

Si domanda, ancora, se le sentenze per le quali vale la disciplina dettata dall'art. 30, siano soltanto quelle pronunciate in virtù di una legge illegittima che avesse incriminato *ex novo* un fatto prima non costituente reato, o anche quelle emanate sulla base di una legge che avesse soltanto modificato – naturalmente in senso più sfavorevole per il reo – una incriminazione precedente. Secondo una autorevole opinione, non sarebbero coinvolte nell'annullamento della legge illegittima le sentenze di cui alla seconda ipotesi, dato che in questa eventualità i principi generali sulla successione delle leggi penali lasciano in vita il giudicato.

Ma poiché il ricorso a questi principi presuppone una situazione che non ha nulla in comune con quella attuata da un sistema quale il nostro, imperniato sull'annullamento della norma illegittima, la limitazione non si giustifica. Occorre, quindi, riconoscere che l'art. 30 si riferisce a tutte le sentenze di condanna che abbiano a fondamento una legge penale più sfavorevole per il reo di quella anteriore, che riprende vigore con efficacia *ex tunc*. Non solo: ma, data la mancanza di una espressa riserva, bisogna ammettere che, sussistendo la condizione sopra vista, vengono meno anche le sentenze di condanna per violazione di leggi eccezionali, temporanee, finanziarie dichiarate illegittime.

In ordine ai decreti-legge, la Corte Costituzionale ha ritenuto irrimediabile il contrasto tra l'ultimo comma dell'art. 2 c.p. e l'art. 77 Cost. e si è pronunciata per l'illegittimità del primo nella parte in cui rende applicabili alle ipotesi da esso previste le disposizioni contenute nei II e III commi (oggi, IV) dello stesso art. 2 c.p.

Cerchiamo di vederci chiaro nell'opacità del rinvio da norma a norma. La Consulta ha ritenuto insuperabile il dettato dell'art. 77 Cost. e, pertanto, inammissibile la valenza di un decreto più favorevole ma non convertito rispetto a fatti consumati prima della decadenza o della mancata conversione. Vedremo, più appresso, se quest'ordine di idee sia accettabile o no. Adesso dobbiamo constatare che l'enunciato è andato oltre l'intento, tutto, ripeto, nel senso di escludere l'applicabilità del decreto più mite non convertito ai fatti e ai rapporti maturati prima che ne cessasse l'efficacia. La sequenza decreto-norma subentrante può intercorrere infatti da decreto più mite a regola più severa, ma può darsi anche il contrario. Più severo il decreto, meno pesante la legge successiva. Negare l'operatività dei II e III commi (oggi, IV) dell'art. 2 c.p. in ogni caso di decadenza e di mancata ratifica di un decreto-legge e nei casi di conversione con emendamenti significa sancire la fissità del decreto che da tale orientamento uscirebbe applicabile anche quando avesse previsto come reato un fatto successivamente non più considerato tale. E non potrebbe dirsi, a questo punto, che la vicenda sarebbe regolata dall'art. 77 Cost.: quando la sequenza fosse da decreto più severo a legge più mite non sarebbe questione di inapplicabilità del decreto decaduto, bensì della legge successiva pienamente valida. La Corte letteralmente si pronuncia per la fissità del decreto al quale faccia seguito una regolamentazione più favorevole che non avrebbe effetto retroattivo.

Ma non basta. Le cose si complicano di una difficoltà che salta agli occhi quando apriamo il codice penale pur nelle edizioni più aggiornate. All'art. 2, leggiamo l'ultimo comma tale e quale a come era stato originariamente pensato e redatto: solo in una nota, ovviamente estranea al testo normativo, è fatta menzione della decisione della Corte Costituzionale. E non avrebbe potuto essere altrimenti: il legislatore non ha preso atto della pronuncia in questione o, forse, ha ritenuto che bastasse il *dictum* del giudice delle leggi a regolare la vicenda: conclusione affrettata che trascura formalità e cadenze. Abbiamo già visto che le sentenze della Consulta hanno sì un effetto che può dirsi legislativo, ma unicamente in senso negativo: cancellano sin dall'entrata in vigore una legge ma non la sostituiscono – e non potrebbero sostituirla perché in questo modo la Corte verrebbe ad esercitare un potere di regolamentazione immediato e diretto, positivo. Potremmo, è vero, rispondere che quando una legge perde "efficacia" sin dal momento della sua emanazione, viene a cadere anche l'abrogazione della legge precedente a quella annullata. Replica in sé e per sé esatta ma che non scioglie tutti i nodi in cui ci imbattiamo. Che cosa dovrebbe dirsi, infatti, se il decreto annullato sin dall'inizio trattava materia che nessuna legge precedente aveva affrontato: potrebbe solo constatarsi vuoto normativo. Anche per questa via, insomma, inevitabile l'intervento del legislatore. Le acque si intorbidano quando certi termini sono utilizzati senza che ne siano messi appunto significato e portata.

Il decreto non convertito perde efficacia sin dall'inizio: così la Costituzione all'art. 77. Che cosa, in tutta precisione, queste parole vogliano dire va messo in chiaro – spesso e mai come nel caso che ne occupa, alla chiarezza si arriva leggendo una proposizione assieme ad altre che disegnano materie o concetti strettamente connessi a quelli della proposizione analizzata.

Alla lettera, parrebbe che di una regola dichiarata priva di forza normativa fin dalla sua emanazione non dovrebbe più parlarsi se non per puntualizzazioni storiografiche: la regola non è più tale, da fatto normativo si riduce a mero fatto. Così, però, fortunatamente, non è.

Mettiamo che la perdita di efficacia vada intesa nel modo suggerito da una lettura ferma alla pura e semplice testualità. Mettiamo ancora che la regola caducata ab origine prevedesse un'esimente: ad intendere la perdita di efficacia radicale e totale come il dettato suggerirebbe, dovremmo dire che è punibile la persona che avesse tenuto una certa condotta in presenza di quella che, prima dell'annullamento, era una vera e propria causa di esclusione della responsabilità. Dovremmo accomodarci, insomma, all'idea che si può essere dichiarati colpevoli in base ad una regola che al momento del fatto non era in vigore, che riacquista vigore per la scadenza di un termine.

L'ingegneria dogmatica è una gran bella cosa quando serve a dare ordine ad una serie di norme che vanno composte in costruzioni a loro volta elementi dell'edificio più complesso che è l'ordinamento. Diventa però – una tantum ricorro alla lingua tedesca, spesso particolarmente espressiva – mera *juristerei*. E non c'è dubbio che, da qualunque parte la si voglia considerare, una regola che sancisse la responsabilità di chi si comporti in modo pienamente conforme ad una legge, che prima dell'annullamento, non solo apparentemente, ma pienamente vigente, svuoterebbe della sua funzione la norma giuridica: addirittura renderebbe rischiosa l'osservanza di imperativo operante e valido quando il destinatario si trovava a dover scegliere se fare o non fare.

Un aiuto a precisare la valenza dell'espressione "cessazione di efficacia sin dall'inizio" ci viene dalla struttura del decreto-legge, dalla sua quasi completa sovrapposizione alla legge temporanea. Abbiamo visto, infatti, che la *ratio* delle leggi temporanee non consente che quanto esse prescrivono sia toccato da disposizioni successive più miti. Alle leggi temporanee, abbiamo visto, non si applicano i II, III e IV commi dell'art. 2 c.p. il decreto-legge invece, in caso di successione nel tempo, soggiace, ripetiamo, almeno secondo la lettera codicistica, alla normativa dettata come regola del susseguirsi di una legge ad altra. Ma, questa normativa, contrasta con l'art. 77 Cost. e con l'interpretazione che ne ha dato la Consulta. Contrasto che ingenera incertezza e dubbio sulla sorte dei fatti e delle vicende posti in essere o maturate durante la vigenza del decreto. Mentre sulla legge temporanea non c'è discussione, tutti la ritengono valida ed efficace per tutto l'arco di tempo assegnatole, sul decreto-legge, invece, non c'è accordo sul considerarlo o no pienamente valido ed efficace fino a che non decada. Sulla discussione pesa il dettato costituzionale. Ancora una volta, ricordiamo che il decreto non convertito, perde efficacia sin dall'inizio. A scioglierci dal dubbio, la natura e la portata della norma costituzionale che è norma di diritto nel senso pieno del termine e come tale va letta. La regola enunciata dall'art. 77 Cost. è come un filo dell'ordito formato dall'intreccio di tutte le regole che nel loro insieme sono legge fondamentale. Non possiamo fermarci, allora, al testo avulso dal contesto: se lo facessimo dovremmo ammettere in materia penale, in ogni caso, l'efficacia sostanzialmente retroattiva di disposizioni che il destinatario, al momento di intraprendere un determinato comportamento, non poteva utilizzare come criterio di condotta – superfluo richiamare le conseguenze cui si arriverebbe se la regola che riprende vigore dopo la mancata conversione fosse *contra reum*. Incompatibilità con l'art. 25 Cost. e, più ancora, in radice, con la funzione imperativa della norma alla quale è essenziale che il comando possa essere eseguito o, per contro, trasgredito prima che un soggetto si risolva a fare o non fare una certa cosa. Incompatibilità, abbiamo detto, assolutamente insanabile se leggiamo le due norme come entità chiuse e rigorosamente autoreferenziali. Ma le due norme fanno parte di un sistema: vanno lette sistematicamente. Che significa: una regola può essere più forte di un'altra regola. Significa riconoscere che, perfino tra le leggi fondamentali, c'è gerarchia. Spiace utilizzare questo termine sporcato dall'uso che se ne è fatto acclamando alle leggi razziste, ma non ne trovo uno più adatto. Gerarchia, dunque, scala di valori alla quale è impossibile sottrarsi se si vuol restare ancorati al presupposto di ogni interpretazione: considerare i fattori legislativi dotati di ragionevolezza. E a questo punto, le distinzioni si fanno nette. Non si possono mettere sullo stesso piano norme che sanciscono principi fondamentali e norme che dettano la soluzione a problemi posti dall'architettura costituzionale. Su tal via chi potrà contestare al principio di irretroattività della legge più severa priorità di rango rispetto al principio secondo il quale si sviluppa, in certi ben determinati casi, la successione di leggi nel tempo. Il primo è principio di civiltà – espressione di cui si è fatto uso ed abuso, indiscutibilmente carica di enfasi retorica, ma qualche volta anche la retorica coglie nel segno. Il fatto è che ritenere concepibile che una regola funzioni *in pejus* retroattivamente è assai più che un pensare incivile: vuol dire, né più e né meno armarsi di regole con effetti sanzionatori che raggiungono l'obiettivo e colpiscono pur se il comando non esisteva, non era stato impartito prima della realizzazione del comportamento sanzionato. Significa armarsi di strumento tipico di organizzazioni autoritarie, addirittura totalitarie.

La successione di regole sancita all'art. 77 deve, pertanto, modellarsi nel rispetto dell'irretroattività della legge più severa. Torniamo, allora, alla clausola della "perdita di efficacia sin dall'inizio" e leggiamola nella consapevolezza che non di rado, purtroppo, la retroattività non è espressamente enunciata, ma si presenta sotto l'orpello di una forma che potrebbe sembrare impeccabile, il che accade quando al posto della dichiarazione pura e semplice che una certa regola ha valenza retroattiva, si ricorra a congegni nei quali si annida la retroattività. Questo, in modo esemplare, allorché si disciplina, per certi casi, la successione di leggi nel tempo in modo che possa intendersi nel senso che una norma formalmente abrogata riacquisti sempre e comunque, anche se più severa, vigore a cagione dell'annullamento della norma che ne aveva disposto la fine.

10. *Un'esperienza dal vivo*

Prendo lo spunto da una recente giurisprudenza.

La vicenda normativa verificatasi a seguito della novella sul falso in bilancio [15] ha riproposto questioni che erano già sorte, ad esempio, dopo le modifiche intervenute nella disciplina della frode fiscale e dell'abuso d'ufficio.

Andando immediatamente al cuore del problema, vien fatto di dire che le tesi avanzate si possono essenzialmente distinguere a seconda che trattino la sequenza di cui all'art. 2 come affare puramente e semplicemente di relazioni fra proposizioni normative astratte o, partendo da queste ultime, mettano in particolare evidenza la fattispecie concreta sulla quale si riscontra coincidenza di qualifiche normative. Abbiamo sopra [16] rilevato come oggetto della disciplina dell'art. 2 sia una vicenda triangolare, termini della quale sono le due o più regole giuridiche che si susseguono nel tempo e la fattispecie concreta sulla quale convergono: *mutatis mutandis*, e cioè sostituendo alla contestualità la diacronia, né più e né meno di quanto avviene in un rapporto di specialità in concreto. La "visione" di una vicenda di pura e semplice sequenza di proposizioni astratte ci sembra che vada scartata. Non soltanto per ragioni letterali: l'art. 2 fa sempre riferimento al "fatto" oggetto di qualifica, ma anche, e soprattutto, per esigenze di sistema e di ragionevolezza. A tener conto pudicamente degli astratti contenuti delle regole di diritto, si dovrebbe giungere alla conclusione che, in caso di norma successiva qualificata da un elemento di fattispecie estraneo alla prima, il comportamento, della cui qualifica occorre decidere, e cioè quello corredato dall'elemento specificante, rientrerebbe in pieno tanto sotto la previsione della prima che sotto la previsione della seconda. Mettiamo che la regola n. 2 enunci come elemento costitutivo essenziale un mutamento del mondo esterno, cioè un evento naturalistico, non contemplato dalla regola n. 1. Parrebbe, a tutta prima, che quando per la norma antecedente la causazione di un determinato risultato è irrilevante, si riconduca alla previsione di tale norma sia il comportamento che cagiona detto risultato, sia il comportamento che non lo cagiona.

Ma, in questo modo, ci si urta contro due rilievi di tutto rispetto. Anzi, il rilievo è uno solo, e presenta un duplice aspetto: l'uno di carattere sostanziale, l'altro di carattere processuale. Sostanziale, perché si farebbe carico all'agente della realizzazione di una componente della figura astratta criminosa, priva di rilevanza giuridica alla stregua della norma sotto la cui vigenza il fatto era stato commesso.

Processuale, perché con particolare evidenza nell'ipotesi in cui la successione di leggi abbia luogo nell'intervallo tra giudizio di merito e procedimento di legittimità, la difesa si troverebbe preclusa la possibilità di dimostrare che l'elemento "nuovo" in realtà non si era verificato, o non era stato cagionato dall'imputato.

---

[15] D.Lgs. 11 aprile 2002, n. 61, art. 1.

[16] Vedi *supra* p. 89 ss.

Fatto è che, verificandosi tra due o più norme una relazione del tipo sopra delineato, la legge che arricchisce di un elemento specificante la fattispecie criminosa, restringendone così la portata incriminatrice rispetto a quella della legge precedente, configura una nuova ipotesi criminosa. La disposizione precedente è, insomma, abrogata. Con tutte le conseguenze che ne discendono per il giudicato. A nostro avviso, rimane aperta la possibilità di azione penale per l'illecito di nuova configurazione: il fatto che lo costituisce, arricchito dell'elemento che non faceva parte della struttura criminosa oggetto della disciplina abrogata è fatto nuovo. Non è il "medesimo" rispetto al fatto già oggetto di giudizio. Naturalmente, andrebbe sempre rispettata l'autorità del giudicato qualora la sentenza già pronunciata avesse escluso la sussistenza del fatto o la sua commissione ad opera dell'imputato.

Queste difficoltà sono lucidamente avvertite da chi, più che alla struttura delle disposizioni, che si seguono nel tempo, pone attenzione a dati sostanziali: medesimezza di materia, identità o appartenenza ad un genere comune dei beni giuridici offesi.

Sono indicazioni preziose: rischiano però di non uscire dall'eccessivamente vago e comunque sembrano affidate ad un relativismo soggettivo troppo accentuato. Nessuno vuole sostenere che l'interpretazione di regole giuridiche, specie quando siano regole dell'importanza dell'art. 2, si debba risolvere in un gioco da ragazzi: quasi un meccano o un lego di parole. Certo però è che criteri più precisi, magari di sapore meccanicistico, si presentano maggiormente confacenti a realizzare, per quanto è possibile, certezza di diritto.

Su tal via si spiega il ricorso al fatto concreto contestato. Ricorso che nasce, secondo uno stile diffuso nella nostra giurisprudenza, più da considerazioni logico-pragmatiche che dalla lettura della legge. Sia come sia, preferiamo intrecciare i due percorsi. Abbiamo già fatto cenno alla dizione dell'art. 2, imperniata sulla convergenza di più regole giuridiche sullo stesso fatto concreto. Che non è, sia chiaro, il fatto contestato, al completo di tutte le caratteristiche che lo contraddistinguono. Se così fosse, come lucidamente avverte una pronuncia in tema di successione di leggi penali tributarie, si rischierebbe di "attribuire rilevanza ad elementi, che in precedenza non l'avevano [17]. Ancora una volta, il pericolo di una soluzione retroattiva. Soluzione che si presterebbe per di più ad operazioni particolarmente insidiose. Si pensi alla contestazione di un fatto corredato da elementi che al momento la legge vigente non considera rilevanti ma che si pensa che, a cagione di un processo legislativo in corso, potranno diventarlo quanto prima.

Vero è però che, nell'esame dei contenuti dell'art. 2 c.p. abbiamo avuto cura di avvertire [18] che non tanto al "fatto concreto" addebitato bisogna far riferimento, quanto alla *fattispecie concreta.* Che è quanto dire al fatto contestato, con tutti i requisiti previsti dalla disposizione incriminatrice, e soltanto con questi. Quando tale porzione di realtà naturalistica, così qualificata, cade sotto la previsione della legge precedente come di quella successiva, la regola n. 1 non è abrogata, ma semplicemente modificata.

Certo che in tal modo ci si nega alla caducazione del giudicato: ma l'amaro in

---

[17] Cass. pen., sez. III, n. 6228 del 29 maggio 2000.

[18] Vedi *supra*, p. 89.

bocca, che questa conclusione suscita è inevitabile, dato il tenore del IV comma dell'art. 2. Purtroppo il legislatore ha peccato di scarsa fantasia e ha ceduto al timore di dar vita a complicate e pesanti ripetizioni di giudizi di merito peraltro facilmente scongiurabili. Ma di tutto ciò abbiamo già trattato [19].

Gli esempi non guastano mai. Così, analizzando la successione di leggi che si è verificata a proposito del falso in bilancio, apparirà a tutti chiaro che la fattispecie riconducibile al nuovo testo dell'art. 2621 c.c., pur se i soggetti attivi siano quelli indicati tanto dal vecchio che dal nuovo testo, è nuova rispetto a quella precedentemente configurata. Se il fatto consiste nell'omissione di informazioni, la cui comunicazione è imposta dalla legge, non si può dire che coincida con il fatto di chi nasconde in tutto o in parte fatti concernenti le condizioni economiche della società. Prima di tutto, occorre rilevare come il testo attuale menzioni, accanto alle condizioni economiche anche quelle patrimoniali e finanziarie della società o del gruppo cui essa appartiene. Inoltre, è lecito dubitare che il semplice silenzio su tali condizioni coincida con il "nascondere in tutto o in parte" fatti concernenti quelle condizioni. La differenza è tale che mentre oggi rileva una condotta omissiva, prima si esigeva una condotta, per lo più positiva, di occultamento. Ne consegue che, in proposito, trova applicazione il I comma dell'art. 2: una semplice omissione non costituiva reato (secondo la legge del tempo in cui fu realizzata).

Quando invece la condotta si concreti nella esposizione di fatti materiali non rispondenti al vero, è la struttura del dolo specifico che ci fa concludere per la configurazione di un reato nuovo. Al riguardo sarà pur vero che l'avverbio 'fraudolentemente' della formulazione originaria è non innovato ma specificato dalla dizione che esige "l'intenzione di ingannare i soci o il pubblico". Ciò che conta è che la finalità elemento costitutivo del dolo non si esaurisce in questa intenzione. Ad essa si deve accoppiare quella di "conseguire per sé o per altri ingiusti profitti" [20].

---

[19] Vedi *supra*, p. 87 ss.

[20] Nella sentenza n. 25887 del 16 giugno 2003, le Sezioni Unite hanno incisivamente affermato che "in tema di successione di leggi penali, perché sia applicabile la regola del terzo comma [oggi quarto] dell'art. 2 cod. pen., occorre che il fatto costituente reato secondo la legge precedente sia tuttora punibile secondo la nuova legge, mentre non sono più punibili i fatti commessi in precedenza e rimasti fuori del perimetro della nuova fattispecie. Tale situazione va verificata in base al criterio di coincidenza strutturale tra le fattispecie previste dalle leggi succedutesi nel tempo, senza che sia necessario, di regola, fare ricorso ai criteri valutativi del bene tutelato o delle modalità di offesa. L'art. 2 cod. pen. infatti, pone, nei commi che lo costituiscono, una sequenza di regole tra loro collegate in modo che si chiariscono a vicenda: perché operi la regola del terzo comma [oggi quarto] deve essere esclusa l'applicabilità del primo e del secondo comma. Ne consegue che un fatto è punibile se, astrattamente considerato e sulla base dei criteri enunciati, rientra nell'ambito normativo di disposizioni che si sono succedute nel tempo". In modo particolare, va segnalato che la pronuncia in questione non si esprime in termini di "fatto" (che avrebbe permesso, come purtroppo talora è avvenuto, equivoci interpretativi) bensì di fattispecie astratta: vale a dire, se non andiamo errati, si riferisce al fatto concreto connotato dai soli requisiti di previsione normativa, senza riguardo alle particolarità che nella realtà storica lo contrassegnano. Altrettanto importante, il ruolo sussidiario assegnato a criteri sostanziali diversi da quello della coincidenza strutturale fra ciò che è previsto dalle norme che si succedono nel tempo.

Capitolo IV

LA VALIDITÀ DELLA NORMA PENALE NELLO SPAZIO

Sommario: 1. Criteri generali di applicazione della legge penale nello spazio e soluzione adottata nel nostro ordinamento. – 2. Determinazione del territorio dello Stato e limiti della sovranità sul sottosuolo e sulla colonna d'aria sovrastante il territorio. – 3. Disciplina concernente fatti avvenuti su navi in transito su mare territoriale straniero o su aeromobili percorrenti la colonna d'aria sovrastante il territorio nazionale. – 4. Esame delle eccezioni previste dall'art. 3, II comma. – 5. Determinazione del *locus commissi delicti*. – 6. Problemi interpretativi circa la disciplina dei reati commessi all'estero. – 7. L'estradizione: punti fermi e problemi. – 8. Problema del possibile rinnovamento del giudizio: l'art. 11 c.p. – 9. Rilevanza delle sentenze penali straniere: l'art. 12 c.p.

1. *Criteri generali di applicazione della legge penale nello spazio e soluzione adottata nel nostro ordinamento*

In astratto possiamo configurare quattro criteri:

a) *Universalità*: secondo tale principio le leggi penali dovrebbero applicarsi a qualunque fatto previsto dalle leggi stesse a qualunque uomo, in qualunque luogo si trovi.

b) *Personalità*: questo criterio è proprio di determinate epoche storiche; rileva, secondo tale principio, lo *status civitatis* del soggetto attivo del reato: si applica la legge (della comunità o dell'etnia) cui appartiene il reo.

c) *Difesa*: questo principio importa l'applicazione della legge dello stato cui appartiene il soggetto passivo del reato; la norma penale qualifica come illecito ogni fatto che lede interessi dello Stato, della collettività o del cittadino *uti singulus*.

d) *Territorialità*: in forza di questo principio la sfera di efficacia della legge penale è delimitata dal territorio dello Stato, obbligando tutti coloro che vi si trovino, siano cittadini, stranieri o apolidi.

Passando da queste possibilità alla soluzione adottata dal nostro ordinamento, veniamo all'esame dell'art. 3 c.p., che dispone:

"La legge penale italiana obbliga tutti coloro che, cittadini o stranieri, si trovano nel territorio dello Stato, salvo le eccezioni stabilite dal diritto pubblico interno o dal diritto internazionale.

La legge penale italiana obbliga altresì tutti coloro che, cittadini o stranieri, si trovano all'estero, ma limitatamente ai casi stabiliti dalla legge medesima (artt. 7-10 c.p.) o dal diritto internazionale".

Basti qui osservare che per cittadini italiani si intendono anche gli apolidi, cioè le persone che non possiedono cittadinanza alcuna, residenti nel territorio dello Stato (art. 4, I comma, c.p.), nonché tutti coloro che appartengono, per origine o per elezione, ai luoghi soggetti alla sovranità dello Stato.

Facendo leva sulla prima parte di questo articolo, si è generalmente concluso in dottrina che il nostro ordinamento adotta il criterio della territorialità, salve alcune eccezioni non tali però da scalfire il principio generale. È questa una delle applicazioni di una visuale più generale, di diritto internazionale e di diritto costituzionale, per cui il territorio, soprattutto in materia penale, funziona da limite di validità delle norme di un determinato ordinamento.

Appare necessario prendere in esame le eccezioni al principio della territorialità, quelle di cui si occupa il II comma dell'art. 3, per stabilire se effettivamente, nel nostro ordinamento, è adottato il criterio della territorialità. Se potremo dire che queste eccezioni costituiscono delle deviazioni puramente secondarie che non arrivano ad intaccare la regola generale, il quesito potrà essere risolto affermativamente, se, invece, dovremo concludere che esse vengono ad investire la maggior parte dei casi, non si potrà più parlare di rapporto di regola a eccezione.

2. *Determinazione del territorio dello Stato e limiti della sovranità sul sottosuolo e sulla colonna d'aria sovrastante il territorio*

L'art. 4 dispone, al II comma, che:

"Agli effetti della legge penale è territorio dello Stato il territorio della Repubblica (...) e ogni altro luogo soggetto alla sovranità dello Stato.

Le navi e gli aeromobili italiani sono considerati come territorio dello Stato, ovunque si trovino, salvo che siano soggetti, secondo il diritto internazionale, a una legge territoriale straniera".

Come si vede, per quanto riguarda la delimitazione del territorio di terraferma non sorgono particolari difficoltà.

Di massima esso coincide con i confini politici della Repubblica.

Un primo problema sorge invece allorché prendiamo in considerazione il cosiddetto mare territoriale. La legge italiana porta i confini del mare territoriale a dodici miglia dalla costa.

Storicamente, i criteri che si sono avanzati per la delimitazione del mare territoriale, sono:

a) il criterio della *vista,* per cui il mare territoriale si estende fin dove può spingersi lo sguardo. Questo criterio fu, però, per ovvi motivi, ben presto abbandonato.

b) il criterio della *massima gittata dei cannoni costieri.* A questo criterio si può obiettare in primo luogo che non è determinato se si intende parlare dei cannoni effettivamente piazzati sulla costa o di quelli che potrebbero esserlo, e, in secondo luogo, che la misura effettiva della gittata è in continua evoluzione; tuttavia esso è stato accolto dal diritto internazionale che ha tentato di cristallizzarlo, stabilendo una volta per tutte che la gittata massima si deve considerare di tre miglia.

La regola è stata accolta da non pochi stati costieri: ve ne sono, però, che adottano criteri diversi come, ad esempio, oltre all'Italia, molti Stati dell'America Latina, che giungono a stabilire il limite del mare territoriale a 200 miglia dalla costa.

Per questi Stati è certo che, quale che sia il principio di diritto internazionale generale, il limite eventualmente maggiore può essere fatto valere nei confronti di Stati che adottino le stesse misure o misure ancora maggiori.

Agli effetti della delimitazione del mare territoriale è necessario considerare la baie storiche o vitali, per le quali rileva il limite che si ottiene tracciando una retta che ne unisca le estremità, con l'avvertenza che non possono essere superate le ventiquattro miglia [1].

Negli arcipelaghi, infine, il mare territoriale è assai spesso coincidente con quello all'intorno e fra le isole che compongono l'arcipelago stesso, quale che sia la loro distanza.

La sovranità dello Stato si estende anche al sottosuolo e alla colonna d'aria sovrastante il territorio.

Quanto al sottosuolo, in base al criterio della effettività, si dice che la sovranità si estende fin dove è possibile pervenire naturalmente sia tenendo conto delle possibilità del titolare dell'interesse tutelato sia delle possibilità di un eventuale offensore.

Per ciò che riguarda la colonna d'aria, oggi la più recente dottrina è orientata a ritenere che la sovranità si estende fino a tutto lo spazio atmosferico.

3. *Disciplina concernente fatti avvenuti su navi in transito su mare territoriale straniero o su aeromobili percorrenti la colonna d'aria sovrastante il territorio nazionale*

Per quanto concerne le navi e gli aeromobili facenti capo alla Marina militare o all'Aeronautica militare, trova applicazione sempre la legge dello Stato di appartenenza (legge di bandiera).

---

[1] Art. 2 c. nav., così come modificato dall'art. unico l. 14 agosto 1974, n. 359: "Mare territoriale. Sono soggetti alla sovranità dello Stato i golfi, i seni e le baie, le cui coste fanno parte del territorio della Repubblica, quando la distanza fra i punti estremi dell'apertura del golfo, del seno o della baia non supera le ventiquattro miglia marine. Se tale distanza è superiore a ventiquattro miglia marine, è soggetta alla sovranità dello Stato la porzione del golfo, del seno o della baia compresa entro la linea retta tirata tra i due punti più foranei distanti tra loro ventiquattro miglia marine.

È soggetta altresì alla sovranità dello Stato la zona di mare dell'estensione di dodici miglia marine lungo le coste continentali ed insulari della Repubblica e lungo le linee rette congiungenti i punti estremi indicati nel comma precedente. Tale estensione si misura dalla linea costiera segnata dalla bassa marea.

Sono salve le diverse disposizioni che siano stabilite per determinati effetti da leggi o regolamenti ovvero da convenzioni internazionali".

Questo, come si è detto, sempre.

Quindi anche in casi di transito o permanenza nelle acque territoriali o colonna d'aria di un altro Stato.

Ovviamente, e salvo contrarie specifiche regole di diritto internazionale, si dovrà tenere conto per il nostro diritto del caso in cui sul territorio dello Stato costiero o sorvolato, vale a dire fuori bordo, si realizzi in tutto o in parte l'azione o l'omissione o si verifichi l'evento dannoso o pericoloso.

Al di fuori di questa situazione la legge penale italiana non ha applicazione, quale legge territoriale, anche se l'illecito perpetrato interessi comunque la comunità ospitante o sorvolata.

Per le navi e gli aeromobili non adibiti a fini militari, non importa, poi, se proprietà dello Stato o proprietà di privati, argomentando dall'art. 3 c.p., si è sostenuto che la comunità viaggiante sulle acque territoriali italiane è assoggettata alla legge penale italiana anche per i fatti compiuti a bordo del mezzo. Per ragioni di cortesia internazionale si preferisce, però, riservare il più possibile la repressione degli illeciti verificatisi nelle acque territoriali o colonna d'aria sovrastante allo Stato alla cui nazionalità appartiene la nave o l'aeromobile.

Il diritto internazionale pubblico propone, però, un criterio che rovescia quello sopra enunciato. La nave o aeromobile rimane assoggettata all'ordinamento dello Stato di cui batte bandiera.

A questa regola si fa eccezione quando l'illecito perpetrato interessi lo Stato costiero o sorvolato, vuoi nella sua personalità interna vuoi in quella internazionale, o abbia comunque carica lesiva per interessi facenti capo, in qualunque modo, alla comunità ospitante. Con sintesi assai efficace si è stabilito che: "In caso di perpetrazione di reato su nave mercantile che si trovi nelle acque territoriali di altro Stato, prevale la giurisdizione dello Stato di bandiera allorché l'illecito concerna esclusivamente le attività e gli interessi della comunità nazionale cui appartiene il natante, mentre prevale quella dello Stato costiero ove le conseguenze del fatto compiuto a bordo si ripercuotano o siano idonee a ripercuotersi all'esterno incidendo su interessi primari della comunità territoriale." (Cass. SS.UU., 26 gennaio 1990, n. 1002).

La soluzione prospettata trova un saldo fondamento giuridico nell'art. 10, I comma, Cost., che – come si è visto – impone all'ordinamento giuridico italiano di conformarsi alle norme di diritto internazionale generalmente riconosciute. Fra queste vi è quella della vigenza a bordo della nave o aeromobile della legge di bandiera. Ciò significa che quando l'ordinamento italiano si astiene dal prendere cognizione di un fatto avvenuto a bordo di una nave straniera, pur in acque territoriali italiane, non fa che ispirarsi ad un principio di diritto internazionale generalmente riconosciuto.

Naturalmente, rispetto alle navi e aeromobili non militari, indipendentemente dall'offesa arrecata ad interessi nazionali, è esperibile la procedura prevista dagli artt. 8, 9 e 10 c.p. per i reati commessi all'estero.

Si ha, insomma, un concorso di poteri facenti capo ad entità statuali diverse – con una precisa delimitazione della sfera in cui detti poteri possono esercitarsi.

4. *Esame delle eccezioni previste dall'art. 3, II comma*

L'art. 3 fa riferimento, al II comma, agli artt. 7, 8, 9, 10 c.p. Occorre, quindi, esaminare il contenuto di queste regole per valutare, ai fini del nostro problema, la reale portata dell'art. 3.

Nell'art. 7 è prevista una serie di delitti commessi da cittadini o da stranieri in territorio estero; le ipotesi dei primi quattro numeri sono ispirate al criterio della difesa, mentre il n. 5 (che si noti, parla di *reato,* comprendendo così e i delitti e le contravvenzioni) si presenta come disposizione a carattere volutamente generalissimo che funziona quasi da valvola di sicurezza.

Nell'art. 8 è prevista l'ipotesi di *delitto politico* commesso all'estero da cittadini o stranieri; la nozione di delitto politico è data dal II comma ed è di duplice natura: oggettiva (reato che offende un interesse politico dello Stato o un diritto politico del cittadino) e soggettiva (reato determinato in tutto o in parte da motivi politici). La punibilità, secondo la legge italiana, è condizionata dalla richiesta del Ministro della Giustizia e dalla querela della persona offesa, se si tratta di delitto punibile a querela di parte. La richiesta e la querela sono "condizioni di procedibilità": il delitto politico è tale (cioè illecito penale) indipendentemente dalla proposizione della richiesta o della querela, ma, a differenza di quanto è disposto per i reati di cui all'art. 7, può essere instaurato il processo solo a condizione che sia intervenuta la presentazione di richiesta e la dichiarazione di querela, nei casi previsti. Gli effetti pratici della qualificazione in termini di illecito vengono quindi ad essere parzialmente attenuati dalla necessità di una condizione di natura processuale.

Nell'art. 9 è prevista l'ipotesi del *delitto comune* del cittadino all'estero. In particolare: nel I comma è contemplata l'ipotesi del delitto per il quale la legge italiana stabilisce l'ergastolo o la reclusione non inferiore ai tre anni nel minimo; condizione di procedibilità è la presenza del colpevole nel territorio dello Stato. Nel II comma è contemplata l'ipotesi del delitto per il quale la legge italiana stabilisce una pena restrittiva della libertà personale di minore durata; oltre alla presenza del colpevole nel territorio dello Stato è condizione di procedibilità la richiesta del Ministro della Giustizia, o la querela, o l'istanza della persona offesa. Siamo in presenza di una norma la cui portata è estremamente vasta: essa qualifica infatti, in termini di illecito, qualunque delitto commesso all'estero punito con pena detentiva; ne restano esclusi soltanto:

a) i reati contravvenzionali;

b) i delitti puniti con pena pecuniaria a meno che non ricadano sotto la previsione del n. 5 dell'art. 7; vi è però anche qui una serie di condizioni di procedibilità che ne restringe l'applicazione pratica.

Nell'art. 10 è prevista l'ipotesi di delitto comune commesso dallo straniero all'estero. Al I comma è preso in considerazione lo straniero che compie all'estero un delitto a danno dello Stato o di un cittadino, delitto per il quale la legge italiana stabilisca l'ergastolo o la reclusione non inferiore nel minimo ad un anno; sono richieste le stesse condizioni di procedibilità previste dall'articolo precedente.

Al II comma è disposto inoltre che se il delitto è commesso a danno di uno Stato estero o di uno straniero, il colpevole è punito secondo la legge italiana a richiesta del Ministro della Giustizia, purché: si trovi nel territorio dello Stato, si tratti di un delitto per il quale è stabilita la pena dell'ergastolo o della reclusione non inferiore nel minimo a tre anni, l'estradizione del colpevole non sia stata conceduta, ovvero non sia stata accettata dallo Stato in cui egli ha commesso il delitto, o dallo Stato a cui appartiene.

Va qui rilevato come queste condizioni di procedibilità debbano essere lette *in una* con le norme che riguardano querela, richiesta e istanza (artt. 120 ss. c.p.) ed, in particolare, con l'art. 128, II comma, c.p., secondo cui "quando la punibilità di un reato commesso all'estero dipende dalla presenza del colpevole nel territorio dello Stato, la richiesta non può essere più proposta, decorsi tre anni dal giorno in cui il colpevole si trova nel territorio dello Stato".

Come si vede, si prescinde qui da ogni criterio di nazionalità, difesa, territorialità.

Ora, di fronte a questa situazione, si può mantenere in piedi l'asserto secondo cui regola generale, con le eccezioni di cui agli artt. 7, 8, 9 e 10, è quella della territorialità?

Ci pare che la soluzione debba tener conto delle risultanze dell'analisi sopra svolta degli artt. 7, 8, 9 e 10 c.p., da cui scaturisce la tendenziale universalità della legge penale italiana. Naturalmente, di fronte alle conseguenze pratiche che deriverebbero dall'applicazione integrale del criterio dell'universalità, l'ordinamento prevede un meccanismo di natura processuale, esigendo una serie di condizioni di procedibilità che vengono a contenere le possibilità di iniziare il procedimento penale.

Sul piano dei principi possiamo, quindi, dire che è adottato il criterio dell'universalità; sul piano effettuale, però, il legislatore ne restringe le conseguenze sì da giungere, di fatto, a risultati coincidenti con quelli che si avrebbero in base al principio di territorialità, con la possibilità immanente di superare i confini della territorialità.

5. *Determinazione del* locus commissi delicti

Per la definizione dei rapporti tra ordinamento penale italiano e ordinamenti stranieri è molto importante l'art. 6, II comma, c.p., per il quale "il reato si considera commesso nel territorio dello Stato, quando l'azione o omissione, che lo costituisce, è ivi avvenuta in tutto o in parte, ovvero si è ivi verificato l'evento che è la conseguenza dell'azione o omissione".

Con tale norma (la cui portata può essere esemplificata in innumeri casi: per tutti, e scolasticamente, quello della persona che al di qua del confine italiano spara e uccide chi si trova in territorio straniero o viceversa) si profila il problema della determinazione del *locus commissi delicti.*

Dalle soluzioni che si offrono di tale problema è chiaro che dipende soprattutto la determinazione della competenza, per territorio, degli organi giudiziari italiani.

Come vedremo analiticamente più appresso, le premesse sono poste sui piano del diritto sostanziale, vale a dire dalle caratteristiche strutturali delle varie fattispecie criminose.

Qui basti accennare che, come avviene per il *tempus commissi delicti*, il sistema non si affida ad un criterio unitario. La risposta è articolata, oltre che alla stregua delle caratteristiche strutturali dei fatti di reato, in base a ragioni di natura squisitamente processuale.

In prima approssimazione, può dirsi che per i reati cosiddetti istantanei e per quelli cosiddetti di durata ciò che conta è il luogo della prima realizzazione di un fatto conforme ad una figura criminosa.

In merito ai reati istantanei, che sono quelli la cui fattispecie comprende un elemento verificatosi il quale è impossibile la protrazione del fatto stesso nel tempo (un es. di scuola: il furto), il luogo della realizzazione coincide con quello della consumazione.

A questo punto ci troviamo di fronte ad una prima e assai importante deroga al principio. Se si tratta di fatto, non costitutivo di reato permanente, da cui è derivata la morte di una o più persone, e cioè di un fatto per definizione istantaneo, non v'è dubbio che l'ipotesi criminosa è realizzata allorquando si verifica l'evento letale. La regola processuale, in funzione della quale è rilevante la determinazione del *locus*, si ispira, però, ad altro criterio: a quello del luogo in cui si è verificata l'azione o l'omissione causalmente collegata alla morte della persona offesa.

E questo per intuitive ragioni di accertamento del fatto storico: si pensi al decesso avvenuto in località anche assai distante da quella in cui la condotta omicidiaria è stata posta in essere.

Il criterio della realizzazione non subisce eccezioni per i reati cosiddetti di durata: reati permanenti e, se si accetta la distinzione, reati abituali. Sono questi gli illeciti la cui condotta esige (ad es. il sequestro di persona) o consente (usurpazione di pubbliche funzioni) la prosecuzione della condotta tipica nel tempo. Manca, insomma, nelle relative fattispecie, la previsione di un elemento verificatosi il quale è concettualmente impossibile che l'azione o l'omissione proseguano.

Tanto per i reati necessariamente di durata, quanto per quelli che lo sono solo eventualmente, il *locus* è quello nel quale si ha per la prima volta la completezza degli elementi necessari a dar vita all'illecito: anche se dal fatto è derivata la morte di una o più persone. Così, deve dirsi che si ha per realizzato un sequestro di persona quando la privazione della libertà personale sia attuata per un periodo di tempo che permetta di ritenere che non ci si trovi di fronte ad un momentaneo impedimento alla libertà di movimento di una persona bensì ad un ostacolo per cui quest'ultima possa ritenersi lesa per un periodo di tempo che non si esaurisca nella mera istantaneità.

Soluzione particolare è data alla determinazione del *locus* quando più reati siano commessi in esecuzione del medesimo disegno criminoso (ad es. un furto eseguito per impossessarsi e, poi, falsificare un testamento). Il luogo di commissione va determinato per ciascuno di essi. Ma proprio perché si tratta di più reati è opportuno un criterio unitario. Questo è raggiunto dalla statuizione secondo cui prevale il luogo in cui è stato posto in essere il reato più grave e, in caso di pari gravità, il primo degli illeciti in questione.

È opportuno notare come, sia per il reato permanente che per quello continuato, l'abbandono del criterio secondo cui il reato doveva ritenersi commesso nel luogo in cui cessava la permanenza o la continuazione[2] è ispirato, fra l'altro, alla evidente convenienza di non permettere, attraverso una tale disciplina, che il reo potesse predeterminare il giudice competente.

Il criterio della consumazione, quale momento logicamente sempre e concettualmente spesso distinto da quello della realizzazione regge, infine, l'individuazione del *locus* in caso di delitto tentato, individuazione che avviene alla stregua del luogo in cui è stato compiuto l'ultimo atto diretto a commettere il delitto.

Tentativo punibile si avrebbe già, al completo di tutti gli elementi costitutivi, al primo degli atti che risultassero idonei e diretti in modo non equivoco al fine criminoso.

Se però, in contesto di azione, al primo seguono altri, decisivo sarà l'ultimo. Così nel caso di colpi d'arma da fuoco esplosi da automezzo che inseguendone altro, a bordo del quale si trovi la vittima designata, superi i confini di una determinata competenza giurisdizionale per entrare nel territorio di altra ad essa confinante.

A questo punto dobbiamo prospettarci un ulteriore problema.

Infatti, non sempre una fattispecie criminosa consiste semplicemente in un reato di pura condotta od in un reato con evento naturalistico, come nei casi finora esaminati: vi sono, oltre a questi, reati che sono sottoposti ad una condizione di punibilità.

Tali fattispecie sono considerate all'art. 44 c.p. che recita:

"Quando, per la punibilità del reato, la legge richiede il verificarsi di una condizione, il colpevole risponde del reato, anche se l'evento, da cui dipende il verificarsi della condizione, non è da lui voluto".

Si ipotizza qui una fattispecie complessa costituita da un fatto criminoso, riconducibile alla coscienza e volontà del soggetto, la cui sanzionabilità è subordinata al verificarsi di un fatto giuridico futuro ed incerto (*condicio juris*), e si stabilisce che si ha punibilità anche se il soggetto non ha voluto il fatto stesso; facciamo, ad esempio, il caso della bancarotta fraudolenta prefallimentare. La punibilità dell'imprenditore, che ha già realizzato la condotta tipica, è subordinata all'esistenza di una sentenza dichiarativa di fallimento, la quale, normalmente non voluta dal soggetto agente, funziona in via puramente obiettiva.

Quale sarà in questi casi il *locus commissi delicti*?

---

[2] Cfr. art. 39, ultimo comma, c.p.p. 1930: "Se si tratta di reato continuato o permanente la competenza appartiene al giudice del luogo in cui cessò la continuazione o la permanenza".

Quello in cui si è verificato il fatto costitutivo di reato (ad es. la distrazione) ovvero quello in cui l'imprenditore viene dichiarato fallito?

Problema che va impostato e risolto, nell'assenza di specifiche disposizioni di legge, in funzione di quella che è l'unica *ratio* prospettabile della regola di diritto di cui siamo alla ricerca: il più snello ed efficiente funzionamento degli organi di giustizia.

Tutte le volte in cui si rileva una condizione di punibilità appare più conveniente considerare commesso il reato nel luogo in cui si è verificata la condizione; a questo riguardo ci viene in qualche modo d'aiuto quanto dispone il capoverso dell'art. 158 c.p., per il quale il termine della prescrizione decorre dal giorno in cui la condizione si è verificata. Possiamo argomentare da questo articolo (che si occupa della determinazione del *tempus commissi delicti* ai fini della prescrizione) senza ricorrere al procedimento analogico, per affermare che *locus commissi delicti è quello in cui si è verificata la condizione di punibilità.*

Conclusione alla quale, in tema – ad esempio – di bancarotta fraudolenta, perviene la giurisprudenza dominante attraverso la qualificazione della sentenza di fallimento come elemento costitutivo del reato [3].

È evidente lo sforzo di adeguarsi a quanto disposto oggi dall'art. 8 c.p.p. e ieri dall'art. 39 c.p.p. 1930.

Ma è innegabile la forzatura concettualistica.

Se si definisce la sentenza in parola come elemento costitutivo della bancarotta prefallimentare, occorre spiegare perché essa non faccia parte dell'oggetto del dolo. Si dovrebbe rispondere in base all'art. 44 c.p.: ma è proprio tale norma che parla espressamente di condizione da cui dipende la punibilità del reato.

Molto più lineare e convincente appare invece il ricorso alla *ratio* di convenienza processuale cui si è fatto cenno; *ratio* che, come si è visto, ha portato alla deroga espressa dettata dal II comma dell'art. 8 c.p.p.

6. *Problemi interpretativi circa la disciplina dei reati commessi all'estero*

Il primo grosso problema che qui si presente è il seguente: perché si possa procedere contro il colpevole di un fatto commesso all'estero, è necessario che il fatto stesso sia previsto, come reato, oltre che dall'ordinamento italiano, anche da quello dello Stato in cui è avvenuto il fatto?

Premettiamo che il problema non si pone per i reati previsti agli artt. 7 (escluso il n. 5) ed 8 (reati politici), in quanto è qui applicato il criterio della difesa.

Per ciò che concerne invece i casi di reato comune, di cui agli artt. 9 e 10, ci troviamo, al riguardo, di fronte al silenzio del legislatore: la dottrina penalistica è

---

[3] Cfr. Cass. I, 25 luglio 1991, n. 2988; Cass. I, 5 agosto 1992, n. 3282; Cass. I, 5 novembre 1992, n. 4134; Cass. V, 23 agosto 1993, n. 7912; Cass. I, 17 gennaio 1995, n. 4859, tutte già richiamate nel capitolo precedente.

generalmente portata a ritenere che la doppia incriminazione sia clausola implicita in queste disposizioni.

Molti, per sostenere la tesi, fanno riferimento all'istituto dell'estradizione, disciplinato dall'art. 13 c.p. Tale istituto è predisposto per ovviare agli inconvenienti derivanti da una fuga all'estero del reo e consiste, dal punto di vista attivo, in una richiesta di estradizione del reo, e, dal punto di vista passivo, nella accettazione della richiesta e nella consegna del reo stesso.

Il II comma dell'art. 13 stabilisce che l'estradizione non è ammessa, se il fatto che forma oggetto della domanda di estradizione, non è preveduto come reato *dalla legge italiana e dalla legge straniera*. Argomentando da questa disposizione, si è dedotto che se il legislatore ha richiesto la clausola della doppia incriminazione, in una norma fondamentale del diritto penale internazionale, tale clausola deve essere ritenuta implicita nella disciplina dei reati commessi all'estero.

Ragionamento, però, che non spiega l'asserto, dato che non spiega per qual motivo il legislatore, se voleva richiedere la clausola della doppia incriminazione anche per i disposti degli artt. 7-10, non ne abbia parlato espressamente: il suo silenzio, se mai, dimostrerebbe il contrario.

Inoltre, anche se si potesse ammettere la validità di questo argomento ermeneutico, si perverrebbe a risultati errati per eccesso: infatti la clausola della doppia incriminazione, come abbiamo visto, non ha ragione di essere richiesta per i disposti degli artt. 7 e 8 che appaiono sorretti da una *ratio* ispirata al criterio della difesa.

Il discorso si incentra allora sugli artt. 9 e 10. Tra le condizioni di procedibilità richiesta da questi articoli è prevista anche, nel caso di delitto commesso a danno di uno Stato estero o di uno straniero, la condizione che l'estradizione del colpevole non sia stata accettata dal governo dello Stato in cui egli ha commesso il delitto, o, per il caso previsto dall'art. 10 (delitto comune dello straniero all'estero) da quello dello Stato a cui appartiene lo straniero. Poiché, si dice, l'estradizione in tanto viene concessa in quanto vi sia doppia incriminazione e poiché, in queste ipotesi, l'estradizione è espressamente richiamata, è chiaro che la clausola della doppia incriminazione deve essere estesa agli artt. 9 e 10.

Il ragionamento sarebbe valido se l'estradizione fosse richiamata per tutte le ipotesi previste dagli artt. 9 e 10; abbiamo visto, invece, che la condizione della mancata estradizione si esige solo nel caso di delitto commesso a danno di uno Stato estero o di uno straniero. L'argomentazione perciò ci sfugge nuovamente di mano; finora il risultato cui è possibile pervenire sembra essere insoddisfacente.

Per risolvere il problema, dobbiamo allora verificare se, nei casi di cui agli artt. 9 e 10, si inquadra meglio nel sistema del nostro diritto penale l'estensione della clausola della doppia incriminazione, ovvero la sua negazione.

Consideriamo le conseguenze che dall'accettazione di un simile criterio si ripercuoterebbero sul principio di stretta legalità.

Dobbiamo distinguere le ipotesi previste dai due artt. 9 e 10. Non v'è dubbio che nel primo, trattandosi di delitto commesso dal cittadino, il principio di stretta legalità sia formalmente che sostanzialmente, è rispettato purché il fatto sia preveduto come reato dall'ordinamento giuridico italiano.

Nel caso di cui all'art. 10 (in cui è contemplato il delitto dello *straniero* all'estero), invece, si avrebbe una sostanziale violazione del principio di stretta legalità se non si esigesse che il fatto commesso dallo straniero fosse previsto come reato dall'ordinamento cui egli appartiene (qualora il fatto sia avvenuto nello Stato d'appartenenza) e, comunque, dall'ordinamento dello Stato in cui il fatto è stato commesso, oltre che, naturalmente, dall'ordinamento italiano. In queste ipotesi si deve perciò introdurre la clausola della doppia incriminazione per rispettare la *ratio* del principio di stretta legalità, che è quella di fornire una regola di comportamento. Si noti però che, perché la clausola sia rispettata, è sufficiente che il fatto sia previsto genericamente come reato: non si esige, cioè, né identità di titolo giuridico, né identità di conseguenze penali.

Come abbiamo visto, la punibilità dei reati commessi all'estero (escluse le ipotesi di cui all'art. 7), è sottoposta ad alcune condizioni di punibilità.

Premesso che, come già si è accennato, la qualificazione del fatto in termini di illecito avviene indipendentemente dal verificarsi o meno delle condizione di procedibilità, affiorano al riguardo alcune difficoltà di carattere interpretativo.

I dubbi maggiori sorgono a proposito dell'art. 9 nel quale si legge, al II comma, che, se il delitto commesso dal cittadino all'estero è tale da comportare una pena restrittiva della libertà personale, di durata minore rispetto a quelle cui fa riferimento il I comma, "... il colpevole è punito a richiesta del Ministro della Giustizia, ovvero ad istanza o a querela della persona offesa".

Sono qui previste tre condizioni di procedibilità: il problema che si pone consiste nello stabilire quale rapporto intercorra tra di esse. Si possono configurare, al riguardo, tre ipotesi:

a) condizione di procedibilità e in ogni caso sempre la richiesta del Ministro, alla quale si debbono aggiungere l'istanza o la querela nei casi richiesti (vedi artt. 5-14 c.p.p.);

b) la richiesta da un lato, e l'istanza o la querela dell'altro, sono alternative nel senso che la richiesta è condizione di procedibilità necessaria per alcuni delitti; la istanza o la querela per altri;

c) la richiesta, l'istanza, e – possiamo aggiungere – la querela, sono equivalenti, sì che a determinare la procedibilità possono intervenire o l'una o l'altra o l'altra ancora.

Un primo punto per risolvere il problema emerge dal confronto dell'art. 9, II comma, con l'art. 8, II comma, in cui si dispone che, nel caso si tratti di delitto punibile a querela della persona offesa, occorre *oltre* la richiesta del Ministro della Giustizia, anche la querela.

Ora, è chiaro che se il legislatore avesse voluto anche all'art. 9 affiancare alla richiesta, ritenuta comunque necessaria, l'istanza o la querela, a seconda dei casi, lo avrebbe dichiarato espressamente, come ha fatto al II comma dell'art. 8. La prima soluzione, *sub* a), deve perciò essere scartata.

La lettera della legge, per quanto concerne le due ipotesi che ancora dobbiamo esaminare, non ci consente ulteriori deduzioni. Infatti, l'espressione usata dal legislatore "... a richiesta del Ministro della Giustizia, *ovvero* ad istanza o a querela della persona offesa, ..." può essere interpretata sia nel senso che la richiesta da un lato, e l'istanza o la querela dall'altro sono alternative, sia nel senso che la richiesta, l'istanza e la querela sono equivalenti.

A quest'ultimo riguardo, un punto però va subito chiarito. La equivalenza non può essere sostenuta quando si tratti di reato punibile a querela di parte: non si vede infatti come si possa rimettere alla valutazione di un organo pubblico – il che si verificherebbe se la querela potesse essere sostituita dalla richiesta – la punibilità di un reato quando questa è dalla legge sottoposta al potere dispositivo del privato, né come potrebbe giustificarsi una disciplina del genere nel caso opposto. Se la querela potesse intendersi come equivalente della richiesta si giungerebbe all'assurdo di indebolire e rispettivamente rafforzare senza alcun motivo, il potere di disposizione dell'offeso nel caso che il reato fosse commesso all'estero.

Da queste considerazioni emerge già una rottura nella logica della tesi dell'equivalenza: essa infatti sarebbe ammissibile solo qualora fosse valida per tutte e tre le condizioni elencate, senza distinzione, all'art. 9.

D'altra parte, stante l'affinità tra la querela e l'istanza (l'istanza – si ricordi – è condizione di procedibilità consistente in una dichiarazione di volontà per mezzo della quale l'offeso esterna la sua intenzione che sia instaurato un procedimento per un reato commesso all'estero, che, commesso in Italia, sarebbe perseguibile d'ufficio; con essa quindi si attribuisce eccezionalmente al privato un potere dispositivo sul riflesso che, essendo il reato commesso all'estero, diminuisce l'interesse dello Stato alla sua perseguibilità), non pare sostenibile l'equivalenza tra l'istanza e la richiesta.

Si deve, perciò, accogliere la tesi *sub* b): il legislatore presenta le tre condizioni di procedibilità come operanti ciascuna nel proprio ambito, e precisamente:

– se il reato offende un interesse dello Stato o della collettività (ad es. peculato, corruzione) condizione di procedibilità sarà la richiesta del Ministro della Giustizia che, quale organo pubblico, sarà il più idoneo a valutare l'opportunità di procedere;

– se il reato offende un interesse del quale è portatore un singolo, condizione di procedibilità sarà quella che tiene conto della rilevanza che l'ordinamento attribuisce al potere di disposizione del privato, e cioè, a seconda dei casi, la querela o l'istanza.

Passiamo ora all'esame del problema che sorge dal confronto del I comma dell'art. 9 col II comma dello stesso articolo.

Il I comma dell'articolo in esame, per quanto concerne la punibilità dei delitti per i quali la legge italiana stabilisce la pena dell'ergastolo o della reclusione non inferiore nel minimo a tre anni, richiede la condizione della presenza del reo nel territorio dello Stato.

Al II comma dello stesso articolo, per i delitti per i quali è stabilità un pena restrittiva della libertà personale di minore durata (inferiore a tre anni), sono previste come condizioni di procedibilità la richiesta del Ministro della Giustizia ovvero l'istanza o la querela della persona offesa.

Ora, pur non essendo espressamente menzionata, deve ritenersi richiesta anche nell'ipotesi di cui al II comma dell'art. 9 la condizione della presenza del reo nel territorio dello Stato?

Dottrina e giurisprudenza sono propense a rispondere in senso affermativo, sulla base del rilievo che se la presenza del reo è richiesta per le ipotesi che considerano i reati più gravi, *a fortiori* dovrà ritenersi necessaria per le ipotesi che considerano reati meno gravi.

Il ragionamento, a prima vista, può sembrare convincente. Se passiamo, però, ad esaminare l'art. 10 constatiamo che, allorché il legislatore ha inteso richiedere anche la condizione di procedibilità della presenza del reo nel territorio dello Stato (che pure era già prevista al I comma dell'art. 9) lo ha fatto espressamente.

Perciò dal confronto dell'art. 9 con l'art. 10 emerge un argomento che si oppone alla tesi dell'implicita enunciazione della clausola della presenza del reo, in quanto in una situazione analoga a quella dell'art. 9 (dal più al meno grave) il legislatore ha espressamente dettato la condizione. Comunque, fatta questa riserva dobbiamo prendere atto che, come si è detto, giurisprudenza e dottrina sono concordi nell'estendere la clausola anche all'ipotesi di cui al primo capoverso dell'art. 9.

7. *L'estradizione: punti fermi e problemi*

Si è visto come la disciplina della punibilità dei reati commessi all'estero faccia più volte riferimento all'istituto dell'estradizione. Questa, come abbiamo visto, consiste nella consegna che uno Stato fa ad altro Stato di persona che debba essere assoggettata, nello Stato ai cui poteri è consegnata, a procedimento penale o a sanzione penale. Si distingue l'estradizione attiva dall'estradizione passiva: a seconda che il fenomeno venga considerato dal punto di vista dello Stato che chiede la consegna di un individuo, ovvero dal punto di vista dello Stato a cui la consegna è richiesta.

Si pone un primo problema.

L'art. 13 c.p., delineando l'istituto, regolato dalla legge penale italiana, dalle convenzioni e dagli usi internazionali, si impernia sull'estradizione passiva. Questa non è ammessa se il fatto che forma oggetto della domanda di estradizione non è preveduto come reato (a qualsiasi titolo e anche con conseguenze giuridiche assai diverse) dalla legge italiana e dalla legge straniera. A condizione di tale doppia incriminazione – alla stregua della legge penale italiana e alla stregua della legge penale straniera – lo Stato italiano può concedere o offrire l'estradizione "anche per reati non preveduti nelle convenzioni internazionali, purché queste non ne facciano espresso divieto". Occorre invece la previsione espressa in convenzione internazionale per l'estradizione del cittadino (artt. 26, I comma, Cost. e 13, ultimo comma, c.p.). Ritorneremo su quest'ultimo disposto e sull'ampiezza che gli va riconosciuta nel sistema.

A questo punto ci chiediamo se le regole che disciplinano l'estradizione passiva debbano ritenersi valide anche per l'estradizione attiva, vuoi dello straniero, vuoi del cittadino italiano quando, per quest'ultimo, le convenzioni internazionali vi consentano.

Malgrado la mancanza di disposizioni che espressamente prendano in esame la materia dal punto di vista dello Stato italiano richiedente, poiché il I comma dell'art. 13 cita espressamente gli usi internazionali come regole cui deve conformarsi l'estradizione, senza distinguere tra attiva e passiva, sembra che per il principio di reciprocità, di primaria importanza fra quelli costitutivi degli usi internazionali, anche l'estradizione attiva sia retta dalle condizioni che l'art. 13 pone all'estradizione passiva.

Un secondo interrogativo sorge a proposito dell'ultimo comma. Che cosa significa che l'estradizione del cittadino è permessa unicamente se sia "consentita" nelle convenzioni internazionali? Secondo un'interpretazione talora accolta in giurisprudenza[4] sarebbe sufficiente che la convenzione internazionale contempli

---

[4] Cfr. Cass., sez. feriale, 13 settembre 1963: "L'art. 13 cpv. ult. c.p. e l'art. 26 Cost. subordinano l'estradizione del cittadino alla sola condizione che nelle convenzioni internazionali sia espressamente pattuita la detta estradizione. Tale disposizione, anche se riferita all'art. 26 Cost., non può essere interpretata nel senso che la estradizione del cittadino possa venir concessa solo nei casi in cui vi sia una espressa menzione dei titoli di reato per cui la estradizione stessa può avvenire. E ciò in base al criterio del divieto e non a quello delle inclusioni accolto nel detto art. 13, cpv. 2°.

Se una deroga al detto criterio si fosse voluta introdurre per il cittadino non si sarebbe subordinata l'estradizione del cittadino alla sola condizione che una clausola espressa del trattato la consenta, ma si sarebbe certamente specificato che la estradizione del cittadino veniva ammessa solo nel caso in cui nelle convenzioni venissero specificati i tipi di delitto per cui l'estradizione stessa poteva essere concessa. Accertate perciò le due condizioni della *reciprocità* e della *mancanza* di un *espresso divieto* di *estradizione* per il *delitto di cui si tratta*, occorre ritenere che, in base al criterio del divieto fissato nel nostro diritto interno positivo dall'art. 13 cpv., l'applicabilità delle norme del detto articolo circa i tipi di reato per cui l'estradizione può avvenire non ammette alcuna distinzione tra cittadino e straniero.

L'estradizione del cittadino, come si desume altresì dal principio ispiratore dell'art. 26 Cost. è subordinato soltanto alla esistenza di una clausola espressa contenuta nel trattato e ciò per la esigenza di concedere la estradizione del cittadino nei riguardi di quegli Stati, ritenuti idonei a giudicare, per il grado di perfezione dei loro ordinamenti giuridici, un nostro cittadino."; Cass. I, ord. 5 febbraio 1973, n. 1649: "L'art. 26 Cost. non ha inteso limitare l'estradabilità del cittadino soltanto per quei titoli di reato che siano testualmente menzionati nelle convenzioni internazionali, ma ha semplicemente affermato il principio che tale estradabilità non vale come regole, ma può essere disposta solamente in forza di norme formulate in specifiche convenzioni. È pertanto manifestamente infondata la questione di legittimità costituzionale dell'art. 13, III comma, c.p. in relazione al d.l. 20 aprile 1946, n. 218, in quando consente l'estradizione del cittadino anche per reati non preveduti dalla convenzione del 1868 con gli Stati Uniti d'America, in relazione all'art. 26, I comma, Cost."; Cass. I, ord. 14 novembre 1974, n. 1151: "L'art. 26 Cost., che ha inteso limitare l'estradabilità del cittadino con una precisa garanzia formale, rappresentata dalla presenza di specifiche convenzioni con gli Stati richiedenti, esclude la possibilità di fare richiamo a consuetudini o ad accordi internazionali non consacrati in convenzioni aventi per esplicito oggetto la estradizione dei giudicabili o dei condannati, ma non comporta che nell'applicazione delle convenzioni esistenti debbano essere seguiti criteri interpretatiti diversi a seconda che si tratti di cittadini o di stranieri. Pertanto deve ritenersi legittima la estradizione del cittadino anche per reati non preveduti pattiziamente negli accordi internazionali,

espressamente l'estradabilità del cittadino per uno o più reati: non vi sarebbe bisogno, cioè, che l'illecito penale per il quale è richiesta l'estradizione sia esplicitamente o implicitamente menzionato nella convenzione. L'unico limite risulterebbe costituito dalla presenza, nella convenzione, di un divieto espresso. Si tratta di un'interpretazione che contrasta con la *ratio* della regola posta dall'ultimo comma dell'art. 13. Questa non può ritenersi osservata alla semplice condizione che l'estradizione sia prevista per uno o più casi: essendo indifferente che la previsione concerna o no il reato oggetto della richiesta. Se così fosse, non si capirebbe perché le convenzioni internazionali elenchino i reati per i quali è ammessa l'estradizione del connazionale: elencazione che ha un senso se intesa come tassativa. Una convenzione che, al limite, si pronunciasse in tutto e per tutto sulla estradabilità del cittadino dovrebbe considerarsi in patente violazione del divieto.

Dobbiamo perciò concludere che è essenziale, ai fini della *legalità* dell'estradizione del cittadino, che essa avvenga solo per reati specificatamente contemplati. Si tratta di una garanzia che l'ordinamento offre al proprio cittadino, subordinando la sua estradabilità innanzitutto all'esistenza di una convenzione, che presuppone un contraente di pari civiltà giuridica e, in secondo luogo, alla realizzazione di un reato per il quale si pensa che possa adeguatamente operare la giurisdizione (o l'esecuzione) straniera. Ciò posto, la regola in questione non va letta alla luce del principio di reciprocità. Il che significa che lo Stato italiano può effettuare richiesta di estradizione del proprio cittadino anche al di fuori di espressa clausola pattizia: spetterà allo Stato richiesto, in base alle proprie norme – e qui torna in gioco il principio di reciprocità – decidere se dar corso o no all'estradizione.

Questione assai delicata è quella relativa al divieto di estradizione, tanto del cittadino che dello straniero, per reati politici (artt. 10 e 26 Cost, 13 c.p.). Divieto formulato in termini categorici che non paiono ammettere eccezioni. La *ratio* del divieto risiede nella garanzia offerta a chicchessia che non si procederà alla sua consegna ad uno Stato straniero quando l'illecito che motiva la richiesta è di natura politica: sarà lo Stato italiano, in questa ipotesi, a procedere secondo le proprie leggi, se del caso servendosi della disciplina che detta le regole di punibilità per i reati commessi all'estero.

Ci si chiede, a questo punto, se la nozione di delitto politico, rilevante ai fini del divieto di estradizione, coincida o no con quella dettata dal III comma dell'art. 8 c.p.: "Agli effetti della legge penale, è delitto politico ogni delitto, che offende un interesse politico dello Stato, ovvero un diritto politico del cittadino. È altresì considerato delitto politico il delitto comune determinato, in tutto o in parte, da motivi politici".

Al riguardo occorre innanzitutto osservare che, mentre quest'ultima regola non può che riferirsi allo Stato o al cittadino italiani, la nozione che occorre tener presente in tema di estradabilità è necessariamente più lata. La garanzia concessa

---

purché non formino oggetto di speciali divieti. (Nella specie è stata ritenuta legittima la estradizione di un cittadino italiano per traffico di stupefacenti, su richiesta degli Stati Uniti, malgrado la convenzione 23 marzo 1868 non contempli tali reati)".

all'autore di un illecito politico all'estero, nei cui confronti venga richiesta al nostro Stato l'estradizione, deve in primo luogo concernere illeciti che offendono interessi politici o diritti politici stranieri: in caso contrario non avrebbe alcun senso.

Si tratta, allora, non di identità ma di contiguità alla nozione codicistica. Non sorgono dubbi per ciò che concerne l'offesa all'interesse politico di uno Stato straniero o al diritto politico di un cittadino straniero. La tutela contro la persecuzione politica che l'offesa a questi interessi può comportare rappresenta la ragione stessa del divieto di estradizione. Più problematica, invece, è la rilevanza che, agli effetti dell'estradizione, occorre riconoscere al delitto soggettivamente politico. Quest'ultimo, come si è visto, è il delitto comune determinato in tutto o in parte da motivi politici. Ora, il peso anche assai lieve che la causale politica può presentare nella dinamica del fatto concreto rischia di estendere eccessivamente la garanzia, fino a comprendere casi per i quali non si dà sospetto di persecuzione politica. Si pensi, così, ad una rapina di proporzioni gigantesche posta in essere anche allo scopo di finanziare, con una minima parte del provento, un movimento clandestino, per il resto, a fini di tornaconto personale. La conclusione più aderente all'intento del legislatore e al significato proprio delle parole adoperate può ravvisarsi in una limitazione della nozione di delitto politico – modellata su quella dell'art. 8, non coincidente, però, con quest'ultima – che escluda la politicità dell'illecito motivato soltanto in parte da ragioni politiche, tutte le volte in cui appaia chiaro dalla vicenda processuale e dalla richiesta che questa non costituisca mero pretesto di persecuzione politica. Con il che si attua ogni opportuna differenziazione dalla nozione dell'art. 8 c.p., senza abbandonare, al contempo, lo schema logico che esso disegna. Anche perché se il costituente, ben consapevole della nozione codicistica dettata proprio in materia, strettamente confinante con l'estradizione, come quella della punibilità per i reati commessi all'estero, avesse voluto dare all'espressione delitto politico altro e diverso significato, lo avrebbe precisato, sì da evitare ogni riferimento all'art. 8 c.p. [5].

---

[5] Sul punto cfr. Cass. I, 23 gennaio 1990, n. 3329 e Cass. I, 12 dicembre 1990, n. 3768, perspicue per ciò che concerne l'affermazione che delitto politico a' sensi dell'art. 8 c.p. e delitto politico a' sensi degli artt. 10 e 26 Cost. sono espressioni che non coincidono; meno convincenti nella spiegazione della (relativa) diversità delle due nozioni. "Ai fini dell'estradizione il concetto di delitto politico non coincide con quello dell'art. 8 c.p. a causa del diverso piano di operatività nel quale lo stesso funziona nelle due distinta ipotesi (nel codice è definito in funzione repressiva, mentre nelle norme costituzionali che vietano l'estradizione per reati politici è assunto a garanzia della persona umana entro i limiti in cui tale garanzia è costituzionalmente giustificabile), che rende giuridicamente contrastante l'applicazione di una norma creata nell'intento di attuare una maggiore repressione del delitto politico, in una prospettiva inversa di limitazione del diritto punitivo dello Stato straniero"; "In tema di divieto di estradizione per reati politici, previsto dagli artt. 10, IV comma, e 26, II comma, Cost., ai fini della determinazione della nozione di reato politico non può adottarsi semplicisticamente la definizione fornita dall'art. 8, III comma, c.p. Infatti il piano di operatività di quest'ultima norma è diverso rispetto a quelle costituzionali, in quanto nella norma del codice penale il reato politico è definito in funzione repressiva, mentre le norme costituzionali lo assumono in una più ampia funzione di garanzia della persona umana, finalizzata a limitare il diritto punitivo dello Stato straniero".

Limite generale all'estradabilità è posto, infine, dal divieto di procedere all'estradizione (si intende passiva) quando vi è ragione di "ritenere che l'imputato o il condannato verrà sottoposto ad atti persecutori o discriminatori per motivi di razza, di religione, di sesso, di nazionalità, di lingua, di opinioni politiche o di condizioni personali o sociali ovvero a pene o trattamenti crudeli, disumani o degradanti o comunque ad atti che configurano violazione di uno dei diritti fondamentali della persona" (art. 698, I comma, c.p.p.). Dall'illegittimità costituzionale dell'ultimo comma di detto articolo, secondo cui "se per il fatto per il quale è domandata l'estradizione era prevista la pena di morte dalla legge dello Stato esterno, l'estradizione poteva essere concessa solo se il medesimo Stato dava assicurazioni, ritenute sufficienti sia dall'Autorità giudiziaria sia dal Ministro di Grazia e Giustizia che tale pena non sarebbe stata inflitta o, se già inflitta, non sarebbe stata eseguita" (art. 698, II comma, c.p.p.), discende che non può procedersi ad estradizione quando il diritto dello Stato straniero contempli per il fatto oggetto della richiesta la pena di morte.

Si è, insomma, voluto evitare il rischio che le assicurazioni prestate non trovino poi conferma nei fatti, ribadendo, senza eccezione, la categoricità del divieto di estradizione quando questa comporterebbe la violazione di uno dei diritti fondamentali della persona (art. 698, I comma, c.p.p.). Senza contare, poi, che la soppressione[6] nel testo costituzionale (art. 27 Cost.) della previsione della pena di morte nei casi regolati dalle leggi militari di guerra, dà luogo ad una regola per la quale senza deroga alcuna la pena di morte non è ammessa. Regola che va letta nel significato ampio, ma pur sempre letterale e rispondente alla *ratio*, che alla pena stessa non si può pervenire attraverso atti e procedure imputabili allo Stato italiano.

L'estradizione – si intende passiva – è garantita dall'intervento dei poteri giurisdizionali. Si tratta di una garanzia assoluta: se gli organi della giurisdizione concludono per la non estradabilità non può essere disposta l'estradizione. Se, invece, gli organi giurisdizionali si pronunciano per l'estradabilità, il procedimento contempla un atto ulteriore rappresentato dal provvedimento del Ministro. Questi, che deve attivarsi entro un termine perentorio, può negare l'estradizione malgrado la decisione favorevole della Corte d'appello o, in caso di ricorso, della Cassazione. Si discute sulla natura dell'atto del Ministro: se politica o di diritto amministrativo. Non v'è dubbio che motivazioni di carattere politico potranno determinare il provvedimento del Guardasigilli. Il carattere specifico ed individuale del provvedimento in questione sembra, però, sfuggire alle caratteristiche proprie dell'atto politico, il cui contenuto dovrebbe identificarsi con una presa di posizione di carattere generale su questioni di ordine interno o internazionale.

D'altra parte, le conseguenze che occorrerebbe trarre dalla definizione del provvedimento del Ministro quale atto amministrativo non potrebbero essere che quelle della sua impugnabilità.

Impugnabilità che, in ipotesi di provvedimento conforme alle pronunce giudi-

[6] Si veda l'art. 1, l. 13 ottobre 1994, n. 598.

ziarie, implicherebbe il riesame, da parte degli organi di giustizia amministrativa, delle ragioni di fatto e di diritto che hanno determinato la decisione (giurisdizionale) irrevocabile a favore dell'estradabilità.

Ora, poiché un vaglio del genere non è, per il nostro ordinamento, concepibile, lo spazio riservato alla giustizia amministrativa sarebbe in tutto e per tutto quello del controllo sulla *convenienza politica* del provvedimento del Ministro. Ma come si deve negare la possibilità di un controllo su atti giurisdizionali irrevocabili, altrettanto inammissibile appare affidare ad organi di giustizia amministrativa il giudizio sui profili politici del provvedimento del Ministro.

Alla medesima conclusione si arriva quando l'impugnativa sia contro il diniego del Ministro, malgrado la decisione positiva degli organi giudiziari. Come s'è visto, non v'è obbligo per il Guardasigilli di uniformarsi alle pronunce giudiziarie: il diniego che egli avesse espresso potrebbe essere discusso davanti alla giustizia amministrativa unicamente alla stregua di valutazioni d'ordine politico.

In termini di effettualità, se non si vuole indulgere a preziosismi definitori, trascurando l'essenziale e, cioè, gli effetti che dall'una o dall'altra delle qualificazioni in discorso discendono, appare preferibile optare, senza creare problemi puramente nominalistici, per la natura politica del provvedimento.

8. *Problema del possibile rinnovamento del giudizio: l'art. 11 c.p.*

Si è visto che il nostro legislatore ha dettato una disciplina che ispirandosi al criterio dell'universalità tende a ricomprendere nell'ambito dell'ordinamento penale italiano il maggior numero di fatti possibili. Ora, si può dare il caso che anche l'ordinamento cui il reo appartiene, o nell'ambito del quale il fatto è avvenuto, adotti uguale criterio: si perverrebbe così ad una duplicità di giudizio.

A questo proposito, l'art. 11, prima parte, c.p. dispone che se anche il cittadino o lo straniero sia stato giudicato all'estero, è obbligatorio rinnovare il giudizio. Della regola del *ne bis in idem,* di cui all'art. 649 c.p.p., non si tiene conto, quindi, in tutte le ipotesi considerate all'art. 11, non solo, si noti, nel caso di reati commessi nel territorio dello Stato (art. 6) – per i quali il rinnovamento del giudizio è tassativamente previsto – ma anche nel caso di reati commessi all'estero (artt. 7, 8, 9, 10) – e qui sappiamo che il rinnovamento è condizionato alla richiesta del Ministro della Giustizia. In ogni caso, vanno ritenute applicabili le regole disposte per l'ipotesi di pluralità di sentenze in ordine allo stesso fatto all'art. 669 c.p.p.

9. *Rilevanza delle sentenze penali straniere: l'art. 12 c.p.*

L'art. 12 del codice prevede che, a determinate condizioni ed a certi effetti si possa dare riconoscimento alla sentenza penale straniera pronunciata per un delitto.

Al riguardo è opinione comune che la sentenza straniera sia presa in considerazione nel nostro ordinamento non come *atto*, ma come *fatto* giuridico (la dottrina più moderna considera un comportamento umano "atto giuridico" allorché esso è riferibile alla coscienza e volontà del soggetto agente; "fatto giuridico" allorché esso viene preso in considerazione come semplice accadimento).

Ora, se la tesi che stiamo esponendo fosse portata alle sue estreme conseguenze si verrebbe ad ammettere l'eventuale rilevanza nell'ordinamento italiano della sentenza penale straniera anche nel caso che questa risulti, alla stregua dell'ordinamento nell'ambito del quale è stata pronunciata, inesistente perché non riferibile alla coscienza e volontà del giudice che l'ha emanata (in quanto questi ad es. è stato sottoposto a costringimento fisico).

Appare evidente, allora, da quanto detto, che la sentenza presa in considerazione all'art. 12 è intesa non come fatto bensì come atto giuridico.

Esaminiamo ora gli effetti in vista dei quali può essere dato riconoscimento ad una sentenza pronunciata nell'ambito di un ordinamento straniero.

Appare evidente che il legislatore ha voluto, con la disciplina di cui all'art. 12 c.p., riservare a sé la prerogativa di comminare le pene principali: della sentenza penale straniera non si può infatti tener conto al fine di applicare una di queste.

A sensi dell'art. 12, nn. 1, 2, 3, la sentenza penale straniera rileva nei casi in cui la condanna denota una situazione di pericolosità del reo (se da essa dipende la declaratoria di recidiva, professionalità o tendenza a delinquere, l'applicazione di misure di sicurezza o di pene accessorie).

Si può obiettare che la pericolosità sussiste nelle ipotesi del primo e del terzo numero dell'articolo in esame, ma non nell'ipotesi, di cui al secondo, che prevede il riconoscimento della sentenza straniera quando la condanna importerebbe, secondo la legge italiana, una pena accessoria, cioè una pena che segue di diritto la pena principale. Da un punto di vista formale, infatti, le pene accessorie non sono legate alla pericolosità del soggetto; ma se si tiene presente che esse consistono in una diminuzione della capacità giuridica e della capacità di agire del soggetto, dovremo riconoscere che il legislatore, col prevedere come conseguenza automatica di certe pene principali l'applicazione di pene accessorie, si è ispirato anche al criterio della pericolosità.

Per concludere, notiamo che il numero 4 dell'art. 12 prende in considerazione gli effetti d'ordine meramente civilistico della sentenza penale straniera, ispirandosi, quindi, ad una *ratio* completamente diversa da quella dei numeri precedenti.

CAPITOLO V

LA VALIDITÀ DELLA NORMA PENALE NEI CONFRONTI DELLE PERSONE

SOMMARIO: 1. Determinazione dei destinatari della norma penale. – 2. La capacità giuridica penale. Concetto. – 3. Le situazioni soggettive termine di riferimento della capacità giuridica. – 4. La capacità giuridica penale quale attitudine alla titolarità di situazioni sfavorevoli. Analisi dei requisiti. – 5. Le c.d. immunità: requisiti negativi della capacità. – 6. Si inizia l'analisi del requisito positivo. – 7. Capacità e reato proprio. – 8. Natura delle misure di sicurezza. – 9. In particolare: posizione e funzione dell'imputabilità e della pericolosità. – 10. Forme specifiche di capacità e di incapacità giuridica. – 11. La capacità di agire correlativa alla capacità giuridica come potenziale titolarità di situazioni sfavorevoli. – 12. Requisiti negativi e forme specifiche della capacità di agire. – 13. La posizione sistematica del soggetto capace di diritto e di agire. – 14. La capacità giuridica penale quale attitudine alla titolarità di situazioni favorevoli. – 15. Requisiti negativi e forme specifiche di tale capacità. – 16. Inesistenza di una correlativa capacità di agire.

1. *Determinazione dei destinatari della norma penale*

L'art. 3 c.p. dispone al I comma che:

"La legge penale italiana obbliga tutti coloro che, cittadini o stranieri, si trovano nel territorio dello Stato, salvo le eccezioni stabilite dal diritto pubblico interno o dal diritto internazionale".

La disposizione citata non la menziona espressamente, ma costituisce lo sfondo del problema della cosiddetta capacità giuridico-penale.

A differenza della capacità giuridica di diritto civile, la capacità di diritto penale non costituisce un concetto legislativo, vale a dire un concetto definito dal legislatore o per il quale si trovi comunque un qualche riferimento diretto in disposizioni di diritto positivo. Circostanza questa che mentre, come vedremo, nulla toglie e nulla aggiunge all'autonomia della nozione sul piano che le è proprio, rischia di farla apparire una elaborazione meramente dottrinale, la cui utilità, più che revocata in dubbio, è stata talora risolutamente negata. E non basta: da parte degli stessi sostenitori della rilevanza del concetto in parola, se ne opera assai spesso una identificazione, o meglio una riduzione, all'imputabiltà: con le conseguenze che vedremo per la relativa nozione in particolare e pel sistema nel suo complesso in linea generale.

Per quanto riguarda la prima delle posizioni cui si è fatto cenno, quella cioè che afferma che la nozione di capacità penale, "presa in prestito" o, peggio, "copiata", dal diritto privato, non ha ragion d'essere, è sufficiente ricordare come ogni ordinamento, o settore di ordinamento, dovrà sempre porsi quale problema preliminare di organizzazione la determinazione del soggetto rilevante nel suo ambito, come centro di imputazione di rapporti giuridici e di fattispecie. Affermazione che, sotto un profilo pratico-sostanziale, può essere enunciata nel seguente modo: nessun legislatore componendo giuridicamente una situazione di interessi, prescinderà dalla considerazione della personalità dei portatori di tali interessi, vuoi per ciò che concerne la titolarità (virtuale o attuale) di situazioni soggettive, vuoi in ordine ai requisiti personali richiesti, perché un comportamento umano sia produttivo di conseguenze giuridiche. Il che è quanto dire che ogni esperienza normativa dovrà risolvere, sotto il primo aspetto, il problema della determinazione dell'attitudine alla titolarità di rapporti giuridici (problema della "capacità giuridica"); sotto il secondo, quello della individuazione dei requisiti di idoneità fisio-psichica a porre in essere atti giuridicamente rilevanti (problema della "capacità di agire"). Né si vede come e per qual motivo le statuizioni di diritto penale dovrebbero sfuggire a questa realtà. Correlativamente, in nessun modo l'interprete potrà sottrarsi al compito di precisare quali siano i requisiti indispensabili a fondare e l'una e l'altra capacità: anche se alla fine della sua indagine debba, per avventura, riconoscere che in una determinata direzione questi requisiti coincidono.

2. *La capacità giuridica penale. Concetto*

Cominciamo dalla capacità giuridica. Abbiamo già detto che per essa intendiamo l'attitudine alla titolarità di rapporti giuridici. È pertanto penalmente capace la persona che è virtualmente titolare di rapporti *(rectius:* situazioni) giuridico-penali. Come è stato esattamente notato, si tratta di una nozione amplissima che si costruisce con riferimento a tutte le situazioni soggettive, favorevoli o sfavorevoli, che si manifestano nel diritto penale. Una prima cosa deve essere al riguardo ben chiara. Orientare in tal senso l'indagine significa rifiutare quella visuale, assai comune in dottrina e giustificabile solo in base a considerazioni d'ordine pratico, che concentra la sua attenzione unicamente sulla cosiddetta "capacità al reato", come inesattamente e soprattutto con pericolosa confusione tra capacità di diritto e capacità di agire, viene di solito designata la idoneità ad essere titolare della situazione che funge da titolo di legittimazione al reato. Poiché non è detto che la capacità-attitudine alla titolarità di situazioni sfavorevoli e la capacità-attitudine alla titolarità di situazioni favorevoli siano legate alle medesime condizioni, sarà opportuno trattarne separatamente.

3. *Le situazioni soggettive termine di riferimento della capacità giuridica*

Il lettore avrà notato come la terminologia usata a proposito delle situazioni soggettive non sia conforme a quella corrente.

In luogo di situazioni attive e passive preferiamo parlare di situazioni favorevoli e sfavorevoli. Ciò avviene perché le locuzioni più usuali ci sembrano alquanto incerte tra un significato relativo al risultato vantaggioso o svantaggioso creato dalla norma per il titolare, e uno concernente la descrizione del comportamento normativamente fissato. Non che di questi due punti di vista, che così spesso troviamo intrecciati, uno solo meriti considerazione e l'altro vada, invece respinto; al contrario, è necessario utilizzarli entrambi, ma tenendoli rigorosamente distinti. Definiamo le situazioni soggettive come le figure di qualificazione che attengono alla posizione del soggetto nei confronti di un comportamento ipotetico (suo o di altri) indicato dalla norma. È questa una formula, volutamente assai ampia, che comprende tanto le situazioni che concernono un *agere* del soggetto, che quelle che riguardano un comportamento altrui. La sua base concettuale è costituita dalla particolare condizione di preminenza o di subordinazione di un soggetto di diritto rispetto ad uno o a tutti gli altri consociati, così come risulta dalla valutazione (media) del vantaggio o dello svantaggio che le conseguenze, collegate da una norma al comportamento proprio o altrui, arrecano al titolare della situazione. Ciò vuol dire che la partizione fondamentale nell'ambito delle situazioni soggettive sarà quella tra situazioni favorevoli e situazioni sfavorevoli, partizione che sembra, oltre tutto, la più idonea a cogliere i due momenti del subiettivarsi della norma: il diritto soggettivo in senso lato e la necessarietà.

La distinzione tra situazioni attive, che concernono la condotta del soggetto titolare, e situazioni inattive, caratterizzate dalla irrilevanza di un'attività del soggetto stesso, corre invece entro ciascuno dei due gruppi contrapposti. Con il che resta chiarito anche un altro punto di grande importanza per la nostra indagine. Mentre la determinazione della capacità giuridica in ordine a situazioni attive (siano esse favorevoli o sfavorevoli) porta con sé il correlativo e logicamente subordinato problema della determinazione della capacità di agire nel soggetto titolare di quelle situazioni o in chi lo rappresenta, la capacità giuridica puntualizzata verso situazioni inattive (siano esse favorevoli o sfavorevoli) per definizione non pone alcuna questione circa una corrispondente capacità di agire nel soggetto titolare o nel suo rappresentante. Di capacità di agire qui si potrà parlare soltanto nei confronti del soggetto, distinto dal titolare delle situazioni inattive, il cui comportamento sia produttivo di conseguenze giuridiche che incidano sulla sfera di diritto del primo. Dove è evidente che la capacità di agire si prospetta, in questo caso, come correlativa alla attitudine, alla titolarità di quelle situazioni giuridiche attive che costituiscono il titolo di legittimazione ad un siffatto comportamento.

In diritto privato pensiamo alla struttura del diritto di credito, che non comprende alcun *agere* del titolare.

La condotta attiva costituisce il contenuto del potere di azione che è l'elemento che qualifica, attraverso la tecnica di tutela adottata dall'ordinamento, un certo interesse come diritto soggettivo in senso stretto e non come mero interesse obiettivamente protetto.

Vedremo meglio come in diritto penale la tecnica imperniata sul diritto soggettivo in senso stretto è adottata dalle regole incriminatrici che prevedono un reato procedibile a querela di parte o ad istanza.

4. *La capacità giuridica penale quale attitudine alla titolarità di situazioni sfavorevoli. Analisi dei requisiti*

Ciò premesso, poiché il diritto penale si presenta come un sistema imperniato prevalentemente sulla situazione di dovere, cercheremo in primo luogo di determinare i requisiti alla cui stregua è da riconoscere l'attitudine alla titolarità di situazioni sfavorevoli giuridico-penali.

Quali siano tali situazioni non è difficile enunciare. Se consideriamo la posizione del soggetto rispetto all'elemento condizionante, il prodursi della sanzione disposta dalla norma, la necessità di adeguamento ad una pretesa normativa che ha per contenuto un comportamento del soggetto stesso è espressa dalla situazione (attiva) di dovere. Per spiegare, invece, il rapporto tra il reo e le conseguenze riconnesse alla commissione del reato, nel nostro ordinamento, deve farsi ricorso alla figura della soggezione, risolvendosi, infatti, tale rapporto nella relazione tra il colpevole e le conseguenze giuridiche dell'agire di un altro soggetto (l'organo preposto all'esecuzione e qualunque altro soggetto la cui condotta determini, per disposizione di legge, una menomazione o una compressione della sfera giuridica altrui), che si riflettono svantaggiosamente sulla sfera di diritto del primo. La scissione tra questi due momenti che, con terminologia improntata alla concezione imperativistica del diritto, usano chiamarsi rispettivamente precettivo e sanzionatorio, se ubbidisce ad un'esigenza di analisi del tutto rispettabile, non deve far dimenticare che fra di essi esiste qualcosa di più di un legame assai stretto. Criterio del dovere è, infatti, il carattere di necessarietà che un dato comportamento assume di fronte al diritto. Necessarietà che non potendo essere rivelata dallo stesso tenore delle proposizioni organizzate in un sistema che si afferma valere come ordinamento giuridico, va ravvisata nel collegamento tra fattispecie e sanzione. E cioè: una persona è tenuta ad una certa condotta quando l'opposto di questa condotta funziona nella norma da condizione di un atto coattivo qualificato come conseguenza di illecito. Imperniando il dovere sulla sanzione, si viene per ciò stesso ad affermare che destinatario del primo può essere solo chi sia assoggettabile alla seconda. Il problema dei requisiti in base ai quali sorge la capacità di diritto, come attitudine alla titolarità di situazioni sfavorevoli, è, pertanto, problema che non ammette soluzioni diverse a seconda che si consideri la situazione di dovere o quella di soggezione.

Su un primo punto vi è concordia pressoché assoluta. Il nostro diritto positivo non contempla responsabilità penale delle persone giuridiche: capace penalmente può essere, quindi, soltanto la persona umana. Non vi sono disposizioni che dichiarino espressamente tale principio. Lo stesso art. 27 Cost., più volte richiamato al riguardo, affermando che la responsabilità penale è personale, può essere letto prescindendo dalla natura del soggetto cui le conseguenze di responsabilità sono imputate. Potrebbe leggersi, cioè, nel senso che non può darsi sanzione penale per un fatto che non sia del soggetto – persona fisica o giuridica – cui la sanzione deve essere applicata e al di fuori di un collegamento psicologico tra la persona fisica e il proprio comportamento o tra chi agisce in nome e per conto della persona giuridica e il fatto qualificato come illecito.

Senonché il silenzio della legge sulle peculiari forme che la responsabilità delle persone giuridiche, se fosse riconosciuta, dovrebbe indubbiamente assumere, e, soprattutto, l'art. 197 c.p. appaiono decisivi.

L'art. 197 al I comma stabilisce:

"Gli enti forniti di personalità giuridica, eccettuati lo Stato, le Province e i Comuni, qualora sia pronunciata condanna per contravvenzione contro chi ne abbia la rappresentanza o l'amministrazione, o sia con essi in rapporto di dipendenza, e si tratti di contravvenzione che costituisca violazione degli obblighi inerenti alla qualità rivestita dal colpevole, sono obbligati al pagamento, in caso di insolvibilità del condannato, di una somma pari all'ammontare dell'ammenda inflitta".

Come benissimo è stato detto, è evidente che se la persona giuridica potesse essere penalmente responsabile non sarebbe stata sancita a suo carico una particolare obbligazione di garanzia per l'ipotesi di insolvibilità del reo-persona fisica. Tanto più, poi, che tale obbligazione sorge proprio in seguito alla realizzazione di una di quelle contravvenzioni la cui responsabilità potrebbe farsi risalire all'ente collettivo.

5. *Le c.d. immunità: requisiti negativi della capacità*

Torniamo adesso all'art. 3 c.p. Nel II comma dell'articolo citato l'obbligatorietà è estesa altresì a tutti coloro che "cittadini o stranieri, si trovano all'estero, ma limitatamente ai casi stabiliti dalla legge medesima o dal diritto internazionale". L'amplissima dizione della norma in discorso sembrerebbe far coincidere il requisito positivo (quello cioè che deve verificarsi), necessario per riconoscere a taluno l'attitudine ad essere titolare di doveri giuridico-penali, con la natura umana. Ma poiché, come sappiamo, non può parlarsi di dovere ove manchi l'assoggettabilità ad una sanzione in caso di inosservanza, per prendere posizione nel senso sopra enunciato occorrerà accertare se sia proprio vero che, a parte le eccezioni espressamente richiamate, tutti gli esseri umani siano assoggettabili ad una sanzione di diritto penale. Prima di rispondere a questo interrogativo è però opportuno chiarire quale sia il significato che assumono, nel sistema, le limitazioni al principio dell'obbligatorietà della legge penale, cui come s'è visto l'art. 3, I comma, fa riferimento.

Vengono qui in considerazione le cosiddette immunità o prerogative, le quali implicano un particolare trattamento, rispetto alla legge penale, di determinate persone o classi di persone che adempiono funzioni o ricoprono uffici di particolare importanza o che sono in particolari relazioni con la persona offesa dal fatto. Senza scendere all'esame dettagliato di queste situazioni, per il quale rinviamo a sede più acconcia, ci limiteremo ad osservare come, mentre per taluni soggetti l'impunità è assoluta, per altri è circoscritta a dati atti, per altri ancora concerne determinati comportamenti se commessi in danno di determinate persone (ad es. art. 649 c.p.).

La natura giuridica delle immunità è assai controversa[1]. Probabilmente non del tutto esatta, sul puro piano processuale, o perlomeno tale da esigere approfondimento ulteriore e precisazioni maggiori ed è assolutamente da respingere come tentativo di spiegazione globale del fenomeno l'opinione secondo cui le immunità rappresenterebbero delle semplici esenzioni da giurisdizione: riguarderebbero solo l'impossibilità di attivare il processo, e non inciderebbero sugli elementi della norma penale sostanziale. Prescindiamo pure dalle critiche rivolte a tale costruzione per il motivo, a nostro avviso di scarso peso, se non del tutto irrilevante, che essa sminuirebbe dal punto di vista politico le situazioni di irresponsabilità. Ciò che conta è ben altro. Non si vede, infatti, che senso abbia affermare che negli immuni la capacità penale, sia riguardo all'imperativo, sia riguardo alla sanzione penale, è fuori discussione, mentre sarebbe il solo processo a non potersi attivare. Se la capacità penale, nel senso in cui stiamo occupandocene adesso, è attitudine ad essere titolari di doveri ed assoggettabili a sanzioni, come può essere considerato capace chi, a cagione di una qualità personale, non può veder entrare in funzione nei suoi confronti lo strumento indispensabile per applicargli una sanzione penale?

Mutatis mutandis, il medesimo appunto può muoversi anche a chi ritiene che le immunità non concernano la validità ed efficacia dell'elemento precettivo, bensì l'elemento della sanzione. Basta pensare che ragionando in tal modo si verrebbe a configurare capacità di doveri, dove mancherebbe capacità di soggezione alla sanzione, per renderci conto dell'insostenibilità di un simile assunto. Ma non basta. L'ordine di idee che critichiamo è palesemente in contrasto col diritto positivo. Concepite le immunità come cause personali di esenzione da pena, i soggetti che ne godono potrebbero essere sottoposti a misure di sicurezza, a norma dell'art. 203 c.p. Tale disposizione, infatti, riallacciandosi a quella precedente, che stabilisce che le misure di sicurezza possono essere applicate soltanto alle persone socialmente pericolose, che abbiano commesso un fatto preveduto dalla legge come reato o quasi reato, precisa che, agli effetti della legge penale, è socialmente pericolosa la persona, anche se non imputabile o non punibile, quando è probabile che commetta nuovi fatti di reato.

---

[1] Cfr. per quanto concerne la natura giuridica delle situazioni di immunità, con formulazione meramente descrittiva ("sottrazione per taluni soggetti alla applicabilità delle sanzioni penali"), che è, oltretutto, riduttiva: Cass. III, 12 maggio 1998, n. 1011. Assai pregevole, invece, nella puntualizzazione delle fonti di immunità. "L'immunità, che comporta la sottrazione per taluni soggetti all'applicabilità delle sanzioni penali, costituendo un'eccezione al principio di obbligatorietà della legge penale, non può che derivare da disposizioni legislative ed è insuscettibile di interpretazioni estensive ed analogiche, come del resto avverte l'art. *3* c.p. nel limitarla ai soli casi stabiliti dal diritto pubblico interno e dal diritto internazionale. Il diritto internazionale riconosce l'immunità ai soli Capi di Stato per il fatto che essi rappresentano i rispettivi Stati. Tutte le altre immunità non possono che sorgere da specifiche norme legislative, le quali non solo devono formulare il collegamento tra l'organo e la sua qualità di rappresentante dello Stato straniero, ma devono altresì indicare se l'esonero è generale, ovvero limitato ai fatti commessi nell'esercizio delle loro funzioni. Pertanto l'immunità non può essere riconosciuta al deputato alla sanità e sicurezza sociale del Congresso di Stato di S. Marino".

Ora, poiché la non punibilità, cui la legge fa riferimento, non potrà dipendere dalla mancanza di un elemento positivo o dalla presenza di un elemento negativo (cause di giustificazione) dell'illecito penale, dato che in tal caso difetterebbe il presupposto della commissione di un reato; poiché le due ipotesi di quasi-reato sono oggetto di specifica previsione, se ne deduce che il soggetto non punibile a cui, se pericoloso, sarà applicabile una misura di sicurezza non potrà essere che colui il quale fruisce di una causa personale di esenzione dalla pena. Con la conseguenza che, se le immunità dovessero riportarsi a quest'ultima categoria, gli agenti diplomatici presso il Quirinale e la Santa Sede, per non fare altri e più irriverenti esempi, potrebbero essere assoggettati ad una misura di sicurezza. Né, per ovviare ad un tal inammissibile risultato sarebbe qui invocabile l'esenzione dalla giurisdizione cui s'è già fatto cenno. E, invero, sarà il fenomeno di diritto sostanziale, che si tratta appunto di spiegare, il *prius* di quello processuale e non viceversa.

Tirate le somme, dobbiamo concludere che il soggetto immune, non potendo essere assoggettato a sanzione penale, per ciò stesso non può nemmeno essere considerato titolare di un correlativo dovere di astensione dal fatto di reato. Ogni ipotesi di immunità dà quindi luogo ad una situazione di incapacità, la quale sarà assoluta se l'irresponsabilità è totale, ovverosia estesa a tutti gli illeciti penali contemplati nell'ordinamento, parziale qualora l'irresponsabilità sia disposta soltanto in rapporto a determinati reati, relativa se è disposta soltanto per determinati reati perpetrati a danno di determinate persone. Più precisamente, è da dirsi che la qualifica costitutiva dell'immunità si prospetta come requisito negativo della capacità penale: requisito, cioè, che deve mancare perché quest'ultima sussista.

Quanto ai rilievi, più volte avanzati, che una siffatta costruzione sarebbe indicativa di una visuale formalistica che, pur di arrivare ad una nozione meramente generica di incapacità penale, violenta la realtà delle cose e parifica – sotto l'aspetto normativo – il caso dell'infermo di mente con quello di un Capo di Stato straniero, va osservato, anzitutto, che la capacità è una categoria di esclusiva creazione del diritto, rispetto alla quale la "natura delle cose" svolge senza dubbio una funzione determinante, ma solo in una fase pregiuridica. In secondo luogo, anche il parallelismo con l'infermo di mente che sembra turbare non poco, viene a cadere quando, come più appresso vedremo, ci si renda conto che il non imputabile è soggetto capace, vale a dire idoneo ad esser titolare di doveri ed assoggettato a sanzione penale. Ma è chiaro che anche se, con buona parte della dottrina dominante, si dovesse ritenere che il non imputabile è penalmente incapace, ciò non reagirebbe minimamente sulla natura giuridica delle immunità, posto che, come tutti sanno, il diritto può sottoporre ad una medesima disciplina i casi più diversi per i motivi più diversi.

Né può attribuirsi peso decisivo all'osservazione secondo la quale la mancanza di capacità implicherebbe una diminuzione dello stato giuridico del soggetto, mentre l'immunità importerebbe un accrescimento della stato medesimo. La capacità, di cui le immunità costituiscono requisiti negativi, è la capacità-attitudine alla titolarità di situazioni giuridiche sfavorevoli e, pertanto, l'incapace di diritto penale, non essendo titolare di doveri né assoggettabile a sanzioni, godrà di una condizione giuridica, per così dire, potenziata. Più sottile è, invece, la critica che muove dalla esatta constatazione che il fatto compiuto da una persona incapace di diritto penale non rappresenta la violazione di un dovere penale e, quindi, difetta dell'essenziale momento dell'antigiuridicità. Con la conseguenza, si aggiunge, che per così fare bisognerebbe ritenere inammissibile la legittima difesa nei confronti degli immuni, perché dalle loro azioni, sottratte alla possibilità di una qualificazione penale, non potrebbe mai derivare il pericolo di un'offesa "ingiusta", come richiede l'art. 52 c.p. Anche quest'osservazione si rivela, però, frutto di equivoco. Nessuno ha mai detto, infatti, che l'ingiustizia dell'offesa, elemento della situazione ipotizzata dalla disposizione che prevede la legittima difesa, sia qualifica ricavabile unicamente alla stregua di norme penali. Al contrario, perché l'offesa sia ingiusta, è sufficiente il contrasto con un qualunque precetto dell'ordinamento giuridico. Ora, non v'è dubbio che, se l'immune non può realizzare un illecito penale, egli, salvo il caso in cui ciò sia espressamente escluso, è pienamente in grado di porre in essere o di tentare di porre in essere un illecito civile, amministrativo e via dicendo.

6. *Si inizia l'analisi del requisito positivo*

Dunque, le ipotesi di immunità rappresentano requisiti negativi, in senso assoluto o parziale o relativo, della capacità intesa quale attitudine alla titolarità di situazioni soggettive giuridico-penali sfavorevoli. Occorre, adesso, vedere se le limitazioni all'obbligatorietà della legge penale stabilite dall'art. 3, II comma, relativamente a tutti coloro che cittadini o stranieri si trovano all'estero, diano luogo anch'esse a situazioni di incapacità. Risulta dall'analisi degli articoli da 7 a 10 c.p., in primo luogo, che il nostro ordinamento, al di fuori dei casi contemplati dal n. 5 dell'art. 7, non ammette che la legge penale italiana possa applicarsi a contravvenzioni commesse all'estero, sia dal cittadino che dallo straniero. In secondo luogo, l'art. 9 esclude *a contrariis* la rilevanza dei delitti, puniti con pene pecuniarie, commessi dal cittadino all'estero (purché, beninteso, non si versi nella riserva di cui al n. 5 dell'art. 7). Sempre *a contrariis* emerge, poi, dall'art. 10, che ci sono degli atti, punibili se commessi da un cittadino, ai quali non è ricollegato alcun effetto giuridico qualora vengano compiuti da uno straniero.

Ci si chiede se i casi indicati siano spiegabili come casi di incapacità parziale, rispettivamente del cittadino e dello straniero. Pur con qualche perplessità, ci sembra che la risposta debba essere negativa.

Se è vero, come la dottrina concordemente afferma, che la base o la radice della capacità consiste in una qualità della persona, cioè in un suo modo di essere costante, una condizione soggettiva transeunte e, soprattutto, una modalità di realizzazione del fatto non possono essere fonte né di capacità né di incapacità.

Ora, sia autore del fatto un cittadino o uno straniero, l'elemento determinante l'inapplicabilità della legge italiana è la realizzazione del fatto stesso all'estero, non certamente la nazionalità dell'agente. E se questo è rilievo di tutta evidenza per ciò che concerne l'ipotesi di commissione del fatto da parte di un cittadino, non è meno appropriato allorché consideriamo il caso in cui il fatto sia stato posto in essere da uno straniero. E cioè: anche qui non è la nazionalità che, come tale, su un piano che non voglia confondersi con valutazioni di politica legislativa, preclude l'applicazione della norma penale italiana, bensì una modalità di esecuzione del fatto. La definizione più acconcia di tali situazioni si presenta come quella che ravvisa, in ciascuna fattispecie criminosa, la cui realizzazione non è punibile se commessa all'estero, a seconda dei casi dal cittadino italiano o dallo straniero, una clausola negativa che importa la non applicabilità della regola incriminatrice ogniqualvolta il comportamento tipico è espressamente sottratto alla punibilità dal combinato disposto degli artt. 3, II comma e 7, 8, 9, 10 c.p.

7. *Capacità e reato proprio*

Prima di esaminare il problema dei rapporti tra capacità ed imputabilità e pericolosità sociale, è opportuno chiederci se così come si danno ipotesi di incapacità parziale si presentano ipotesi di capacità speciale.

La domanda concerne il seguente punto: le fattispecie per la realizzazione delle quali sono richieste determinate qualità o condizioni personali del soggetto agente (fattispecie cosiddette proprie) presuppongono, nell'ambito della nozione generica di capacità, una situazione particolare qualificabile come capacità speciale? Vengono qui in considerazione in primo luogo i c.d. reati propri. Diciamo: in primo luogo, ma non soltanto. L'idoneità, condizionata dal possesso di determinati requisiti, a porre in essere fatti penalmente rilevanti non si presenta unicamente rispetto a fattispecie criminose, ma anche in ordine, ad esempio, a circostanze, aggravanti o attenuanti. Ma la categoria dei reati propri è senza dubbio la più rilevante. Generalmente si qualificano come reati propri tutti quelli in cui il soggetto attivo non è indicato come "chiunque" bensì come la persona in possesso di determinati requisiti o qualifiche: ad esempio, pubblico ufficiale o incaricato di pubblico servizio nel delitto di peculato (art. 314 c.p.). La definizione può essere accettata solo a patto di tracciare, nell'ambito della categoria, una distinzione fondamentale. Si guardi proprio alla fattispecie di cui all'art. 314 c.p. Qui il legislatore avrebbe potuto omettere la menzione soggettiva pubblico ufficiale o incaricato di pubblico servizio e tipicizzare la condotta di "chiunque". Le qualifiche in questione si sarebbero ricavate dalla stessa struttura del fatto di reato.

Si esige che il possesso o la disponibilità della cosa oggetto materiale della condotta si verifichi per ragioni dell'ufficio o del servizio. Ora, di ufficio o servizio, nel sistema penale, si parla unicamente quando si tratta di ufficio o servizio pubblico (artt. 357 e 358 c.p.); questo vuol dire che la qualifica soggettiva nasce, a ben vedere, da un elemento del fatto oggettivo, con la conseguenza che sarà applicabile la disciplina in tema di errore sul fatto. Diversamente stanno le cose quando si passi a considerare la struttura di una fattispecie criminosa come quella delineata dall'art. 275 c.p.

L'accettazione di gradi o dignità accademiche ecc. da parte di uno Stato in guerra con lo Stato italiano, è realizzabile da "chiunque". Senonché, per ovvi motivi, si esige la qualifica soggettiva di cittadino italiano che, senza rifluire sulla struttura del fatto, ne delimita la portata.

E in questo e simili casi non ricorre la disciplina sull'errore.

Ciò detto, possiamo ritenere che di capacità speciale deve parlarsi esclusivamente con riferimento a quei fatti giuridici rispetto ai quali una certa qualifica è necessaria per la rilevanza di ciò che naturalisticamente può essere realizzato anche da chi quella qualifica non possegga.

Questa conclusione, che opera una specificazione nell'ambito del concetto di capacità, è contestata da chi sostiene che, a proposito dei reati propri – e non si distingue tra reato effettivamente tale e reato proprio solo in apparenza – non si tratta di capacità particolare bensì di legittimazione.

Non vorrei fare questione di parole: tutto corre benissimo quando la legittimazione si fa coincidere con la capacità speciale. Vale solo la pena di chiedersi se sia indispensabile o, quanto meno, utile ricorrere a una categoria distinta da quella di capacità. Si tenga presente che quello della capacità non è un concetto unitario; si articola a seconda delle fattispecie cui si riferisce, presentando comunque sempre la nota indefettibile che è penalmente capace chi è assoggettabile a sanzione penale. Tanto vale, allora, rinunciare alla legittimazione: anche per non incorrere nella facile ironia di chi considera quasi scandaloso ragionare in termini di legittimazione ad un reato.

8. *Natura delle misure di sicurezza*

A questo punto possiamo domandarci quale sia il requisito positivo della capacità di diritto penale. Il dubbio che si presenta è il seguente: in assenza di particolari situazioni che precludano l'applicabilità della norma penale al soggetto, sarà da considerarsi penalmente capace ogni persona, o soltanto chi, a norma degli artt. 85 ss. c.p., va ritenuto imputabile? Poiché la capacità, nell'accezione che qui analizziamo, si costruisce, in definitiva, sulla base dell'assoggettabilità ad una sanzione penale, non c'è dubbio che il problema e la sua soluzione dipendono dalla risposta che si dia alla tanto dibattuta questione della natura delle misure di sicurezza[2]. Se queste ultime si assegnano al diritto amministrativo, ritenendo che unica conseguenza penalistica sia la pena, la soggettività di diritto penale dovrà, in questa fase, ruotare inevitabilmente intorno all'imputabilità. Qualora, invece, si ravvisi nelle misure di sicurezza il carattere di provvedimenti penali, risulterà una categoria nella quale saranno compresi tanto l'imputabile che il non imputabile.

Senza pretendere di esaurire in questa sede un problema che ha molti e complessi aspetti, ci limiteremo a segnalare quei punti che, a nostro avviso, giustificano il convincimento che le misure di sicurezza sono di natura penale (o, per chi

---

[2] Sul punto è fondamentale la riflessione di Francesco Antolisei dalla Prolusione Sassarese agli ultimi suoi scritti.

vuole evitare la contraddizione terminologica, criminale).

Se non andiamo errati, la discussione non può essere affrontata avendo riguardo al contenuto delle misure rispetto a quello delle pene: eventuali analogie o differenze riscontrate su questo terreno risulterebbero in ugual modo prive di significato. Le analogie di contenuto non depongono, infatti, a favore di una considerazione unitaria, perché vi sono rami del diritto che dispongono, come reazione alla violazione dei propri precetti, conseguenze che in sé e per sé si presentano identiche alle pene, ma pene non sono in quanto non vengono irrogate dall'autorità giudiziaria, mediante quel complesso di atti che costituisce il processo penale. Né, d'altro canto, sono decisive per la differenziazione certe innegabili diversità di disciplina, dato che si potrebbe sempre obiettare che sono proprio queste peculiarità a giustificare una autonoma previsione delle misure di sicurezza accanto alle pene: se così non fosse si sarebbero creati dei doppioni inutili. Né mi pare che si possano trarre argomenti decisivi dalle difficoltà che incontra a considerare come sanzioni le misure di sicurezza, chi afferma che il concetto di sanzione è ancorato alla funzione, che questa deve avere, di poter influire sulla volontà del soggetto per determinarlo ad un comportamento conforme alla norma. A parte il fatto che, secondo la formulazione riportata, non sarebbero sanzioni le pene contemplate per i casi di responsabilità oggettiva, in quanto la disposizione che le enuncia non avrebbe nemmeno la possibilità di proporsi ai consociati come se fosse un comando, il concetto di sanzione, esclusivamente formale e convenzionale, non è certo il più idoneo a fornire la chiave della soluzione di un problema di interpretazione, come questo di cui stiamo occupandoci.

Non resta allora che affidarsi al criterio offerto dalla natura del procedimento di applicazione delle misure di sicurezza: se, cioè, questo sia giurisdizionale o amministrativo. La scelta non pare difficile: svolto, come attività doverosa e non libera, dall'autorità giudiziaria penale, la quale agisce nei modi e nelle forme che le sono caratteristici e cioè al di fuori di ogni vincolo di subordinazione gerarchica: sottoposto alla regola dell'art. 101 Cost. (dipendenza del giudice soltanto dalla legge) ed al principio di stretta legalità (art. 199 c.p. e art. 27 Cost.), tale procedimento partecipa di tutti i caratteri della giurisdizione penale.

Se il procedimento che ha per oggetto l'applicazione di misure di sicurezza è giurisdizionale, e giurisdizionale penale, se ne ricava quale legittimo corollario l'appartenenza al diritto penale dei provvedimenti di cui in esso si discute. Conclusione cui non si può sfuggire protestando che il diritto penale è costituito soltanto dal quel complesso di norme che gravitano intorno all'idea della colpa e della pena, perché in tal modo si dà per dimostrato proprio ciò che bisognerebbe invece dimostrare.

Riconosciuto alle misure di sicurezza il carattere di provvedimenti penali, il non imputabile, cui tali misure sono applicabili, è per ciò stesso soggetto penalmente capace, vale a dire soggetto idoneo alla titolarità di doveri penalmente sanzionati e ad entrare nello stato di soggezione conseguente alla violazione di quei doveri.

9. *In particolare: posizione e funzione dell'imputabilità e della pericolosità*

Se quanto precede è esatto, le conclusioni che se ne traggono per ciò che attiene alla determinazione dei requisiti sulla base dei quali sorge la qualificazione soggettiva di capacità di diritto penale, in ordine alle situazioni sfavorevoli, sembrano condurre tutte ad un unico risultato. Si dovrebbe, cioè, ritenere che, sotto il profilo positivo, il substrato della capacità penale coincide con la qualità di persona umana, imputabile o pericolosa o tutt'e due le cose insieme. Questa sarebbe, però, conclusione, più che affrettata, erronea, poiché trascurerebbe la peculiare funzione che nel sistema svolgono imputabilità e pericolosità. Cominciamo da quest'ultima per la quale la dimostrazione si presenta, forse, più agevole.

Il codice penale definisce, all'art. 203, socialmente pericolosa "la persona anche se non imputabile o non punibile la quale ha commesso taluno dei fatti indicati nell'articolo precedente (vale a dire un reato o un quasi reato) quando è probabile che commetta nuovi fatti preveduti dalla legge come reato". E nel capoverso aggiunge: "La qualità di persona socialmente pericolosa si desume dalle circostanze indicate nell'art. 133".

Se ci fermassimo a considerare soltanto la prima parte della disposizione citata, potremmo anche formarci il convincimento che la realizzazione di un fatto di reato costituisce un puro limite all'attuazione di quella parte del sistema preventivo, ed all'applicazione di quella parte delle misure contro il pericolo criminale, devolute agli organi giudiziari, sempre, però, restando nient'altro che un limite, di carattere puramente estrinseco. Ma il capoverso, come s'è detto, stabilisce che la pericolosità si desume dalle circostanze di cui all'art. 133. Ora, queste circostanze non sono solo quelle che formano la base del giudizio di capacità a delinquere, bensì anche quelle che fungono da indici della gravità del reato. Il che significa, se non c'inganniamo, che la commissione di un reato non ha il mero valore di limite cronologico di occasione, a partire dal quale è consentito un accertamento di pericolosità criminale nei modi e nelle forme dell'esercizio di attività giurisdizionale, ma rappresenta un sintomo imprescindibile della pericolosità criminale stessa, costituisce, cioè, uno degli elementi su cui si fonda il giudizio relativo. Si potrà indubbiamente discutere dell'importanza che, rispetto a tutti gli altri, tale sintomo possiede, ma occorre riconoscere come, nel nostro ordinamento penale, nessuno può essere qualificato socialmente pericoloso ai sensi degli artt. 203 ss. c.p., prima dell'esecuzione di un reato e, soprattutto, senza tener conto di quest'ultimo.

Pertanto, non è corretto considerare la condizione di soggetto pericoloso come uno dei requisiti che formano il substrato della capacità penale, posto che questa è categoria che esprime la semplice attitudine alla titolarità di situazioni soggettive, ed è del tutto indipendente, quindi, dalla concreta realizzazione di un reato.

Al medesimo risultato si perviene per quel che concerne l'imputabilità. Certo è innegabile che, a differenza della pericolosità, qui ci troviamo di fronte a una condizione soggettiva che preesiste al reato, e sarebbe pienamente valutabile anteriormente al verificarsi di questo. Diciamo: sarebbe. L'art. 85 c.p. esige capacità di intendere e volere al momento della commissione del fatto. Questo però non costituisce elemento del giudizio di imputabilità.

Potrà, tutt'al più, giustificare il sospetto che il reato, per le sue particolari concrete modalità, sia stato commesso da un non imputabile. Si pensi, ad esempio, ad un omicidio del quale non si riesce a comprendere la causale: è indubbio che l'indagine, pur determinata da tale sospetto, sarà condotta su dati che sono ontologicamente svincolati dal reato che ne costituisce tutt'al più la conseguenza.

Si potrebbe, a questo punto, pensare che l'imputabilità sia il supporto positivo della idoneità ad essere titolare di un dovere presidiato da una pena criminale in senso stretto.

In tal modo, però, si è costretti a ravvisare due doveri (a seconda, cioè, che si ponga mente alla pena o alla misura di sicurezza come conseguenza della violazione) dove in realtà non ve ne è che uno, con un unico contenuto. Ma allora, se l'attitudine alla titolarità del medesimo dovere si riscontra tanto nell'imputabile che nel non imputabile, l'imputabilità non può rappresentare uno dei requisiti della capacità, intesa appunto come categoria che vuole significare e porre in rilievo tale attitudine. La funzione dell'imputabilità, né più né meno che quella della pericolosità, consiste proprio nel permettere di specificare la natura delle conseguenze, alla stregua del modo d'essere dell'agente: l'imputabilità porta con sé la pena, la pericolosità, le misure di sicurezza e le due sanzioni si cumulano nel soggetto che sia riconosciuto, ad un tempo, imputabile e pericoloso. Insomma, l'imputabilità non è altro che una qualifica necessaria affinché l'autore del reato sia assoggettabile a pena, e la sua mancanza non incide sulla capacità di diritto penale, ma costituisce solo una causa personale di esenzione della pena.

Sciogliendo la riserva sopra formulata, possiamo adesso precisare che criterio dell'obbligatorietà penale di un dato comportamento è la rilevanza che il contrario di questo comportamento possiede nell'ambito di una fattispecie di illecito, di cui sono ulteriori elementi essenziali le circostanze da cui si desumono rispettivamente l'imputabilità o la pericolosità, o ambedue insieme.

Ma non possiamo ancora considerare esaurita l'analisi del requisito positivo della capacità. Resta, infatti, da accertare se essa si identifichi *tout court* con la natura di persona umana, o se non abbisogni in linea generale di connotazioni maggiori.

Poiché la capacità che stiamo studiando si definisce quale attitudine all'assoggettamento a sanzioni e, quindi, alla titolarità di doveri, non potrà essere ritenuto destinatario di un dovere penale chi non è in grado di porre in essere un fatto produttivo di conseguenze giuridico penali. In altri termini, non ha la capacità di diritto penale, polarizzata verso situazioni sfavorevoli, chi non ha la capacità di agire.

Benché le due categorie svolgano diverse e ben distinte funzioni, e non vadano pertanto confuse, vedremo come le qualifiche in cui entrambe consistono presentino il medesimo substrato. Ora, dato che il requisito positivo che condiziona le due capacità, non può non risentire della natura e della struttura del fatto che il soggetto deve poter porre in essere, ci sembra più opportuno completare l'indagine trattando della capacità di agire, e cioè considerando il soggetto quale centro di imputazione di fattispecie e non di effetti giuridici.

10. *Forme specifiche di capacità e di incapacità giuridica*

Prima di passare a questa fase della nostra ricerca, conviene riprendere le specificazioni della capacità giuridica, o del suo rovescio, che è l'incapacità. Già, a questo proposito, ci siamo imbattuti, occupandoci delle immunità, in situazioni di incapacità parziale. Sotto il profilo positivo, con caratteri di assoluta simmetria, si hanno casi in cui l'attitudine alla titolarità di una situazione sfavorevole è condizionata da un particolare modo di essere soggettivo, che rappresenta, pertanto, una nota ulteriore rispetto a tutte le altre che ordinariamente si richiedono per l'esistenza della capacità.

Ulteriori applicazioni del concetto di capacità, che siamo venuti delineando, potrebbero proporsi con riferimento a quelle cause di esclusione della punibilità, che consistono in particolari qualità del soggetto. Dipendendo, in questi casi, l'impunità dalla speciale posizione dell'agente rispetto ad un'altra persona, la situazione riprodurrebbe lo schema della cosiddetta incapacità relativa che si distingue dalla incapacità parziale, come sopra abbiamo accennato, perché mentre quest'ultima sussiste in relazione ad uno o più reati astrattamente previsti dalla legge, la prima implicherebbe soltanto l'impossibilità di commettere reati a danno di una o più determinate persone. Il problema, di stretto diritto positivo, va risolto caso per caso. E cioè, se la particolare qualità del soggetto si limita a precludere la applicabilità della pena, consentendo il prodursi di altri effetti penali (in primo luogo l'assoggettabilità a misure di sicurezza ai sensi dell'art. 203 c.p.), non è contestabile che il fatto realizzato è un fatto penalmente rilevante, e non può parlarsi, quindi, di incapacità, sia pure relativa, nei confronti di chi lo abbia posto in essere.

La particolare qualità dell'agente varrà puramente e semplicemente come causa personale di esenzione dalla pena, e non si riflette né sulla illiceità del fatto né, tanto meno, sulla capacità del soggetto.

Ove, invece, a cagione di una certa qualità soggettiva non sia ricollegabile alcuna conseguenza d'ordine penale, si dovrà parlare di una vera e propria incapacità relativa, nel senso sopra illustrato.

In linea di massima può ritenersi che ove manchi, nella disposizione che prevede la non punibilità per certi fatti perpetrati nei confronti di certe persone, una clausola che espressamente stabilisca l'assoggettabilità a misura di sicurezza, quest'ultima deve ritenersi esclusa.

11. *La capacità di agire correlativa alla capacità giuridica come potenziale titolarità di situazioni sfavorevoli*

Abbiamo già osservato come la determinazione della capacità giuridica in ordine a situazioni attive porti con sé il problema, logicamente subordinato, della determinazione della capacità di agire nel soggetto titolare di quelle situazioni o in chi lo rappresenta. Ciò vuol dire che mentre la capacità giuridica, quale virtualità di assunzione di doveri, postula la correlativa nozione di capacità di agire, che concerne l'attitudine del soggetto a porre in essere atti giuridicamente rilevanti, lo stesso non accade per la capacità come assoggettabilità alla sanzione. E se ne deduce che pur riguardando le due qualificazioni gli stessi soggetti, sì che è esatto ritenere che esse coprano il medesimo settore di realtà, non potrebbe addivenirsi ad una loro unificazione, la quale non soltanto trascurerebbe la diversa funzione che ciascuna di esse svolge, ma anche e, soprattutto, dovrebbe, per forza di cose, compiersi o a spese della capacità-idoneità alla sanzione, o a spese della capacità di agire. Non v'è bisogno di molte parole per dimostrare per quale motivo la capacità giuridica, come virtuale titolarità di situazioni sfavorevoli, e la capacità di agire siano qualifiche che si rivolgono agli stessi soggetti. Basta pensare alla formula del dovere da cui abbiamo preso le mosse, per renderci conto che essa non può consentire la integrazione della capacità giuridica di un soggetto, incapace di agire, con la rappresentanza di un altro soggetto capace. In altri termini, come abbiamo già rilevato, chi è capace di diritto penale è capace di agire e viceversa.

Piuttosto, occorre precisare se il substrato delle due qualifiche si trovi in rapporto di equivalenza o di identità. Si dovrebbe rispondere nel primo senso dell'alternativa qualora risultasse necessario distinguere tra la capacità di agire dell'imputabile e quella del non imputabile, si imporrà, invece, la tesi dell'identità se all'individuazione del soggetto, punto di riferimento di fattispecie oggettive, sia estraneo ogni riferimento alla imputabilità e alla pericolosità. Per ritenere che le due condizioni personali, rilevanti nella specificazione degli effetti del reato, incidano altresì sulla riferibilità del fatto all'agente, bisognerebbe provare che esse influiscono sull'elemento di fatto, cioè sul comportamento, il quale si presenti diversamente delineato in funzione della presenza dell'una o dell'altra, o anche di entrambe.

Mentre per la pericolosità possiamo rinviare alle argomentazioni che ci hanno indotto a negare che essa rientri tra i requisiti di capacità giuridica, alcune brevi osservazioni sono da farsi riguardo all'imputabilità.

Allorché esaminiamo nei suoi requisiti costitutivi l'elemento di fatto condizionante l'efficacia della norma, nessun indizio ci è fornito dal legislatore per differenziare, attraverso caratteristiche strutturali, il comportamento dell'imputabile da quello del non imputabile. Non solo la terminologia è sempre rigorosamente la medesima (di reato si parla pure in rapporto all'incapace), ma, quel che più conta, ciascuna della disposizioni nelle quali si fissano i requisiti del fatto-reato si applica anche alla persona non imputabile. Se si ammette, come è impossibile non ammettere, che non sono assoggettabili a misure di sicurezza il minore o l'infermo di mente che abbiano commesso il fatto per forza maggiore o caso fortuito, si deve anche concludere che l'ordinamento esige, per riferire un fatto ad un soggetto incapace, la presenza di determinati presupposti di imputazione; i quali, nel silenzio della legge, non potranno essere che quelli ordinari, e cioè il dolo e la colpa.

Si è detto, è vero, che in questi casi ci troviamo di fronte ad uno pseudo-dolo e ad una pseudo-colpa e che non si deve confondere la visione naturalistica con la visione giuridica del fenomeno. I fatti e momenti psichici che assumono rilevanza anche in relazione al comportamento del non imputabile sarebbero intenzione ma non dolo, rappresentabilità ed evitabilità delle conseguenze della propria condotta ma non colpa. Il legislatore non offre però una duplice nozione degli elementi soggettivi, a seconda, cioè, che essi siano realizzati da un imputabile o da un non imputabile, ma li costruisce una volta per tutte con formulazioni che hanno validità generale. E poiché queste formulazioni non sono di per sé incompatibili con l'azione dell'incapace di intendere o di volere, siamo fuori del sistema quando le arricchiamo di note concettuali che le rendano pensabili sono in rapporto a persone mature e psichicamente sane.

Certo non ci nascondiamo che, *de iure condendo*, talune precisazioni si presentano più che opportune, necessarie, in ispecie per quanto riguarda il trattamento dell'errore determinato dalle particolari condizioni fisio-psichiche dell'agente, ma ciò non toglie nulla al rilievo che l'imputabilità non si riflette sul fatto, significando unicamente capacità alla pena.

La conclusione che abbiamo così messo in luce ci consente di risolvere una questione deliberatamente lasciata in sospeso. Ci eravamo cioè chiesti se il requisito positivo della capacità di diritto penale – adesso possiamo aggiungere: anche della capacità di agire – fosse costituito dalla pura e semplice qualità di persona umana, o se non abbisognasse di note ulteriori.

E avevamo rinviato la risposta, per i motivi che si è detto, al momento in cui ci fossimo occupati della capacità di agire. Ora, poiché questa, in diritto penale, si definisce come l'attitudine a porre in essere un fatto penalmente rilevante, il suo substrato positivo (cioè il complesso dei requisiti che debbono verificarsi perché vi sia capacità) non può prescindere dalla possibilità fisica di realizzare un illecito, e, si badi, un illecito al completo di tutti i suoi elementi, oggettivi e cosiddetti psicologici. Solo così si evitano, da un lato, l'assurdo di considerare penalmente capace, di diritto e di agire, il neonato, e, dall'altro, costruzioni che propongono come elementi di una inesistente fattispecie produttiva del dovere primario ciò che appartiene al contenuto del dovere stesso, o, appunto, alla capacità.

12. *Requisiti negativi e forme specifiche della capacità di agire*

Se la determinazione del requisito positivo della capacità di agire rispetto a quello della capacità di diritto, naturalmente intesa come attitudine alla titolarità di situazioni sfavorevoli, ci pone di fronte al problema: identità o equivalenza, che abbiamo risolto nel primo senso dell'alternativa, non si può dire che dubbi del genere sorgano quando si passi ad individuare i requisiti negativi della capacità di agire. È di tutta evidenza, cioè, che ognuna delle qualità personali che, in modo assoluto, parziale o relativo, rendono inapplicabile una sanzione penale ad un determinato soggetto, escludono, al tempo stesso, in modo assoluto, parziale o relativo, la sua idoneità a porre in essere un fatto penalmente rilevante. E, per converso, tutte le qualità personali che specificano la capacità giuridica operano, in egual maniera, sulla capacità di agire.

13. *La posizione sistematica del soggetto capace di diritto e di agire*

Ci siamo finora preoccupati di definire struttura e funzione della capacità, tanto giuridica che di agire. Occorre, giunti a questo stadio della ricerca, precisare quale sia la posizione che spetta al soggetto, riconosciuto capace di diritto e di agire, nel quadro delle varie fattispecie e, preliminarmente, rispondere all'interrogativo se esso stesso rappresenti o no una fattispecie autonoma. Il momento più grave nello svolgimento delle teoriche che concepiscono il soggetto come fattispecie autonoma si ha quando si tratta di determinare quali siano le conseguenze giuridiche a tale fattispecie collegate.

Se si dice che esse consistono nell'elemento formale che riflette l'impronta dell'ordinamento giuridico, elemento formale che coinciderebbe con il riconoscimento, si viene in sostanza a scambiare per effetto quello che è un vero e proprio requisito di fatto, descritto nel suo contenuto tipico da una norma. Se ci si riferisce alla qualificazione normativa di capacità, intesa come possibilità di situazioni giuridiche, si dà al concetto di conseguenza una estensione tale da fargli perdere ogni significato. Conseguenza sarebbe, secondo quest'ordine di idee, qualsiasi potenzialità effettuale, che per diventare concreta abbisogni della realizzazione di tutti gli elementi della fattispecie mancanti, accanto a quello pensato come esistente.

Fattispecie autonoma diventerebbe insomma ogni fatto giuridico.

Ma, soprattutto, ad accettare l'idea che la capacità di agire costituisca il substrato empirico e quella giuridica l'elemento effettuale di una situazione giuridica autonomamente rilevante, si confondono piani nettamente distinti. La capacità giuridica, risolvendosi nella considerazione della relazione ipotetica esistente tra un soggetto e determinati effetti giuridici trova la sua collocazione nella parte statica del diritto. La capacità di agire, invece, come nozione riassuntiva di tutti i requisiti personali richiesti perché un comportamento umano sia produttivo di certe conseguenze giuridiche, rientra nella situazione di fatto normativamente fissata, riguarda cioè la dinamica del diritto.

Mentre la prima costituisce un dato logicamente preliminare al fenomeno giuridico-penale nella sua integralità, la seconda rappresenta un vero e proprio concetto di elementi di fattispecie. Più precisamente essa esprime una modalità generale del fatto penalmente illecito, mancando la quale il comportamento realizzato non è conforme alla previsione legislativa.

14. *La capacità giuridica penale quale attitudine alla titolarità di situazioni favorevoli*

S'è già detto come la capacità giuridica vada costruita con riferimento a tutte le situazioni soggettive che si manifestano nel diritto penale: non soltanto a quelle sfavorevoli, dunque, ma anche a quelle favorevoli. Il dovere, rappresentando il mezzo tecnico con cui l'ordinamento provvede alla tutela di uno o più interessi, rinvia, per sua natura, ad una situazione contrapposta, costituita dalla titolarità dell'interesse che, per effetto, appunto, della tutela, viene a trovarsi in una posizione di preminenza rispetto all'interesse del soggetto o dei soggetti obbligati. Questa situazione, che possiamo denominare di diritto soggettivo in senso lato, sarà attiva qualora la soddisfazione dell'interesse possa aver luogo mediante comportamenti propri del titolare della situazione (diritti reali). Sarà, invece, inattiva quando la soddisfazione dell'interesse può essere raggiunta unicamente attraverso la condotta, conforme alla pretesa normativa, del soggetto obbligato (diritti di credito). Altra distinzione fondamentale nell'ambito delle situazioni favorevoli è quella che ha come base la tecnica di tutela adottata dal legislatore. A volte, cioè, il procedimento che porta alla esecuzione della sanzione viene iniziato e portato a termine soltanto in seguito ad una dichiarazione di volontà corrispondente, da parte di un determinato individuo, che è la persona titolare dell'interesse protetto. Altre volte, la messa in moto del meccanismo sanzionatorio non dipende dall'agire di chi sia stato immediatamente offeso dall'illecito, ma è attuata automaticamente, senza tener conto della valutazione di opportunità del privato, attraverso l'azione di un organo competente dello Stato. Nel primo caso parliamo di diritto soggettivo in senso stretto, nel secondo di interesse obiettivamente tutelato. Va, però, avvertito, a questo proposito, come le situazioni favorevoli non possano farsi coincidere con l'interesse protetto ma con la situazione di preminenza costituita dalla protezione giuridica di tale interesse. E variano, conseguentemente, a seconda del tipo di protezione accordato.

La tecnica normalmente adottata dal diritto penale è quella che conduce alla creazione di interessi obiettivamente protetti. Eccezionalmente esso concede dei veri e propri diritti soggettivi: nelle ipotesi di reati perseguibili a querela o istanza della persona offesa.

È chiaro, a questo punto, in qual modo si ponga il problema della capacità giuridica in ordine alle situazioni favorevoli di diritto penale. Si tratta di determinare quali siano i requisiti soggettivi necessari perché un qualunque soggetto possa considerarsi idoneo alla titolarità di una situazione di interesse obiettivamente protetto, o di diritto soggettivo, fondata da una norma penale.

Si è spesso sostenuto che questa attitudine spetterebbe solo allo Stato, o in altri termini che solo lo Stato possa diventare soggetto passivo di un reato. E si è obiettato che, così ragionando, si confonde l'interesse esterno, o interesse alla composizione dei conflitti, che esso sì è sempre dello Stato, con l'interesse interno, o interesse in conflitto. Il rilievo deve essere accolto.

Se è indiscutibile che talora lo Stato, quale personificazione di un ordinamento giuridico parziale appare come l'ente idoneo ad esser soggetto passivo di certi reati, non è men vero che questa attitudine deve esser riconosciuta anche a individui privati o a gruppi sociali minori. Come sovente accade è l'eccezione a illuminarci sulla regola. Si pensi non tanto ai reati perseguibili a querela, quanto a quelli che esigono l'istanza della persona offesa. Questi ultimi, a differenza dei primi, non rappresentano una particolare categoria di illeciti astrattamente previsti dalla legge, per procedere contro i quali è sempre necessaria una manifestazione di volontà del leso. Sono dei reati la cui sanzione non dipende, d'ordinario, dall'azione di nessun privato: è solo la circostanza della realizzazione in territorio estero ad attribuire all'offeso la possibilità giuridica di mettere in moto la sanzione.

Ora, poiché non può dubitarsi che ciò si spiega solo considerando che l'interesse in questione è valutato dall'ordinamento come proprio del soggetto investito di tale possibilità, ne consegue che sarebbe assurdo ritenere che un certo interesse competa, oppure no, ad un soggetto a seconda che se ne configuri la potenziale lesione come avvenuta all'estero o in Italia.

La titolarità dell'interesse spetta sempre a colui al quale, in particolari ipotesi, l'ordinamento attribuisca il potere di istanza. La commissione del reato fuori del territorio nazionale attenua l'interesse, altrimenti incondizionato, dello Stato alla punibilità e determina solo il passaggio da una tecnica di tutela all'altra.

Assai delicato si presenta il quesito se oltre allo Stato, alle persone fisiche e alle persone giuridiche, anche gli enti collettivi non forniti di personalità siano dotati di capacità penale. Senza addentrarci nella discussione sulla soggettività di detti enti, ci sembra che poiché essi stanno in giudizio bisogna ammettere che vi stanno in primo luogo per rapporti propri (per una significativa estensione della capacità di stare in giudizio, indipendentemente dalla titolarità diretta, cfr. artt. 90 ss., c.p.p.): esattamente si osserva che non si può equiparare il dirigente di una collettività organizzata associativamente al rappresentante di più contitolari di un diritto. Ma se questo è vero, non si vede perché si dovrebbe negare all'ente cosiddetto privo di personalità l'attitudine ad entrare in una situazione giuridico-penale favorevole.

15. *Requisiti negativi e forme specifiche di tale capacità*

Anche polarizzata verso le figure dell'interesse obiettivamente protetto e del diritto soggettivo in senso stretto, la capacità di diritto penale si specifica allorché la tutela di un dato interesse è subordinata ad un particolare requisito del soggetto passivo.

Specularmente, poi, alle ipotesi di incapacità relativa di cui sopra ci siamo occupati si danno fenomeni di incapacità relativa, intesa quale inidoneità ad aver tutelato un proprio interesse nei confronti di una o più determinate persone.

16. *Inesistenza di una correlativa capacità di agire*

Nessun comportamento del soggetto titolare di una situazione favorevole di diritto penale può arrecare la soddisfazione dell'interesse protetto. Ne consegue, pertanto, che ci troviamo di fronte a situazioni inattive che non pongono un problema di capacità di agire. Affermazione che se appare intuitiva per ciò che concerne l'interesse obiettivamente protetto, può suscitare qualche perplessità, proprio in chi accetti le premesse da noi adottate, relativamente alle situazioni di diritto soggettivo in senso stretto. Ma, anche qui, occorre riflettere; il potere di agire non si estrinseca sul piano sostanziale, bensì su quello processuale: la capacità di agire (di *azione)* che esso presuppone non rientra nel concetto di capacità penale che abbiamo analizzato, bensì in quello di capacità processuale. Come tale, esso ammette il fenomeno della rappresentanza, che, per ciò che concerne la capacità di porre in essere un atto penalmente rilevante, è assolutamente escluso.

CAPITOLO VI

VALIDITÀ DELLE REGOLE PENALI NEI LORO RAPPORTI CON ALTRE REGOLE PENALI E NON PENALI

SOMMARIO: 1. L'art. 15 c.p. e il principio di specialità in concreto. – 2. La c.d. specialità bilaterale. – 3. Progressione criminosa, antefatto e postfatto non punibili. – 4. Il reato complesso. – 5. Continua: l'art. 301, III comma, come ipotesi di scissione del reato complesso. – 6. Principio della maggior offensività e *favor rei*. – 7. Le condotte tipiche equivalenti. – 8. Il concorso fra norme eterogenee dopo la l. n. 689/1981. – 9. Regole codicistiche e leggi complementari.

1. *L'art. 15 c.p. e il principio di specialità in concreto*

Il problema dei rapporti intercorrenti fra regole che costituiscono il sistema penale pone la domanda sui limiti che una regola incontra nei confronti di altra regola.

A questo punto dell'indagine e seguendo l'ordine del codice, va subito precisato che gli interrogativi che ci poniamo riguardano soltanto la portata di certe regole nei confronti di altre. Si tratta, in sostanza, di fissare i confini di una fattispecie rispetto ad altre che con essa paiono convergere su situazioni di fatto astrattamente ipotizzate.

Che poi l'indagine ci porti dalla astrattezza dei contenuti normativi alla considerazione del fatto concreto su cui questi contenuti paiono applicabili, è soltanto una conseguenza del criterio *normativamente* fissato. Il che vuol dire che le questioni di fronte alle quali adesso ci troviamo senza dubbio interferiscono con quelle concernenti i cosiddetti fenomeni di concorso formale o di concorso apparente, ma da questi ultimi vanno tenute distinte. La soluzione ai problemi di concorso, se apparente o formale, ha la sua chiave nella soluzione che occorre dare al regolamento di confini tra regola e regola: ne dipende ma non coincide con essa.

Del concorso di più regole su una medesima fattispecie concreta ci occuperemo più avanti. È chiaro, infatti, che poiché tale convergenza può attuarsi su qualsiasi fatto penalmente rilevante (fatto di reato, cause di giustificazione, circostanze aggravanti, cause estintive del reato o della pena, conseguenze sanzionatorie e quant'altro) essa può essere convenientemente studiata solo quando sia stata posta in chiaro la struttura del fatto su cui sembra cadere una plurima qualificazione.

Ma la qualificazione giuridica è il risultato di un'operazione che presuppone la netta definizione dei confini della regola qualificante. È soltanto di ciò che qui ci occupiamo.

Il punto di partenza normativo è l'art. 15 c.p., che regola i casi in cui più disposizioni di legge concernono la medesima materia.

Esso dispone: "Quando più leggi penali o più disposizioni della medesima legge speciale regolano la stessa materia, la legge o la disposizione di legge speciale deroga alla legge o alla disposizione di legge generale, salvo che sia altrimenti stabilito". Ci si chiede, allora, quand'è che una regola debba considerarsi speciale rispetto ad altra. È frequente l'affermazione che l'articolo citato consacra il cosiddetto principio di specialità in astratto. Se una regola enuncia tutti gli elementi di un'altra regola più uno, sarà quest'ultima la regola speciale, in rapporto alla prima definita generale. E correttamente si aggiunge che se non ci fosse la regola speciale la materia da essa disciplinata ricadrebbe sotto la regola generale. Si discute poi sulla necessità di affiancare alla specialità in astratto altri principi, sempre al fine di scegliere la norma applicabile allorché più norme sembrano riferibili ad una situazione concreta.

Anzitutto è necessaria una precisazione: molte ipotesi che vengono presentate come situazioni di concorso (apparente) danno vita a pseudo-problemi. Ciò avviene quando una delle norme in astratto applicabili contiene una clausola implicita o esplicita, che ne limita l'applicazione. La clausola è implicita, per esempio, nella regola che prevede il tentativo rispetto alla corrispondente regola di delitto consumato. La prima si autoesclude quando, nei reati di mera condotta, l'azione si compie e, in quelli con evento naturalistico, quest'ultimo non si verifica. La clausola è esplicita quando la legge dice espressamente che un certo fatto realizza una certa fattispecie criminosa, a meno che non dia vita ad un reato più grave (es. art. 323 c.p.). Dove è chiaro che parliamo di clausola implicita quando è la stessa struttura della fattispecie astratta ad impedire che trovi applicazione altra regola che configura altro illecito; parliamo di clausola esplicita quando la struttura del fatto *di per sé* comporterebbe anche la riferibilità a regole diverse: ma è con categorica dizione normativa che si preclude il ricorso a queste ultime.

Ciò detto, torniamo all'art. 15 c.p. e chiediamoci se sia corretto leggerlo come puro e semplice enunciato del principio di specialità in astratto. Principio che trova un'esemplificazione immediatamente afferrabile nel rapporto tra ingiuria e oltraggio. Se non vi fosse la norma speciale, tutti i casi di oltraggio rientrerebbero sotto la previsione dell'ingiuria.

Ora, senza mettere in discussione la validità del principio di specialità in astratto, cos'è che ci fa dubitare che questo sia l'effettivo contenuto dell'art. 15 c.p.?

Che la legge speciale deroghi alla legge generale è criterio di interpretazione sistematica valido in ogni ramo dell'ordinamento, indipendentemente da una espressa previsione normativa.

Anche se non esistesse il disposto dell'art. 15, nessuno dubiterebbe che, ai fini dell'applicazione delle norme che prevedono, ad esempio, l'ingiuria e l'oltraggio, non potendo uno stesso fatto essere attribuito due volte ad un medesimo soggetto, si dovrebbe applicare soltanto la norma relativa all'oltraggio. La norma generale è limitata nella sua applicazione da una clausola negativa implicita. Nel sistema si risponde rispettivamente di ingiuria o di oltraggio quando il fatto concreto realizzi tutti gli estremi dell'uno o dell'altro delitto.

Diciamo tutti gli estremi: il che vuol dire non solo che sul piano oggettivo è richiesta, ad esempio, dalla norma speciale la qualità di pubblico ufficiale del soggetto passivo e che l'offesa sia arrecata nell'esercizio delle funzioni o a causa di queste, ma altresì, sul piano soggettivo, che il comportamento sia sorretto dal dolo che caratterizza questa figura criminosa. L'agente deve, cioè, essere consapevole di offendere un pubblico ufficiale alle condizioni previste dalla legge.

Mancando anche uno soltanto di questi elementi, si ricade sulla regola generale: tanto se fa difetto il requisito specializzante oggettivo, quanto se non è realizzato lo specifico elemento soggettivo. Se la norma generale non contenesse una clausola negativa implicita, la norma speciale non troverebbe mai applicazione, ovvero del medesimo fatto si dovrebbe far rispondere due volte il colpevole.

A conclusioni del genere nessuno è mai arrivato, anche in altri rami dell'ordinamento, in cui non c'è una regola espressa come quella dell'art. 15 c.p.

L'art. 15 nella sua formulazione letterale sembra o non concernere o andare oltre il semplice principio di specialità in astratto.

Infatti, se l'art. 15 contemplasse la specialità in astratto, perché mai sarebbe stata usata l'espressione: quando più norme "regolano la *stessa materia*", e non quella più sintetica e priva di sbavature "la norma speciale deroga alla norma generale"?

Che più regole investano la stessa materia è connaturato al rapporto di specialità in astratto.

La presenza dell'inciso "stessa materia" lascia intendere che la norma profila non un rapporto bilaterale (specialità in astratto), ma un rapporto triangolare tra due norme ed una medesima fattispecie concreta. Considerando le due norme confluenti sulla medesima fattispecie concreta, si può dire che una norma è speciale rispetto all'altra quando risulta maggiormente qualificante rispetto al fatto in questione.

La considerazione del fatto storico fa comprendere le ragioni della dizione legislativa e ci introduce all'analisi dei casi più controversi, quelli cioè che sono veramente bisognosi di una soluzione appagante. Sono i casi in cui non esiste rapporto di specialità in astratto tra le fattispecie che sembrano tutte regolarli.

Se, per esempio, taluno induce altri in errore cagionando un profitto ingiusto con altrui danno, attraverso una sostituzione di persona, realizza soltanto un delitto di truffa (art. 640 c.p.), oppure soltanto un delitto di sostituzione di persona (art. 494 c.p.), oppure entrambi i delitti?

Se taluno falsifica la firma di una persona per indurla in errore e procurare un profitto per sé con altrui danno, realizza soltanto un delitto di truffa, oppure soltanto un delitto di falso in scrittura privata (art. 485 c.p.), oppure entrambi i delitti?

Se taluno realizza un omicidio colposo attraverso la violazione di una norma contravvenzionale antinfortunistica, risponde di entrambi i reati o di uno soltanto?

Una esemplificazione particolarmente interessante ci viene dagli artt. 501 c.p. e 2628 c.c. Il primo prevede il delitto di aggiotaggio, consistente nel cagionare fraudolentemente un aumento o una diminuzione del prezzo delle merci, ovvero dei valori ammessi nelle liste di borsa o negoziabili nel pubblico mercato, allo scopo di turbare il mercato interno dei valori o delle merci. Il secondo prevede analoga figura criminosa, senza, da una parte, richiedere il dolo specifico, ma, dall'altra, esigendo una soggettività ed un'oggettività particolari: il fatto deve essere commesso da chi è investito di determinate funzioni nell'ambito societario, sui titoli della società.

Ora, se l'amministratore di una società pone in essere un aggiotaggio sui titoli della sua società, col fine di turbare il mercato interno dei valori o delle merci, quale norma deve trovare applicazione? Alla stregua del principio di specialità in astratto ci si trova di fronte a questa situazione: l'art. 2628 c.c. non può considerarsi speciale rispetto all'art. 501 c.p., perché quest'ultimo presenta in più il requisito psicologico che il fatto sia commesso al fine di turbare il mercato interno dei valori o delle merci; a sua volta l'art. 501 non può considerarsi speciale rispetto all'art. 2628 c.c., che è caratterizzato da requisiti particolari di oggettività e soggettività.

Le due norme presentano elementi che le individuano l'una rispetto all'altra; le fattispecie astratte non possono considerarsi in rapporto di specialità in astratto.

Se non potessimo far riferimento che alla specialità in astratto, l'amministratore che ha operato sui titoli della propria società, per turbare il corso dei valori, dovrebbe rispondere di entrambi i reati. Ma se imputiamo entrambi i reati, imputiamo due volte lo stesso fatto allo stesso soggetto.

A questo punto sono possibili due soluzioni: o introdurre accanto al principio di specialità in astratto altre regole (ad es. sussidiarietà e consunzione), oppure riconoscere all'art. 15 c.p. il contenuto che gli è proprio e che ne giustifica l'esistenza nel sistema penale: l'enunciazione del principio di specialità in concreto.

Frequentemente è accolta la prima soluzione.

I due criteri della sussidiarietà e della consunzione, elaborati in un clima culturale privo di dati normativi che risolvano espressamente la questione, o che prescinde da questi, sono però vaghi e imprecisi.

Per il principio di sussidiarietà, la norma a contenuto più ampio prevale sulla norma a contenuto più ristretto.

Il principio così esposto può essere inteso in due significati diversi: se più ampio vuol dire più articolata enunciazione degli elementi costitutivi della fattispecie, è una inutile duplicazione del principio di specialità in astratto; se più ampio significa una più ampia sfera di applicazione, è un principio errato: l'ingiuria ha una sfera di applicazione più ampia rispetto all'oltraggio, eppure, nella situazione di convergenza delle due norme sullo stesso fatto, trova applicazione la norma sull'oltraggio.

Il criterio potrebbe essere così precisato: trova applicazione la norma con contenuto più ampio, a meno che non entri in collisione con il principio di specialità in astratto.

Ma, a questo punto, andrebbero individuati i criteri in virtù dei quali si ritiene che la norma a contenuto di qualificazione più ampio entri in collisione con il principio di specialità in astratto.

L'altro criterio accolto in dottrina si basa sul principio della consunzione: la norma consumante prevale sulla norma consumata.

Non è offerto però alcun dato, operativamente sicuro, alla cui stregua si possa dire perché la norma A consuma la norma B. Ci si accontenta, in tutto e per tutto, della enunciazione di casi in ordine ai quali si ritiene che si verifichi la consunzione; ed è facile obiettare che in questo modo si confonde il *post hoc* con il *propter hoc*.

Una critica ancora più radicale va mossa ad entrambi i criteri. Potrebbero andare benissimo principi meta-legislativi razionalmente convenienti alla materia trattata. Senonché la convenienza razionale si identifica assai spesso col risultato di una intuizione alimentata da considerazioni di buon senso; tanto varrebbe, allora, rinunciare a illusorie regole generali e affidare la soluzione concreta alla libera valutazione del giudice. Prima di arrivare però ad una conclusione del genere è indispensabile verificare le possibilità offerte dal diritto positivo.

La necessità di una regola di diritto positivo potrebbe essere superata, cioè, soltanto allorché si accertasse che l'art. 15 c.p. è insufficiente a risolvere i problemi che si presentano all'interprete.

Ora, l'inciso contenuto nell'art. 15, *stessa materia*, se fosse letto come parte di un disposto che fissa la regola della specialità in astratto, verrebbe sottoposto ad interpretazione abrogante. Stessa materia sarebbe, per tal via, quella ipotizzata e descritta dalle due o più norme: tanto sarebbe valso, allora, enunciare puramente e semplicemente la regola secondo la quale la norma speciale deroga alla norma generale.

Prima di giungere a questa conclusione, riconsideriamo l'ipotesi che l'art. 15 disciplini il rapporto di specialità non tra due fattispecie astratte, ma tra due norme nel rapporto con la fattispecie concreta.

L'art. 15 regolerebbe la situazione di dubbio relativa all'applicazione della norma A e della norma B nella loro apparente convergenza su uno stesso fatto storico (ad es., aggiotaggio su azioni della società amministrata, con il fine specifico previsto dall'art. 501 c.p.).

Nella confluenza di queste due regole sull'episodio storico, il rapporto di specialità in astratto non gioca né a favore dell'una né a favore dell'altra. Il legislatore, esigendo per la realizzazione del reato di cui all'art. 2628 c.c. una soggettività ed una oggettività particolari, fa cadere sotto questa previsione ogni fatto commesso con quei requisiti soggettivi e su quei beni materiali, quale che sia la finalità perseguita dagli organi societari. Viceversa, nell'art. 501, prendendo in considerazione un certo finalismo, ricade sotto la previsione finalisticamente orientata anche la condotta dell'organo societario che agisca su azioni della società stessa.

Dall'angolo visuale dell'art. 2628 c.c. e dalla soggettività e dall'oggettività materiale, si può ritenere speciale l'art. 2628 stesso.

Partendo dall'art. 501 c.p. e dal dolo specifico, posso ritenere speciale il 501.

Così stando le cose, la constatazione che l'interprete effettua è la seguente: gli elementi del fatto concreto rientrano tutti sotto entrambe le fattispecie.

Bisogna allora rintracciare un criterio sostanziale per cui si possa dire che nel caso concreto una norma è speciale (maggiormente qualificante) rispetto all'altra. È maggiormente qualificante la norma che tutela un interesse che ricomprende l'interesse tutelato dall'altra.

Si può ritenere che la tutela di un interesse comprende la tutela di un altro interesse già tutelato da altra norma quando i due interessi non siano svincolati l'uno rispetto all'altro e quando la tutela accordata al primo comporti una conseguenza sanzionatoria più grave.

Cominciando da questo secondo elemento, si può dire che se in una delle due norme la reazione sanzionatoria alla realizzazione del fatto è più grave, significa che la norma con sanzione più severa esaurisce meglio la tutela degli interessi presi in considerazione dal legislatore: nella determinazione dell'entità della sanzione edittale è stato tenuto presente anche l'interesse tutelato dalla norma meno severa.

Così, in tema di aggiotaggio, la sanzione più grave prevista dall'art. 2628 c.c. indica che siamo di fronte ad una qualificazione più completa del fatto rispetto a quella effettuabile *ex* art. 501 c.p. Se applicassimo quest'ultimo trascureremmo la tutela degli elementi della soggettività ed oggettività materiale.

Il criterio della maggiore gravità della pena è decisivo, a meno che non vi siano nella norma stessa delle controindicazioni, in base alle quali va applicata la pena meno grave. Naturalmente l'utilizzazione del criterio in questione presuppone che gli interessi tutelati dalle norme che convengono sul medesimo fatto siano interessi omogenei: appartengano, cioè, alla medesima classe di interessi giuridicamente protetti.

Alla tesi esposta si potrebbe rivolgere una obiezione radicale: se entrambe le norme coprono per intero il fatto storico, per quali ragioni non applicare tutte e due?

Ma, ritenere applicabili in una situazione del genere entrambe le norme condurrebbe alla violazione della regola del *"ne bis in idem"* sostanziale.

Il *"ne bis in idem"* processuale non è frutto di esigenze di mera economia processuale, ma nasce da un principio di diritto sostanziale. Non si può sottoporre a processo una persona due volte per il medesimo fatto, perché non gli si può imputare lo stesso fatto due volte.

2. *La c.d. specialità bilaterale*

Si è visto come il principio di specialità in concreto risolva il problema della scelta fra due o più norme riferibili ad uno stesso fatto. L'esemplificazione sopra condotta ci porta al tema della cosiddetta specialità bilaterale. Questa si presenterebbe quando due o più norme presentino un nucleo comune ed abbiano, poi, ciascuna rispetto all'altra – o alle altre – un elemento specializzante. Uno schema chiarirà meglio: si pensi ad una norma costituita dagli elementi A + B + C, dove l'elemento A è quello caratterizzante, e ad una norma costituita invece da B + C +

D, ove D è elemento specializzante rispetto al nucleo comune B + C.

Il discorso condotto sin qui sul principio di specialità in concreto porta a dubitare fortemente dell'affermazione che due norme sono in astratto in rapporto di specialità bilaterale.

Per parlare di specialità in astratto, infatti, occorre assumere che tutti gli elementi siano comuni a due o più norme, salvo quello specializzante: nel momento in cui varia uno degli elementi che dovrebbero costituire il fondo comune non è più possibile parlare di specialità bilaterale. Si pensi, oltre a quello dell'aggiotaggio, all'esempio della truffa e del falso in scrittura privata: se quest'ultimo comportasse gli estremi del profitto ingiusto e del danno attraverso l'induzione in errore potrebbe dirsi che c'è rapporto di specialità in astratto perché – sempre astrattamente – tra i possibili artifici o raggiri l'art. 485 c.p. avrebbe isolato quello costitutivo della falsità. Ma quando accanto agli artifici e ai raggiri si diano elementi non contemplati dall'art. 485 c.p., non è più possibile parlare di specialità.

L'idea della specialità bilaterale rappresenta un derivato dell'opinione secondo cui il criterio regolatore sarebbe offerto dalla specialità in astratto. Ma quest'ultima, su tal via, è intesa in un senso che finisce col contrastare l'asserto che chiarisce la relazione stessa: se non ci fosse la regola speciale, i casi da questa preveduti ricadrebbero sotto la regola generale. Il che non è nelle fattispecie che si vuole contrassegnate da specialità bilaterale.

Se ci si limita alla pura e semplice analisi degli elementi costitutivi di dette fattispecie non è possibile determinare quale di esse sia speciale e quale generale.

Unica risposta possibile è quella offerta dall'adozione del principio di specialità in concreto, che prende in considerazione il contenuto dell'offesa penalmente rilevante. Postula, cioè, un criterio non meramente descrittivo bensì valutativo.

Per restare agli esempi sopra citati, l'omogeneità degli interessi porta a ritenere concorso apparente quello tra aggiotaggio societario e aggiotaggio semplice (con prevalenza, ovviamente, del primo), mentre, proprio per l'eterogeneità degli interessi tutelati, si avrà concorso formale fra truffa e falso in scrittura privata [1].

---

[1] In tema di rapporto di specialità la giurisprudenza è assai variegata. Accanto a sentenze decisamente imperniate sulla specialità in astratto (cfr. Cass. VI, 9 dicembre 1971, n. 885: "Può parlarsi di conflitto o di apparente concorso di norme giuridiche penali solo quando due o più disposizioni della legge penale si presentano – *prima facie* – come egualmente applicabili a un medesimo fatto mentre, qualora tale identità di fatto venga meno, per diversità dell'azione, dell'omissione o dell'evento, viene meno anche ogni possibilità di apparente concorso di norme. In particolare, nell'ipotesi di cui all'art. 15 c.p., l'apparente concorso di norme si verifica in quanto un medesimo e identico fatto si presenta come preveduto, nello stesso tempo, da una disposizione di legge speciale e da una disposizione di legge generale e l'accertamento della sussistenza di tale rapporto di specialità fra le due norme si consegue solo mediante la comparazione delle fattispecie astratte che in esse sono contemplate"; Cass. I, 20 dicembre 1974, n. 10101: "Il rapporto di specialità tra più norme penali incriminatrici si ha soltanto quando, effettuato l'esame comparativo tra le fattispecie astratte, risulta che il contenuto costitutivo, oggettivo e soggettivo, di una fattispecie, è compreso nel contenuto costitutivo descritto nel modello legale di altra fattispecie la quale, inoltre, presenta uno o più elementi differenziali e specializzanti") si danno

3. *Progressione criminosa, antefatto e postfatto non punibili*

Ci siamo finora occupati della convergenza di due o più regole su medesimo fatto storico. In alcune situazioni si pone lo stesso problema, e cioè quello della prevalenza di una norma su altra, in rapporto a più fatti storici. Si propone innanzitutto il caso della cosiddetta progressione criminosa. Se taluno intraprende la realizzazione di un reato con un certo intento, ma, durante l'esecuzione, cambia intenzione e realizza un altro fatto di reato, il primo reato viene assorbito da quello successivo oppure no?

Si ha progressione criminosa quando l'offesa è arrecata a due o più interessi appartenenti alla stessa categoria logico-giuridica, in ordine di crescente gravità. Non va confusa con il reato progressivo, la cui realizzazione passa attraverso la violazione di un interesse tutelato da una norma che prevede un reato meno grave. Il reato progressivo è uno dei tanti casi in cui trova applicazione la regola della specialità in concreto.

La soluzione che sembrerebbe da accogliersi in via di equità per la progressione criminosa è quella dell'assorbimento.

Però, nel nostro ordinamento manca una regola di diritto che sancisca questo trattamento. Non si può invocare l'art. 15 c.p., perché in una situazione del genere difetta il requisito della "stessa materia".

L'unica soluzione aderente ai principi sarebbe quella di ritenere posti in essere due distinti reati (ad esempio uno sfregio posto in essere con dolo di lesioni per-

---

decisioni che utilizzano la specialità in concreto (cfr. Cass. VI, 24 maggio 1975, n. 5679: "Il principio di specialità è operante non solo nel caso che una figura delittuosa, considerata nella sua fattispecie legale, rientri necessariamente, in tutti i suoi elementi costitutivi, in un'altra, ma pure nel caso che un fatto concreto sia riconducibile, nelle sue modalità di attuazione, a due figure criminose, ancorché fra le stesse, in astratto, non sussista una relazione di genere o specie."). Non mancano pronunce che si rifanno alla c.d. specialità bilaterale. A ben vedere, più per attaccamento semantico a formulazioni tradizionali che per ciò che concerne le conclusioni cui l'argomentazione porta. Conclusioni che appaiono pienamente coincidenti con quelle cui si perviene attraverso il criterio della specialità in concreto ed evitando la fragilità logica della specialità bilaterale (cfr. Cass. SS.UU., ord. 30 aprile 1976, n. 10: "Tra gli artt. 336 e 337 c.p., che puniscono i delitti di violenza e resistenza a pubblico ufficiale e l'art. 186 c.p. mil. di pace, che punisce il delitto di insubordinazione con violenza, esiste un rapporto di specialità bilaterale, in quanto rispetto al nucleo centrale comune le fattispecie di cui alle prime due norme presentano l'elemento specializzante di un dolo specifico, mentre la fattispecie prevista dall'art. 186 c.p. mil. pace presenta l'elemento specializzante della qualifica del soggetto attivo di militare inferiore gerarchico al soggetto passivo in un rapporto di supremazia speciale. Ne deriva che in tale situazione, l'individuazione della norma applicabile allo stesso fatto va operata con riferimento al criterio della maggiore specialità, per il quale in presenza di elementi specializzanti bilaterali deve essere attribuita la prevalenza a quello che sia più conforme ed idoneo alle esigenze di tutela delle fattispecie in raffronto, con la conseguenza che i fatti di violenza commessi da militari contro superiori gerarchici integrano il reato previsto dall'art. 186 c.p. mil. di pace e non quello di cui agli artt. 336 e 337 c.p., in quanto la prima incriminazione è più idonea delle altre, anche per la diversità del trattamento punitivo, a soddisfare le esigenze di tutela perseguite dalle norme suddette".

sonali, immediatamente dopo seguito dalla causazione della morte della persona offesa voluta dal soggetto agente). Va detto, però, che il giudice eviterà di riconoscere due reati per la difficoltà di provare che *in itinere* si è avuto il passaggio da un intento doloso ad altro [2].

Altra vicenda di pluralità di fatti storici che potrebbe dar luogo ad un problema di prevalenza di una norma su altra è quella dell'antefatto o del postfatto non punibili. È ammissibile o meno l'assorbimento di un reato precedente in quello successivo, oppure l'assorbimento di un reato successivo in quello precedente?

In tema di postfatto pensiamo al caso di chi sia colto in flagranza dopo la commissione di un furto con gli strumenti indicati nell'art. 707 c.p.

Trovandosi nelle condizioni previste da questo articolo, risponde soltanto di furto, oppure anche della contravvenzione di cui all'art. 707 c.p.? Si ritiene non applicabile il disposto contravvenzionale, per la ragione che saremmo di fronte ad un tipico caso di postfatto non punibile.

In realtà, la contravvenzione è assorbita nel delitto di furto, ma per un'altra ragione.

Che non si debba applicare la norma contravvenzionale dipende dal fatto che il furto realizzato con l'ausilio di certi strumenti (grimaldelli, chiavi alterate – sempre che, naturalmente, siano quelli di cui l'agente viene trovato in possesso dopo la consumazione del furto) [3] è aggravato alla stregua dell'art. 625, n. 2, c.p. Con la predisposizione dell'aggravante, l'ordinamento prende in considerazione una particolare modalità di realizzazione del delitto di furto caratterizzata dall'uso di qualsiasi mezzo fraudolento. Diversamente dovrà dirsi, concludendo cioè per l'esistenza di due distinti reati, se si accerti che gli strumenti di cui il soggetto è stato colto in possesso non abbiano trovato utilizzazione alcuna per la commissione del furto.

Parte della dottrina parla di post-fatto non punibile anche allorché taluno con-

---

[2] Per una soluzione esatta della *res judicanda* travisando progressione criminosa là dove si ha reato progressivo, cfr. Cass. III, 5 ottobre 1983, n. 7883: "Il delitto di favoreggiamento dell'altrui prostituzione non può concorrere con l'esercizio di una casa di prostituzione poiché quest'ultimo reato implica sempre una certa facilitazione, che si offre a una o più prostitute per svolgere la loro attività, con la messa a disposizione dei locali. L'azione, infatti, che è propria del reato di favoreggiamento, costituisce un *minus*, attraverso cui necessariamente passa quella costitutiva dell'esercizio di una casa di prostituzione e conseguentemente, per il principio dell'assorbimento nel più rimane compreso il meno. Ricorre, pertanto, nella specie non l'ipotesi del concorso ideale di reati (pluralità di reati e unità di azioni), ma quella del concorso di norme sotto il profilo della progressione criminosa".

[3] In quest'ordine di idee, sia pure limitatamente all'ipotesi di flagranza, che non è detto sia l'unica a dimostrare che il colpevole del delitto di furto si sia servito proprio dei mezzi fraudolenti il cui possesso o la cui messa in atto costituirebbe di per sé reato, cfr. Cass. V, 29 febbraio 1996, n. 212: "La predisposizione di un mezzo fraudolento (quale l'allacciamento ad un cavo portante) è un antefatto – eventualmente punibile a titolo diverso – della condotta tipica del reato di furto di energia elettrica. Allo scopo di stabilire se si versi in flagranza di furto aggravato, ai sensi dell'art. 625, I comma, n. 1, c.p., occorre verificare se l'agente si avvale del mezzo fraudolento nel momento stesso in cui attua la sottrazione.".

corre in un certo reato e, successivamente, si adoperi ad aiutare un concorrente a sottrarsi alle investigazioni dell'Autorità: non risponde di favoreggiamento personale, ma soltanto del reato in cui è concorso.

In realtà, qui non si risponde di favoreggiamento personale, perché quest'ultimo reato ricorre solo se non si sia concorsi nel precedente reato (caso di clausola negativa espressa di non punibilità: art. 378 c.p.).

Si parla ancora di post-fatto non punibile per questa ipotesi: taluno ruba un oggetto; successivamente lo vende. In questi due fatti distinti si potrebbero ravvisare gli estremi di due reati: furto e appropriazione indebita. Senonché, dottrina e giurisprudenza ritengono che si risponda di un solo reato e cioè di furto.

La ragione della esclusione della punibilità per l'appropriazione indebita non risiede in un principio generale, ma nella struttura delle norme che vengono in considerazione.

L'art. 646 c.p. parla di "possesso a qualsiasi titolo", vale a dire a titolo di rapporto fiduciario o di custodia *ex lege.* Nel caso della materiale disponibilità in conseguenza di furto della cosa rubata, viene meno il titolo che costituisce possesso rilevante ai fini della appropriazione indebita (se così non fosse, il legislatore riconoscerebbe validità al possesso conseguente al furto) [4].

Secondo parte della dottrina un altro caso di post-fatto non punibile sarebbe quello del furto seguito dal danneggiamento.

Ma, a nostro modo di vedere, non c'è ragione di assorbire il delitto di danneggiamento nel delitto di furto, posto che col danneggiamento viene leso un interesse distinto da quello facente capo al detentore della cosa oggetto materiale dell'azione, e cioè, l'interesse sottostante al diritto alla restituzione.

Possiamo in definitiva ritenere che la pretesa regola di diritto che determinerebbe la non punibilità del post-fatto non sussiste. Non si risponde di uno dei due fatti naturalisticamente realizzati, quando è la struttura delle fattispecie astratte che non lo permette [5].

---

[4] Non deve sembrare contrastante a quanto sopra si è detto la configurabilità del furto perpetrato ai danni del ladro. Di "impossessamento", cioè di acquisizione della signoria della cosa al di fuori di altrui controllo, è la condotta del soggetto agente; ma è sufficiente che la sottrazione avvenga a danno del detentore: non si esige sottrazione a danno del possessore.

Cfr. Cass. II, 25 maggio 1966, n. 192: "Il concetto di 'detenzione' richiamato nell'art. 624 c.p. non coincide con i concetti civilistici di detenzione o di possesso, dovendosi ritenere compresa nella sua più ampia portata qualunque relazione di mero fatto, e quindi anche quella costituitasi senza un titolo legittimo o in modo clandestino. Per conseguenza, anche il ladro può divenire soggetto passivo del delitto di furto, quando altri si impossessi della cosa da lui precedentemente sottratta (...) (applicazione nella specie: furto di automobile lasciata incustodita da un ladro, senza l'intenzione di abbandonarla, sulla pubblica via)".

[5] Va ricordato come spesso si parli di post-fatto non punibile con riferimento a condotte che di per sé non appaiono conformi ad una figura di reato: cfr. a riguardo Cass. II, 31 maggio 1969, n. 517: "Nel caso in cui si pongano in essere artifici o raggiri al fine di conseguire l'indebita assegnazione di una pensione vitalizia, il momento consumativo del reato di truffa deve individuarsi nell'atto in cui l'agente ottiene, con l'eventuale contemporanea liquidazione degli

Alla stessa conclusione si perviene esaminando i casi più frequentemente prospettati di cosiddetto antefatto non punibile. Prendiamo, ad esempio, per tutti, quello della sfida a duello seguita dal duello. Sia che la sfida non sia accettata, sia che essa venga accettata, l'art. 394 c.p. presenta, nel I e nel II comma, una clausola negativa espressa: "sempre che il duello non avvenga". Se il duello avviene, i portatori di sfida saranno puniti a titolo di concorso nel reato più grave.

La asserita necessità del ricorso a regole generali, rette dal cosiddetto principio dell'assorbimento, non appare sostenibile.

Non che manchino ipotesi di assorbimento, ma all'assorbimento si perviene – come risultato e non utilizzando il relativo principio come regola guida – alla stregua dell'interpretazione e, prima ancora, della lettura delle fattispecie implicate [6].

4. *Il reato complesso*

Questa figura, che nella maggior parte dei casi segna la convergenza di un'unica regola su più fatti storici, è prevista dall'art. 84 c.p. in due distinte forme: nella prima, due o più fatti costituenti, per se stessi, reato sono elementi essenziali di un solo reato; nella seconda, due o più fatti costituenti, per se stessi, reato sono, rispettivamente, elemento essenziale e circostanza di un solo reato [7].

---

arretrati, il pagamento della prima mensilità della pensione che è per lui fonte di illecito profitto con il correlativo danno patrimoniale della Pubblica Amministrazione. L'ulteriore pagamento delle rate periodiche successive che scaturisce dalla situazione giuridica, sia pure erroneamente determinatasi, che consegue ad un reato perfetto in tutti i suoi estremi, rappresenta, invece, un *post factum,* che, in sé non punibile, come episodio di truffa, può avere rilevanza solo *quoad poenam, ex* art. 133 c.p. ai fini della valutazione della gravità del fatto e delle conseguenze civili dell'illecito".

[6] Si veda, ad es., Cass. I, 21 aprile 1972, n. 2584: "Fra le due fattispecie della detenzione di oggetti osceni a scopo di commercio, e del commercio intercorre un rapporto strumentale di mezzo a fine, e quindi di continenza, presupponendo il commercio, secondo l'*id quod plerumque accidit*, la disponibilità e la detenzione dell'oggetto, per cui, rispetto alla detenzione qualificata dallo scopo, la condotta ulteriormente intesa a realizzare il fine costituisce lo sviluppo di un unico iter criminoso, nella cui fase conclusiva si esaurisce e si compendia – a condizione che unico sia l'oggetto materiale dell'attività criminosa – la fattispecie penalmente rilevante, restandone la precedente assorbita alla stregua di un antefatto non punibile. Si verte, quindi, non in una ipotesi di concorso materiale di reati ma di concorso apparente di norme, da risolversi in base al principio di specialità dandosi prevalenza alla incriminazione della fattispecie (nel caso in esame: fare commercio) che presuppone e comprende quella alternativa dell'acquisto o della detenzione a scopo di commercio".

La decisione è sorretta da argomentazione puntuale: la menzione, però, del c.d. antefatto non punibile è del tutto superflua. La struttura del delitto di cui all'art. 528, II comma, c.p. è quella di un tipico reato progressivo – sempreché, naturalmente, le cose di cui si faccia commercio, anche clandestino, siano quelle oggetto materiale della condotta di detenzione prevista dal I comma.

[7] Per l'esigenza che i fatti costituenti la fattispecie complessa costituiscano per se stessi reato cfr.: Cass. II, 16 marzo 1992, n. 2837: "Il reato di sequestro di persona a scopo di estorsione

Accanto a questa figura di reato denominata complesso in senso stretto, dottrina e giurisprudenza parlano anche di reato complesso in senso ampio.

La figura del reato complesso in senso ampio sarebbe costituita da un fatto di reato, cui si aggiungerebbe un "*quid pluris*", che di per sé non costituisce reato [8].

Per contestare questa figura si è fatta leva sul dato letterale. Il I comma dell'art. 84 c.p., usando il plurale "fatti", sembrerebbe riferirsi soltanto a più fatti che di per sé costituiscono reato, laddove nel reato complesso in senso ampio di reati, come elemento essenziale della figura criminosa, ve n'è uno solo.

Questa obiezione basata sull'uso del plurale è superabile: nella lingua italiana il plurale si usa frequentemente in senso indeterminato.

La critica alla categoria diventa più fondata quando ci si chiede che utilità essa presenti.

Il senso dell'art. 84 c.p. è chiaro: quando vi è una unificazione legislativa tra

---

previsto dall'art. 630 c.p. è una figura autonoma di reato, qualificabile come reato complesso, poiché confluiscono in esso, come elementi costitutivi, fatti che costituirebbero per se stessi reato, ai sensi dell'art. 84 c.p., nel senso che il sequestro di persona a scopo di estorsione è caratterizzato dall'uso di un mezzo-sequestro di persona finalizzato a conseguire un ingiusto profitto, come prezzo della liberazione dell'ostaggio e si consuma indipendentemente dal conseguimento del profitto. Inoltre, il reato di cui all'art. 630 c.p. non può considerarsi ipotesi delittuosa aggravata del sequestro di persona, dal quale si differenzia per il dolo specifico, che si concretezza nello scopo perseguito, per sé o per gli altri, di un ingiusto profitto come prezzo della liberazione".

Forti dubbi però solleva la qualificazione operata sulla *res judicanda.* La fattispecie dell'art. 630 c.p. sembrerebbe piuttosto quella del reato complesso in senso lato, quindi, riportabile alla specialità in astratto. E invero il sequestro di persona *ex* art. 630 c.p. appare qualificato, rispetto a quello previsto dall'art. 605 c.p., dal dolo specifico: mancano nella figura criminosa gli ulteriori elementi costitutivi del delitto di estorsione. Potrebbe parlarsi di reato complesso in senso stretto ritenendo che la condotta in questione comprenda quale elemento costitutivo essenziale il *tentativo* di estorsione. A nostro avviso difetterebbe, però, il requisito della direzione non equivoca degli atti commessi, posto che questo è connotato oggettivo che non si identifica con l'elemento psicologico. Pertanto non sembra possibile ritenere che dia luogo a tentativo di estorsione la pura e semplice realizzazione di un sequestro a scopo di estorsione, quando non sia seguita da comportamenti qualificabili come tentativo sul piano oggettivo. Il vero è che la fattispecie dell'art. 630 introduce alla categoria del reato eventualmente complesso. Fuor di dubbio che il delitto è realizzato quando sia stata posta in essere limitazione dell'altrui libertà personale con le finalità richieste dalla norma. Dalla ipotesi prevista nel IV comma dell'art. 630 si può trarre la conclusione che l'estorsione, come fatto giunto a piena consumazione o semplicemente tentato, è assorbita dal sequestro *ex* art. 630 c.p. Dunque quello dell'art. 630 c.p. è fatto che può realizzarsi senza dar vita ad un'ipotesi di art. 84. A quest'ultima, per unificazione normativamente attuata (art. 630, IV comma, c.p.) e non per mere ragioni di fatto, si arriva allorché alla condotta costitutiva del sequestro fa seguito quella di estorsione – consumata o tentata.

[8] Cfr. Cass. II, 31 maggio 1990, n. 7780: "Per configurare il reato complesso è necessario che una norma di legge operi la fusione in una unica figura criminosa dei fatti costituenti reati autonomi. Non basta quindi che i più fatti, i quali, isolatamente considerati, costituirebbero altrettanti reati, abbiano qualche elemento comune perché sia ravvisabile il reato complesso, essendo questo costituito dalla unificazione a livello normativo di tutti gli elementi che integrano ipotesi tipiche di reati tra loro differenti".

distinte figure di reato, tutte le conseguenze di disciplina discendono dal nuovo titolo di reato e non dai titoli distinti.

A questo proposito l'art. 170 c.p. precisa che la causa estintiva di un reato elemento o circostanza di un reato complesso non si estende a quest'ultimo.

Supponiamo che, realizzata una rapina, sopravvenga una amnistia che comprende i fatti di violenza privata. La causa estintiva che si riferisce alla violenza privata non ha alcun effetto sulla rapina.

La fattispecie del reato complesso si pone nell'ordinamento con caratteri di assoluta unitarietà (tranne il caso dell'art. 301 c.p.), all'interno della quale non si può inserire alcuna scissione.

D'altra parte, l'art. 84, II comma si riferisce ad un'ipotesi che non può evidentemente ricomprendere il reato complesso in senso ampio.

Infatti, esso fa riferimento alla presenza nella fattispecie di più illeciti.

E ancora, l'art. 131, stabilendo: "Nei casi preveduti dall'art. 84, per il reato complesso si procede sempre di ufficio, se per taluno dei reati, che ne sono elementi costitutivi o circostanze aggravanti, si deve procedere di ufficio", fa riferimento esclusivamente alle fattispecie in cui concorrono due o più reati, che danno vita ad un unico reato complesso.

A queste osservazioni si potrebbe sempre obiettare che, se il legislatore ha preso espressamente posizione soltanto relativamente ai problemi che si presentano per una certa categoria di reati, rimane pur sempre la possibilità di qualificare un'altra categoria di reati come complessi in senso ampio.

Dobbiamo, a questo punto, domandarci le ragioni per le quali è stato ritenuto necessario prevedere in via generale la figura del reato complesso. È evidente, infatti, che l'applicazione esclusiva della norma che prevede il reato complesso, precludendo l'applicabilità delle figure di reato da esso contenute, è già una logica conseguenza della previsione di una figura, strutturata nel modo che si è detto, di parte speciale.

Di fronte ad una fattispecie di rapina, pur se difettasse la previsione dell'art. 84 c.p., applicheremmo senza ombra di dubbio la sola fattispecie di rapina, e non anche quelle di furto e violenza privata: e ciò in base al principio di specialità in astratto, questo sì principio generale di ordinamento.

La previsione nella norma incriminatrice di un reato complesso elimina ogni perplessità sul fatto che la norma da applicare sia unicamente quella sulla rapina.

Soltanto per chiarezza di regolamentazione si delinea nella parte generale una categoria generale (art. 84 c.p.).

La struttura del reato complesso avrebbe potuto dar luogo a dubbi su particolari aspetti della disciplina complessiva dell'illecito stesso. Come si è visto, nel caso di sopravvenienza di una causa estintiva di uno dei reati che lo costituiscono. Il legislatore ha voluto porre in chiaro, con una norma di portata generale, che momenti di disciplina, che concernono ciascuno dei reati componenti, non hanno alcuna operatività rispetto alla figura di sintesi.

Ora, queste ragioni di carattere pratico non sussistono per il reato complesso in senso ampio.

Non soltanto nessuno, di fronte ad un oltraggio, potrebbe pensare di applicare sia la norma sull'ingiuria sia quella sull'oltraggio; ma anche i problemi relativi, ad esempio, all'operatività di una causa estintiva non potrebbero porsi in tema di reato complesso in senso ampio.

È chiaro che, applicando l'eventuale amnistia al delitto di ingiuria, poiché il *quid pluris* (la qualità di pubblico ufficiale del soggetto passivo, quando l'offesa sia arrecata nell'esercizio o a causa delle sue funzioni) non costituisce reato, non vi sarebbe alcuna possibilità di far salve le esigenze punitive.

Ciò che avrebbe costituito un ragionevole dubbio per il reato complesso in senso stretto, diventa problema inesistente per il reato complesso in senso ampio.

Non esiste ragione di sorta che giustifichi questa categoria: è sufficiente per risolvere ogni problema l'applicazione del principio di specialità. Dovremo ritornare sul reato complesso per porre in discussione l'asserto secondo il quale esso darebbe luogo *sempre* ad una deroga alla disciplina del concorso di più reati posti in essere con più distinti fatti. Vedremo che si dà reato complesso anche in ipotesi di unicità di fatto storico (ad esempio: art. 405, II comma: turbamento di funzioni religiose), per il quale avviene l'unificazione in una sola fattispecie dei fatti di violenza o di minaccia in cui consista il turbamento della funzione religiosa. Ma di ciò meglio in seguito.

5. *Continua: l'art. 301, III comma, come ipotesi di scissione del reato complesso*

L'assoluta unitarietà della fattispecie complessa non può mai essere risolta, salvo un'ipotesi tassativa di scissione, preveduta dall'art. 301, III comma.

Detta regola ha dato luogo ad interpretazioni discordanti, anche in relazione al preteso contrasto tra i vari commi dell'articolo stesso.

Il I comma in sé e per sé considerato non dà luogo a rilevanti difficoltà interpretative. Nei casi di continenza esplicita o implicita di una delle offese alla vita, alla incolumità, alla libertà o all'onore, indicata negli artt. 276, 277, 278, 295, 296, 297 e 298 c.p., in un altro reato, si applica la norma che prevede il reato più grave.

Consideriamo, per esempio, la disposizione dell'art. 278 in relazione alla disposizione dell'art. 289, n. 1 (l'impedimento delle attribuzioni o prerogative conferite dalla legge al Presidente della Repubblica contiene implicitamente l'offesa all'onore o al prestigio del Capo dello Stato).

Si deve applicare la norma che prevede il reato più grave. Così, nell'esempio fatto, trova applicazione la sanzione prevista dall'art. 289 e non quella prevista dall'art. 278 c.p.

Ma l'art. 301 non prevede l'ipotesi di identiche pene edittali (es.: art. 278 e 279, II comma). Pare necessario applicare in questa ipotesi entrambe le norme, che sono disposte per tutelare interessi diversi. (In astratto, a differenza di quanto avviene per la fattispecie di impedimento delle funzioni, si può ipotizzare un caso di turbamento che non implichi l'offesa al prestigio. Per esempio, turbativa in maniera subdola).

Fino a questo punto non sorgono problemi.

Il III comma dell'art. 301 individua le ipotesi di reato complesso nelle quali l'offesa alla vita, alla incolumità, alla libertà o all'onore è elemento costitutivo o circostanza aggravante di un altro reato.

In questo caso, si debbono scindere gli elementi del reato complesso e ritenere posti in essere i distinti reati che i detti elementi realizzano.

Ora, le offese alla vita, alla incolumità, alla libertà e all'onore di cui al III comma dell'art. 301 sono le stesse offese prevedute nel I comma dello stesso articolo (ossia quelle indicate negli artt. 276, 277, 278, 295, 296, 297, 298), oppure qualsiasi offesa alla vita, all'incolumità, alla libertà o all'onore che sia considerata elemento costitutivo o circostanza aggravante di altro reato?

Si è detto che l'offesa di cui al III comma è una delle offese richiamate negli artt. 276 ecc.

Con questa affermazione, si postula un contrasto tra il III comma e il I comma dell'art. 301.

Infatti, nel caso in cui vengano impedite le funzioni del Capo dello Stato, dando vita ad un fatto di 278 e ad un fatto di 289, I comma, n. 1, applicheremo la norma del I comma dell'art. 301, oppure la norma del III comma dello stesso articolo?

Nel primo senso dell'alternativa si darà soltanto la pena per il reato più grave, se ricorre il disposto del III comma, dobbiamo sciogliere l'unità del reato complesso costituito dall'art. 289 e applicare questa norma insieme a quella dell'art. 278 che tutela l'onore e il prestigio del Capo dello Stato.

Chi muove dall'interpretazione imperniata sul punto che l'offesa di cui al III comma dell'art. 301 è quella degli artt. 276 ecc., giunge a conclusioni incerte.

Poste quelle premesse interpretative, ciò è inevitabile.

È perciò necessario verificare la validità di quelle premesse.

Un dato testuale differenzia la norma del I comma da quella del III comma. Nel I comma si parla di offese contenute in delitti contro interessi relativi alla personalità dello Stato, mentre nel III comma si parla di offese alla vita, alla libertà o all'onore, considerate come elementi costitutivi o circostanze aggravanti di un altro reato.

Si può allora ritenere che il I comma si riferisce ai casi in cui l'offesa alla libertà o all'onore è prevista in certi articoli (artt. 276 ecc.); mentre nel III comma l'offesa è quella contenuto di qualsiasi altro reato.

Esemplificando, supponiamo che un delitto di estorsione, di cui è elemento costitutivo l'offesa alla libertà o all'incolumità, sia realizzato nei confronti del Capo dello Stato.

Nel caso di rapina commessa a danno del Capo dello Stato (reato complesso), dobbiamo sciogliere l'unicità di quest'ultimo (art. 301, III comma) e far rispondere il colpevole di attentato alla persona del Capo dello Stato e di furto.

Seguendo questa interpretazione, il preteso contrasto tra la norma del I comma e la norma del III comma dell'art. 301 è superato.

Si potrebbe sollevare questa obiezione: una rapina nei confronti del Capo dello Stato non realizzerebbe un reato complesso, perché, per essere tale, dovrebbe contenere in modo esplicito la violenza o minaccia contro il Capo dello Stato e non contro chiunque. In casi del genere la rapina sarebbe un reato complesso solo se l'attentato al Capo dello Stato fosse in modo specifico un elemento costitutivo della rapina, e non fosse tale semplicemente la violenza o minaccia.

Ma qual è il significato dell'affermazione che la fattispecie dell'art. 628 c.p. non è un reato complesso quando è rivolta nei confronti del Capo dello Stato?

Non c'è dubbio che la violenza privata riveste i caratteri del genere rispetto all'attentato alla persona del Capo dello Stato (specie), ma, quando la violenza o la minaccia entra a far parte di un altro fatto di reato (rapina), possiamo dire che tra i due primi elementi permanga il rapporto di specialità?

Consideriamo espresso il rapporto di specialità dalla formula: *A: A';* mentre la formula *A + B* corrisponde a diversa struttura di reato.

Nel rapporto tra A e A', il campo di applicazione di A è delimitato da ciò che cade sotto l'applicazione di A' (rapporto tra ingiuria e oltraggio).

Ma quando A sia ricompreso in una fattispecie complessa (A + B), possiamo dire che permanga il rapporto di specialità della fattispecie complessa (A + B) rispetto ad A'?

Si è già visto che tra A' e (A+ B) non corre un rapporto di specialità bilaterale, e cioè quello che si avrebbe se potessimo considerare (A + B) speciale rispetto ad A', perché qualificato da B; e A' speciale rispetto ad (A + B), perché qualificato dal ' (primo).

Invero, il confronto non è tra A e A', ma tra A' e (A + B): all'interno di (A + B) A non è più limitato da A', ma possiede tutta la sua capacità applicativa; il rapporto di specialità tra A' e (A + B) sfuma.

I confini che corrono tra A e A' vengono meno quando A fa parte di una nuova fattispecie.

Esemplificando, chiamiamo A l'ingiuria e A' l'oltraggio. Nel rapporto tra A e A', debbo leggere la "persona presente" soggetto passivo dell'ingiuria, come delimitata dalla clausola che l'offeso non sia pubblico ufficiale nell'esercizio o a causa delle sue funzioni. Ma, inserito A in un'altra fattispecie, esso riprende tutta la sua capacità espressiva ("persona presente" è anche il pubblico ufficiale).

Il rapporto che nasce in regime di specialità tra termine di genere e termine speciale non può essere affermato quando inseriamo uno dei termini in una fattispecie complessa.

Così, la violenza o minaccia di cui all'art. 628 c.p. ricomprende anche l'attentato verso il Capo dello Stato.

Ecco allora spiegata la logica del III comma dell'art. 301: applicando la norma del reato complesso, avremmo dovuto dare rilievo solo alla rapina; sciogliendo, invece, il reato complesso, troverà applicazione ciascuna delle norme che prevedono i singoli reati, dando rilievo, con la soluzione proposta: furto e attentato al Presidente della Repubblica, a tutti i momenti di disvalore che contrassegnano la vicenda. Per ciò che concerne l'interesse alla personalità dello Stato, leso attraverso l'attentato posto nei confronti del Presidente, la qualificazione che si opera ai sensi dell'art. 278; per l'interesse patrimoniale, quella *ex* art. 624.

6. *Principio della maggior offensività e* favor rei

Dopo quanto si è esposto si può pervenire alla seguente conclusione. Il criterio in base al quale una regola convergente con altra sulla medesima materia deroga a quest'ultima è quello della specialità in concreto.

Naturalmente occorre sempre tener presente la relazione di specialità in astratto: ma questa costituisce criterio di interpretazione sistematica, operante in ogni settore dell'ordinamento, non peculiare, perciò, all'ordinamento penale.

L'art. 15 c.p. disciplina, come si è visto, l'ipotesi di confluenza di più regole su medesima fattispecie concreta. Fattispecie concreta che coincide con la quasi totalità dei fatti o delle vicende penalmente rilevanti: costitutivo di reato, di qualificazione soggettiva, di circostanza, di causa di giustificazione, e così via.

La prevalenza di una regola su altra o altre, nella riconducibilità del fatto alla previsione di ciascuna di esse, è affermata alla stregua del principio di specialità in concreto.

Anche quando sembra che il legislatore si discosti da tale criterio, questo in realtà risulta sempre operante (come vedremo, un caso tipico è dato dalla disciplina del concorso di circostanze omogenee – tutte aggravanti o tutte attenuanti – contrassegnata dal fatto che l'una è compresa nell'altra: art. 68 c.p.).

Regolamentazione a sé presenta, invece, l'ipotesi di concorso di più cause estintive del reato o della pena che intervengono contemporaneamente (art. 183, ultimo comma, c.p.).

Qui la vicenda è retta dal *favor rei:* da un principio, cioè, che si pone come speculare, senza però contraddirlo, a quello della maggior offensività.

7. *Le condotte tipiche equivalenti*

Talvolta le previsioni normative contengono ipotesi alternative. Un esempio è quello della legge fallimentare che, all'art. 216, delineando il reato di bancarotta fraudolenta, al n. 1 dispone che è punito con la reclusione da tre a dieci anni l'imprenditore che "ha distratto, occultato, dissimulato, distrutto o dissipato in tutto o in parte i suoi beni ovvero, allo scopo di recare pregiudizio ai creditori, ha esposto o riconosciuto passività inesistenti". Senza prendere posizione per ciò che concerne l'ultima parte dell'articolo in questione – che prevede l'esposizione o il riconoscimento di passività inesistenti e dà luogo ad un delicato problema interpretativo – l'imprenditore che abbia, con pregiudizio delle ragioni dei creditori, occultato e dissipato i suoi beni commette tanti reati quanti sono i comportamenti tipici, oppure le varie condotte sono da ritenere equivalenti ed il reato commesso è uno solo?

Anche questa situazione, al pari di quella dei cosiddetti *ante facta* e *post facta* non punibili, non è contrassegnata come in tutti gli altri casi di concorso di norme, finora esaminati, dall'insistenza di più qualifiche sul medesimo fatto storico, bensì dalla pluralità di fatti storici (l'imprenditore occulta una parte dei suoi beni e una parte la distrugge), ciascuno dei quali sembra far capo ad una distinta previsione tipica.

La risposta in ordine alla unità o pluralità di qualifica non può essere condotta che sulla base dell'interesse tutelato dalla norma.

Se l'interesse tutelato nell'art. 216 della legge fallimentare è l'interesse alla conservazione della garanzia patrimoniale, le varie condotte poste in essere dall'imprenditore nell'esempio indicato sono diverse forme di manifestazione di un'unica offesa all'interesse protetto.

I fatti posti in essere si ricompongono in un'unica fattispecie criminosa nella quale la condotta tipica è costituita dalla prima delle condotte storicamente realizzate.

Attraverso la relazione di equivalenza delle varie condotte tipiche si verifica l'assorbimento delle successive nella prima, con il limite che questo assorbimento non costituisce un risultato generale ed assoluto.

Supponiamo, infatti, il caso che l'imprenditore abbia prima distrutto e poi occultato, ma sia giudicato quando la prescrizione sia già maturata per la prima condotta. Sarebbe iniquo far beneficiare dell'effetto estintivo chi ha realizzato forme di manifestazione dell'illecito per le quali la causa estintiva non si è ancora verificata.

Ciò significa che nelle ipotesi di figure tipiche equivalenti la prima condotta storicamente realizzata assorbe le successive, salvo un fenomeno di reviviscenza delle figure tipiche assorbite, quando rispetto alla prima si sia verificata una vicenda estintiva. Deve aggiungersi che norma a fattispecie equivalenti può aversi o nella previsione alternativa di condotte non seguite da evento naturalistico (reati di mera condotta) o allorché più condotte sono contrassegnate dalla causazione di un unico evento. Se gli eventi sono plurimi e ciascuno di essi ricollegato ad una singola condotta, salve contrarie indicazioni testuali o sistematiche, non si ha equivalenza bensì concorso materiale: la regola incriminatrice è in questi casi definita come disposizione a più norme. Quando, poi, più eventi siano tipicizzati in rapporto causale con una condotta singola, la risposta all'interrogativo se si abbia unità o pluralità di reati dipende dalla natura degli interessi offesi o messi in pericolo dalle modificazioni del mondo esterno costitutive dei vari eventi [9].

---

[9] Cfr. Cass. III, 26 giugno 1967, n. 524: "Nella teoria della norma penale, la categoria delle norme a più fattispecie si contrappone alle disposizioni in ognuna delle quali sono contenute più norme. In tale categoria devono essere distinte le norme che prevedono nell'ipotizzazione del reato più condotte dalle norme che prevedono una pluralità di eventi. Per le prime, in mancanza di un chiaro dettato legislativo, il criterio di interpretazione deve essere quello dell'equivalenza o della fungibilità delle condotte, essendo di solito indifferente per il legislatore che l'evento vietato sia realizzato con un comportamento piuttosto che con un altro. Non è così per

8. *Il concorso fra norme eterogenee dopo la l. n. 689/1981*

In tutte le ipotesi finora evidenziate, i confini che occorre tracciare o tra regole e regole a norma dell'art. 15 c.p. o all'interno della stessa regola corrono sempre fra disposizioni omogenee. Tanto il principio di specialità in astratto che quello, caratteristico del diritto penale, di specialità in concreto, presuppongono un rapporto in cui i due primi termini sono rappresentati da regole omogenee o da figure tipiche sempre omogenee, nel loro convergere sullo stesso o su più fatti storici penalmente rilevanti: in ogni caso, regole di diritto penale.

L'ambito di rilevanza della specialità, sia in concreto che in astratto, viene ad essere notevolmente ampliato dal disposto dell'art. 9, l. n. 689/1981: "Quando uno stesso fatto è punito da una disposizione penale e da una disposizione che prevede una sanzione amministrativa, ovvero da una pluralità di disposizioni che prevedono sanzioni amministrative, si applica la disposizione speciale.

Tuttavia quando uno stesso fatto è punito da una disposizione penale e da una disposizione regionale o delle province autonome di Trento e di Bolzano che preveda una sanzione amministrativa, si applica in ogni caso la disposizione penale, salvo che quest'ultima sia applicabile solo in mancanza di altre disposizioni penali.

Ai fatti puniti dagli artt. 5, 6, 9 e 13 della l. 30 aprile 1962, n. 283, modificata con l. 26 febbraio 1963, n. 441, sulla disciplina igienica degli alimenti, si applicano in ogni caso le disposizioni penali in tali articoli previste, anche quando i fatti stessi sono puniti da disposizioni amministrative che hanno sostituito disposizioni penali speciali" [10].

È il I comma che pone una regola tutta incentrata, senza eccezione di sorta, sul rapporto di specialità (in astratto o in concreto). Alla stregua di tale rapporto si risolvono tutti i casi di convergenza di regola penale con regola di diritto amministrativo. Più precisamente: in forza del II comma la regola di diritto amministrati-

---

le seconde: infatti, quando il legislatore, in unico contesto di disposizione, vieta diversi risultati o avvenimenti, il criterio interpretativo si capovolge, essendo normale che ad ogni evento vietato corrisponda un reato, salvo un diverso chiaro intendimento della legge che renda evidente il rapporto di equivalenza, di fungibilità o di alternativa degli eventi tra di loro. Pertanto, ritenere in tal caso l'unicità del reato significherebbe infrangere il principio del concorso formale di reati stabilito dall'art. 81, I comma, c.p.".

[10] Cfr. Cass. I, 17 marzo 1993 n. 157: "A seguito dell'entrata in vigore, alla data del 1° gennaio 1993, del d.lg. 30 aprile 1992, n. 285, recante il nuovo codice della strada, l'inottemperanza, senza giustificato motivo, all'ordine dell'autorità di presentarsi, entro il termine da questa stabilito, ad uffici di polizia per fornire informazioni o esibire documenti ai fini dell'accertamento di violazioni amministrative del detto codice, già integrante l'elemento oggettivo del reato di cui all'art. 650 c.p., è ora punita con sanzione amministrativa dal VIII comma dell'art. 180 del medesimo codice. Siffatta tutela in via amministrativa dell'ordine in questione non si aggiunge a quella del dettato penale, ma la sostituisce integralmente, stante il principio di specialità che regola il concorso apparente tra norma penale e norma del sistema sanzionatorio amministrativo (art. 9, l. 24 novembre 1981, n. 689), essendo la violazione munita di sanzione amministrativa oggetto di norma speciale rispetto alla violazione di cui all'art. 650 c.p.".

vo concorrente con quella penale deve essere intesa, ma ciò sarebbe già disceso dai principi sopra esaminati, come regola di legge dello Stato. Se si tratta di legge regionale o di legge delle Province di Trento e Bolzano prevale quella penale, che è legge statuale, anche se non risulta speciale rispetto alla prima. Si ritorna alla regola della specialità attraverso la riserva che è posta nell'ultima parte del II comma: "salvo che quest'ultima non sia applicabile ...". La formulazione normativa è abbastanza contorta: tutto sommato, però, si arriva ad intenderne non soltanto il senso letterale ma, anche, che è più difficile, la *ratio*.

Se la legge penale concorrente con quella regionale si presenta come norma di chiusura rispetto ad altra o altre disposizioni (la clausola più frequente è: "se il fatto non è previsto ...", "se il fatto non costituisce più grave reato ...") si privilegia la legge regionale che in modo immediato e diretto, in una con la legge penale apparentemente concorrente, ipotizza il fatto. Si è ritenuto, insomma, più opportuno privilegiare la previsione legale alla quale il fatto è, in ogni caso, direttamente riferibile quella regionale – rispetto alla previsione penale che rilevi solo in mancanza di altre disposizioni penali: con conseguente incertezza, in quest'ultimo caso, sulla individuazione della regola da applicare. Va osservato inoltre come per una vecchia suggestione di scuola, che porta ad identificare le questioni di convergenza – reale o apparente – di più regole sul medesimo fatto con l'area coperta dalle questioni del cosiddetto concorso formale o no di reati, l'art. 9 cit. sembra concernere soltanto la confluenza di due o più regole, penali e amministrative, sul medesimo fatto, costitutivo di reato e di illecito amministrativo. Rimangono senza espressa disciplina le situazioni di confluenza di più regole su elementi, ad esempio, circostanziali; poiché nulla vieta che in una legge di natura amministrativa sia prevista una circostanza aggravante o attenuante e questa venga a trovarsi in concorrenza con analoga disposizione penale, alla lettera il disposto del I comma non risulterebbe applicabile. Vero è, però, che quella che sarebbe una lacuna se si trattasse di regole omogenee (e infatti l'art. 15 parla in modo convenientemente disteso di *stessa materia*) cessa di essere tale nella disciplina concernente regole eterogenee. Assorbita l'una o l'altra forma di illecito, penale o amministrativo, in quella che si presenta in astratto o in concreto come speciale, viene meno ogni possibilità di innestare sul fatto qualificato ai sensi del I comma dell'art. 9 un elemento circostanziale di diversa natura: a tacere di ogni altra difficoltà, sarebbe impossibile precisare la conseguenza di aumento o diminuzione sulla sanzione derivante da un elemento circostanziale proprio di un sistema di illeciti avente natura diversa da quello la cui regola trova applicazione.

9. *Regole codicistiche e leggi complementari*

La dilatazione delle materie disciplinate da regole penali, che si accompagna, per un curioso paradosso, alla spinta (spesso soltanto vociferata) alla depenalizzazione, ha portato e porta alla creazione di una serie di microsistemi che hanno ad oggetto non solo campi prima non toccati dal penale ma anche materie tradizionalmente soggette a quest'ultimo.

L'art. 16 c.p. ("Le disposizioni di questo codice si applicano anche alle materie regolate da altre leggi penali, in quanto non sia da queste stabilito altrimenti") rappresenta la cerniera tra il complesso delle norme costituenti il codice e le leggi penali che si definiscono speciali o, più appropriatamente, complementari. È la norma che sottolinea il vero senso della codificazione, che non è congerie di regole aventi in comune un modo di disciplina, bensì enunciato delle regole che valgono come principi base di un dato settore dell'ordinamento. Ne deriva per il legislatore che detti una regolamentazione che non rientri nei confini del codice l'onere di specificare con la maggiore evidenza e chiarezza possibili le disposizioni che fanno eccezione o, comunque, si discostano da quelle dettate dal codice. Con la conseguenza che nei casi dubbi e, naturalmente, quando una precisa presa di posizione in deroga manchi, le leggi cosiddette complementari dovranno essere lette ed applicate alla stregua dei principi posti dal codice.

PARTE II

IL REATO: LA FATTISPECIE OGGETTIVA

CAPITOLO VII
IL REATO NEL SISTEMA DEGLI ILLECITI

1. *Il concetto di reato*

Si parla di reato con termini che mutano col variare delle scienze che hanno tra i loro oggetti di studio la delinquenza. Esistono scienze che si interessano della definizione del reato inteso quale fenomeno naturale e vengono dette scienze criminalistiche; tali sono: l'antropologia criminale, la medicina legale, la sociologia criminale, la psicologia giudiziaria, la polizia scientifica, ecc. A differenza delle scienze criminalistiche, la dogmatica penale si interessa della definizione del reato nei suoi elementi formali. Il nostro studio si svolge nell'ambito della dogmatica penale, di conseguenza ci occupiamo della definizione del reato da un punto di vista formale e distinguiamo la definizione formale del reato in astratto dalla definizione formale del reato in concreto.

Dal punto di vista formale, *il reato in astratto* è la descrizione di un fatto umano operata da un complesso di disposizioni dell'ordinamento giuridico, costitutive della fattispecie cui il legislatore ricollega conseguenze sanzionatorie definite penali imputandole all'autore del fatto. Lo schema descrittivo del reato risulta da una pluralità di disposizioni: alcune disposizioni concorrono ad ipotizzare un comportamento esterno, altre ad ipotizzare un comportamento interno (dolo o colpa), altre disposizioni ancora configurano elementi negativi, ossia che devono mancare perché sussista il reato (c.d. scriminanti). La conseguenza ricollegata al fatto umano così descritto è la sanzione penale *in genere*, ossia non specificata in relazione al fatto: la specificazione della sanzione penale (pena in senso stretto, misura di sicurezza) è successiva alla realizzazione del fatto e all'indagine sulla personalità di chi lo commise; se il soggetto che ha commesso il fatto era capace di intendere e di volere, ma non pericoloso, si tratta di pena; se il soggetto era capace di intendere e di volere ed inoltre pericoloso, si tratta di pena insieme a misura di sicurezza; se era incapace di intendere e di volere ma pericoloso, si tratta di misura di sicurezza.

Posta la definizione di reato in astratto, non rientrano in tale categoria le ipotesi di c.d. "quasi reato", previste negli artt. 49 e 115 c.p. [1]. Al quasi-reato, a cagione della sua particolare struttura oggettiva, è ricollegata in astratto unicamente la misura di sicurezza. Manca, cioè, in tale ipotesi, la comminazione di pena, di misure di sicurezza, o di entrambe – a seconda della personalità del soggetto agente. Che la specie di sanzione sia determinata a priori esclude la diversità di conseguenze discendente dalla personalità del reo.

Dal punto di vista formale, il *reato in concreto* è un fatto umano, un ente fenomenico conforme alla fattispecie astratta di reato prevista dal legislatore. Si può dire che i reati in concreto rientrino nella gamma dei fatti giuridici penalmente rilevanti, non che esauriscano detti fatti. È sufficiente pensare che fattispecie giuridiche penalmente rilevanti sono la morte del reo, l'amnistia, la grazia, l'indulto, ossia fatti estintivi del reato o della pena. Nella fattispecie criminosa, inoltre, possono esserci fatti che sono condizioni oggettive di punibilità e come tali non rientrano negli elementi costitutivi del reato, come la sentenza dichiarativa di fallimento nella bancarotta prefallimentare [2]. Un reato in concreto è un fatto umano cui è collegata una sanzione: non coincide necessariamente con la fattispecie criminosa, che – non di rado – comprende elementi distinti dal comportamento sia dal punto di vista oggettivo che da quello soggettivo.

2. *Il reato dal punto di vista sostanziale*

Quando diamo una definizione formale di reato, ci muoviamo su un piano descrittivo; non diciamo nulla cioè sul perché certi fatti siano considerati reati.

L'indagine sul perché certi fatti siano considerati reati postula una valutazione

---

[1] L'art. 49 c.p. recita: "Non è punibile chi commette un fatto non costituente reato, nella supposizione erronea che esso costituisca reato.

La punibilità è altresì esclusa quando, per la inidoneità dell'azione o per l'inesistenza dell'oggetto di essa, è impossibile l'evento dannoso o pericoloso.

Nei casi preveduti dalle disposizioni precedenti, se concorrono nel fatto gli elementi costitutivi di un reato diverso, si applica la pena stabilita per il reato effettivamente commesso.

Nel caso indicato nel primo capoverso il giudice può ordinare che l'imputato prosciolto sia sottoposto a misura di sicurezza".

L'art. 115 c.p. stabilisce: "Salvo che la legge disponga altrimenti, qualora due o più persone si accordino allo scopo di commettere un reato, e questo non sia commesso, nessuna di esse è punibile per il solo fatto dell'accordo.

Nondimeno, nel caso di accordo per commettere un delitto, il giudice può applicare una misura di sicurezza.

Le stesse disposizioni si applicano nel caso di istigazione a commettere reato se la istigazione è stata accolta, ma il reato non è stato commesso.

Qualora la istigazione non sia stata accolta, e si sia trattato d'istigazione a un delitto, l'istigatore può essere sottoposto a misura di sicurezza".

[2] *Contra*, Cass. I, 25 luglio 1991, n. 2988; Cass. I, 5 agosto 1992, n. 3282; Cass. I, 5 novembre 1992, n. 4134; Cass. V, 23 agosto 1993, n. 7912; Cass. I, 17 gennaio 1995, n. 4859.

pre-giuridica di certi comportamenti che conduca, attraverso l'esame delle costanti dei fatti penalmente sanzionati, alla definizione sostanziale di reato.

Le note essenziali del reato, considerato dal punto di vista sostanziale, sono state cercate percorrendo due vie:

- attraverso l'analisi del reato in sé considerato;
- attraverso il confronto tra il reato e gli altri illeciti giuridici.

Seguendo la prima via si è detto:

A) Il reato è il fatto che offende gravemente l'ordine etico; ossia mette in crisi il minimo etico. Il diritto non coincide con l'etica, ma esiste una minima istanza etica trascurata la quale viene meno la possibilità della convivenza nel mondo civile[3].

B) Il reato viola i sentimenti altruistici fondamentali della probità e della pietà secondo la misura media in cui si trovano nell'umanità civile.

C) Il reato è l'azione che, a giudizio delle persone autorizzate a porre le norme giuridiche, rende impossibile o mette in grave pericolo l'esistenza e la conservazione della società.

Punti di vista, questi, che non solo danno risultati approssimativi, ma trattano del reato in termini solo apparentemente sostanziali: in realtà non è considerato il reato in sé, da un punto di vista meramente sociologico, nell'intento di trovare le costanti di quei comportamenti che *poi* diventano reati. Al contrario, si parte dalle valutazioni operate dai fattori di produzione normativa e si cerca di spiegarle. In questo modo sono confusi elementi sociologici ed elementi formali; la ricerca si sposta verso l'individuazione dei motivi che inducono ad una certa disciplina. Che questi motivi di politica legislativa siano quanto mai numerosi e svariati è una delle spie della sterilità di simili indagini.

3. *Il reato e gli altri illeciti giuridici*

La seconda via tentata per individuare le note sostanziali del reato è stata quella di porre a confronto il reato con altri illeciti giuridici, in particolare con l'illecito civile.

Posto che, *sul piano formale*, l'illecito civile è un fatto umano previsto da una fattispecie cui sono collegate conseguenze sanzionatorie di carattere civilistico, ci si è domandato, *sul piano sostanziale*, cosa renda un fatto penalmente o, per contro, civilmente rilevante come illecito.

Una prima risposta viene dalla considerazione di un momento *prenormativo*. L'illecito penale desterebbe un maggior allarme sociale rispetto all'illecito civile. Ma tale distinzione è solo approssimativa: una contravvenzione (illecito penale)

---

[3] Cfr. Parte I, capitolo I, § 12, p. 24 ss.

desta minor allarme sociale di un danneggiamento colposo di beni di rilevante valore culturale (illecito civile).

E ancora si sostiene che, mentre l'illecito civile offende un interesse puramente patrimoniale, l'illecito penale offende un interesse extra-patrimoniale. Ma anche questa contrapposizione non è esatta, perché da un lato vi è tutta una serie di norme penali che tutelano interessi patrimoniali (Titolo XIII del Libro II del codice penale, ad esempio), dall'altro vi sono norme di diritto civile che tutelano interessi non patrimoniali (ad es. artt. 7-10 c.c.: diritto al nome).

Il fallimento di questa impostazione ha indotto a spostare l'indagine sul piano *post-normativo*.

È dato individuare un primo criterio orientativo confrontando l'elemento soggettivo dell'illecito penale e l'elemento soggettivo dell'illecito civile. L'illecito penale è di regola illecito *colpevole*, in quanto, per la realizzazione di esso occorre che il fatto di reato sia commesso con l'elemento soggettivo dolo (in via generale) o colpa (in via subordinata all'espressa previsione normativa).

Viceversa l'illecito civile è di regola *incolpevole*, in quanto, per la realizzazione di esso, è sufficiente l'oggettivo verificarsi del fatto, a prescindere dall'elemento soggettivo.

Si è contestato che l'illecito civile sia incolpevole: l'art. 2043 c.c. dispone che è assoggettato alla sanzione del risarcimento del danno chi cagiona *colposamente o dolosamente* un danno ingiusto ad altri.

Questa obiezione sarebbe fondata se l'unico illecito civile fosse quello dell'art. 2043. Ma un'attenta analisi di questa norma dimostra l'infondatezza dell'asserzione. L'art. 2043 si impernia sul "danno ingiusto". È evidente che il requisito dell'ingiustizia non si riferisce al danno, ma al comportamento che lo ha causato: il danno è ingiusto in quanto il comportamento che lo ha causato è *contra jus*. È vero che potremmo parlare di ingiustizia di un comportamento in quanto ad esso sia ricollegata una sanzione. Ora, sanzione civile non è solo il risarcimento del danno, ma altresì la restituzione, l'impedibilità, la sentenza di annullamento. Tutti i fatti che vengono sanzionati in questo modo costituiscono illecito civile; ed è importante rilevare come ad essi sia estraneo l'elemento della colpevolezza. Se questa sussiste, il fatto che cagiona un danno (patrimoniale) ingiusto ad altri realizzerà la complessa fattispecie di cui all'art. 2043 c.c. e sarà sanzionato coll'obbligo di risarcire il danno; ma resta fermo che prima e indipendentemente dall'accertamento della colpa o del dolo, *il fatto costituisce già illecito* e sarà sanzionato con le altre sanzioni, civilistiche e non, sopra ricordate.

In altri termini: l'elemento della colpevolezza rileva ai fini della realizzazione della complessa fattispecie dell'art. 2043 (consistente nel verificarsi di un torto obiettivo più il danno più i requisiti di imputazione soggettiva del fatto all'agente) ma non rileva per il verificarsi di tutti gli altri illeciti civili che si basano puramente su un torto obiettivo e che sono seguiti da sanzioni diverse dal risarcimento.

Quanto agli illeciti amministrativi, occorre dire che dopo la l. n. 689/1981 le differenze rispetto ai modelli penalistici si sono fortemente attenuate. Basta al riguardo ripercorrere gli artt. 1-12 che pongono i principi generali – tutti ricalcati su quelli che reggono la materia penale, o, quanto meno, assai contigui a questi ultimi. Ed era inevitabile che così fosse, essendo queste regole enunciate in una legge che, con un curioso strabismo, sembra guardare più al sistema penale ("Modifiche al sistema penale" ne è l'intitolazione) che a quello amministrativo direttamente disciplinato. Si è voluto cioè trasferire dal primo al secondo tutta una serie di illeciti e così facendo non potevano essere dimenticati i principi generali dell'ordinamento penale. La legge voleva rappresentare un passo avanti quanto a snellezza di procedure, non certamente un passo indietro per ciò che concerne le garanzie prestate ai destinatari delle regole amministrative.

Che questo attaccamento al *background* del sistema penale sia di per sé un fatto positivo e, come tale, degno di lode, non c'è dubbio. Sul piano funzionale, però, è lecito chiedersi se portare nell'area amministrativa le garanzie d'ordine sostanziale proprie del diritto penale sia compatibile coll'esigenza di assicurare alle procedure amministrative maggiore celerità rispetto a quelle penali. Resta comunque il risultato, di tutto rispetto, di evitare per una serie di torti il marchio dell'illecito penale, sociologicamente e agli effetti delle conseguenze giuridiche, dotato di particolare pesantezza.

Senza anticipare quanto sarà detto più appresso, possiamo a questo punto rilevare che la struttura dell'illecito amministrativo ricalca, su punti chiave, quella delle contravvenzioni-illecito penale.

4. *Il reato come illecito di modalità di lesione*

Mentre le distinzioni suesposte si fondano su un principio di carattere tendenziale, esiste un altro criterio distintivo assai più solido e che non soffre, a differenza del precedente, alcuna eccezione. Questo criterio si basa sulle diverse modalità di tipicizzazione dell'illecito penale rispetto agli altri illeciti. L'illecito penale risulta assai più tipicizzato dell'illecito civile.

Spieghiamo tale affermazione. È evidente che il legislatore non può prendere in considerazione tutte le caratteristiche del fatto storico concreto: la previsione normativa deve necessariamente esprimersi in termini generali ed astratti, limitandosi a delineare l'illecito con uno schema comprensivo di quelle note che si ritengono maggiormente rilevanti per il diritto. Tenuto presente ciò, va però osservato che l'illecito penale è descritto con fattispecie molto dettagliate, mentre per l'illecito civile il legislatore configura modelli estremamente sommari. Ad esempio, l'illecito civile consiste nella violazione di un obbligo giuridico: il legislatore non bada alle modalità del comportamento che pone in essere la lesione; prescinde addirittura dall'attribuire rilevanza all'elemento soggettivo.

Anche considerando la più complessa fattispecie di illecito civile prevista nell'art. 2043 c.c., assai più tipicizzata delle fattispecie di illecito civile obiettivo, si constata come sia lontana dalla tipicizzazione propria dell'illecito penale. Nello schema dell'art. 2043 si possono far rientrare un'infinità di comportamenti: l'ingiustizia dipende dalla violazione degli obblighi più svariati purché assoluti; qualsiasi danno rileva, purché patrimoniale; è indifferente che vi sia dolo o semplice colpa, persino – si noti – agli effetti della determinazione dell'ammontare del risarcimento [4].

Viceversa, per l'illecito penale, il legislatore segue una tecnica descrittiva assai più particolareggiata, cercando di fotografare nel modo più dettagliato possibile la realtà del fatto storico che concretamente si potrà verificare. Ciò emerge chiaramente anche in quelle fattispecie di reato che, a prima vista, possono sembrare più generiche e quindi più vicine alla tipicizzazione dell'illecito civile, come le cosiddette fattispecie "*a forma libera*" o "*causalmente orientate*", in cui una condotta assume rilevanza penale per il solo fatto di essere collegata o collegabile ad un certo evento da un nesso di causalità. Ad esempio, l'omicidio: è punita *qualunque* condotta umana che cagioni la morte di un uomo.

Un'attenta analisi dimostra che anche queste ipotesi di reato sono più tipicizzate delle fattispecie di illecito civile. Pure a tacere di quanto sarà detto più avanti a proposito della struttura oggettiva di tali figure di reato, il legislatore penale attribuisce particolare rilievo all'elemento soggettivo, rilievo che va ben oltre quello di mero criterio di imputazione del fatto all'autore. Si distingue, ad esempio, l'omicidio doloso, che è punito più gravemente, dall'omicidio colposo, che è punito meno gravemente [5]. Inoltre il legislatore penale ipotizza tutta una serie di elementi eventuali o accessori (circostanze attenuanti e aggravanti nonché talune scriminanti – quelle che escludono la sola antigiuridicità penale) [6] che arricchiscono ulteriormente gli astratti modelli penali: è necessario che alcuni non si verifichino perché si possa qualificare un fatto come penalmente antigiuridico (scriminanti); altri determinano con la loro presenza una notevole graduazione delle conseguenze sanzionatorie (circostanze attenuanti ed aggravanti). Mediante queste disposizioni si fa riflettere nello specchio della valutazione normativa tutta una gamma di note individuanti il fatto storico concretamente verificatosi – il che non avviene nell'illecito civile.

Le considerazioni fatte permettono di prospettare la differenza tra illecito penale e illecito civile in questi termini: l'illecito penale è *illecito di modalità di lesio-*

---

[4] Si ricordi che, agli effetti della valutazione dei danni, l'art. 2056 c.c. non menziona l'art. 1225 c.c., in forza del quale se l'inadempimento o il ritardo dipende da dolo del debitore, il risarcimento si estende anche ai danni non prevedibili al momento in cui è sorta l'obbligazione.

[5] Fanno eccezione, come vedremo in seguito (p. 190), alcune rarissime figure delittuose il cui elemento psicologico è costituito tanto dal dolo che dalla colpa, senza che vi sia diversità di pena edittale a seconda dell'una o dell'altra forma di realizzazione.

[6] Sono solo le scriminanti che escludono la mera antigiuridicità penale a definire i confini dell'illecito penale. Non così quelle che precludono ogni qualifica di antigiuridicità del fatto a cui accedono. Senza anticipare quanto sarà più analiticamente detto allorché ci occuperemo in modo specifico delle esimenti, qui basterà ricordare come al primo gruppo appartenga, ad esempio, lo stato di necessità. Al secondo, la legittima difesa.

È vero che lo stato di necessità rileva anche nei fatti illeciti civili: ma l'art. 2045 c.c., nel disporre che all'obbligo di risarcire il danno si sostituisce quello di un'equa indennità, la cui misura è rimessa all'apprezzamento del giudice, configura quella che, senza escludere l'illecito, costituisce, probabilmente, l'unica attenuante prevista nel sistema dei torti civili.

ne, mentre l'illecito civile è *illecito di semplice lesione*. L'illiceità penale assume anch'essa come punto di partenza una lesione oggettiva, ma, a differenza dell'illecito civile, costruisce la rilevanza di essa in base a *modalità* che hanno accompagnato il suo verificarsi; in particolar modo tiene anche conto delle caratteristiche personali del soggetto agente. Oltre che attraverso le nozioni di imputabilità e pericolosità sociale, anche avvalendosi dei criteri di cui all'art. 133, II comma, c.p., cosicché si può anche definire l'illecito penale: *illecito personale*.

5. *Delitti e contravvenzioni*

Il nostro codice distingue i reati in due gruppi: delitti e contravvenzioni; mentre molti sistemi moderni seguono la tripartizione consacrata dal codice Napoleonico tra crimini, delitti, contravvenzioni.

La *ratio* della distinzione sta nella volontà del legislatore di diversificare i reati più gravi (delitti) da quelli meno gravi (contravvenzioni) per ricollegare a questi ultimi conseguenze sanzionatorie e, comunque, trattamento più mite. Le norme che prevedono contravvenzioni hanno di solito una funzione sussidiaria rispetto a norme che prevedono delitti, nel senso che si pongono quale fronte avanzato di difesa di un certo interesse offeso meno gravemente che da un delitto.

Qualche volta sanzionano comportamenti di soggetti rispetto ai quali sanzioni extra penali non avrebbero efficacia. Un esempio della prima funzione è dato dalla contravvenzione prevista dall'art. 712 c.p. (acquisto di cose di sospetta provenienza) in relazione al delitto di cui all'art. 648 c.p. (ricettazione); un esempio della seconda funzione è dato dalla contravvenzione di cui all'art. 670 c.p. (mendicità con modalità ripugnanti o vessatorie).

Al fine di sapere se ci troviamo di fronte a un delitto o ad una contravvenzione è insufficiente il criterio della collocazione nel codice penale: se è vero che le contravvenzioni occupano da sole il III libro, la maggior parte di esse è prevista in leggi speciali.

Sono state prospettate diverse teorie per trovare un criterio di distinzione sul piano sostanziale, ma nessuna di esse ha dato risultati soddisfacenti.

La nostra conclusione è che unico criterio di distinzione tra delitti e contravvenzioni sia quello meramente *formale*[7] che si fonda sulla natura della pena principale ricollegata al fatto di reato. Questo criterio della pena è enunciato nell'art. 39 c.p.: "I reati si distinguono in delitti e contravvenzioni, secondo la diversa specie delle pene per essi rispettivamente stabilite da questo codice".

L'art. 17 precisa che "le pene principali stabilite per i delitti sono:

---

[7] *Contra*, con argomentazioni facenti capo a pretese ragioni ontologiche o alla similarità di una data previsione con i gruppi di disposizioni contravvenzionali previsti nel codice, si vedano le discusse decisioni: Cass. SS.UU., 5 aprile 1952; Cass. II, 1 agosto 1956.

In adesione al criterio formale offerto dagli artt. 39 e 17 c.p., obiettivamente sicuro e al riparo da avventure interpretative, cfr. Cass. 11 giugno 1953.

– l'ergastolo;
– la reclusione;
– la multa.

Le pene principali stabilite per le contravvenzioni sono:

– l'arresto;
– l'ammenda".

Dunque, alla stregua del criterio formale, siamo di fronte a delitto se il fatto risulta sanzionato con l'ergastolo, la reclusione o la multa; siamo di fronte a contravvenzione se il fatto è sanzionato da arresto o ammenda. Possiamo inoltre prospettare una distinzione tra delitto e contravvenzione in termini di maggiore o minore gravità, ma solo da un punto di vista formale: è delitto il fatto che il legislatore mostra di valutare come più grave della contravvenzione.

Tra le numerose particolarità che caratterizzano il regime delle contravvenzioni la più importante è quella relativa all'elemento soggettivo: mentre i delitti sono imputati di regola a titolo di dolo – e solo nei casi espressamente stabiliti dalla legge a titolo di colpa – "nelle contravvenzioni ciascuno risponde della propria azione od omissione cosciente e volontaria, sia essa dolosa o colposa" (art. 42, ultimo comma, c.p.). Secondo questa disposizione si risponde anche a titolo di colpa pur se la rilevanza della colpa non è prevista espressamente dalla legge per il caso specifico: insomma, nei delitti è indispensabile che la forma colposa sia espressamente ipotizzata per il singolo titolo di reato; nelle contravvenzioni vale la regola generale che sancisce l'equivalenza fra i due criteri di imputazione: dolo e colpa. Il che non esclude la possibilità di contravvenzioni realizzabili soltanto con dolo o, per contro, unicamente con colpa. Ma in questi casi è la struttura della previsione normativa in una con l'interpretazione sistematica che conduce a tale risultato: non è messa in discussione la regola generale. Ne deriva che l'area di punibilità delle contravvenzioni risulta più estesa di quella dei delitti.

Conseguenza questa direttamente dipendente dalla circostanza che, come già si è detto, nel nostro sistema le norme che prevedono contravvenzioni hanno per lo più *funzione di prevenzione*. Mirano ad evitare che si instaurino stati di fatto che, secondo l'*id quod plurumque accidit*, potrebbero sfociare in reati più gravi. Così, molte contravvenzioni portano *intitolazioni* di questo tipo: "delle contravvenzioni concernenti l'ordine pubblico e la tranquillità pubblica" o addirittura e in maniera assolutamente esplicita "delle contravvenzioni concernenti la tutela preventiva dei segreti", "delle contravvenzioni concernenti la prevenzione dell'alcoolismo e dei delitti commessi in stato di ubriachezza", "delle contravvenzioni concernenti la prevenzione di delitti contro la fede pubblica", "delle contravvenzioni concernenti la prevenzione dei delitti contro la vita e l'incolumità individuale", "delle contravvenzioni concernenti la prevenzione di delitti contro il patrimonio".

Ora, se lo scopo è quello di evitare che si crei uno stato di fatto *oggettivamente* pericoloso, perde di interesse che chi ha realizzato questo stato di fatto abbia agito intenzionalmente o per leggerezza. Ai fini della prevenzione, ciò che conta è che questo stato di fatto *oggettivamente* pericoloso non venga posto in essere.

Che il fatto sia stato commesso con dolo o con colpa rileva in sede di determinazione discrezionale della pena in concreto, quando cioè si deve irrogare la sanzione. È l'art. 43, ultimo comma, c.p. che impone di tener conto se il fatto contravvenzionale sia stato realizzato con dolo o con colpa ogniqualvolta da tale distinzione la legge faccia discendere un qualsiasi effetto giuridico.

Effetto giuridico particolarmente saliente è quello del dosaggio della pena a seconda che il reato sia stato commesso con dolo o con colpa. Al riguardo è decisivo l'art. 133 c.p. che, nella disciplina del potere discrezionale che il giudice esercita a norma dell'art. 132 c.p., menziona, fra gli indici di gravità del reato, l'intensità del dolo e il grado della colpa. Va innanzitutto sottolineato che se nel sistema penale c'è una nomenclatura assolutamente univoca e priva di incertezze è quella per cui la previsione che riguarda il "reato", si riferisce tanto ai delitti che alle contravvenzioni: quando si fa distinzione la legge parla di delitto o, rispettivamente, di contravvenzione. Ora, se nella determinazione della pena in concreto occorre tener conto della intensità del dolo o della gravità della colpa – e questo è stabilito anche per le contravvenzioni – bisognerà, preliminarmente, accertare se il fatto contravvenzionale è sorretto dall'una o dall'altra delle due specie di elemento soggettivo. Per valutare in concreto se un certo comportamento sia sorretto da dolo particolarmente intenso o da colpa particolarmente grave, dovrò innanzitutto appurare le modalità "psicologiche" del comportamento tenuto: e ciò, ripetiamo, va fatto anche per le contravvenzioni. La conclusione cui perveniamo urta contro l'opinione dominante in dottrina e giurisprudenza. Si dice infatti che la *ratio* della equivalenza tra dolo e colpa nelle contravvenzioni sia tutt'altra da quella che abbiamo indicato. Questa disciplina riguarda reati "bagatellari". Basterebbe affidarsi al minimo comun denominatore della colpa, senza bisogno di indagini, più o meno complesse, intese ad una verifica di quell'aspetto assai delicato dell'illecito che è l'elemento soggettivo. Quindi, una mera esigenza di speditezza dell'accertamento giudiziale.

Conseguenza, assai raramente dichiarata in modo esplicito, ma inevitabile in questo ordine di idee, è che per raggiungere lo scopo occorre postulare una presunzione di colpa: se l'interessato non si fa parte diligente o non risulta comunque la carenza di colpa, il giudice penale motiva congruamente se ritiene la presenza di colpa.

Naturalmente si tratterebbe non di una presunzione *iuris et de iure* – in tutto e per tutto equivalente a responsabilità oggettiva – ma *iuris tantum*, posto che non è esclusa la prova del contrario. Senonché in diritto penale non esiste alcuna norma che giustifichi una presunzione del genere.

Ma più ancora: è l'idea stessa di "semplificazione", di una mano tesa ad alleviare il compito del giudice, che appare insostenibile. Si ponga mente alla infinita varietà degli atteggiamenti colposi che possono presentarsi in ordine alla realizzazione di un illecito.

L'imputazione a titolo di colpa viene ad *allargare la sfera di rilevanza penale* di un fatto per un numero indefinito e indefinibile di casi. L'esigenza di cosiddetta semplificazione sfocerebbe, insomma, nella *moltiplicazione* senza limiti dei fatti contravvenzionali: per rendere più snella l'opera del giudice lo si carica di un lavoro assai maggiore di quello che dovrebbe affrontare se alle ragioni di celerità e semplicità di accertamento si fosse stati meno sensibili. E non basta. S'è già visto che l'art. 43, ultimo comma, c.p. impone di distinguere il dolo dalla colpa anche nelle contravvenzioni in tutti i casi in cui la legge penale faccia dipendere da tale distinzione un qualsiasi effetto giuridico.

Donde la necessità di accertare sempre se il fatto sia stato commesso con dolo o con colpa, dato che, quanto meno, del concreto elemento psicologico occorrerà sempre tenere conto ai fini della determinazione della pena da irrogare (art. 133, I comma n. 3, c.p.).

Ciò posto, solleva qualche meraviglia imbattersi in fattispecie delittuose nelle quali è espressamente enunciata, nella stessa proposizione incriminatrice, accanto al dolo, la colpa come criterio di imputazione del fatto. Così all'art. 171 *bis* della l. 22 aprile 1941, n. 633: "Chiunque abusivamente duplica, a fini di lucro, programmi per elaborare, o, ai medesimi fini e sapendo o avendo motivo di sapere che si tratta di copie non autorizzate, importa, distribuisce, vende, detiene a scopo commerciale, o concede in locazione i medesimi programmi, è soggetto alla pena della reclusione da tre mesi a tre anni e della multa da lire un milione a lire dieci milioni (...)". Si nota subito la differenza rispetto alla tecnica legislativa di regola seguita quando alla figura dolosa di un delitto si accompagni una corrispondente figura colposa. Vero è che questa doppia previsione può essere stabilita anche in una sola anziché in due distinte norme. Quel che determina la peculiarità di una disposizione come quella citata è che, né più e né meno di ciò che avviene nelle norme che prevedono reati contravvenzionali, è comminata una pena edittale che è la medesima sia per la realizzazione dolosa che per quella colposa: nell'art. 171 *bis* da tre mesi a tre anni di reclusione e da lire 1.000.000 a lire 10.000.000 di multa.

Che cosa abbia portato a questa configurazione del fatto delittuoso, che si realizza indifferentemente tanto con dolo che con colpa – *e con identiche conseguenze sanzionatorie* – è difficile dire. L'estensione del fronte di punibilità si sarebbe ottenuta anche seguendo il modo di disciplina usuale. Probabilmente, si è tenuto conto che una condotta tipica, posta in essere per mera colpa ("avendo motivo di sapere"), è particolarmente frequente e se ne è subito voluta segnalare la rilevanza nella disposizione incriminatrice. Quanto alla sanzione, vien subito da notare che la forbice tra il minimo e il massimo edittale, vuoi della pena detentiva, vuoi di quella pecuniaria (da tre mesi a tre anni; da lire 1.000.000 a lire 10.000.000), è talmente ampia da consentire un congruo dosaggio della sanzione a seconda che debba seguire ad un fatto doloso ovvero a uno colposo. Si tratta, però, di un modo di legiferare, per fortuna, assolutamente raro. Diciamo per fortuna pensando alle questioni interpretative cui esso ha dato, inutilmente, luogo: per risolvere le quali, come abbiamo visto[8], si è talora parlato di reati ontologicamente contravvenzionali, ancorché puniti con le pene dettate per i delitti. Ma non a caso questo ricorso ad una pretesa ontologia è stato efficacemente criticato.

Si è già detto come il modello delle previsioni contravvenzionali sia stato puntualmente ripreso dalla l. n. 689/1981 (Modifiche al sistema penale).

Questo è vero soprattutto con riferimento alla disciplina dell'elemento soggettivo del reato. Anche qui equivalenza, per ciò che concerne la realizzazione dell'illecito, tra dolo e colpa. Anche qui necessità di verificare, nel caso concreto, se il fatto appaia sorretto dall'una o dall'altra delle due forme o specie di cosiddetta "volontà colpevole". Decisivo, al riguardo, l'art. 11 della legge citata che detta i criteri per l'applicazione delle sanzioni amministrative pecuniarie. Criteri che si sostanziano nella gravità della violazione (e si ricordi che la "gravità del reato" dell'art. 133 c.p. si desume anche dall'intensità del dolo e dal grado della colpa, con tutto ciò che questo importa agli effetti dell'accertamento giudiziale); nell'opera svolta dall'agente per la eliminazione o attenuazione delle conseguenze della violazione (e qui siamo di fronte alla rilevanza della condotta contemporanea o susseguente al reato, sempre dell'art. 133 c.p., II comma) e infine nella personalità dell'agente e nelle sue condizioni economiche (dove sono richiamati il nucleo centrale degli indici di capacità a delinquere posti nel II comma dell'art. 133, nonché il concetto centrale dell'art. 133 *bis*).

Notevoli diversità si presentano invece a proposito dell'elemento oggettivo dell'illecito. Qui la tecnica di tipicizzazione tesa ad ottenere un quadro normativo il più possibile vicino alla realtà dell'evento storico è, senza dubbio, portata avanti con minor rigore di quanto avvenga in campo penale: e ne è prova la mancata previsione di circostanze, vuoi aggravanti vuoi attenuanti. Né avrebbe potuto essere altrimenti, stanti – e sul punto dovremo ritornare – le differenze intercorrenti tra sanzione penale e sanzione amministrativa.

6. *L'oggetto giuridico del reato*

Si intende per "oggetto giuridico" del reato l'interesse che la norma penale reale mira a tutelare da possibili offese. La dottrina dominante, per giungere a questa concezione, parte da considerazioni di ordine generale: ogni norma giuridica reale[9] e, assai spesso, singole disposizioni che compongono la norma reale (che risulta da più disposizioni di legge) è preordinata alla tutela di uno o più interessi giuridici: non è possibile interpretare la regola giuridica senza tener presente l'interesse tutelato.

Su tal via si afferma che la norma penale è preordinata alla tutela di uno o più interessi, l'individuazione dei quali è di guida alla sistematica del reato e all'interpretazione della regola penale stessa.

---

[8] Cfr. nota 7, p. 187.

[9] Per il concetto di norma reale, cfr. Parte I, capitolo I, p. 14 ss.

Si parla di interesse tutelato e non di bene. Spesso i due termini sono usati indifferentemente: secondo una famosa, storica definizione essi si identificherebbero con tutto ciò che a noi può servire.

Parleremo di interesse tutelato e non di bene perché l'ordinamento giuridico tutela un bene soltanto in relazione ai bisogni, alle tensioni, alle aspettative di un soggetto: il concetto di interesse implica quello di relazione tra un soggetto ed un oggetto di valutazione.

Ed ancora perché l'interesse può cadere su una utilità presente o futura; in quest'ultima ipotesi l'affermare che l'ordinamento giuridico tutela interessi equivale a riconoscere la (possibile) funzione propulsiva dell'ordinamento (mentre la tutela di beni è relativa a qualcosa di attuale e statico).

Precisiamo inoltre che accogliamo il termine "interesse" non nella accezione di giudizio individuale, ma di valutazione media compiuta dal legislatore secondo l'*id quod plerumque accidit*; di valutazione, cioè, che continua a spiegare la sua efficacia anche quando il soggetto rinuncia a tutelare il suo interesse. L'esistenza di reati perseguibili a querela di parte non è un'eccezione alla valutazione media, dal momento che la querela è solo una condizione di procedibilità e per ciò stesso presuppone la realizzazione di un illecito penale.

L'elaborazione del concetto di oggetto giuridico del reato coincide con la nascita e lo sviluppo della scuola cosiddetta tecnico-giuridica. Si distingueva tra [10]:

– *Oggetto giuridico formale*, consistente nel diritto dello Stato all'obbedienza alla norma da parte dei destinatari.

– *Oggetto giuridico sostanziale generico*, consistente nell'interesse dello Stato a conservare le condizioni della propria esistenza.

– *Oggetto giuridico sostanziale specifico*, che si articola in una duplice accezione: interesse del soggetto passivo del reato tutelato dalla singola norma e interesse del soggetto passivo del reato tutelato da una categoria di norme.

Contro la configurabilità dell'oggetto formale può osservarsi che non esiste un diritto soggettivo dello Stato all'osservanza delle singole norme: diritto che, se corrispondesse ad effettiva realtà giuridica, dovrebbe essere suscettibile di violazione, e quindi di sanzione, prima e indipendentemente dalla trasgressione della singola regola giuridica: il che non è. Si tratta di un diritto-fantasma evocato dalle fantasie di una concezione tutta paternalistica dell'ordinamento giuridico.

Alla partizione dell'oggetto sostanziale in generico e specifico si è obiettato, con una critica rimasta decisiva, che così si confonde l'interesse protetto mediante il comando sanzionato dalla pena, con la ragione per la quale vengono posti il comando e la sanzione. La distinzione tra oggetto generico e oggetto specifico ha il torto di porre come oggetto ciò che invece è il motivo della protezione; e, per

---

[10] Sul punto resta di fondamentale importanza *L'oggetto giuridico del reato* di Arturo Rocco, che è del 1913. Libro che non soltanto ha segnato un momento decisivo nella letteratura penalistica italiana, ma, ancor più, ha pesato sulla struttura e sui contenuti del Codice del 1930. Tanto che all'apparire di questo qualche bello spirito ebbe a definirlo *L'oggetto del reato* messo in versi.

conseguenza, di immaginare fra l'oggetto della tutela giuridica ottenuta mediante la pena e quella che si serve delle altre sanzioni, una differenza che non esiste, perché di ogni comando, anche non penale, potrebbe dirsi che serve a tutelare l'interesse alla sicurezza e alla tranquillità dello Stato: *interest rei publicae*, invero, non solo che gli uomini non si uccidano o non si percuotano a vicenda, ma anche, per esempio, che i debiti siano pagati.

Resta ora da considerare l'oggetto giuridico sostanziale specifico. Riteniamo di poterlo identificare nell'interesse tutelato dalla singola norma penale ed avente la struttura ricavabile dalla fattispecie astrattamente ipotizzata nella norma medesima. È possibile raggruppare gli interessi tutelati da singole norme sotto categorie superiori e dire, ad esempio, che la norma sul furto (art. 624 c.p.) e quella sulla appropriazione indebita (art. 646 c.p.) tutelano interessi patrimoniali. Si tratta di un raggruppamento utile a fini sistematici, ma non più che questo. Possiamo parlare di interesse giuridicamente protetto solo quando il comportamento che offende quel certo interesse è giuridicamente sanzionato. È allora mera approssimazione sostenere che la norma che prevede e punisce il furto tutela un interesse patrimoniale. L'offesa di un interesse così definito non condiziona per sé sola una conseguenza sanzionatoria. Non è nemmeno sufficiente dire che la norma sul furto tutela l'interesse alla conservazione del possesso, poiché esistono fatti che offendono il possesso altrui e non l'interesse tutelato dalla norma sul furto: ad esempio l'impossessamento di cosa mobile altrui senza l'intenzione di trarne profitto o perché erroneamente creduta propria.

Se interesse tutelato è quello alla cui offesa segue la sanzionabilità del comportamento che realizza l'offesa se ne deduce che alla definizione della sua struttura concorre non soltanto la considerazione degli elementi obiettivi del fatto ma altresì quella degli elementi soggettivi la cui presenza condiziona gli effetti giuridici della lesione o messa in pericolo dell'interesse. Su tal via si può ritenere che non corre differenza di sorta fra il concetto di interesse tutelato e quello, proposto come più pertinente, di scopo o *ratio* della norma. Il finalismo di quest'ultima non può che coincidere con la tutela di un interesse, facente capo ad una situazione di fatto preesistente alla posizione della regola di diritto o ravvisata come virtuale in quanto la norma mira proprio a che essa abbia a prodursi. Non si nega, quindi, in linea di principio, la funzione cosiddetta propulsiva del diritto in genere e del diritto penale in particolare. Tale funzione deve essere considerata, anzi, fuori discussione. Il problema è un altro: di carattere pre-normativo, precedente cioè alla posizione della regola; concerne i limiti di accettabilità di un ordinamento volto a creare una sorta di moralità ufficiale, o di Stato.

Con il pericolo di scivolata verso l'autoritarismo che ben si comprende. Tendenza della quale v'è forte traccia nel favore di cui nella recente legislazione hanno goduto le fattispecie omissive – quelle, cioè, consistenti nella violazione di un obbligo a contenuto positivo, obbligo di fare.

Agli obblighi a contenuto negativo, di non fare, si addice la funzione di protezione del dato esistente; gli obblighi a contenuto positivo, di fare, oltre che alla tutela dell'esistente (si pensi alla maggior parte delle regole che compongono la disciplina anti-infortunistica) assai spesso tendono ad ispirare tipi di comportamento corrispondenti a modelli che possono essere in larga parte propri soltanto di chi detiene il potere normativo.

A questo punto, si profila quella che è la critica più penetrante alla nozione di interesse tutelato sopra delineata. L'interesse tutelato inteso nel modo che si è visto si presenterebbe come doppione inutile della fattispecie criminosa. Sarebbe niente altro che la fattispecie considerata dal punto di vista del soggetto passivo del reato.

Riteniamo che il rilievo sia superabile.

In primo luogo esistono regole che non possono essere spiegate senza il soccorso della nozione di interesse giuridico. Ad esempio l'art. 50 c.p. [11], che prevede la scriminante del consenso dell'avente diritto. Chi può, secondo tale regola, validamente disporre del diritto che sarebbe altrimenti oggetto di un'offesa o messa in pericolo giuridicamente rilevante? Se si dice: il titolare del diritto coinvolto, si usa una espressione troppo ampia. Infatti, non può trascurarsi quella concezione dottrinale (che taluno potrebbe adottare come chiave di lettura dell'art. 50 stesso) secondo la quale i creditori hanno un diritto soggettivo perfetto sui beni dei propri debitori. Su tal via, quando si afferma che del diritto coinvolto può disporre il suo titolare, nell'ipotesi di furto di una cosa mobile appartenente a Tizio debitore di Caio, il consenso di Caio al furto scriminerebbe il fatto. Conclusione, questa, certamente inaccettabile. Di conseguenza è opinione diffusa, anzi, dominante, che ai sensi dell'art. 50 è legittimato al consenso il titolare dell'interesse la cui lesione o messa in pericolo è *indispensabile* perché sussista reato. Risulta chiaro che chiedersi quale sia il soggetto descritto nell'art. 50, significa individuare l'interesse tutelato dalla norma stessa, al fine di interpretarla.

Altro esempio: all'art. 120 c.p. è semplicemente disposto che ha diritto alla querela ogni persona offesa dal reato. Come nell'esempio precedente, ci chiediamo chi sia il titolare del potere in questione. La risposta non può essere che una. Non chiunque abbia, in concreto, riportato un'offesa, ma solo il titolare dell'interesse la cui lesione o messa in pericolo è indispensabile perché sussista reato.

In secondo luogo le nozioni di interesse giuridico e di tutela a questo interesse, oltre ad essere strumento interpretativo, sono al centro della teoria del reato: nel senso che possono esistere comportamenti che corrispondono al tipo descrittivo di illecito e non sono punibili perché non è offeso l'interesse tutelato. Se la tecnica legislativa fosse perfetta, il comportamento conforme allo schema descrittivo della norma incriminatrice costituirebbe al tempo stesso effettiva lesione o messa in pericolo di un interesse giuridicamente protetto.

È vero che secondo l'*id quod plerumque accidit* corrispondenza al tipo descrittivo e offesa all'interesse protetto coincidono; in alcuni casi, però, divergono.

Ad esempio: Tizio stacca un acino d'uva da una vite non sua e se ne impossessa. In base alla pura forma si dovrebbero rinvenire nel fatto gli estremi di furto

---

[11] Art. 50 c.p.: "*Consenso dell'avente diritto.* Non è punibile chi lede o pone in pericolo un diritto, col consenso della persona che può validamente disporne".

aggravato da violenza sulle cose (artt. 624 e 625, n. 2, c.p.). Senonché, unanimemente un siffatto comportamento è definito furto innocuo e, come tale, non punibile; dunque esso non dà luogo a reato.

Altro esempio: l'acquisto di cose della cui provenienza si avrebbe motivo di sospettare, senza preoccuparsi di compiere gli accertamenti imposti dalla legge.

Nel corso del procedimento si accerta che la cosa oggetto materiale della condotta è di provenienza legittima. Anche in questo caso si afferma la irrilevanza penale del comportamento posto in essere: si ha perfetta corrispondenza al tipo descrittivo ma nel contesto non può ritenersi offeso alcun interesse patrimoniale. Nessuno dubita della non punibilità.

Se ne trae la conclusione che non basta che il fatto concreto sia conforme al tipo descrittivo: esso rivestirà tutti gli estremi di reato quando si aggiunga l'offesa all'interesse protetto.

Rimane da chiedersi se i risultati cui abbiamo fatto cenno siano puro e semplice frutto di interpretazione di alcune regole che prevedono e puniscono determinati fatti umani o ne dettano sul piano penale la complessiva disciplina (cfr. ad es. art. 120 c.p.) o discendano invece da una regola che, quanto meno in materia penale, è principio generale. Viene qui in considerazione l'art. 49, II comma, c.p.

L'esclusione della punibilità quando per "l'inidoneità dell'azione" è impossibile il verificarsi dell'evento dannoso o pericoloso è conseguenza diretta della divergenza tra conformità del comportamento posto in essere al tipo descrittivo e realizzazione o messa in pericolo dell'interesse tutelato [12]. Il II comma dell'articolo in

[12] Sul punto, con un significativo richiamo alla necessità di utilizzare l'art. 49, II comma c.p. al fine di individuare la soglia del penalmente rilevante, cfr. Corte cost. 26 marzo 1986, n. 62. "Può certo discutersi sulla costituzionalizzazione o meno del principio d'offensività: ma che lo stesso principio debba reggere ogni interpretazione di norme penali è ormai canone unanimemente accettato. Spetta al giudice, dopo aver ricavato dal sistema tutto e dalla norma particolare interpretata, il bene od i beni tutelati attraverso l'incriminazione d'una determinata fattispecie tipica, determinare, in concreto, ciò (= il quantitativo minimo d'esplosivo) che, non raggiungendo la soglia dell'offensività dei beni in discussione, è fuori del penalmente rilevante.

Non è certo consentito a questa Corte prendere posizione sul significato, nel sistema, del reato impossibile; se cioè esso, nella forma dell'inidoneità dell'azione, costituisca il rovescio degli atti idonei di cui all'art. 56 c.p. oppure sia espressione di un principio generale integratore del principio di tipicità formale di cui all'art. 1 c.p. (oppure ancora esprima il così detto tentativo impossibile); ma anche a voler tacere sulle discussioni in tema di così detta concezione realistica del reato, certo è che l'art. 49, II comma, c.p. non può non giovare all'interprete al fine di determinare, in concreto, la soglia del penalmente rilevante". Assume la nota dell'offensività come canone imprescindibile di interpretazione Corte cost. 18-25 luglio 1989, n. 437: "(...) la mancata previsione in astratto di una soglia di punibilità, non comportando l'automatica e necessaria incriminazione di fattispecie *oculi* inoffensive, non appare di per sé irragionevole e ciò in conformità a quanto già affermato da questa Corte nella sent. n. 62/1986, non essendo il legislatore obbligato a prevedere in ogni norma la soglia del penalmente rilevante, e potendo invece tale limite essere individuato in via interpretativa dal giudice di merito in base al principio di offensività, che costituisce ormai un canone unanimemente accettato (...)". Afferma esplicitamente che la mancanza di offensività, sia pure minima, dà luogo alla figura del reato impossibile prevista dall'art. 49 c.p. Corte cost. 24 luglio 1995, n. 360: "Diverso profilo è quello dell'offen-

questione regola anche l'ipotesi di inesistenza dell'oggetto dell'azione, ma di questa avremo occasione di occuparci più oltre trattando analiticamente del cosiddetto reato impossibile. Al momento ci bastano alcune riflessioni sulla cosiddetta inidoneità dell'azione. Cominciamo col dire che l'art. 49 c.p. non è, come frequentemente sostenuto, la mera ripetizione in negativo dell'art. 56 c.p. Norma quest'ultima che prevede il delitto tentato: "Chi compie atti idonei, diretti in modo non equivoco a commettere un delitto, risponde di delitto tentato, se l'azione non si compie o l'evento non si verifica. (...)". Già una prima osservazione dovrebbe essere decisiva. Non si comprende la ragione per la quale, prima ancora di dettare in positivo gli elementi costitutivi del tentativo, si enuncerebbe una regola in negativo secondo la quale non vi è tentativo ogniqualvolta difetta uno degli elementi che lo realizzano (l'idoneità). E non basta. L'art. 56 esige che siano posti in essere atti idonei diretti in modo non equivoco a commettere un delitto quando l'azione non si compia o l'evento non si verifichi. L'art. 49, per contro, si impernia su un'"azione" inidonea. Nella semantica legislativa azione equivale di solito [13] a fatto di reato al completo di tutti gli elementi. Il che vuol dire che deve darsi un comportamento conforme al tipo descrittivo ma inidoneo all'offesa, mentre si ha tentativo anche prima della realizzazione di atti tipici (tentativo di furto che si arresta all'effrazione della serratura di una porta che conduce al bottino avuto di mira).

Accade in ogni momento dell'esperienza giuridica, ma soprattutto quando questa, come è per il diritto penale, trova la sua manifestazione più forte nel pro-

---

sività specifica della singola condotta in concreto accertata; ove questa sia assolutamente inidonea a porre a repentaglio il bene giuridico tutelato (come nel caso – prospettato dal giudice rimettente – della coltivazione in atto, e senza previsione di ulteriori sviluppi, di un'unica pianta da cui possa estrarsi il principio attivo della sostanza stupefacente in misura talmente esigua da essere insufficiente, ove assunto, a determinare un apprezzabile stato stupefacente), viene meno la riconducibilità della fattispecie concreta a quella astratta, proprio perché la indispensabile connotazione di offensività generale di quest'ultima implica di riflesso la necessità che anche in concreto la offensività sia ravvisabile almeno in grado minimo, nella singola condotta dell'agente, in difetto di ciò venendo la fattispecie a rifluire nella figura del rato impossibile (art. 49 c.p.)". Con esatta puntualizzazione della necessità di intendere l'offensività come potenzialità di lesione, cioè, se non andiamo errati, come attitudine a porre in pericolo l'interesse tutelato, ma con immotivata conclusione che ciò importerebbe che la valutazione dell'idoneità o no dell'azione dovrebbe essere ricondotta al momento deliberativo, con esclusione di fattori esterni talora occasionali, cfr. Cass. SS.UU., 21 settembre 1998, n. 9973: "In particolare è stato evidenziato che l'inidoneità dell'azione ai sensi dell'art. 49, II comma, c.p. da valutare sulla base dell'efficienza strutturale degli atti, deve avere natura intrinseca ed originaria e presentare, altresì, il carattere dell'assolutezza, tale cioè da non consentire neppure un'attuazione eccezionale del proposito criminoso (Cass. VI, 4 giugno 1990, Pappalardo)".

[13] Così ad esempio all'art. 81, I e II comma, c.p., dove col termine azione deve intendersi il fatto, al completo di tutti gli elementi che lo costituiscono, che ponga in essere la violazione di un obbligo a contenuto negativo (di non fare). E lo stesso deve dirsi per il corrispettivo "omissione".

Al solito le espressioni così richiamate hanno una valenza meramente oggettiva quando sono contrapposte ad un requisito soggettivo, di carattere psicologico. Si veda, in proposito, l'art. 42, I comma, c.p.

cesso: vanno considerati il problema e le tecniche di accertamento. Quanto abbiamo finora esposto sul profilo formale e su quello sostanziale della fattispecie (complesso degli elementi che condizionano la sanzionabilità di un certo comportamento) non deve far credere che la verifica del profilo formale e quella del contenuto sostanziale ubbidiscano alle medesime regole. Il primo, e cioè la corrispondenza al tipo descrittivo, va puntualmente verificato dall'interprete: in ultima analisi, dal giudice. Occorre cioè ripercorrere uno per uno tutti gli elementi che caratterizzano il fatto concreto per decidere della sua conformità al modello astratto. Tutto, cioè condotta, rapporto di causalità, evento, elemento soggettivo, deve essere provato in una progressione che saldi ogni fase della verifica a quella precedente, vuoi utilizzando elementi probatori diretti, vuoi indizi purché gravi, precisi e concordanti. Diversamente stanno le cose per quanto concerne il requisito sostanziale. E si badi. Non si tratta di rovesciamento del cosiddetto onere probatorio, che non troverebbe giustificazione in diritto penale, ma di una regola del processo di accertamento comune ad ogni ricerca che miri a stabilire "come le cose sono realmente andate": a fare, cioè, della storia. Quando la materia è dominata dall'*id quod plerumque accidit*, si adempie ad ogni corretto canone di analisi storica facendo proprie le conclusioni che nascono dall'applicazione di tale principio. Solo allorché emergano dati dai quali sia possibile desumere che nel concreto le cose sono andate diversamente da come discenderebbe dal principio ci si dovrà chiedere se vi sia eccezione alla regola.

Ora, si è già detto che, nella normalità dei casi, la corrispondenza al tipo descrittivo implica l'offesa all'interesse protetto. Se per uno o più dati emergenti alla lettura del fatto sia lecito ipotizzare il contrario, si impone l'indagine sulla effettiva realizzazione del momento dell'offesa. Non in ogni caso, dunque. Ma unicamente allorché appaia necessario secondo i canoni di accertamento storico. Canoni il rispetto dei quali è controllato in maniera eminente in quel grado del processo che segna il passaggio dalla storia alla storiografia: la Cassazione.

7. *Antigiuridicità formale e antigiuridicità sostanziale*

La dottrina prende in considerazione il momento dell'offesa dell'interesse o degli interessi giuridicamente rilevanti in una serie di situazioni e categorie dommatiche, che, pur partendo dalla medesima premessa, finiscono con l'esprimere dei contenuti notevolmente diversi.

Le maggiori differenze tra le singole posizioni concernono, come è noto, soprattutto la funzione e la collocazione sistematica, nel quadro generale della fattispecie, che al concetto ottenuto si assegnano.

Poiché si tratta di un problema veramente centrale, non soltanto nel campo del diritto penale, ma in tutto il settore della fenomenologia giuridica, la questione della rilevanza e del modo di rilevanza della violazione degli interessi tutelati impegna l'intiero atteggiamento dello studioso di diritto nei confronti dell'oggetto della sua indagine; ne determina, in un certo senso, il complessivo orientamento metodologico, e si può dire, in ultima analisi, che rappresenti l'indice più sicuro della sua concezione di ciò che è norma, ordinamento giuridico, e delle reciproche influenze tra criterio regolatore e materia regolata.

Questa ricchezza di motivi che si riscontra nell'argomento che adesso dobbiamo affrontare non può essere, qui, per necessità di cose, che appena sfiorata; ai nostri scopi sarà sufficiente prendere posizione sui seguenti punti: in che senso vada intesa l'affermazione, così comune in dottrina, secondo la quale la lesione o la messa in pericolo di una data situazione di interessi costituisce una *nota distintiva*, un *requisito*, un *carattere* del fatto criminoso; e, una volta accertato che tale elemento svolga, in seno alla fattispecie criminosa, un ruolo diverso da quello di una mera indicazione sociologica o di politica legislativa, vedere quale ne sia l'esatta collocazione sistematica.

Giova partire, per rispondere a queste domande, da una brevissima analisi delle principali categorie scientifiche che imperniano la loro definizione su quella della lesione dell'interesse.

Tali categorie sono: l'*antigiuridicità sostanziale* o *materiale* in contrapposto all'*antigiuridicità formale*; l'*offesa* in contrapposto al *danno*; e, infine, *l'evento giuridico* in contrapposto *all'evento naturalistico*.

Abbiamo volutamente indicato, in correlazione ai concetti che fanno capo al cosiddetto momento sostanziale, quelli che si trovano di fronte ad essi in un rapporto di tensione dialettica, perché ci sembra proprio che risalga ad uno sforzo di giustificazione o di critica, nella polemica con altri concetti, quel tanto di frammentario che si riscontra, salvo rarissime eccezioni, nelle analisi che hanno per oggetto il momento dell'offesa.

In altre parole, la dottrina, impegnandosi a difendere o a combattere una certa concezione basata sulla considerazione dell'interesse offeso, ha, per lo più, trascurato che, una volta portata in discussione, sotto uno qualunque dei tanti profili possibili, la questione dell'aspetto sostanziale, accanto a quello formale, del reato, non ci si poteva più limitare a dare una risposta circoscritta al quesito particolare da cui traeva lo spunto. Bisognava, e bisogna, affrontare il problema in tutte le sue implicazioni, tanto d'ordine obiettivo che d'ordine soggettivo.

D'altra parte, è doveroso riconoscere come l'approfondimento compiuto nelle singole direzioni lungo le quali l'indagine si è svolta ha raccolto tanta e tale massa di osservazioni, di chiarimenti, di precisazioni intorno ai vari punti toccati, che se le linee di una sintesi, di una soluzione unitaria del problema della rilevanza dell'aspetto sostanziale del reato e dei suoi rapporti con quello che, per il momento, possiamo chiamare aspetto formale, incominciano a delinearsi, il merito ne va ascritto tutto a chi ha preparato e fornito quelle soluzioni parziali che rappresentano le indispensabili premesse di un inquadramento generale.

Ciò è particolarmente vero per la contrapposizione antigiuridicità formale-antigiuridicità sostanziale, che, rappresentando lo scontro fra due valutazioni globali del fatto reato, è quella che, in questa fase introduttiva della nostra ricerca, ci interessa.

Dietro alla diversità delle posizioni dottrinali sta un punto d'accordo che è costituito dal riconoscimento che funzione del diritto è quella di tutelare gli interessi della vita sociale. Al di là di esso nasce il dissenso e nasce, proprio, dal contrasto che si verifica nel modo di intendere la relazione che si instaura tra questi due termini: la regola (il diritto) e la materia regolata (gli interessi).

Secondo la teoria che per prima e più chiaramente ha posto sul tappeto tutti i dati concernenti il problema dell'antigiuridicità materiale, il giudizio di disvalore che investe l'azione sarebbe duplice: da un lato, l'azione è formalmente antigiuridica; dall'altro è materialmente antigiuridica. La prima qualifica discenderebbe dalla violazione della norma; la seconda da quella dell'interesse. Così impostato il problema, si giustificano tutti gli interrogativi volti a sapere quale sia il reale valore di questa enunciazione, che rapporto ci sia tra antigiuridicità formale e antigiuridicità materiale; se le valutazioni che esse esprimono diano luogo a due coefficienti distinti l'uno dall'altro i quali debbano autonomamente attuarsi; se, infine, il giudizio di antigiuridicità materiale possa condurre ad un risultato diverso da quello di antigiuridicità formale e, in caso affermativo, quale dei due prevalga sull'altro.

Come si vede, un complesso di domande che ripropongono l'eterna polemica tra sostenitori di un diritto libero e sostenitori del diritto statuale o, se più piace, tra cultori dei valori della legge e cultori dei valori cosiddetti sostanziali.

Ma occorre riconoscere che, formulata in tal modo, la questione soffre di una falsa partenza e minaccia di condurre ad un grave fraintendimento del significato che alla situazione "offesa di un interesse protetto" va riconosciuto. Presentato il giudizio sul carattere lesivo o pericoloso della condotta, come concettualmente autonomo ed, eventualmente, perfino contrastante con quello che afferma la violazione di una norma, la reazione di chiunque non voglia vedere naufragare l'ordine giuridico nell'incertezza e nel relativismo più assoluti, non può essere che una.

I giuristi italiani, qualunque sia la loro posizione di scuola, hanno sempre finito col concordare sul principio metodologico che "la illiceità giuridica penale formale è la sola vera illiceità giuridica" e che "la illiceità giuridica è necessariamente e sempre formale".

Qualora il contenuto lesivo dell'azione si determini come un *quid* dotato di autonomia rispetto alla qualifica di antigiuridicità formale, al giudizio, cioè, che afferma che un certo comportamento è contrario ad una norma incriminatrice, si dà vita ad un concetto che, se trova pratica applicazione, rischia di condurre all'anarchia giuridica; mentre si rivela del tutto inutile, se, come sono costretti ad ammettere i suoi stessi fautori, il giudice resta legato alla legge anche quando accerta che il legislatore si è sbagliato, permettendo ciò che è sostanzialmente illecito, o vietando ciò che non lo è.

L'offesa dell'interesse non rappresenta, dunque, un elemento che, accanto a quello formale, costituito dalla violazione della norma, contribuisca a determinare l'illecito. Su questo punto non possono aversi dubbi di sorta; soprattutto quando si pensi che, poiché l'interesse, la cui lesione si ritiene ponga in essere una situazione di antigiuridicità materiale, è l'interesse *protetto*, l'interesse *tutelato*, e non qualunque interesse riscontrabile sul piano sociale, attraverso questa specificazione e questa limitazione si dà implicito rilievo al riconoscimento che di esso compie l'ordinamento. Il quale – e lo abbiamo già detto – non ha che un mezzo per esprimere la sua valutazione di un interesse come degno di tutela: e cioè, predisporre una norma che ne vieti l'effettiva lesione o la messa in pericolo. Questo significa che, al di fuori del campo degli interessi protetti, non si ha offesa che dia luogo ad una situazione di antigiuridicità materiale e che solo per un errore di prospettiva il momento sostanziale si può concepire svincolato da quello formale.

Senonché, e qui arriviamo al punto che a noi maggiormente interessa, è necessario stabilire quali siano gli elementi sulla cui base sorge la qualifica di antigiuridicità formale. Va bene parlare di contrarietà alla norma come unico requisito alla cui stregua si determini l'esistenza di un torto; ma quello che desideriamo sapere è proprio quando si possa ritenere realizzata una tale situazione di contrarietà. Non è più il caso, insomma, di parlare di una contrapposizione tra momento formale e momento sostanziale; bensì occorre precisare nell'ambito, sempre, della considerazione normativa, i requisiti che un certo fatto deve presentare perché possa essere ritenuto illecito (e s'intende, illecito formalmente, cioè illecito nell'unica accezione che abbia un significato per il giurista).

Sia avvertito subito che il porre la questione nei termini che abbiamo indicato importa una prima, decisiva, chiarificazione.

S'è visto come il dualismo tra "antigiuridicità formale" e "antigiuridicità sostanziale", ridotto alla sua più lineare espressione, non possa significare altro che antitesi tra un giudizio formulato alla stregua dell'ordinamento positivo e un giudizio che tiene conto, invece, di altri criteri di valore. Ora, basta pensare alle conseguenze di questa idea di una libera valutazione sociale contrapposta, proprio in linea di principio, a quella positiva, per capire perché la dottrina dell'antigiuridicità sostanziale debba, senza possibilità di scampo, limitarsi a fornire delle enunciazioni destinate a restare lettera morta in sede di attuazione del diritto; ovvero conduca il giurista fuori, quando non addirittura contro, l'ordinamento nel quale è chiamato ad operare.

Senza sottovalutare il bisogno di aderenza alla realtà sociale, che rappresenta il momento migliore e più fecondo di simili tentativi, certo però è che molti equivoci si sarebbero evitati ove si fosse esattamente afferrato il senso della natura formale della illiceità. Questa non è, come molti sembrano credere, pura e vuota forma, priva di ogni contatto col mondo degli interessi umani, ma giudizio di relazione, che ha un proprio contenuto, costituito dalla manifestazione della volontà normativa.

Se riferito alla qualificazione, il termine *formale* sta, dunque, a denotare un'idea di rapporto e non una mancanza di contenuto: le espressioni di *forma*, da un lato, e di *contenuto* o *sostanza*, dall'altro, riacquistano il loro più preciso valore allorché dall'antigiuridicità vengano trasferite al fatto antigiuridico, dalla qualifica a ciò che è qualificato.

Fermo restando che nel fatto giuridico non può avere rilevanza quello che l'ordinamento non abbia preso in considerazione, occorre stabilire il significato dell'affermazione secondo la quale il contenuto dell'illecito è dato da una lesione di interessi.

Si intende, in tal modo, semplicemente porre in luce un criterio di tendenza che, dal più al meno, si può ritenere operante in ogni ordinamento; o, piuttosto, si enuncia una regola rispetto alla quale non sono possibili eccezioni?

A questo punto si apre una duplice possibilità di soluzioni. Si può rispondere, in un ordine di idee che cessa di essere formale per diventare formalistico, che l'unico criterio del quale è necessario tener conto per stabilire se un fatto sia o meno antigiuridico è la sua corrispondenza ad un astratto tipo descrittivo legale; oppure si può esigere qualcosa di più.

Fermiamoci un istante a considerare la portata e le conseguenze della prima soluzione.

Elevare a unico momento, decisivo per l'esistenza del fatto, come illecito, la sua tipicità, presenta, indubbiamente, il grande vantaggio di risparmiare al giudice e all'interprete una serie di indagini oltremodo delicate e complesse. Non diremmo, però, che questa semplificazione dell'attività ermeneutica e dei compiti giudiziari si traduca anche in una maggiore fedeltà ed aderenza alla volontà normativamente significata. Si abbia presente, infatti, il procedimento per mezzo del quale il legislatore costruisce la fattispecie di un comportamento antigiuridico. Valendosi di una serie di considerazioni fondate sull'esperienza e sull'*id quod plerumque accidit* si perviene alla conclusione che certi comportamenti caratterizzati da determinate note sono pregiudiziali ad un interesse che viene reputato degno di tutela. Ora, quanto più si desidera che nessuna condotta dannosa o pericolosa per l'interesse che si vuol salvaguardare sfugga alla previsione normativa, tanto più la descrizione della relativa fattispecie risulterà imperniata soltanto su quelle note dalla cui presenza si pensi dipenda il nocumento o la possibilità di nocumento. Tanto più, cioè, la fattispecie in questione dovrà, per necessità di cose, prescindere da ogni altra modalità o circostanza che sul piano degli accadimenti reali caratterizzi la condotta. Il che, se non andiamo errati, porta con sé un gravissimo inconveniente. Vale a dire, rende possibile che sotto la figura criminosa cadano anche comportamenti i quali, malgrado la conformità al modello legale, si rivelino per effetto di particolarità che il legislatore, nel suo sforzo di astrazione generalissima, non ha potuto prevedere, del tutto innocui nei confronti dell'interesse alla cui tutela la norma penale è preordinata.

Si vorrà, allora, sostenere che, in un'ipotesi del genere, il fatto che, senza dubbio è un fatto tipico conforme al tipo descrittivo, sia, per ciò solo, anche un fatto antigiuridico?

Ma non vogliamo lasciare equivoci. Non diciamo che il giudice debba pronunciarsi sul carattere lesivo o pericoloso dell'azione, in base a criteri diversi da quelli forniti dal legislatore: criteri, ad esempio, etici, sociali o economici. Così ragionando, invero, si attribuirebbero al magistrato poteri che non sono i suoi, rendendolo, in definitiva, arbitro di negare, nel caso concreto, validità alla legge, anche dopo averne accertati tutti i presupposti di applicazione. Il nostro punto di vista, ben diverso da quello tradizionale dei seguaci della teoria dell'antigiuridicità materiale, è che la conformità al tipo non rappresenta che una condizione, necessaria ma non sufficiente, per decidere se una condotta sia illecita o meno. Oltre al requisito della conformità al tipo, requisito certamente fondamentale, in quanto ad esso *di regola* consegue il carattere di antigiuridicità di un fatto, occorre anche che si realizzi quello della effettiva contrarietà all'interesse giuridicamente tutelato. Né si obietti che la differenza è soltanto di parole e che considerare l'indagine relativa a quest'ultimo punto entro i confini, invece che fuori, della norma, nulla muta alla sostanza delle cose: sempre infatti si finirebbe col chiedere al giudice una pronuncia che va oltre quella della mera corrispondenza della condotta allo schema normativo.

A parte ogni considerazione sulle illusioni che si nutrono nei riguardi del cosiddetto sillogismo giudiziale (che postulerebbe un magistrato completamente spersonalizzato e trasformato in macchina per fare sentenze), si osserva come l'elemento differenziale sia innegabile e consista nella necessità, implicita in tutto il nostro discorso, di formulare il giudizio sull'offensività o meno del fatto non dal punto di vista dell'interprete o di quello (che – poi – non si sa bene che cosa sia) della società; bensì dal punto di vista dell'ordinamento. Prendendo, cioè, come misura di valutazione del fatto da qualificare i principi che vigono nell'ambito di un dato sistema normativo, in modo che la qualifica attribuita non risulti priva di congruenza con essi.

Insomma, potremmo dire che, pur riconoscendo all'offesa una efficacia costitutiva dell'illecito, la nostra resta sempre una concezione saldamente ancorata al presupposto normativo: anzi, è una concezione che costringe l'interprete a giocare con le carte che sono distribuite dallo stesso ordinamento. Riteniamo, insomma, che il valore qualificante discenda dalla norma al fatto, oltre che per la corrispondenza di quest'ultimo all'ipotesi astratta, anche per il suo rientrare compiutamente nella *ratio* della norma, vale a dire nel principio che ne costituisce la ragion sufficiente, ciò per cui essa è.

Una situazione di fatto è elevata ad oggetto di qualificazione giuridica e una volta qualificata è idonea a produrre gli effetti giuridici stabiliti dalla norma, non come fine a se stessa, bensì in vista di uno scopo. Ove, pertanto, la qualificazione di una situazione di fatto (concreta) della quale sia già stata accertata la rispondenza allo schema descrittivo, non appaia conforme allo scopo che l'ordinamento attraverso una data norma persegue, viene meno ogni motivo per procedere alla qualificazione stessa, ossia, in linguaggio più strettamente penalistico, per definire antigiuridico un dato comportamento.

Ed ecco, allora, come i termini di forma e sostanza, portati sul piano dell'analisi strutturale dei fatti giuridici, assumano il loro senso più proprio. Entrambi stanno ad indicare, cioè, i requisiti fondamentali di un comportamento giuridicamente rilevante: il primo esprime la necessità che la condotta realizzi il modello della descrizione legale; il secondo, che a tale condotta possa riconoscersi quel *significato* a cagione del quale il legislatore ha elevato ad elemento condizionante del prodursi di conseguenze giuridiche una determinata classe di fatti. È chiaro, quindi, che parlare, così come noi facciamo, di contenuto del fatto illecito non equivale a riferirsi a criteri di valutazione *praeter legem*, necessariamente assai vaghi ed incerti (nonché politicamente pericolosi) bensì presuppone un'indagine, in profondità, dell'ordinamento, ricostruito non soltanto nelle sue formulazioni espresse, ma anche negli scopi cui è preordinato.

Del resto, questo pretendere ai fini della rilevanza penale, accanto alla tipicità della condotta, anche il requisito dell'offesa, non si pone come una caratteristica particolare del reato, ma rappresenta l'applicazione, ad un campo specifico, di un principio che è valido per tutti gli atti giuridici.

In ogni ramo del diritto, cioè, la determinazione del tipo di comportamento umano corrispondente alla previsione normativa, avviene tanto in base alla corrispondenza ad un certo schema, che al realizzarsi di un certo *contenuto*. Con il quale ultimo concetto si vuole, appunto, esprimere l'esigenza che l'atto (oltre a possedere i connotati formali tipici che l'ordinamento, secondo quanto suole normalmente accadere, ritiene indici di quel significato in forza del quale l'atto è assunto come fattispecie di conseguenze giuridiche), si presenti, anche nel caso concreto e non unicamente in astratto, carico di questo significato o, che in fondo è lo stesso, adempia, anche nel caso concreto, la funzione che costituisce la *ratio* della sua giuridicità. Significato o funzione che, ove si tratti di atto giuridico lecito, sarà dato dalla regolamentazione di interessi di fronte ai quali l'ordinamento non può restare indifferente; mentre, quando si passi a considerare l'atto illecito, diventerà l'offesa di interessi che il sistema reputa troppo importanti per essere abbandonati a qualunque ingerenza da parte di terzi.

Onde evitare l'eccessivo tecnicismo e, soprattutto, quel tanto di stridente che, specialmente alle orecchie del laico, l'espressione "significato o funzione del reato" presenterebbe, preferiamo parlare di "contenuto".

In conclusione, l'offesa dell'interesse tutelato, che si affaccia alle soglie della teoria dell'antigiuridicità quasi in una posizione di conflitto con la situazione che esprime la contrarietà alla norma, finisce, a ben guardare, per rivelarsi nella sua esatta natura di requisito che concorre a realizzare tale situazione. La violazione della norma penale è, insomma, perfezionata quando si ponga in essere un'azione tipica che leda o metta in pericolo l'interesse protetto. Abbiamo già anticipato che questo asserto, cui ci è possibile pervenire per via meramente deduttiva, argomentando dalla finalità di protezione di determinati rapporti tra gli uomini e i beni della vita, caratteristica del diritto, e dimostrando quanto poco sia giustificata una considerazione limitata ad un semplice giudizio di corrispondenza tra l'azione e uno schema astratto che, per forza di cose, deve prescindere da tutte le infinite sfumature riscontrabili negli accadimenti reali, trova puntuale riscontro in una fondamentale disposizione del nostro codice penale (art. 49, II comma, c.p.).

8. *Il fatto-reato*

Gli elementi costitutivi essenziali delle singole fattispecie criminose emergono dalle singole norme penali reali dettate dal legislatore.

Dall'analisi delle fattispecie criminose risulta che tutte presentano elementi essenziali comuni; attraverso la astrazione di tali elementi, otteniamo gli elementi costitutivi essenziali con i quali possiamo costruire il modulo ideale del reato.

Le regole di parte generale si incentrano prevalentemente su modelli ai quali devono adeguarsi gli elementi effettivamente richiesti in una figura di reato. Così i termini "azione" ed "omissione" non ci dicono nulla circa il contenuto che i dati corrispondenti alle relative nozioni, a seconda delle diverse norme incriminatrici, posseggono. Si limitano a delineare i profili dei comportamenti umani che saranno di volta in volta collocati sotto la casella "azione" o sotto quella di "omissione". Si tratta, insomma, di astrazioni che concettualizzano più fatti giuridici in un modello unico, che, evitando inutili ripetizioni, ne coglie l'aspetto formale costante. Va detto però che accanto a formulazioni del genere se ne incontrano altre che ipotizzano un dato contenutisticamente descritto che, sempre lo stesso, è suscettibile di verificarsi in relazione ad un numero praticamente illimitato di ipotesi oggetto di previsione normativa. Per ciò che concerne gli elementi positivi, si pensi agli artt. 40 e 41 c.p. che disciplinano non soltanto, come parrebbe dalla lettera della legge, il rapporto causale tra condotta ed evento, ma in modo generale ed esaustivo ogni processo causale rilevante per il diritto penale (e, assai probabilmente, per ogni settore dell'esperienza giuridica: si pensi per tutte alla problematica della causalità nei fatti illeciti di diritto civile) [14].

Ancora più netta si presenta la rilevanza come elemento concreto di fattispecie allorché consideriamo alcune delle cosiddette scriminanti. Non si può dire, invero, che gli artt. 52 e 54 c.p. si limitino a delineare degli schemi vuoti che attendano di essere completati e concretati dal riferimento agli elementi offerti dalle varie ipotesi criminose. La situazione di legittima difesa e quella di stato di necessità sono compiutamente descritte nelle disposizioni richiamate; né al loro contenuto è aggiunto alcunché quando si realizzano accompagnando un comportamento che sarebbe stato illecito ove esse fossero mancate.

Ciò posto, partiamo dalle regole che, *in apicibus*, disegnano la struttura minima ed inderogabile della fattispecie criminosa. *In apicibus* perché il riferimento è a regole costituzionali; con caratteristiche di assoluta essenzialità, perché sono richiesti gli elementi che si pongono come il minimo comun denominatore di ogni figura criminosa.

---

[14] Gli artt. 651, 652 e – per i giudizi civili o amministrativi diversi da quelli di danno – 654 c.p.p. si spiegano solo con la rilevanza che deve essere riconosciuta alla disciplina penalistica del rapporto di causalità, per ciò che concerne la struttura del fatto che ha cagionato il danno. Rimane il problema, cui si deve l'asserto di mera probabilità del testo, del nesso causale tra fatto e danno. Ma anche a questo riguardo, nell'assenza di regole che espressamente lo disciplinino, non sembra potersi fare a meno del ricorso ai disposti degli artt. 40 e 41 c.p.

L'art. 25, II comma, Cost. enuncia più e diversi principi fondamentali del diritto penale. Innanzitutto, quello su cui ci siamo ampliamente soffermati nella Parte I, della riserva (assoluta) di legge [15]; poi quello della irretroattività della legge incriminatrice e, più generalmente, della legge più sfavorevole per il destinatario della regola penale; nonché la retroattività della legge più favorevole; infine, con passaggio dalle modalità di produzione ed applicazione delle regole penali a quello dei comportamenti che esse sanzionano, il principio che si può essere chiamati a rispondere soltanto per un "fatto".

Dall'art. 27, I comma, Cost. si evince, poi, che, essendo la responsabilità penale "personale", il fatto, oltre che proprio del soggetto che per esso sarà suscettibile di sanzione, con esclusione, quindi, di ogni ipotesi di responsabilità penale per fatto altrui [16], deve essere riferibile a tale soggetto in virtù di ciò che lo rende "persona umana" e non mera forza causale. Deve essere cioè riferibile alla coscienza e volontà sia in quanto effettivamente esplicate (mi sono rappresentato e ho voluto) sia in quanto non attuate ma potenzialmente attuabili (potevo rappresentarmi, potevo evitare) [17].

La stretta relazione esistente tra il principio del fatto e quello della irretroattività della legge più sfavorevole conduce a ritenere che gli elementi di imputazione soggettiva, sintetizzati all'art. 27, I comma, Cost. attraverso l'enunciato della natura personale della responsabilità penale, fanno parte della struttura del fatto. Se così non fosse, dovremmo – e sarebbe davvero assurdo – ritenere applicabile una legge sopravvenuta, che estendesse la punibilità di un certo fatto dalla realizzazione dolosa a quella colposa a chi detto fatto avesse commesso senza dolo, ma imprudentemente, sotto il regime della legge precedente. Sempre dallo stretto rapporto tra fatto e irretroattività della legge che lo prevede (quando questa sia più severa rispetto alla disciplina sotto la vigenza della quale il fatto era stato commesso) si evince il requisito della tipicità. Requisito che, seppur discendente dai contenuti della norma legislativa, riguarda specificamente i tratti del fatto regolato.

La garanzia stabilita dal principio di irretroattività *contra reum* trova la sua giustificazione in uno stato di cose che permetta al destinatario della regola di prenderne conoscenza e di seguirne il precetto. Donde la necessità che il fatto vietato o comandato sia fornito di lineamenti precisi e suscettibili non solo di essere

---

[15] Cfr. Parte I, capitolo II, §§ 4 e 5.

[16] Per un tipico esempio di responsabilità *civile* per fatto altrui, cfr. art. 2049 c.c.: "Responsabilità dei padroni e dei committenti". A differenza di quanto è disposto dagli artt. 2047 e 2048 c.c. che si limitano ad invertire l'onere probatorio, le persone menzionate dall'art. 2049 sono incondizionatamente responsabili del fatto illecito dei domestici o dei commessi realizzato nell'esercizio delle incombenze a cui essi sono adibiti.

[17] Cfr. Cass. I, 21 aprile 1972, n. 2593; Cass. I, 13 maggio 1976, n. 5764; Cass. I, 7 gennaio 1978, n. 352; Cass. I, 11 giugno 1980, n. 7319; Cass. I, 16 gennaio 1982, n. 354; Cass. I, 20 aprile 1984, n. 3605; Cass. V, 19 marzo 1993, n. 2634.

compresi ma altresì di convincente verifica della rispondenza del fatto concreto al modello astratto [18].

La rilevanza centrale che il "fatto" possiede per la determinazione dell'area sulla quale incide il principio di irretroattività ci ha portato a considerare inclusi nella relativa nozione gli elementi soggettivi, quelli che oltre ad essere determinanti, né più né meno che gli elementi oggettivi, per il disvalore del comportamento, si pongono come inderogabili criteri di imputazione della condotta al suo autore. Analoga conclusione si impone in ordine alle scriminanti, a quelle situazioni, cioè, in presenza delle quali non si verifica illecito penale.

Dobbiamo ritenere che *ex* art. 25 Cost. esse sono ricomprese nel fatto come elementi la cui mancanza è necessaria perché quest'ultimo possa qualificarsi illecito penale. Se la regola della irretroattività segna i confini che delineano il concetto di fatto, non v'è dubbio che quanto si è osservato in ordine all'elemento psicologico vale anche per le scriminanti. Si faccia il caso dell'abrogazione di una disposizione che contempli una data scriminante (ad esempio, una delle ipotesi di adempimento di dovere vincolante ma discendente da ordine sostanzialmente illegittimo). Se la struttura del "fatto" non contemplasse la assenza di tale scriminante se ne dovrebbe concludere che a chi avesse posto in essere il comportamento in questione, vigente la normativa che detta scriminante contemplava, dovrebbe applicarsi la disciplina successiva – quella, cioè, che non fa più conto della esimente. E invero il fatto risulterebbe immutato tanto secondo la legge precedente che secondo quella successiva. Anzi, dovrebbe dirsi che per ciò che concerne il fatto costituzionalmente rilevante non vi sarebbe stata successione di legge. Ove è chiaro che per tal modo andrebbe, in questa ed in simili altre situazioni, completamente vanificata la funzione di regola di condotta dei disposti penali – quella funzione che offre al destinatario della norma la possibilità di orientarsi alla stregua di ciò che è lecito e di ciò che invece non lo è.

Naturalmente sarebbe sempre possibile il ricorso all'art. 2 c.p. per il quale "Nessuno può essere punito per un fatto che, secondo la legge del tempo in cui fu commesso, non costituiva reato": ed è fuori discussione che la disposizione che prevedeva la scriminante poi abrogata, come quella che limitava la punibilità alla sola realizzazione dolosa, impedissero che il fatto potesse essere considerato reato.

Ma una cosa è la garanzia posta da regola costituzionale, altra e ben diversa quella stabilita da legge ordinaria, sempre esposta quest'ultima ai colpi di mano di una possibile maggioranza, magari tale per un solo voto, effimera o male intenzionata.

Cogliamo subito il peso specifico della valenza costituzionale del principio del fatto quando poniamo a raffronto l'art. 1 c.p. con il II comma dell'art. 25 Cost. Anche all'art. 1 si enuncia la regola che nessuno può essere punito per un *fatto* che non sia espressamente preveduto dalla legge come reato. Ma si tratta di legge

---

[18] Cfr. sent. Corte cost. 8 giugno 1981, n. 96, che ha dichiarato l'illegittimità dell'art. 603 c.p.: plagio.

ordinaria e, come tale, derogabile da altra legge del medesimo rango. Tanto che, con scarso fondamento sul piano della lettura delle disposizioni richiamate, ma nella perfetta legittimità di diritto pubblico generale – così come questo si presentava prima dell'entrata in vigore della Costituzione repubblicana – si è frequentemente parlato di reati di mero sospetto: di reati, cioè, non imperniati su un fatto umano ma su una situazione che giustifica il sospetto di commissione di futuri o passati reati. Esempi tipici di tali figure criminose erano visti nelle contravvenzioni di cui agli artt. 707 e 708 c.p. In realtà, nessuna delle due fattispecie ignora un fatto umano quale elemento costitutivo. Per entrambe il momento del fatto deve ravvisarsi nel possesso – giuridicamente rilevante solo se cosciente e volontario – di determinati oggetti.

Tant'è che la previsione posta dall'art. 708 c.p. è stata ritenuta dalla Corte costituzionale illegittima ai sensi degli artt. 3 e 25 Cost. per irragionevole discriminazione nei confronti di una categoria di soggetti composta da pregiudicati per reati di varia natura o entità contro il patrimonio che siano colti in possesso di denaro o di oggetti di valore o di altre cose non confacenti al loro stato, e per mancanza di tassatività del precetto, in quanto tipizzato attraverso la riferibilità del fatto, di per sé neutro, a un pregiudicato per alcune classi di precedenti penali, e non per carenza di un fatto riferibile ad un soggetto agente. E per contro, sempre nella sent. 2 novembre 1996, n. 370, la Corte costituzionale ha ritenuto la legittimità dell'art. 707 c.p., la fattispecie del quale è caratterizzata dalla medesima struttura di quella dell'art. 708, rilevando che "la determinazione del fatto-reato è data dalla tipologia stessa degli oggetti detenuti, in ordine ai quali è pleonastica la mancata giustificazione della loro attuale destinazione".

Dove è importante notare come le questioni di legittimità costituzionale si incentrassero non su una asserita mancanza del fatto, bensì su una insufficiente tipicizzazione di quest'ultimo. Come che sia per ciò che concerne la pertinenza delle esemplificazioni addotte, certo è che prima dell'entrata in vigore della Costituzione sarebbe stata pur sempre concepibile la previsione di reati imperniati su mere situazioni di sospetto (sul tipo delle fattispecie che danno vita alle misure di prevenzione). Possibilità, questa, esclusa dall'enunciato dell'art. 25, II comma, Cost. che non pone eccezioni di sorta alla regola secondo la quale non si dà fattispecie criminosa senza un fatto umano.

9. *Nozione costituzionale e nozioni codicistiche del fatto*

Abbiamo finora delineato la struttura del fatto così come essa si profila alla stregua della previsione dell'art. 25, II comma, Cost. Comprensiva, come è, oltre che, naturalmente, dell'elemento oggettivo, dell'elemento soggettivo e dell'assenza di situazioni scriminanti, la nozione fornita dall'art. 25 Cost. coincide con quella di reato. Resta da vedere se l'uso che del termine "fatto" compie la legge penale ordinaria e, in particolar modo, il codice penale[19] e quello di procedura penale sia identico o no a quello che ne fa il dettato costituzionale.

Limitiamoci, per il momento, al codice penale. Si è già visto come il fatto su cui si incentra il disposto dell'art. 1 c.p. ("Nessuno può essere punito per un fatto che non sia espressamente preveduto come reato dalla legge, né con pene che non siano da essa stabilite") vada inteso negli stessi termini di quelli che caratterizzano il concetto costituzionale. Le ragioni di garanzia che sono alla base dell'art. 1 sarebbero in larga parte eluse se nella nozione in questione non si comprendessero anche l'elemento soggettivo e l'assenza di scriminanti. A diversa conclusione occorre giungere quando si esamini il disposto dell'art. 47 c.p.
Al I comma questo dispone che "l'errore sul fatto che costituisce il reato esclude la punibilità dell'agente".

Data la contrapposizione fra l'elemento soggettivo e ciò che ne costituisce l'oggetto (che cosa mi rappresento, che cosa voglio) il termine fatto non può che esprimere gli elementi oggettivi del reato. Più precisamente, occorre dire che il fatto è in tale norma inteso come insieme degli elementi oggettivi positivi. La situazione psicologica simmetrica a quella dell'errore sugli elementi positivi e cioè la supposizione erronea dell'esistenza di una scriminante, è disciplinata dall'art. 59, ultimo comma, c.p. Così come gli elementi positivi, cioè quelli che debbono realizzarsi perché si dia illecito penale, vanno rappresentati e voluti, gli elementi negativi, quelli che debbono mancare perché si dia illecito penale, non debbono essere oggetto di rappresentazione. Il difetto di rappresentazione di un elemento positivo come l'erronea rappresentazione di un elemento negativo esclude il dolo.

Simmetricamente, deve dirsi che sono elementi del fatto quelli che, previsti come elementi che debbono essere positivamente realizzati, costituiscono oggetto di volontà e rappresentazione da parte del soggetto agente; appartengono altresì al fatto, come elementi negativi, quelli sui quali non deve cadere la rappresentazione stessa. In definitiva, il concetto di fatto nel suo profilo oggettivo si riporta al dolo: tanto per ciò che ne costituisce l'oggetto positivo, quanto per ciò che non deve costituire oggetto di rappresentazione.

Resta sia *ex* art. 47 c.p. che *ex* art. 59, ultimo comma, c.p. la responsabilità per colpa: ma anche qui le cose non mutano. L'errore dovuto a colpa deve concernere o gli elementi positivi, che nella realizzazione dolosa si riflettono positivamente nel dolo, o quelli negativi, che nella realizzazione dolosa non debbono essere rappresentati dall'agente.

Emerge a questo punto, interpretando sistematicamente l'art. 47, I comma, c.p. e l'art. 59, ultimo comma, c.p., una nozione di "fatto" più ampia di quella normativa discendente dall'art. 47, I comma e che consiste nel complesso degli elementi positivi e negativi del fatto.

---

[19] Per il codice penale si vedano, ad esempio, con significati diversi, l'art. 1 e l'art. 47 c.p.; per il codice di procedura penale si vedano, ad esempio, le formule terminative delle sentenze di proscioglimento: il fatto non sussiste, il fatto non costituisce reato, non commissione del fatto.

Questa nozione di fatto che astraiamo in via di interpretazione sistematica del diritto positivo e che non coincide con i due concetti di fatto normativamente previsti (con riferimento agli artt. 1 c.p., 25, II comma, Cost. e 47, I comma, c.p.) permette di comprendere perché l'errore è trattato nello stesso modo sia che cada sugli elementi positivi sia sugli elementi negativi. Entrambi gli errori escludono nel soggetto agente la rappresentazione e la volontà del fatto che costituisce reato.

10. *Struttura della fattispecie criminosa: concezione bipartita e concezione tripartita*

Si è molto discusso in dottrina sulla ripartizione degli elementi costitutivi del reato in due o più nozioni. Senza indugiare su quelle che si pongono o come chiarimento utile, ma non necessario, di ciò che significa fatto, specificando che quest'ultimo deve essere tipico (il che ovviamente è implicito nell'enunciato che ha come punto di riferimento il fatto quale fatto giuridico, non come accadimento fenomenico), o trasferiscono sulla struttura della fattispecie condizionante momenti che fanno parte, invece, delle conseguenze condizionate – e si parla in tal senso della punibilità quale elemento del reato – prendiamo brevemente in esame le due concezioni che da tempo appaiono dominanti.

Secondo la concezione tripartita, la struttura della fattispecie criminosa (*rectius*: del reato; si danno fattispecie criminose che accanto al reato esigono il verificarsi di eventi ulteriori che del reato non fanno parte) sarebbe costituita dal fatto, come insieme degli elementi materiali di cui è necessaria la realizzazione, dall'antigiuridicità obiettiva, che qualificherebbe nel senso della contrarietà al diritto penale gli elementi che danno vita al fatto e dall'elemento soggettivo, o volontà colpevole, o colpevolezza, che permette l'imputazione del fatto, antigiuridico, a chi lo ha posto in essere. La concezione bipartita, invece, contrappone al fatto l'elemento soggettivo della volontà colpevole. Non si parla, in quest'ordine di idee, di antigiuridicità obiettiva penale, bensì di antigiuridicità penale che investirebbe tutti gli elementi del reato, tanto soggettivi che obiettivi, e che, in quanto tale, rappresenterebbe una qualifica dell'insieme (il reato) e non una parte o momento che dir si voglia dell'insieme stesso.

La teoria dell'antigiuridicità penale obiettiva va incontro a serie difficoltà quando ci si pone la domanda su quale sia il criterio alla cui stregua si formula il relativo giudizio. Certamente non la norma penale incriminatrice, a meno di accedere alla mitologia della cosiddetta doppia funzione della norma stessa: che, in primo luogo, isolerebbe gli elementi obiettivi del fatto valutandoli negativamente, cioè antigiuridici; quindi passerebbe ad una funzione di comunicazione imperativa comandando di astenersi dal comportamento qualificato come antigiuridico.

Ma di valutazione normativa può parlarsi soltanto quando ad essa faccia seguito l'applicabilità di effetti sanzionatori: e questi, come sappiamo, nascono da un comportamento fornito non soltanto delle note di tipicità oggettiva, ma anche di quelle che segnano la tipicità soggettiva. Non è la pura e semplice causazione della morte di un uomo a mettere in moto il meccanismo coattivo-sanzionatorio; occorre che la condotta che cagiona l'evento letale sia sorretta da dolo o, perlomeno, da colpa. Ma non basta. Si è già detto che segno inconfutabile che l'elemento soggettivo fa parte dell'oggetto della valutazione normativa è che per i reati più gravi, i delitti, ordinariamente si risponde solo per dolo: la colpa è rilevante quando la realizzazione colposa di un certo fatto sia espressamente preveduta dalla legge. Il che significa una prima cernita operata dal sistema normativo che si riserva di prendere posizione, singola fattispecie per singola fattispecie, sulla necessità, od opportunità, di punire la commissione di un fatto delittuoso non "intenzionale" ma dovuto a mera leggerezza. E quando alla colpa è dato rilievo, la conseguenza di punibilità ricollegata alla condotta colposa è di regola di misura notevolmente inferiore a quella propria del corrispondente comportamento doloso[20].

La rinuncia ad utilizzare la norma incriminatrice come criterio dal quale discenderebbe la qualifica di antigiuridicità penale oggettiva potrebbe indurre a ritenere che a detta qualifica si perviene alla stregua di norme, diverse da quella incriminatrice, la violazione delle quali si riscontrerebbe in ogni fatto di reato. Non si perverrebbe, insomma, all'illecito penale se non attraverso la messa in atto di un illecito non penale, o comunque diverso da quello costituito dalla inosservanza dell'obbligo discendente dalla norma incriminatrice. Ma, se questo passaggio dall'una all'altra forma di illecito è frequente – basti pensare, per tutti, ai delitti contro il patrimonio – esso non rappresenta una costante delle fattispecie criminose. Assai numerose, infatti, sono quelle nelle quali si verifica proprio il contrario di quanto postula la cosiddetta concezione sanzionatoria del diritto penale. È l'illecito penale, attraverso le norme di collegamento tra giurisdizione penale e giurisdizione extrapenale e, ancor più semplicemente, per il dettato dell'art. 2043 c.c. (danno ingiusto è anche, anzi, in primo luogo, quello causato da un reato), a costituire momento essenziale di illecito, ad esempio, civile.

Più calzante parrebbe il riferimento ad una situazione di contrarietà all'ordinamento, considerato nel suo insieme, che produrrebbe la sanzione dell'impedibilità: reazione dell'intiero ordinamento e non di uno specifico settore di esso alla condotta che si avvia a dar luogo ad un reato. Ma l'impedibilità, conseguenza in forza della quale diventa lecito, come per ogni sanzione, ciò che se non fosse tale costituirebbe condotta antigiuridica, rinvia alla legittima difesa: e questa esige che l'offesa sia rivolta ad un "diritto" proprio o altrui. E qui non possiamo anticipare ciò che per "diritto" ai sensi di tale scriminante si deve intendere.

Questi gli interrogativi ai quali la teoria della antigiuridicità penale oggettiva non pare dare risposte soddisfacenti.

Si possono, invece, considerare poco appropriate le critiche che contestano la stessa configurabilità di un illecito oggettivo, tale cioè prima e indipendentemente dalla realizzazione di elementi soggettivi. A quest'ordine di idee, che nasce dalla

---

[20] Fanno eccezione, come abbiamo visto (cfr. *supra*, p. 190), le figure delittuose (assai poche, in verità) a elemento psicologico indifferente: che possono cioè essere realizzate tanto con dolo che con colpa e sottoposte, nell'uno e nell'altro caso, a identica pena edittale.

concezione imperativistica del diritto, si può ribattere che negli ordinamenti moderni non esiste una struttura tipo dell'illecito. Accanto ad illeciti contrassegnati dalla rilevanza di momenti soggettivi, si danno, e assai numerosi, illeciti puramente oggettivi. Così quello che costituisce elemento essenziale della più complessa fattispecie delineata dall'art. 2043 c.c.

Ciò detto, va ricordato che siamo in presenza di un problema di sistemazione degli elementi essenziali del reato, rispetto al quale è inopportuno prendere posizione o assumere conclusioni come se si trattasse di muovere da dati incontestati e incontestabili forniti di valenza indipendente dalle funzioni che le nozioni che li esprimono svolgono. Ora, quando ci chiediamo quale sia il senso, il significato della qualifica di antigiuridicità penale obiettiva, la risposta non può essere che una. Si ricorre a questo terzo requisito dell'illecito penale per introdurre accanto al fatto umano e alla colpevolezza un elemento negativo: l'assenza di scriminanti. Ma abbiamo già visto come il concetto di fatto umano tipico, desumibile dall'interpretazione sistematica degli artt. 47 e 59 c.p., comprenda in sé anche la mancanza di scriminanti. Stando così le cose, la superfluità della qualifica di antigiuridicità obiettiva, come terzo requisito del reato, non può essere negata. Non è questione di optare per una concezione piuttosto che per l'altra in termini di maggiore o minore correttezza scientifica. Contano ragioni di semplicità e facilità a spiegare la struttura del reato, sia sul piano oggettivo che, come già si è accennato, sul piano soggettivo. A tacere di ogni altra considerazione, muovendo ad esempio dall'angolo visuale offerto dall'oggetto del dolo e della colpa, gli imbarazzanti quesiti che si pongono circa la riconducibilità a tale nozione della qualifica di illecito oggettivo sono radicalmente superati dal rilievo che la regola dettata dall'art. 59 ultimo comma c.p. risolve il problema nel senso che il soggetto agente non deve avere la rappresentazione degli elementi costitutivi di una scriminante: non si esige, insomma, che per aversi dolo si abbia consapevolezza dell'antigiuridicità obiettiva del comportamento posto in essere.

11. *I c.d. presupposti del reato*

Accanto, anzi, prima della categoria degli elementi essenziali del reato, alcuni autori collocano la categoria dei cosiddetti presupposti del reato: elementi che, senza essere parte costitutiva della fattispecie criminosa, rappresentano presupposti che condizionano l'esistenza dell'illecito (ad esempio: la norma penale, il soggetto agente, il bene penalmente tutelato).

La concezione che vede nella regola incriminatrice un presupposto del reato si basa su un equivoco. Confonde il reato dato fenomenico con il reato istituto giuridico (reato in astratto); quest'ultimo non è altro che il complesso di disposizioni che concorrono a individuare la norma penale incriminatrice (norma penale reale). Pertanto la norma penale non è un *prius* rispetto al reato in astratto; il reato in astratto coincide con la norma penale (*rectius*: con la parte condizionante della norma penale).

Solo passando da una indagine giuridica ad una indagine fenomenica potremmo dire che la norma penale condiziona la esistenza del reato (in concreto), nel senso che, se non ci fosse una certa previsione legislativa, un certo fatto non costituirebbe reato; ma è chiaro che in questa sede, cioè in sede di analisi del reato, ci occupiamo del reato come istituto giuridico e non come ente fenomenico.

Presupposto generale del reato è spesso considerato anche il *soggetto agente*: colui che è idoneo a porre in essere un reato in quanto titolare della capacità giuridico-penale. Potrebbe parlarsi di presupposto se la capacità di diritto penale, come titolarità di situazioni giuridico-penali sfavorevoli, non fosse riconducibile alla categoria più propria del "soggetto penalmente rilevante" data l'inscindibilità, in diritto penale, tra capacità giuridica e capacità d'agire[21]. Pertanto il soggetto agente non è un semplice presupposto del reato, ma è assai di più: è il soggetto che dà vita al reato.

Maggiori consensi potrebbe forse meritare la considerazione, come presupposti del reato, delle qualifiche che condizionano la realizzazione di determinati reati (propri in senso stretto[22]: ma anche a questo riguardo può osservarsi che dette qualifiche trovano la loro sistematica nella nozione di capacità penale. Più precisamente si pongono come costitutive della capacità speciale o di quella relativa[23]. E non si vede, pertanto, la convenienza del ricorso a concetti ripetitivi gli uni degli altri.

Quanto al *bene giuridicamente tutelato* si possono richiamare *mutatis mutandis*, le stesse considerazioni che si sono svolte circa la norma penale. Rispetto al reato in astratto, ossia alla descrizione del reato contenuta nella norma reale, il bene (*rectius*: interesse) penalmente tutelato non è un *prius*, ma semplicemente l'oggetto di una valutazione (operata dai fattori di produzione normativa secondo l'*id quod plerumque accidit*) di un rapporto tra i singoli soggetti e una entità, preesistente alla norma o creata da quest'ultima, che si deduce da detta descrizione. Oggetto la cui struttura è data da tutti gli elementi presi in considerazione dallo schema descrittivo della norma incriminatrice, nel contesto dell'intiero ordinamento.

---

[21] Cfr. Parte I, capitolo V.

[22] Definiamo propri in senso stretto quei reati in cui soggetto attivo deve possedere una qualifica che non si ricava da elementi del fatto: così ad esempio l'accettazione di onorificenze o altre utilità da uno Stato nemico. Comportamento che potrebbe benissimo essere posto in essere da uno straniero, ma la cui rilevanza penale è circoscritta, per ovvi motivi, alla commissione da parte dei soli cittadini italiani.

Si pensi, adesso, alla profonda differenza rispetto alla fattispecie dell'art. 314 c.p. Il soggetto attivo deve essere un pubblico ufficiale o un incaricato di pubblico servizio, ma la portata della norma resterebbe invariata anche se l'autore fosse indicato con l'usuale "chiunque". Poiché la struttura del fatto esige che il possesso del denaro o altra cosa mobile sia dovuto a ragioni di ufficio o di pubblico servizio è da questo elemento oggettivo che scaturiscono le qualifiche espressamente menzionate: con conseguenze, assai rilevanti, per ciò che concerne la disciplina dell'errore sul fatto costitutivo di illecito.

[23] Cfr. Parte I, capitolo V.

Ciò che può accogliersi è la categoria dei *presupposti del fatto*, più precisamente, *della condotta* del soggetto agente: elementi naturali o giuridici che devono preesistere alla condotta criminosa perché il reato possa verificarsi; ad esempio l'esistenza di un precedente matrimonio valido agli effetti civili nel reato di bigamia (art. 556 c.p.), l'altruità della cosa nel furto (art. 624 c.p.), la gravidanza nell'interruzione della stessa senza il consenso della donna (art. 18, l. n. 194/1978), ecc. Questa categoria, metodologicamente ineccepibile, ha notevole importanza pratica: lo vedremo esaminando come talora si atteggi nei suoi confronti l'elemento soggettivo dell'illecito penale.

CAPITOLO VIII
IL FATTO DI REATO

Sezione I – GLI ELEMENTI POSITIVI DEL FATTO

1. *La condotta nucleo del fatto di reato*

Abbiamo visto come la rappresentazione più semplice della struttura del reato (id est: del fatto criminoso secondo quanto si ricava dagli artt. 25 Cost. e 1 c.p.) sia data dalla formula che contrappone il fatto umano, comprensivo di tutti gli elementi positivi e carente degli elementi negativi, alla volontà colpevole [1].

Quale nucleo del fatto, inteso in questa accezione che si ricava dagli artt. 47 e 59 c.p., si pone una condotta umana. Nel linguaggio legislativo, della condotta non si fa mai espressa menzione come elemento costitutivo del reato: il termine compare in dettati normativi proprio per indicare ciò che può precedere o accompagnare l'esecuzione dell'illecito (cfr. art. 133 c.p.). Troviamo, analiticamente, la coppia azione-omissione, ovvero "azione" in quanto comprensiva anche dell'omissione (cfr. di nuovo art. 133 c.p., le modalità dell'azione). Prima di procedere alla verifica dell'uso che di queste nozioni fa l'ordinamento penale, è opportu-

---

[1] Il pensiero corre immediatamente a "*Il fatto*" di Giacomo Delitala. Opera che resta una pietra miliare sull'argomento.

no chiarire, su piano generale, che cosa significhi la contrapposizione fra azione ed omissione. Diciamo: su piano generale, perché tale contrapposizione si presenta, sempre allo stesso modo, in ogni sistema normativo – si tratti di norme giuridiche, di norme etiche, di norme del costume e, perfino, di norme tecniche. Sintetizzando, è lecito affermare che la dialettica fra azione ed omissione caratterizza ogni sistema costituito da istanze che pongono una pretesa di comportamento.

Di solito le analisi di questi due concetti, ai quali corrispondono le categorie di illecito di azione e illecito di omissione, sono svolte tenendo conto del sostrato naturalistico che realizza il comportamento stesso; cioè si dice: abbiamo a che fare con un illecito di azione quando il comportamento umano che costituisce il nucleo del fatto antidoveroso è costituito da un'azione positiva, da una estrinsecazione di energia muscolare nel mondo esterno da parte del soggetto agente (afferro una cosa altrui e me la porto via, ponendo così in essere il nucleo della condotta costitutiva del delitto di furto) [2].

A questa concezione (imperniata sulla struttura naturalistica del concetto di azione) si affianca quella che afferma la struttura normativa del concetto di omissione. Si dice: l'omissione consiste nel non tenere una certa condotta, ma, naturalisticamente, è impossibile cogliere, verificare la non commissione di una condotta, se non facendo riferimento ad un dato, in base al quale la condotta doveva essere tenuta. Questo dato può essere una norma tecnica: non ho fatto ciò che sarebbe stato opportuno, addirittura necessario, per mantenere in efficienza il motore della mia automobile; non ho fatto ciò che sarebbe stato opportuno o necessario per mantenere rapporti corretti con una certa persona; non ho posto in essere il comportamento positivo prescritto da una certa norma. Da un punto di vista naturalistico, cioè secondo quanto è percepibile attraverso i sensi, la condotta che sarà poi qualificata omissiva si presenta sempre come un fare qualche altra cosa, un *aliud agere*. Il soggetto che non realizza la condotta che da lui ci si attendeva avrà sempre tenuto un altro comportamento, che si estrinseca, inevitabilmente, in prese di posizione positive (andrà a giocare a carte, ballerà, studierà, leggerà, ecc.) o di inerzia: quando assume questi atteggiamenti non pone in essere il comportamento prescritto. Se ne deduce, allora, che, mentre la struttura di un comportamento di azione, nucleo di un fatto antidoveroso, si coglie immediatamente ad un'osservazione naturalistica (ho fatto qualche cosa, mi sono appropriato, impossessato, ho pronunciato una parola ingiuriosa e così via dicendo), la struttura di un comportamento omissivo esige il riferimento ad una norma, che è la norma la quale prescrive un comportamento a contenuto positivo, fare qualche cosa.

---

[2] Per l'identificazione della condotta omissiva con una condotta di inerzia, si veda: Cass. V, 4 maggio 94, n. 5198: "In tema di ingiuria, l'esimente della provocazione di cui all'art. 599, II comma, c.p., si configura in presenza di un comportamento contrario alle norme giuridiche ovvero all'insieme delle regole sociali vigenti in un contesto di civile convivenza. Pertanto, può determinare il fatto ingiusto anche un fatto omissivo, quale il silenzio, ove si concreti nella frustrazione di un'aspettativa che la coscienza etica della collettività riconosce degna di considerazione, in quanto attiene al normale svolgimento dei rapporti sociali".

Un punto è fuori discussione. Tanto il comportamento cosiddetto attivo, che quello omissivo si sostanziano in estrinsecazioni di energia muscolare volta a comportamenti esteriori, che possono essere di movimento corporeo o di inerzia. Non è possibile, infatti, ipotizzare una condotta umana che non si ponga come atteggiamento esteriore. Solo per traslato si parla di condotta a proposito di eventi puramente mentali: volere, desiderare, sperare qualcosa; ma è uso, questo, che prescindendo, com'è ovvio, dall'osservazione diretta effettuata attraverso i sensi, si fonda su un'operazione di estensione analogica da fatti certi, che hanno accompagnato comportamenti che si ritengono qualificati da dati eventi mentali, a quello che ci si propone di accertare. Dove è importante sottolineare che movimento corporeo o inerzia sono sempre atteggiamenti percepibili attraverso i sensi. Ciò che rende inerzia o movimento, azione ovvero omissione è il rapporto in cui essi si pongono con il contenuto di un obbligo. Se questo contenuto è negativo ("non devi rubare", "non devi uccidere" e così via), il comportamento che lo infrange, ponendo in essere il fatto vietato, è di azione. Se il contenuto del dovere è positivo ("devi presentare denuncia", "devi entro 30 giorni dalla richiesta dell'interessato compiere l'atto del tuo ufficio o esporre le ragioni del ritardo"), il comportamento che a tale dovere non adempie è omissivo.

La definizione di un certo illecito come illecito di azione o illecito di omissione non dipende da come si è estrinsecato il comportamento del soggetto agente, bensì dal rapporto tra questo comportamento e il contenuto del dovere.

Si tratterà allora di verificare la corrispondenza della fattispecie concreta, quella effettivamente posta in essere o pensata come tale, alla fattispecie astratta. Verifica che va svolta prescindendo da qualsivoglia premessa d'ordine naturalistico. Ciò significa che occorre abbandonare l'idea secondo la quale un comportamento di inerzia non può dar luogo ad un illecito di azione. Che è, a ben vedere, il filo rosso con ampie e lodevoli ragioni di carattere garantistico che è comune alle opinioni per le quali si dà azione solo col movimento corporeo. Ma è estrinsecazione al di fuori del soggetto e come tale percepibile coi sensi, anche uno stato di inerzia.

Il problema sta nell'accertare se, nel contesto concreto dell'accadimento storico, *quella* inerzia si deve o no riportare sotto la previsione della regola incriminatrice. Così, ci si deve chiedere se il non batter ciglia e rimanere assolutamente immobili di fronte al Capo dello Stato che porge la mano in segno di saluto rappresenti offesa al di lui onore o prestigio. La risposta non può che dipendere dalle circostanze che accompagnano tale condotta.

Sempre in tema di inerzia, caso che ha dato luogo a numerose pronunce giurisprudenziali è quello dell'art. 378 c.p.[3] ("Chiunque, dopo che fu commesso un de-

---

[3] Cfr. Cass. III, 31 ottobre 1970, n. 632: "Nella previsione delittuosa dell'art. 378 c.p., (volta ad impedire che il corso della giustizia nell'accertamento di reati subisca intralci e turbamenti) la locuzione 'chiunque aiuta ad eludere le investigazioni dell'autorità' comprende ogni atteggiamento, positivo o negativo, di per se stesso idoneo ad eludere o fuorviare le investigazioni o ad intralciare le ricerche degli organi di polizia. In tale previsione rientra non solo la condotta di

chi renda false informazioni, ma anche quella di chi opponga un mero silenzio alle sollecitazioni degli organi di polizia, quando ciò risponda al fine di favorire l'autore di un reato già commesso. E poiché in detta ipotesi si concreta un reato di pericolo, è ininfluente che le finalità propostesi dall'agente si siano o meno realizzate, essendo sufficiente a perfezionare tale reato, sotto il profilo soggettivo, soltanto la volontà di conseguirle"; Cass. I, 19 maggio 1972, n. 3395: "Il fine di aiutare taluno ad eludere le investigazioni dell'autorità od a sottrarsi alle ricerche della stessa, che costituisce l'essenza della incriminazione di cui all'art. 378 c.p., in quanto atto a determinare un perturbamento nella normale attività della amministrazione della giustizia, può essere perseguito sia con una condotta positiva che con un comportamento omissivo. Pertanto anche il silenzio o la negazione di circostanze note, da parte di chi abbia l'obbligo giuridico di rispondere alle domande dell'autorità, è sufficiente ad integrare il delitto di favoreggiamento personale, se tale condotta negativa risulti diretta al fine previsto dalla norma incriminatrice. (...)"; Cass. I, 23 settembre 1977, n. 11089: "Il delitto di favoreggiamento personale si concreta in una qualsiasi condotta, anche omissiva, avente ad oggetto il risultato di consentire all'autore d'un crimine di eludere le investigazioni dell'autorità e di sottrarsi alle ricerche di questa. Pertanto, il silenzio, la reticenza, il rifiuto di fornire notizie, pur nella loro genericità costituiscono comportamenti omissivi idonei a configurare l'ipotesi di un reato in discorso"; Cass. I, 29 novembre 1979, n. 10154: "Il delitto di favoreggiamento personale si concreta in una qualsiasi condotta, anche omissiva, avente ad oggetto il risultato di consentire all'autore di un crimine di eludere le investigazioni dell'autorità o di sottrarsi alle ricerche di questa, onde il silenzio, la reticenza o il rifiuto di fornire notizie costituiscono comportamenti idonei ad integrare il reato in questione"; Cass. III, 16 settembre 1980, n. 9635: "Ad integrare il reato di favoreggiamento personale vale anche una condotta meramente omissiva, quale quella concretantesi nel silenzio, nella reticenza o nel rifiuto di fornire notizie alla polizia giudiziaria per la ricostruzione del fatto o per la identificazione del colpevole"; Cass. VI, 6 febbraio 1981, n. 779: "Il delitto di favoreggiamento personale si concreta in una qualsiasi condotta, anche omissiva, avente ad oggetto il risultato di consentire all'autore di un crimine di eludere le investigazioni dell'autorità o di sottrarsi alle ricerche di questa, onde il silenzio, la reticenza, il rifiuto di fornire notizie costituiscono comportamenti idonei ad integrare il reato in questione"; Cass. VI, 30 ottobre 1982, n. 10306: "L'elemento oggettivo del delitto di favoreggiamento personale è costituito dalla condotta, anche omissiva, che consenta all'autore di un reato di eludere le investigazioni dell'autorità e di sottrarsi alle ricerche. Il silenzio, la reticenza ed il rifiuto di fornire notizie sono comportamenti idonei ad integrare gli estremi del delitto previsto dall'art. 378 c.p."; Cass. II, 17 ottobre 1983, n. 8467: "Ad integrare il reato di favoreggiamento personale vale anche una condotta meramente omissiva, quale quella concretantesi nel silenzio, nella reticenza o nel rifiuto di fornire notizie alla polizia giudiziaria per la ricostruzione del fatto o per l'identificazione del colpevole"; Cass. VI, 18 maggio 1984, n. 4616: "Nel reato di favoreggiamento personale il silenzio, la reticenza e il rifiuto di fornire notizie sono forme di comportamento potenzialmente idonee ad integrare gli estremi previsti dalla fattispecie criminosa"; Cass. VI, 14 luglio 1984, n. 6474: "Anche il silenzio, la reticenza, il rifiuto di fornire notizie costituiscono comportamenti idonei ad integrare il delitto di favoreggiamento personale"; Cass. V, 20 luglio 1984, n. 6722: "Il silenzio mantenuto davanti alla polizia giudiziaria in sede di investigazioni per l'accertamento di un reato, o la negazione di circostanze note in sede di interrogatorio (nella specie, rifiuto di indicazione del nome dell'aggressore), è sufficiente ad integrare il delitto di favoreggiamento personale"; Cass. VI, 15 novembre 1984, n. 10085: "Colui che tace il nome dell'autore di un furto da lui subito o comunque non palesa le circostanze che gli hanno permesso il recupero della refurtiva commette il reato di favoreggiamento personale. Infatti, la legge al fine di attuare l'interesse della società, consistente nello scoprire e punire tutti coloro che la violano, impone al cittadino di collaborare nella ricerca dell'autore del reato e tale dovere costituisce il presupposto del reato di favoreggiamento personale, in quanto la sua violazione si trasforma in un aiuto diretto al responsabile

litto per il quale la legge stabilisce l'ergastolo o la reclusione, e fuori dei casi di concorso nel medesimo, aiuta taluno a eludere le investigazioni dell'Autorità, o a sottrarsi alle ricerche di questa, è punito con la reclusione fino a quattro anni. (...)") quando il soggetto si sia limitato ad opporre completo silenzio alle domande rivoltegli dall'Autorità procedente. La risposta negativa si ispirava alla asserita necessità di una condotta attiva per dar vita ad un illecito di azione.

L'obbligo discendente dall'art. 378 c.p. è quello di non aiutare, cioè un obbligo di non fare. Ma, come si è detto a proposito dell'esempio precedente, quel che conta è che il comportamento posto in essere si profili come tale da realizzare la

---

del reato stesso"; Cass. VI, 3 febbraio 1986, n. 1210: "Rientra nella previsione delittuosa del favoreggiamento personale non solo la condotta di chi renda false informazioni, ma anche quella di chi opponga un mero silenzio alle sollecitazioni degli organi di polizia, quando ciò risponda al fine di favorire l'autore di un reato; infatti è dovere del cittadino riferire alla autorità investigatrice quanto egli conosce su reati o fatti che interessino la polizia giudiziaria e che abbiano rilevanza in ordine alla prova od all'identificazione del reo"; Cass. VI, 3 marzo 1986, n. 1230: "In tema di favoreggiamento personale, previsto dall'art. 378 c.p., il diniego, cosciente e volontario, da parte dell'agente, di aver ricevuto nella propria abitazione il soggetto, ricercato dalle forze di polizia, in quanto autore di reato, nonché il suo silenzio su circostanze a lui note, integrano l'elemento oggettivo del favoreggiamento, qualora la condotta risulti diretta al fine di aiutare taluno a sottrarsi alle ricerche dell'autorità, che, proprio a causa di tale comportamento, vengono intralciate e rallentate (...)"; Cass. VI, 8 luglio 1986, n. 7281: "L'art. 378 c.p. punisce qualsiasi comportamento coscientemente e volontariamente assunto al fine di vanificare o intralciare le indagini della pubblica autorità dirette all'accertamento dei reati ed alla identificazione dei responsabili. Pertanto anche un comportamento soltanto omissivo, quale il silenzio, la reticenza o il dichiarare di nulla sapere, qualora sia diretto a favorire un terzo, è sufficiente ad integrare il delitto di favoreggiamento personale"; Cass. VI, 25 agosto 1986, n. 8574: "Il reato di favoreggiamento personale comprende ogni atteggiamento sia di azione, sia di omissione diretto al perseguimento dello scopo di aiutare un'altra persona ad eludere le investigazioni; nel suddetto ambito rientra, quindi, anche il comportamento di chi volutamente si astiene dal fornire nel corso delle indagini notizie essenziali per la ricostruzione di un fatto e per la individuazione del responsabile, perché, così facendo, determina una lesione dell'interesse protetto dall'art. 378 c.p."; Cass. VI, 21 marzo 1990, n. 4043: "L'art. 378 c.p. prevede condotte finalizzate a frapporre ostacoli, e comunque a fuorviare, l'attività diretta all'accertamento dei reati e all'individuazione dei responsabili. Pertanto condotta di favoreggiamento personale non è solo quella diretta a deviare le indagini già in atto, ma anche quella diretta ad evitare che l'autorità proceda ad accertamenti in ordine al reato e alla scoperta dell'autore di esso. L'aiuto può consistere anche in una condotta omissiva e pertanto condotta integratrice del delitto può essere costituita anche dal silenzio, dalla reticenza, dal rifiuto di fornire notizie"; Cass. I, 10 febbraio 1995, n. 1378: "Per la configurabilità del reato di cui all'art. 378 c.p. (favoreggiamento personale) è necessario e sufficiente che l'agente 'aiuti' taluno ad eludere le investigazioni dell'autorità, sicché la genericità della locuzione 'aiuta' consente di concepire la condotta illecita, voluta dalla norma, nelle sue più svariate manifestazioni, purché si sostanzi in un atteggiamento, commissivo od omissivo, che favorisce l'elusione delle investigazioni; è irrilevante, pertanto, che la condotta del favoreggiatore si sia espressa con il silenzio. (...)".

Decisioni tutte nelle quali è particolarmente evidente il superamento della concezione naturalistica della distinzione fra condotta attiva e condotta omissiva e il riferimento ad un criterio che si riporta a quello, sostenuto nel testo, della struttura normativa tanto dell'azione che dell'omissione.

fattispecie incriminatrice. Ora, non v'è dubbio che, in determinate circostanze, il silenzio può rappresentare aiuto ad eludere le investigazioni dell'Autorità o a sottrarsi alle ricerche di questa né più e né meno che il fornire indicazioni fuorvianti. Posto il principio generale, sorge, però, un problema di coordinamento sistematico. L'art. 274 c.p.p. dispone che, ai fini dell'applicazione di misure cautelari, "le situazioni di concreto ed attuale pericolo non possono essere individuate nel rifiuto della persona sottoposta alle indagini o dell'imputato di rendere dichiarazioni (...)".

Da un punto di vista formale, per non dire formalistico, potrebbe osservarsi che l'impossibilità di utilizzare il silenzio per addivenire ad una misura cautelare (assumendo quel silenzio come indice di mancata rottura con l'ambiente criminale e quindi sintomo eloquente di probabile ricaduta nei reati di cui all'art. 274, lett. *c*), c.p.p.) è altra cosa dal considerare questo silenzio come illecito. Soluzione assai poco appagante, che ricorda quegli episodi delle guerre caraibiche di spagnoli che impiccavano inglesi catturati "non come inglesi, ma come eretici" e di inglesi che replicavano impiccando spagnoli "non come spagnoli, ma come assassini". E che non si tratti di una metafora ad effetto lo si deduce dalla circostanza che la pena edittale del favoreggiamento consente l'applicazione di misure cautelari coercitive: dunque potrebbe rientrare dalla finestra quello che è stato cacciato dalla porta.

Ma anche a ritenere che la prudente valutazione del giudice scarti quest'ultima eventualità come in patente contrasto con lo spirito dell'art. 274, lett. *a*), c.p.p., rimane pur sempre che da quest'ultima norma si ricava il divieto di utilizzare la possibilità di una misura cautelare per indurre l'interrogato a parlare. Ora, se tale è la *ratio* del 274 novellato, deve riconoscersi che lo stimolo a parlare può nascere anche dalla prospettiva di un'imputazione a titolo di favoreggiamento. In altre parole, la pressione psicologica, attraverso la prospettazione di misura cautelare che il 274, lett. *a*) mira ad evitare, sarebbe sempre possibile contestando il favoreggiamento. Rispondere o rifiutarsi di farlo deve essere comportamento spontaneo: per lo meno, questo è ciò che si ricava dalla norma processuale. Se così è siamo di fronte ad un principio generale in forza del quale il silenzio, che pure obiettivamente aiuta un terzo, non realizza favoreggiamento. Conclusione alla quale si arriva sulla strada di un'interpretazione sistematica che utilizza ogni regola che concorre a definire i confini della fattispecie incriminatrice penale, caratterizzata da quelli che risultano, in forza del sistema, limiti della regola incriminatrice.

2. *Azione cosciente e volontaria*

I termini azione ed omissione sono utilizzati nel linguaggio legislativo secondo tre diverse accezioni. La prima, e più ampia, è quella che fa coincidere l'azione o l'omissione con l'intiero fatto costitutivo di reato: comprensivo, quindi, degli elementi soggettivi e contrassegnato dalla mancanza di elementi negativi. Così dall'art. 81, I e II comma, c.p. risulta evidente come le due espressioni suonino equivalenti a fatto di reato: con la specificazione che può trattarsi tanto di fatto realizzato in violazione di un obbligo a contenuto negativo (azione) quanto di un fatto che realizza la trasgressione di un obbligo a contenuto positivo (omissione). Non è il caso di discutere sulla semantica legislativa. Ciò che conta, ai fini della comprensione del sistema e per non moltiplicare inutilmente i concetti, è di stabilire se essa dia luogo o no alla posizione di concetti normativi che non rappresentino una inutile ripetizione di altri presenti nel sistema. Quanto si desume dalla lettura dell'art. 81, I e II comma, c.p. ci porta a ritenere che, in questi e simili casi, azione ed omissione sono puri e semplici sinonimi di "fatto", così come figura in apertura del codice penale: "Nessuno può essere punito per un fatto che non sia espressamente preveduto come reato dalla legge, né con pene che non siano da essa stabilite".

Nella seconda accezione si utilizzano i due termini per indicare la condotta umana che cagiona il risultato (evento) dannoso o pericoloso vietato (cfr. art. 40, I comma, c.p.: "Nessuno può essere punito per un fatto preveduto dalla legge come reato, se l'evento dannoso o pericoloso, da cui dipende la esistenza del reato, non è conseguenza della sua azione od omissione"). Significato, questo, che non dà luogo a ripetizioni, ma utilizzabile solo nei reati che esigono come elemento costitutivo una conseguenza – o più conseguenze – rilevanti quali modifiche del mondo esterno al soggetto agente.

Validità generale, in quanto profila un requisito di fattispecie che deve riscontrarsi in ogni illecito penale, tanto di mera condotta che di evento, presenta invece la nozione di azione od omissione formulata dall'art. 42, I comma, c.p.

Questa norma dispone: "Nessuno può essere punito per un'azione od omissione preveduta dalla legge come reato, se non l'ha commessa con coscienza e volontà".

Verifichiamo quale sia il senso attribuito dalla legge ai termini "azione" ed "omissione" che ricorrono nella regola citata. Se seguissimo l'indicazione che proviene dalla specificazione che accompagna questi due termini nel testo legislativo – "preveduta dalla legge come reato" –, dovremmo anche qui concludere nel senso della coincidenza del concetto di azione od omissione con il concetto di "fatto".

Se così fosse, e la coscienza e volontà che deve accompagnare l'azione od omissione fosse un concetto riassuntivo di dolo, colpa e, in certa misura, preterintenzione, posto che nei commi successivi dell'art. 42 c.p. si specificano i criteri di attribuzione soggettiva del fatto all'agente, il I comma dell'art. 42 c.p. sarebbe una norma assolutamente inutile.

Prima di giungere ad un'interpretazione abrogante, è necessario verificare la possibilità di un'interpretazione del concetto di azione od omissione più ristretta del concetto di "fatto", in modo da salvare l'autonomia, sotto un profilo funzionale ed operativo, della disposizione del I comma.

Per dare autonomia al concetto di azione od omissione rispetto al concetto di fatto, si deve attribuire ad esso un significato estremamente essenziale, che chiarisca una delle leggi fondamentali del diritto penale: il fatto penalmente rilevante esige la presenza di un momento di realizzazione riferibile alla coscienza e volontà dell'uomo indipendentemente dai contenuti della volontà, di cui si occupano i commi successivi dell'art. 42 c.p. Ad esempio: verso un liquido che credo una medicina nel bicchiere di un mio parente ammalato. Sventuratamente il liquido propinato è un veleno potentissimo. Tuttavia l'errore in cui sono caduto è tale che nessuno al mio posto l'avrebbe evitato. Ora, l'azione compiuta è sicuramente riferibile alla mia coscienza e volontà. Sulla base di questa azione si è sviluppato un fatto di reato: si è posto in essere un *atto* giuridico. A questo punto entra in gioco il contenuto della volontà del soggetto agente. Anche se l'azione è cosciente e volontaria (volevo versare il liquido nel bicchiere), in relazione al fatto verificatosi non può essere mosso nessun rimprovero né di dolo né di colpa.

La coscienza e volontà è l'elemento psicologico che deve sorreggere non l'intero fatto di reato, ma soltanto quella parte di esso necessaria per la riferibilità dell'atto al soggetto agente.

Se manca la coscienza e volontà, l'atto non è riferibile al soggetto come persona umana. Pur essendo materialmente un atto di un uomo, non è un atto giuridico; è come se non l'uomo avesse agito, ma una forza della natura. Sul piano operativo, l'individuazione di questa frazione iniziale di realizzazione del fatto che deve essere sorretta dalla coscienza e volontà scandisce i tempi di accertamento dell'esistenza dell'elemento psicologico del reato: se si giunge ad una conclusione negativa sull'esistenza della coscienza e volontà, ogni indagine successiva sulla presenza del dolo o della colpa è assolutamente superflua.

Da quanto detto emerge che la coscienza e volontà può esistere senza dolo o colpa (chi ha cagionato la morte di una persona esplodendo un colpo d'arma da fuoco in un poligono di tiro, senza volere cagionare la morte di alcuno e nella fondata convinzione di sparare senza che alcuno si trovasse nelle vicinanze, ha agito con coscienza e volontà, ma senza dolo e senza colpa) ma non possono esistere dolo o colpa senza coscienza e volontà.

Ora, se la coscienza e volontà è sempre il segmento iniziale del dolo o della colpa, quali sono le ragioni della separazione concettuale tra questi termini, operata dal legislatore, dal momento che, enunciando esplicitamente il complesso degli elementi che costituiscono il dolo, la colpa e la preterintenzione, avrebbe implicitamente preteso anche la realizzazione del requisito di coscienza e volontà? La ragione della separazione concettuale tra coscienza e volontà da una parte, dolo, colpa o preterintenzione dall'altra e del rilievo autonomo dell'elemento della coscienza e volontà risiede nelle diverse conseguenze che si producono in caso di assoluzione per mancanza di coscienza e volontà rispetto a quelle che si attuano se l'assoluzione è per difetto di dolo o di colpa, nella disciplina del rapporto tra giudicato penale e giudizi extrapenali.

Se la coscienza e volontà dell'atto rappresenta sul piano strutturale il segmento iniziale del dolo o della colpa, sul piano sistematico è trattata come un requisito della fattispecie oggettiva, nel senso che, mancando la coscienza e volontà, viene a mancare un fatto oggettivo penalmente rilevante: atteso che fatto penalmente rilevante è quel fatto riconducibile alla sfera di volontà del soggetto agente.

Così, diverse sono le formule terminative della sentenza a seconda che difettino coscienza e volontà ovvero dolo o colpa. Nel primo caso la formula di assoluzione è "il fatto non sussiste"; nel secondo, "il fatto non costituisce reato": esiste un fatto penalmente rilevante, perché riconducibile alla coscienza e volontà dell'agente, ma non costituisce reato per mancanza dell'elemento soggettivo. Sul piano penale le conseguenze della diversità tra tali formule terminative sono puramente formali, dal momento che in entrambi i casi il soggetto agente è da considerarsi non colpevole e basta. Sia l'art. 25 c.p.p. 1930 sia l'art. 652 c.p.p. attuale dispongono, senza che vi siano innovazioni di sorta sul piano che qui ci interessa[4] che: "La sentenza penale irrevocabile di assoluzione pronunciata in seguito a dibattimento ha efficacia di giudicato, quanto all'accertamento che il fatto non sussiste o che l'imputato non lo ha commesso o che il fatto è stato compiuto nell'adempimento di un dovere o nell'esercizio di una facoltà legittima, nel giudizio civile o amministrativo per le restituzioni e il risarcimento del danno promosso dal danneggiato che si sia costituito o sia stato posto in condizione di costituirsi parte civile nel processo penale, salvo che il danneggiato dal reato abbia esercitato l'azione in sede civile a norma dell'art. 75, II comma (...)".

Ciò posto, considerare la coscienza e volontà come un requisito del fatto oggettivo o come un requisito dell'elemento soggettivo non comporta alcuna diversità di conseguenze anche sul piano extrapenale[5].

Ma in alcuni casi, mirando a dare a certi interessi una tutela rafforzata, si costruiscono figure di illecito caratterizzate dal rovesciamento dell'onere probatorio. L'attore può limitarsi a provare l'esistenza del fatto obiettivo ed il convenuto deve provare di avere agito senza dolo e senza colpa. Tipico il disposto dell'art. 2054 c.c.: il danneggiato può limitarsi a provare di aver subito un danno in conseguenza di una condotta altrui; il convenuto, per sfuggire alla responsabilità civile, deve provare di aver fatto tutto il possibile per evitare il danno.

Vediamo ora quali sono gli effetti sui giudizi civili o amministrativi di danno della sentenza penale di assoluzione per difetto di coscienza e volontà dell'azione od omissione e quali gli effetti della assoluzione per carenza dell'elemento soggettivo.

L'azione civile per il risarcimento dei danni è proponibile contro il guidatore di un'automobile assolto dal giudice penale dal delitto di lesioni personali colpose contro un passante quando la motivazione della decisione penale si fondi sulla in-

---

[4] Cfr. l'art. 25 c.p.p. 1930. "*Relazioni tra il giudicato penale e l'azione civile.* La azione civile non può essere proposta, proseguita o riproposta davanti al giudice civile o amministrativo, quando in seguito a giudizio è stato dichiarato che il fatto non sussiste o che l'imputato non lo ha commesso, o che il fatto fu compiuto nell'adempimento di un dovere o nell'esercizio di una facoltà legittima ovvero che non è sufficiente la prova che il fatto sussista o che l'imputato lo abbia commesso".

[5] La formula della "non sussistenza del fatto" prende in considerazione il fatto contestato e non meramente il fatto oggettivo. Così, se il fatto contestato è quello di danneggiamento di cosa altrui (delitto punibile soltanto a titolo di dolo), costituirà cosa giudicata la pronuncia irrevocabile che abbia accertato l'inesistenza di un danneggiamento doloso: rimane, evidentemente, aperta la strada dell'azione di risarcimento che assuma come condotta produttiva del danno un'azione dovuta a colpa, della quale il giudice penale non aveva avuto motivo di occuparsi.

sufficienza di prove sull'elemento soggettivo (art. 530, II comma, c.p.p.). A cagione dell'inversione dell'onere probatorio stabilito dall'art. 2054 c.c., ai fini della responsabilità civile dei conducenti di veicoli senza guida di rotaie, spetta all'autore del fatto provare di avere agito senza colpa.

Al contrario, l'azione civile non è proponibile contro il guidatore di un'automobile assolto dal giudice penale dall'imputazione di lesioni personali colpose per insufficienza di prove sull'esistenza della coscienza e volontà. Costituendo quest'ultima il coefficiente psicologico del fatto e quindi essendo sul piano sistematico una frazione dell'elemento oggettivo, il dubbio verte sul fatto costitutivo di reato e non può operare a carico dell'autore il rovesciamento dell'onere della prova sull'elemento soggettivo di cui all'art. 2054 c.c.

Il regime di inversione probatoria rappresenta, come è chiaro, una deroga al principio generale che considera il giudice penale, quasi del tutto non vincolato da prove legali, cioè convenzionali, dotato di poteri di accertamento più penetranti di quelli del giudice civile o amministrativo.

Quella che si è chiamata volontà di tutela rafforzata di certi interessi conduce, in ipotesi di inversione, a non fermarsi di fronte a una motivazione di insufficienza di prove: tocca al convenuto, la prova piena dell'assenza di colpa.

In definitiva, la considerazione autonoma della coscienza e volontà rispetto al dolo ed alla colpa non solo offre al magistrato un modello più razionale di accertamento della corrispondenza del fatto storico alla fattispecie astratta, ma porta ad escludere la responsabilità civile nei casi di dubbio sull'esistenza della coscienza e volontà (che si traduce in dubbio sull'esistenza del fatto) nonostante il rovesciamento dell'onere della prova previsto per alcune fattispecie di diritto civile.

Risolto il problema della rilevanza autonoma della coscienza e volontà rispetto al dolo ed alla colpa, dobbiamo affrontare due ulteriori questioni: anzitutto chiarire rispetto a quale dei diversi momenti costitutivi dell'iter criminoso debba essere puntualizzata la coscienza e volontà ed, in secondo luogo, individuare la struttura della coscienza e volontà.

Riguardo al primo punto, è necessario distinguere tra i reati di azione e i reati di omissione.

Tra i primi, bisogna distinguere tra i reati ad esecuzione istantanea, rispetto ai quali la coscienza e volontà si polarizza sull'unico atto che esaurisce il reato, ed i casi di esecuzione che passano attraverso una serie di comportamenti articolati e complessi.

Per questi casi bisogna ancora distinguere tra reati a forma vincolata e reati a forma libera. Per i primi la coscienza e volontà deve rivolgersi a quel segmento del fare dell'uomo che corrisponde alla descrizione della figura criminosa. Se più atti conformi allo schema descrittivo realizzano un unico reato (atti contestuali e lesivi del medesimo interesse giuridico: ad esempio una serie di ingiurie rivolte contestualmente alla medesima persona) è sufficiente la coscienza e volontà rispetto a uno qualsiasi degli atti.

Veniamo ai reati a forma libera o causalmente orientati.

Essi sono caratterizzati da una condotta che non appare descritta per note intrinseche che caratterizzano una data previsione normativa, ma riceve rilevanza dal collegamento con un risultato ad essa esterno, ma da essa cagionato, sia effettivamente prodotto, sia virtuale. Esempio di collegamento con evento storicamente dato è quello della condotta costitutiva dell'omicidio: "Chiunque cagiona la morte di un uomo" (art. 575 c.p.). Esempio di collegamento meramente virtuale quello della condotta di attentato contro l'integrità, l'indipendenza, l'unità dello Stato: "Chiunque commette un fatto diretto a sottoporre il territorio dello Stato o una parte di esso alla sovranità di uno Stato straniero, ovvero a menomare l'indipendenza dello Stato è punito con l'ergastolo.

Alla stessa pena soggiace chiunque commette un fatto diretto a sciogliere l'unità dello Stato o a distaccare dalla madre Patria [una colonia] o un altro territorio soggetto, anche temporaneamente, alla sua sovranità." [6].

In tali reati l'atto tipico, quell'atto cioè che deve essere sorretto dalla coscienza e volontà, non può essere colto in funzione dell'idoneità causale dell'atto rispetto all'evento, a pena di giungere a conclusioni assurde. Si correrebbe il rischio di ritenere l'esistenza del tentativo per ogni atto finalisticamente collegato con l'evento. Se, infatti, si ritenesse sufficiente la presenza della coscienza e volontà rispetto ad uno qualsiasi degli atti dell'itinerario criminoso, ogni atto preparatorio sarebbe tipico e fonderebbe una responsabilità a titolo di tentativo.

Ciò, oltre che erroneo sul piano dell'esegesi normativa, comporterebbe una menomazione delle garanzie individuali, perché condurrebbe a punire la mera intenzione. La mera intenzione di cui si parla come irrilevante quale torto penale non è certo quella intenzione che si esaurisce in un evento mentale, ma quella che si traduce all'esterno in atti privi di tipicità.

Posto ciò, si rende necessario distinguere tra fattispecie causalmente orientate sorrette da dolo e fattispecie causalmente orientate sorrette da colpa, perché alla determinazione del criterio di accertamento della condotta tipica per le due categorie di reati si arriva attraverso percorsi notevolmente diversi.

Per le fattispecie dolose causalmente orientate l'atto tipico è l'ultimo prima del quale si esplichi il processo causale in direzione dell'evento.

Anche se tutti gli atti precedentemente compiuti sono stati sorretti dalla coscienza e volontà, la mancanza di essa in relazione all'ultimo atto determina l'assenza di un atto tipico e fa venir meno la possibilità di imputare il fatto all'agente. Supponiamo una sequenza di atti posta in essere con la volontà di cagionare la morte di una persona, l'ultimo dei quali però carente di coscienza e volontà (es.: nel momento in cui sarebbe dovuto partire il colpo d'arma da fuoco, l'agente accidentalmente scivola ed il colpo, per mera casualità, parte lo stesso ed uccide la persona designata).

Se imputassimo il fatto all'agente a titolo di dolo, ridurremmo l'accertamento sull'esistenza del nesso psichico ad un accertamento meramente ipotetico, mentre

---

[6] Sulla rilevanza dei requisiti dell'idoneità e della direzione non equivoca degli atti nelle fattispecie causalmente orientate, cfr. la sezione III del presente capitolo al § 18.

per affermare l'esistenza del dolo bisogna rintracciare un collegamento reale tra volontà e fatto.

L'imputazione a titolo di dolo sarebbe fondata su una duplice presunzione: la prima, che l'agente avrebbe lo stesso volontariamente sparato; la seconda, che avrebbe raggiunto ed ucciso la vittima designata.

Come controprova possiamo pensare alla situazione, diametralmente opposta, in cui tutti gli atti precedenti allo sparo siano stati compiuti dall'agente per costringimento fisico (in una situazione che esclude la coscienza e volontà) ma l'ultimo atto sia stato compiuto, per sopravvenuta motivazione, intenzionalmente.

Costui risponde di omicidio doloso consumato, perché ha posto in essere l'atto tipico doloso.

Per le fattispecie colpose causalmente orientate[7], in precedenti lavori avevamo sostenuto come l'atto tipico che deve essere sorretto da coscienza e volontà fosse il primo rispetto al quale, secondo massime di esperienza generali, sorgono la rappresentabilità e l'impedibilità dell'evento; in altri termini, sarebbe stato il primo atto della serie causale che ha portato all'evento vietato dalla legge per il quale potesse essere mosso al soggetto agente un rimprovero di imprudenza, negligenza, imperizia. Senonché, ad una considerazione più attenta emerge che ciò che conta, ai fini dell'imputazione a titolo di colpa è che al momento della causazione dell'evento – *rectius*: nell'ultimo istante in cui sarebbe stato ancora possibile rimuovere ciò che rendeva rappresentabile ed inevitabile l'evento – sussistano le condizioni di rappresentabilità ed evitabilità del risultato vietato.

Facciamo il caso di Tizio che, al volante di una autovettura, percorra a velocità di gran lunga superiore al consentito, un tratto di strada. Ad un certo punto, però, rallenta la corsa per procedere ad una andatura rispettosa delle prescrizioni. Si verifica un incidente attribuibile a colpa del ciclista investito. Per ciò che concerne la condotta, il nesso di causalità è del tutto evidente. Quanto alla colpa, si potrebbe dire che, se il guidatore non avesse tenuto una velocità eccessiva nel primo tratto del percorso, non si sarebbe imbattuto nel ciclista che gli si è parato improvvi-

---

[7] La grandissima maggioranza delle fattispecie delittuose colpose è costruita nel nostro ordinamento come fattispecie causalmente orientate. Il legislatore normalmente non tipicizza la colpa rispetto ad un elemento determinato della condotta, ma segue il modulo della fattispecie causalmente orientata: si limita a dar rilievo al "cagionare per colpa" un certo risultato (ad es. art. 449 c.p.). Esistono tuttavia delle fattispecie delittuose colpose delineate secondo il modulo della fattispecie a forma vincolata: ad es. l'art. 451 c.p.

Al contrario che nello schema dell'art. 449, per l'art. 451 c.p. la colpa deve concernere immediatamente e direttamente una condotta delineata per caratteristiche interne: nella specie, collocare, rimuovere, ecc. ... Per queste fattispecie colpose a forma vincolata non sorgono particolari problemi di tipicità della condotta: essa risulta dal confronto tra il fatto storico e lo schema descrittivo delineato dalla legge.

Lo stesso deve dirsi per le contravvenzioni, la cui condotta può essere sorretta tanto da dolo quanto da colpa. Ora, la struttura di questi reati è quasi sempre quella caratterizzata dalla forma vincolata. Basta sfogliare il libro III del codice penale per rendersene conto. Cfr. il capitolo VII, § 5.

samente contro. Nessuno, però, vorrà affermare la responsabilità dell'automobilista assumendo che, se egli non si fosse precedentemente abbandonato a quella velocità, pur seguita poi da un'assoluta osservanza dei limiti, non avrebbe incrociato il ciclista nel momento in cui l'impatto si è verificato. La ragione dell'impossibilità di un addebito a titolo di colpa sta nella circostanza che, allorquando è cagionato l'evento, data la velocità regolare, sono venute meno le condizioni che fondavano la rappresentabilità ed inevitabilità dell'evento stesso. Per contro, se il guidatore si sia messo al volante della sua macchina omettendo il controllo dei freni, che avevano già – e più volte – dato segnali di deficiente funzionamento, ed investe taluno perché il mezzo non risponde alla frenata, non è dubbia la responsabilità per colpa: prima del verificarsi dell'evento l'agente avrebbe potuto effettuare i controlli necessari. Esistevano, cioè, immediatamente prima del sinistro, le condizioni che fondavano il giudizio di rappresentabilità ed evitabilità dell'evento vietato.

Dai due esempi si desume che l'atto qualificato da rappresentabilità ed evitabilità dell'evento vietato coincide con quello posto in essere immediatamente prima che la rimozione di quanto rendeva rappresentabile ed inevitabile l'evento fosse possibile. Nel primo non si ha colpa in quanto, al momento dell'incidente, il guidatore non si trovava in una situazione dalla quale dovesse eliminare quanto avrebbe potuto rendere rappresentabile ed inevitabile il risultato vietato. Nel secondo si ha colpa perché, in momento immediatamente anteriore a quello del verificarsi dell'incidente, il guidatore avrebbe potuto arrestare la marcia e controllare i freni. C'è, insomma – e lo vedremo quando tratteremo più analiticamente della colpa – la prescrizione di una condotta che elimina le conseguenze della leggerezza precedentemente poste in essere.

L'atto tipico che deve essere assistito da coscienza e volontà è proprio quello contrassegnato dall'ultima possibilità di rimuovere gli effetti del comportamento imprudente, leggero, imperito. Prova ne è che se in tale momento sopravviene una forza alla quale il soggetto non può resistere e che lo pone nell'impossibilità di operare la rimozione dovuta, l'evento cagionato non gli si può imputare a colpa.

3. *Omissione cosciente e volontaria*

Nei reati omissivi, l'esistenza della coscienza e volontà può essere accertata soltanto passando attraverso la condotta positiva diversa da quella dovuta tenuta dall'agente nel momento immediatamente precedente la scadenza del termine.

Per accertare la volontarietà dell'omissione, infatti, bisogna accertare la libertà della condotta diversa da quella dovuta: se la condotta diversa è necessitata, l'omissione è priva di coscienza e volontà.

Con ciò si dà risposta anche al problema della c.d. natura della condotta omissiva.

Le tesi che a questo proposito si sono contrapposte si possono articolare lungo tre direttrici: da una parte si dice che l'omissione è un non fare, dall'altra che è un "*aliud agere*" rispetto a quello cui il soggetto era tenuto, dall'altra ancora che consiste nella violazione di una norma.

In realtà, queste tre tesi non vanno contrapposte, perché ciascuna di esse coglie un aspetto dell'omissione, sì che possono essere ricondotte ad unità. Infatti l'omissione è un non fare, ma non sul piano naturalistico, bensì rapportando la condotta effettivamente posta in essere alla pretesa di un comportamento che doveva essere tenuto e non lo è stato.

Quindi non è sbagliato dire che l'omissione è un comportamento diverso da quello cui il soggetto era tenuto, o che l'omissione è la violazione di una norma. Il punto veramente critico è costituito dal problema se la condotta, diversa da quella cui era obbligato, posta in essere da un soggetto imputato di omissione, abbia o no rilievo per il diritto. Molti autori sostengono che l'ordinamento giuridico si interessa solo del fatto che il soggetto non ha adempiuto al dovere cui era tenuto, mentre rimane perfettamente indifferente di fronte alla condotta diversa tenuta dal soggetto della cui responsabilità si discute. Si aggiunge inoltre che è quasi sempre impossibile accertare quale sia stata la condotta diversa. Si osserva, ad esempio, che nel caso di un obbligo di fare con un termine di alcuni mesi, il soggetto che non ha adempiuto l'obbligo ha posto in essere durante il decorso del termine innumerevoli condotte che non è possibile individuare.

Il presupposto di tali considerazioni è la constatazione che l'obbligo di fare postula sempre, per necessità logica, un termine entro il quale il fare deve essere realizzato.

Il termine può essere perentorio, tale, cioè, che un adempimento tardivo non è rilevante; oppure ordinatorio, posto, cioè, oltre che per esigenza logica, per un principio di ordine; tale che anche un adempimento tardivo realizza la pretesa posta dall'ordinamento.

Proprio l'accettazione di questo punto di partenza: l'obbligo di fare non può prescindere da un termine che ne assicuri l'effettività, conduce a superare la seconda obbiezione motivata dalla asserita impossibilità di individuare la condotta diversa. Interessa all'ordinamento giuridico la condotta posta in essere nell'ultimo momento in cui si sarebbe potuta e dovuta tenere la condotta imposta dall'obbligo assunto.

Non si deve, però, confondere questo momento con quello della scadenza del termine. Potrebbe darsi che in quel momento il soggetto fosse in grado di agire. Ma si è verificato antecedentemente un evento *a lui non imputabile*, che lo ha posto nell'impossibilità di adempiere alla prestazione dedotta in obbligazione. Stando così le cose, non gli si può addebitare la violazione del dovere a contenuto positivo.

Pertanto il comportamento diverso, che interessa l'ordinamento giuridico, non è uno qualsiasi dei comportamenti tenuti prima della scadenza del termine, né necessariamente quello coincidente con tale scadenza. È l'ultimo dei comportamenti posti in essere prima che si renda impossibile l'adempimento dell'obbligazione di fare: è a questo punto che si dà omissione addebitabile al soggetto.

Dunque, la coscienza e volontà di una condotta omissiva va accertata con riferimento alla coscienza e volontà della condotta diversa tenuta dal soggetto agente al posto di quella dovuta.

Se la condotta diversa risulta non coartata, il soggetto agente avrebbe potuto liberamente tenere la condotta dovuta. Se la condotta diversa è stata invece coartata non può dirsi cosciente e volontario il mancato adempimento del dovere.

La condotta positiva tenuta al posto di quella dovuta ha, dunque, importanza fondamentale nell'accertamento della coscienza e volontà: rappresenta il substrato naturalistico dell'omissione.

Da quanto abbiamo fin qui visto emerge come nelle fattispecie colpose di azione causalmente orientata l'accertamento della coscienza e volontà si compie utilizzando la logica di un'operazione che coincide con quella che presiede all'accertamento della coscienza e volontà delle condotte omissive – quando l'omissione non risulti intenzionale.

4. *La struttura della coscienza e volontà*

Ad una prima lettura, l'art. 42, I comma, c.p. parrebbe doversi interpretare nel senso che l'azione e l'omissione debbano essere sorrette da un impulso volontario.

Tuttavia dottrina e giurisprudenza sono concordi nel riconoscere la responsabilità per una serie di atti compiuti automaticamente, alla cui origine non si può ravvisare un impulso cosciente, dovuti a processi che sono passati in esecuzione senza attraversare la zona lucida del cervello (atti compiuti per distrazione o per dimenticanza, gesti automatici), e dai quali si sono sviluppati dei fatti di reato (es.: incendio, omicidio).

Per giustificare l'affermazione della responsabilità, taluno ha detto che, pur mancando la coscienza e volontà in relazione all'ultimo atto, gli atti precedenti ad esso erano voluti dal soggetto agente.

Ora, poiché ciò che rileva agli effetti penali è l'atto rispetto al quale si può instaurare una relazione di rappresentabilità e di evitabilità dell'evento vietato e poiché nel caso concreto la relazione di rappresentabilità e di evitabilità si radica su un atto compiuto meccanicamente, gli atti precedenti non hanno rilevanza alcuna.

Senonché, negare in questi casi la responsabilità per colpa significa negare la responsabilità per la maggior parte di quelle che sono riconosciute come fattispecie colpose.

La coscienza e volontà della condotta, se nei reati dolosi è sempre costituita da un impulso cosciente, nei reati colposi talvolta è affermata alla stregua di criteri psicologici, talvolta alla stregua di criteri normativi di imputazione.

Ogni ordinamento normativo (e non solo quello giuridico, ma anche quello etico) non rinuncia a sanzionare quei comportamenti che, pur non essendo sorretti da un impulso cosciente e volontario, sono riferibili alla coscienza e volontà della persona, perché rientrano nei suoi poteri di dominio e di controllo.

Le possibilità di dominio e di controllo della persona vengono meno in ogni caso in cui difetti l'elemento condizionante l'attualità dell'obbligo e, quindi, la sua violazione. Elemento che non discende dai contenuti di questo o quell'ordinamento storicamente dato, ma dalla natura del dover essere, anzi dell'"esser dovuto" [8]. Tale elemento manca quando si verifica un caso di forza maggiore (art. 45 c.p.) e cioè una forza che o rende completamente impensabile un atto della volontà rivolto a controllare o impedire la condotta (casi di incoscienza involontaria: epilessia, svenimenti), ovvero rende assolutamente irrealizzabile qualsiasi atto derivante dalla contraria volontà del soggetto agente (forza fisica a cui non ci si può materialmente opporre).

Il concetto di atto volontario utilizzato dagli ordinamenti normativi che pongono certe pretese nei confronti dei destinatari non è costituito solo dall'atto sorretto da un impulso volontario, ma anche dall'atto che sarebbe stato dominabile dalla volontà con l'esercizio dei suoi poteri di impulso e di inibizione.

In definitiva, l'atto cosciente e volontario è quell'atto rispetto al quale può affermarsi la libertà del soggetto agente.

Libertà, ripetiamo, esclusa dalla forza maggiore, che comprende tutte le situazioni menzionate da dottrina e giurisprudenza [9]: a) la forza maggiore in senso stretto, come forza esterna che, per il suo potere irresistibile, determina la persona in modo necessario ed inevitabile, ad un movimento corporeo o a uno stato di inerzia o quiete; b) la forza maggiore come risultato di una forza umana (costringimento fisico) che determina la persona al compimento o all'omissione di un atto, situazione oggetto di espressa previsione nell'art. 46 c.p. per puntualizzare come del fatto commesso dalla persona costretta risponda l'autore della violenza; c) la forza maggiore come forza che rende completamente impensabile un atto di volontà diverso (incoscienza involontaria). Si noti però che nel caso in cui taluno sia colto da una incoscienza improvvisa, in seguito ad un atto colposo precedente, non vien meno la coscienza e volontà e la relativa responsabilità colposa, perché l'incoscienza improvvisa non si riferisce all'atto tipico, che è già stato posto in essere precedentemente, nel momento in cui era ancora possibile il controllo del proprio corpo.

Il giudice deve, nel suo *iter* di accertamento della conformità del fatto storico

---

[8] La distinzione ci sembra assai importante: viene a colmare il fossato esistente tra universo delle norme e quello dei fatti. La regola giuridica non esprime un dover essere, non si proietta, cioè, sul futuro se non in quanto essa stessa rappresenta un fatto e, più precisamente, ciò che è dovuto. Se il dovere è una struttura logica, molto probabilmente non traducibile in linguaggio descrittivo, l'esser dovuto costituisce una realtà storica, un evento tra gli altri eventi. Insomma, *ex facto oritur jus* o, se vogliamo, dalla storia nasce quel fatto storico che è il diritto. La mitologia della cosiddetta norma base di natura meramente logica, ipotesi necessaria per chiudere il contesto normativo, trasforma la forma linguistica in dato ontologico.

[9] Cfr. Cass. III, 23 agosto 1965, n. 2297: "(...) La forza maggiore di cui all'art. 45 c.p. consiste in un evento esterno irresistibile e imprevedibile, tale, comunque, da non poter essere evitato dall'umana diligenza dell'agente (...)"; Cass. IV, 28 aprile 1967, n. 1966: "(...) La forza maggiore è costituita da un fattore naturale che opera sulla condotta determinandola in modo esclusivo. Il costringimento fisico è un fattore umano che determina la condotta in modo esclusivo".

al modello legale, verificare che l'azione non sia stata compiuta in condizioni di forza maggiore.

Se manca la coscienza e volontà, manca un fatto umano penalmente rilevante e, di conseguenza, vien meno la possibilità e comunque l'utilità di indagare sul contenuto della volontà.

Ciò posto, è chiaro che non può essere accollata al giudice la dimostrazione dell'assenza delle situazioni di forza maggiore che escludono la coscienza e volontà della condotta: se così fosse la prova giudiziaria diverrebbe una "probatio diabolica".

D'altra parte, in diritto processuale penale una regola fondamentale esclude l'esistenza a carico delle parti di qualsiasi onere (nota) probatorio: il giudice penale deve comportarsi come uno storico che mira ad accertare come sono realmente andate le cose, indipendentemente dagli asserti e dalle prove offerti dalle parti.

L'indagine si sviluppa secondo alcuni criteri metodologici fondamentali. Uno di questi insegna che, secondo l'esperienza dei casi simili e le massime che se ne possono ricavare, nella serie pressoché infinita dei comportamenti umani l'azione determinata da forza maggiore costituisce un'eccezione rispetto alla regola dell'azione libera.

Se non emerge da alcun dato processuale la possibile esistenza di una situazione di forza maggiore, il giudice è legittimato a ritenere la libertà dell'azione.

L'obbligo di motivazione (art. 111, I comma, Cost.) sul punto relativo all'esistenza di una situazione di forza maggiore scatta soltanto allorché, per qualsiasi via, sia stato introdotto in causa un elemento che porta a revocarne in dubbio l'esistenza.

Con ciò, non ci si sottomette a presunzione di sorta, né assoluta (che non è altro che la sostituzione di un fatto ad un altro), né relativa (che è costituita da una particolare disciplina dell'incombenza dell'onere probatorio). Semplicemente, si segue la tecnica di accertamento su cui riposano i giudizi umani: questi devono poggiare su fatti verificabili, e la generica affermazione, non sorretta da alcun dato indiziario, "l'atto potrebbe essere involontario", è un non senso, dà luogo a uno pseudo problema.

5. *Unità e pluralità dell'azione*

Ci chiediamo a questo punto quando l'azione possa essere detta unica. Riproponiamo la domanda con un esempio: Tizio colpisce Caio con più atti tipici di lesioni o percosse, ognuno dei quali sorretto da coscienza e volontà. Tizio pone in essere tante azioni quanti sono gli atti, od un'unica azione costitutiva di reato?

Si risponde di solito che l'azione è unica (e di conseguenza è unico il reato) quando gli atti che la compongono, ciascuno dei quali corrisponde al tipo descrittivo, sono legati da un vincolo di contestualità e di connessione teleologica. Si aggiunge che più atti, anche notevolmente distanziati nel tempo, possono essere diretti al medesimo fine: in questo caso ci sarebbe il vincolo teleologico, non sufficiente, però, a fondare l'unicità dell'azione. È necessario che gli atti siano realizzati ad intervalli di tempo tali che, secondo un criterio di valutazione ricavato dall'esperienza e dalla norma la cui violazione è ipotizzata (criterio normativo sociale), non si possa dire che sia consumata un'azione ed iniziata una successiva.

Ci sembra però che il criterio del vincolo teleologico sia irrilevante per l'indagine che stiamo conducendo.

Ci interessa sapere, sul piano obiettivo, se atti già assunti come conformi allo schema descrittivo realizzino una o più azioni. L'indagine sull'elemento teleologico appartiene a un momento successivo e riguarda l'esistenza del dolo o della colpa. Il primo dato dal quale possiamo partire per decidere se vi sia o no unicità di azione è quello della contestualità. Contestualità che deve risultare sul piano normativo dalla attenta lettura del comportamento previsto come illecito e del significato che nell'ordinamento esso possiede. Ad una valutazione "sociale", gli atti debbono essere posti in essere senza quell'intervallo di tempo che ad un osservatore esterno appaia cesura tra un comportamento e l'altro.

Ma il criterio della contestualità non è da solo sufficiente a stabilire l'unicità dell'azione. Si pensi al caso di chi si impossessi di più cose mobili, ognuna delle quali è detenuta da soggetti diversi, con atti contestuali, addirittura posti in essere in assoluta contemporaneità: vengono sottratte due biciclette, collocate in due rastrelliere antistanti, afferrandole l'una con la mano destra, l'altra con la sinistra. Dottrina e giurisprudenza sono concordi nel ritenere che siano state compiute due azioni costitutive di furto.

Conclusione alla quale non si può non aderire: l'azione cosciente e volontaria rappresenta l'inizio di quel processo che condurrà alla consumazione del reato attraverso un comportamento corrispondente allo schema descrittivo dettato dalla norma incriminatrice e tale da porre in essere l'offesa all'interesse penalmente tutelato. Nell'esempio prospettato, non v'è dubbio che il soggetto agente compie due atti ciascuno dei quali rappresenta l'inizio della offesa ad un singolo, autonomo interesse protetto: quello che fa capo al detentore dell'una e quello che fa capo al detentore dell'altra bicicletta. Ne consegue la pluralità di azioni. Naturalmente, non è dalla pura e semplice pluralità di soggetti passivi che discende la pluralità delle azioni. Una o più cose mobili possono essere detenute in comune da diversi soggetti. Chi se ne impossessi commetterebbe un'unica azione di furto. La fattispecie del furto (art. 624 c.p.) esige la sottrazione di cosa mobile altrui a "*chi*" la detiene. In tale formula il pronome personale "chi" indica tanto unità che pluralità di detentori.

In conclusione: l'azione è unica se composta di *uno o più atti tipici contestuali che offendono un'unica volta il medesimo interesse penalmente rilevante.*

6. *Reati di mera condotta e ad evento naturalistico. Reati a forma libera e causalmente orientati*

Analizzato il segmento iniziale della condotta, nel significato delineato dall'art. 42, I comma, c.p., occorre adesso occuparci della struttura del fatto oggettivo, così come delineata dagli artt. 47, I comma e 59, ultimo comma, c.p.

A tal fine, è utile prendere le mosse da quattro figure delittuose previste nel libro secondo del codice: art. 368 (calunnia); art. 575 (omicidio); art. 640 (truffa); art. 241 (attentati contro la integrità, l'indipendenza o l'unità dello Stato).

Il fatto obiettivo di calunnia di cui all'art. 368 c.p. si esaurisce completamente nella condotta di falsa incolpazione di un reato con comunicazione diretta all'Autorità giudiziaria o ad un'altra Autorità che a quella abbia obbligo di riferirne. Che la legge, ai fini della consumazione del delitto, prescinda completamente dal risultato della falsa incolpazione è dimostrato dalla circostanza che il delitto è aggravato se il calunniato è condannato per il reato di cui è stato falsamente incolpato (art. 368, III comma, c.p.).

Il fatto obiettivo di truffa di cui all'art. 640 c.p., confrontato con la calunnia, non si esaurisce nella condotta di artifici o raggiri idonei ad ingannare ma richiede la verificazione di una serie di eventi naturalistici: anzitutto l'errore del soggetto passivo del reato, derivante dalla condotta di artifici o raggiri; inoltre un profitto ingiusto per il truffatore o per terzi con danno per la vittima della truffa. Tra l'errore da una parte ed il profitto o il danno dall'altra, si colloca poi, per necessità logica, un atto di disposizione patrimoniale che non è espressamente menzionato nella formulazione normativa: ma è indispensabile perché si passi da un convincimento, cioè da un evento puramente mentale, a conseguenze di profitto e di danno.

La fattispecie oggettiva della truffa esige dunque il verificarsi di una serie di eventi, di cui tre sono direttamente menzionati, mentre quello che si interpone tra l'errore e i successivi eventi (profitto e danno) e cioè, ripetiamo, l'atto dispositivo, si ricava in via di interpretazione logica.

Ovviamente è richiesto un nesso di causalità tra la condotta e gli eventi: se il soggetto destinatario degli artifici o raggiri versasse già in stato di errore non saremmo di fronte ad una truffa consumata, bensì dinanzi ad un tentativo.

Tra la fattispecie di calunnia e la fattispecie di truffa esiste una differenza di tecnica normativa, in relazione alla diversa natura dell'interesse (*rectius*: degli interessi) tutelati dalle due norme: mentre in taluni casi la tutela che si vuole realizzare esige la previsione di fattispecie di mera condotta, in altri è necessaria la realizzazione di un evento naturalistico.

Il delitto di omicidio di cui all'art. 575 c.p. è un delitto con evento naturalistico. Confrontato, però, con il delitto di truffa permette di cogliere una ulteriore importante differenza di costruzione normativa.

Mentre nel delitto di truffa la condotta è descritta per note interne, è tipicizzata per elementi intrinseci, per il delitto di omicidio qualsiasi condotta umana che si pone come antecedente causale della morte si presenta come idonea a costituire l'elemento obiettivo positivo del reato.

Parrebbe [10] richiesto soltanto il collegamento causale tra condotta ed evento morte.

Taluni ritengono che la distinzione tra reati a forma vincolata e reati causalmente orientati valga solo all'interno della categoria dei reati con evento naturalistico: infatti la rilevanza di una condotta in funzione del risultato sembra esigere la realizzazione dell'evento.

Tuttavia, contrariamente all'apparenza, esistono reati di mera condotta causalmente orientati. Un esempio è costituito, come sappiamo, dall'art. 241 c.p. che sanziona qualsiasi fatto diretto a sottoporre il territorio dello Stato o una parte di esso alla sovranità di uno Stato straniero, ovvero a menomare l'indipendenza dello Stato o a sciogliere l'unità.

Si tratta di un reato di mera condotta, tanto è vero che la mancata causazione del risultato è presupposto della rilevanza penale di almeno una delle condotte alternativamente previste (sottoposizione dell'intero territorio dello Stato alla sovranità di uno Stato straniero). La condotta non è però descritta per note intrinseche, ma in funzione della realizzazione del risultato.

La tipicità della condotta è assicurata dalla idoneità a cagionare un risultato meramente virtuale [11].

A questa stregua, la distinzione tra fattispecie a forma vincolata e fattispecie causalmente orientate vale anche per i reati di mera condotta.

I quattro reati (calunnia, truffa, omicidio, attentati contro la integrità, indipendenza o unità dello Stato), che ci hanno fornito lo spunto per le considerazioni che precedono, portano ad individuare quattro distinte tipologie, che non coincidono e non si sovrappongono, ma si attraversano e si incrociano:

- reati di mera condotta, e
- reati con evento naturalistico,
- reati a forma vincolata, e
- reati causalmente orientati.

La distinzione fra reati di mera condotta e reati ad evento naturalistico corre anche fra i reati di omissione.

Si parla di reato omissivo proprio quando la fattispecie si incentra tutta su una condotta omissiva, senza che sia attribuita rilevanza a conseguenze nel mondo esterno (eventi naturalistici). Reati di omissione impropria o commissivi mediante omissione sono quelli nei quali alla condotta omissiva devono seguire uno o più eventi naturalistici.

---

[10] Ma non è così: la fattispecie causalmente orientata va integrata, in questo caso, dalla nota della direzione non equivoca degli atti posti in essere. Cfr., sul punto, la sezione III di questo capitolo al § 18.

[11] Cfr. la sezione III del presente capitolo al § 18.

Nei primi, è violato un obbligo a contenuto positivo discendente direttamente dalla norma penale incriminatrice: ad esempio, omissione di soccorso *ex* art. 593, I comma, c.p. Nei secondi si avrebbe, invece, la violazione di un obbligo discendente dalla norma penale incriminatrice, in forza dell'effetto estensivo operato dall'art. 40, II comma, c.p. ("Non impedire un evento, che si ha l'obbligo giuridico di impedire, equivale a cagionarlo"). Va tenuto presente, però, che si danno casi di fattispecie commissive mediante omissione nelle quali l'obbligo di tenere una certa condotta positiva è sancito dalla stessa norma incriminatrice: non da norma da questa richiamata, né scaturente dal disposto dell'art. 40, II comma, c.p. Tipico, al riguardo, l'art. 57 c.p.: "Salva la responsabilità dell'autore della pubblicazione e fuori dei casi di concorso, il direttore o il vice-direttore responsabile, il quale omette di esercitare sul contenuto del periodico da lui diretto il controllo necessario ad impedire che col mezzo della pubblicazione siano commessi reati, è punito, a titolo di colpa, se un reato è commesso, con la pena stabilita per tale reato, diminuita in misura non eccedente un terzo". Dove l'obbligo di procedere al controllo volto ad impedire che col mezzo della pubblicazione siano commessi reati nasce proprio dalla regola che dispone la responsabilità del direttore del periodico.

Anche nei reati di omissione, criterio distintivo fra omissione propria ed impropria risulta pertanto essere quello della rilevanza o no di un evento naturalistico. Quanto al collegamento "causale", che deve intercorrere fra la condotta e l'evento nelle fattispecie di omissione impropria o commissive mediante omissione, ne tratteremo nelle pagine dedicate al requisito del nesso causale.

7. *L'evento*

Deve essere chiaro a questo punto che anche i reati di pura condotta cagionano delle conseguenze nel mondo esterno. Così non può darsi appropriazione indebita, furto, ingiuria e via dicendo, senza che le azioni che hanno posto in essere le singole fattispecie concrete producano un mutamento, causato dalla condotta, a questa esterno: producano, insomma, un quid novi. L'azione umana non si svolge nel vuoto ma è come un sasso lanciato in uno stagno che crea una serie teoricamente infinita di cerchi concentrici.

La natura dell'interesse tutelato, come sopra abbiamo osservato, può essere tale da esigere che la regola incriminatrice prenda in considerazione la pura e semplice condotta, indipendentemente dagli effetti che essa avrà pur prodotto. Così la tutela degli interessi patrimoniali, la cui offesa costituisce il contenuto o, come altri dicono, l'evento giuridico, del furto e dell'appropriazione indebita, prescinde dalla circostanza che si siano create oppure no certe conseguenze. Un furto, di solito, arreca un danno al derubato. Ma non è detto: si pensi a chi rimpiazzi, immediatamente prima o contestualmente all'impossessamento di cosa mobile altrui, quello che trafuga con un oggetto di valore decisamente superiore. Danno patrimoniale nel senso di danno emergente, no; lucro cessante nella stragrande maggioranza dei casi (salva l'ipotesi che il derubato fosse in trattative con un amatore per la vendita della cosa ad un prezzo di affezione), nemmeno. Comunque il furto deve intendersi consumato; l'eventuale danno sarà preso in considerazione ai fini non dell'esistenza, ma della valutazione della gravità del reato *ex* art. 133 c.p.

Diversamente stanno le cose se l'interesse protetto è tale da richiedere una tutela particolarmente forte allorquando si verifichi una modificazione nel mondo esterno che la legge, appunto, mira a vietare, conseguente all'azione o omissione. Vi è sempre differenza di sanzione, dal meno al più, tra tentativo e delitto consumato.

Nei reati ad evento naturalistico questa differenza è assai spesso più sensibile di quanto avviene nelle fattispecie di mera condotta. Non vorremmo incorrere nella deprecata tendenza a costruire la teoria del reato come enfatizzazione della teoria dell'omicidio, ma certo la differenza in termini di pena tra omicidio tentato e omicidio consumato risulta particolarmente eloquente.

La struttura dell'evento, modificazione del mondo esterno rilevante per la norma incriminatrice, può essere di natura quanto mai varia: fisiologica (ad esempio: morte nell'omicidio), psicologica (ad esempio, lo stato di errore cui è indotto nella truffa chi compie l'atto di disposizione, causa di profitto e danno), fisica (la distruzione di un oggetto nel delitto di danneggiamento), patrimoniale (come il danno e il profitto, di nuovo nella truffa).

Chiamiamo tale modificazione: evento naturalistico.

A questa accezione si affianca quella di evento giuridico, secondo la quale l'evento consiste nell'offesa all'interesse giuridicamente protetto.

Si tratta di due accezioni della medesima parola "evento" che, come spesso accade a trascurare la polivalenza di non pochi termini normativi, ha dato luogo ad una contrapposizione assoluta, in forza della quale ciascuno dei due significati è stato assunto come l'unico valido nel sistema.

Non c'è dubbio che, a seconda che si muova dall'una o dall'altra accezione, si debba pervenire alla conclusione che, ragionando in termini di evento naturalistico, c'è tutta una serie di illeciti penali privi di evento: quelli di mera condotta; l'evento giuridico, invece, quale offesa, contenuto dell'illecito, all'interesse protetto ne rappresenta una costante.

Non c'è reato se manca la lesione o la messa in pericolo all'interesse protetto. L'opinione secondo la quale anche l'evento naturalistico costituirebbe un dato sempre presente in ogni reato non fa che ripercorrere la condotta tipica dall'angolo visuale non del soggetto agente ma da quello del soggetto passivo; ovvero traduce in forma statica quanto è descritto dinamicamente dalla norma incriminatrice. Chi ha subito un'appropriazione indebita non disporrà della cosa su cui l'appropriazione è caduta; chi commette il delitto di evasione non si trova più ristretto nel luogo in cui era arrestato o detenuto.

Il fatto è – ripetiamo – che nel lessico normativo l'evento è inteso talora come modificazione del mondo esterno rilevante per il diritto; talora come offesa all'interesse protetto. Vero è che i Padri del codice privilegiavano la nozione di evento giuridico: ma ciò che conta per il lettore di qualsiasi prodotto della cultura umana è il prodotto stesso, non le intenzioni o le opinioni teoriche di chi lo ha posto in essere. Ogni volta che nella norma la parola evento designa un *quid* che è posto in relazione alla condotta come effetto alla causa, è logicamente necessario attribuire al termine il significato di evento naturalistico. La condotta, come parte di una figura criminosa contrassegnata dalla rilevanza di una modifica nel mondo esterno, non può essere considerata causa di ciò che costituisce l'essenza di tutto il reato, compresa la condotta stessa: essa non è causa di sé medesima. E questo a prescindere dalla considerazione, che potrebbe appartenere ai pensieri notturni di un fisico classico, che il rapporto di causalità deve intercorrere fra dati omogenei.

Tipici per la utilizzazione del termine evento in questo significato naturalistico gli artt. 40 e 41 c.p. Qui l'evento non può evidentemente essere evento in senso giuridico, che non rappresenta, ripetiamo, il risultato della condotta ma il significato, la sostanza, dell'intero fatto criminoso, tanto se questo sia di pura condotta, quanto di evento naturalistico.

Dove invece non si prospetta il requisito del rapporto causale è da presumere, salvo contrarie indicazioni, che si tratti di evento giuridico. Così nell'art. 43, I e II comma, c.p. Malgrado la dizione legislativa ("evento dannoso o pericoloso risultato dell'azione o dell'omissione") se qui intendessimo l'evento in senso naturalistico, sarebbero esclusi dall'imputazione a titolo di dolo o di colpa i reati privi di un tale evento: di mera condotta.

Nel II comma, invece, che prevede il delitto preterintenzionale, l'evento derivante "dall'azione o dall'omissione", più grave di quello voluto dal soggetto agente, sarà soltanto l'evento naturalistico se nella categoria dei delitti preterintenzionali si facciano rientrare le figure criminose espressamente qualificate come tali. Ma queste figure criminose sono in realtà una sola: quella dell'omicidio preterintenzionale (art. 584 c.p.: "Chiunque, con atti diretti a commettere uno dei delitti preveduti dagli artt. 581 e 582, cagiona la morte di un uomo, è punito con la reclusione da dieci a diciotto anni").

Certo la legge può attribuire una qualifica particolare ad una sola figura di reato. E se questa presenta caratteristiche strutturali che si potrebbero rinvenire anche in fattispecie contemplate da regole che non facciano ancora parte dell'ordinamento positivo, da regole future, nulla vieta al legislatore di addivenire ad una previsione a carattere generale proprio per ricomprendervi, quando lo diventerà, ciò che ancora non è diritto. In quest'ordine di idee non v'è dubbio che l'evento più grave addebitato a titolo di preterintenzione è evento naturalistico (la morte del soggetto passivo).

Detto questo, è tutt'altro che da scartare, però, l'interpretazione alla stregua della quale è oggetto di imputazione preterintenzionale ogni evento più grave di quello voluto in ordine al quale, indipendentemente da uno specifico *nomen juris*, l'evento più grave cagionato dalla azione od omissione è posto a carico del soggetto agente, ancorché difetti dolo nei confronti dell'intero fatto e sia rintracciabile colpa soltanto nei confronti dell'evento. Per tal modo, l'accollo preterintenzionale si presenterebbe come l'oggetto di una previsione a carattere generale, sotto la quale dovrebbero riportarsi tutte le fattispecie concrete che, nell'ipotesi di causazione di un evento più grave di quello voluto, realizzassero il modello designato dall'art. 83 c.p. (c.d. *aberratio delicti*: "Fuori dei casi preveduti dall'articolo precedente, se, per errore nell'uso dei mezzi di esecuzione del reato, o per un'altra causa, si cagiona un evento diverso da quello voluto, il colpevole risponde, a titolo di colpa, dell'evento non voluto, quando il fatto è preveduto dalla legge come delitto colposo.

Se il colpevole ha cagionato altresì l'evento voluto, si applicano le regole sul concorso dei reati.").

Ora, sotto tale paradigma cadono casi di realizzazione di reati ad evento naturalistico e di reati di pura condotta. Per questi ultimi basti pensare al caso di chi, volendo adulterare acque o sostanze destinate all'alimentazione (art. 440 c.p.) per errore nell'uso dei mezzi di esecuzione le avveleni (art. 439 c.p.). Poiché dell'avvelenamento si risponde anche a titolo di colpa (art. 452 c.p.), la responsabilità *ex* art. 83 è fuori discussione.

La pluralità di significati che una stessa parola (evento) presenta nel corso dello stesso articolo di legge potrà essere criticata alla stregua di un criterio di correttezza semantica, ma costituisce una realtà normativa alla quale è giocoforza arrendersi.

8. *Il nesso di causalità*[12] *nella struttura del fatto oggettivo: la causalità nei reati di mera condotta*

Nei reati di mera condotta, la condotta compendia tutti gli elementi positivi del fatto oggettivo. Nei reati di evento naturalistico sono necessari oltre alla condotta, anche l'evento o gli eventi presi in considerazione dalla legge e il rapporto causale tra la condotta e le modifiche del mondo esterno rilevanti per il diritto.

Per la dottrina e la giurisprudenza dominanti il problema dell'accertamento dell'esistenza del nesso di causalità si presenta soltanto per i reati con evento naturalistico: unicamente per questi reati, bloccando la dinamica del fatto alla condotta, avrebbe senso la domanda relativa alla produzione dell'evento, e, viceversa, posta l'esistenza di una certa modificazione nel mondo esterno al soggetto agente, avrebbe senso la domanda se essa sia veramente conseguenza della condotta.

Questa impostazione trova riscontro nella lettera della legge, che negli artt. 40 e 41 c.p., che disciplinano il rapporto di causalità, fa sempre riferimento ad un evento dannoso o pericoloso che deve essere conseguenza dell'azione od omissione (art. 40, I comma, c.p.) oppure parla espressamente di rapporto di causalità tra l'azione o l'omissione e l'evento (art. 41, I comma, c.p.).

Ora non c'è dubbio che tutti i reati con evento naturalistico hanno come proprio elemento costitutivo essenziale un rapporto di causalità.

---

[12] Fondamentale, in tema di causalità, resta l'opera di FRANCESCO ANTOLISEI, *Il rapporto di causalità nel diritto penale*, Padova, 1934, ristampa Giappichelli, Torino, 1960.

Non altrettanto esatta è la conclusione di tipo negativo che normalmente si trae dalla giusta premessa: quella cioè secondo la quale i reati di mera condotta non darebbero luogo ad alcun problema di causalità.

Certo alcune forme di realizzazione di tali reati non pongono problemi di accertamento del nesso causale (es.: furto compiuto con uno scippo; ingiuria consumata profferendo una sola parola)[13].

Non così per altre modalità di esecuzione: per esempio, l'art. 594 c.p. al II comma prevede una forma di realizzazione complessa del delitto di ingiuria, attraverso comunicazione telegrafica o telefonica, o con scritti o disegni, diretti alla persona offesa. Se invio a taluno una lettera a contenuto offensivo, dal momento in cui imbuco la lettera, la realizzazione del reato dipende da una molteplicità di nessi causali. Così, in una vicenda criminosa di furto, tra due segmenti della condotta tipica si possono inserire dei passaggi causali. Si pensi, al riguardo, alla sottrazione di cosa mobile effettuata mediante l'uso di una calamita o, comunque, di un congegno meccanico (per non parlare della gazza ladra addestrata al furto).

Non è, quindi, esatta l'opinione secondo la quale problemi di causalità si porrebbero solo per i reati ad evento naturalistico e non per i reati di mera condotta.

La differenza tra i due tipi di fattispecie risiede nella circostanza che, mentre nei reati con evento naturalistico l'esistenza del nesso causale è richiesta dalla stessa struttura della figura criminosa, nei reati di mera condotta la rilevanza di un rapporto di causalità è meramente eventuale e dipende dalle concrete modalità di esecuzione del fatto.

In altre parole, si può affermare che, dall'angolo visuale della problematica offerta dalla necessità di accertare un rapporto causale, la distinzione tra reati con evento naturalistico e reati di mera condotta è valida soltanto se riferita a fattispecie astratte.

In concreto, in presenza di un delitto di ingiuria o di furto possiamo imbatterci in un problema di causalità tra i vari tronconi dell'azione: tuttavia, ingiuria e furto rimangono reati di mera condotta. Il fatto tipico coincide con una condotta che non annovera uno o più nessi causali fra i suoi elementi costitutivi essenziali.

Limitare il problema del nesso di causalità unicamente al rapporto tra condotta ed evento naturalistico vuol dire circoscrivere l'indagine ad una parte soltanto della materia giuridicamente rilevante.

Ora, di fronte a problemi di causalità all'interno di fattispecie astratte di mera condotta, sono applicabili gli artt. 40 e 41 c.p. che, disciplinando il rapporto di causalità, fanno espresso riferimento ai reati con evento naturalistico?

Dottrina e giurisprudenza, trovandosi di fronte al problema pratico di applicare gli artt. 40 e 41 c.p. al caso analogo del rapporto causale tra condotte diverse (es. tra istigatore ed esecutore materiale del reato) nel concorso di persone, hanno mascherato l'esistenza del problema dando per dimostrato ciò che occorreva di-

---

[13] Non v'è dubbio che anche azioni come quelle richiamate nel testo si snodano attraverso processi causali. Che non vanno oltre, però, il piano fisiologico interno e non destano, pertanto, problemi di imputazione, vale a dire di riferibilità, giuridicamente rilevante, al soggetto agente.

mostrare: infatti, invece di ammettere che può esistere un problema di causalità tra condotte diverse o tra tronconi della medesima condotta, si è rovesciato il rapporto e si è sostenuto che nelle fattispecie di concorso la condotta del concorrente diviene evento rispetto alla condotta dell'altro realizzando così una situazione rilevante ai sensi degli artt. 40 e 41 c.p.

Ma la soluzione nominalistica (che sembra ricalcata sulle immortali parole della Regina di Alice nel paese delle meraviglie) al problema causale all'interno delle fattispecie di concorso non è soddisfacente.

La domanda sulla applicabilità degli artt. 40 e 41 c.p. va posta e risolta unitariamente per ogni ipotesi di nesso di causalità tra i vari momenti dell'esecuzione della condotta e tra le varie condotte della fattispecie concorsuale [14].

Ce ne occuperemo, soprattutto per quest'ultimo caso, dettagliatamente più avanti. Qui basta sottolineare come le uniche disposizioni che nel nostro ordinamento abbiano ad oggetto specifico la regolamentazione (per usare, a questo punto, un termine volutamente vago) del nesso causale sono le richiamate norme del codice penale. Diciamo: nel nostro ordinamento. Ciò vuol dire che, salva qualche particolare disposizione in qualche specifica materia, la disciplina penalistica della causalità sembra essere l'unica rilevante, almeno nel settore degli illeciti, in diritto civile e amministrativo [15].

9. *Il problema del nesso causale come problema di imputazione*

L'approfondimento della questione della causalità nell'ambito di un ordinamento normativo significa non solo affrontare questioni di carattere logico-natu-

---

[14] La necessità che il concorrente atipico (quello, cioè, che non pone in essere la condotta configurata dalla norma incriminatrice del singolo reato) dia un apporto causale al fatto posto in essere dall'esecutore materiale, è affermazione che in giurisprudenza non solleva dubbi. Si può essere d'accordo, facendo salva l'eccezione costituita dalla c.d. esecuzione frazionata: Tizio pone in essere l'artificio e Caio induce Sempronio all'atto dispositivo da cui deriva l'ingiusto profitto e l'altrui danno. In casi del genere non si vede quale sia il fattore condizionante e quale il risultato condizionato: se la condotta di Tizio o quella di Caio. In realtà Tizio e Caio concorrono, in tutto e per tutto, a porre in essere gli elementi costitutivi dell'offesa-contenuto del delitto di truffa. Fuori di ipotesi del genere, però, l'esigenza di un nesso eziologico tra l'azione od omissione del concorrente atipico e quella dell'esecutore è – ripetiamo – indiscutibile. Detto questo, occorre rilevare come la questione dell'applicabilità a tale rapporto causale della disciplina dettata dagli artt. 40 e 41 c.p. o non venga nemmeno posta o riceva risposte che arieggiano alle regole dei citati articoli, senza però richiamarli espressamente. Cfr. al riguardo Cass. III, 4 ottobre 1983, n. 7845: "Ma proprio perché il concorrente morale è persona diversa da quella che materialmente eseguirà il reato, è indispensabile, ai fini della dimostrazione della penale responsabilità, che il giudice di merito indichi i collegamenti tra l'uno e l'altro soggetto, non trascurando, altresì, di precisare come e perché il reato stesso sia venuto a realizzarsi proprio in conseguenza ed in virtù di quegli incentivi e di quelle determinazioni. In definitiva, il giudice deve indicare il rapporto di causalità efficiente tra l'attività incentivante del concorrente morale e quella posta in essere dall'autore materiale del reato".

[15] Si veda, al riguardo, il capitolo VII alla nota 14, p. 204.

ralistico, ma anche, e forse soprattutto, questioni di imputazione, cioè questioni di riferibilità di un fatto ad una persona sulla base delle specifiche finalità perseguite dai vari rami dell'ordinamento.

Il tentativo di individuazione della legge di causazione ha affaticato filosofi e studiosi ed è approdato alla formulazione di due ipotesi tra loro contrapposte: da una parte, la considerazione del rapporto di causalità come uno schema logico utile a ricostruire il processo di sviluppo della realtà o una forma mentale che condiziona il nostro modo di essere e, dall'altra parte, la considerazione del rapporto di causalità come un dato ontologico, inerente alla stessa struttura del reale.

Sul piano giuridico, porre un problema di causalità significa ricercare il valore operativo dell'affermazione secondo cui una condotta è stata la causa di un certo risultato.

Talora la dottrina ha impostato il problema come questione di accertamento causale che si snoda attraverso due momenti: il primo di carattere logico-naturalistico consistente nella verificazione del valore di condizione della condotta rispetto all'evento; il secondo consistente nell'imputazione, cioè nella valutazione del rapporto logico-naturalistico di causalità tra condotta ed evento alla stregua delle finalità specifiche dell'ordinamento giuridico.

Questa impostazione del problema della causalità recepisce le esperienze precedenti, inserendole in un quadro più critico ed articolato.

Quando con il prevalere dell'illuminismo giuridico gli studiosi di diritto penale svilupparono lo studio di questo aspetto del reato, la prima strada seguita consistette nel porre l'accento sulla finalità di imputazione: non si cercò tanto di individuare la natura di un generico rapporto di causalità, quanto di quel rapporto di causalità che può rilevare per il diritto.

Risposta ad una tipica domanda di imputazione è la tesi secondo cui al diritto non interessano le cause remote, ma soltanto le cause prossime. Non si nega, infatti, che le cause remote abbiano un legame con l'evento, ma si esclude che l'ordinamento giuridico, per realizzare i suoi fini, possa concentrare la sua attenzione su situazioni molto lontane nel tempo rispetto alla verificazione dell'evento. In questo modo, che cosa debba intendersi come rapporto causale è dato per presupposto e l'unico problema affrontato è quello dell'imputazione.

Questa tesi rispecchia le condizioni di vita di una società scarsamente sviluppata sul piano tecnologico, in cui è assai raro che si frapponga notevole distanza temporale tra condotta ed evento. Ma in un mondo tecnologicamente evoluto, la responsabilità può essere attribuita anche sulla base di condotte molto distanti cronologicamente dall'evento: si pensi al caso di una macchina che esploda alcuni anni dopo la sua entrata in funzione, uccidendo gli operai che lavorano vicino ad essa. La costruzione della macchina difettosa è remota, ma è innegabile la sussistenza di una esigenza di imputazione dell'evento alla condotta [16].

---

[16] Il criterio della causa remota è un tutt'uno sovente nella prassi giurisprudenziale con quello espresso dal principio: "*causa causae est causa causati*". Si tratta, però, di affermazioni che

Altra tesi adottata per lungo tempo da chi condivide l'interesse per un problema di imputazione più che per la spiegazione di ciò che deve intendersi per rapporto causale, è quella secondo cui la condotta umana è da considerarsi causa quando è causa efficiente dell'evento, cioè ha determinato, ha prodotto, più esattamente, ha dato forma all'evento [17]. Così, se una persona uccide un'altra propi-

---

non vanno oltre il generico richiamo ad una regola logica. Non appena formulate, vanno incontro a tutta una serie di riserve e correttivi che dalla regolarità del processo causale arrivano fino all'assenza dell'intervento di fattori eccezionali. Molto spesso, anzi, questi correttivi sono proposti non come alternativi, bensì come convergenti, tutti assieme, al medesimo risultato: quello di non proiettare eccessivamente all'indietro, ai fini dell'imputazione, il dato dal quale prende le mosse il processo causale. Esemplare per un simile ordine di idee, Cass. I, sent. 20 luglio 1966, n. 654: "Il principio tradizionale *causa causae est causa causati* esige una limitazione affinché la causalità non si risolva in un qualsiasi generico nesso di dipendenza o di condizionalità semplice. Tale limite va posto col criterio della così detta regolarità causale, con la quale si intende non già ogni nesso di condizionalità ed occasionalità, ma soltanto la relazione normalmente efficiente a cagionare l'evento. Occorre cioè che questo effetto risulti conforme a quello che è l'ordinario svolgersi degli eventi dal momento in cui viene posta in atto la causa prima; valendo, invece, a interrompere il nesso di causalità quel fattore sopravvenuto che, inserendosi nel processo produttivo dell'evento, per la sua anormalità, atipicità ed eccezionalità, si presenti a guisa di un avvenimento imprevedibile e, quindi, fortuito in relazione all'azione od omissione remota".

Ci sembra, però, che la più fondata e radicale limitazione agli effetti del *causa causae est causa causati* sia costituita dalla necessità che il dato condizionante risulti tipico, riproduca, cioè, i requisiti della fattispecie incriminatrice. Negli illeciti a forma vincolata ciò risulterà da note interne, in quelli a forma libera, o causalmente orientati, dal momento in cui, a seconda che si abbia realizzazione dolosa ovvero colposa dell'evento, la condotta si collochi rispetto a quest'ultimo come sua condizione.

[17] In questo senso la nota dell'efficienza viene utilizzata tanto per qualificare la condotta che, ai fini dell'imputazione, rileva come condizione dell'evento, tanto per significare una caratteristica indispensabile al fattore sopravvenuto del quale si tratta di stabilire se interrompa o no il nesso causale. Le due posizioni in realtà si equivalgono: è la stessa cosa affermare che il fattore sopravvenuto non opera quale motivo di interruzione del nesso causale allorché si inserisca su un processo di causazione efficiente, ovvero ritenere l'esclusione del rapporto causale quando l'attributo di efficienza vada riconosciuto alla causa sopravvenuta. Cfr. Cass IV, sent. 8 maggio 1981, n. 4187: "Il conducente, che ponga in essere con la sua colpa una situazione di pericolo, risponde anche delle conseguenze che siano derivate dal comportamento della vittima, che abbia reagito con imperizia all'insorgere del pericolo stesso. Infatti, un tale comportamento non vale ad interrompere né ad escludere il rapporto di causalità efficiente"; Cass. IV, sent. 17 novembre 1988, n. 11122: "Il concetto di causalità sopravvenuta, da sola sufficiente a determinare l'evento, come tale idonea ad escludere il rapporto di causalità *ex* art. 41, II comma, c.p., anche se non postula, necessariamente, la completa autonomia del fattore causale prossimo rispetto a quello più remoto, esige, comunque, che il primo non sia strettamente dipendente dall'altro e che si ponga al di fuori di ogni prevedibile linea di sviluppo dello stesso, così da farlo degradare a semplice occasione. Ne consegue che la mancata eliminazione di una situazione pericolosa (posta in essere dall'agente) ad opera di altra persona, quand'anche destinataria di un obbligo giuridico in tal senso, non rappresenta una distinta causa, innestantesi nella prima, ma solo una ovvia condizione negativa perché quella continui ad essere efficiente ed operante". Quali che siano le diversità di formulazione, l'idea centrale in queste e altre decisioni della S.C. è che sia causa efficiente quella che dà forma all'evento. Che è idea più suscettibile di essere colta per intuizione che spiegata in via piana e distesa.

nandole un cibo o una bevanda non generalmente idonea ad uccidere (es. somministrazione di zucchero ad un diabetico) pone in essere la causa della morte. Anche le condizioni di salute della persona hanno concorso a cagionare il risultato, ma esse sono mere occasioni, cioè coincidenze, circostanze che interessano l'ordinamento giuridico, solo in quanto abbiano permesso alla condotta umana di sviluppare la sua forza efficiente.

Il criterio della causalità efficiente, cui a guisa di slogan si ispira tanta parte della giurisprudenza soprattutto meno recente, è messo in crisi tutte le volte in cui il risultato è determinato, nella forma e con le modalità che concretamente assume, non da una condotta umana ma da condizioni di altro tipo. Si pensi al crollo di una diga determinato dalla pressione dell'acqua a seguito di violenti nubifragi. Lo spessore delle paratie, inferiore a quanto regole scientifiche e prescrizioni contrattuali avrebbero richiesto, si profila, nell'ottica della causalità efficiente, come una mera occasione che concorre a produrre il disastro. Senonché non è possibile negare la responsabilità dei progettisti e, comunque, dei costruttori della diga, che si erano avvalsi di materiale inidoneo.

Tant'è che, di fatto, a conclusione del genere non si perviene: ed è giusto.

Il prezzo da pagare, però, è una sorta di manipolazione concettuale che dilata la nozione di efficienza fino a farle perdere ogni contorno di netta precisione.

Insomma, il criterio sembra funzionare quando, tra i vari fattori causali, quello che mette in moto il processo è l'azione umana, cioè quando la causa efficiente è l'azione umana e le occasioni sono mere circostanze di fatto; così, occasione è il fatto che il soggetto passivo è diabetico, causa efficiente è la somministrazione dello zucchero. Ma non appena si evidenzia che la categoria delle occasioni può essere costituita anche da azioni umane, la teoria della causalità efficiente entra in crisi.

Diverso approccio al problema è quello che sembra abbandonare il finalismo dell'imputazione per concentrare l'attenzione sulla struttura logico-naturalistica della causalità. Questa tendenza nasce dalla critica alle soluzioni che miravano ad individuare immediatamente la causa giuridicamente rilevante senza prendere espressamente posizione su ciò a cui pensiamo quando parliamo di rapporto causale.

Il punto di partenza è costituito dall'asserto che è inesatto parlare di causa con riferimento ad un singolo fattore. Esaminando in concreto un certo processo tra A e B, per cercare di cogliere le regole logiche per cui B può essere considerato conseguenza di A, ci rendiamo conto che B è dovuto ad una serie di fattori che chiamiamo fattori condizionanti. Anche nel caso, di lineare semplicità, del colpo di fucile esploso da Tizio contro Caio, l'analisi logica del rapporto conduce a dire che la vera causa è rappresentata nel suo insieme da tutto un complesso di condizioni antecedenti l'evento.

Solo l'insieme di tali condizioni, nessuna esclusa, appare dotato delle note della necessarietà e sufficienza in ordine alla produzione dell'evento.

I singoli fattori individualmente considerati sono soltanto condizioni necessarie, ma non sufficienti.

A questo punto cogliamo con piena evidenza che nessuno è in grado di porre in essere la causa nel suo contesto globale, per l'impossibilità di realizzare tutte le condizioni che la costituiscono. Se la condotta umana risponde alle regole logiche ordinarie di accertamento causale, essa non può che rappresentare una delle condizioni. Se tutte le condizioni sono equivalenti, perché tutte necessarie alla produzione dell'evento, affinché un certo fattore sia considerato causa occorre che sia una condizione necessaria dell'evento, tale, cioè, – si dice – che sopprimendolo si escluderebbe la verificazione dell'evento stesso [18].

Come corollario si deduce che, stante l'equivalenza tra le varie condizioni, alla condotta umana non si può richiedere altro se non di essere una delle condizioni dell'evento, senza possibilità di distinguere all'interno di esse.

Ordine di idee che scienza del diritto e giurisprudenza denominano teoria della *conditio sine qua non*.

Poiché per ogni settore di indagine è rilevante quella condizione che corrisponde agli interessi specifici della ricerca, per l'operatore giuridico penale, il cui compito è affermare o negare una responsabilità umana, causa rilevante diviene quella condizione necessaria dell'evento consistente nella condotta di un uomo.

La conclusione è che l'accertamento del nesso di causalità si esaurisce nell'accertamento che la condotta umana sia una *conditio sine qua non* dell'evento [19].

In questo modo il pensiero giuridico sembra superare la distinzione tra causa e imputazione, ponendo l'accento sulla sostanziale equivalenza di tutte le condizioni.

Senonché, fatto proprio il patrimonio culturale che presiede alla formulazione della condizionalità *sine qua non*, non può evitarsi un ritorno alla considerazione degli scopi della imputazione giuridica.

I primi rilievi non concernono il rigore della concezione, ma si limitano a far riferimento alle esigenze proprie della disciplina penale.

Il criterio della *conditio sine qua non* condurrebbe sovente a conclusioni che non potrebbero essere accolte sul piano teleologico, ai fini dell'ordinamento. Dovrebbe cioè affermarsi che vi è responsabilità penale anche in casi in cui la coscienza etico-sociale non ravvisa gli estremi di tale responsabilità.

---

[18] Cfr. Cass. IV, sent. 19 giugno 1998, n. 7266: "In tema di nesso di causalità lo strumento per individuarlo, rispetto all'evento lesivo, è rappresentato dal giudizio controfattuale, nel senso che, mediante l'eliminazione mentale del fattore (il comportamento umano) dato per condizionante, si verifica se, alla luce della massima di esperienza applicabile al caso, l'evento dato per lesivo sarebbe accaduto ugualmente o no: la condotta dell'uomo è causale solo in questo secondo caso, perché senza di essa l'evento non sarebbe accaduto. (Fattispecie di esclusione del rapporto di causalità perché la decisione del pilota di atterrare nell'uno o nell'altro aeroporto, come quella di abbandonare, o no, l'aereo al suo destino di auto-eterodistruzione, non modificò in nulla la prospettiva dell'evento "incendio" dell'aeroplano e di ciò che, abbattendosi al suolo, esso avrebbe potuto colpire)".

[19] Cfr. Cass. IV, sent. 21 settembre 1993, n. 8615: "L'intermediazione nella cessione di stupefacente integra un'ipotesi di concorso nel reato posto in essere dal cedente, in quanto quest'ultimo non avrebbe avuto modo di trasferire ad altri la droga senza tale intermediazione, che costituisce così una '*condicio sine qua non*' dell'evento".

A difesa del criterio della *conditio sine qua non* è stato detto che esso porterebbe a un'estensione eccessiva della responsabilità penale soltanto se questa conseguisse puramente e semplicemente alla causazione obiettiva di un certo risultato. Ma la necessità del momento soggettivo di dolo o di colpa per l'attribuzione della responsabilità penale escluderebbe le conseguenze inaccettabili che taluno ha rimproverato alla teoria della *conditio sine qua non*.

Per la funzione di correttivo che l'elemento psicologico riveste ai fini della limitazione della responsabilità, la teoria che si avvale del criterio della *conditio sine qua non* prende il nome, in alcune formulazioni, di "teoria soggettiva della causalità".

Ma questa precisazione relativa alla limitazione dell'estensione della responsabilità per la presenza di un requisito di carattere soggettivo non varrebbe per le figure criminose in cui l'evento è posto a carico del soggetto agente indipendentemente dalla presenza del dolo o della colpa.

Il discorso a questo punto si sposta sulla ricerca del significato di siffatte figure in un ordinamento penale, per passare poi a verificare se nel nostro diritto penale sono effettivamente presenti o no. Esempio tipico di evento addebitato all'agente indipendentemente da dolo o colpa parrebbe quello dell'omicidio preterintenzionale. Se si ritiene che l'evento morte sia accollato puramente e semplicemente sulla base del rapporto causale tra condotta volta a ledere o a percuotere ed esito letale, si dovrebbe concludere che risponde del delitto di cui all'art. 584 c.p. chi, avendo inferto un semplice schiaffo, provochi la morte del colpito a cagione dell'eccezionale fragilità dei vasi sanguigni della vittima. Ed è qui che dovremmo, però, interrogarci sul senso che avrebbe nel sistema penale una fattispecie così costruita.

Tuttavia non pare fondato far leva sui casi di responsabilità oggettiva per criticare la teoria che in tema di causalità utilizza il criterio della *conditio sine qua non*.

Il problema della responsabilità oggettiva è assai più vasto di quanto si potrebbe inferire da una pura e semplice disamina della disciplina del nesso causale.

Pacifico è che la responsabilità oggettiva risponde ad una *ratio* di prevenzione generale. La regola, nella parte in cui può funzionare come comando, e cioè in quella che fa divieto di compiere atti diretti a ledere o a percuotere, è completata dall'avvertimento che il risultato più grave che da tali atti può derivare, e cioè la morte, è posto a carico dell'agente indipendentemente dalla, sia pur minima, colpa.

Ne consegue che sotto la *ratio* di prevenzione generale si accomunano ipotesi in cui sia prevedibile che dalla condotta derivi l'evento quanto ipotesi in cui, per l'esiguità della condotta, di una tale prevedibilità non possa parlarsi.

Insomma, letta secondo il modulo della responsabilità oggettiva, la figura dell'omicidio preterintenzionale risponde alla logica di una prevenzione generale che tenga conto della grande frequenza di delitti contro la persona i quali, a parte le lesioni gravi o gravissime, possono considerarsi lievi. Ora, una massima di esperienza permette di cogliere la rilevante possibilità della degenerazione in eventi ben più gravi di quelli in concreto prevedibili al momento del fatto. Con la statuizione dell'omicidio preterintenzionale, si tende a porre un freno ad un costume di violenza, addossando agli autori dei fatti di violenza alla persona ogni rischio e pericolo per conseguenze, non prevedute e non prevedibili, dei fatti stessi. Effetto preventivo che raggiungerebbe l'apice proprio attraverso l'adozione di strutture a responsabilità rigidamente obiettiva, non temperata da alcun correttivo.

Ciò posto, è evidente che porre dei limiti all'interno della categoria della responsabilità oggettiva in relazione alla sproporzione tra evento e condotta potrebbe suonare illogico.

Ma il limite che non si giustifica all'interno della categoria delle fattispecie a responsabilità oggettiva è posto dall'esterno in virtù del principio costituzionale della natura personale della responsabilità penale (art. 27, I comma, Cost.). Abbiamo già visto nella Parte I "La legge penale"[20] come il I comma dell'art. 27 Cost. sia una regola che, oltre a fornire un criterio di giudizio sulla correttezza costituzionale delle leggi ordinarie, detti un requisito (quello, cioè, dell'imputazione che possa dirsi personale e non meramente causale) che deve ritenersi elemento costitutivo di ogni fattispecie di reato. Con la conseguenza che quel tanto di insopportabilmente duro, che discenderebbe dall'applicazione della condizionalità *sine qua non*, è evitato dalla rilevanza, sul piano soggettivo, del requisito della prevedibilità, elemento essenziale di ogni figura criminosa il cui fatto non sia per intiero oggetto del dolo.

Il punto merita un chiarimento. Il I comma dell'art. 27 Cost. enuncia il requisito di imputazione soggettiva che costituisce l'estremo limite dell'area di responsabilità. Non c'è responsabilità se manca la prevedibilità. Altra e diversa sarebbe la portata della regola costituzionale se da essa si potesse dedurre che anche nei casi in cui il fatto è concretamente previsto e voluto, cioè nei casi di realizzazione dolosa, la responsabilità viene meno se l'evento concreto, dannoso o pericoloso, vietato dalla legge (art. 43, I alinea, c.p.) non fosse prevedibile. Così ragionando, la prevedibilità sarebbe elemento essenziale di ogni figura criminosa: anche di quelle dolose.

Ora, non è detto, al momento, che ad una conclusione del genere non si possa (*rectius*: non si debba) pervenire. In ogni caso, però, tale conclusione non emerge dall'art. 27 Cost., ma dovrebbe trovare in altre regole o in altri principi il suo fondamento.

La vera ragione per la quale occorre superare il criterio di imputazione logico-naturalistico della pura e semplice condizionalità *sine qua non* nasce dalla analisi di comportamenti nei quali è fuori discussione tanto la qualità di *conditio sine qua non* della condotta quanto la natura dolosa dell'intiero fatto.

Facciamo il caso di Tizio che con intento omicida ferisce leggermente Caio, il quale rimanga vittima di un incidente fortuito verificatosi nell'ospedale in cui si è recato per farsi medicare.

Poiché il feritore ha agito con dolo di omicidio, applicando il criterio dell'equi-

[20] Cfr. Parte I, "La legge penale", p. 9 ss.

valenza causale delle condizioni, dovremmo affermare la responsabilità di Tizio a titolo di omicidio doloso consumato.

Per evitare simili conseguenze si inserisce sullo schema logico-naturalistico della *conditio sine qua non* l'ulteriore requisito dell'adeguatezza o della proporzione della condotta rispetto all'evento.

In altri termini, se la condotta umana, da considerarsi condizione necessaria dell'evento secondo un tipo di accertamento di carattere logico-naturalistico, non appare nella sua consistenza e materialità proporzionata al tipo di risultato che da essa discende, il rapporto di causalità rilevante per il diritto verrebbe a mancare.

Il criterio della causalità adeguata, prevalente nella dottrina tedesca, pone due diversi ordini di problemi: anzitutto quello della sua utilizzabilità per risolvere i casi concreti che si presentano nell'applicazione giudiziaria ed, in secondo luogo, una volta ammessa la sua idoneità operativa, quello dell'esistenza di un fondamento normativo che ne permetta la formulazione nei termini di un istituto di diritto positivo e non come semplice istanza di politica legislativa o giudiziaria.

Nell'affrontare il primo ordine di problemi, si deve preliminarmente osservare che nel criterio della causalità adeguata vengono ricompresi in unità i due momenti della causalità e dell'imputazione.

Nel primo momento dell'indagine si accerta, attraverso il criterio logico-naturalistico della *conditio sine qua non*, il carattere di condizione necessaria della condotta. In un secondo momento si risolve il problema dell'imputazione della condotta, associando al requisito della condizione necessaria il requisito della sua adeguatezza.

Contro il criterio della causalità adeguata è stato osservato, con perfetta simmetria rispetto alle critiche mosse al criterio della *conditio sine qua non*, che si aprirebbero per i rei troppe possibilità di sfuggire ai rigori della legge attraverso la dimostrazione della mancanza di adeguatezza tra la condotta e l'evento. Rischio, però, puramente immaginario: lo dimostra il fatto che il criterio dell'adeguatezza o della proporzione è utilizzato, già sul piano normativo, per determinare i contenuti di altri istituti del diritto penale, senza che la sua applicazione comporti alcuna particolare possibilità di sfuggire alla potestà punitiva.

Così, in tema di legittima difesa la reazione è scriminata soltanto se proporzionata all'offesa (art. 52 c.p.) e nello stato di necessità il fatto è scriminato soltanto se proporzionato al pericolo (art. 54, I comma, c.p.).

L'esame delle decisioni giudiziarie dimostra che le due norme vengono applicate nel rispetto del requisito della proporzione, senza alcuno svuotamento delle esigenze di giustizia.

Il pericolo nell'applicazione giudiziaria è semmai opposto a quello prospettato e consiste nella tendenza del magistrato a non ravvisare il requisito della proporzione nelle fattispecie in cui esso funziona come limite all'estensione della responsabilità (es. legittima difesa, stato di necessità) e a ravvisarne l'esistenza per le fattispecie nelle quali sarebbe la sua mancanza a diminuire l'estensione della responsabilità (es. rapporto di causalità).

Una critica più fondata rivolta al criterio dell'adeguatezza è quella che si appunta su un momento che segna il passaggio dal piano dell'utilizzabilità pratica del criterio al piano della sua rilevanza normativa. Secondo questa critica, l'adozione del criterio della causalità adeguata comporterebbe una diversa valutazione del rapporto di causalità per i reati colposi ed i reati dolosi.

L'applicazione del criterio ai reati colposi condurrebbe invariabilmente a risultati apprezzabili ed equi; mentre l'applicazione di esso ai reati dolosi sarebbe iniqua tutte le volte in cui l'agente speculasse sull'anomalia della forma di realizzazione del reato, mettendo in essere una condotta generalmente non adeguata a realizzare il risultato, per precostituirsi una scusante e sfuggire alle conseguenze della responsabilità.

Questa critica non pare accettabile: il confronto tra la condotta e l'evento necessario per fondare una relazione di proporzione va fatto in concreto tenendo conto di entrambi i termini della relazione.

Ora, quando taluno dà vita ad una forma di realizzazione anomala calcolando come possibile il verificarsi dell'evento, o fa un calcolo ragionevole, alla stregua delle particolari modalità concrete di svolgimento della condotta ed al tipo di evento voluto, ed allora la condotta non è inadeguata rispetto all'evento causato in quelle concrete circostanze; o fa un calcolo non ragionevole, ed allora la mancanza di ragionevolezza del calcolo lascia permanere l'effettiva sproporzione tra la condotta posta in essere ed il tipo di evento che in quelle circostanze si è verificato.

10. *La soluzione legislativa: artt. 40 e 41 c.p.*

Accertata l'utilizzabilità pratica del criterio dell'adeguatezza, resta naturalmente la domanda se tale criterio trovi o no fondamento nel diritto positivo.

Gli ispiratori e redattori del codice del 1930 intendevano dare al rapporto di causalità una disciplina modulata sul criterio della *conditio sine qua non*. Occorre verificare in quale misura questo orientamento, pragmatico e filosofico, si sia tradotto in effettiva normazione.

La disciplina del rapporto di causalità è contenuta negli artt. 40 e 41 c.p. L'art. 40, I comma, c.p. da un lato enuncia una cosa ovvia, e cioè che in tanto l'evento può essere imputato al soggetto agente, in quanto costituisca una conseguenza della di lui condotta; dall'altro lato è troppo restrittivo nella sua formulazione, perché sembra postulare la rilevanza del nesso causale puramente e semplicemente nell'ambito dei reati con evento naturalistico.

Dal silenzio di questa norma su limiti che valgano a significare come il rapporto di condizionalità *sine qua non* subisca dei correttivi per adeguarsi alle finalità di imputazione, dovremmo ritenere che il punto di vista dottrinale e gli intendimenti pratici degli autori del codice si siano tradotti nella realtà di una formulazione normativa.

Alcuni sostenitori del criterio dell'adeguatezza reagiscono a questa interpretazione, sostenendo che il termine "conseguenza" di cui al I comma dell'art. 40 c.p.

indica quell'effetto che discende non da una mera *conditio sine qua non*, ma da una condizione qualificata dalla nota dell'adeguatezza.

Altri sostenitori del criterio dell'adeguatezza tengono sul punto una posizione metodologicamente ineccepibile.

Sostengono che il dettato dell'art. 40, I comma, c.p. non esclude la possibilità che da un'altra disposizione di legge o dal sistema possa essere ricavato il criterio dell'adeguatezza.

Su questa posizione si allinea in definitiva pure chi, avanzata la tesi del significato peculiare del termine "conseguenza", replica alle critiche alla interpretazione che assegna alla parola un significato che non sembra discendere dall'arco di contenuti ad essa affidabili (è, insomma, una lettura aprioristicamente condizionata), riconoscendo che una eventuale limitazione del criterio logico-naturalistico del rapporto di causalità può essere ricavata dall'art. 41 cpv. c.p.

Questa norma dispone: "Le cause sopravvenute escludono il rapporto di causalità quando sono state da sole sufficienti a determinare l'evento". Dal testo balza agli occhi il disorientamento dei compilatori del codice. Addirittura nella Relazione del Guardasigilli al Re è espressamente detto che il capoverso dell'art. 41 non costituisce una eccezione al criterio della *conditio sine qua non*, ma ne è una riconferma ed una puntuale applicazione.

E non c'è dubbio che, ad una interpretazione letterale, il criterio della *conditio sine qua non* non subisce la minima deroga.

Ma l'interpretazione letterale comporta due inevitabili conseguenze: a) l'abrogazione per via interpretativa del capoverso stesso; b) la mancata realizzazione degli scopi pratici che il legislatore pone nella Relazione a fondamento della disposizione.

L'interpretazione letterale porta all'abrogazione del capoverso dell'art. 41 c.p.: esso sarebbe ad un tempo inutile e contraddittorio. Infatti il legislatore, ricorrendo nella disposizione in esame all'indicativo ("quando sono state") e non al condizionale (quando sarebbero state), sembra richiedere espressamente la sufficienza in concreto delle cause sopravvenute in ordine alla determinazione dell'evento: a queste condizioni sarebbe escluso il nesso di causalità tra la condotta di un certo soggetto e l'evento. L'uso della locuzione "da sole" conforta questa interpretazione. Parrebbe significare: indipendentemente dalla condotta del soggetto agente. Farebbe riferimento, insomma, a quella ipotesi in cui, eliminando mentalmente dagli antecedenti dell'evento la condotta di un dato soggetto, l'evento si sarebbe ugualmente prodotto in forza delle condizioni sopravvenute (es.: Tizio somministra a Caio un veleno il cui effetto è destinato a verificarsi dopo parecchie ore; Sempronio uccide Caio pochi minuti dopo la somministrazione del tossico. La condotta sopravvenuta di Sempronio è stata da sola sufficiente a determinare l'evento).

Ora, per arrivare al risultato di escludere il collegamento causale tra la prima condotta e l'evento, con la conseguente esclusione di responsabilità a titolo di reato consumato, sarebbe stato sufficiente il ricorso al criterio della *conditio sine qua non*; il disposto in esame si rivelerebbe del tutto superfluo.

L'interpretazione letterale non solo porta a ritenere che il capoverso dell'art. 41 c.p. è inutile, ma evidenzia anche la sua intrinseca contraddittorietà. Infatti occorrerebbe considerare, accanto alle cause sopravvenute, quelle preesistenti e concomitanti (ad es. Tizio somministra a Caio un veleno ad effetto ritardato. Caio muore qualche minuto dopo, a cagione di una emorragia, in atto al momento dell'avvelenamento perpetrato da Tizio).

Ora, per quale motivo il legislatore, se avesse inteso ribadire nel capoverso dell'art. 41 c.p. il criterio della *conditio sine qua non*, si sarebbe limitato a fare riferimento alle cause sopravvenute, tacendo sulle cause preesistenti o simultanee, che pure espressamente menziona nel I e III comma dello stesso articolo? Dunque, a seguire l'interpretazione letterale, inutilità e contraddittorietà della disposizione.

E non basta. Ancor più sorprendentemente questa verrebbe meno alle ragioni che, con una serie di esempi, sono poste dal legislatore a spiegazione del significato e della portata della norma nel sistema del codice.

I casi esposti a giustificare il perché del capoverso dell'art. 41 c.p. sono proprio quelli che denunciano i pericoli di un ricorso esclusivo al criterio della *conditio sine qua non* (ad es. il caso della persona lievemente ferita da taluno con volontà omicida, che trova la morte nell'ospedale in cui è stata trasportata per un incendio fortuito).

Per questi e simili casi non può dirsi che l'evento si sarebbe ugualmente verificato anche senza la condotta del colpevole. Nell'esempio prospettato, la morte non si sarebbe verificata se il soggetto passivo non fosse stato, sia pur lievemente, ferito e per questo motivo non si fosse trovato nell'ospedale.

In realtà, le condizioni che il legislatore ha definito da sole sufficienti a determinare l'evento non sono tali, non appartengono ad una serie causale autonoma, svincolata dalla condotta del colpevole, ma si inseriscono nella stessa serie causale cui quest'ultima appartiene.

L'esemplificazione che figura nei lavori preparatori rende evidente che il pensiero effettivo è stato tradito dai termini adottati: quando il legislatore parla di "cause sopravvenute che sono state da sole sufficienti a determinare l'evento", in realtà, intende quelle condizioni sopravvenute che hanno concorso alla produzione dell'evento e che si presentano con tali caratteristiche di eccezionalità e, quindi, di imprevedibilità, da sconsigliare in concreto, perché non calcolabili, l'imputazione dell'evento alla condotta umana[21].

---

[21] La giurisprudenza della S.C. fa frequentissimo riferimento alla necessità che il fattore sopravvenuto si presenti con carattere di eccezionalità perché interrompa il nesso eziologico. Non sembra però che nel pensiero dei giudici di legittimità questo effetto vada sempre riconosciuto, in tutto e per tutto, alla natura eccezionale del fattore sopravvenuto. Si dà spesso rilievo alla circostanza se nel processo eziologico la condizione successiva abbia avuto o no efficacia preponderante sulla produzione dell'evento: ovviamente, per escludere il rapporto causale nel primo caso e considerarlo giuridicamente operativo nel secondo. Addirittura, qualche volta si esige che per aversi effetto interruttivo del rapporto causale la causa sopravvenuta si integri "in un

fattore del tutto eccezionale, (che) abbia avuto incidenza causativa *esclusiva* per il verificarsi dell'evento" (Cass. V, sent. 22 maggio 1981, n. 4726). Ma è chiaro che con una forzatura di linguaggio si richiede che il fattore sopravvenuto abbia condizionato l'evento in maniera decisiva, *come se* fosse del tutto indipendente dalla serie causale derivante dalla condotta del soggetto agente. Con terminologia più sfumata, ma con sostanziale identità di posizione, cfr. Cass. IV, sent. 30 agosto 1974, n. 5694: "Una causa sopravvenuta può interrompere il nesso eziologico soltanto nel caso in cui la condotta dell'agente si presenta quale condizione che si pone al di fuori di ogni normale e prevedibile linea di sviluppo nella serie causale, in modo da costituire un fattore eccezionale, tale che, nonostante il più alto grado di previdenza e di prudenza, non sia possibile predisporre alcuna misura per evitarla"; Cass. IV, sent. 27 agosto 1976, n. 8578: "Ai fini della operatività del principio, contenuto nel II comma dell'art. 41 c.p., per cui le cause sopravvenute escludono il rapporto di causalità quando siano state da sole sufficienti a determinare l'evento, causa sufficiente deve intendersi soltanto quella, che integrandosi in un fattore del tutto eccezionale, abbia avuto influenza esclusiva per il verificarsi dell'evento. Pertanto colui che ponga in essere situazioni di pericolo, risponde anche delle conseguenze eventualmente provocate da un imprevisto comportamento imprudente della vittima: e ciò perché tale comportamento interviene quale coefficiente, anche se imprevisto o imprevedibile, di uno stato di fatto illegittimo, anteriormente determinatosi, il quale resta imputabile all'agente, dal momento che il fatto nuovo, successivamente intervenuto, non prepondera in misura tale da assumere, di per sé solo, valore sufficiente, a determinare l'evento medesimo"; Cass. VI, sent. 22 gennaio 1980, n. 1033: "Una causa sopravvenuta può interrompere il nesso eziologico soltanto nel caso in cui la condotta dell'agente si presenta quale condizione che si pone al di fuori di ogni normale e prevedibile linea di sviluppo nella serie causale in modo da costituire un fattore eccezionale tale che, nonostante il più alto grado di previdenza, non sia possibile predisporre alcuna misura per evitarla"; Cass. IV, sent. 28 ottobre 1982, n. 10120: "La causa sopravvenuta esclude il rapporto di causalità quando essa sia stata da sola sufficiente a determinare l'evento; causa sufficiente è solo quella che, costituendo un fattore del tutto eccezionale, abbia avuto incidenza causale esclusiva per il verificarsi dell'evento"; Cass. IV, sent. 26 marzo 1983, n. 2764: "La causa sopravvenuta determina l'interruzione del nesso di causalità allorquando si pone come fattore eccezionale ed imprevedibile e di per sé capace, per esclusiva forza propria, di produrre l'evento, anche senza la situazione creata dalla serie causale già posta in essere dalla condotta precedente"; Cass. V, sent. 24 aprile 1990, n. 5923: "In tema di rapporto di causalità, causa sopravvenuta sufficiente alla produzione dell'evento è quella del tutto indipendente dal fatto del reo, che si ponga al di fuori delle normali linee di sviluppo della serie causale attribuibile alla condotta dell'agente, che costituisca cioè un fattore eccezionale tale che, malgrado il più alto grado di previdenza e prudenza, non sia possibile predisporre alcuna misura per evitarlo. Viceversa, non è tale la causa sopravvenuta quando sia legata alla causa preesistente, si trovi cioè in una situazione di interdipendenza per cui, mancando l'una, l'altra rimarrebbe inefficace, nessuna di esse potendo, disgiunta dall'altra, realizzare l'evento. Non integrano pertanto cause sopravvenute escludenti il rapporto di causalità, rispetto ad un fatto di lesione volontariamente prodotta dall'agente, le eventuali omissioni e colpe dei sanitari, gli errori diagnostici, le complicazioni operatorie e postoperatorie, così come lo stesso comportamento della vittima di rifiuto di cure e terapie"; Cass, IV, sent. 23 maggio 1984, n. 4744: "Si ha esclusione del nesso di causalità tra la condotta dell'imputato di omicidio colposo e l'evento mortale solo quando la causa sopravvenuta si ponga al di fuori delle normali e prevedibili linee di sviluppo della serie causale attribuibile all'imputato e costituisca un fattore eccezionale ed imprevedibile inseritosi in modo del tutto autonomo come causa efficiente esclusiva dell'evento".

Nel senso del testo, cfr. invece: Cass. IV, sent. 8 maggio 1981, n. 4198: "Il rapporto di causalità efficiente si interrompe, allorquando sopravvenga un avvenimento, che si ponga di fronte alla condotta del soggetto agente come fattore d'eccezione, di talché non sia possibile fronteggiarlo con misure idonee, nonostante l'osservanza delle regole di comune prudenza e previdenza"; Cass. I, sent. 22 ottobre 1998, n. 11024: "Il concetto di causalità sopravvenuta, da sola sufficiente ad escludere il rapporto causale a norma dell'art. 41, II comma, c.p., anche se non postula necessariamente la completa autonomia del fattore causale prossimo rispetto a quello più remoto, esige comunque che il primo non sia strettamente dipendente dall'altro e che si ponga al di fuori di ogni prevedibile linea di sviluppo dello stesso. Ne consegue che la mancata eliminazione di una situazione di pericolo (derivante da fatto commissivo od omissivo dell'agente) ad opera di terzi non rappresenta una distinta causa che si innesti nella prima, ma solo una ovvia condizione negativa perché quella continui ad essere efficiente e operante"; Cass. IV, sent. 4 marzo 1981, n. 1737: "Si ha interruzione del rapporto di causalità rispetto alla serie eziologica attribuibile alla condotta dell'agente, quando la causa sopravvenuta si ponga al di fuori delle normali e prevedibili linee di sviluppo della predetta serie, cioè costituisca un fattore eccezionale tale che, malgrado il più alto grado di previdenza e prudenza, non sia possibile predisporre alcuna misura per evitarlo"; Cass. IV, sent. 20 luglio 1971, n. 810: "Il rapporto di causalità materiale va determinato in base al concetto dell'equivalenza delle condizioni (teoria della *condicio sine qua non*), ma esso viene considerato interrotto ai fini penali allorché sia sopravvenuto un fattore che abbia alterato il normale sviluppo dei processi causali, sì da poter essere considerato come una causa atipica ed imprevedibile"; Cass. VI, sent. 19 dicembre 1990,n. 16609: "Allorché un soggetto abbia ceduto, anche in dose singola, una sostanza stupefacente ad un terzo che ne abbia fatto poi oggetto di trasferimento ad altri, il nesso di causalità tra la prima condotta e la morte dell'ultimo cessionario, sopravvenuta quale conseguenza non voluta dell'assunzione di quella sostanza, non può considerarsi interrotto in conseguenza della o delle successive cessioni, dovendosi considerare queste come fattori concausali sopravvenuti, non solo non anormali ed eccezionali, ma anzi del tutto prevedibili"; Cass. VI, sent. 26 febbraio 1993, n. 1870: "La morte, conseguita ad assunzione di sostanza stupefacente, del consumatore di essa, comporta la responsabilità del suo fornitore anche non immediato, a norma dell'art. 586 c.p.; più in particolare, la morte dell'assuntore è addebitata all'agente a titolo di colpa, consistita nella violazione della legge sullo spaccio degli stupefacenti e nella conseguente prevedibilità dell'evento letale. E ciò perché, quando un soggetto abbia ceduto, anche in dose singola, una sostanza stupefacente ad un terzo, che ne abbia fatto poi oggetto di trasferimento ad altri, il nesso di causalità tra la prima condotta e la morte dell'ultimo cessionario, non può considerarsi interrotto in conseguenza della o delle successive cessioni, dovendosi queste ritenere fattori concausali sopravvenuti, non solo non anormali ed eccezionali, ma, anzi, del tutto prevedibili"; Cass. IV, sent. 13 aprile 1994, n. 4311: "In caso di successive cessioni di sostanza stupefacente, il nesso di causalità tra la prima cessione e la morte dell'ultimo cessionario, sopravvenuta quale conseguenza non voluta dell'assunzione di tale sostanza, non può considerarsi interrotto per effetto della cessione o delle successive cessioni dovendosi considerare queste come fattori concorsuali sopravvenienti, non solo non anormali ed eccezionali, ma anzi del tutto prevedibili; poiché l'evento non voluto di cui all'art. 586 c.p. è posto a carico dell'agente per il solo fatto di essere legato in nesso di causalità materiale con quella condotta che costituisce, già di per sé, un delitto doloso, ne consegue che quando sopravviene la morte per overdose di eroina, deve rispondere non solo colui che ha ceduto direttamente alla vittima la predetta sostanza, ma anche l'originario fornitore".

E, simmetricamente, cfr.: Cass. V, sent. 15 maggio 1991, n. 5249: "Il vigente codice penale, nel regolare il rapporto di causalità, ha accolto il principio dell'equivalenza delle cause o della '*condicio sine qua non*', secondo cui le cause concorrenti che siano da sole sufficienti a determinare l'evento sono, tutte e ciascuna, causa dell'evento stesso. Ne consegue che il nesso di causalità può escludersi solo se si verifichi una causa autonoma, rispetto alla quale la precedente sia da considerare '*tamquam non esset*' e trovi, nell'attività dell'imputato, soltanto l'occasione per svilupparsi; cioè quando detta causa si trovi nella serie causale in modo eccezionale, atipico e imprevedibile; mentre il medesimo nesso non può escludersi allorché la condotta posta in essere

Il capoverso dell'art. 41 c.p., ad un'interpretazione logica e storica – per una volta che logica e storia vanno di pari passo – costituisce la base normativa su cui poggia gran parte delle teorie sulla causalità nell'ambito del diritto penale italiano.

Per taluni la regola fonda e conferma la validità della teoria della causalità adeguata. L'intervento nel processo causale di fattori ordinariamente incalcolabili da parte di una persona dimostrerebbe l'inadeguatezza della condotta umana rispetto all'evento. Altri ravvisano nel capoverso dell'art. 41 c.p. il fondamento normativo della teoria della causalità umana. Alla stregua della quale, allorché l'evento si produce attraverso fattori che operano al di fuori della previsione e della ragionevole calcolabilità, non saremmo in presenza di un processo causale controllato o controllabile dall'uomo: non vi sarebbe una relazione di causalità umana.

In altri termini, in quest'ordine di idee, l'intervento di fattori eccezionali sopravvenuti non rileva perché esclude l'idoneità della condotta (sarebbe un vero e proprio circolo vizioso affermare che, attuatosi un tale intervento, la condotta risulti di punto in bianco inadeguata): ciò che conta è che il fattore o i fattori eccezionali sopravvenuti non potessero ragionevolmente entrare nei calcoli, attinenti alla causazione dell'evento, di persona alcuna.

La differenza tra queste due posizioni, che utilizzano lo stesso dato normativo dell'art. 41 cpv. c.p., non è di mera terminologia, ma comporta notevoli e diverse conseguenze applicative.

I sostenitori del criterio della causalità adeguata intesa in senso tradizionale inseriscono nella struttura del capoverso dell'art. 41 c.p. un elemento di grande importanza: precisamente, la nota della proporzione tra condotta ed evento. Il disposto del capoverso dell'art. 41 c.p. sarebbe sintomo che l'ordinamento ha accolto il principio della adeguatezza della condotta.

Il medesimo fattore eccezionale che ha concorso alla determinazione dell'evento comporterebbe due diverse valutazioni a seconda della proporzione della condotta rispetto al risultato. Se, per esempio, Tizio, leggermente ferito, muore in ospedale per il crollo dell'ascensore, l'intervento del fattore eccezionale sopravvenuto è chiaro segno dell'inidoneità della condotta: l'evento più grave è giuridicamente e naturalisticamente così diverso da quello che si sarebbe verificato se non vi fosse stato detto intervento, da escludere il rapporto di causalità rilevante per il diritto.

Ma se il crollo dell'ascensore determina la morte di una persona ferita così gravemente che secondo ogni previsione della scienza medica sarebbe certamente morta entro poche ore, l'intervento del fattore eccezionale non permetterebbe di

---

dall'imputato abbia soltanto accelerato la produzione dell'evento destinato comunque a compiersi"; Cass. II, sent. 25 novembre 1976, n. 12317: "Una causa sopravvenuta può interrompere il nesso eziologico soltanto nel caso in cui la condotta dell'agente si presenta quale condizione che si pone al di fuori di ogni normale e prevedibile linea di sviluppo nella serie causale, in modo da costituire un fattore eccezionale tale che, nonostante il più alto grado di previdenza non sia possibile predisporre alcuna misura per evitarla".

sostenere l'interruzione del rapporto di causalità[22]. In condizioni del genere la condotta umana precedente era idonea a determinare la morte, che si sarebbe verificata ugualmente.

Secondo questa interpretazione, l'art. 41 cpv. c.p. non fa che esigere il requisito della proporzionalità o non sproporzione dell'azione rispetto all'evento: se esso ricorre, nulla permette di escludere l'esistenza del rapporto di causalità.

Argomentando dalla teoria della causalità umana, secondo la quale l'uomo risponde degli effetti della propria condotta, quando le condizioni che hanno concorso a cagionare l'evento rientrano tutte nei limiti di una ragionevole prevedibilità e di un utile calcolo della mente umana, il capoverso dell'art. 41 c.p. viene utilizzato nel senso di escludere la rilevanza eziologica di una condotta che faccia parte di una serie causale sulla quale venga ad inserirsi un fattore eccezionale. Non fa differenza la circostanza che l'evento si sarebbe verificato anche indipendentemente dall'effetto determinato dal fattore eccezionale.

Se ciò che conta è la presenza di una condizione che esorbita dai limiti della controllabilità umana, il nesso di causalità è interrotto ogni volta che ricorre un fattore eccezionale, senza che sia necessario instaurare alcun giudizio sull'idoneità della condotta.

Su tal via, il capoverso dell'art. 41 c.p. non è solo il sintomo dell'accoglimento normativo di un limite al criterio della *conditio sine qua non*, ma detta una disciplina che permette di escludere il rapporto eziologico ogniqualvolta su una serie causale si inserisca un fattore eccezionale: e questo tanto nel caso di idoneità che di inidoneità della condotta.

La scelta fra le due posizioni dipende dalle conclusioni cui si ritiene di dover arrivare allorquando l'evento (*rectius*, come vedremo: *un evento*) si sarebbe ugualmente verificato, anche senza l'intervento del fattore eccezionale. In primo luogo può osservarsi che i fautori della causalità adeguata fanno ricorso al capoverso

[22] Cfr. in tal senso Cass. I, sent. 21 maggio 1980, n. 6423: "Il criterio dell'eccezionalità del fattore causale sopravvenuto può essere utilizzato ai fini della interruzione del rapporto di causalità purché la condotta del soggetto attivo sia, di per sé, inidonea a produrre l'evento in concreto verificatosi. In sostanza, il nesso causale viene interrotto soltanto quando un fattore eccezionale interferisce in una serie causale antecedente che non aveva alcuna capacità di cagionare l'evento. Solo in tal caso, il fattore eccezionale sopravvenuto può considerarsi 'da solo sufficiente a determinare l'evento', ossia vera causa dello stesso, mentre il fattore antecedente posto in essere dal soggetto attivo, siccome inidoneo, agisce da mera condizione, cioè come antecedente necessario ma inidoneo ed inadeguato rispetto all'evento in concreto verificatosi. Per contro, se il fattore antecedente è potenzialmente idoneo, di per sé, a cagionare l'evento, il fattore sopravvenuto, sia esso eccezionale oppure no, agisce semplicemente da condizione, ossia come situazione che ha favorito, agevolato o accelerato la verificazione del risultato e, perciò, non può essere considerato come causa da sola 'sufficiente' a determinare l'evento".

Contra, nello stesso senso del testo, Cass. IV, sent. 10 luglio 1981, n. 6861: "Con l'art. ... il codice penale ha accolto il principio della *conditio sine qua non*, secondo cui le cause concorrenti, che non siano da sole sufficienti a determinare l'evento, sono tutte e ciascuna causa dell'evento. Pertanto, sussiste il rapporto di causalità anche se la condotta era di per sé inidonea a produrre l'evento e lo produsse per il concorso di colpa altrui".

dell'art. 41 c.p. utilizzandolo in due direzioni. La prima è quella che conduce a ravvisare nella norma in questione un limite alla condizionalità *sine qua non.* E, fino a questo punto, si ha perfetta concordanza con la tesi della causalità umana. La seconda direzione è quella che sfocia nell'asserto che il limite sarebbe rappresentato dalla esigenza che la condotta si riveli proporzionata, o non sproporzionata, all'evento. Punto d'arrivo giustificabile unicamente se il capoverso dell'art. 41 c.p. potesse utilmente fungere da limite alle conseguenze che si trarrebbero dall'applicazione del criterio della *conditio sine qua non*, solo se affermare in esso implicito il requisito dell'idoneità fosse l'unico modo in cui detta norma potesse costituire effettivo temperamento alla condizionalità *sine qua non* .

Un primo rilievo: nel capoverso dell'art. 41 c.p. non si fa menzione alcuna del requisito dell'idoneità. Sostenere che tale requisito si deduce dalla funzione di limite cui la norma deve adempiere vuol dire scartarne aprioristicamente la lettura (relativamente) più piana. Quella, cioè, secondo la quale il nesso di causalità perde rilevanza giuridica per il puro e semplice intervento di un fattore eccezionale sopravvenuto. In secondo luogo la teoria della causalità adeguata mostra di intendere il termine evento in un'accezione che si presenta non poco problematica.

Quando si dice: la condotta è idonea perché l'evento (es.: morte) si sarebbe verificato anche se non fosse intercorso il fattore eccezionale, si equivoca sui termini tra i quali può darsi rapporto di causalità adeguata.

Il rapporto di adeguatezza tra la condotta e l'evento non deve essere considerato in astratto, ma in concreto. Questo significa che bisogna affermarlo o negarlo tra una certa condotta corredata da certe note che la contraddistinguono e un certo evento corredato dalle note che, sempre nella realtà concreta, lo caratterizzano. Dove si vede che la relazione di adeguatezza esige che i due estremi, condotta ed evento, siano colti e valutati nel loro effettivo modo di presentarsi. Il più delle volte non ha senso, infatti, parlare di idoneità di un'azione a cagionare un evento di genere. Ad una condotta, di solito, può riconoscersi il requisito dell'idoneità soltanto in rapporto ad un risultato ben definito: di specie e non di genere. Il che vuol dire che tutta l'argomentazione che poggia sulla possibilità che l'intervento di un fattore eccezionale non tolga adeguatezza alla condotta, riposa su un equivoco. L'intervento di una condizione non ragionevolmente calcolabile nel progetto di azione fa sì che il risultato, che di fatto si verifica, sia diverso da quello che si sarebbe avuto se questo fattore eccezionale non fosse intervenuto sul processo causale. C'è, dunque, una prima ragione di ordine logico, quella per cui il rapporto di adeguatezza si svolge tra due termini concreti, a determinare l'insostenibilità della tesi secondo la quale il sopravvenire di un fattore eccezionale escluderebbe o no il nesso causale a seconda che l'evento prodotto sia di tipo diverso, oppur no, rispetto a quello che si sarebbe, comunque, cagionato. Ciò che conta è se il concreto evento storico presenti caratteristiche, modalità, anche cronologiche, dovute al fattore eccezionale. Poiché sembra impossibile che ciò non avvenga (in che cosa si estrinsecherebbe, allora, l'efficacia causale della condizione eccezionale?), bisogna concludere che sempre l'intervento di una simile condizione esclude il rapporto di causalità. Anche le considerazioni attinenti alle conseguenze dell'applicazione del disposto portano a ritenere che l'evento di cui dobbiamo tener conto non è l'evento in astratto, cioè l'evento tipo, bensì l'evento in concreto. Alla stregua di un giudizio svolto sull'evento in astratto, dovremmo escludere il rapporto di causalità in casi nei quali il fattore eccezionale è rappresentato da una condotta umana sopravveniente, che anticipa l'evento. V'è al riguardo un esempio tanto ripetuto, quanto illuminante.

L'uccisore di un ragazzo viene condannato a morte. Il padre del ragazzo previene il boia e ammazza l'assassino.

In un caso del genere, poiché il condannato sarebbe venuto certamente a morire, sia pure in circostanze di tempo diverse, il genitore non dovrebbe rispondere di omicidio consumato. Insomma, se ragionassimo tenendo conto dell'evento in astratto, dovremmo escludere il nesso di causalità quando, pur determinato l'evento in concreto da una condotta umana eccezionale, esso si sarebbe ugualmente verificato, ma in circostanze e con modalità del tutto diverse.

Ciò che rileva, invece, è l'evento, come esso in concreto si è verificato. La pericolosità delle conseguenze cui si perverrebbe facendo riferimento ad un evento, genericamente del tipo di quello che, senza l'intervento del fattore eccezionale, *si presume* che si sarebbe avverato, ne è eloquente conferma. Si dovrebbe, ad esempio, escludere la responsabilità a titolo di omicidio consumato del medico che affretti la morte di un paziente che si sarebbe in ogni caso, di lì a poco, verificata.

Ci siamo occupati del capoverso dell'art. 41 c.p. per chiarire il limite posto dalla legge all'applicazione del criterio della *conditio sine qua non*. Questo è, a ben guardare, il disposto *reale* dell'art. 41 c.p. Il I comma, infatti, secondo il quale " Il concorso di cause preesistenti o simultanee o sopravvenute, anche se indipendenti dall'azione od omissione del colpevole, non esclude il rapporto di causalità fra l'azione o l'omissione e l'evento", non aggiunge nulla di nuovo a quanto discende dalla condizionalità *sine qua non*. Lo stesso il III comma: "Le disposizioni precedenti si applicano anche quando la causa preesistente o simultanea o sopravvenuta consiste nel fatto illecito altrui". La condotta umana, come sappiamo, non realizza tutta intiera la causa di un certo risultato: ne costituisce soltanto una delle condizioni.

Ora, nulla cambia quando tra i fattori necessari, e nel loro insieme sufficienti, trovino posto condotte umane diverse da quella del soggetto al quale si tratta di imputare oppur no l'evento. E, come è ovvio, tali concorrenti condotte saranno o no fonti di responsabilità a seconda che nei loro confronti si possa formulare il rimprovero di realizzazione dolosa oppure colposa.

Se il I ed il III comma dell'art. 41 c.p. non aggiungono nulla di nuovo rispetto a quello che stabilisce il I comma dell'art. 40, va detto, però, che essi permettono una risposta sicura ad una domanda più volte avanzata. Ci si chiede se efficacia di esclusione del rapporto di causalità debba riconoscersi, oltre che al fattore eccezionale sopravvenuto anche a quello – naturalmente, eccezionale – preesistente o simultaneo alla condotta del soggetto agente. La logica della causalità adeguata e quella della causalità umana inducono ad una risposta affermativa. Non si vede perché, infatti, la natura eccezionale del fattore concorrente dovrebbe operare come motivo di esclusione del nesso eziologico, solo quando questo fattore fosse sopravvenuto. La lettera della legge che al capoverso dell'art. 41 menziona unicamente le "cause sopravvenute" consentirebbe un'operazione di estensione analogica alle cause preesistenti o simultanee: sarebbe, infatti, analogia *in bonam partem* perché verrebbe a restringere l'area di punibilità. Sull'ammissibilità o meno del ricorso all'analogia in diritto penale, abbiamo già discusso nella Parte I[23].

Qui va detto, però, che quale che sia la posizione che sul problema generale si assuma (anche ad ammettere la correttezza dell'operazione analogica, quando il risultato sia più favorevole ai diritti di libertà), il contesto in cui è collocata la regola del capoverso dell'art. 41 c.p. impedisce che all'estensione analogica si addivenga.

L'art. 41 c.p. consta di tre commi. Nel primo e nel terzo sono citate espressamente tanto le cause sopravvenute che quelle preesistenti e simultanee all'azione o all'omissione. Nel secondo si parla soltanto delle cause sopravvenute. L'immediata contiguità fra le tre regole non permette di addebitare il più succinto tenore del capoverso a omissione del legislatore, che si sarebbe in tutto e per tutto "dimenticato" delle cause preesistenti o simultanee. Ipotesi tanto più difficile da ammettere quando si pensi che non ci troveremmo qui di fronte a una manchevolezza linguistica (come abbiamo riscontrato per le cause che "sono state da sole sufficienti a determinare l'evento"), ma ad un vuoto normativo, ad una disciplina, cioè, che invece di coprire tutto ciò che doveva essere regolato, avrebbe affrontato e risolto unicamente una parte di questo[24].

Il ricorso all'analogia risulta, pertanto, impossibile non per ragioni di carattere generale, quelle attinenti all'effettuabilità dell'operazione in campo penale, ma per una precisa intenzione del legislatore, che ha voluto circoscrivere ai fattori eccezionali sopravvenuti l'efficacia interruttiva del rapporto causale tra la condotta di un soggetto agente ed un certo evento. Né questa limitazione deve apparire arbitraria. Il fatto è che il nostro ordinamento non accoglie né la teorica della causalità adeguata, né quella della causalità umana. Alla stregua di entrambi gli ordini di idee non vi sarebbe stato motivo, come sappiamo, di distinguere tra condizioni eccezionali sopravvenute e condizioni preesistenti o simultanee. Ogni processo causale influenzato da siffatte condizioni pone in crisi l'adeguatezza della condotta o la signoria umana sul processo eziologico messo in moto. Dalla regola del capoverso dell'art. 41 c.p. (ed è significativo che perfino alcuni teorici della causalità

[23] Cfr. Parte I, capitolo II, § 17.

[24] Nello stesso senso cfr. Cass. I, sent. 16 marzo 1972, n. 1572: "Nel sistema del vigente codice penale si ha interruzione del rapporto di causalità rispetto alla serie eziologica attribuibile alla condotta dell'agente soltanto quando la causa sia sopravvenuta e si sia posta al di fuori delle normali linee di sviluppo dell'attività causativa, costituendone un fattore eccezionale. (Nella specie essendo la vittima deceduta a circa tre mesi dal ferimento in seguito a complicazioni post-operatorie facilitate da preesistenti affezioni croniche, la Corte Suprema ha escluso la interruzione del nesso causale)".

adeguata lo riconoscano) non può evincersi una disciplina che concerna anche i fattori precedenti o simultanei alla condotta. Ne discende che la regola in questione va letta come puro e semplice limite alla condizionalità *sine qua non*. Essa non depone né a favore dell'adeguatezza, né a favore della causalità umana. Sta soltanto a significare che, accertato il rapporto di *conditio sine qua non* tra condotta ed evento, il nesso causale tra i due termini, intercorrente sul piano logico-naturalistico, cessa di avere rilevanza giuridica allorché sulla catena causale si inserisca, sopravvenendo all'azione o all'omissione, un fattore eccezionale. Ora, se la regola generale è quella della *conditio sine qua non*, salvo il caso costituito dall'intervento di un fattore successivo eccezionale, la dialettica regola-eccezione esige che quest'ultima vada ravvisata soltanto nei casi in cui sulla assoluta imprevedibilità del fattore concorrente non possano sorgere dubbi. L'accertamento del rapporto causale è uno dei momenti dell'accertamento del fatto oggettivo; ciò vuol dire che il fattore non prevedibile deve essere tale per chiunque: la non prevedibilità che agisce sulla causalità è un dato che tende a presentarsi come assoluto[25]. Stando così le cose, il fattore eccezionale per definizione, su cui non possono sorgere dubbi, è quello sopravvenuto. Pensiamo, per contro, ad un fattore eccezionale preesistente, ad esempio, per rimanere ad un caso classico, l'emofilia del soggetto passivo. Ci rendiamo conto che l'ignoranza da parte di tutti di siffatta condizione o si presenta come assolutamente inverosimile e, quindi, da escludere, o è talmente problematica quanto all'accertamento, che il legislatore ha ritenuto opportuno negarle rilevanza.

In conclusione, attribuire efficacia di esclusione del nesso causale soltanto a quei fattori sui quali, essendo successivi alla condotta, è più sicuro il giudizio di non conoscenza, di non calcolabilità, equivale ad una conferma del principio generale (*conditio sine qua non*), con un correttivo rispetto al quale il margine di incertezza sia il più esiguo possibile.

11. *Il rapporto causale tra la condotta omissiva e l'evento*

L'art. 40, I comma, c.p. sembra concernere sia la condotta attiva che quella omissiva, con l'adozione di un criterio logico-naturalistico, che trova il suo correttivo nel capoverso dell'art. 41 c.p.

Ma il capoverso dell'art. 40 c.p. fa sorgere una questione relativa al rapporto tra i due commi.

---

[25] Cfr. Cass. I, sent. 13 ottobre 1981, n. 8921: "Si ha interruzione del rapporto di causalità rispetto alla serie eziologica attribuibile alla condotta dell'agente, quando la causa sopravvenuta si ponga al di fuori delle normali e prevedibili linee di sviluppo della predetta serie, cioè costituisca un fattore eccezionale tale che, malgrado il più alto grado di previdenza e prudenza, non sia possibile predisporre alcuna misura per evitarlo". Si intende che non prevedibilità in assoluto significa non ragionevole prevedibilità in assoluto. Tutto può essere oggetto del fantasticare umano, ma altra cosa è una situazione che non permetta di calcolare, ai fini della realizzazione e del controllo della condotta, l'intervento di un fattore, poi definito eccezionale.

I reati di omissione impropria o reati commissivi mediante omissione, come sappiamo, sono quelli nei quali alla condotta omissiva segue un evento: ad esempio un infermiere, che ha l'obbligo di vegliare su un paziente, omette di somministrargli un certo farmaco nel corso di una crisi della malattia da cui il paziente è affetto. Se la malattia conduce il paziente alla morte, l'infermiere risponde di omicidio doloso, se ha agito intenzionalmente, di omicidio colposo, se nel suo comportamento si può ravvisare negligenza, leggerezza, sbadataggine. Questi reati si presentano secondo due schemi fondamentali.

Anzitutto come fattispecie astratte nelle quali è contemplata espressamente una condotta di omissione impropria: è la stessa norma incriminatrice a prevedere direttamente ed immediatamente una struttura di illecito commissivo mediante omissione. Esempi di questo genere sono offerti dall'art. 57 c.p., e dall'art. 437 c.p. Quest'ultimo, mentre al I comma delinea una fattispecie di mera condotta che può essere attiva od omissiva, al II comma dispone una pena più grave se dal fatto deriva un disastro o un infortunio.

Ora, se la condotta è attiva, il rapporto causale sarà regolato dalle disposizioni fino ad ora studiate. Se la condotta è omissiva (l'imprenditore non ha collocato gli impianti, gli apparecchi o i segnali destinati a prevenire disastri o infortuni sul lavoro) e dal fatto deriva un disastro o un infortunio, siamo di fronte ad una figura di reato commissivo mediante omissione, già previsto come tale dalla stessa norma incriminatrice. È da tale norma che nasce l'obbligo a contenuto positivo: l'obbligo di attivarsi per disporre le necessarie cautele atte ad impedire gli infortuni sul lavoro.

L'altro schema, o modello, secondo il quale possono atteggiarsi i reati commissivi mediante omissione è quello realizzato ad esempio con riferimento agli artt. 575 c.p. e 40, II comma, c.p. Nel caso dell'infermiere che aveva l'obbligo giuridico di assistere il paziente, morto per un attacco del male senza che l'infermiere gli avesse somministrato il farmaco atto a scongiurare il pericolo, possiamo domandarci se trovi applicazione il solo art. 575 c.p.

Ora, se non ci fosse il II comma dell'art. 40, che equipara il non impedire al cagionare, non si potrebbe ritenere l'infermiere responsabile di omicidio, dal momento che cagionare significa porre in atto una condizione positiva di un evento e l'infermiere non ha posto in essere nessuna di tali condizioni.

Dunque, dal principio generale dell'art. 40 si passa alla precisazione del II comma in virtù della quale il mancato impedimento equivale alla causazione.

Il II comma dell'art. 40 è regola che si innesta su ogni norma incriminatrice che, invece di tipicizzare direttamente una condotta omissiva seguita da un certo risultato, descrive la condotta con i verbi "cagionare", "produrre", "determinare" e via dicendo.

In entrambe le forme in cui può presentarsi il reato commissivo mediante omissione, la struttura del comportamento omissivo è sempre la stessa: quella di una condotta che trasgredisce un obbligo a contenuto positivo, un obbligo di fare. Sul piano oggettivo, che quest'obbligo discenda dalla stessa norma incriminatrice o da una fonte, da questa richiamata, che pone il dovere di attivarsi, non fa differenza. Sul piano soggettivo, invece, bisogna fare i conti con la particolare disciplina dell'ignoranza della legge penale incriminatrice, disciplina alla quale occorre ricondurre, tenendo conto delle varianti di modifica apportate dalla sentenza della Corte cost. n. 364/1988, le fattispecie del tipo di quella di cui all'art. 437, II comma, c.p. Quando, invece, l'obbligo giuridico di impedire l'evento sia posto da una fonte cui la regola incriminatrice fa rinvio, l'errore che cada sul vincolo discendente da tale fonte sarà regolato dalla disciplina sull'errore su legge diversa dalla legge penale incriminatrice (art. 47, III comma, c.p.).

Detto questo, non può condividersi quell'ordine di idee per il quale l'art. 40 c.p. consentirebbe di individuare due tipi di reati commissivi mediante omissione: quelli di omissione causale, consistenti in una condotta omissiva direttamente causatrice dell'evento (I comma) e quelli consistenti in una condotta omissiva che si realizza nel non impedire un evento dannoso o pericoloso vietato dalla legge (II comma).

Questo punto di vista, apparentemente conforme alla lettera della legge, pone il problema di accertare l'esistenza di casi concreti in cui una condotta omissiva si possa ritenere direttamente produttiva di un certo evento.

Se Tizio ha omesso di far funzionare gli ingranaggi di un macchinario e da ciò è derivato un disastro, si dice che la condotta omissiva è stata direttamente produttiva dell'evento.

Ma la condotta tenuta dal soggetto agente, al posto di quella diversa prescritta, il cui compimento avrebbe potuto impedire l'evento, non è stata *conditio sine qua non* dell'evento stesso. Questo è stato prodotto da varie forze fisiche che si sono sviluppate in base a precise leggi naturali.

In definitiva, la relazione tra una condotta omissiva ed un evento sorge sempre e soltanto in base ad un mancato impedimento e non alcune volte in base ad una diretta causazione e altre in base ad un mancato impedimento. L'art. 40 c.p. non individua due distinti schemi di processo causale nei reati omissivi impropri.

Ad una curiosità di tipo metagiuridico è dovuta la domanda se il rapporto causale tra condotta omissiva ed evento sia dello stesso tipo di quello che intercorre tra condotta attiva ed evento. Implicitamente abbiamo già risposto in senso negativo: naturalmente, non prendendo posizione sul problema se sia o no corretto parlare di condizioni negative (non fornire il medicinale necessario per far fronte ad una crisi) accanto a condizioni positive (colpire al cuore con una coltellata). La risposta ad un siffatto quesito dipende da un uso linguistico; e dell'uso linguistico non può dirsi se sia sbagliato o no, ma soltanto se sia coerente. Quel che conta, per l'analisi giuridica, è la tecnica o le tecniche di accertamento di ciò che chiamiamo rapporto causale nei reati di azione e, rispettivamente, nei reati di omissione. Ed abbiamo già avuto modo di constatare come queste tecniche siano decisamente diverse. Nei primi va individuata una serie di fattori positivi, ciascuno dei quali necessario e, tutti insieme, sufficienti alla produzione dell'evento. Nei secondi il processo è più complesso: come vedremo si tratta di accertare se l'azione prescritta e non realizzata avrebbe avuto l'effetto di impedire l'evento.

Chiarito questo punto decisivo, asserire che il fuoco che distrugge una casa è condizione del risultato allo stesso modo del mancato allarme della sentinella che permette la sorpresa da parte del nemico, dipende dal più o meno forte senso di giustizia retributiva che ciascuno di noi possiede. Avvertiamo che la sentinella è in colpa e il rimprovero che ne segue si fa più forte quando riteniamo che la mancata vigilanza ha causato la sconfitta, come se la sentinella stessa avesse aperto le porte dell'accampamento al nemico.

Il rilievo che presenta, per l'indagine volta ad affermare o a negare la responsabilità di un soggetto, il momento dell'accertamento consiglia di esaminare più da vicino come l'operazione in questione si svolga quando i termini tra i quali deve intercorrere il rapporto causale (*rectius*: il nesso equiparato al rapporto causale) siano una condotta omissiva e un evento.

Si prende l'avvio dalla verifica dei fattori positivi che hanno condotto all'evento. Punto di partenza, questo, che è comune sia alle fattispecie caratterizzate da un obbligo di attivarsi posto direttamente dalla norma incriminatrice, quanto a quelle in cui detto obbligo discende *ex* art. 40 cpv. c.p. da una fonte cui la norma incriminatrice fa rinvio.

Si passa all'individuazione dell'obbligo giuridico che imponeva di attivarsi per impedire il verificarsi dell'evento. Ricerca, questa, che assume peculiare importanza tutte le volte che si deve ricorrere all'equiparazione posta dal capoverso dell'art. 40 c.p. tra il cagionare e non impedire un evento che si ha l'obbligo giuridico di impedire. È ovvio, infatti, che perplessità non sorgono quando sia la stessa norma incriminatrice a porre un siffatto obbligo.

Finalmente, occorre accertare se l'azione prescritta, ove fosse stata posta in essere, avrebbe impedito l'evento.

Il secondo tempo del processo di accertamento pone il problema della natura dell'obbligo la violazione del quale condiziona la conseguenza di responsabilità.

Il legislatore non si accontenta di una mera possibilità di fatto di intervenire, ma esige che la possibilità di intervento sia consacrata in un preciso obbligo giuridico la cui fonte mediata è sempre una legge.

La fonte immediata può essere diversa: una legge oppure qualsiasi fatto od atto giuridico che trovi nella legge il suo fondamento.

Non è esatta l'affermazione corrente secondo cui vi sarebbero dei comportamenti di fatto da cui nascerebbero degli obblighi giuridici, senza mediazione della legge o di un'altra fonte espressamente riconosciuta dalla legge con l'efficacia di produrre obblighi giuridici.

L'esempio che viene portato a conferma si incentra sui danni provocati dal compimento di attività pericolose[26].

---

[26] Non si debbono confondere gli obblighi giuridici discendenti dall'art. 40 c.p. con gli obblighi generici posti da quelle massime d'esperienza relative alla prudenza ed alla diligenza dei comportamenti umani, la cui violazione costituisce in colpa. Altro e diverso discorso è quello della frequente (qualcuno dice: costante) coincidenza fra l'obbligo giuridico di impedire l'evento e quello discendente da leggi, regolamenti, ordini o discipline, la cui violazione qualifica come colposa una condotta; deve, però, osservarsi che se la fonte dell'obbligo è la stessa, il conte-

Le vie da percorrere per escludere che un obbligo giuridico abbia la sua fonte esclusivamente nella precedente attività di fatto sono sostanzialmente due.

Secondo la prima soluzione, nei casi in cui l'evento segua al compimento di attività pericolose, la condotta rilevante non sarebbe costituita da un'omissione, bensì da un'azione. Questa soluzione eviterebbe il ricorso all'art. 40, II comma, c.p., perché la responsabilità deriverebbe direttamente da una condotta positiva.

Ma questa soluzione non è accettabile, perché non tiene conto dell'effettiva imputazione mossa nei confronti del soggetto agente.

Trasformando la responsabilità per omissione nella responsabilità per azione, verremmo ad imputare al soggetto il mancato adempimento di un obbligo a contenuto negativo, così, per esempio, nel caso dell'imprenditore che avesse determinato il crollo di un edificio per aver caricato le travature senza dispiegare gli accorgimenti tecnici che avrebbero impedito il crollo, gli imputeremmo la violazione dell'obbligo a contenuto negativo derivante dal divieto di caricare la volta in costruzione con determinati pesi. Ma se consideriamo la situazione reale, in cui era permesso caricare la volta fino al limite raggiunto, ma rispettando alcune prescrizioni a contenuto positivo, ci rendiamo conto che ciò che viene imputato al soggetto agente è in realtà un'omissione, consistente nel mancato adempimento di obblighi a contenuto positivo.

La via da percorrere per dare un fondamento normativo a questo obbligo è un'altra.

La norma da cui discende l'obbligo di attivarsi per impedire l'evento dannoso o pericoloso è quella dell'art. 2050 c.c. Essa non contempla il fenomeno per cui ad una autorizzazione data dall'ordinamento al compimento di determinate attività si accompagna la sanzione per i danni procurati (fattispecie di danno da fatto lecito), poiché la facoltizzazione di cui all'art. 2050 riguarda soltanto il compimento dell'attività pericolosa, fermo restando il dovere a contenuto positivo di adottare tutte le misure idonee ad evitare il danno.

La fonte dell'obbligo non è semplicemente lo svolgimento dell'attività pericolosa, bensì la regola (contenuta nello stesso art. 2050) che prescrive il dovere di adottare le norme precauzionali atte ad evitare il danno.

---

nuto dell'obbligo cambia a seconda della cerchia di destinatari ai quali si riferisce. La generalità dei consociati quando si deve stabilire il rapporto di causalità tra condotta omissiva ed evento, gli appartenenti ad una determinata cerchia economico-sociale, corredata dalle eventuali maggiori conoscenze del soggetto agente, quando si passa alla verifica del carattere colposo o no della condotta in questione.

Per una fattispecie concreta in cui obbligo giuridico di impedire l'evento e obbligo la cui trasgressione mette in colpa l'agente coincidono o, meglio, hanno la stessa fonte, cfr. Cass. IV, sent. 6 novembre 1962, n. 1581: "Risponde di omicidio colposo il direttore di uno stabilimento balneare che non abbia predisposto idonei ed efficienti servizi di salvataggio, se taluno, tuffatosi in mare per aiutare un bagnante in pericolo, anneghi a sua volta, qualora risulti che il tempestivo intervento di bagnini di salvataggio, con adeguati mezzi, avrebbe potuto trarre in salvo il soccorritore. In questa ipotesi l'omissione, per le deficienze dei servizi di salvataggio, è condizione e, quindi, causa dell'evento, in quanto senza di essa, questo non si sarebbe prodotto".

Le conseguenze di ordine pratico sono notevoli: secondo la prima spiegazione, il compimento dell'attività pericolosa di per sé genera la responsabilità; passando attraverso l'art. 2050 c.c., la fonte della responsabilità è la trasgressione di un obbligo a contenuto positivo[27].

Il collegamento causale non è tra l'attività compiuta ed il danno provocato, bensì tra l'omissione degli adempimenti dovuti ed il danno.

Il terzo momento dell'indagine verte sull'idoneità del comportamento, imposto dall'obbligo, ad impedire il verificarsi dell'evento.

Nel caso in cui l'adempimento dell'obbligo giuridico non avrebbe potuto avere, per le modalità concrete di svolgimento del fatto, alcuna efficacia impeditiva, il nesso di causalità tra l'omissione e l'evento viene ad essere escluso. Infatti, non può essere imputato all'agente un evento che si sarebbe verificato anche in presenza del perfetto adempimento di quanto voluto dalla legge per il dispiegarsi non impedibile dei fattori positivi del risultato.

12. *Sui limiti del criterio logico-naturalistico della* conditio sine qua non

Fino ad ora ci siamo mossi accettando come presupposto dell'indagine l'evidenza e l'assoluta utilizzabilità operativa del criterio della "conditio sine qua non": quello in forza del quale un antecedente è condizione solo se, mentalmente eliminato, viene meno anche il risultato. La considerazione delle finalità di imputazione necessaria per stabilire una conseguenza di responsabilità ha portato a dubitare della costante validità euristica della formula in questione.

Come vedremo, questa ha certamente bisogno in alcuni casi di opportuni correttivi. Ci sembra però che le ipotesi in cui essa va posta in discussione siano molto meno numerose di quanto comunemente si pensi. Cominciamo col ricordare quanto abbiamo già avuto occasione di dire a proposito della necessità di considerare in concreto, cioè con tutte le caratteristiche con cui si presentano sul piano fattuale, i due termini della relazione eziologica: la condotta e l'evento. Quando si abbia ben chiaro che ciò che conta non è se un risultato di genere (ad esempio: distruzione di un edificio, morte di una persona) si sarebbe ugualmente verificato anche senza la condotta rispetto alla quale sorge la questione causale, bensì se si sarebbe prodotto lo stesso risultato specifico, con tutte le modalità, di ogni tipo, a cominciare da quelle cronologiche, l'area problematica viene a ridursi di molto.

Esaminiamo in primo luogo la cosiddetta causalità cumulativa o additiva. Sulla carta è facile parlare di azioni svolte da due soggetti, all'insaputa l'uno dell'altro, che conducano, in maniera perfettamente equivalente, al risultato vietato dalla legge. Tizio e Caio somministrano contemporaneamente due identiche dosi di ve-

[27] Il principio dell'art. 2050 c.c. costituisce veramente una valvola di sicurezza per la disciplina dell'esercizio di attività pericolose. Le condizioni di sicurezza dello svolgimento delle attività pericolose sono di norma specificate nei regolamenti. L'art. 2050 c.c. serve ad adeguare la situazione del caso concreto alle eventuali condizioni supplettive di sicurezza.

leno, ciascuna delle quali letale, nel bicchiere da cui Sempronio beve. È facile rilevare, a questo punto, come il criterio della *conditio sine qua non* qui non funzioni.

L'accertamento del nesso di causalità comporta l'esame separato delle condotte dei due soggetti: il presupposto è che le due persone non abbiano agito in concorso tra loro.

Ora, la condotta di Tizio non appare necessaria al verificarsi dell'evento: questo si sarebbe comunque realizzato per effetto della condotta di Caio.

Poiché lo stesso ragionamento si deve fare argomentando sulla condotta di Caio, dovremmo concludere che né Tizio né Caio hanno posto in essere la "causa" dell'evento. Soluzione, questa, ovviamente inaccettabile. L'esigenza di reperire uno o più centri di imputazione del processo causale porta ad una modifica della formula di accertamento della condizionalità *sine qua non*. Per restare all'esempio prospettato, ciascuna delle due condotte si pone rispetto all'altra, in posizione simmetrica, come serie causale autonoma nei confronti dell'evento concretamente verificatosi; evento che si sarebbe presentato sempre con le stesse caratteristiche anche se fosse intervenuto uno solo dei fattori in esame. Dovremmo dire, allora, che non si può considerare causa soltanto ogni condizione senza la quale il risultato non si sarebbe avverato, ma anche ogni condizione senza la quale il risultato non si sarebbe avverato, non considerando, perché se ne fa astrazione, il concorso di altra condizione che ha simmetricamente la stessa efficienza causale[28]. Criterio di accertamento utilizzabile tanto nei casi in cui le condizioni concorrenti sono costituite da condotte umane, quanto in quelli in cui alla produzione dello stesso evento concorra con una o più condotte umane una serie causale dovuta a forze naturali. Si faccia il caso di Tizio che appicchi l'incendio ad un fabbricato, raggiunto con perfetta contemporaneità da un incendio dovuto a cause d'ordine fisico (combustione per eccesso di calore e via dicendo). Anche in tale ipotesi la condotta dell'incendiario sarà valutata come *conditio sine qua non*, facendo astrazione dal processo dovuto a fattori naturali. La tesi che escluderebbe in questa seconda ipotesi il nesso causale fra condotta ed evento non è giustificata da alcun ragionevole motivo.

In ordine all'apporto causale non c'è differenza di sorta tra il caso in cui fattori condizionanti perfettamente equivalenti sono due o più condotte umane e quello in cui con una o più condotte umane concorra, nei modi che si è detto, l'esplicarsi dell'azione di forze naturali. Ammessa, proprio per non venir meno alle finalità di imputazione, l'indispensabilità di un ritocco della formula classica, dobbiamo riconoscere che di questo e soltanto di questo si tratta.

Non può ritenersi, infatti, che la soluzione al problema della cosiddetta causalità cumulativa sia implicita nel dettato del I comma dell'art. 41 c.p. ("Il concorso di cause preesistenti o simultanee o sopravvenute, anche se indipendenti dall'a-

---

[28] Cfr. Cass. IV, sent. 31 ottobre 1995, n. 10763: "In tema di nesso di causalità, quando i comportamenti di più soggetti concorrono su un piano di reciproca equivalenza a determinare l'evento, il giudizio sull'efficienza causale è distinto ed autonomo per ciascuna condotta. Nel corso di cause equivalenti, ogni fattore causale è, infatti, *condicio sine qua non* dell'evento".

zione od omissione del colpevole, non esclude il rapporto di causalità fra l'azione od omissione e l'evento."). A questa regola si può far riferimento solo dopo aver chiarito che causa dell'evento deve considerarsi, come dicevamo, anche quella condizione che risulta necessaria e, nel contesto, sufficiente, facendo astrazione da concomitante fattore che in perfetta simultaneità si presenti dotato della medesima necessarietà e sufficienza, prescindendo da altro simmetrico fattore.

Come sopra osservavamo, non va dimenticato, però, che a questa più complessa riformulazione della regola di accertamento, del *but-for test*, si è costretti in casi che appaiono più prospettabili letterariamente che verificabili empiricamente. Dobbiamo avere, cioè, l'incontro di due o più fattori, assolutamente contemporanei, ciascuno dei quali sia idoneo a produrre l'evento con tutte le particolarità che gli danno concretezza di evento storico – senza fermarci alla generica riconducibilità ad una certa classe di fenomeni.

Ora, nella precisa geometria del pensiero giuridico ciò è senz'altro configurabile. Non appena si affronti quel passaggio centrale dell'esperienza giuridica che è la sussunzione del dato storico sotto lo schema (astratto) normativo si avverte subito quanto la verifica dei dati di un teorema che *sulla carta*, ripetiamo, regge, risulti, nella prassi, se non impossibile, quantomeno di estrema difficoltà.

È facile parlare di fattori che condizionano lo stesso risultato; dimostrare, però, che, così come sono andate, le cose sarebbero ugualmente accadute anche se uno degli antecedenti fosse mancato, va incontro, nella stragrande maggioranza dei casi, ad una *probatio diabolica*. Il teorico, come il romanziere, è onnipotente. Il primo costruisce gli schemi che vuole, il secondo le trame che gli aggradano; ma il romanziere, a differenza del teorico, non è soggetto al vaglio della verifica del concreto. Il paradigma può essere perfetto nei suoi dati logici e, per contro, manchevole per quanto concerne la possibilità di verifica; ecco che, allora, alla prova dei fatti, la costruzione della causalità cumulativa si rivela più un'ipotesi che una realtà.

La verifica pragmatica ci farà incontrare sempre, o quasi sempre, particolarità del caso concreto che ci obbligheranno a superare l'ipotesi della cumulatività. Con conseguente attribuzione di valore causale alla condizione che risulti tale in rapporto all'effettualità concreta, che risulti, cioè, antecedente eliminato il quale viene meno l'evento come concreta modifica del mondo esterno all'agente.

Un'ipotesi particolare di causalità cosiddetta cumulativa è quella di due o più persone che, ciascuna all'insaputa dell'altra, con dolo di omicidio, somministrino alla vittima designata una dose di veleno inidonea a cagionarne la morte. L'effetto letale è raggiunto dalla somma delle singole dosi. Il caso si inquadra perfettamente nel disposto dell'art. 41 c.p. Se le condotte poste in atto sono simultanee, vale la regola secondo la quale le cause contestuali non escludono il nesso causale (art. 41, I comma, c.p.). Se, invece, queste condotte si susseguono nel tempo, occorrerà stabilire se quella sopravvenuta alla prima presenti quei caratteri di eccezionalità, di incalcolabilità in forza dei quali è interrotto il collegamento eziologico fra la prima di tali condotte e il risultato (art. 41, II comma, c.p.).

Opposta alla causalità cosiddetta cumulativa si presenta quella alternativa: di due o più condotte antecedenti ad un certo evento si può dire, senza ombra di dubbio, che una di esse ha rappresentato *conditio sine qua non* del risultato, ma non si è in grado di precisare quale. Il fatto è dunque incerto (è stato A oppure B l'autore dell'evento); si impone, quindi, l'assoluzione ai sensi dell'art. 530 c.p.p., che pone al II comma l'assoluta equivalenza tra prova diretta della non commissione del fatto da parte dell'imputato e contraddittorietà o insufficienza di prove al riguardo.

Probabilmente diversa si presenta la questione in diritto civile (più persone hanno agito ed una di esse ha certamente cagionato l'evento da cui è derivato il danno, ma non si riesce a provare quale delle condotte sia stata la condizione necessaria). La *ratio* della conseguenza sanzionatoria costituita dal risarcimento del danno ci dà la chiave per la soluzione applicativa. Se il risarcimento del danno avesse una funzione primaria di carattere preventivo e punitivo, nel caso di dubbio se sia la condotta di A oppure quella di B uno dei termini del nesso di causalità, la funzione preventiva e punitiva non potrebbe ragionevolmente esplicarsi e si imporrebbe pertanto la soluzione valida in diritto penale. Sembra preferibile, però, l'opinione di chi, assegnando al risarcimento del danno una funzione satisfattoria, ritiene che vada abbandonato il principio penalistico.

È chiaro che è la *ratio* della sanzione del risarcimento, consistente nell'interesse sociale alla ripartizione più ampia possibile di un danno ingiusto sofferto da un terzo a seguito del comportamento causalmente alternativo di due o più persone, ad imporre un certo tipo di soluzione. La *ratio*, lo scopo peculiare ad un certo settore dell'ordinamento condiziona il tipo di accertamento cui è sottoposta l'individuazione del nesso causale.

In sede penale la rilevanza della *ratio*, dello scopo che presiede all'accertamento del cosiddetto rapporto causale è in parecchi casi talmente forte da far pensare alla sostituzione di un criterio di vera e propria imputazione a carattere normativo a quello costituito dalla applicazione di regole logico-naturalistiche. Il ricorso a dette regole si basa, come sappiamo, sull'operazione di soppressione mentale di un antecedente per verificare se in tal guisa viene a cadere anche il fenomeno del quale occorre accertare se sia o no condizionato dalla condotta umana. Operazione, questa, che parrebbe logicamente corretta solo se fosse possibile pervenire tra supposta condizione e supposto condizionato ad un collegamento sussumibile sotto una legge universale, che non tollera eccezioni. Ed è chiaro, a questo punto, come la strada per raggiungere un siffatto risultato sia aperta proprio dalla utilizzabilità del processo di eliminazione mentale. Tutte le volte, insomma, che siamo in grado di rispondere affermativamente alla domanda del *but-for test*, lo facciamo sulla base di un corredo di cognizioni sulla ripetitività e costanza di una certa sequenza, che ci permette, appunto, di stabilire un collegamento causale su un fondamento strettamente empirico. Vale la pena di sottolineare come, per tal modo, non si circoscriva l'applicabilità di leggi universali ai soli casi in cui sia noto il meccanismo attraverso il quale la sequenza si realizza. Non si tratta di distinguere ciò che è compito del giudice da ciò che invece spetta allo scienziato. Il criterio logico-naturalistico, cui facciamo ordinariamente riferimento nel quotidiano, non presuppone la cognizione del perché si produca un dato fenomeno, bensì la consapevolezza che due termini si collocano lungo una progressione inevitabile: consapevolezza dettata dall'utilizzazione della formula di cosiddetta eliminazione mentale. Quando, però, il risultato di questa operazione è negativo contrasterebbe con le finalità di imputazione concludere *tout court* per l'inesistenza di un rapporto definibile come "causale". Una certa modificazione nel mondo esterno può inserirsi in sequenze diverse, ad una o a parecchie delle quali risulti estranea la condotta cui il risultato può essere ricondotto. È chiaro, come si diceva, che in questi casi fermarsi di fronte al responso negativo del *but-for test* significherebbe rinunciare al raggiungimento di quegli scopi cui la predisposizione di una fattispecie incriminatrice è rivolta.

I casi sono noti e purtroppo non rari. Si pensi all'insorgenza di malattie in un soggetto che lavori in un particolare ambiente, quando patologia identica si rinvenga anche in persona che frequenti differente *habitat* lavorativo.

Verificandosi simili circostanze, consapevolmente o no, si ricorre ad un'inversione di metodo. Non si argomenta più dall'antecedente, rispetto al quale l'eliminazione mentale non conduce all'eliminazione del susseguente: ma si parte da questo. Si fa un percorso a ritroso che dall'evento risale ai precedenti che potrebbero considerarsi tipici, cioè, rispondenti al tipo descrittivo disegnato dalla norma incriminatrice. Se tra questi antecedenti si reperisce con frequenza statisticamente rilevante quello, o quelli, oggetto di indagine, alla costanza della legge universale subentra la frequenza della legge statistica.

L'evento può verificarsi anche come punto terminale di una sequenza che non sia quella che comprende il dato oggetto di indagine. Questo significa semplicemente che esso può discendere da antecedenti diversi da quello che interessa agli effetti del giudizio sulla corrispondenza del fatto allo schema normativo. E si badi: parlando di evento in questo contesto, intendiamo l'evento concreto, perfettamente coincidente con quello che si trova preceduto da antecedenti contrassegnati da un alto grado di frequenza. Dire, a questo punto, che l'interprete e, in modo particolare, il giudice deve accontentarsi di formulare un giudizio di probabilità (affermare cioè come equivalente al rapporto causale la probabilità che un dato precedente condizioni il risultato) è dovuto, in ultima analisi, all'opinione, tutto sommato d'ordine metafisico, che si può parlare di causa solo quando si abbia la possibilità di spiegare perché A condizioni B. Se la frequenza di A, come antecedente di B è rilevante, ci troviamo di fronte ad una situazione che permette di considerare equivalente alla costanza la frequenza: alla mancanza di sequenze equivalenti perché sfocianti nel medesimo risultato, la possibilità di più sequenze che abbiano come punto terminale il medesimo evento. La differenza tra l'applicazione di leggi universali e l'applicazione di leggi statistiche sta, in fondo, tutta qui. A ben guardare, anzi, di ogni condizione può correttamente asserirsi soltanto la probabilità che conduca ad un certo risultato – tanto in base a legge universale che a legge statistica. L'antecedente può funzionare soltanto da condizione: può essere, cioè, soltanto uno degli elementi che nel loro contesto completo compongono la causa. Di esso, isolatamente considerato, potrà affermarsi solo che è probabile che porti ad evento, qualora concorra ogni altro fattore necessario[29]. E an-

[29] L'opinione secondo la quale il giudizio di probabilità sarebbe una caratteristica del ricorso a

che questo è asserto probabilistico e non di tutta certezza. Le stesse leggi cosiddette universali non garantiscono per il futuro: danno conto di una costante ripetizione nel passato. La sicurezza di ciò che accadrà è offerta unicamente dal convincimento che quanto si è già verificato non può non verificarsi ancora. Convincimento meno percorso, anzi, addirittura esente, da dubbi rispetto alla previsione effettuata sulla sorta di una legge cosiddetta statistica. Ma questo importa una differenza solo sul piano psicologico. Da questo punto di vista di logica pura, dobbiamo riconoscere che si tratta, in ogni caso, di un giudizio probabilistico, di possibilità più o meno grande, ma sempre di probabilità.

---

leggi statistiche quando, cioè, non siano utilizzabili leggi naturali sembra nascere dalla identificazione della condizione con la causa, che, come sappiamo, è invece costituita dal complesso di tutte le condizioni necessarie. Ciò che cambia, nell'applicazione dell'uno o dell'altro tipo di legge, è che, alla stregua di una legge universale, al giudizio di condizionalità *sine qua non* si perviene puramente e semplicemente con l'eliminazione mentale del fattore condizionante; utilizzando una legge statistica, all'eliminazione mentale si deve aggiungere la constatazione che mancano serie causali che avrebbero potuto condurre ad un risultato identico a quello effettivamente prodotto.

Per una presa di posizione particolarmente lucida e consapevole del punto di vista che considera come peculiarità dell'utilizzo di leggi statistiche il giudizio di probabilità, cfr.: Cass. IV, sent. 29 aprile 1991, n. 4793: "Il giudice, avvalendosi del modello di sussunzione sotto leggi statistiche, ove non disponga di leggi universali, dirà che è 'probabile' che la condotta dell'agente costituisca, *caeteris paribus*, una condizione necessaria dell'evento; probabilità che altro non significa se non 'probabilità logica o credibilità razionale', la quale deve essere di alto grado, nel senso che il giudice dovrà accertare che, senza il comportamento dell'agente, l'evento non si sarebbe verificato, appunto, con alto grado di possibilità".

Sezione II – GLI ELEMENTI POSITIVI DELLA FATTISPECIE CRIMINOSA

13. *Fatto e fattispecie: gli elementi normativi del fatto*

In non poche fattispecie criminose figurano elementi che si dicono "elementi normativi". La loro struttura è sempre la stessa, vuoi che facciano parte del fatto propriamente detto (cioè di quel complesso di elementi che, a seconda della natura della imputazione, costituiscono oggetto del dolo o della colpa), vuoi che siano estranei al fatto ma integrino la fattispecie criminosa (cioè quel complesso di elementi che condizionano l'applicabilità della sanzione, talora non coincidenti con quelli costitutivi del fatto: sempre, però, indispensabili al perfezionarsi della fattispecie).

Come abbiamo già più volte anticipato, a cagione del disposto costituzionale sulla natura personale della responsabilità penale, non è che questi elementi esulino dall'oggetto della componente c.d. psicologica del reato. Ciò che li differenzia dagli elementi del fatto è che il criterio di imputazione soggettiva che li riguarda non coincide con quello di imputazione del fatto criminoso: dolo se abbiamo a che fare con un delitto, salva l'ipotesi di previsione espressa della relativa figura colposa; dolo o colpa se il fatto è contravvenzionale. Rispetto agli elementi di fattispecie, quale che ne sia la natura, il criterio di imputazione è dato dalla pura e semplice rappresentabilità. Questa, come sappiamo, costituisce il limite oltre il quale non può parlarsi di responsabilità penale personale.

In conclusione, occorre aver presente che mentre tutti gli elementi del fatto sono elementi di fattispecie, vi sono elementi di fattispecie che non sono elementi del fatto: ad esempio, come vedremo, un evento che aggravi un reato base già perfetto in tutte le sue componenti.

Ciò posto, vediamo quale sia la struttura degli elementi definiti normativi. Essi sono caratterizzati da un substrato di fatto al quale si applica una qualifica discendente da norme diverse da quella incriminatrice. Tali norme possono essere di diritto privato, di diritto pubblico ecc. Ad esempio, per intendere la nota dell'"altruità" della cosa, nei reati contro il patrimonio, occorre fare riferimento alle norme di diritto privato che disciplinano il rapporto di proprietà. *Mutatis mutandis*, uguale procedimento si impone nelle fattispecie caratterizzate da espressioni del tipo: "chiunque illecitamente, ingiustamente, senza giusta causa, senza giusto motivo, ecc.". Val la pena di notare che la regola giuridica dalla quale proviene la qualifica che investe il substrato di fatto può essere anche una norma penale: purché, al solito, diversa da quella che svolge funzione incriminatrice nei confronti dell'intiero fatto. Così, nel delitto di calunnia, per intendere che cosa è il "reato" oggetto della falsa incolpazione, dovremo riferirci ad un fatto qualificato come illecito penale in base ad una delle norme incriminatrici che compongono il sistema, compresa quella stessa sulla calunnia, assunta però, come è ovvio, non quale criterio di incriminazione. Si parlerà, allora, in quest'ultimo caso, di calunnia di calunnia.

Insomma, mentre di regola, nell'esame di una determinata figura criminosa, il passaggio dalla norma al fatto avviene con piena immediatezza, in alcuni casi bisogna passare attraverso il tramite di una norma diversa da quella alla cui stregua si compie l'incriminazione e da cui discende al fatto la qualifica che permette di individuarlo e isolarlo nell'insieme dei dati giuridicamente rilevanti.

Si nega da taluno l'esistenza di elementi che abbiano un loro particolare, specifico, valore normativo. Tutti gli elementi di fattispecie sarebbero "normativi", in quanto costruiti per via di astrazione e, quindi, sottoposti a quella deformazione della realtà naturale propria di ogni considerazione per schemi generalizzanti. Il che può anche essere vero. Ma vi è una profonda differenza fra l'elemento che consta soltanto di un substrato naturalistico e quello che definiamo normativo. Anche se il primo riceve il proprio contenuto dalla *ratio* della norma, si tratterà pur sempre della *ratio* della norma incriminatrice. Gli elementi della fattispecie, in conclusione, potranno essere ritenuti tutti normativi, nel senso che tutti sono teleologicamente costruiti; ma se così è, occorrerà ben riconoscere che ve ne sono alcuni normativi in doppio grado: e, precisamente, quelli che, oltre ad essere oggetto di una costruzione teleologica, sono desunti da una norma o sistema di norme diversi dalla norma penale in base alla quale è effettuata l'incriminazione.

Altri autori, in posizione nettamente simmetrica a quella cui sopra si è accennato, sostengono che nessun elemento può dirsi normativo. Tutti gli elementi enunciati in una fattispecie giuridica, si sostiene, sono sempre "elementi di fatto". Anche se il legislatore usa sovente espressioni che sembrano indicative di un valore, ciò non toglie nulla alla natura di mero fatto degli elementi così ipotizzati. L'espressione che appare normativa avrebbe in realtà solo la funzione di un criterio di raggruppamento.

D'accordo sul punto che gli elementi di cui si tratta vanno sciolti nei dati di fatto che li costituiscono. Ma, quando il legislatore adopera quel criterio che si vuol definire di puro e semplice raggruppamento, è certo che, non solo indica un determinato substrato naturalistico, ma ne enuncia anche la qualificazione; ci parla di un comportamento "ingiusto", di una "cosa mobile altrui", di una "condotta illegittima", ecc.[30].

Una questione particolare sorge, poi, a proposito dell'ampiezza da attribuire alla categoria degli elementi normativi della fattispecie. Sino a questo momento abbiamo sempre accennato a casi contrassegnati dal riferimento a norme giuridiche. Non poche volte, però, si può dubitare – ed è problema di parte speciale, che concerne l'interpretazione di una particolare figura di reato – se la legge penale rinvii esclusivamente a norme giuridiche o anche ad un sistema di valutazioni eti-

---

[30] Rinviamo sul punto agli svolgimenti relativi all'oggetto dell'elemento psicologico del reato.

co sociali operanti in un determinato ambiente. Ciò avviene quando sono usate espressioni che appaiono idonee ad essere intese attraverso il ricorso, oltre che a norme giuridiche, anche a norme etiche o, in genere, non giuridiche. Al riguardo, è da ritenersi che, salve controindicazioni contenute nelle disposizioni che prevedono le relative figure criminose, in linea generale e di metodo, non è contestabile che gli elementi normativi possano rendere necessario il ricorso a norme o a sistemi di norme non giuridici.

Non vanno confusi con gli elementi normativi quegli elementi che constano anch'essi di un substrato di fatto e di una qualifica che lo comprende, quando la qualifica non discenda da una norma cui la regola incriminatrice rinvia. Si tratta di concetti aperti, caratterizzati dalla circostanza che, per la loro comprensione, occorre utilizzare realtà extra normative di natura sociale, etica, psicologica, non consolidate in regole di comportamento. Così all'art. 528 c.p. che esige l'offesa al pudore "secondo il comune sentimento". La distinzione tra elementi di questo tipo e quelli normativi si dimostrerà di grande importanza ai fini della individuazione dell'oggetto dell'elemento psicologico del reato.

14. *Gli elementi positivi costruiti negativamente*

Ci siamo finora occupati del fatto di reato come complesso di elementi che in forma positiva debbono realizzarsi acciocché si abbia corrispondenza allo schema descrittivo. Così l'oggetto materiale della condotta di furto deve essere una cosa mobile fisicamente esistente, gli artifici o raggiri costitutivi della truffa debbono essere effettivamente posti in essere; il possesso o la disponibilità per ragione d'ufficio nel peculato sono dati la cui presenza è indispensabile alla consumazione del delitto.

Va ricordato, però, come talora un elemento essenziale del fatto possa avere un contenuto negativo. Si esige, cioè, che un certo dato non sia posto in essere. Se, al contrario, questo dato si verifica, non si realizza il fatto. Possiamo fare l'esempio dell'ingresso abusivo nel fondo altrui (art. 637 c.p.), per il quale è necessario che l'agente agisca *senza necessità*, o dell'interruzione di gravidanza di cui all'art. 18, l. n. 194/1978 che richiede la *mancanza di consenso* da parte della donna; o, ancora, della violazione di corrispondenza (art. 616, II comma, c.p.) in forza del quale la rivelazione di corrispondenza è punibile quando sia compiuta *senza giusta causa*.

Emerge a questo punto la netta differenza che intercorre tra questi elementi positivi, costruiti negativamente, e gli elementi negativi, coincidenti con le scriminanti. Nel primo caso il fatto giuridico rilevante è costituito dalla mancanza di consenso, di giusta causa, di necessità e così via. Nel secondo, il fatto giuridico è dato da una situazione di legittima difesa, di stato di necessità, di esercizio del diritto e così via.

Ed è chiaro, allora, l'equivoco, in cui cadrebbe chi osservasse che così come la presenza, ad esempio, di giusta causa impedisce la realizzazione del delitto di cui al II comma dell'art. 616 c.p., la presenza di legittima difesa esclude la tipicità del fatto cui inerisce. Così argomentando, si trascura la struttura dei fatti giuridici in questione. Quale elemento del reato non rileva la "giusta causa", ma la sua assenza; al contrario, quale circostanza di esclusione della pena rileva la presenza della legittima difesa. Dunque, l'una è elemento positivo a contenuto negativo; l'altra, elemento negativo, costruito positivamente.

Né varrebbe obiettare che ogni esimente potrebbe essere inserita come elemento positivo a contenuto negativo nel tipo descrittivo di parte speciale. Se ciò è indubbiamente possibile, la scelta operata dal legislatore quando delinea un elemento negativo a contenuto positivo o, per contro, un elemento positivo negativamente costruito, implica proprio una scelta di fondo sulla tecnica di accertamento e sull'oggetto dell'elemento soggettivo. Tecnica di accertamento: rispetto agli elementi positivi a contenuto negativo il giudice dovrà enunciare in modo specifico e diretto le ragioni per cui ritiene realizzato il requisito, costruito negativamente, della mancanza di consenso, della mancanza di giusta causa, della mancanza di necessità. Deve, cioè, spiegare perché non ritiene presente una situazione che è l'inverso dell'elemento tipico: né più e né meno di come fa in ordine ad ogni altro elemento positivo che sia, però, costruito positivamente e del quale, pertanto, andranno evidenziate le ragioni in base alle quali lo si ritiene esistente, escludendone la mancanza.

Ben diverso il contenuto del dovere di motivazione per quel che riguarda gli elementi negativi costruiti positivamente. Il giudice, sempre in base all'*id quod plerumque accidit*, criterio di accertamento storico, non è tenuto (che sarebbe *probatio diabolica*) a provare la mancanza di ogni situazione scriminante. Procederà alla relativa disamina solo quando nel processo siano, comunque, acquisiti elementi i quali giustifichino la possibilità di un ragionevole dubbio sull'esistenza di una esimente.

E non basta.

La differenza si fa ancora più marcata, e tale da incidere direttamente sulla composizione dell'illecito, quando si consideri come gli elementi della prima categoria (positivi costruiti negativamente) e quelli della seconda (negativi costruiti positivamente) si riflettano con perfetta simmetria sull'oggetto del dolo e della colpa. Senza anticipare quanto vedremo più analiticamente trattando della fattispecie soggettiva, e limitandoci per semplicità di esposizione al dolo, nel primo caso, il dolo esige che ci si configuri la mancanza di quella situazione la cui presenza impedisce che sia integrato il fatto costitutivo di reato; nel secondo caso il dolo è escluso dal convincimento positivo che esista una scriminante, in realtà non verificatasi.

Ed è ovvio che, così come accade per l'accertamento sul piano oggettivo, l'obbligo di motivazione è assolto allorché è raggiunta la prova della rappresentazione effettiva degli elementi positivi a contenuto negativo, mentre la supposizione della presenza di una scriminante andrà provata e spiegata unicamente se la fattispecie processuale dia luogo al sospetto che il soggetto abbia agito con tale, erroneo, convincimento.

15. *I reati aggravati dall'evento*

Gli elementi oggettivi finora considerati si debbono riflettere sul piano psicologico e danno vita al "fatto" di reato.

In non poche fattispecie figurano elementi, costituiti da una modificazione nel mondo esterno, conseguente alla condotta del soggetto attivo, dunque "eventi", imputati alla stregua di un criterio che non è quello che presiede agli elementi del fatto. Questi sono accollati se oggetto, quanto meno, di rappresentazione nei casi di reati dolosi, di rappresentabilità ed evitabilità nei casi di reati colposi, per l'una o l'altra ragione se si tratta di contravvenzioni. In altre parole, la regola che governa l'addebito degli elementi del fatto è quella che ciascuno di essi risponda al modello del criterio di imputazione del fatto complessivamente considerato. Diversamente stanno le cose quando l'imputazione si effettui sulla base di preterintenzione o, come aggiunge il III comma dell'art. 42 c.p., l'accollo dell'evento, conseguenza dell'azione od omissione, sia disposto diversamente da quanto stabilito nei commi precedenti. Alla lettera parrebbe che tale diversità si ponga anche nei confronti del delitto preterintenzionale. L'analisi delle fattispecie contrassegnate dall'imputazione regolata dal III comma dell'art. 42 conduce, però, a ritenere che tale diversità non sussista: il criterio di imputazione è sempre lo stesso tanto nel delitto preterintenzionale (art. 584 c.p.) che in ogni altro caso di evento non addebitato a titolo di dolo o di colpa.

Nella formulazione del codice, ma prima dell'entrata in vigore della Costituzione, tale criterio era quello dell'accollo per responsabilità oggettiva. Era sufficiente, cioè, che l'evento, elemento di fattispecie, ma non del fatto, fosse ricollegabile alla condotta del soggetto agente quale effetto a causa. La regola, più volte richiamata, della personalità della responsabilità penale (art. 27, I comma, Cost.) ha, come sappiamo, enunciato un requisito minimo di imputazione soggettiva che concerne l'intiera fattispecie penalmente rilevante. Talora questa regola, a seguito di novella (l. 7 febbraio 1990, n. 19), è stata espressamente enunciata nel corpo delle disposizioni codicistiche (art. 59, I comma, c.p. e art. 118 c.p.[31]: sempre, però, deve ritenersi operante ogniqualvolta si tratti di stabilire quali siano le condizioni in base alle quali può effettuarsi l'imputazione di elementi a carico dell'agente[32]. Ove si tratti di un evento, in primo luogo occorrerà stabilire l'esistenza

[31] Art. 59, I comma, c.p.: "Circostanze non conosciute o erroneamente supposte. Le circostanze che attenuano o escludono la pena sono valutate, a favore dell'agente anche se da lui non conosciute, o da lui per errore ritenute inesistenti"; art. 118 c.p.: "*Valutazione delle circostanze aggravanti o attenuanti*. Le circostanze che aggravano o diminuiscono le pene concernenti i motivi a delinquere l'intensità del dolo, il grado della colpa e le circostanze inerenti alla persona del colpevole sono valutate soltanto riguardo alla persona cui si riferiscono".

[32] *Contra*, per ciò che concerne in particolare l'omicidio preterintenzionale, si veda per tutte Cass. V, n. 178180/1988: "È sufficiente, per la sussistenza del delitto di omicidio preterintenzionale, che esista un rapporto di causa ed effetto tra gli atti diretti a percuotere o a ledere e la morte, indipendentemente da ogni indagine sulla volontarietà, sulla colpa o sulla prevedibilità dell'evento più grave".

di un rapporto causale, in secondo luogo la rappresentabilità, alla stregua di parametri di valutazione media, vale a dire validi nella generalità dei casi, integrati dalle particolarità del caso concreto, dell'evento stesso.

Tra le fattispecie che si possono considerare *lato sensu* aggravate dall'evento si deve operare una distinzione.

Se confrontiamo, da un lato, la calunnia aggravata dalla condanna del calunniato, e dall'altro lato, l'omicidio preterintezionale, emerge che la figura della calunnia aggravata si verifica in ogni caso, purché la condanna sia conseguenza della falsa incolpazione del calunniatore, quale che sia la volontà del soggetto colpevole in ordine alla verificazione di questo evento (rilevando l'atteggiamento della volontà, *ex* art. 133 c.p., soltanto ai fini della determinazione del "quantum" di pena irrogato al colpevole). Per l'omicidio preterintenzionale, invece, non è sufficiente accertare il nesso causale tra la condotta e la morte, ma è necessario l'accertamento negativo che il soggetto non volesse cagionare la morte di una persona. Se così fosse, risponderebbe di omicidio volontario comune.

Val la pena di sottolineare che l'omicidio preterintezionale è sempre reato aggravato dall'evento. È vero che nella dizione dell'art. 584 c.p. non si parla che di atti diretti a commettere uno dei delitti preveduti dagli artt. 581 e 582 c.p.: e questo farebbe pensare che, se nella maggior parte dei casi si avrà omicidio preterintenzionale quando sia stato posto in essere un delitto di lesione o di percosse, consumato o tentato, l'evento morte del soggetto passivo potrebbe essere conseguenza di atti, soggettivamente volti a ledere o a percuotere, ma privi di uno dei requisiti che contrassegnano il tentativo: idoneità e direzione non equivoca. Senonché, una conclusione del genere contrasterebbe, per ciò che riguarda l'idoneità, col principio dell'art. 49, I comma, c.p.

A parte la considerazione che sarebbe difficile escludere l'idoneità in concreto quando agli atti sia seguita la morte di un soggetto, non può trascurarsi che la mancanza di idoneità, per regola generale, esclude la punibilità dell'azione. Resta a dire della direzione non equivoca. Ora, sembrerebbe contraddittorio ritenere che una condotta che, in sé e per sé valutata, non darebbe luogo a responsabilità per tentativo, assuma rilevanza allorché diventi elemento di una fattispecie più complessa[33].

Particolari problemi sorgono in ordine alla qualificazione giuridica del reato aggravato dall'evento.

Ci si può domandare, infatti, la ragione per cui in certe ipotesi, nel caso di sopravvenienza di un evento ulteriore, si debba ritenere l'esistenza di un reato aggravato dall'evento e non, per esempio, di un reato circostanziato. Così, nella fat-

---

[33] Implicitamente nel senso del testo, cfr. Cass. V, 11 marzo 1999, n. 3262: "Il delitto previsto dall'art. 586 c.p., morte come conseguenza di un altro delitto, si differenzia dall'omicidio preterintenzionale perché nel primo delitto l'attività del colpevole è diretta a realizzare un delitto doloso diverso dalle percosse o dalle lesioni personali, mentre nel secondo l'attività è diretta a realizzare un evento che, ove non si verificasse la morte, costituirebbe reato di percosse o di lesioni" e, possiamo aggiungere, consumato o tentato.

tispecie di calunnia seguita da una condanna, quest'ultima potrebbe funzionare come circostanza aggravante speciale; e non sono pochi quelli che addivengono a tale soluzione.

Da un punto di vista strettamente teorico il reato-base ed il reato circostanziato sono figure distinte, dal momento che muta la fattispecie condizionante quando mutano le conseguenze sanzionatorie.

Ma tutta la disciplina del codice è orientata nel senso di considerare, tranne che per gli effetti sanzionatori, e in qualche caso per il regime di procedibilità (da querela a procedibilità d'ufficio, art. 640, ultimo comma, c.p.) il reato circostanziato come una variante del modo di realizzazione del reato-base.

Così, agli effetti della prescrizione, il termine di decorrenza è fissato nel momento della consumazione del reato-base, mentre, se le fattispecie fossero autonome, il termine comincerebbe a decorrere dal momento dell'esaurimento della condotta di aggravamento (si pensi alla diversità di conseguenze in ipotesi come quella di cui all'art. 61 n. 8, in cui la condotta aggravatrice è per definizione successiva alla realizzazione del reato-base). Allo stesso modo, la competenza territoriale è del giudice del luogo in cui si è consumato il reato-base.

Quando, invece, il legislatore vuole trattare una figura astrattamente autonoma veramente come tale, perviene alla formulazione della figura del reato aggravato dall'evento. La considerazione della circostanza ulteriore come elemento aggravatore e non come circostanza aggravante ha notevoli effetti in tema, come abbiamo già visto, di prescrizione. Per la calunnia aggravata dall'evento, per esempio, il termine di prescrizione decorre non dal momento della realizzazione del fatto-base, bensì dal momento della produzione dell'evento aggravatore[34].

Una figura costruita come reato aggravato dall'evento denota una maggior tutela da parte del legislatore di certi interessi. Ne è riprova, quanto mai significativa, l'impossibilità di operare il bilanciamento, *ex* art. 69 c.p., tra l'evento aggravatore e una o più circostanze attenuanti. Se l'accadimento in questione costituisce una aggravante, potrebbe essere ritenuto equivalente ad una attenuante o addirittura soccombere rispetto a questa.

D'altra parte, la mancanza di un *nomen juris* autonomo per il reato aggravato dall'evento permetteva, nel sistema del codice, ormai travolto dalla novella dell'11 aprile 1974[35], di ritenere l'esistenza della continuazione tra figura base e figura

---

[34] Art. 158 c.p.: "*Decorrenza del termine della prescrizione.* Il termine della prescrizione decorre, per il reato consumato, dal giorno della consumazione, per il reato tentato, dal giorno in cui è cessata l'attività del colpevole; per il reato permanente o continuato, dal giorno in cui è cessata la permanenza o la continuazione.

Quando la legge fa dipendere la punibilità del reato dal verificarsi di una condizione, il termine della prescrizione decorre dal giorno in cui la condizione si è verificata. Nondimeno, nei reati punibili a querela, istanza o richiesta, il termine della prescrizione decorre dal giorno del commesso reato".

[35] L'art. 81 cpv. c.p. suonava nel seguente senso: "Le disposizioni degli articoli precedenti non si applicano a chi con più azioni od omissioni esecutive di un medesimo disegno criminoso,

aggravata, in deroga alla regola, valida per le ipotesi in cui mutasse il *nomen iuris* (falso in scrittura privata, falso in atto pubblico), per la quale era impossibile stabilire il nesso della continuazione tra reati eterogenei (art. 81, II comma nella vecchia formulazione).

Le tre modalità di costruzione delle figure criminose (reato circostanziato, reato aggravato dall'evento, diverso *nomen iuris*) ci pongono di fronte ad una gamma articolata di valutazioni pre-normative, svolte in funzione di scelte diverse di politica legislativa. Dove è chiaro che la *ratio* che ispira le diverse scelte non può essere che quella del progressivo passaggio dal reato circostanziato, forma di manifestazione del reato-base, e come tale privo di peculiarità effettuali, salvo quella dell'aumento o diminuzione della pena rispetto alla misura edittale, e, in qualche, caso, il passaggio dalla procedibilità a querela della persona offesa a procedibilità d'ufficio; al reato aggravato dall'evento che, oltre all'inasprimento della sanzione, ha momenti di peculiare autonomia, come agli effetti della prescrizione, ma nel quale non si riscontra titolo proprio; al reato con proprio *nomen iuris* e, quindi, con rilevanza assolutamente autonoma.

16. *Le condizioni oggettive di punibilità*

La categoria delle condizioni oggettive di punibilità, prevista dall'art. 44 c.p., corrisponde ad una tipologia frequente in altri rami dell'ordinamento.

La *condicio iuris*, che si distingue dalla *condicio facti* perché trova la sua fonte nella volontà normativa, è un avvenimento futuro ed incerto dalla cui esistenza la legge fa dipendere la punibilità del reato, indipendentemente dall'atteggiamento della volontà del soggetto agente rispetto ad esso.

Figure di reato sottoposto a condizione oggettiva di punibilità sono ad esempio l'incesto (art. 564 c.p.) per il quale la punibilità è condizionata dal pubblico scandalo, che riassume tutta una serie di avvenimenti futuri ed incerti, rispetto ai quali è irrilevante la volontà del soggetto agente, che rendono irreversibile la realizzazione del danno criminale conseguente al delitto di incesto; la bancarotta fraudolenta (art. 216, r.d. 16 marzo 1942, n. 267), per la quale la punibilità di una serie di comportamenti di distrazione, occultamento, dissimulazione, distruzione o dissipazione di beni è subordinata alla dichiarazione di fallimento dell'autore di quei comportamenti [36].

Questa categoria giuridica pone una serie di difficili problemi.

Anzitutto, da una parte della dottrina si nega la possibilità di distinguere, come

---

commette, anche in tempi diversi, più violazioni della stessa disposizione di legge, anche se di diversa gravità". L'attuale capoverso dell'art. 81 dispone invece: "Alla stessa pena soggiace chi con più azioni od omissioni, esecutive di un medesimo disegno criminoso, commette anche in tempi diversi più violazioni della stessa o di diverse disposizioni di legge".

[36] *Contra*, Cass. I, 25 luglio 1991, n. 2988; Cass. I, 5 agosto 1992, n. 3282; Cass. I, 5 novembre 1992, n. 4134; Cass. V, 23 agosto 1993, n. 7912; Cass. I, 17 gennaio 1995, n. 4859.

fa il legislatore all'art. 44 c.p., tra elementi costitutivi del reato e condizioni oggettive di punibilità.

Se il reato è quel fatto umano cui è ricollegata la conseguenza della punibilità e se dalla condizione obiettiva dipende la punibilità, essa è un elemento integrante del reato, fa parte del comportamento che costituisce l'illecito penale, indipendentemente dall'opinione dei legislatori trasfusa nella formula dell'art. 44 c.p.

Questa opinione è frutto di un errore metodologico: quando si dice che il reato è costituito dal complesso degli elementi che condizionano la punibilità, si confonde tra il reato e la fattispecie criminosa. La fattispecie criminosa, proprio perché fattispecie, non può che essere il complesso di fatti giuridici cui è ricollegata una conseguenza sanzionatoria. Ma non è detto che il reato coincida sempre con la fattispecie criminosa. Chi la pensi a questo modo indulge ad una facile generalizzazione: di norma il reato esaurisce la fattispecie, ma potrebbero esistere casi in cui la fattispecie è più complessa e comprende un elemento ulteriore, ad esempio quello che si definisce condizione oggettiva di punibilità.

Con ciò non si condivide la critica autorevolmente mossa alla tesi che vede nelle condizioni previste dall'art. 44 c.p. elementi essenziali del reato, secondo la quale se, ad esempio, la sentenza dichiarativa di fallimento facesse parte del reato, dovremmo concludere che il giudice che ha emanato la sentenza concorre nella bancarotta fraudolenta. Obiezione, questa, che si supera agevolmente: come nessuno ha mai ritenuto punibile *ex* art. 650 c.p. il pubblico ufficiale che ha emesso legalmente un provvedimento non osservato dal destinatario, così nessuno potrà mai ritenere il giudice che ha emesso la sentenza di fallimento concorrente nel delitto di bancarotta fraudolenta.

Il problema della determinazione della natura delle condizioni oggettive di punibilità, se si tratti di elementi costitutivi del reato o di elementi esterni ad esso, riveste importanza, ai fini applicativi, soltanto se dall'accoglimento dell'una o dell'altra soluzione discendano conseguenze diverse.

La questione fondamentale in ordine alle condizioni oggettive di punibilità è un'altra. Quale che sia la soluzione in ordine al problema della loro appartenenza o no al reato, esse vengono imputate ancorché non siano volute dal soggetto agente. Vero problema è quello dell'individuazione dei criteri diagnostici che permettono di qualificare un elemento come condizione obiettiva di punibilità, con la conseguenza che ne discende in ordine alle modalità di imputazione.

Un inquadramento storico permette di comprendere il senso della fenomenologia di questi fatti giuridici.

Facciamo il caso del delitto di incesto. Se il legislatore avesse voluto colpire puramente e semplicemente l'immoralità del fatto, avrebbe rinunciato alla presenza della condizione oggettiva di punibilità; invece, subordinando la punibilità al verificarsi del pubblico scandalo, ha inteso colpire soprattutto la dannosità sociale.

Allo stesso modo la bancarotta fraudolenta individua responsabilità dell'imprenditore, prima che giuridiche, morali ed economiche. Il legislatore potrebbe predisporre un fronte di protezione degli interessi tutelati così avanzato da colpire ogni menomazione o manipolazione dei beni che costituiscono l'oggetto di garanzia patrimoniale, prescindendo dalla sopravvenienza di una sentenza dichiarativa di fallimento.

Per non pochi reati, l'illuminismo giuridico segna il punto di coagulo di diverse esigenze che si presentano come contrastanti.

Da una parte, l'ortodossia illuministica propugna il principio, basato sul concetto dell'uguaglianza di tutti i consociati di fronte alla legge, dell'obbligatorietà dell'azione penale, in opposizione alla discrezionalità dell'*ancien régime*. Dall'altra parte, si è costretti a riconoscere che l'instaurazione del processo penale avente ad oggetto certi illeciti si avvantaggia di valutazioni svolte in chiave di opportunità.

La categoria delle condizioni oggettive vuole rispondere a questa duplice esigenza. Subordinando la punibilità di certi reati ad elementi esterni alla dinamica del fatto, cristallizza in formule generali, astratte, uguali per tutti, le considerazioni di opportunità in ordine al promovimento dell'azione penale, precedentemente lasciate al giudizio, caso per caso, dei preposti al meccanismo coattivo-sanzionatorio.

Avvalendoci dell'argomento storico per determinare il criterio in base al quale decidere della natura di condizione di punibilità o di elemento costitutivo del reato di un certo elemento di fattispecie – il che vuol dire in termini meno paludati: chiarire quale sia il regime di imputazione di un certo dato – possiamo rilevare che condizioni oggettive di punibilità sono quei fatti giuridici completamente estranei all'offesa all'interesse tutelato, che rispondono ad un ordine di valutazioni diverse rispetto a quelle che hanno condotto alla previsione del fatto di reato, oppure tali che il loro verificarsi rende irreversibile la lesione degli interessi offesi dalla precedente condotta. In questa seconda ipotesi, si consolida, si rende definitivo il danno criminale insito in un certo comportamento.

Così, il pregiudizio per i creditori si è già prodotto allorché l'imprenditore ha tenuto una delle condotte previste dall'art. 216 legge fallimentare. All'interno, però, di una valutazione che addiviene all'incriminazione di un certo comportamento più che per il suo contrasto con l'ordine etico-sociale, a cagione del pericolo o dei danni effettivi che esso rappresenta per gli interessi che si vogliono proteggere, la funzione della sentenza dichiarativa di fallimento è ben chiara. Fino a quando una siffatta pronuncia non arrivi, potrebbe sempre riuscire all'imprenditore l'affare che gli permetta di far fronte agli impegni con i creditori. Punire una condotta antisociale che non si sia ancora tradotta in danno irreversibile, può procurare più inconvenienti che vantaggi.

Il criterio diagnostico, ricavato attraverso l'indagine di carattere storico, pare essere l'unico che consenta l'individuazione sufficientemente precisa delle condizioni di punibilità, cioè degli elementi imputati ancorché non voluti dal soggetto agente.

Il criterio enunciato va integrato da una considerazione d'ordine formale, relativa alle più frequenti modalità di previsione delle condizioni oggettive di punibilità.

Il punto di partenza può essere costituito dal raffronto tra l'art. 264 c.p., che punisce l'infedeltà in affari di Stato, e l'art. 499 c.p., che punisce la distruzione di materie prime, di prodotti agricoli od industriali ovvero mezzi di produzione.

È opinione comune che la possibilità di nocumento all'interesse nazionale di cui all'art. 264 c.p. sia condizione obiettiva di punibilità, mentre il grave nocumento alla produzione nazionale di cui all'art. 499 c.p. è elemento costitutivo essenziale.

La prima norma esige un rapporto di causalità tra l'intero fatto ed il *quid* ulteriore rappresentato dalla possibilità di nocumento per l'interesse dello Stato. La seconda richiede un nesso di causalità tra la condotta ed il grave nocumento all'economia nazionale, seguendo i modi usuali di individuazione dei termini del rapporto causale.

La diversa tecnica utilizzata dal legislatore indica una diversa presa di posizione in ordine all'appartenenza o all'estraneità al fatto costitutivo di reato del danno o della possibilità del danno: più esattamente, sta a significare il criterio di imputazione del danno. Ai sensi dell'art. 264 c.p. l'accollo di questo elemento avviene anche se non voluto dal soggetto agente; si risponde del fatto previsto dall'art. 499 c.p. quando il danno sia oggetto del dolo.

La forma espositiva adottata dal legislatore può costituire una spia della presenza di una condizione oggettiva di punibilità, soprattutto sul piano negativo. Là dove il rapporto di causalità si pone tra la condotta e l'evento è assai difficile parlare di condizione oggettiva di punibilità. Se il rapporto di causalità, invece, è instaurato tra l'intero fatto e l'evento ulteriore, si ricorre al criterio realistico. Dobbiamo chiederci cioè se l'evento condizionante sia estraneo all'offesa contenuto del reato o, almeno, ne rappresenti un momento di consolidamento definitivo, assai spesso irreversibile. Prendiamo, ad esempio, la sentenza di condanna che aggrava il delitto di calunnia (art. 368 c.p.). Anche qui il legislatore usa la tecnica di cui all'art. 264 c.p., ponendo il rapporto di causalità tra l'intero fatto e la condanna (art. 368, III comma, c.p.). Eppure la condanna è generalmente considerata evento aggravatore del reato e non condizione oggettiva di punibilità. Quanto alla natura dell'interesse tutelato, si potrebbe sostenere che la condanna rende definitiva ed irreversibile la lesione dell'interesse tutelato dalla norma sulla calunnia.

Ma non si tratta di condizione oggettiva di punibilità. Quest'ultima apporta al fatto l'elemento necessario al prodursi della conseguenza sanzionatoria: la calunnia, invece, è perfezionata e punibile prima o indipendentemente dalla condanna del soggetto incolpato.

In altri termini, mentre la condizione oggettiva di punibilità inerisce ad un fatto di per sé non produttivo di conseguenze sanzionatorie, la condanna del calunniato inerisce ad un fatto per il quale le condizioni necessarie al determinarsi della punibilità si sono già verificate. La differenza tra evento aggravatore e condizione oggettiva di punibilità non potrebbe essere più netta.

Il criterio storico realistico per individuare le condizioni oggettive di punibilità pare l'unico accettabile. Gli altri criteri proposti dalla dottrina e dalla giurisprudenza sono insufficienti. Così l'opinione secondo la quale sarebbero condizioni di punibilità quegli avvenimenti futuri ed incerti di natura tale da non potersi concepire, rispetto all'agente, un divieto di realizzarli. Ora, se con ciò si vuol dire che è difficile ipotizzare l'obbligo di non cagionare *volontariamente* un tale evento si viene a restringere enormemente la categoria: la stessa sentenza dichiarativa di fallimento, lo stesso pubblico scandalo potrebbero essere oggetto di volizione da parte del soggetto agente. Se si fa riferimento ad un obbligo a contenuto più ampio, come sarebbe quello che segnasse il divieto di porre in essere per imprudenza, noncuranza degli altrui interessi, l'evento-condizione di punibilità, dovremmo concludere che tali risulterebbero solo accadimenti naturali assolutamente fuori dalle capacità di controllo dell'uomo. Che è, a ben guardare, il punto di arrivo di chi ritiene che condizioni obiettive di punibilità siano solo quegli accadimenti del tutto svincolati, dal punto di vista causale, dal fatto di reato. A seguire quest'ordine di idee va detto, ancora una volta, che la categoria si ridurrebbe ad un sacco vuoto senza fondo. Più importante, però, del muovere rilievi a opinioni come quelle sopra citate è coglierne l'idea ispiratrice, feconda e assolutamente da condividere. Il tentativo di ridurre quanto più è possibile l'ambito delle condizioni oggettive di punibilità si spiega con l'avversione al modulo della responsabilità oggettiva, che a norma dell'art. 44 c.p. sembra essere il criterio di imputazione di questi eventi. Ma abbiamo ripetutamente visto[37] come il principio della natura personale della responsabilità penale (art. 27, I comma, Cost.) si estrinsechi, oltre che come criterio di giudizio per la correttezza costituzionale delle regole ordinarie, anche come fonte di elemento di fattispecie. Ogni componente di quest'ultima deve essere sorretta da un coefficiente minimo di rappresentabilità.

Determinato il criterio per riconoscere le condizioni oggettive di punibilità, possiamo tornare al problema posto all'inizio e domandarci che significato abbia (vale a dire: quali conseguenze ne discendano), sul piano interpretativo, aderire alla soluzione secondo cui le condizioni oggettive di punibilità sono elementi costitutivi del reato oppure alla soluzione secondo cui sono elementi estranei al reato.

L'applicazione meccanica dell'uno o dell'altro punto di vista porterebbe a diverse conseguenze. Per esempio, se la condizione oggettiva di punibilità è estranea al reato, il pubblico ufficiale dovrebbe fare denuncia all'Autorità giudiziaria ogni volta che abbia avuto notizia di un fatto di reato, ancorché privo della condizione oggettiva di punibilità (art. 361 c.p.). In modo opposto, ma sempre meccanico, ragionano coloro per i quali la condizione oggettiva di punibilità fa parte integrante del reato.

Un simile modo di ragionare è viziato da concettualismo: un conto è chiarire sul piano dogmatico i rapporti tra i vari elementi della fattispecie; altra cosa è pretendere che il legislatore usi certi termini attribuendo loro sempre lo stesso senso. Il significato di termini normativi discende, invece, dall'interpretazione, che tenga conto degli interessi tutelati.

Così, leggendo l'art. 361 c.p. come se il termine "reato" non comprendesse la condizione oggettiva di punibilità, si perverrebbe ad un'interpretazione abrogante

---

[37] Cfr. il presente capitolo al § 15.

della condizione di cui all'art. 564 c.p. E, infatti, se il pubblico ufficiale dovesse presentare denuncia indipendentemente dallo scandalo pubblico, metterebbe egli stesso in moto il processo che allo scandalo condurrebbe. Questo non sarebbe più una mera evenienza ma un risultato fisiologicamente inscindibile dall'esercizio dell'azione penale. Più in generale, e con riferimento a qualsiasi figura di reato che si ponga come oggetto di denuncia, deve dirsi che una denuncia senza che si sia verificata condizione oggettiva di punibilità sarebbe un atto del tutto sterile. Se la condizione non si è prodotta, il procedimento non può iniziare: pertanto non vi è interesse alcuno al promovimento di un'azione che, allo stato, non avrebbe esito di sorta. Non sussiste, quindi, interesse suscettibile di lesione degna di rilievo giuridico.

In altri casi, invece, si arriva a soluzioni diverse.

Nel favoreggiamento reale, chi aiutasse taluno ad assicurare il prodotto o il profitto o il prezzo di un reato, per il quale non si fosse ancora verificata la condizione obiettiva di punibilità inerente a quest'ultimo, realizzerebbe il fatto di cui all'art. 379 c.p.? Pensiamo di sì: l'interesse tutelato da questa norma è offeso da chi abbia aiutato taluno ad assicurare il prodotto o il profitto o il prezzo di un reato, indipendentemente dal verificarsi della condizione oggettiva di punibilità.

Per contro, a proposito del favoreggiamento personale, sembra preferibile una soluzione identica a quella che abbiamo visto in tema di omissione di denuncia. Chi aiutasse taluno ad eludere le investigazioni dell'Autorità o a sottrarsi alle ricerche di questa a cagione di un reato di cui non si fosse ancora verificata la condizione di punibilità, non è punibile. L'interesse tutelato dall'art. 378 c.p. presuppone già completamente realizzate tutte le condizioni di punibilità del reato precedente: altrimenti non potrebbero darsi investigazioni o ricerche da parte dell'Autorità [38].

---

[38] La giurisprudenza appare nettamente contraria a distinguere, agli effetti della soluzione del problema di cui nel testo, tra favoreggiamento personale e favoreggiamento reale. Cfr. Cass. III, 10 marzo 1979, n. 2351: "Solo le cause obiettive di esclusione del reato presupposto del favoreggiamento non consentono la configurabilità di quest'ultimo reato, mentre le cause subiettive di non punibilità e la mancanza delle condizioni di procedibilità ne consentono la realizzazione"; Cass. VI, 7 ottobre 1989, n. 13220: "Solo le cause obiettive di esclusione del delitto presupposto escludono la configurabilità del reato di favoreggiamento, mentre le cause subiettive di non punibilità e la mancanza delle condizioni di procedibilità ne consentono la ravvisabilità". Vale la pena di rilevare come nelle decisioni richiamate non si parli di condizioni obiettive di punibilità, bensì di condizioni di procedibilità. Il silenzio sulle prime, che non possono essere ricondotte sotto le categorie interpretativo-dogmatiche di cui si fa menzione, fa ritenere che esse siano accomunate alle condizioni di procedibilità in senso stretto, per la ragione, alquanto approssimativa, che in loro difetto non si dà procedibilità (ma questo potrebbe dirsi per la mancanza di uno qualunque degli elementi positivi del fatto). *Contra*, però, in senso sostanzialmente conforme a quanto sostenuto nel testo, a proposito del favoreggiamento personale, cfr. Cass. VI, 7 aprile 1994, n. 4039: "Il delitto di favoreggiamento (art. 378 c.p.), nel tutelare l'interesse al regolare svolgimento delle indagini dell'Autorità al fine dell'accertamento dei reati, postula la commissione di fatti apprezzabili penalmente, cioè di fatti che nella loro struttura ontologica integrino la fattispecie prevista dalla norma penale, tanto da importare l'attività di inve-

Per quanto attiene, poi, al termine di decorrenza della prescrizione, non fa differenza ritenere la condizione oggettiva di punibilità quale elemento interno od esterno al reato. L'art. 158 c.p. fa decorrere la prescrizione per i reati sottoposti a condizione di punibilità dal momento del verificarsi di questa, allo stesso modo che se si trattasse di un elemento costitutivo del reato.

A questo punto, deve essere chiaro che dalla risposta alla domanda se la condizione obiettiva faccia parte o no del reato non discendono effetti giuridici diversi a seconda che si opti per l'una o l'altra soluzione. Allorché il termine reato figura in una fattispecie incriminatrice, esso comprenderà o no un'eventuale condizione oggettiva sulla scorta di un'operazione ermeneutica, condotta alla stregua dell'interesse oggetto di tutela. Quando, poi, la questione si ponga non a proposito di una singola disposizione incriminatrice, ma con riferimento ad istituti di parte generale (quelli, cioè, che concernono l'astratta fattispecie criminosa come modello al quale si adeguano le singole figure di reato), la soluzione normativamente adottata non fa differenza tra condizione obiettiva ed elementi costitutivi del reato. L'art. 158, II comma, c.p. dispone che: "Quando la legge fa dipendere la punibilità del reato dal verificarsi di una condizione, il termine della prescrizione decorre dal giorno in cui la condizione si è verificata. Nondimeno, nei reati punibili a querela, istanza o richiesta, il termine della prescrizione decorre dal giorno del commesso reato". Dalla lettura di questo comma assieme a quello precedente, si evince che, con riguardo alla prescrizione, la condizione obiettiva di punibilità rileva ai fini di ciò che, in ordine a tale causa estintiva del reato, deve intendersi per consumazione.

Tutto sommato, il modo con cui l'alternativa è sciolta dipende dal gusto (quasi dal piacere) di una costruzione giuridica e, non di rado, dalla preoccupazione di non discostarsi dalla lettera dell'art. 44 c.p. ("Quando, per la punibilità del reato, la legge richiede il verificarsi di una condizione ...").

Del criterio di imputazione soggettiva, infine, abbiamo già detto[39]. Il disposto dell'art. 27, I comma, Cost. esige un minimo di collegamento "psicologico" e cioè la rappresentabilità dell'accadimento, così come è richiesto per un elemento che abbiamo visto estraneo al fatto oggetto del dolo, ma essenziale ad una figura criminosa: l'evento che aggrava un reato già perfezionato, dando vita non ad una semplice variante di esso, bensì ad una nuova, distinta figura criminosa[40].

---

stigazione dell'Autorità. Sicché tutte le volte che siano configurabili tali fattispecie e la condotta del soggetto sia volta ad aiutare taluno ad eludere le indagini, il delitto di cui all'art. 378 c.p. rimane configurato, essendosi perfezionate le fattispecie penali presupposte. A tal fine è irrilevante l'eventuale mancata cessazione della permanenza del reato presupposto, così come non importa la sussistenza di cause oggettive di non punibilità o la mancanza di condizioni di procedibilità".

[39] Cfr. Parte I "La legge penale", p. 9 ss.

[40] Cfr. il presente capitolo al § 15.

17. *Condizioni di punibilità e condizioni di procedibilità*

Dalle condizioni di punibilità vanno distinte le condizioni di procedibilità.

Se ordinariamente il meccanismo sanzionatorio è messo in azione d'ufficio, senza necessità che la notizia di reato sia comunicata all'Autorità competente da persona espressamente legittimata con modalità qualificate, vi sono reati, o di minore importanza, o lesivi di interessi prevalentemente privati, la cui procedibilità è subordinata alla realizzazione da parte di soggetti qualificati di condizioni che permettono l'inizio del procedimento.

Per determinati reati, la procedibilità è sempre subordinata alla dichiarazione di volontà della persona offesa dal reato (querela: artt. 120 ss. c.p.). Dichiarazione necessaria anche in taluni casi perché si possa procedere quando il reato sia stato commesso all'estero (istanza: artt. 9 e 10 c.p.). Sempre per la procedibilità nei confronti di reati commessi all'estero, è in talune ipotesi prescritta la richiesta del Ministro della giustizia (artt. 8, 9, II comma e 10 c.p.).

È evidente la differenza tra tali manifestazioni di volontà e la denuncia. Quest'ultima, che caratterizza la procedibilità cosiddetta d'ufficio, è manifestazione di scienza con la quale si sottopone all'organo competente la notizia di un supposto reato, corredata da tutte le specificazioni richieste dalla legge (art. 332 c.p.p.). La denuncia può essere effettuata anche da chi non è offeso dal reato, né è indispensabile: può essere sostituita dalla conoscenza diretta che del reato abbia l'organo preposto all'azione penale. La condizione di procedibilità è, ripetiamo, necessaria affinché il titolare dell'azione penale dia inizio ad un procedimento.

In qualche caso è condizionato non l'inizio, bensì il proseguimento dell'esercizio dell'azione. Si parla, allora, di condizioni di proseguibilità (artt. 256, III comma, c.p.p. e 202 c.p.p.). La mancanza di condizioni esclude la punibilità: né più e né meno che la mancanza di condizioni obiettive di punibilità. Ci si chiede quale sia, allora, la ragione della distinzione.

Il codice di procedura penale in due disposizioni (art. 345 ed art. 649) riserva una diversa disciplina alle condizioni di procedibilità rispetto alle condizioni di punibilità.

L'art. 345 c.p.p., facendo espresso riferimento alle ipotesi in cui la sentenza abbia dichiarato non doversi procedere per mancanza o irregolarità di una condizione di procedibilità o di proseguibilità, ammette il successivo esercizio dell'azione penale per il medesimo fatto e contro la stessa persona se la condizione di procedibilità o di proseguibilità sia stata in seguito ritualmente attuata.

L'art. 649 c.p.p. nella sua amplissima dizione comprende anche l'ipotesi che il proscioglimento sia motivato dalla carenza di una condizione di punibilità e pone il divieto di un nuovo procedimento nei confronti del medesimo imputato per il medesimo fatto, anche se questo è diversamente considerato per titolo, grado o circostanze.

La diversità di disciplina tra le due categorie di condizioni, la prima tutta processuale, la seconda tutta sostanziale, non potrebbe essere più marcata. Ciò posto, occorre precisare quale sia il criterio (o i criteri) in base al quale un certo fatto giuridico è qualificato come condizione di procedibilità ovvero condizione obiettiva di punibilità. In qualche caso la normativa prende posizione esplicita. Così l'art. 345 c.p.p., la cui rubrica è: "Difetto di una condizione di procedibilità. Riproponibilità dell'azione penale", menziona espressamente la mancanza di querela, istanza, richiesta e autorizzazione a procedere. Che ciascuno dei fatti in questione debba essere considerato condizione di procedibilità (per l'autorizzazione si tratta, più esattamente, di condizione di proseguibilità) non è pura e semplice adesione ad una opinione dottrinaria del legislatore. Dalla qualifica discende, come si è visto, l'importantissima conseguenza della riproponibilità di un nuovo procedimento, quando l'elemento prima carente venga successivamente, debitamente e tempestivamente realizzato. La necessità di acquisire un criterio distintivo rispetto alle condizioni di punibilità si pone, in tutta evidenza, allorquando nel II comma dello stesso art. 345 c.p.p. è stabilito che disciplina uguale a quella dettata nel I comma in caso di mancanza di uno dei fatti espressamente indicati si ha se fa difetto una condizione di procedibilità diversa da una di quelle indicate nel I comma.

La necessità di un tale criterio si impone anche contro alcune incertezze semantiche in cui il legislatore è caduto.

Ritorniamo all'art. 158, II comma, c.p., del quale abbiamo citato la prima metà: quella che recita: "quando la legge fa dipendere la punibilità del reato dal verificarsi di una condizione, il termine della prescrizione decorre dal giorno in cui la condizione si è verificata". La norma continua stabilendo che: "Nondimeno, nei reati punibili a querela, istanza o richiesta, il termine della prescrizione decorre dal giorno del commesso reato".

Il collegamento tra le due proposizioni di questo comma, costituito dall'avverbio "nondimeno", lascerebbe intendere che il legislatore considera la querela, l'istanza e la richiesta come condizioni oggettive di punibilità, e ciò in contrasto con la definizione che a detti fatti è data all'art. 345 c.p.p., articolo che – giova ricordarlo – riprende in pieno contenuto precettivo e dizione letterale dell'art. 17 c.p.p. del 1930[41].

L'ambiguità semantica è superata tenendo conto della disciplina, tutt'affatto particolare, dettata per i casi in cui la punibilità del reato dipenda dalla proposizione di querela, istanza o richiesta: la prescrizione, in tali ipotesi, non decorre dal momento in cui la condizione si è verificata, bensì dal giorno del commesso reato. Si ha, insomma, una disciplina, che è la cosa che conta, perfettamente coerente alle regole poste dall'art. 345 c.p.p.[42].

---

[41] Art. 17 c.p.p. 1930: "*Proscioglimento per difetto di una condizione di procedibilità. Riproponibilità dell'azione penale.* La sentenza, anche se divenuta irrevocabile, che dichiara non doversi procedere per mancanza o irregolarità della querela, della richiesta, dell'istanza o dell'autorizzazione, non impedisce l'esercizio dell'azione penale per il medesimo fatto e contro la stessa persona, se la querela, la richiesta, la istanza o l'autorizzazione è in seguito regolarmente presentata".

[42] *Contra*, con una singolare tesi per effetto della quale la querela sarebbe al tempo stesso condizione obiettiva di punibilità e condizione di procedibilità, si veda Cass. III, 20 agosto

In conclusione, al compito di determinare un criterio distintivo fra le due classi di condizioni non ci si può sottrarre. Prendiamo le mosse da quelle che, come si è visto, sono definite espressamente condizioni di procedibilità: querela, istanza, richiesta. Se riflettiamo sulla natura di questi fatti giuridici, la differenza rispetto alle condizioni di punibilità appare evidente. Queste ultime rilevano, sul piano della fattispecie criminosa, come meri fatti giuridici; quelle che sappiamo essere, di certo, condizioni di procedibilità (querela, istanza, richiesta, autorizzazione) sono atti giuridici, consistenti in una dichiarazione di volontà volta a che si dia inizio ad un procedimento penale.

L'elemento costitutivo della condizione oggettiva di punibilità coincide, in tutto e per tutto, con un fatto materiale, che non è necessario sia sorretto da coscienza e volontà, anche là dove sia costituito da un comportamento umano.

Eccezione a questa regola parrebbe quella della sentenza dichiarativa di fallimento nei delitti di bancarotta. Sentenza che non rileva come mero fatto giuridico, ma come atto giuridico. La decisione emessa dal giudice in stato di costringimento fisico non è una sentenza; in tanto questa è imputabile a coloro che l'hanno prodotta, in quanto sia sorretta da coscienza e volontà.

Tuttavia anche in questo caso l'atto giuridico rilevante come condizione di punibilità si distingue dall'atto giuridico che si realizza con la querela, l'istanza, la richiesta o l'autorizzazione.

Queste ultime non solo vanno sorrette da coscienza e volontà, ma debbono manifestarsi in dichiarazioni di volontà dirette al preciso scopo pratico di deter-

---

1997, n. 2733: "Il regime di procedibilità d'ufficio per i reati di violenza sessuale previsto dall'art. 609 *septies* c.p., introdotto dalla l. 15 febbraio 1996, n. 66, non può produrre effetti sui fatti commessi prima della sua entrata in vigore. Il problema dell'applicabilità dell'art. 2 c.p., in caso di mutamento nel tempo del regime della procedibilità a querela, va positivamente risolto alla luce della natura mista, sostanziale e processuale, di tale istituto. Che costituisce nel contempo condizione di procedibilità e di punibilità. Infatti, il principio dell'applicazione della norma più favorevole al reo opera non soltanto al fine di individuare la norma di diritto sostanziale applicabile al caso concreto, ma anche in ordine al regime della procedibilità che inerisce alla fattispecie dato che è inscindibilmente legata al fatto come qualificato dal diritto, specie quando il legislatore in una determinata materia modifichi profondamente fattispecie, pene, denominazione dei delitti, come è avvenuto in quella dei reati di violenza sessuale, sottratti all'area della moralità pubblica e concepiti come reati contro la persona.". Tesi singolare perché ci sembra che non risolva e, prima ancora, non colga la diversità di disciplina che contrassegna le condizioni di natura sostanziale rispetto a quelle di natura processuale. Si veda, comunque, sempre per questa soluzione combinatoria, Cass. III, 2 luglio 1971, n. 354: "In forza del disposto dell'art. 21, ultimo comma della l. 7 gennaio 1929, n. 4, il fatto dell'omessa denunzia dei redditi o dei patrimoni, previsto e punito dagli artt. 17 e 243 T.U., 29 gennaio 1958, n. 645, è punibile e perseguibile a condizione che sia intervenuto l'accertamento definitivo dell'imposta e della relativa sovrimposta a norma delle leggi regolanti tale materia. Quindi, in conformità di quanto dispone l'art. 158, II comma, c.p., poiché la legge fa dipendere la punibilità e la perseguibilità del reato dal verificarsi di una condizione (che risulta, perciò, di punibilità e di perseguibilità insieme), e questa condizione non è la querela, l'istanza o la richiesta, il termine di prescrizione non può che decorrere dal giorno in cui la condizione si è verificata, cioè dal giorno dell'accertamento definitivo".

minare l'instaurazione o la prosecuzione del processo penale[43]. Se questa volontà è ambigua o carente, non si può far luogo a procedimento. Al contrario, nella fattispecie di bancarotta fraudolenta la sentenza dichiarativa di fallimento si presenta come elemento che ha una sua consistenza materiale, oggettiva; si presenta, cioè, come atto giuridico semplice, che non rileva quale dichiarazione di volontà, ma come accadimento storico.

La struttura delle condizioni, a seconda che consistano in fatti o in atti giuridici, ci offre un sicuro criterio per distinguere tra condizioni di punibilità e condizioni di procedibilità: criterio al quale dobbiamo ricorrere ogniqualvolta si tratti di accertare se siamo o no in presenza di una condizione di procedibilità diversa da una di quelle indicate nel I comma dell'art. 345 c.p.p.

Le condizioni di procedibilità trovano ampia applicazione nei delitti commessi all'estero (artt. 7, 8, 9 e 10 c.p.)[44].

Tra le condizioni di procedibilità (querela, istanza e richiesta) che vengono in considerazione per questi delitti, figura anche la presenza del reo nel territorio dello Stato (artt. 9 e 10 c.p.). Essa è presa in considerazione dall'ordinamento come mero fatto giuridico, poiché rileva anche se la presenza del reo sia conseguenza di costrizione materiale.

Giurisprudenza e dottrina riconoscono che la presenza del reo nel territorio dello Stato rileva come mero fatto giuridico. Non di rado si aggiunge, però, che trattasi di condizione di procedibilità, attesa la collocazione accanto alla querela, istanza e richiesta, che sono le condizioni di procedibilità per eccellenza[45].

---

[43] Cfr. Cass. V, 10 maggio 1995, n. 4746: "La mancanza di una condizione di procedibilità, come la querela, osta all'inizio di qualsiasi attività processuale, e quindi, di qualsiasi altra indagine in fatto, compresa quella riguardante l'esistenza in vita dell'imputato".

[44] Cfr. Parte I, capitolo IV, p. 121 ss.

[45] Cfr. Cass. I, 13 giugno 1991, n. 6698: "La presenza del cittadino nel territorio dello Stato, nel caso di delitto comune commesso dal medesimo cittadino all'estero è condizione di procedibilità e non di punibilità. La carenza dei requisiti obiettivi, siano essi sostanziali o processuali (tra questi ultimi, appunto, le condizioni di procedibilità) atti a legittimare l'esercizio dell'azione penale da parte del pubblico ministero, si traduce in infondatezza dell'azione la quale trova la sua naturale ed esclusiva sanzione non nella nullità formale dei singoli atti del procedimento già compiuti, ma nel rigetto, da parte del giudice della pretesa punitiva che, mediante l'azione, il pubblico ministero ha inteso far valere, con l'unica differenza che ove difettino i requisiti sostanziali, il rigetto sarà definitivo, mentre ove difettino quelli processuali l'azione penale potrà eventualmente essere riproposta"; Cass. I, 13 gennaio 1993, n. 4144: "La richiesta, l'istanza e la querela risultano regolate nel sistema penalistico quali condizioni che non attengono alla struttura del fatto-reato o alla sua punibilità, bensì alla procedibilità dell'azione penale. Anche la presenza del colpevole nel territorio dello Stato, richiesta dall'art. 10 c.p. per la 'punibilità' di taluni reati commessi all'estero dallo straniero è normalmente strutturata come condizione di procedibilità, soggetta quindi alle regole proprie di queste, e l'inizio di tale presenza costituisce, quindi, il '*dies a quo*' di decorrenza del termine (non soggetto a sospensioni o ad interruzioni) per l'esercizio dell'azione penale". Non è chiaro, però, come si superi il disposto dell'art. 345, I comma, c.p.p. che solo in caso di mancanza di querela, richiesta, istanza, autorizzazione a procedere (dunque, un'indicazione tassativa), dichiarata con provvedimento di archiviazione o con

Più che un mero dato topografico, giova considerare il processo storico che ha condotto alla previsione di questo fatto condizionante. L'ordinamento non si preclude la possibilità di punire fatti commessi all'estero, ma subordina, nella maggior parte dei casi, tale possibilità alla presenza del reo (*rectius*: dell'imputato) nel territorio dello Stato. Una volta di più cogliamo le ragioni del passaggio dalla previsione di una condizione di procedibilità alla previsione di una condizione di punibilità. Questa è legata a momenti di valutazione di interessi, che si possono cristallizzare in previsioni generali ed astratte; la prima, per contro, è in funzione di valutazioni soggettive, insuscettibili di previsione generale ed astratta.

Ciò spiega come possano trovarsi affiancate condizioni di procedibilità ad una condizione di punibilità. E non va trascurata, al riguardo, la circostanza che là dove sono enumerate, come condizioni di procedibilità, quelle che sono richieste per la punibilità dei fatti commessi all'estero (art. 345, I comma, c.p.p.), non si faccia menzione della presenza del reo: e non è pura e semplice dimenticanza, ma consapevolezza che essa costituisce una condizione di punibilità.

Problematiche attinenti alle condizioni obiettive di punibilità e problematiche concernenti le condizioni di procedibilità si incontrano su un quesito di qualche rilievo. Ci si chiede se il termine a partire dal quale decorrono, ad esempio, i tre mesi per la presentazione della querela sia quello della notizia del fatto di reato, prima e indipendentemente dal verificarsi di un'eventuale condizione di punibilità, ovvero se sia necessario che la notizia comprenda anche la realizzazione della condizione stessa. Una prima indicazione ci viene dall'art. 124, I comma, c.p. Secondo questa norma il diritto di querela non può essere esercitato decorsi tre mesi dal giorno della notizia del *fatto* che costituisce il reato. Fatto, a prescindere, quindi, dalla condizione che gli è estranea. Ma ci siamo già più volte incontrati con la polivalenza del termine in questione. Probabilmente la semplice espressione letterale non sarebbe motivo sufficiente per ritenere che basti la notizia del reato, ancorché non accompagnato dalla condizione di procedibilità.

Decisiva si rivela, però, a tal fine, la lettura del II comma dell'art. 158 c.p. Sappiamo che in forza di questo disposto il termine di prescrizione decorre dal giorno in cui si è verificata la condizione obiettiva di punibilità. Ora, se il *dies a quo* per l'esercizio del diritto di querela coincidesse con quello della notizia del reato accompagnato dalla condizione di punibilità, poiché nei reati punibili a querela, istanza o richiesta il termine della prescrizione decorre, in deroga a quanto disposto dalla prima parte della norma, dal giorno del commesso reato, non sarebbe raro il caso in cui il giorno utile per la proposizione della querela cadesse quando l'effetto prescrittivo si fosse già prodotto.

---

sentenza di proscioglimento o di non luogo a procedere, consente l'esercizio dell'azione penale per il medesimo fatto e contro la medesima persona, sempre che, naturalmente, le dette condizioni abbiano a verificarsi nei termini di legge. Va spiegata, insomma, la ritenuta parificazione, a questi fini, della presenza nel territorio dello Stato, di cui la norma citata non fa parola, alle condizioni che sono, per contro, espressamente menzionate.

Sezione III – IL REQUISITO DELLA TIPICITÀ

18. *La direzione non equivoca della condotta come requisito di tipicità delle fattispecie causalmente orientate*

Gli elementi fin qui considerati, appartengano al fatto o alla fattispecie criminosa, debbono rispondere al requisito della tipicità. Questa della tipicità è connotazione complessa, che se si esaurisce talora in un giudizio di conformità dell'accadimento concreto alla figura normativa, esige, altre volte, l'accertamento di fatto di un elemento che si aggiunge alle altre componenti positive del reato.

Mero giudizio di conformità all'astratto schema normativo si ha quando la regola incriminatrice preveda un illecito a forma cosiddetta vincolata. Ne abbiamo già accennato [46], ma è opportuno riprenderlo in questa sede. Forma vincolata vuol dire descrizione del fatto rilevante per mezzo di note interne, che ci permettano di cogliere direttamente in che cosa consistano i singoli elementi essenziali. Più complesso è l'accertamento della tipicità se la regola incriminatrice delinea un reato a forma cosiddetta libera. Già sappiamo come la struttura di queste ipotesi criminose sia costituita da una condotta collegata ad un evento vuoi in modo effettuale vuoi in modo virtuale. Classico esempio di collegamento effettuale è offerto dalla struttura dell'omicidio: "chiunque cagiona la morte di un uomo". Dove la tipicità della condotta sembra fondarsi tutta sul collegamento eziologico con l'evento morte. Causalità solo virtuale è richiesta da figure criminose come, ad esempio, i reati di attentato: per tutti, art. 241 c.p.: "Chiunque commette un fatto diretto a sottoporre il territorio dello Stato o una parte di esso alla sovranità di uno Stato straniero, ovvero a menomare l'indipendenza dello Stato".

Si è già visto [47], a proposito dell'omicidio preterintenzionale, come quando è utilizzata l'espressione atti diretti, pur nel silenzio della legge, vadano accertate idoneità e direzione non equivoca del comportamento posto in essere: né più e né meno di quel che richiede un delitto tentato. La ragione che, al riguardo, era stata enunciata, è altrettanto e, diremmo, ancor più valida per i delitti di attentato.

Ritenere punibile a titolo di reato consumato una condotta che non realizzerebbe gli estremi del tentativo condurrebbe a risultati anche più inammissibili di quelli che si avrebbero ove la condotta dell'omicidio preterintenzionale non fosse arricchita dalle due note in questione. Nell'omicidio preterintenzionale l'evento si è comunque verificato. Negli attentati si avrebbe la sufficienza di una semplice di-

---

[46] Cfr. la sezione I del presente capitolo al § 6.

[47] Cfr. la sezione II del presente capitolo al § 15.

rezione soggettiva in condizioni che non escludano la possibilità, anche assai remota, di cagionare il risultato voluto: in altre parole, la criminalizzazione di una mera intenzione concretatasi in un comportamento quanto mai vago, addirittura evanescente[48].

Ad una prima lettura, pure le fattispecie causalmente orientate, nelle quali rilevi un nesso di causalità effettivo sembrano richiedere in tutto e per tutto l'esistenza del solo rapporto causale tra la condotta e l'evento.

Anche per essa, insomma, qualsiasi condotta risulterebbe tipica purché collegata come causa ad effetto all'evento.

Conclusione, questa, messa in crisi dalle conseguenze che se ne dovrebbero trarre in qualche caso concreto, raro ma certamente non del tutto improbabile. Facciamo riferimento all'esemplificazione che ha dato l'avvio alla riflessione sul punto.

Un nipote dissoluto e malvagio, con l'intento di cagionarne la morte e quindi di lucrarne l'eredità, spinge lo zio anziano e malato a compiere un lungo, faticoso viaggio, contando sulla possibilità che i disagi del viaggio gli siano fatali. L'intento del nipote, provato senza alcuna possibilità di dubbio, ha successo.

Dal momento che sussiste il nesso di causalità tra la condotta del nipote e la morte dello zio, il nipote dovrebbe rispondere di omicidio doloso consumato.

Considerazioni di buon senso, anzi, di senso comune, portano ad escludere la punibilità: difficile, però, si presenta la motivazione del giudizio di non colpevolezza.

Non pare sostenibile che il soggetto agente debba andare esente da responsabilità perché lo zio ha liberamente accettato di compiere il viaggio. Il concorso volontario della persona offesa non dà luogo a scriminante di sorta: perfino il concorso *doloso* dell'offeso costituisce una mera circostanza attenuante (art. 62, n. 5, c.p.).

---

[48] In senso parzialmente conforme a quanto sostenuto nel testo (non è richiesta la direzione non equivoca degli atti) cfr. Cass. I, 27 maggio 1969, n. 1569: "Con il principio sancito nell'art. 49, II comma, c.p., il codice vigente ha adottato la concezione oggettivo-soggettiva del reato, escludendo l'incriminazione di un puro intento che non si consolidi in una condotta causalmente idonea. Tale principio è di portata generale per tutto l'ordinamento penale e vale anche, quindi, per i delitti di attentato previsti dagli artt. 241 e 283 c.p., in relazione ai quali il codice non vi apporta alcuna deroga espressa"; "I delitti di attentato previsti dagli artt. 241 e 283 c.p. sono compiutamente definiti dal legislatore sia nella direzione volitiva dell'agente sia nell'idoneità causale del fatto materiale realizzato, onde il giudice può affermare non solo la contraddittorietà del reato ad un preciso precetto normativo, ma anche la corrispondenza del fatto concreto ad un fatto astrattamente descritto nella legge con sufficienza di notazioni caratterizzanti. Ne deriva che le norme predette, come non violano il principio della tassatività, così pure non contrastano con il diverso, ma affine, principio della tipicità, in base al quale nel modello della legge devono essere compresi tutti gli elementi e tutte le circostanze di natura oggettiva, inerenti quantitativamente e qualitativamente alla nozione delle singole ipotesi criminose"; Cass. SS.UU., 30 novembre 1970, n. 1: "(...) 6) Idoneità dell'azione. Come per tutti i reati, in applicazione del principio generale sancito nell'art. 49 c.p. è necessaria l'idoneità dell'azione, che va accertata mediante il giudizio richiesto per i reati di pericolo (...)".

Anche il rilievo che prima del compimento della condotta, che ha condizionato la morte, non esisteva certezza alcuna del risultato ma una semplice lontanissima possibilità, non è decisivo.

Nessuno ha mai dubitato della punibilità di quel mediocre tiratore che abbia intenzionalmente ucciso, esplodendo un colpo da un'arma in pessimo stato, in una strada nebbiosa, una persona situata ai limiti della gittata dell'arma.

L'opinione di chi risolve il problema negando rilevanza causale alla condotta posta in essere, perché non adeguata, non proporzionata all'evento, va incontro alle obiezioni che in linea generale si muovono alla teorica della causalità adeguata [49].

Riteniamo che anche nei delitti causalmente orientati, caratterizzati da un nesso effettivo di causalità con l'evento, la tipicità della condotta si fondi, oltre che sul rapporto eziologico, sulla nota della direzione non equivoca del comportamento realizzato. Non occorre qui richiamare pure la nota della idoneità. Questa non può essere messa in discussione: si parte proprio dal presupposto che l'evento si sia verificato. Resta la direzione non equivoca degli atti, che, come sappiamo, è prevista espressamente per il delitto tentato. È, come quella dell'idoneità, una nota oggettiva. Non si identifica, cioè, con l'elemento psicologico. Consiste in un modo di essere, meglio: di presentarsi, del comportamento tenuto, tale che esso appaia ad un osservatore esterno atto di esecuzione del delitto o contestualmente legato alla consumazione.

In questo secondo caso, deve trattarsi di atto che ordinariamente precede la realizzazione, senza apprezzabile intervallo di tempo, degli atti esecutivi.

Supponiamo allora che la condotta di quel nipote che ha spinto la vittima designata ad un lungo viaggio non approdi all'evento letale. Tale condotta risulterebbe idonea perché avrebbe potuto inserirsi nella serie causale che poteva sfociare nella morte dell'incauto viaggiatore. L'intenzione omicida emerge da prove inconfutabili, tra cui, ad esempio, una confessione registrata. La carenza della direzione non equivoca degli atti impedisce, però, che si possa chiamarlo a rispondere a titolo di tentativo. La condotta posta in essere non si profila, ad un osservatore esterno, né come atto di esecuzione, né come atto contestualmente prodromico a quest'ultimo.

E qui torniamo alla solita domanda cui riteniamo di dare la solita risposta. Sembra difficile ammettere che una condotta alla quale, se valutata in caso di mancato evento, non potrebbe darsi rilevanza a titolo di tentativo, divenga rilevante quando ne sia seguito l'evento. Come vedremo [50] la fattispecie che si crea dall'innesto della norma di cui all'art. 56 c.p. su altra norma che preveda un fatto delittuoso, è tipicamente fattispecie contrassegnata da causalità virtuale. Ora, non v'è motivo alcuno per differenziare le regole che presiedono all'accertamento della tipicità in ipotesi di causalità virtuale rispetto a quelle che disciplinano tale accertamento in ipotesi di fattispecie qualificate da causalità effettiva.

---

[49] Cfr. la sezione I del presente capitolo al § 9.

[50] Cfr. M. GALLO, *Le forme di manifestazione del reato*, in *Appunti di diritto penale*, vol. VIII, Giappichelli, Torino, 2003.

CAPITOLO IX

GLI ELEMENTI NEGATIVI DEL FATTO

Sezione I – LE SCRIMINANTI COMUNI

1. *Le cause di giustificazione nella struttura del fatto*

Il III comma dell'art. 530 c.p.p., la cui rubrica suona: "Sentenza di assoluzione", dispone che "Se vi è la prova che il fatto è stato commesso in presenza di una causa di giustificazione o di una causa personale di non punibilità ovvero vi è dubbio sull'esistenza delle stesse, il giudice pronuncia sentenza di assoluzione a norma del I comma". Con questa norma entra nel linguaggio legislativo accanto alle cause personali di non punibilità la denominazione "cause di giustificazione", precedentemente ricorrente soltanto in dottrina e in non poche sentenze. È operata, cioè, una netta distinzione nell'ambito di quelle che, in via meramente descrittiva, l'art. 59, I comma, c.p. chiama "circostanze che escludono la pena". Alla individuazione della categoria delle cause di giustificazione, dette anche scriminanti o esimenti, si perviene nel codice penale con l'art. 119.

Quest'ultimo stabilisce che: "Le circostanze soggettive, le quali escludono la pena per taluno di coloro che sono concorsi nel reato hanno effetto soltanto riguardo alla persona a cui si riferiscono.

Le circostanze oggettive che escludono la pena hanno effetto per tutti coloro che sono concorsi nel reato". La terminologia è la stessa di quella dell'art. 59 c.p.: in più vi sarebbe soltanto la specificazione che le circostanze in questione possono essere di natura soggettiva od oggettiva. Ritorneremo più avanti su tale distinzione. Qui importa innanzitutto rilevare come, quale che sia la loro natura, tali circostanze hanno l'effetto di escludere il reato. Limitatamente alla persona a cui si riferiscono se soggettive, per tutti coloro che sono concorsi nel reato se oggettive. Dove è chiaro che, in ipotesi di esecuzione monosoggettiva, fuori cioè dalla partecipazione di più persone, anche la causa soggettiva esclude il reato. Ad una prima lettura, dunque, l'unica novità rispetto a quanto è già implicito nella locuzione "circostanze che escludono la pena" sembrerebbe quella che dal carattere soggettivo od oggettivo di tali circostanze discendono effetti diversi quando il reato sia posto in essere in concorso fra più soggetti. Ma non può ritenersi che le circostanze che escludono la pena siano quelle attinenti all'imputabilità del reo, alle sue qualifiche personali, nonché quelle che precluderebbero un giudizio di colpevolezza. Se così fosse, la norma in questione non farebbe che ripetere quanto già enunciato dall'ultimo comma dell'art. 112. Tale disposizione, stabilendo che, in determinate circostanze, chi abbia partecipato alla commissione di un reato assieme a persona non imputabile, ovvero non punibile a cagione di una condizione o qualità personale, ovvero ancora che abbia agito incolpevolmente, subisce, per ciò stesso, un aumento di pena, sancisce, nel contempo, il principio che i suddetti motivi di non punibilità non si estendono alle persone cui non si riferiscono direttamente. Il *quid novi* apportato dall'art. 119, I comma, si fa invece chiaro allorché si ritiene che esso concerna una particolare categoria di elementi, che l'art. 112 e anche l'art. 111 c.p. [1] non prendono in considerazione. Si tratta appunto delle cau-

---

[1] Art. 112 c.p.: "*Circostanze aggravanti.* La pena da infliggere per il reato commesso è aumentata:

1) se il numero delle persone, che sono concorse nel reato, è di cinque o più, salvo che la legge disponga altrimenti;

2) per chi, anche fuori dei casi preveduti dai due numeri seguenti, ha promosso od organizzato la cooperazione nel reato, ovvero diretto l'attività delle persone che sono concorse nel reato medesimo;

3) per chi, nell'esercizio della sua autorità, direzione o vigilanza, ha determinato a commettere il reato, persone ad esso soggette;

4) per chi, fuori del caso preveduto dall'art. 111, ha determinato a commettere il reato un minore di anni 18 o una persona in stato di infermità o di deficienza psichica, ovvero si è comunque avvalso degli stessi nella commissione di un delitto per il quale è previsto l'arresto in flagranza.

La pena è aumentata fino alla metà per chi si è avvalso di persona non imputabile o non punibile, a cagione di una condizione o qualità personale, nella commissione di un delitto per il quale è previsto l'arresto in flagranza.

Se chi ha determinato altri a commettere il reato o si è avvalso di altri nella commissione del delitto ne è il genitore esercente la potestà, nel caso previsto dal numero 4 del primo comma la pena è aumentata fino alla metà e in quello previsto dal secondo comma la pena è aumentata fino a due terzi.

Gli aggravamenti di pena stabiliti nei numeri 1, 2 e 3 di questo articolo si applicano anche se taluno dei partecipi al fatto non è imputabile o non è punibile".

Art. 111 c.p.: "*Determinazione al reato di persona non imputabile o non punibile.* Chi ha determinato a commettere un reato una persona non imputabile, ovvero non punibile a cagione di una condizione o qualità personale, risponde del reato da questa commesso, e la pena è aumentata. Se si tratta di delitti per i quali è previsto l'arresto in flagranza, la pena è aumentata da un terzo alla metà.

se di giustificazione. Vale a dire di quelle situazioni di fatto le quali escludono la rilevanza penale di un comportamento che altrimenti costituirebbe reato.

Spiegare come questo accada significa mettere a fuoco il rapporto intercorrente tra tali situazioni e gli elementi costitutivi positivi del fatto di reato. Le opinioni al riguardo sono diverse. Verrebbe da pensare che le cause di giustificazione siano cause estintive della punibilità: il fatto realizzato in presenza di una scriminante nascerebbe come un vero e proprio fatto di reato da cui sorgono conseguenze sanzionatorie, estinte dall'efficacia caratteristica della scriminante.

Senonché, in tanto si può dire che il fatto giuridico scriminante estingue la punibilità, in quanto punibilità si sia già prodotta. Ma non è questo il caso. La scriminante non estingue la punibilità, perché la punibilità non è mai sorta. Il fatto realizzato in presenza di una causa di giustificazione nasce *ab initio* penalmente lecito, o se si preferisce, penalmente irrilevante. Non esiste alcuna possibilità di cogliere una successione logico-temporale tra un momento in cui il fatto è punibile e un momento in cui non lo è più a causa della scriminante: di questa doppia vicenda non vi è alcuna traccia né nella disciplina positiva, né in principi o concetti di teoria generale.

Inoltre, questo ordine di idee presuppone la possibilità di individuare sul piano naturalistico la scriminante come fatto giuridico autonomo esterno al fatto obiettivo di reato. Qualche volta ciò è possibile (ad esempio: consenso dell'avente diritto: Tizio distrugge la cosa mobile di Caio col consenso di lui), ma il più delle volte manca un accadimento che possa dirsi fatto giuridico autonomo: come vedremo, costituisce causa di giustificazione l'esercizio del diritto (*rectius*: di una facoltà legittima). L'avvocato che in una arringa pronunciata davanti all'autorità giudiziaria offende l'avversario del proprio cliente, quando l'offesa concerne l'oggetto della causa, non commette ingiuria se l'avversario è presente o diffamazione se l'avversario è assente (art. 598 c.p.). In questo caso la scriminante non si configura come un fatto giuridico naturalisticamente distinto e indipendente dal fatto che senza di essa sarebbe reato, ma costituisce una *modalità* del fatto. Se costituisce una modalità del fatto, è evidente che la scriminante nasce con esso e inerisce strettamente ad esso e perciò non si può parlare di un momento in cui il fatto sarebbe punibile e di un momento successivo in cui la punibilità verrebbe estinta.

Altra soluzione possibile potrebbe essere quella secondo la quale le cause di giustificazione sarebbero fatti impeditivi della punibilità.

A somiglianza del punto di vista sopra criticato, anche questo ritiene che la scriminante sia una fattispecie *esterna* alla fattispecie di reato; la diversità rispetto alla tesi precedente riguarda l'efficacia attribuita alla scriminante: non sarebbe estinta una conseguenza di punibilità già sorta, ma sarebbe impedito che la punibilità si verifichi. La scriminante, cioè, si pone come una fattispecie autonoma ri-

---

Se chi ha determinato altri a commettere il reato ne è il genitore esercente la potestà, la pena è aumentata fino alla metà o, se si tratta di delitti per i quali è previsto l'arresto in flagranza, da un terzo a due terzi".

spetto alla fattispecie di reato e fa sì che quest'ultima non produca i suoi effetti di punibilità.

Ammettiamo che i fatti impeditivi abbiano ragion d'essere sul piano sostanziale[2]: tuttavia concepire le scriminanti in questi termini riesce ugualmente impossibile. Si possono ripetere le critiche rivolte all'ordine di idee precedentemente considerato.

Come i fatti estintivi, i fatti impeditivi presuppongono una doppia vicenda.

La prima di qualificazione del fatto come penalmente antigiuridico, la seconda segnata dall'efficacia di un fatto che impedirebbe gli effetti nascenti dall'illecito. Ma anche qui non è dato reperire segni di una simile vicenda.

L'impossibilità di sostenere detta tesi risulta ancor più evidente nei casi in cui la scriminante, anziché appartenere alla sfera di fatti giuridici eventualmente autonomi (es.: consenso dell'avente diritto), assume la struttura di modalità del fatto realizzato (es.: esercizio di un diritto). Tutte le volte in cui la scriminante non si può configurare quale fattispecie esterna al fatto costitutivo di reato si profila come modalità dell'azione.

Non rimane che optare per la concezione che ravvisa nella cause di giustificazione elementi negativi del fatto. Concezione della quale abbiamo già detto, e alla quale avevamo già manifestato la nostra adesione, trattando delle differenze che intercorrono tra elementi positivi del fatto costruiti negativamente ed elementi negativi dello stesso[3]. Qui possiamo aggiungere che l'inerenza al fatto, sotto un profilo negativo, delle cause di giustificazione parrebbe comprovata dalla norma già citata dell'art. 530, III comma, c.p.p., che, in ipotesi di dubbio, detta per le cause di giustificazione la disciplina disposta a proposito degli elementi positivi. Riconosciamo però che l'argomento non è decisivo perché la regola vale, oltre che per le cause di giustificazione, anche per le cause personali di non punibilità, che certamente sono estranee al fatto.

2. *Le cause di giustificazione comuni. Il consenso dell'avente diritto*

Il codice penale enuncia dall'art. 50 all'art. 54 quelle che si definiscono scriminanti (o esimenti, o cause di giustificazione) comuni. Risultano tali perché tenden-

---

[2] In proposito autorevole opinione sostiene che di fatti impeditivi non può parlarsi su piano sostanziale, ma solo su quello processuale: più precisamente essi inciderebbero sull'onere probatorio, nel senso che il compito di provarli spetterebbe non all'attore, ma al convenuto. Su tal via, dire che le scriminanti sono fattispecie impeditive, equivarrebbe a dire che è l'imputato a dover dimostrare la loro presenza. Ma in diritto penale e in diritto processuale penale non vi è ripartizione dell'onere probatorio. Per ciò che concerne, in particolare, le cause di giustificazione il III comma dell'art. 530 c.p.p. elimina ogni possibilità di discussione al riguardo, stabilendo che se vi è dubbio sull'esistenza di una causa di giustificazione il giudice pronuncia sentenza di assoluzione.

[3] Cfr. il capitolo VIII al § 14.

zialmente possono riguardare qualsiasi figura di reato o, comunque, un numero notevole e indefinito di reati.

Ad esse si contrappongono le cause di giustificazione dette speciali o relative, perché a differenza delle prime concernono soltanto una o alcune, specificamente individuate, ipotesi criminose.

Così, ad esempio, l'esimente prevista all'art. 384, I comma, c.p. per i reati di cui agli artt. 361, 362, 363, 364, 365, 366, 369, 371 *bis*, 372, 373, 374 e 378.

Le cause di giustificazione comuni hanno a fondamento o l'esercizio di una facoltà legittima, così le esimenti rispettivamente previste dagli artt. 50, 51 nella parte in cui fa espresso riferimento all'"esercizio del diritto", 52 e 53 c.p., o l'adempimento di un dovere la cui inosservanza sia giuridicamente sanzionata (art. 51 nella parte in cui prevede, appunto, quale scriminante, l'adempimento di un dovere imposto da una norma giuridica o da un ordine legittimo della pubblica autorità), o una situazione di necessità, caratterizzata dal fatto che il pericolo incombente sia, fra l'altro, evitabile solo ricorrendo alla condotta che, se non ci fosse tale necessità, sarebbe punibile.

Considerata dall'angolo visuale del soggetto destinatario dell'atto di consenso, che lo autorizza a porre in essere un comportamento che in mancanza del consenso stesso costituirebbe reato, l'esimente in questione rappresenta null'altro che una delle tante ipotesi di esercizio del diritto. La facoltà legittima mediante la quale si estrinseca nasce, come vedremo, dalla autorizzazione di persona in grado, sia giuridicamente che di fatto, di porre in essere, essa stessa, la condotta contenuto di tale facoltà.

La lettura della disposizione enunciata dall'art. 50 c.p. ci permette di cogliere le ragioni per le quali il consenso è trattato in una regola autonoma rispetto a quella che contempla espressamente l'esercizio di un diritto. Siamo in presenza di un atto di disposizione privata e si comprende subito come debbano essere poste in chiaro le condizioni cui è subordinata la rilevanza dell'atto dispositivo. Più esattamente, lo vedremo appresso, le condizioni che qualificano come esercizio del diritto il consenso.

Abbiamo, insomma, un doppio profilo di realizzazione di facoltà legittima: a monte ad opera di chi presta il proprio consenso a che sia posta in essere la lesione o la messa in pericolo di un diritto con un comportamento che, ove non ci fosse tale assenso, sarebbe reato; a valle da parte del soggetto destinatario dell'autorizzazione. La scriminante presuppone, quindi, la legittimazione discendente dalla titolarità di un diritto che, come si ricava dall'art. 50 c.p., deve essere un diritto disponibile. Occorre allora stabilire quando si abbia la disponibilità di una situazione giuridico-soggettiva favorevole attiva[4]. Va subito scartata, per eccesso e per difetto, l'equazione diritto disponibile-diritto patrimoniale.

Per eccesso, perché, ad esempio, il proprietario di beni, appartenenti al patrimonio artistico o archeologico nazionale, può, rispettando certe condizioni, effet-

---

[4] Cfr. Parte I "La legge penale", capitolo V, p. 138 ss.

tuarne la vendita: ma non può autorizzarne la distruzione o la alterazione ad opera di un terzo, *come, d'altra parte, egli stesso, proprietario, non potrebbe fare*. E non basta. I diritti di credito hanno, direttamente o indirettamente, carattere patrimoniale, ma nel loro oggetto non rientra la possibilità di condotte che ne costituiscano esercizio legittimo: la situazione giuridico-soggettiva favorevole si esaurisce in una aspettativa garantita e dà luogo all'azionabilità solo se a tale aspettativa non sia stata resa ragione. Quanto, poi, alla possibilità di cessione, va detto che in tal caso non si avrebbe da parte del cessionario realizzazione di condotta, quale che essa sia, autorizzata dal cedente, bensì titolarità immediata e diretta di un diritto proprio.

L'equazione: diritto disponibile-diritto patrimoniale è viziata, poi, per difetto. Non è detto che il diritto presupposto di un atto di consenso sia unicamente un diritto reale o, comunque, a contenuto patrimoniale. Possono essere autorizzati anche atti dispositivi, di intervento, sul proprio corpo, nonché su diritti della personalità. L'art. 5 c.c. stabilisce, *a contrario*, l'area del potere dispositivo che ciascuno ha sulla propria fisicità[5]; entro i limiti così segnati non v'è motivo per nega-

---

[5] Art. 5 c.c.: "*Atti di disposizione del proprio corpo.* Gli atti di disposizione del proprio corpo sono vietati quando cagionino una diminuzione permanente dell'integrità fisica, o quando siano altrimenti contrari alla legge, all'ordine pubblico, o al buon costume". In giurisprudenza, cfr. Cass. V, 12 maggio 1992, n. 5544: "A norma dell'art. 5 c.c. gli atti di disposizione del proprio corpo sono vietati quando cagionino una diminuzione permanente dell'integrità fisica, o quando siano altrimenti contrari alla legge, all'ordine pubblico o al buon costume. Ne consegue che, ai fini delle configurabilità del delitto di omicidio preterintenzionale, il consenso prestato ad una iniezione di eroina, che ha provocato effetti letali, e che è indubbiamente contro il buon costume e comunque contro la legge (posto che le iniezioni per endovena sono praticabili solo da personale sanitario qualificato) è un consenso non valido e non atto a scriminare il reato precitato"; Cass. I, 12 agosto 1998, n. 9326: "La causa di giustificazione del consenso dell'avente diritto prevista dall'art. 50 c.p. può avere efficacia scriminante anche rispetto alle percosse e alle lesioni se viene prestato volontariamente nella piena consapevolezza delle conseguenze lesive all'integrità personale, sempre che queste non si risolvano in una menomazione permanente che, incidendo negativamente sul valore sociale della persona umana, elide la rilevanza del consenso prestato. (Fattispecie concernente pratiche erotiche sadomasochistiche in relazione alle quali la S.C. ha affermato che, anche a non voler ritenere operante il limite del buon costume sancito dall'art. 5 c.c. in materia di atti di disposizione del proprio corpo, ma valga soltanto il divieto di diminuzioni permanenti dell'integrità fisica, non basta ad escludere l'antigiuridicità del fatto il consenso dell'avente diritto espresso nel momento iniziale della condotta, essendo, invece, necessario che il consenso stesso sia presente per l'intero sviluppo di questa, onde la scriminante in esame non può essere invocata allorché l'avente diritto manifesti, esplicitamente o mediante comportamenti univoci, di non essere più consenziente al protrarsi dell'azione cui aveva inizialmente aderito)"; Cass. I, 21 giugno 1968, n. 671: "Non costituisce valido consenso, perché contrario al buon costume, inteso quale comune opinione della norma morale, il permettere l'incrudelimento sul proprio corpo, a mezzo di scottature con braci di sigarette, da parte dell'amante durante l'amplesso sessuale"; Cass. V, 6 gennaio 1981, n. 57: "In tema di lesioni personali, non può operare, come causa giustificatrice, il consenso dell'avente diritto, quando l'azione delittuosa sia diretta a provocare ferite nel corpo della persona offesa non preventivamente determinabili. In tal caso la prestazione di un valido consenso – quale manifestazione di un atto di disposizione del proprio corpo *ex* art. 5 c.c. – rimane impedita dalla impossibilità di

re la possibilità di concedere ad un terzo di compiere *quell'atto che l'autore del consenso avrebbe potuto effettuare di persona.*

Lo stesso deve dirsi, in via di estensione analogica della regola dell'art. 5, per numerosi diritti della personalità: in modo caratteristico, libertà e onore. Osservando anche qui i limiti posti dall'art. 5 c.c. (il consenso non può portare ad una diminuzione permanente della dignità della persona umana, né può avere ad oggetto una condotta contraria alla legge, all'ordine pubblico, al buon costume) deve ritenersi operante la causa di giustificazione. Né può obiettarsi che si arriva a questo risultato mediante il ricorso all'analogia, vale a dire ad un'operazione di interpretazione del sistema estranea al diritto penale. Oggetto dell'estensione analogica non è una regola penale, bensì una regola extrapenale dalla quale discende il diritto della personalità: e val la pena di notare che, per effetto dell'argomento analogico, il consenso rileva come scriminante non soltanto per ciò che riguarda fatti di reato – ad esempio, diffamazione o sequestro di persona [6] – ma anche in rapporto a quelli che, in mancanza di consenso, sarebbero illeciti civili, amministrativi e via dicendo.

Abbiamo ripetutamente messo in evidenza come attraverso l'atto di disposizione si può costituire in capo ad un terzo quella facoltà legittima che il titolare del diritto avrebbe potuto porre direttamente in essere (vuoi personalmente, vuoi avvalendosi di un rappresentante). Il che ci porta ad individuare il criterio in base al quale un diritto deve ritenersi, agli effetti dell'art. 50, disponibile. Contenuto o oggetto del diritto è un fascio di facoltà che segnano la liceità dell'agire del titolare del diritto in svariate direzioni. La proprietà di un fondo comporta la facoltà di coltivarlo; entro certi limiti, di lasciarlo incolto e così via. Se si tratta di cosa mobile, posso utilizzarla o, se non ci sono particolari vincoli, distruggerla. Regola generale pare, allora, questa: è disponibile la facoltà che il soggetto titolare della situazione giuridico-soggettiva, di cui la facoltà rappresenta uno dei contenuti, può liberamente porre in essere – salvo che la facoltà stessa non sia attribuita al soggetto

---

una completa valutazione del suo ambito di operatività"; Cass. V, 18 giugno 1987, n. 7425: "Il generico divieto di atti dispositivi del proprio corpo che importino una diminuzione permanente dell'integrità fisica non esclude l'efficacia scriminante del consenso in ordine a specifici atti dispositivi di volta in volta ritenuti leciti dal legislatore. (Fattispecie in tema di vasectomia)"; Cass. II, 20 gennaio 1984, n. 594: "In tema di lesioni personali, il consenso dell'avente diritto ha efficacia, come causa giustificatrice, se viene prestato volontariamente nella piena consapevolezza delle conseguenze lesive all'integrità personale sempre che queste non si risolvano in una menomazione permanente la quale, incidendo negativamente sul valore sociale della persona umana, fa perdere di rilevanza al consenso prestato. (Fattispecie in tema di lesioni conseguenti a terapie odontoiatriche)".

[6] Cfr. Cass. V, 14 ottobre 1986, n. 10841: "In tema di sequestro di persona deve ritenersi rinunciabile, in nome di convinzioni religiose, una certa sfera della propria libertà personale, nonostante sia un bene costituzionalmente protetto, solo quando: a) il consenso non sia viziato da errore violenza o minaccia; b) pur sussistendo un iniziale e non viziato consenso a regole restrittive di associazioni religiose, non sia stata, poi, repressa la libertà di dissociazione mediante mezzi illeciti; c) non si tratti di lesione di sfere indisponibili della libertà personale, come nel caso di punizioni degradanti o sommamente umilianti".

titolare del diritto con esclusione di chiunque altro[7]. Superfluo aggiungere che, nei casi in cui il diritto sia disponibile, il consenso prestato opera unicamente nei confronti del destinatario del consenso stesso: a meno che non sia *espressamente* (verbalmente o per fatti concludenti) manifestata la volontà che l'autorizzazione sia conferibile, da chi l'ha ricevuta per primo, a terzi.

Non può parlarsi di consenso presunto. Questo sarebbe il risultato di un giudizio ipotetico che la lettura dell'art. 50 c.p. scarta risolutamente. Non si può, insomma, ragionare muovendo dall'assunto che se il titolare del diritto, della cui lesione o messa in pericolo si tratta, fosse stato in grado di prestare il consenso lo avrebbe fatto. Come vedremo, l'ordinamento appresta strumenti diversi, che trovano una disciplina diversa per far fronte a quanto di legittimo e razionale sarebbe alla base di una siffatta presunzione[8]. Restando alla causa di giustificazione prevista dall'art. 50 c.p., essa si impernia su consenso effettivamente prestato. Potrà darsi comunicazione diretta al destinatario attraverso parole o segni semanticamente significativi; potranno darsi atti concludenti dai quali il consenso si desume allo stesso modo che se l'autorizzazione fosse direttamente comunicata dal soggetto concedente al destinatario[9]. Non basta che il diritto, oggetto del consenso, sia disponibile. Occorre, anche, che l'autorizzazione provenga da persona legittimata a quel dato modo di esercizio del diritto che si concreta nella messa in atto della condotta facoltizzata. I requisiti di legittimazione si ricavano dalla natura del diritto che comprende la facoltà autorizzata. Bisogna tener conto, quindi, della tipologia della situazione giuridico-soggettiva: è necessario aver riguardo, in concreto, a ciò su cui cade la facoltà concessa. Così l'atto dispositivo che abbia per oggetto un diritto di proprietà esigerà, di regola, la maggiore età e la capacità di intendere e di volere. Se, però, il consenso è prestato con riferimento a cose che per consuetudine o usi si ritiene rientrino nella

---

[7] Cfr., con toni più suggestivi che esplicativi, Cass. III, 21 giugno 1965, n. 1487: "Perché il consenso della parte offesa abbia rilevanza discriminante, è necessario che riguardi diritti disponibili, cioè diritti soggettivi privati che lo stato riconosce al singolo cittadino per garantirne a costui il libero e integrale godimento, e non diritti che riflettono superiori interessi della società, o della famiglia o dello Stato: ipotesi questa nella quale rientra il reato di usura, perché con esso la legge tutela non solo il bene giuridico della integrità del patrimonio del cittadino, ma altresì – dichiarando il reato medesimo perseguibile di ufficio – l'interesse sociale alla repressione della iniqua speculazione (condannata dal costume sociale) diretta allo sfruttamento dell'altrui stato di bisogno".

[8] Cfr. oltre il tema dell'*utilis gestio* (p. 336).

[9] Cfr. Cass. V, 12 maggio 1992, n. 5545: "In tema di diffamazione a mezzo stampa, l'aver avuto modo di esprimere sullo stesso giornale da parte del diffamato la propria tesi in contrasto con quella dell'autore di un articolo diffamatorio non equivale a manifestazione tacita di consenso alla pubblicazione dell'articolo stesso. Il difendersi da una accusa non implica, infatti, in alcun modo la volontà di acconsentire a che l'accusa stessa venga pubblicamente diffusa, né la pubblicazione della tesi difensiva vale a rendere lecita la diffusione di una notizia diffamatoria, in quanto l'offesa alla reputazione resta comunque in essere e la sua esclusione è peraltro limitata e condizionata ad un giudizio che possa essere dato da alcuni lettori circa la prevalenza della tesi difensiva rispetto a quella diffamatoria", che mentre ammette in linea di principio la rilevanza del consenso tacito, nega che a un certo comportamento concreto possa attribuirsi tale significato.

disponibilità del minore (ad esempio un giocattolo di minimo valore economico e di nessun significato affettivo), esso sarà giuridicamente rilevante.

Nel tentativo di racchiudere in una formula sufficientemente espressiva i requisiti di validità del consenso, lo si è voluto definire come negozio giuridico: di diritto privato per taluni, di diritto pubblico per altri. Costruzione (*rectius*: costruzioni) cui si dovrebbe far credito solo se fosse possibile ritenere che, in linea generale, tutti i principi e le regole che danno corpo a quell'astrazione dal contratto e dalle varie ipotesi contrattuali, che è il negozio giuridico, disciplinino l'atto di consenso. Il che, come abbiamo visto, non è. Il consenso è una della varie forme di esercizio del diritto; ne consegue che struttura e regolamentazione dipendono dalla natura del diritto che ha quale contenuto la facoltà autorizzata – e si intende: la facoltà considerata nel contesto concreto dell'accaduto, con riferimento, cioè, anche all'oggetto su cui cade il comportamento che la realizza. A tenersi prudenti, può dirsi solo che il consenso è un atto giuridico: col requisito minimo e indefettibile della riferibilità alla coscienza e volontà di chi lo pone in essere.

Chiaro, dunque, a questo punto, l'oggetto precipuo dell'art. 50 c.p.: l'insieme delle condizioni che rendono valido il consenso. Condizioni che riguardano il diritto del quale l'atto del consenso rappresenta una forma di esercizio e condizioni che riguardano la legittimazione a tale forma di esercizio del diritto. In altre parole, la disciplina posta nell'art. 50 concerne prevalentemente la posizione del soggetto che effettua l'autorizzazione. Di chi agisce sulla base di una tale autorizzazione è detto soltanto che non è punibile. La concisione del testo si spiega considerando che, anche per il soggetto destinatario del consenso, porre in essere l'attività consentita rappresenta esercizio di facoltà legittima. Abbiamo già notato che la scriminante dell'art. 50 c.p. si svolge tra l'esercizio del diritto da parte del consenziente e l'esercizio del diritto da parte del soggetto autorizzato. Il primo costituisce in capo al secondo una facoltà legittima – e la legge ha cura di stabilire a quali condizioni ciò possa avvenire. Anche la condotta del secondo, che è quella a cui la scriminante si riferisce, costituisce esercizio del diritto e, come tale, cade sotto la previsione dell'art. 51 c.p. Prova ne sia che, nella disciplina dell'eccesso colposo da cause di giustificazione, l'art. 50 c.p. non è menzionato: eppure andare oltre i limiti posti da un atto di consenso è tutt'altro che infrequente. Il silenzio sull'art. 50 c.p. si spiega solo avendo presente che, per quel che riguarda la condotta della persona autorizzata, si ha esercizio del diritto: cioè, la scriminante enunciata dall'art. 51 c.p., questa sì richiamata dall'art. 55 c.p.

Quanto esposto non pare sia contrastato dal rilievo, sovente mosso, secondo il quale l'esercizio del diritto non sarebbe compatibile con la revocabilità dell'atto di consenso. Sulla revocabilità non v'è dubbio: ma la costituzione in capo ad un soggetto di facoltà legittima non è esclusa da limiti e condizioni apposti a detta facoltà. Nel caso nostro, il venir meno della volontà del concedente è condizione risolutiva dell'effetto costitutivo [10].

---

[10] Non si tratta di condizione meramente potestativa perché tale è la condizione *sospensiva* dipendente in tutto e per tutto dalla volontà di una delle parti. Come nel girovagare senza fine di Bertoldo che ha ottenuto di essere impiccato ad un albero di suo gradimento.

3. *L'esercizio di un diritto*

L'art. 51 c.p., rubricato "Esercizio di un diritto o adempimento di un dovere" dispone che "L'esercizio di un diritto o l'adempimento di un dovere imposto da una norma giuridica o da un ordine legittimo della pubblica Autorità, esclude la punibilità.

Se un fatto costituente reato è commesso per ordine dell'Autorità, del reato risponde sempre il pubblico ufficiale che ha dato l'ordine.

Risponde del reato altresì chi ha eseguito l'ordine, salvo che, per errore di fatto, abbia ritenuto di obbedire a un ordine legittimo.

Non è punibile chi esegue l'ordine illegittimo, quando la legge non gli consente alcun sindacato sulla legittimità dell'ordine".

Analizziamo partitamente le due ipotesi contemplate da questa norma.

Viene anzitutto in considerazione l'esercizio di un diritto.

L'espressione "esercizio di un diritto" è equivalente a quella dell'art. 652 c.p.p.: esercizio di una facoltà legittima. A ben guardare quest'ultima è la dicitura più esatta: l'esercizio non si riferisce, infatti, al diritto stesso, bensì al suo contenuto, rappresentato dalle facoltà ad esso inerenti.

Il diritto di cui all'art. 51 c.p. deve avere sempre fonte in una norma di legge: anche la consuetudine rileva, a patto però che una legge le assicuri rilevanza in una determinata materia [11].

Abbiamo già visto [12] come a cagione della riserva assoluta di legge che caratterizza il diritto penale la norma primaria attributiva di un diritto non possa essere che norma dello Stato. Se così non fosse, il monopolio, che è di modo di disciplina e non di campo di materia, della legge statuale verrebbe ad essere gravemente indebolito. L'intervento di leggi regionali, nelle materie attribuite dalla Costituzione (art. 117 Cost.), potrebbe vanificare gli effetti, o una gran parte di questi, dei precetti provenienti da leggi dello Stato. Non avrebbe senso una disciplina che prescrivesse che gli elementi positivi di un fatto di reato debbano essere enunciati da una regola statuale, lasciando libertà a leggi di enti locali di prevedere diritti il cui esercizio limitasse la portata del precetto positivo.

Il coinvolgimento delle regole extrapenali costitutive di un diritto, il cui esercizio scrimini, rende evidente, insomma, la necessità di ritenere che la riserva assoluta di legge riguardi anche tali norme, quando vengano ad integrare, ponendo un elemento negativo, una disposizione incriminatrice penale.

Si pone il delicato problema di come si evidenzi la norma di legge costitutiva del diritto. Come vedremo, non è detto che si tratti sempre di norma espressamente autorizzante, anche se nella maggior parte dei casi la legge attribuisce in via diretta una *facultas agendi* o esprime quest'ultima avvalendosi di una dichiarazio-

---

[11] Cfr. l'art. 8 delle Disposizioni sulla Legge in Generale: "*Usi*. Nelle materie regolate dalle leggi e dai regolamenti gli usi hanno efficacia solo in quanto sono da essi richiamati".

[12] Cfr. Parte I, capitolo II, p. 29 ss.

ne di non sanzionabilità nel quadro generale dell'ordinamento. Esempio di autorizzazione espressa è quello fornito dall'art. 383 c.p.p. che legittima il privato all'arresto in flagranza di chi è colto nel commettere determinati delitti; se non vi fosse una disposizione siffatta si verrebbe a perpetrare un comportamento di violenza privata o sequestro di persona. L'autorizzazione può discendere anche da fonti cosiddette intermedie, come l'atto amministrativo o il negozio giuridico.

Naturalmente, tutte le volte che ci si trovi di fronte ad una fonte di questo tipo va ricordato che la sua rilevanza riposa comunque su una legge che assicuri a quel certo atto amministrativo, a quel certo atto di diritto privato l'efficacia costitutiva di un diritto. In mancanza di norma primaria, immediatamente o mediatamente autorizzante, non si dà ipotesi di esercizio del diritto, quale possibile causa di giustificazione.

L'autorizzazione discendente da una norma di legge può essere implicita.

Facciamo il caso del divieto di gioco d'azzardo posto dall'art. 718 c.p.

Supponiamo, come di fatto è, l'esistenza di case da gioco facenti capo ad enti locali, per lo più comuni, autorizzati in via amministrativa a gestire direttamente, o a darne la concessione a privati, una casa da gioco. La legittimità costituzionale degli atti di autorizzazione, considerati indipendentemente da ogni collegamento a norma primaria, è quanto mai problematica. Senonché, il bilancio dello Stato, nel determinare i contributi dovuti ad un certo ente locale (ad esempio una regione a Statuto autonomo) può tener conto del presumibile introito di cui l'ente locale lucrerà in ragione dei diritti che gli spettano sui proventi della casa da gioco. Ora, fermo restando che non è l'atto amministrativo che può costituire una facoltà legittima, un punto deve ritenersi fuori discussione. Nel momento in cui una legge dello Stato tiene conto delle somme che prevedibilmente un ente locale riscuoterà da una casa da gioco, è presupposto, o, più esattamente: è costituito, in capo all'ente locale il diritto alla gestione diretta o attraverso concessionari della casa da gioco.

In linea di principio, lo Stato in una sua legge, formale e sostanziale, non potrebbe prendere in considerazione, ai fini del calcolo di entrate e uscite, che attività lecite. Può dirsi, anzi, che in certi casi è proprio questa presa in considerazione che dà a tale attività l'impronta della liceità. Certo possono – e sono – essere menzionati proventi da attività illecite: ma in questo caso la legge non trascura di definire espressamente illecite tali attività. Così, ad esempio, nel calcolare il probabile ammontare di sanzioni pecuniarie ovvero, addirittura, disponendo la soggezione ad imposta di quanto proviene da attività qualificabili come illeciti civili, penali o amministrativi (art. 14, l. 24 dicembre 1993, n. 537).

Va ancora rilevato che il diritto, *rectius*: la facoltà legittima, cui fa riferimento l'art. 51 c.p. deve discendere da una norma autorizzatrice extra-penale e non penale: altrimenti tutte le scriminanti verrebbero ricomprese nell'esercizio di un diritto. È agevole notare, infatti, come anche la norma che prevede lo stato di necessità potrebbe essere letta nel senso di un'attribuzione al soggetto che si trovi nella situazione prevista dall'art. 54 c.p. della facoltà di agire in modo di regola vietato.

Ma a tale lettura, come vedremo meglio in seguito [13], si oppone il rilievo che l'art. 2045 c.c. stabilisce che lo stato di necessità, ipotizzato in termini pressoché uguali a quelli dell'art. 54 c.p., costituisce sul piano dell'illecito civile, una semplice circostanza attenuante: probabilmente l'unica nel sistema dei fatti illeciti civili. All'obbligo di risarcire il danno è sostituito quello di versare un'indennità la cui misura è rimessa all'equo apprezzamento del giudice. Se ne deve concludere che dall'art. 54 c.p. non discende autorizzazione di sorta ad un comportamento che, senza la necessità, rappresenterebbe un reato. La norma in questione si limita a dichiarare la non punibilità del soggetto che versi in certe condizioni, ma non gli costituisce il diritto a tenere il comportamento penalmente giustificato. Se un diritto ci fosse, l'ordinamento entrerebbe in contraddizione con se medesimo, allorché prevede una sanzione, anche se tendenzialmente meno grave di quella del risarcimento del danno.

Si badi, in proposito, che la fattispecie del 2045 non può essere riportata allo schema di quella, ad esempio, dell'art. 924 c.c., per intenderci, allo schema della riparazione del danno da fatto lecito. In questo caso si ha un'espressa autorizzazione a compiere determinate azioni ("il proprietario di sciami d'api ha diritto di inseguirli sul fondo altrui ...").

L'art. 2045 c.c., come del resto l'art. 54 c.p., si limitano l'uno a disporre una sanzione più tenue, l'altro a dichiarare la non punibilità del soggetto agente. Di costituzione di un diritto qui non è il caso di parlare: il danno cagionato è pur sempre danno ingiusto, ed alla sua realizzazione ci si può opporre in istato di legittima difesa.

Alla regola enunciata: la norma autorizzante deve aver rilievo extra-penale, non costituiscono eccezione i casi che, pur mancando una norma di legge espressamente facoltizzante, debbono considerarsi di esercizio del diritto. In tali ipotesi, infatti, è la lettura del sistema, cosa più semplice ma ancor più trascurata dell'interpretazione sistematica, che ci porta a concludere come la rilevanza in ogni settore di ordinamento di una situazione scriminante, come tale operativa in rapporto agli illeciti profilati da ciascuno dei singoli settori, possa spiegarsi unicamente con l'attribuzione di una facoltà legittima. Allorché l'ordinamento non esonera puramente e semplicemente da un certo tipo di conseguenze sanzionatorie, ma da qualunque sanzione che la struttura positiva predisponga, si ha una situazione perfettamente coincidente con quella contrassegnata dal conferimento di un diritto: se illecito non sussiste né in via civile, né in via penale, né in via amministrativa (e potremmo aggiungere: costituzionale), ciò significa che la libertà di agire, non trovando alcun ostacolo, è contenuto di una situazione giuridico-soggettiva favorevole attiva.

Ciò che conta, insomma, è la presenza di una regola o più regole di legge (o di atto normativo equiparato a legge formale: decreto legge, decreto legislativo) che espressamente o implicitamente, nelle forme che sopra si sono viste, contengano

[13] Cfr. il § 6 di questo capitolo.

l'autorizzazione al compimento di una certa condotta; condotta che, al di fuori dei casi che ricadono nell'esercizio della facoltà concessa, costituisce reato. Quando è data una siffatta autorizzazione non rileva la previsione di una conseguenza riparatoria volta al ristoro del danno che sia stato cagionato dalla condotta autorizzata. La tipologia di danni da fatto lecito è ben nota: va dall'obbligo di risarcire il danno cagionato all'altra parte per le spese fatte e per le obbligazioni contratte a causa di promessa di matrimonio cui senza giusto motivo ci si rifiuti di adempiere (artt. 79 e 81 c.c.), all'indennità dovuta dal proprietario di sciami d'api o di animali mansuefatti, legittimato ad inseguirli sul fondo altrui, ma tenuto a ristorare il proprietario del fondo su cui è entrato dei danni cagionati.

In tutti questi casi l'esercizio della facoltà espressamente conferita giustifica un comportamento che sarebbe stato costitutivo di illecito penale e civile; tale esercizio non può essere impedito e agirebbe *contra ius* chi ne volesse ostacolare la realizzazione.

Particolare rilievo nella casistica degli ultimi decenni hanno assunto le forme di esercizio dei diritti sanciti da regole costituzionali. Ancora una volta ci imbattiamo nella doppia funzione che non poche norme costituzionali svolgono. È una fenomenologia che già conosciamo. La regola costituzionale spesso funziona, oltre che da criterio di legittimità delle leggi ordinarie, anche come norma immediatamente efficace. Parliamo di efficacia immediata quando la norma pone un elemento di fattispecie (e ne abbiamo visto un esempio chiarissimo nel disposto dell'art. 27 Cost. sulla natura personale della responsabilità penale) o quando costituisce un diritto segnando un'area di libertà di azione per il soggetto che ne risulti titolare. Di grande importanza, in proposito, gli artt. 21 e 40 Cost., che sanciscono, rispettivamente, il diritto di manifestare liberamente il proprio pensiero con la parola, lo scritto e ogni altro mezzo di diffusione e il diritto di sciopero, nell'ambito delle leggi che lo regolano [14]. Si comprende quanto sia decisiva l'ampiezza che a queste espressioni normative si assegna. Un punto deve essere chiaro.

---

[14] Cfr., in tema di fattispecie particolarmente problematiche, Cass. V, 7 luglio 1998, n. 7990: "In tema di diritto di critica, ciò che determina l'abuso del diritto è la gratuità delle espressioni non pertinenti ai temi apparentemente in discussione; è l'uso dell'"argomentum ad hominem", inteso a screditare l'avversario politico mediante l'evocazione di una sua pretesa indegnità o inadeguatezza personale, piuttosto che a criticarne i programmi e le azioni"; Cass. V, 7 luglio 1998, n. 8036: "In tema di cronaca giudiziaria, la verità della notizia mutuata da un provvedimento giudiziario sussiste, ai fini della scriminante di cui all'art. 51 c.p., ogni qualvolta essa sia fedele al contenuto del provvedimento stesso, senza alterazioni o travisamenti. Il limite della verità deve essere restrittivamente inteso, dovendosi verificare la rigorosa corrispondenza tra quanto narrato e quanto realmente accaduto, perché il sacrificio della presunzione di innocenzaa non può esorbitare da ciò che sia necessario ai fini informativi. (Fattispecie in cui è stato ritenuto diffamatorio affermare, contrariamente al vero, che l'imputato era stato arrestato)"; Cass. I, 27 gennaio 1996, n. 856: "L'esercizio di un diritto tutelato costituzionalmente, come quello di sciopero, qualora comporti l'astensione dalle udienze, costituisce legittimo impedimento del difensore e determina il rinvio del dibattimento, sempre che l'adesione del difensore allo sciopero nazionale di categoria sia stata tempestivamente comunicata all'ufficio procedente,

Il contenuto dei diritti citati, vale a dire l'arco delle facoltà legittime possibile oggetto di esercizio, non trova limiti nelle disposizioni che configurano reati o, comunque, illeciti d'altra natura. È vero tutto il contrario. Sono queste disposizioni, quelle cioè che prevedono fatti illeciti, ad essere delimitate, in forza dell'art. 51 c.p. dalla *ratio* che è alla base di esso, dall'ampiezza del diritto che opera come causa di giustificazione.

Ci rendiamo conto che l'*actio finum regundorum* tra fatto antigiuridico e diritto il cui esercizio scrimina, spesso è tutt'altro che di facile attuazione. La tecnica legislativa continentale, soprattutto quella dei Paesi latini, sembra rifuggire dalle analitiche puntualizzazioni delle leggi scritte dei Paesi di *common law*; *common law* alla quale si affiancano, in misura sempre più consistente, *Statutes* che, senza indulgere a cosiddetti principi generali, stabiliscono, con grande precisione, che cosa si può e che cosa non si può fare.

Un esempio assai significativo delle difficoltà nelle quali l'interprete si imbatte è dato dall'esercizio dello *ius corrigendi*. La determinazione dell'ambito entro il quale esso può esercitarsi, pur se risente inevitabilmente di usi e modelli culturali, deve trovare il suo fondamento in una legge. Ora, non v'è norma primaria che indichi espressamente quando dallo scapaccione consentito si passi alle percosse vietate. Soccorre, però, l'art. 147 c.c. che pone per entrambi i coniugi l'obbligo di mantenere, istruire ed educare la prole, tenendo conto delle capacità, dell'inclinazione naturale e delle aspirazioni dei figli.

È sancito un obbligo. Ogni statuizione del genere, però, presuppone il diritto a porre in essere quei comportamenti che risultino funzionali all'adempimento dell'obbligo. Se così non fosse, si verrebbe o a fissare il principio che si è tenuti anche *ad impossibilia*, o a configurare la norma non come interpretativo ma come

---

giacché l'astensione proclamanta da associazioni di categoria non è giuridicamente vincolante per il singolo associato, che è libero di aderire, o non, allo sciopero". *Contra*, Cass. I, 25 giugno 1996, n. 2646: "L'adesione del difensore all'astensione collettiva delle udienze deliberata dall'associazione di categoria non costituisce legittimo impedimento a norma dell'art. 486, V comma, c.p.p. Ne consegue che il rinvio del dibattimento riconducibile a tale avvenimento legittima la sospensione dei termini di custodia ai sensi dell'art. 304, I comma, lett. *b*), c.p.p. (In motivazione, la S.C. ha affermato che l'adesione del difensore allo sciopero di categoria non può configurarsi come legittimo impedimento che, nella prospettiva dell'art. 486, V comma, c.p.p., è impedimento a comparire e si ricollega a situazioni oggettive, non dipendenti dalla volontà del soggetto 'impedito', mentre l'astensione dallo svolgimento delle attività difensive in udienza costituisce una libera scelta del difensore, il quale non è affatto impedito a comparire, ma manifesta espressamente – o tacitamente, rimanendo assente – la volontà di aderire alla proclamanta astensione. Sicché tale adesione deve essere inquadrata nella nozione di abbandono della difesa, sia pure giustificato come esercizio di un diritto costituzionalmente garantito, che non fa venir meno definitivamente l'assistenza fiduciaria, rendendo, invece, operante la previsione dell'art. 97, IV comma, c.p.p., sicché il giudice deve designare un sostituto del difensore di fiducia, ove immediatamente reperibile. Di conseguenza il rinvio dell'udienza non discende da una diretta applicazione dell'art. 486, V comma, c.p.p., ma dalla verificata assoluta impossibilità di assicurare la necessaria assistenza difensiva in udienza all'imputato per la non immediata reperibilità di un difensore che possa essere designato come sostituto)".

semplice messaggio. Ed allora risulteranno espressioni dello *ius corrigendi* quei comportamenti che, rispettando le condizioni poste nella parte finale della norma (tenendo conto delle capacità ...) siano strumentali all'educazione del minore e, soprattutto, non presentino il rischio di riuscire diseducativi.

È frequente il ricorso all'art. 51 c.p. per spiegare l'efficacia esimente della apposizione di *offendicula*: mezzi di difesa della proprietà quali sarebbero cocci di vetro, filo spinato, trappole per i malintenzionati. Qui bisogna distinguere tra la collocazione di queste difese e il momento in cui esse effettivamente entrano in funzione, frapponendo un ostacolo ad offese ingiuste ad un diritto. La prima fase può dirsi che rientri sotto l'esercizio di facoltà legittima. Si tratta però di attività pericolosa, proprio per la natura dei mezzi usati. Si impone allora, in forza dell'art. 2050 c.c., l'adozione di tutte le misure idonee ad evitare il danno [15]. E in questo caso il danno che va evitato è quello che costituirebbe un eccesso dai limiti posti dall'art. 52 c.p.: in primo luogo, per difetto di proporzione tra la difesa e l'offesa.

Si potrebbe, a questo punto, concludere nel senso che ciò che effettivamente conta è l'osservanza, nel caso concreto e al momento in cui l'*offendiculum* entra in funzione, di tutti i requisiti della legittima difesa. Ci sembra, però, che il richiamo all'art. 2050 c.c. possa costituire lo strumento per impedire quelle difese che risultino *ex ante*, in ogni caso, sproporzionate rispetto a quanto si vorrebbe proteggere.

La facoltà legittima il cui esercizio scrimina è posta da una legge dello Stato italiano. Nei limiti entro i quali il cittadino italiano all'estero è obbligato dalla legge penale nazionale, secondo quanto è disposto dalla legge stessa o dal diritto internazionale, egli non potrà invocare l'esercizio del diritto nascente da una norma dell'ordinamento nel cui ambito si è provato ad agire. Diversamente deve dirsi per lo straniero che, salvi i casi dell'art. 7 c.p., potrà, se evocato in giudizio in Italia per un fatto commesso all'estero, far valere l'esercizio della facoltà legittima stabilita da regola dell'ordinamento sotto l'impero del quale egli abbia posto in essere il fatto stesso. La deroga dell'art. 7 è sorretta dal principio di difesa della comunità giuridicamente organizzata contro comportamenti considerati offese particolarmente gravi agli interessi nazionali.

---

[15] Così Cass. IV, sent. n. 14519/2010: "La liceità del ricorso agli offendicula va ricollegata alla causa di giustificazione dell'esercizio di un diritto quello della difesa preventiva del diritto stesso, di natura patrimoniale o personale. Ciò per la assenza, al momento della predisposizione di essi, dei requisiti della attualità del pericolo e della necessità della difesa da questo, tipici della legittima difesa. Affinché, però, la difesa del diritto mediante il ricorso agli offendicula possa ritenersi consentita, occorre che gli stessi non siano – di per sé o per loro stessa natura – idonei a cagionare eventi di rilevante gravità, come le lesioni personali o la morte di colui che il diritto protetto aggredisce. Se, invece, si tratta di strumenti che abbiano un'intensa carica lesiva e siano, dunque, idonei a cagionare conseguenze dannose all'incolumità personale, occorre – per l'applicazione della causa di giustificazione di cui all'art. 51 cod. pen. – effettuare, anzitutto, un giudizio di raffronto e di proporzione fra il bene difeso ed aggredito e quello offeso ed, altresì, accertare se la presenza degli offendicula era stata debitamente segnalata ed evidenziata, in modo che l'aggressore potesse e dovesse conoscere il pericolo al quale volontariamente si esponeva".

Naturalmente una legge italiana può attribuire rilevanza a diritti posti da ordinamenti diversi da quello statuale: siano essi sovrani o no. Ma in questo caso, com'è chiaro, ciò che assicura efficacia scriminante all'esercizio di tali diritti è la norma primaria del nostro ordinamento. Norma primaria rispetto alla quale occorrerà stabilire se disponga un rinvio formale ovvero un rinvio recettizio alla norma dell'ordinamento richiamato [16].

Di tutto rilievo *l'art. 2 del Concordato Lateranense*, ratificato con l. 25 marzo 1985, n. 121, nel quale è stabilito che "La Repubblica Italiana riconosce alla Chiesa Cattolica la piena libertà di svolgere la sua missione pastorale, educativa e caritativa, di evangelizzazione e di santificazione. (...)".

Abbiamo già più volte accennato alla necessità di interpretare l'ordinamento in modo che esso non si ponga in contraddizione con se stesso. Questo ci offre lo spunto per individuare la *ratio*, cioè la ragione d'essere, il fondamento pragmatico della scriminante di cui ci stiamo occupando. È il caso di premettere alcune considerazioni che valgono per tutte le cause di giustificazione, tanto comuni che speciali.

È frequente il tentativo di ridurre ad una formula *bonne a tout faire* i principi che stanno alla base delle esimenti. Su tal via ci imbattiamo nel cosiddetto bilanciamento di interessi contrapposti. Le situazioni scriminanti segnerebbero il prevalere di un interesse di libertà su quello tutelato dalla norma incriminatrice o, almeno, una situazione di indifferenza per effetto della quale per l'ordinamento è ugual cosa se sia sacrificato l'uno o l'altro dei due interessi in conflitto.

Il principio di indifferenza è qualcosa di più di una mera espressione descrittiva che non spiega il perché di una situazione di non punibilità. Quando si afferma che, in presenza di interessi di identico valore, dei quali può essere salvato soltanto o l'uno o l'altro, la legge non prende posizione né per l'uno né per l'altro, si dice, come constateremo in certe ipotesi di stato di necessità, cosa che ci dà il perché di una disciplina. Ancora, un certo bilanciamento di interessi può essere determinato da valutazioni fondate prevalentemente su considerazioni di tipo psicologico medio. È il caso di quelle scriminanti che, come vedremo, sono rette da una *ratio* di inesigibilità di un comportamento diverso da quello effettivamente tenuto o, meno drasticamente, dall'accettazione, normativamente effettuata, delle ragioni che hanno spinto al comportamento altrimenti costitutivo di reato. Ciò accade, in modo esemplare, e lo vedremo appresso [17], nella esimente prevista dall'art. 4, d.lg.lgt. 14 settembre 1944, n. 288: "Non si applicano le disposizioni degli artt. 336, 337, 338, 339, 341, 342, 343 c.p., quando il pubblico ufficiale o l'incaricato di pubblico servizio ovvero il pubblico impiegato, abbia dato causa al fatto preveduto negli stessi articoli, eccedendo con atti arbitrari i limiti delle sue attribuzioni", in calce alla resistenza a pubblico ufficiale con riferimento ai reati di oltraggio e a quelli di resistenza o violenza commessi dopo l'atto arbitrario del pubblico ufficiale. Diversamente si presenta il bilanciamento quando si ricorre a tale nozione non per descrivere la situazione cui dà luogo la presenza di una scriminante, bensì

[16] Cfr. Parte I, capitolo II, p. 44.

[17] Cfr. il § 11 di questo capitolo, p. 355.

per chiarire le ragioni dell'efficacia della scriminante stessa. Certo, l'asserto che un dato interesse alla libertà di azione prevale su quello della punibilità non è errato: ma è puramente tautologico, non fa che ribadire che una certa situazione funziona da causa di giustificazione. Se questa esclude la punibilità, segno è che prevale sulle ragioni che hanno condotto all'incriminazione. Anche di ogni fatto giuridico che escluda l'uno o l'altro degli elementi costitutivi del reato può dirsi che le ragioni che gli stanno dietro sono più pesanti di quelle che porterebbero alla sanzione. Si pensi, ad esempio, all'errore di fatto sul fatto costitutivo di reato.

E ancora: la stessa configurazione di un illecito penale presuppone un giudizio di valutazione tra interessi antitetici; giudizio che fa prevalere l'interesse alla restrizione della sfera di libertà rispetto a quello della libertà di azione.

Siamo al nocciolo della questione quando ci si chiede il motivo per cui prevale un interesse piuttosto che l'altro. Tornando alla scriminante dell'esercizio del diritto, ci siamo resi conto della schizofrenia che contrassegnerebbe quell'ordinamento che da un lato autorizzasse un certo comportamento, dall'altro lo castigasse. E ci siamo resi conto anche che da una siffatta autorizzazione può ricavarsi, in mancanza di dichiarazione espressa, l'assenza di qualsivoglia conseguenza sanzionatoria, in ogni settore dell'ordinamento, per la condotta realizzata in un dato contesto fattuale e di diritto. Certo, questo della non contraddizione è principio di buona approssimazione: singolo diritto per singolo diritto, ogniqualvolta l'esercizio di esso comporti la presenza di una esimente, dovranno individuarsi le ragioni per effetto delle quali è conferita una determinata libertà di azione. E qui l'indagine si dirama lungo tutti i percorsi segnati dalle varie facoltà legittime, per ciascuna delle quali andrà reperito il motivo di fondo. Sarà questo l'interesse alla libertà e ampiezza di comunicazione, sarà la tutela delle condizioni di lavoro e così via. Sempre, però, una volta che il motivo di fondo si coaguli in una norma autorizzante, scatta la regola della non contraddizione.

4. *L'adempimento di un dovere*

L'art. 51 c.p. prevede, quale esimente, accanto all'esercizio di un diritto, l'adempimento di un dovere.

Il dovere può discendere direttamente da una norma giuridica, si intende italiana, o da qualunque atto o fatto giuridico al quale una legge attribuisca l'efficacia costitutiva di un dovere. Tra questi atti giuridici assume particolare risalto l'ordine legittimo della pubblica autorità: tant'è vero che esso è l'unico degli atti intermedi espressamente menzionato all'art. 51 c.p. Non sorgono particolari problemi quando l'obbligo sia posto direttamente da una norma di legge.

Anche nel caso in cui la norma dia luogo a sospetto di contrarietà a regola o a principio costituzionale, l'obbligo da essa discendente deve ritenersi, fino alla declaratoria di illegittimità da parte della Corte costituzionale [18], vincolante: sul pun-

[18] Cfr. Parte I "La legge penale", capitolo II, p. 51 ss.

to e sulle questioni che ne derivano torneremo più appresso [19]. Certo, possono darsi casi la cui soluzione appaia piuttosto difficile. Così, quando più leggi facciano carico allo stesso soggetto di comportamenti da realizzare con modalità cronologiche fra di loro incompatibili. O, ancora, quando il soggetto destinatario dell'obbligo si trovi nella situazione di dover ottemperare all'obbligo stesso in circostanze di tempo identiche, ma in località diverse. Tanto nel primo caso, che più propriamente si può definire di conflitto di legge, quanto nel secondo, conflitto di doveri scaturenti dalla stessa legge (si pensi ad un segretario comunale di comuni consorziati che, alla chiusura di operazioni elettorali, deve trovarsi alla apertura delle urne nei diversi comuni nello stesso momento) la soluzione dipende dalla prevalenza che ad una legge debba riconoscersi rispetto ad altra o altre concorrenti ovvero dalla necessità di conciliare il concorso formale di più doveri dallo stesso contenuto col principio: *ad impossibilia nemo tenetur*. Principio particolarmente cogente quando, come nell'esempio fatto, l'impossibilità nasce da una situazione di fatto e normativa autorizzata dall'ordinamento.

Problemi più delicati sorgono allorché il dovere, sempre basato su una norma di legge, trovi la sua fonte immediata in quell'atto amministrativo che è l'ordine legittimo della pubblica autorità. Pubblica autorità: cioè organo dotato di poteri che gli consentano provvedimenti vincolanti di natura generale (così quelli di cui all'art. 650 c.p.) o investito di una supremazia speciale come nel caso di ordini individuali o, comunque, rilevanti per gli appartenenti ad un certo settore dell'ordinamento. In ogni caso, i poteri di chi emana l'ordine devono essere posti e disciplinati da regole di diritto pubblico. Non sarebbe scriminante, quindi, l'adempimento di un dovere che nascesse da un rapporto di diritto privato – sempre che si diano casi (ma non lo crediamo) di doveri del genere aventi a contenuto una condotta costitutiva di reato. La punibilità di chi, in queste ipotesi, accolga una istigazione, comunicata sotto forma di ordine, è, certamente, dovuta alla irrilevanza, quale esimente, dell'adempimento di un obbligo di diritto privato: ma si può essere più radicali e ritenere, come noi pensiamo, che obblighi siffatti non esistono [20].

---

[19] Cfr. il § 11 di questo capitolo.

[20] Cfr. Cass. VI, 18 gennaio 1972, n. 133: "La disposizione dell'art. 51 c.p., che trova la sua giustificazione nel divieto imposto ai cittadini di sindacare le norme giuridiche e di disubbidire agli ordini legittimi della pubblica autorità, considera non punibili i fatti preveduti dalla legge come reati, se siano commessi per adempiere ad un dovere derivante da tali norme ed ordini. Gli ordini, però, come si evince dalla precisa e chiara formulazione della legge, debbono emanare da una pubblica autorità, il che significa che i rapporti di subordinazione presi in considerazione sono esclusivamente quelli che sono previsti dal diritto pubblico. Nei rapporti di diritto privato, tra i quali sono compresi quelli che intercorrono tra i privati datori di lavoro e i loro dipendenti, non è applicabile la causa di giustificazione sopra indicata, perché manca un potere di supremazia del superiore riconosciuto dalla legge"; Cass. IV, 18 giugno 1975, n. 6779: "Non è applicabile la causa di giustificazione prevista nella seconda ipotesi di cui all'art. 51 c.p. (adempimento di un dovere imposto da un ordine) ai reati derivanti da rapporti di diritto privato mancando in questi una supremazia legittima di una parte sull'altra"; Cass. V, 2 ottobre 1984, n. 7866: "La disposizione dell'art. 51 c.p. che considera non punibili i fatti preveduti dalla legge come reati se commessi per

L'ordine deve essere legittimo. Si distingue tra requisiti di legittimità formale e requisiti di legittimità cosiddetta sostanziale. La legittimità formale esige la competenza di chi dà l'ordine ad emanare un comando del tipo di quello impartito (ad esempio un ordine di custodia cautelare); la competenza ad eseguirlo di chi riceve l'ordine; l'osservanza delle forme prescritte per l'emissione dell'ordine.

La legittimità sostanziale, malgrado la formulazione tralatizia in giurisprudenza e in dottrina, a ben guardare, non concerne il contenuto dell'ordine – si intende che quest'ultimo scrimina perché impone un comportamento che altrimenti costituirebbe illecito penale – bensì i presupposti di legittimazione della pubblica autorità, che dà l'ordine, ad emanarlo nel caso concreto. Deve trattarsi di provvedimento per il quale l'organo procedente abbia la legittimazione generale a impartire comandi di una certa tipologia: e questo, come abbiamo visto, appartiene ai requisiti di legittimità formale. La legittimità sostanziale è osservata quando sussistano gli estremi di fatto e di diritto che facoltizzano o, addirittura, obbligano la pubblica autorità all'emissione dell'ordine[21].

Per riprendere un esempio tanto ripetuto quanto illuminante, requisito di legittimità sostanziale per l'emissione di un ordine di custodia cautelare sarà la presenza di gravi indizi di colpevolezza (artt. 273 e 285 c.p.p.).

Si tratta, insomma, sempre di requisiti che attengono alla competenza: solo che dal potere attribuito per una certa classe di provvedimenti, si passa all'accertamento delle condizioni cui, nel caso di specie, il potere (o il dovere di chi emana l'ordine) è subordinato. È una fenomenologia ben nota alla scienza del diritto: basti pensare alla distinzione tra *legitimatio ad processum* e *legitimatio ad causam*.

Parrebbe allora che la contrapposizione tra requisiti formali e sostanziali non abbia fondamento, tutto riducendosi alla specificazione di un requisito formale. La distinzione va però mantenuta perché segna il confine tra ciò che può e ciò che ordinariamente non può sindacare chi riceve l'ordine della pubblica autorità.

Il capoverso dell'art. 51 è chiaro: "Se un fatto costituente reato è commesso per ordine dell'Autorità, del reato risponde il pubblico ufficiale che ha dato l'ordine".

---

adempiere ad un dovere derivante da una norma giuridica o da un ordine legittimo della pubblica autorità, prende in considerazione esclusivamente i rapporti di subordinazione previsti dal diritto pubblico e non anche i rapporti di diritto privato, come quelli intercorrenti tra i privati datori di lavoro ed i loro dipendenti, per i quali non può trovare applicazione la predetta causa di giustificazione, mancando un potere di supremazia del superiore riconosciuto dalla legge"; Cass. V, 29 novembre 1990, n. 15850: "La disposizione dell'art. 51 c.p. che considera non punibili i fatti preveduti dalla legge come reati se commessi per adempiere ad un dovere derivante da una norma giuridica o da un ordine legittimo della pubblica autorità, prende in considerazione esclusivamente i rapporti di subordinazione previsti dal diritto pubblico e non anche i rapporti di diritto privato, come quelli intercorrenti tra i privati datori di lavoro ed i loro dipendenti".

[21] Cfr. in senso sostanzialmente analogo a quanto sostenuto nel testo, Cass. I, 23 novembre 1982, n. 11159: "Perché l'adempimento di un dovere imposto da un ordine della pubblica autorità abbia efficacia scriminante è necessario che l'ordine sia legittimo, che, cioè, sia stato promanato dalla autorità competente, che sia stato dato nella forma prescritta e che, infine, il suo contenuto rientri nella esplicazione del servizio del subordinato quanto all'essenza, ai mezzi ed al fine".

Poiché il superiore è responsabile secondo le regole generali, potrà accampare a propria discolpa non solo l'errore sul fatto che costituisce reato (art. 47, I comma, c.p.), ma anche quello su legge diversa dalla legge incriminatrice quando abbia cagionato un errore sul fatto costitutivo di reato. Inspiegabilmente – o troppo spiegabilmente, se si pensa all'ideologia della obbedienza cieca, pronta e assoluta – la responsabilità di chi ha eseguito l'ordine è esclusa soltanto quando per errore di fatto abbia ritenuto di obbedire a un ordine legittimo (art. 51, III comma, c.p.). Insomma, il subordinato potrà far valere unicamente, ad esempio, l'errore sulla persona, per effetto del quale abbia ritenuto che chi gli impartiva l'ordine fosse proprio il superiore autorizzato a farlo. Non potrà giustificarsi, invece, adducendo – e motivando – un'erronea interpretazione della legge che segna i limiti di competenza del superiore. La disparità di trattamento tra la posizione di chi ha dato l'ordine rispetto a quella di chi lo ha eseguito non potrebbe essere più evidente e dà luogo ad una questione di legittimità costituzionale tutt'altro che infondata. Si vuol dire che le regole generali o valgono per entrambi o che anche per il superiore vada affermata la sola rilevanza dell'errore di fatto.

Abbiamo già accennato alla necessità di distinguere tra requisiti di legittimità formale e requisiti di legittimità sostanziale agli effetti della delimitazione dell'area entro la quale può esercitarsi il sindacato dell'inferiore. Nell'interpretazione di questa regola si è stati generalmente d'accordo distinguendo fra legittimità formale e legittimità sostanziale. Il subordinato è sempre tenuto a verificare i requisiti cosiddetti formali: e questo anche negli ordinamenti settoriali, militari e a questi ultimi equiparati o equiparabili, in cui è escluso il sindacato sulla legittimità sostanziale. Successivamente alla entrata in vigore del codice penale, nel codice penale militare di pace, all'art. 40, è stato posto un principio di eccezionale importanza.

Principio che, soprattutto considerando l'anno (1941) in cui il codice penale militare di pace è entrato in vigore, va ad onore del nostro Paese: "... risponde del fatto anche il militare che ha eseguito l'ordine, quando l'esecuzione di questo costituisce manifestamente reato" [22].

Ragionando *a fortiori* (se in ipotesi di fatto manifestamente criminoso perfino

---

[22] Cfr. Cass. I, 1 dicembre 1998, n. 12595: "Pur non essendo all'epoca vigenti – e non potendosene fare applicazione retroattiva – le regole essenziali e inderogabili del diritto umanitario bellico recepite dalle quattro convenzioni di Ginevra del 12 agosto 1949 e dai due protocolli addizionali dell'8 giugno 1977, oggetto di ratifica da parte dell'Italia rispettivamente con l. 27 ottobre 1951, n. 1739 e con l. 11 dicembre 1985, n. 762, e neppure le norme in materia di prevenzione e repressione del genocidio, di cui alla l. 9 ottobre 1967, n. 962, deve ritenersi, con riferimento all'allora vigente art. 40 cod. pen. mil. pace, che fosse da riguardare come manifestamente criminoso, con conseguente obbligo di non darvi esecuzione, l'ordine di effettuazione dell'eccidio delle Fosse Ardeatine, di cui era 'ictu oculi' riconoscibile la contrarietà ai più elementari principi di umanità, attesi, in particolare, il cinico criterio di selezione delle vittime designate e la sproporzione del loro numero (dieci a uno) a fronte del numero dei militari tedeschi rimasti vittime dell'attentato a seguito del quale, a titolo di rappresaglia, era stato deciso l'eccidio anzidetto".

il militare non è tenuto all'obbedienza) si è dedotta la conseguenza che la regola si imponga in ogni caso di adempimento di ordine la cui esecuzione costituisce manifestamente reato. Nel 1978 la legge n. 382 "Norme di principio sulla disciplina militare" ha abrogato, all'art. 22, l'art. 40 c.p.m.p., ma ha dettato la seguente disposizione: "il militare al quale viene impartito un ordine manifestamente rivolto contro le istituzioni dello Stato o la cui esecuzione costituisce comunque manifestamente reato, ha il dovere di non eseguire l'ordine ..." (art. 4, l. n. 382/1978).

E non è chi non veda l'indubbio passo avanti realizzato: non solo per l'espresso riferimento ad un ordine rivolto contro le istituzioni dello Stato, ma anche e soprattutto perché viene espressamente affermato il *dovere di non eseguire* l'ordine a contenuto eversivo o manifestamente criminoso. Per i non militari, non è necessario ricorrere, utilizzando l'argomento *a majori ad minus*, alla regola posta tra le norme di principio sulla disciplina militare. Lo statuto degli impiegati civili dello Stato (d.p.r. 10 gennaio 1957, n. 3) stabilisce all'art. 17, III comma che: "l'impiegato non deve comunque eseguire l'ordine del superiore quando l'atto sia vietato dalla legge penale". Questa disposizione non esige che l'atto costituisca *manifestamente* reato. Stabilisce, quindi, per i non militari, un onere di sindacato più ampio e penetrante di quello che compete ai militari e ai soggetti assimilati, per la disciplina, a questi ultimi. Pertanto, il civile risponderà a seconda dei casi – a titolo di dolo intenzionale o diretto, se è consapevole della antigiuridicità penale del fatto che gli è stato comandato e che egli realizzi; a titolo di dolo eventuale se, avendo unicamente la rappresentazione della possibilità di porre in essere un reato, ne accetta il rischio e lo esegue.

Come per l'esercizio del diritto anche per l'adempimento del dovere la *ratio* va reperita nel principio di non contraddizione dell'ordinamento. Più precisamente, la causa di giustificazione si profila come tipica espressione dell'impossibilità che chi esegue un comando formalmente e sostanzialmente legittimo vada incontro a conseguenze sanzionatorie di qualunque tipo. Diversamente stanno le cose quando l'ordine è sostanzialmente illegittimo, ma non dà luogo a sindacabilità: il destinatario deve eseguirlo. La regola dettata al riguardo dall'art. 17, I e II comma, d.p.r. 10 gennaio 1957, n. 3 è quanto mai eloquente: "L'impiegato, al quale, dal proprio superiore, venga impartito un ordine che egli ritenga palesemente illegittimo, deve farne rimostranza allo stesso superiore dichiarandone le ragioni. Se l'ordine è rinnovato per iscritto, l'impiegato ha il dovere di darvi esecuzione".

E non meno eloquente è il silenzio dell'art. 4, l. n. 382/1978 per il caso in cui l'ordine impartito sia illegittimo o a contenuto non manifestamente criminoso: deve intendersi che il militare, in tali ipotesi, è tenuto all'obbedienza.

Esclusa ogni sanzionabilità del subordinato tanto in via penale che civile, amministrativa o disciplinare, ci si chiede se il terzo sul quale ricadano gli effetti dell'adempimento del comando possa, ricorrendone tutti gli estremi, reagire in stato di legittima difesa. Non pare dubbio che in siffatte occasioni si dia pericolo di offesa ingiusta ad un diritto; è lo stesso ordinamento che qualifica illegittimo l'ordine alla cui esecuzione si è obbligati.

Il principio di non contraddizione non può, in tali ipotesi, estendersi fino a negare la reazione di fatto, opposta da chi difenda un diritto proprio o altrui.

5. *La legittima difesa*

L'art. 52 dispone che: "Non è punibile chi ha commesso il fatto per esservi stato costretto dalla necessità di difendere un diritto proprio od altrui contro il pericolo attuale di una offesa ingiusta, sempre che la difesa sia proporzionata all'offesa". Questa scriminante è espressione del principio di autotutela. Principio al quale anche l'ordinamento più centralizzato, che rimetta cioè tutto l'apparato sanzionatorio all'azione di organi appositamente predisposti, non può rinunciare: così come all'autotutela non può rinunciarsi quando difetti un potere in grado di applicare sanzioni nei confronti di soggetti di un dato ordinamento.

Tipico, a questo riguardo, l'ordinamento internazionale generale, nel cui ambito autotutela e, perfino, rappresaglia costituiscono forme di reazione consentite, la cui liceità andrà valutata nel contesto concreto, caso per caso – ferma restando, in ogni modo, di regola, l'ammissibilità di un'azione diretta a prevenire o a punire comportamenti antigiuridici [23]. Sul piano del diritto penale interno, la rappresaglia è, lo vedremo meglio in seguito, assolutamente esclusa: la difesa diretta contro l'incombenza di un'offesa ingiusta non può essere, invece, negata, tutte le volte che la dinamica fattuale sia tale da rendere impossibile il ricorso, per tutelare i beni minacciati, agli organi dell'apparato coattivo-sanzionatorio, all'uopo istituiti.

La scriminante si incentra, quindi, sull'esistenza di una situazione di pericolo. Struttura e posizione del pericolo nel quadro del fatto illecito, quando esso svolge il ruolo di elemento costitutivo positivo, o quando, come si verifica per la legittima difesa, fa parte di un elemento negativo, non sono riconducibili ad un unico modello.

Tuttavia, pur nella diversa funzione che il pericolo svolge nel quadro dei fatti di reato, sempre esso pone un problema di causalità ipotetica, di causabilità nei confronti di un evento la cui realizzazione è estranea alla fattispecie. In altre parole, si tratti di accertare la conformità al tipo quando il pericolo è presupposto della condotta, dato che qualifica quest'ultima o le cose oggetto materiale di essa, ovvero evento o condizione di punibilità, occorre formulare il giudizio che, alla stregua dell'esperienza, affermi la seria possibilità del verificarsi di un risultato pregiudizievole per uno o più interessi.

Ciò posto, è indubbio che il criterio di accertamento non può non essere in-

---

[23] La determinazione dei criteri in base ai quali si qualifica come antigiuridico un comportamento di un soggetto di diritto internazionale era tradizionalmente affidata a regole vincolanti nei rapporti con altri soggetti dello stesso tipo e alla loro asserita violazione. Si va facendo strada, però, e giustamente, l'idea che l'intervento sia possibile anche per vicende meramente interne ad uno Stato, quando siano caratterizzate da fatti che suonano come trasgressione a principi fondamentali di umanità e rispetto ai diritti dell'uomo.

fluenzato dalla posizione che al pericolo spetta in una determinata fattispecie. E più precisamente: una cosa è accertare un pericolo che, preesistendo o no alla condotta tipica, non va oltre questa, e altra, e ben diversa, cosa, è accertare se da una determinata condotta sia o no derivato uno stato di pericolo.

Nel primo caso, dovendo il giudice, in definitiva, pronunciarsi sulla pericolosità dell'azione, che già si è compiuta ed ha prodotto i suoi effetti, si dovrà necessariamente ricorrere alla prognosi postuma, valutando *ex ante* se, al momento della azione, sussisteva o no la seria possibilità dell'evento dannoso.

Il che significa che andranno considerate soltanto le circostanze che in base all'esperienza, e ad una valutazione che tenga conto della generalità dei consociati, erano conoscibili allorché fu realizzata l'azione, ed in più quelle ulteriori, per avventura, conosciute o conoscibili dall'agente. Tutte le altre circostanze, successivamente verificatesi, o alla conoscenza delle quali si può arrivare soltanto *ex post*, non posseggono rilevanza di sorta nella qualifica di una condotta proibita proprio perché, nei modi e nelle forme in cui è posta, presenta idoneità a cagionare un dato evento.

Vi sono però casi in cui il pericolo, elemento di fatto, non va accertato in base ad un criterio di prognosi postuma, bensì alla stregua di tutte le circostanze, anche successive alla condotta, che caratterizzano il caso concreto. Prendiamo, ad esempio, l'art. 431 c.p. Qui il pericolo (di disastro ferroviario) rileva come conseguenza della condotta. Ora, se ripercorriamo le ragioni che impongono il criterio della valutazione *ex ante*, ogniqualvolta si tratti di valutare l'idoneità dell'azione a condurre ad un certo risultato, che si assume non realizzato, o indipendentemente e prima del realizzarsi di esso, è agevole vedere non solo che nessuna di tali ragioni qui soccorre, ma che è addirittura frutto di equivoco parlare di prognosi postuma. Se l'evento di pericolo (evento – si intende – naturalistico) costituisce una modificazione del mondo esterno, cagionata dalla condotta, non v'è motivo alcuno per decidere del carattere pericoloso o no di questa modificazione, utilizzando, secondo esperienza, unicamente circostanze presenti al momento della condotta. Poiché si tratta di qualificare un risultato dell'azione, il giudizio dovrà essere svolto alla stregua di tutti gli elementi effettivamente presenti al momento in cui il risultato stesso si è prodotto. Dunque, un giudizio di pericolo *concreto*, *effettivo*. E si badi: la concretezza che differenzia questo giudizio da quello che ha per oggetto il pericolo qualificante, in senso lato, la condotta è tutta dovuta al differente angolo visuale dal quale occorre considerare se ad un certo istante sussisteva o no la possibilità del danno temuto. Criterio, dunque, che, per quel che concerne gli elementi essenziali positivi di una figura criminosa, non si sottrae al duplice vaglio dell'accertamento del requisito soggettivo, che può essere dolo o colpa, e, in ogni caso, anche per le ipotesi di responsabilità anomala (una volta si sarebbe detto: oggettiva) al vaglio della regola sulla natura personale della responsabilità penale. E questo vale, ripeto, quando procediamo a verificare se il fatto posto in essere corrisponda alla vicenda enunciata dalla norma incriminatrice attraverso la menzione di dati positivi. Diversamente se si tratta di elementi negativi – elementi, cioè, che debbono mancare perché sussista un determinato fatto delittuoso.

Venendo alla questione che qui ci interessa, al pericolo, elemento centrale della legittima difesa, torniamo alla funzione di autotutela propria della scriminante in esame. Se questo è il senso che le va riconosciuto, dovremmo concludere che non ci sarebbe motivo per decidere se c'era o no pericolo tenendo conto di ciò che conosce o può e deve conoscere il soggetto che si difende dal pericolo stesso. Ciò che conta è che la rilevante possibilità di un pregiudizio vi sia, anche se chi pone in essere la difesa legittima non possa cogliere tale possibilità in tutti i particolari o, addirittura – e lo vedremo meglio in seguito – ne ignori l'esistenza. Possiamo dire, allora, che si ha pericolo, requisito della esimente, quando al momento del giudizio appaia essersi realizzato quell'insieme di circostanze che dava luogo alla non irrilevante possibilità di danno: che il soggetto che ha esercitato l'autotutela ne fosse consapevole o no è indifferente. Se poi egli si fosse configurata una situazione di pericolo assolutamente inesistente o comunque più grave di quella reale, non sarà più questione di realizzazione oggettiva della causa di giustificazione: si avrà supposizione erronea della presenza di una scriminante o eccesso dai limiti entro i quali la scriminante si pone – che sono ipotesi che concernono prevalentemente l'elemento soggettivo del reato [24].

Il pericolo deve essere *attuale*. Anche qui è il concetto di autotutela, con i limiti che gli sono essenziali, che ci fornisce la chiave interpretativa di questo requisito. L'autotutela è consentita solo quando non è possibile rivolgersi ad organi preposti all'apparato coattivo-sanzionatorio. Ne discende che si ha attualità del pericolo fin quando perduri tale impossibilità; l'attualità cessa non appena divenga concretamene possibile affidarsi alla tutela degli organi ad essa destinati [25]. Sul

[24] Sul tema della c.d. legittima difesa putativa cfr. Cass. V, 4 aprile 2013, n. 22015: "Al riguardo va ribadito che la legittima difesa putativa postula i medesimi presupposti di quella reale, con la sola differenza che nella prima la situazione di pericolo non sussiste obiettivamente ma è supposta dall'agente sulla base di un errore scusabile nell'apprezzamento dei fatti, determinato da una situazione obiettiva atta a far sorgere nel soggetto la convinzione di trovarsi in presenza del pericolo attuale di un'offesa ingiusta; sicché, in mancanza di dati di fatto concreti, l'esimente putativa non può ricondursi ad un criterio di carattere meramente soggettivo identificato dal solo timore o dal solo stato d'animo dell'agente".

[25] Cfr. Cass. I, 27 marzo 1991, n. 3494: "In tema di legittima difesa uno dei requisiti indispensabili è l'attualità del pericolo da cui deriva la necessità della difesa. L'esimente è esclusa di fronte ad un pericolo futuro o immaginario, essendo rilevante soltanto il pericolo attuale, consistente in una concreta minaccia già in corso di attuazione nel momento della reazione ovvero in una minaccia od offesa imminenti. Ne consegue che per la sussistenza della legittima difesa non è sufficiente il fatto che il soggetto, contro il quale si reagisce, abbia un'arma addosso al momento del fatto, ma è necessaria la prova che egli, facendo uso o minacciando di farne uso o comportandosi in modo da far credere di voler far uso immediato di tale arma, venga a creare per il soggetto reagente una situazione di pericolo incombente, con conseguente necessità di difesa, o faccia sorgere in quest'ultimo la ragionevole opinione di trovarsi in siffatta situazione di necessità di difesa"; Cass. I, 11 giugno 1992, n. 6931: "L'esimente della legittima difesa è configurabile quando vi sia un'aggressione ingiusta, che determina l'attualità del pericolo, intesa come l'esistenza di una situazione di attacco illegittimo di un diritto tutelato, la cui cessazione dipende necessariamente dalla reazione difensiva, come atto diretto a rimuovere la causa di im-

punto ci soffermeremo più avanti: ma sin da questo momento mi piace ribadire che difesa legittima e, come si sente da più parti, far west non hanno nulla in comune. È lecito difendersi quando è impossibile far ricorso agli organi istituzionalmente e costituzionalmente a ciò preposti. E, purtroppo, con situazioni del genere si avrà sempre a che fare. Lo Stato non può mettere un paio di carabinieri dietro a ciascuno di noi: magari questo piacerebbe a certi critici dell'autotutela, magari come accade quando si sposta l'accento dalla reazione alla prevenzione si vagheggia uno Stato di polizia – naturalmente di polizia illuminata.

Nell'attualità è implicito un senso di incombenza materiale. Questa, però, deve essere valutata oltre che sulla base di un ordinario svolgimento causale e utilizzando criteri prevalentemente cronologici, anche alla stregua della realizzabilità o no di un intervento delle forze dell'ordine. Ancora, non va dimenticato che il soggetto che pone in essere legittima difesa deve essere *costretto dalla necessità*. Ci occuperemo più avanti della questione relativa alla necessità o no che chi si difende dal pericolo attuale di offesa ingiusta ad un proprio o altrui diritto sia consapevole della presenza della situazione di pericolo. Qui ci interessa sottolineare come con tale espressione si intenda dire che un'azione di difesa deve essere funzionalmente indispensabile a proteggere il diritto proprio o altrui minacciato. Questa relazione funzionale, energicamente espressa come necessità, non può non influire anche sulla valutazione dell'attualità del pericolo. Un pericolo remoto, pur se al momento non si dà la possibilità di ricorso ai tutori della legge, difficilmente potrà far sì che risulti necessaria la reazione di chi agisce a tutela propria o di terzi. Il carattere remoto del pericolo apre la strada a vie di salvezza che non implicano necessariamente la realizzazione di un fatto che, senza la scriminante, sarebbe reato o, quanto meno, permettono vie d'uscita che comportino condotte meno gravi di quella poi posta in essere: e questa non è materia di proporzione tra offesa minacciata e reazione, bensì di necessità o no di pervenire ad un certo tipo di difesa privata.

Né deve sorprendere questa sorta di interazione tra due elementi, formalmente distinti, della fattispecie in esame. La struttura di un fatto giuridico, composto da più elementi, solo in prima approssimazione si affida ad una scomposizione meccanica che isoli ogni componente dall'altra: nella realtà giuridica, cioè nella *voluntas legis*, i singoli dati non possono non riflettersi l'uno sull'altro. È proprio dal loro insieme, unitariamente considerato, che dipende la rilevanza del fatto. Se indulgessimo ad un linguaggio che faccia uso di metafore, potremmo dire che fattispecie complessa non è la somma di più fattori, bensì un tutto organico.

Pericolo significa, come abbiamo visto, seria possibilità del prodursi di un even-

---

minente pericolo"; Cass. I, 13 giugno 1994, n. 6811: "Requisiti per l'applicazione della esimente della difesa legittima sono la sussistenza e l'attualità del pericolo, l'ingiustizia dell'offesa e la proporzione della difesa. Ne consegue che, per poter ritenere legittima la reazione di fronte alla imminenza del pericolo è indispensabile sussista la necessità di difendersi, che si ha quando il soggetto si trova nell'alternativa tra reagire e subire, nel senso che non può sottrarsi al pericolo senza offendere l'aggressore".

to valutato negativamente: ove si tratti del pericolo requisito della legittima difesa, valutato negativamente dall'ordinamento. Con assoluta precisione di termini, l'art. 52 c.p. esige il pericolo di un'offesa ingiusta ad un proprio o altrui diritto. L'espressione offesa ingiusta richiama, immediatamente, quella di danno ingiusto dell'art. 2043 c.c. C'è però, tra le due, una sensibile differenza – a tutto vantaggio della puntualità del dettato penalistico. La lettura dell'art. 2043 c.c., per ciò che concerne il requisito del danno ingiusto, scartata, perché dilaterebbe troppo l'area della responsabilità, l'opinione che fa coincidere l'ingiustizia del pregiudizio con la mancanza di autorizzazione od obbligo a porlo in essere, superato il riferimento a formule tautologiche quali *neminem laedere, suum cuique tribuere, qui iure suo utitur neminem laedit*, per le quali si deve dire, una volta per tutte, che il problema sta proprio nel precisare quando una lesione è ingiusta, che cosa spetta ad un determinato soggetto, quali sono i limiti del proprio diritto, conduce alla seguente conclusione. Ingiustizia del danno sta a significare danno posto in essere in violazione di una situazione giuridico-soggettiva favorevole (diritto in senso lato) in assenza di esercizio del diritto o adempimento dell'obbligo. Che è proprio quanto enuncia l'art. 52 c.p. riferendo l'offesa alla (minacciata) lesione di un diritto ed esigendo che tale lesione sia ingiusta, cioè non giustificata. E arrivati a questo punto la predilezione, tutta latino-continentale, per le cosiddette formulazioni di principio potrà anche indurci a ripetere che è ingiusta l'offesa *contra jus*: naturalmente, *dopo* che sia stato chiarito che vuol dire *contra jus*[26].

Se la qualifica dell'ingiustizia si risolve nell'assenza di una norma di autorizzazione o che imponga un dovere di realizzare la condotta pregiudizievole, occorre precisare che cosa si debba intendere per diritto proprio o altrui minacciato da offesa ingiusta. L'ampiezza della dizione normativa porta a ritenere che diritto sia ogni situazione giuridico soggettiva favorevole[27]: diritto reale, diritto personale, diritto di credito, nonché ogni interesse obiettivamente protetto, rispetto al quale, cioè, la messa in moto del meccanismo sanzionatorio in caso di supposta violazione non abbisogna di una espressa manifestazione di volontà del titolare dell'interesse stesso, realizzandosi d'ufficio. Situazione che non va confusa con quella di interesse legittimo. Quest'ultimo non coincide con un interesse che possa essere oggetto di difesa, in caso di pericolo di lesione: sorge, infatti, solo dopo un atto amministrativo, o un comportamento amministrativo anche omissivo, che venga meno alla osservanza delle regole cui è tenuta la Pubblica Amministrazione, incidendo su una situazione di diritto che, come benissimo è stato detto, rimane sullo sfondo. Prima della lesione c'è soltanto l'aspettativa di ogni consociato a che la Pubblica Amministrazione svolga la sua azione nel rispetto di determinate norme. Solo dopo l'atto pregiudizievole si ha il passaggio dalla generica aspettativa alla lesione effettiva determinata dalla inosservanza da parte della Pubblica Ammini-

[26] È la caratteristica delle proposizioni tanto chiare quanto tautologiche. Più o meno come accade per l'epistemologia che insegna la via corretta per individuare i bacilli del colera, dopo che questi bacilli sono stati isolati.

[27] Cfr. Parte I, capitolo V, p. 138 ss.

strazione delle regole di comportamento. Non è configurabile, pertanto, alcuna possibile difesa preventiva di una situazione giuridica che si profila solo quando il pregiudizio è posto in essere.

La peculiarità delle situazioni di interesse legittimo spiega perché non si dia legittima difesa nei confronti di un comportamento di organo della Pubblica Amministrazione che non osservi un dovere a contenuto positivo, un dovere di fare. Anche a prescindere dal rilievo che l'atto al quale fosse costretto il pubblico ufficiale, ecc. ... risulterebbe viziato da violenza e, pertanto, con esso non si provvederebbe a difesa di sorta di diritti minacciati, il fatto è che in una vicenda del genere non esiste ancora un diritto da tutelare. C'è solo l'aspettativa (generica) alla osservanza delle norme che disciplinano la condotta della Pubblica Amministrazione. La situazione giuridico-soggettiva si crea con il verificarsi del comportamento che violi una o più di tali regole: quindi, a cose fatte, senza possibilità di autotutela preventiva. Il pericolo di offesa ingiusta può derivare da una condotta omissiva, consistente nella violazione di un obbligo di compiere una determinata azione positiva, che non sia, però – ripetiamo – la realizzazione di un atto amministrativo. Si pensi, così, alla violenza posta in essere per scongiurare il pericolo derivante dall'inazione di un manovratore di scambi che, nel frangente, sia l'unica persona in grado di attivare il meccanismo. Ancora una volta, ciò che conta è che vi sia un diritto (in senso lato) da difendere.

Pericolo di offesa ingiusta ad un proprio o altrui diritto vuol dire che sta per compiersi una aggressione fuori dei casi consentiti dalla legge. Ora, il proprio o altrui diritto è leso non soltanto da un comportamento costitutivo di illecito penale, ma da qualunque fatto antigiuridico. Ne discende che ci si può difendere contro la minaccia di offesa ad un diritto posta in essere da ogni comportamento altrui: sia esso doloso, colposo, dovuto a caso fortuito o di un non imputabile.

Da ciascuna di queste condotte può derivare l'evento di lesione del diritto. Così, purché si rimanga entro i limiti della proporzione tra offesa e difesa, – requisito del quale tratteremo appresso – agisce in stato di legittima difesa chi spari contro le gomme di un'automobile, di cui il conducente abbia incolpevolmente perso il controllo, che stia per cozzare contro una vetrina dietro la quale sono esposti oggetti di grande valore artistico.

Non è configurabile legittima difesa contro il titolare del diritto, del quale si vuole evitare l'offesa ingiusta. In ciascuna delle ipotesi che potrebbero prospettarsi (pericolo di lesione di un diritto della personalità, di un diritto reale, ecc. ...) il soggetto passivo della reazione, asseritamente di legittima difesa, non sarebbe più nell'esercizio del diritto: pertanto, la situazione giuridico-soggettiva che in realtà verrebbe difesa fa capo a terzi. Così, ad esempio, se l'atto di disposizione sul proprio corpo si mantiene nei limiti consentiti dall'art. 5 c.c., non può parlarsi di incombenza di offesa ingiusta (si esercita un proprio diritto nel rispetto del precetto codicistico); ugual cosa dovrà dirsi se la minaccia riguarda la distruzione di un bene del quale si abbia la disponibilità: la reazione è consentita solo quando la condotta, contro la quale si vorrebbe reagire, vada oltre i limiti del diritto, costituendo minaccia per diritti o interessi obiettivamente protetti altrui. Quanto si può trarre dal divieto degli atti emulativi (art. 833 c.c.: "Il proprietario non può fare atti i quali non abbiano altro scopo che quello di nuocere o recare molestia ad altri") costituisce solo una delle applicazioni di un principio generale.

L'art. 52 c.p. detta come ulteriore, e importantissimo, requisito della scriminante quello della proporzione tra difesa e offesa. La lettera della legge impone che il raffronto vada condotto tra l'interesse minacciato e quello sacrificato attraverso la reazione. Non può quindi darsi accoglimento all'opinione secondo la quale il giudizio di proporzione dovrebbe, principalmente, esser condotto alla stregua dei mezzi di cui il soggetto, che pone in essere difesa legittima, dispone. E si tratta di soluzione assolutamente ragionevole. Se così non fosse, andrebbe giustificata la reazione di chi di fronte al pericolo di furto di pochi ortaggi, posto in essere da un ladruncolo che si trova a grande distanza, non può raggiungerlo e utilizza il fucile che ha a portata di mano, cagionando una lesione gravissima all'autore del tentato furto.

Va detto, però, che il giudizio di proporzione deve tener conto di tutte le particolarità del caso concreto: non si basa soltanto su una scala di valori astratta e precostituita. Quindi, non può, in via assoluta, prescindersi dalla considerazione di ciò che il soggetto che reagisce aveva a disposizione per un'efficace difesa. Naturalmente tale considerazione non deve prevalere su quella del valore obiettivo degli interessi confliggenti. Così, a tutela di un interesse patrimoniale non può realizzarsi offesa alla vita.

Si è detto che ciò deriverebbe dalla rilevanza costituzionale che spetta al diritto alla vita. E questo è vero. Ma è anche vero che qui possiamo evitare la comparazione fra interessi tutti costituzionalmente rilevanti. Che è operazione assolutamente consentita, anzi doverosa, ma di indubbia delicatezza. Ai fini che qui interessano sono sufficienti le indicazioni precise fornite, invece, dalla maggiore o minore gravità delle sanzioni disposte in caso di lesioni a tali diritti o a interessi obbiettivamente protetti.

Criterio questo che, oltre a basarsi su dati incontestabili, si presenta coerente ed armonico alla funzione che la legittima difesa e, più in genere, l'impedibilità di un comportamento antigiuridico in via di attuazione svolgono nell'ordinamento globalmente considerato. L'impedibilità è sanzione primaria: come già si è detto, non di questo o di quel ramo del sistema, ma di tutto il sistema normativo nel suo insieme. Abbiamo visto come si tratti della sanzione esperibile quando non vi sia possibilità di ricorso agli organi preposti alla salvaguardia dei diritti dei consociati. Ora, caratteristica fondamentale di una sanzione, che non si ponga come atto di mera vendetta o di sopraffazione violenta di chi pure versa *in re illicita*, è la proporzione tra il male inflitto come risposta ad un comportamento antigiuridico e la gravità di tale comportamento. Ne consegue che il riferimento alle sanzioni predisposte per due o più fatti (quelli, cioè, costituiti dalle offese che la situazione di legittima difesa mette in contrapposizione) fornisce lo strumento più idoneo a verificare se esista proporzione tra pericolo incombente e reazione. Più precisamente, occorre accertare la proporzione tra il pericolo determinato dall'altrui comportamento illecito e il fatto-reazione.

Non si tratta, però, di un criterio puramente meccanico. Ci sono interessi, sostrato di diritti soggettivi, la cui importanza è fondamentale all'idea stessa di persona umana. Sono i diritti cosiddetti personalissimi, tra i quali fanno spicco il diritto alla libertà sessuale e il diritto alla libertà di locomozione[28]. Ora, la minaccia seria di offesa ad uno di tali diritti giustifica una reazione che può spingersi fino alla causazione della morte dell'aggressore: anche se l'offesa alla vita è punita più gravemente di quelle alla libertà sessuale e alla libertà personale. Ci sono, insomma, ragioni di spessore della lesione o della messa in pericolo di certi beni, pur non tradotte in corrispondente gravità di pena, dalle quali la regolamentazione giuridica non può prescindere. Abbiamo parlato di fatto-reazione.

Va avvertito che il termine "fatto" sta ad indicare talora la sola condotta, volta ad impedire la lesione o la messa in pericolo di un diritto, talora la condotta più l'evento da essa cagionato. Ai fini della considerazione dell'evento come uno dei dati rispetto ai quali va accertata la proporzione rispetto al bene minacciato da lesione o da messa in pericolo, rileva la risposta alla domanda se l'evento prodotto fosse o no funzionale alla difesa del diritto aggredito.

Nel primo caso, è ovvio che esso dovrà essere valutato ai fini del giudizio di proporzione tra pericolo e reazione. Nel secondo, l'evento la cui realizzazione non si poneva come fattore di impedibilità del comportamento illecito dell'aggressore è estraneo alla costellazione di opposte circostanze tra le quali deve intercorrere la relazione di proporzionalità. Così, se Tizio per difendersi dalla violenza fisica di Caio gli arreca una lesione, dalla quale per complicazioni sopravvenute derivi, qualche giorno dopo, la morte dell'aggressore, il giudizio di proporzione intercorrerà tra la condotta di Tizio e la gravità del pericolo da lui corso: non si tien conto della sopravvenienza dell'evento morte, anche nell'assenza di interruzione del rapporto causale[29].

E non se ne tiene conto perché nel caso concreto la difesa contro l'aggressore, vale a dire: l'impedimento opposto alla violenza altrui, non è dipesa dalla realizzazione dell'evento. La difesa si è esaurita in tutto e per tutto nella condotta.

Alle condizioni sopra esaminate (necessità e proporzione) la difesa può espletarsi solo contro un'aggressione non portata a termine, non consumata.

Parlando di autotutela, abbiamo accennato alle analogie che corrono (da quest'angolo visuale) tra ordinamento interno e ordinamento internazionale generale. Cogliamo, però, una differenza assai rilevante. Dove manca un'autorità centrale, cui sia rimesso l'esercizio del potere coattivo-sanzionatorio, è consentita, quale forma di reazione, la rappresaglia, vale a dire la reazione ad un comportamento antigiuridico già posto in essere, consumato. Nell'ordinamento interno, ciò non è possibile. Ad illecito perpetrato, si dovrà ricorrere agli organi deputati alla repres-

[28] Cfr. Cass. I, 14 maggio 1963, n. 680: "Lo '*jus defendendi*' sancito dall'art. 52 c.p. è riferibile a qualunque bene giuridicamente protetto e, quindi, è ammissibile anche in rapporto agli attentati alla libertà sessuale".

[29] Cfr. il capitolo VIII, §§ 8, 9 e 10.

sione dei comportamenti antigiuridici. Non fanno eccezione a questa regola l'esperibilità della legittima difesa contro il ladro inseguito che ha indosso la refurtiva, né la possibilità di reagire contro il protrarsi di un illecito di durata (illecito permanente). Nel primo caso l'offesa costitutiva del furto non è ancora consumata: il ladro non ha raggiunto il possesso della cosa mobile sottratta, e cioè la disponibilità di essa al di fuori dell'altrui sfera di vigilanza e controllo [30]. Nel secondo, non ci si vendica di quanto già subito, ma ci si oppone a che perduri una condotta che, tendenzialmente, non ha limiti cronologici: ad esempio reagendo al protrarsi di un comportamento di maltrattamenti in famiglia.

La l. 13 febbraio 2006, n. 59, ha aggiunto due commi all'art. 52 c.p.:

"Nei casi previsti dall'art. 614, primo e secondo comma, sussiste il rapporto di proporzione di cui al primo comma del presente articolo se taluno legittimamente presente in uno dei luoghi ivi indicati usa un'arma legittimamente detenuta o altro mezzo idoneo al fine di difendere:

a) la propria o altrui incolumità;

b) i beni propri o altrui, quando non vi è desistenza e vi è pericolo d'aggressione.

La disposizione di cui al secondo comma si applica anche nel caso in cui il fatto sia avvenuto all'interno di ogni altro luogo ove venga esercitata un'attività commerciale, professionale o imprenditoriale".

Il coro di critiche che essa ha suscitato mi ha confermato nell'opinione che a noi italiani la legittima difesa proprio non piace. Chi agisce in istato di auto-tutela corre il rischio di apparire come un pistolero del West. Che si sia trovato nella necessità di sostituirsi, nella salvaguardia di diritti propri o altrui, ad uno Stato che, nel caso concreto, non poteva intervenire, è ritenuta circostanza di poco conto, sulla quale si può agevolmente sorvolare. Quello che disturba è che il singolo abbia provveduto alla difesa di sé o di terzi con le proprie mani, quasi usurpando una prerogativa dei poteri giuridicamente organizzati. Altrettanto poco sembra, poi, contare il fatto che presupposto della facoltà di autoprotezione sia l'impossibilità di intervento di chi è, per legge, deputato alla difesa della società. Sembra, in un certo senso, che vi sia il convincimento che, ove lo Stato non possa interporsi, sia opportuno lasciar correre: tutto sommato, meglio un'ingiustizia che un disordine. E si badi: una siffatta diffusa mentalità non resta confinata a sentimenti più o meno confusi e, spesso, contraddittori. La ritroviamo in non poche decisioni giudiziarie, anche della Suprema Corte. Il rigore con il quale si procede all'accertamento del requisito della proporzione tra offesa e difesa, l'oblio del vecchio, saggio ammonimento che *adgreditus non habet staderam*, il frequente ricorso alla

---

[30] Così Cass. I, 18 febbraio 2000, n. 3200: "L'esimente in parola [la legittima difesa] non è applicabile quando, come nella specie, l'agente non agisce nella convinzione, sia pure erronea, di dover reagire a solo scopo difensivo, ma per risentimento o ritorsione contro chi ritenga di essere portatore di una qualsiasi offesa. In tale evenienza egli risponderà pienamente del reato di omicidio volontario".

eventualità del *commodus discessus* per limitare *contra legem* (all'art. 52 c.p. non è fatta menzione, a differenza di quanto avviene per lo stato di necessità, della inevitabilità della reazione) il diritto di difesa stanno tutti a dimostrare quanto faccia fatica ad affermarsi l'idea che, a certe condizioni, ci si può – si faccia attenzione: non è che si debba – aggiustare da soli.

Il legislatore del 13 febbraio 2006 ha cercato di correggere non tanto la norma, quanto la prassi che su di essa, e intorno ad essa, si era venuta creando.

L'art. 52 c.p. non è toccato. Rimane nella sua intierezza e definisce i tratti essenziali dell'istituto. In particolare, è ribadita la necessità che vi sia pericolo *attuale* di offesa ingiusta – e vedremo come ciò si rifletta sul contenuto del II comma, introdotto dalla novella. Quanto, poi, al requisito della proporzione tra offesa e difesa, non v'è dubbio che esso continui a porsi quale pietra angolare dell'istituto.

Come è chiaro l'interpretazione autentica dettata dalla novella del II comma dell'art. 52 c.p. è volta a precisare che, in certi casi, la proporzione è connaturata alle particolarità di una certa situazione. Innanzitutto, una delimitazione ambientale. Il criterio enunciato dall'attuale II comma dell'art. 52 c.p. esige che, nelle ipotesi indicate dall'art. 614, I e II comma, l'azione si svolga in uno dei luoghi ivi indicati. Attore è chi, legittimamente presente in uno di questi luoghi, usi un'arma legittimamente detenuta o altro mezzo idoneo, al fine di difendere la propria o altrui incolumità. Dove è chiaro che il pericolo per l'incolumità, propria o di terzi, non può essere generico, ma attuale, cioè concreto: non c'è alcun motivo, infatti, per ritenere che si sia voluto derogare al principio della regola che traccia il quadro generale dell'istituto.

Altrettanto poco fondata è, poi, la preoccupazione che il disposto, secondo il quale esiste proporzione quando si verifichino le condizioni di cui al II comma dell'art. 52 c.p., porti a giustificare reazioni contro chi, pur aggressore, pone in essere una minaccia trascurabile. In primo luogo, di nuovo, risponde a questa preoccupazione l'esigenza di attualità del pericolo, che vuol dire concretezza del pericolo stesso. Ora, deve trattarsi di pericolo che concerna la propria o altrui incolumità: e incolume si dice di chi esce sano e salvo da un grave pericolo, non da qualsiasi possibilità di evento che comunque scalfisca la persona. Inoltre, come è stato giustamente posto in rilievo, la ragionevolezza cui è ispirato l'art. 3 Cost. fa sì che non sia ravvisabile proporzione quando, per rifarci ad un esempio impressionisticamente utilizzato, si spari contro un bambino di pochi anni che tenti di rubare qualche frutto[31].

---

[31] Conforme Cass. I, 26 marzo 2007, n. 12466: "La causa di giustificazione prevista dall'art. 52, comma secondo, cod. pen., così come mod. dall'art. 1 L. 13 febbraio 2006, n. 59, non consente un'indiscriminata reazione nei confronti del soggetto che si introduca fraudolentemente nella propria dimora [ma è un *lapsus calami*: è ovvio che si vuol dire "altrui"], ma presuppone un attacco, nell'ambiente domestico, alla propria o altrui incolumità, o quanto meno un pericolo di aggressione (nella fattispecie è stata esclusa la legittima difesa in relazione all'omicidio di una persona che si era introdotta con inganno nel condominio dell'imputata per ottenere il pagamento di un debito)".

Piuttosto, sempre restando alla fattispecie di cui alla lett. *a*) del II comma del nuovo art. 52, non è agevole comprendere perché la facoltà di difendersi con un'arma sia concessa solo a chi quest'arma legittimamente detenga. Sono due cose assolutamente distinte: il diritto di difendersi, nei luoghi di propria privata dimora, non ha nulla a che spartire con la legittimità o no della detenzione di un'arma. Se la detenzione non è autorizzata, il soggetto agente ne sarà ritenuto responsabile, senza che ciò incida sull'autotutela. Molto probabilmente, la soluzione cui si è pervenuti rappresenta una concessione propiziatoria a chi temeva una dilatazione eccessiva della scriminante dell'art. 52.

Sono convinto che a questo intento di dimostrarsi, con gli oppositori della riforma, ragionevolmente arrendevoli sia dovuta anche una peculiarità del disposto della lett. *b*), II comma. Allorché in pericolo sono beni, propri o altrui, la proporzione tra offesa e difesa sussiste quando non vi è desistenza e vi è pericolo di aggressione. Pienamente accettabile quest'ultima condizione. Se l'attacco al patrimonio non sconfina nel pericolo di aggressione personale, la scriminante dovrà rispettare i principi generali di cui al I comma dell'art. 52. Quello che desta sorpresa è il fatto che si sia sentito il bisogno di precisare che la legittima difesa, *ex* lett. *b*), ricorre a patto che non vi sia desistenza. Ma che l'offesa sia in atto è caratteristica essenziale della legittima difesa. Quando l'aggressore desiste, non si parla più di autotutela, bensì di rappresaglia. L'espressa menzione alla lettera *b*) e il silenzio alla lettera *a*) può far pensare che nella fattispecie delineata da quest'ultima si possa agire anche contro chi abbia cessato dalla condotta aggressiva: e sarebbe davvero un'inammissibile e incostituzionale deformazione dei connotati dell'istituto. Dal punto di vista della corretta tecnica legislativa, o si sarebbe dovuto subordinare l'esercizio della difesa legittima alla non desistenza da parte dell'aggressore anche nell'ipotesi della lettera a), o se ne sarebbe dovuto tacere tanto in questa che nella lettera *b*).

La soluzione cui, invece, si è pervenuti sembra soltanto un volenteroso tentativo di assicurare i dubbiosi che, quando non è in gioco la persona propria o altrui, nella auto-tutela del patrimonio non ci si spinge troppo oltre.

La variante apportata nel 2006 all'originario art. 52 c.p. è rafforzata nel testo attuale, entrato in vigore con la riforma del 2019: si è voluto accentuare la perentorietà del precetto specificando che "nei casi previsti ... sussiste *sempre* il rapporto di proporzione". Per il resto, quanto al II comma, non ci sono ulteriori modifiche: valgono, quindi, le osservazioni sopra mosse. Possiamo allora chiederci se sia condivisibile l'idea che, in determinati casi, l'accertamento del rapporto di proporzione tra offesa e difesa va risolto secondo un vero e proprio automatismo. S'è già visto come è regolata, fuori di ipotesi eccezionali, la relazione che deve intercorrere tra la condotta di chi aggredisce e quella di chi difende il diritto suo o altrui. Adesso mi preme sottolineare come la particolare disciplina dettata per i casi in cui si realizzino le condizioni enunciate dall'attuale II comma risenta soprattutto della elasticità propria al termine "proporzione". Non c'è dubbio che questa è parola, non infrequente nel linguaggio legislativo, dotata di ampiezza di significati tale da sopportare applicazioni anche assai distanti l'una dall'altra. Applicazioni tutte ammissibili perché la lettera può adeguarsi, di volta in volta, alla cultura e alla reattività emotiva di chi è chiamato a leggerne il dettato e, poi, a decidere. Cultura e reattività ovviamente diverse, e spesso di molto, da persona a persona. Con la conseguenza che i giudizi che ne discendono sono spesso fastidiosamente discordanti. Si è pensato, allora, che all'incertezza che in tal modo veniva a crearsi buon rimedio potesse essere quello di una statuizione precisa, non slabbrata, senza sbavature che, per così dire, inchiodasse l'interprete ad un contenuto fissato una volta per tutte. Che il risultato sia stato in tal modo raggiunto è cosa da dimostrare: certo, però, l'inconveniente, il pericolo di esegesi tutt'altro che univoca non è fugato. Meglio, forse, sarebbe stato esigere espressamente un'adeguata motivazione alla ritenuta o negata proporzione. La legittima difesa, come ho detto ostica a tanti italiani, dovrebbe arricchirsi di un tratto anch'esso poco amato e soprattutto poco praticato: quello di una adeguata, puntuale motivazione.

Tutto al contrario: la soluzione adottata è esasperata dal nuovo IV comma dell'art. 52. Già ad una prima lettura, la norma si presenta come manifesto di un automatismo che nelle intenzioni del Legislatore dovrebbe fugare ogni possibile incertezza: "Nei casi di cui al secondo e al terzo comma agisce sempre in stato di legittima difesa colui che compie un atto per respingere l'intrusione posta in essere, con violenza o minaccia di uso di armi o di altri mezzi di coazione fisica, da parte di una o più persone".

Questa del IV comma dell'art. 52 c.p. è norma chiaramente volta ad allargare la situazione fattuale che giustifica il ricorso alla legittima difesa: intento sul quale, in linea di principio, si può essere d'accordo. Condiviso lo scopo, vediamo come è stato attuato.

Senza dubbio il IV comma disegna un perimetro nuovo e assai ampio all'area dell'autodifesa: va detto, però, che, almeno ad una lettura che non si abbandoni a fughe dal testo, si è andati troppo oltre in quello che, nei giusti limiti, sarebbe stato aggiustamento accettabile dal ragionevole comune senso di giustizia.

In tutto e per tutto si dice che "Nei casi di cui al secondo e al terzo comma agisce sempre in stato di legittima difesa colui...". Appuntiamo queste che mi sembrano parole decisive: "agisce sempre in stato di legittima difesa". Come a dire che all'esimente basta quanto è enunciato nel prosieguo del dettato normativo. Presupposto dell'autotutela, descritta come atto commesso "per respingere l'intrusione posta in essere, con violenza o minaccia di uso di armi o di altri mezzi di coazione fisica, da parte di una o più persone" è, dunque, la situazione enunciata dai due commi precedenti – in buona sostanza, la violazione di domicilio. Quando questa situazione, questo stato di fatto, è presente, c'è quanto occorre perché la difesa sia legittima. Non c'è bisogno, insomma, che siano presenti tutte le condizioni enunciate dal primo comma dell'art. 52 – quello che fissa le componenti fondamentali della scriminante. Se non ci allontaniamo dal testo, oltretutto letto tenendo conto del suo inserimento nel complesso della norma che dovrebbe disciplinare i tratti essenziali dell'esimente, quando vi siano tutti gli elementi delle fattispecie di cui all'art. 614 I e II comma, chi si difende è nel pieno dell'esercizio di facoltà legittima, indipendentemente dalla necessità che lo costringe a reagire.

Rileggiamo il comma IV: non vi troviamo tracce della necessità che costringa a difendersi. La difesa risulterebbe, pertanto, consentita anche in caso di possibile intervento di forze dell'ordine. E non basta. Pure dell'attualità del pericolo sembra farsi a meno sempre che l'intrusione sia caratterizzata da minaccia, che può essere prospettazione di un danno rimesso ad un futuro abbastanza lontano.

Più sopra ho detto che il IV comma è pensato come novità particolarmente significativa della normativa tendente a disciplinare l'essenziale della legittima difesa. Mi rendo conto, a questo punto, che considerato come parte di un tutto organico, il IV comma può essere inteso anche nel senso che vi sono implicitamente richiamate tutte le componenti della scriminante purché compatibili con il *novum* sancito dal comma in esame. Voglio pensare che questo sia il significato, la portata che alla norma in questione si è voluto dare: osservo, però, che una riforma che intendeva precisare in modo inequivocabile la struttura di una causa di giustificazione che tocca culture e modi di pensare opposti e inconciliabili, una siffatta riforma, dicevo, meglio sarebbe stata se concepita e stesa in maniera da non lasciare dubbi su punti di grande rilievo.

L'art. 55 c.p., nel testo nuovo, al primo comma conserva intatta la dizione della normativa antecedente alla riforma: "Quando, nel commettere alcuno dei fatti preveduti dagli articoli 51, 52, 53 e 54 si eccedono colposamente i limiti stabiliti dalla legge o dall'ordine dell'autorità ovvero imposti dalla necessità, si applicano le disposizioni concernenti i delitti colposi, se il fatto è preveduto dalla legge come delitto colposo". Nessun cambiamento, pertanto, circa la configurabilità di delitto colposo allorché colposamente si eccedano i limiti entro i quali la condotta scriminante può essere attuata. Ciò vale, oltre che per la legittima difesa, anche per tutte le altre scriminanti c.d. generali. Per inciso, avverto che non deve trarre in inganno la mancata citazione dell'art. 50. L'azione di chi si avvale dell'altrui consenso è vero e proprio esercizio del diritto – l'art. 50 è tutto volto a fissare le condizioni alla stregua delle quali è valido il consenso, l'atto cioè presupposto di azione legittima in virtù del consenso debitamente prestato. Ma su ciò meglio in seguito.

Al primo comma dell'art. 55, che non cambia alcunché della normativa prima vigente, fa seguito un secondo comma decisamente innovativo tanto sul piano della disciplina quanto, e radicalmente, su quello specifico della struttura della colpa, o, più precisamente, quanto all'accertamento della colpa stessa – limitatamente, si intende, ad un caso specifico, legittima difesa sopra le righe: "Nei casi di cui ai commi secondo, terzo e quarto dell'art. 52 la punibilità è esclusa se chi ha commesso il fatto per la salvaguardia della propria o altrui incolumità ha agito nelle condizioni di cui all'articolo 61, primo comma, numero 5), ovvero in stato di grave turbamento, derivante dalla situazione di pericolo in atto". Il senso della disposizione è chiaro. A differenza – non voglio dire: contrariamente – di come hanno deciso numerose sentenze si è voluto dare riconoscimento allo stato d'animo del soggetto che pone in essere la difesa privata dell'incolumità propria o altrui. Anche qui, buone le intenzioni, assai meno l'attuazione.

Comincio dalla prima delle due ipotesi previste: avere agito nelle condizioni di cui all'art. 61, I comma, n. 5) c.p. Ora, le condizioni enunciate dall'art. 61 n. 5) sono quelle di chi agisce profittando di circostanze di minorità del soggetto passivo tali da ostacolare la pubblica o la privata difesa: non sono, come è chiaro, le condizioni di chi agisce in stato di legittima difesa. Tutto al contrario: è chi si difende a trovarsi nelle condizioni di inferiorità, in piena simmetria con le condizioni contemplate al 61 n. 5) che tiene conto del profitto che il soggetto agente trae dalle condizioni di chi non agisce ma subisce. Si sarebbe fatto meglio a menzionare queste condizioni alla lettera, mutuando i termini dell'art. 61 n. 5), ma eliminando ogni riferimento al valersi di queste condizioni, che è non dell'aggredito ma dell'aggressore.

La punibilità è, altresì, esclusa se "chi ha commesso il fatto ... ha agito ... in stato di grave turbamento derivante dalla situazione di pericolo in atto". In altre parole, quando lo stato d'animo dell'aggredito gli impedisce di rappresentarsi, astenendosene, l'illecito in cui obbiettivamente incorre. Assai numerose le teoriche sulla colpa – tutte, o quasi tutte, con un tratto comune: alla base di un comportamento colposo, rappresentabilità ed evitabilità dell'evento dannoso o pericoloso cagionato. E qui irrompe il disposto in questione. Rappresentabilità ed evitabilità esprimono un rapporto causale virtuale, che avrebbe potuto esserci ma non c'è stato: qualcosa ha impedito quello che sarebbe stato l'ordinario svolgimento di una sequenza eziologica effettiva. Ora, se vogliamo ragionare in termini di virtualità dobbiamo prescindere, fare astrazione, da quanto ha impedito che il processo causale si compisse, giungesse al suo normale esito. Per farla breve, se dobbiamo giudicare del comportamento di un conducente d'auto che provoca un incidente preoccupato per un imminente colloquio d'affari per lui decisivo o ansioso per un imminente incontro affettuoso è da questi sensi o pensieri che dobbiamo prescindere. Se li mettiamo in conto, riconoscendo il peso che hanno avuto, la conclusione non può essere che una: l'agente non ha previsto ed evitato perché nelle condizioni in cui si è trovato non poteva né rappresentarsi né evitare quello che ha cagionato. Insomma, colpa non ci sarebbe mai.

La regola in questione, nel momento in cui sancisce la non punibilità di chi ha reagito nello stato d'animo di cui si è detto, modella in modo assolutamente peculiare il concetto di colpa: colpa non c'è se rappresentabilità ed evitabilità sono mancate in forza di condizioni soggettive particolari e cogenti, tali cioè che non si può fare a meno di prenderle in considerazione, anche a costo di adottare, per una volta, criteri di accertamento diversi dai soliti.

C'è, però, una domanda a cui non è facile rispondere. La punibilità è esclusa quando ricorrono gli estremi di cui si è visto solo nei casi di eccesso colposo dai limiti della legittima tutela privata o anche allorché la trasgressione in quelle circostanze sia volontaria, dolosa? Secondo la rubrica e alla stregua del I comma, l'art. 55 II comma disporrebbe per casi in cui non c'è dolo, ma solo imprudenza, imperizia e così via. La *ratio* che presiede al disposto forse suggerisce, o avrebbe dovuto suggerire, che del particolare stato d'animo di chi ricorre all'autotutela si dovrebbe aver conto anche qualora il superamento dei limiti dell'esimente fosse volontario, consapevole. Un percorso piuttosto difficile che si sarebbe potuto evitare precisando accortamente i criteri di accertamento della proporzione tra offesa minacciata e difesa opposta. Traducendo in racconto e prescrizione l'avvertenza che l'aggredito non dispone di una bilancia sui cui piatti mettere tentativo offensivo e reazione opposta.

6. *L'uso legittimo delle armi*

L'art. 53 c.p. stabilisce che: "Ferme le disposizioni contenute nei due articoli precedenti, non è punibile il pubblico ufficiale che, al fine di adempiere un dovere del proprio ufficio, fa uso ovvero ordina di far uso delle armi o di un altro mezzo di coazione fisica, quando vi è costretto dalla necessità di respingere una violenza o di vincere una resistenza all'Autorità e comunque di impedire la consumazione dei delitti di strage, di naufragio, sommersione, disastro aviatorio, disastro ferroviario, omicidio volontario, rapina a mano armata e sequestro di persona.

La stessa disposizione si applica a qualsiasi persona che, legalmente richiesta dal pubblico ufficiale, gli presti assistenza.

La legge determina gli altri casi, nei quali è autorizzato l'uso delle armi o di un altro mezzo di coazione fisica".

È questa una causa di giustificazione, ignota al codice Zanardelli, manifesto dell'ideologia propria di uno Stato che voleva apparire forte, autoritario[32]. Si pone come sussidiaria alle esimenti previste dai due articoli precedenti: dunque, rispetto all'esercizio del diritto, all'adempimento del dovere e alla legittima difesa. Non c'è dubbio che nelle intenzioni dei padri del codice Rocco, essa dovesse rappresentare un rafforzamento delle possibilità di azione offerte dalle cause di non punibilità, richiamate in apertura. Si deve dire, anzi, che quest'ordine di idee, duro a morire, ha ispirato la novella che ha aggiunto al testo originario una seconda parte così congegnata: "e comunque impedire la consumazione ..."[33].

Cominciando l'analisi testuale, per una volta, non dal capo ma dalla coda, diciamo subito che la novella in questione accresce le perplessità che, come vedremo, l'art. 53 viene a suscitare. La scelta del modo di accostarci alla lettura di questo articolo è dovuta alla circostanza che nella sua seconda parte (*nuova*) c'è un riferimento preciso a determinate fattispecie criminose. Il che porta al seguente

---

[32] Significative le parole di un commentario teorico-pratico pubblicato immediatamente dopo l'entrata in vigore del codice penale: "Lo Stato, per il conseguimento dei suoi fini, manifesta la sua volontà. Questa volontà, che discende dal diritto nei limiti da esso segnati, deve essere ubbidita.

Lo Stato non può perciò, in nessun modo, permettere che l'azione dei suoi organi rivolta all'attuazione dei suoi scopi, sia sopraffatta o intralciata da illegittime resistenze da parte dei cittadini.

Per rimuovere tali resistenze, lo Stato fa ricorso a due mezzi: o configura un'azione commessa dal suddito come reato e quindi, con la minaccia della pena, previene la possibilità di una disobbedienza, ovvero fa ricorso alla coercizione diretta".

[33] Art. 14, l. 22 maggio 1975, n. 152.

dilemma. O i fatti menzionati hanno già raggiunto, quanto meno sul piano obiettivo, il grado del tentativo punibile e allora il riferimento alle fattispecie contro le quali può rivolgersi l'uso delle armi o di altro mezzo di coazione fisica è assolutamente superfluo: se Tizio, pubblico ufficiale fa uso delle armi o di altro strumento di coazione fisica, ovvero ordina di farne uso, o se il ricorso alle armi avviene da parte di persona legalmente richiesta dal pubblico ufficiale, per impedire una strage, un disastro aviatorio ... un omicidio, quando la minaccia rivesta tutti gli estremi obiettivi del tentativo (sia costituita, cioè, da atti idonei diretti in modo non equivoco a commettere uno dei delitti citati), non c'è dubbio che si agisce in istato di legittima difesa. Quest'ultima, come sappiamo, si configura anche nel caso in cui chi reagisce difenda un diritto non proprio bensì altrui. Qualora, invece, per salvare la ragion d'essere del disposto, nella parte che qui ci interessa, si affermi che l'uso delle armi o di altro mezzo di coazione fisica è lecito anche quando i comportamenti richiamati dalla novella non abbiano raggiunto lo stadio del tentativo, si arriverebbe ad una conclusione davvero paradossale. Il nostro ordinamento, per fortuna, non punisce gli atti meramente preparatori: quelli, cioè, che, per un motivo o per l'altro, difettino dei requisiti che danno corpo alla direzione non equivoca. Consentendo, però, il ricorso all'uso delle armi contro condotte che si fermino ad una fase anteriore a quella del tentativo punibile, l'ordinamento, mentre rinuncia a perseguire con regolare processo chi abbia posto in essere atti preparatori, ammetterebbe che un pubblico ufficiale faccia uso o ordini di fare uso delle armi per impedire che da atti meramente preparatori si sviluppi la messa in pericolo del bene tutelato, ad esempio, dalla norma che prevede la strage, nei termini del tentativo punibile. Dunque, o norma, forse utilmente ripetitiva, però inutile nella seconda parte (introdotta dalla novella del 1975), posto che non farebbe che ribadire la liceità di una reazione in istato di legittima difesa; o norma la cui legittimità costituzionale appare assai dubbia [34].

Né si può dire che la prima parte dell'art. 53, quella del testo originario, desti minori perplessità.

Si è già detto come nelle intenzioni del legislatore la scriminante dovesse con-

---

[34] Illegittimità costituzionale si profilerebbe alla stregua del principio di ragionevolezza che la Corte costituzionale ripetutamente afferma sancito dall'art. 3 Cost. Cfr., al riguardo: 23 novembre 1999, n. 432: "Per cui è da ritenere che il contrasto con gli artt. 3 e 38 Cost., sotto il profilo della violazione dei criteri, rispettivamente, della ragionevolezza e dell'adeguatezza, sussista soltanto quando ad un maggiore apporto contributivo successivo al perfezionamento dell'anzianità minima contributiva (anche se raggiunta con contributi non solo obbligatori) corrisponda una riduzione della pensione maturata sulla base della precedente contribuzione" e 29 ottobre 1999, n. 406: "Nell'alveo di operatività delle normative speciali, nel quale rientra, ad esempio, la disciplina giuridica dei diritti delle minoranze, all'astratto richiamo del principio di uguaglianza deve sostituirsi la valutazione della non manifesta ragionevolezza delle scelte del legislatore rispetto ai principi costituzionali invocati; pertanto, non contrasta col principio di ragionevolezza l'art. 109, II comma, c.p.p., che limita ordinariamente (salva la previsione dell'art. 48, II comma, stesso codice) i diritti processuali di tutela dei cittadini di minoranza soltanto alle fasi giudiziali che si svolgono davanti ad autorità giudiziaria avente competenza sul territorio di insediamento della medesima minoranza".

figurarsi sussidiaria e di rinforzo a quelle previste dagli artt. 51 e 52 c.p. Senonché, ad un esame, anche rapido, della lettura cui la norma è stata sottoposta, tale risultato (tutto sommato: per fortuna) non appare raggiunto. Si è avuta e si ha, infatti, una interpretazione *restrittiva* dell'art. 53 c.p. che pone in crisi i pretesi rapporti che intercorrerebbero tra la scriminante dell'uso legittimo delle armi e quelle dei due articoli precedenti. E si noti che tale interpretazione si profila sin dall'immediata entrata in vigore del codice Rocco: alle dichiarazioni di principio si contrappongono soluzioni ermeneutiche sagge, ma in contrasto con i proclami.

In primo luogo, si è giustamente sottolineato il collegamento tra la condotta di uso delle armi e il fine di adempiere ad un dovere di ufficio[35]. Su tal via, l'accento è caduto sulla necessità che deve costringere il pubblico ufficiale al ricorso alle armi, per respingere una violenza o vincere una resistenza all'Autorità. La causa di giustificazione viene meno ogniqualvolta il pubblico ufficiale possa contrastare condotte di violenza o di resistenza utilizzando mezzi diversi dalle armi o da altri strumenti di coazione fisica. A questo punto, appare evidente che la condotta prevista dall'art. 53 rappresenta parte integrante del contenuto del dovere per adempiere al quale essa è posta in essere. Non ricorrere all'uso delle armi quando esso sia l'unico modo per l'osservanza di un obbligo di ufficio equivarrebbe a non rispettare tale obbligo. La correlazione tra l'azione giustificata ai sensi dell'art. 53 c.p. e il dovere d'ufficio diventa ancora più stretta e, soprattutto, convincente se si ritenga, e a ragione, rilevante il requisito della proporzione[36]. Il che porta a due distinte ma complementari conclusioni. La prima è che se il pubblico ufficiale dispone di vari mezzi di coazione, tutti sufficienti ad assicurare l'adempimento del dovere, dovrà scegliere quello che realizza la lesione o il pericolo di lesione meno gravi per i soggetti passivi della sua condotta. La seconda è che non potrà ricorrersi all'uso delle armi quando il risultato cui dovrebbe approdare l'adempimento del dovere non giustifichi il ricorso ad una *extrema ratio* sproporzionata al risultato cui metterebbe capo l'osservanza del dovere.

---

[35] Cfr. Cass. IV, 27 aprile 1989, n. 6327: "La disposizione di cui all'art. 53 c.p. trova il suo fondamento giuridico, e quindi la sua giustificazione normativa, nella necessità di consentire al pubblico ufficiale l'uso delle armi al fine di adempiere un dovere del proprio ufficio; uso che può realizzarsi solamente nel caso egli si trovi di fronte alla necessità di respingere una violenza o superare una resistenza costruttiva, siccome integranti i reati previsti dall'art. 336 ss. del codice penale".

[36] Per l'enunciazione espressa del requisito della proporzione, cfr. Cass. IV, 1 marzo 1995, n. 2148: "Poiché per l'operatività dell'esimente prevista dall'art. 53 c.p. occorrono due condizioni strettamente interdipendenti tra loro, vale a dire l'uso legittimo dell'arma e la necessità di vincere una resistenza attiva, nonché un rapporto di proporzione, di modo che, qualora altri mezzi siano possibili per respingere la violenza o vincere la resistenza, il pubblico ufficiale non è autorizzato ad usare le armi, salvo le eccezioni previste da specifiche disposizioni di legge, l'inosservanza dell'ordine di fermarsi impartita dal pubblico ufficiale integra una resistenza meramente passiva, inidonea a giustificare l'uso dell'arma da parte di quest'ultimo". Quanto alle conclusioni che si traggono in tema di fuga, sembrano affette da una generalizzazione eccessiva che non tiene conto, proprio sulla scorta della proporzione, della natura del dovere cui il pubblico ufficiale deve adempiere e delle modalità con cui è posto in essere l'uso delle armi.

L'esimente esige, poi, che all'adempimento del dovere d'ufficio facciano ostacolo una violenza che si deve respingere o una resistenza che bisogna vincere. Per ciò che concerne la prima, ci sembra che debba consistere in una violenza fisica: non si vede come si respinga una violenza morale (ad esempio minaccia, anche grave) sparando o avvalendosi di gas lacrimogeni o idranti[37]. Quanto alla resistenza[38], essa si realizza tanto con azioni positive quanto con inerzia o fuga: ciò che conta è che si impedisca l'adempimento di un dovere di ufficio. Dunque, un'interpretazione alla quale per i punti sopra visti non si può non aderire.

Problematica appare, invece, la lettura che, malgrado l'ampia dizione dell'art.

---

[37] *Contra*, Cass. I, 3 febbraio 1983, n. 941: "Tanto la violenza quanto la resistenza sono costituite dall'impiego della forza, fisica o morale, diversificandosi solo per lo scopo che anima i soggetti".

[38] *Contra*, Cass. IV, 27 aprile 1989, n. 6327: "La disposizione di cui all'art. 53 c.p. trova il suo fondamento giuridico e quindi la sua giustificazione normativa, nella necessità di consentire al pubblico ufficiale l'uso delle armi al fine di adempiere un dovere del proprio ufficio; uso che può realizzarsi solamente nel caso egli si trovi di fronte alla necessità di respingere una violenza o superare una resistenza costruttiva, siccome integranti i reati previsti dall'art. 336 ss. del codice penale. Ne consegue che, il soggetto, il quale all'intimazione di alt da parte di pubblico ufficiale, si dia alla fuga, realizzando una ipotesi di disubbidienza passiva, e non già di resistenza attiva, non integra un comportamento idoneo a giustificare l'uso delle armi". Dove è difficile comprendere che cosa si voglia dire con resistenza "costruttiva": ma soprattutto non è motivato l'asserto che la condotta di resistenza deve necessariamente concretarsi in uno dei reati di cui all'art. 336 ss. Si vedano, inoltre, sempre con lo stesso orientamento: Cass. IV, 15 settembre 1986, n. 9285: "L'uso delle armi contro chi si sottrae con la fuga ad una intimazione o all'arresto non è legittimo (salve le eccezioni previste dalle specifiche disposizioni di legge, come in materia di contrabbando, passaggio abusivo delle frontiere, custodia di detenuti) perché esso richiede che si sia posta in essere una resistenza attiva"; Cass. I, 20 maggio 1991, n. 5527: "L'uso delle armi nei confronti di persone disarmate, datesi alla fuga per sottrarsi all'intimazione o all'arresto, non è legittimo, trattandosi di comportamento di resistenza passiva"; Cass. IV, 1 marzo 1995, n. 2148: "Poiché per l'operatività dell'esimente prevista dall'art. 53 c.p. occorrono due condizioni strettamente interdipendenti tra loro, vale a dire l'uso legittimo dell'arma e la necessità di vincere una resistenza attiva, nonché un rapporto di proporzione, di modo che, qualora altri mezzi siano possibili per respingere la violenza o vincere la resistenza, il pubblico ufficiale non è autorizzato ad usare le armi, salvo le eccezioni previste da specifiche disposizioni di legge, l'inosservanza dell'ordine di fermarsi impartito dal pubblico ufficiale integra una resistenza meramente passiva, inidonea a giustificare l'uso dell'arma da parte di quest'ultimo". Accenna al requisito della proporzione, la cui mancanza è valutata a priori una volta per tutte: Cass. IV, 29 novembre 1991, n. 12137: "In tema di uso legittimo di armi, nel caso di resistenza posta in essere con la fuga, manca il rapporto di proporzione tra l'uso dell'arma e il carattere non violento della resistenza opposta al pubblico ufficiale". L'accenno alla proporzione è prezioso, anche se la valutazione in astratto svuota il requisito del suo significato di criterio alla cui stregua va accertata l'adeguatezza della condotta del pubblico ufficiale alla resistenza opposta. Come abbiamo accennato, la soluzione del quesito circa la configurabilità di uso legittimo delle armi contro chi, per esempio, si dia alla fuga, dipende tutta dal rapporto che intercorre fra l'azione del pubblico ufficiale e l'importanza rivestita dal dovere cui egli deve adempiere, nonché dal *come* egli ricorra ai mezzi di coazione per superare una resistenza passiva. Non c'è bisogno di insistere sulla differenza che passa tra lo sparare mirando al corpo e sparare, invece, contro le gomme delle ruote di un'autovettura in corsa, o a poca distanza da un fuggiasco per indurlo a fermarsi.

53 c.p. (qualsiasi pubblico ufficiale), ravvisa come beneficiari della scriminante soltanto gli agenti di polizia di Stato, gli agenti di polizia giudiziaria e i militari in servizio di pubblica sicurezza. L'importanza centrale che il dovere cui si tratta di adempiere riveste nella struttura dell'esimente rende preferibile l'opinione che il soggetto attivo della scriminante è ogni pubblico ufficiale titolare di un dovere per la realizzazione del quale, e in presenza del requisito della proporzione, vi sia la necessità, in caso di violenza o di resistenza opposte, del ricorso a mezzi di coazione fisica.

Vale la pena di chiedersi, allora, che funzione abbia nel sistema l'art. 53 c.p.: per un verso o per l'altro, esso verrebbe a coincidere con i disposti dell'art. 51 o dell'art. 52 c.p. Al di là della utilità che la scriminante in esame presenta ai fini di eliminare dubbi sulla liceità di determinati comportamenti dei pubblici ufficiali, la scriminante in esame si differenzia dalle precedenti per ciò che concerne la collaborazione che terzi prestino al soggetto attivo dell'esimente stessa. Il II comma dell'art. 53 c.p. stabilisce che: "La stessa disposizione si applica a qualsiasi persona che, legalmente richiesta dal pubblico ufficiale, gli presti assistenza". Ciò significa che il terzo, purché legalmente richiesto, può, in appoggio al pubblico ufficiale, fare uso delle armi. Situazione, questa, che prescinde da ogni vincolo di subordinazione speciale quale, invece, deve esistere allorché il pubblico ufficiale ordina, ad un subordinato, di fare uso delle armi. Ora, rispetto all'adempimento del dovere, tale disposizione rappresenta, senza dubbio, un rafforzamento di quanto disposto dall'art. 51 e dall'art. 119 c.p. Quest'ultimo stabilisce che di una circostanza di non punibilità oggettiva si avvalgono tutti coloro che sono concorsi nel fatto. In caso di adempimento del dovere la norma citata non autorizza chi non è titolare del dovere a porre in essere la condotta dedotta in obbligo, ma puramente e semplicemente lo esonera da responsabilità per l'aiuto prestato al titolare del dovere. In forza del II comma dell'art. 53 c.p. il soggetto, non astretto da vincoli di subordinazione speciale al pubblico ufficiale, ove sia legalmente richiesto, può usare armi o altro mezzo di coazione fisica: è tutta la disposizione del I comma che in questo caso trova applicazione. Nei confronti della legittima difesa, le cose cambiano. Il terzo che agisce per difendere un diritto altrui, pur se ignori il pericolo che minaccia tale diritto, è persona che usufruisce direttamente, vorremmo dire: in proprio, della causa di giustificazione: quindi, se ve ne siano tutti gli estremi, può utilizzare armi e così via.

Sotto questo profilo, l'art. 53, II comma, c.p. viene a ridurre le possibilità di tutela di una situazione soggettiva favorevole aggredita. A nostro avviso, stante la riserva di esordio dell'art. 53 ("Ferme le disposizioni contenute nei due articoli precedenti ...") ogniqualvolta sia particolarmente rilevante l'attacco ad una situazione di diritto – e ciò vale specialmente per le ipotesi di cui alla seconda parte del 53 (strage, naufragio, sommersione, ecc. ...) – e si tratti di qualificare l'azione del terzo, appare preferibile il riferimento alla legittima difesa, così garantendo maggiori possibilità di tutela al bene minacciato. Infatti, per tal via, si prescinde dalla circostanza che il terzo sia legalmente richiesto dal pubblico ufficiale.

L'uso delle armi, infine, è autorizzato, oltre che dal codice penale militare di pace con una norma (artt. 44 c.p.m.p.) che ricalca l'art. 53 c.p., da non poche leggi complementari. Particolare menzione, perché sembrerebbero discostarsi dallo schema dell'art. 53, meritano disposizioni che, come quella dell'art. 158, III comma, T.U. delle leggi di pubblica sicurezza[39] prescinderebbero dall'accertamento nel caso concreto della proporzione tra l'uso delle armi e la condotta contro la quale le armi sono utilizzate. Più precisamente, la valutazione sarebbe compiuta una volta per tutte dal legislatore, che avrebbe ravvisato la realizzazione del requisito di cui si tratta col puro e semplice verificarsi della situazione oggetto di disciplina[40].

Senonché, anche in casi del genere, si impone una interpretazione che, in base ai principi che formano la *ratio* delle esimenti, non rinunzi al fondamentale momento della proporzione tra l'azione che, se non fosse giustificata, costituirebbe reato e il pericolo posto in essere dalla condotta altrui contrastata, o sulla quale, comunque, l'azione giustificata si ripercuote. Si pensi, ad esempio, al passaggio di frontiera realizzato da un bambino di 10 anni, accompagnato da gente del luogo fino a breve distanza dal confine e avviato da solo ad un percorso che dovrebbe portarlo oltre frontiera. Non crediamo che si possa ritenere autorizzato l'uso delle armi contro questo minore che all'intimazione non si sia fermato. Al massimo, la proporzione potrebbe ravvisarsi solo se si avesse certezza che il ragazzino porta con sé documento o altro materiale la cui divulgazione o consegna all'estero sarebbe esiziale per gli interessi supremi della Nazione.

---

[39] "È autorizzato l'uso delle armi, quando sia necessario, per impedire i passaggi abusivi attraverso i valichi di frontiera non autorizzati".

[40] Cfr., a riguardo, il regolamento della Guardia di Finanza: art. 1: "È vietato fare uso delle armi contro le persone da parte dei militari e degli ufficiali ed agenti di polizia giudiziaria in servizio di repressione del contrabbando in zona di vigilanza doganale, come determinata dalle vigenti disposizioni, fatta eccezione per i casi previsti dagli artt. 52, 53, I comma e 54, c.p. e quando:

a) il contrabbandiere sia armato palesemente;

b) il contrabbando sia compiuto in tempo di notte;

c) i contrabbandieri agiscano raggruppati in non meno di tre persone".

Art. 2: "È vietato far uso delle armi anche nelle ipotesi previste nelle lett. *a*), *b*) e *c*) dell'art. 1, quando il contrabbandiere si dà alla fuga ed abbandona il carico".

Art. 3: "L'uso delle armi non è vietato contro gli autoveicoli e gli altri mezzi di trasporto veloci quando i conducenti non ottemperino all'intimazione di fermo e i militari non abbiano la possibilità di raggiungerli".

Art. 4: "Nel caso di militari che operino non isolati in servizio, l'ordine di far fuoco deve essere dato dal militare che ha il comando".

Art. 5: "L'uso delle armi, nei casi in cui non è vietato a norma degli artt. precedenti, deve essere preceduto da intimazione a voce o col gesto e dalla esplosione di almeno due colpi in aria".

Art. 6: "L'uso delle armi non è vietato quando il contrabbando sia compiuto con imbarcazioni nella zona di vigilanza doganare marittima e i capitani non ottemperino alle intimazioni di fermo, date con la esplosione di almeno tre colpi in aria e, di notte, con segnalazioni luminose".

Art. 7: "Sono abrogate le norme di cui al r.d. 6 novembre 1930, n. 1643, ed al r.d. 20 agosto 1923, n. 1876, che siano incompatibili con le disposizioni della presente legge (...)".

7. *Lo stato di necessità*

L'art. 54 c.p. dispone che: "Non è punibile chi ha commesso il fatto per esservi stato costretto dalla necessità di salvare sé od altri dal pericolo attuale di un danno grave alla persona, pericolo da lui non volontariamente causato, né altrimenti evitabile, sempre che il fatto sia proporzionato al pericolo.

Questa disposizione non si applica a chi ha un particolare dovere giuridico di esporsi al pericolo.

La disposizione della prima parte di questo articolo si applica anche se lo stato di necessità è determinato dall'altrui minaccia; ma, in tal caso, del fatto commesso dalla persona minacciata risponde chi l'ha costretta a commetterlo".

Nelle sue linee fondamentali, con le varianti e i correttivi che appresso vedremo, l'esimente è delineata nel I comma. Saltano agli occhi le affinità con la legittima difesa e, assieme ad esse, le profonde differenze che la contrappongono alla causa di giustificazione dell'art. 52 c.p.

Le affinità: le due scriminanti si collocano nel segno di una *ratio*, che si compendia nella regola secondo la quale la necessità non conosce legge. Regola che, come vedremo, sintetizza in modo soltanto approssimativo la ragion d'essere di queste cause di giustificazione, presentando, però, il pregio di mettere subito in evidenza come entrambe muovano da una situazione di pericolo attuale, nei cui confronti si reagisce nel caso della legittima difesa, si agisce per scongiurarlo nel caso dello stato di necessità. Sia l'una che l'altra esimente rappresentano momenti di *autotutela*. Ma è proprio qui che si verificano le radicali differenze che tra di esse intercorrono. L'autotutela in stato di legittima difesa è diretta contro un aggressore, contro colui il quale pone in essere, come sappiamo, il pericolo attuale di un'offesa ingiusta ad un diritto proprio o altrui. In stato di necessità il comportamento che, se non fosse giustificato, costituirebbe reato, ha per soggetto passivo un terzo assolutamente innocente, nel senso che non ha dato origine al pericolo incombente. Da questa diversa struttura delle due scriminanti derivano distinte connotazioni. In istato di legittima difesa si reagisce contro un aggressore. La circostanza che quest'ultimo versa *in re illicita* spiega perché, concorrendo tutti gli altri requisiti enunciati dall'art. 52 c.p., primo fra di essi quello della proporzione, si può agire a tutela di qualsivoglia diritto (o interesse obiettivamente protetto) proprio o altrui – anche di natura patrimoniale. L'ambito entro il quale può svolgersi l'autotutela in istato di necessità è, invece, assai più limitato. Qui non ci si volge contro l'autore di un comportamento antigiuridico, bensì contro persona nei confronti della quale non può muoversi addebito di sorta.

L'autotutela è consentita, in misura molto più ridotta che nella legittima difesa, unicamente con riguardo alla persona propria o altrui. È richiesto che il pericolo concerna un bene-interesse essenziale alla persona umana: vita, integrità personale, libertà sessuale, libertà personale. Certo, il pericolo può nascere anche dalla condotta antigiuridica di chi tenti, ad esempio, di uccidere. Ma l'azione giustificata da stato di necessità sarà quella rivolta contro l'innocente e, probabilmente, ignaro proprietario di una motocicletta, parcheggiata sul luogo dell'aggressione, inforcata dal minacciato per allontanarsi e porsi in salvo.

Anche nella normativa concernente i fatti illeciti di diritto civile è presente questa differenza: l'esimente del 2044 c.c. ("legittima difesa") è costituita dalla difesa di sé o di altri. Quella dell'art. 2045 c.c. ("stato di necessità") dal salvataggio di sé o di altri dal pericolo attuale di un danno grave alla persona ... Dove, come è chiaro, la puntualizzazione che il danno deve concernere la persona[41] ci fa intendere l'effettiva portata della dizione del 2044 c.c.: "difesa di sé o di altri".

Non parlandosi di danno alla persona, diversamente da quanto si legge all'art. 2045 c.c., è evidente che l'espressione comprende ogni situazione giuridico-soggettiva favorevole.

Il fatto che in istato di necessità si eserciti autotutela nei confronti di un non aggressore circoscrive ulteriormente l'ambito entro il quale si agisce *ex* art. 54 c.p.

Il pericolo deve essere non volontariamente cagionato, né altrimenti evitabile. Due clausole negative, assai importanti, che discendono direttamente dalla funzione che l'autotutela riveste nello stato di necessità: non di sanzione contro un comportamento aggressivo ma di garanzia di beni fondamentali della persona umana, a scapito del terzo innocente.

Da questa clausola discende – e lo abbiamo già accennato – una conseguenza di grande rilievo per la soluzione di un problema, su cui si è molto discusso, in tema di legittima difesa.

Il punto dibattuto è se possa invocare questa scriminante chi abbia provocato l'aggressione ovvero chi avrebbe il modo di salvarsi dandosi alla fuga[42]. Ora, l'as-

---

[41] Sul significato di danno grave alla persona, con particolare chiarezza: Cass. I, 10 maggio 1997, n. 4323: "La causa di giustificazione dello stato di necessità – di cui all'art. 54 c.p. – presuppone l'esistenza di una situazione oggettiva di pericolo in base alla quale un soggetto per salvare un proprio bene si trova costretto a sacrificare il bene di un altro soggetto, del tutto estraneo alla situazione pregiudizievole in cui l'agente versa. Considerando che l'agente, sia pure per motivi ritenuti non illeciti, aggredisce il bene di una persona 'innocente', lo Stato può consentire il sacrificio di altro cittadino soltanto se il bene del terzo è di rango inferiore (o al limite dello stesso rango) di quello dell'agente e sempre che la natura del bene da proteggere, anche a costo del sacrificio altrui, rientri nel novero di quei beni la cui violazione incide direttamente su beni primari ed essenziali quali quelli concernenti la persona: deve pertanto ritenersi che con l'espressione 'danno grave alla persona', usata nella formulazione dell'art. 54 c.p., il legislatore abbia inteso riferirsi ai soli beni morali e materiali che costituiscono l'essenza stessa dell'essere umano, come la vita, l'integrità fisica (intesa anche come diritto alla salute), la libertà morale e sessuale, il nome, l'onore, ma non anche quei beni che, pur costituzionalizzati, contribuiscono al completamento ed allo sviluppo della persona umana. Ne consegue che, pur dovendosi affermare che il diritto al lavoro è costituzionalmente garantito e che il lavoro contribuisce alla formazione ed allo sviluppo della persona umana, deve escludersi, tuttavia, che la sua perdita costituisca sotto il profilo dell'art. 54 c.p. un danno grave alla persona".

[42] Cfr. Cass. II, 28 febbraio 1981, n. 1564: "L'esimente dello stato di necessità non può essere invocata da chi abbia tenuto un atteggiamento di provocazione e di aggressione, nemmeno sotto il profilo dell'eccesso colposo perché l'eccesso non può ricorrere allorché difettano i presupposti

senza nel disposto dell'art. 52 c.p. di condizioni come quelle che figurano nello

---

della causa di giustificazione di cui vengono oltrepassati i limiti stabiliti"; Cass. I, 7 marzo 1996, n. 2554: "In tema di legittima difesa, le espressioni 'necessità di difendere' e 'sempre che la difesa sia proporzionata all'offesa', contenute nell'art. 52 c.p., vanno intese nel senso che la reazione deve essere, nella circostanza, l'unica possibile, perché non sostituibile con altra meno dannosa, ugualmente idonea ad assumere la tutela del diritto (proprio o altrui) aggredito"; Cass. I, 14 luglio 1997, n. 6979: "Ai fini della configurabilità dell'esimente della legittima difesa ammessa nei confronti di tutti i diritti, personali e patrimoniali – l'apprezzamento della proporzione tra offesa e difesa, che postula un rapporto di corrispondenza valutativa fra due termini, formulato con giudizio '*ex ante*' in riferimento sia ai mezzi usati, ed a quelli a disposizione dell'aggredito, che ai beni giuridici in conflitto, non può che essere qualitativo e relativistico: ne consegue che, nel raffronto tra il bene di un aggressore e il bene di un aggredito – pur ammettendosi che questi, nel difendersi, non sia in grado, nella situazione concreta, di dosare esattamente il reale pericolo e gli effetti della reazione, deve ritenersi che il requisito della proporzione venga meno, nel caso di beni eterogenei in conflitto, quando la consistenza dell'interesse leso, quale la vita e l'incolumità della persona, sia enormemente più rilevante, sul piano della gerarchia dei valori costituzionali e di quelli penalmente protetti, dell'interesse patrimoniale difeso, ed il male inflitto all'aggredito abbia un'intensità di gran lunga superiore a quella del male minacciato"; Cass. I, 3 ottobre 1997, n. 8999: "I presupposti essenziali della legittima difesa – scriminante ammessa nei confronti di tutti i diritti, personali e patrimoniali – sono costituiti da un'aggressione ingiusta e da una reazione legittima; mentre la prima deve concretarsi in un pericolo attuale di un'offesa che, se non neutralizzata tempestivamente, sfocia nella lesione del diritto, la seconda deve inerire alla necessità di difendersi, alla inevitabilità del pericolo ed alla proporzione tra difesa ed offesa. L'eccesso colposo sottintende, a sua volta, i presupposti della scriminante col superamento dei limiti a quest'ultima collegati; per stabilire se nel commettere il fatto si siano ecceduti colposamente i limiti della difesa legittima, bisogna prima identificare i requisiti comuni alle due figure giuridiche, poi il requisito che le differenzia: accertata la inadeguatezza della reazione difensiva, per l'eccesso nell'uso dei mezzi a disposizione dell'aggredito in un preciso contesto spazio-temporale e personale, occorre procedere ad un'ulteriore differenziazione tra eccesso dovuto ad errore di valutazione ed eccesso consapevole e volontario, dato che solo il primo rientra nello schema dell'eccesso colposo delineato dall'art. 55 c.p., mentre il secondo consiste in una scelta reattiva volontaria, la quale certamente comporta il superamento doloso degli schemi della scriminante"; Cass. I, 21 gennaio 1998, n. 740: "Il presupposto su cui si fondano sia l'esimente della legittima difesa che l'eccesso colposo è costituito dall'esigenza di rimuovere il pericolo di un'aggressione mediante una reazione proporzionata e adeguata, cosicché l'eccesso si distingue per un'erronea valutazione del pericolo e dell'adeguatezza dei mezzi usati: ne deriva che, una volta esclusi gli elementi costitutivi della scriminante – per l'inesistenza di una offesa dalla quale difendersi – non vi è alcun obbligo per il giudice di una specifica motivazione in ordine ad un eccesso colposo in tale scriminante, pur se espressamente prospettato dalla parte interessata"; Cass. I, 29 luglio 1999, n. 9695: "La legittima difesa presuppone un'aggressione ingiusta ed una reazione legittima; la prima deve concretarsi nel pericolo attuale di un'offesa che, se non neutralizzata tempestivamente sfocerebbe nella lesione del diritto, la seconda comporta l'inevitabilità del pericolo, la necessità della difesa e la proporzione tra questa e l'offesa. Ne consegue che non è giustificabile una reazione quando l'azione lesiva sia ormai esaurita; né può ritenersi legittimo l'uso di mezzi che non siano gli unici nella circostanza disponibili, perché non sostituibili con altri ugualmente idonei ad assicurare la tutela del diritto aggredito e meno lesivi per l'aggressore. Ed invero il requisito della proporzione viene meno, nel conflitto fra beni eterogenei, quando la consistenza dell'interesse leso è enormemente più rilevante, sul piano della gerarchia dei

stato di necessità ("pericolo non volontariamente cagionato né altrimenti evitabile" [43] giustifica una risposta affermativa ad entrambi gli interrogativi. Non è pensabile che, ove si fosse ritenuto il contrario, il legislatore avrebbe tralasciato le clausole che, con l'intervallo di un solo articolo, figurano, invece, nello stato di necessità.

Il primo capoverso dell'art. 54 c.p. stabilisce che: "Questa disposizione non si applica a chi ha un particolare dovere giuridico di esporsi al pericolo.". Trattasi di regola assai mal congegnata. Presa alla lettera, sembrerebbe prescrivere che chi è titolare, per qualsiasi causa, di un dovere giuridico di esporsi al pericolo, non possa mai usufruire dello stato di necessità, così come questo è delineato, elementi positivi e clausole negative, dal I comma dell'art. 54. Si legge, infatti, "questa disposizione non si applica". Dunque – ripetiamo – l'intiera causa di giustificazione parrebbe esclusa quando ad invocarla fosse chi ha il dovere funzionale di affrontare certi pericoli. Ma le cose non stanno precisamente così. Nessun dubbio sulla impossibilità di ricorrere alla scriminante quando il danno cagionato fosse altrimenti impedibile. È sufficiente, però, riflettere a quel che comporta l'essere portatori di un dovere giuridico di esporsi a determinati pericoli, per rendersi immediatamente conto che la disposizione non si applica a tali soggetti solo se agiscono per salvare la *propria* persona. Sarebbe inconcepibile che, ad esempio, un vigile del fuoco si sottraesse alla minaccia di crollo di un edificio e sacrificasse uno o più pericolanti, adducendo, a discolpa di essere stato costretto dalla necessità di salvarsi.

Quel che il disposto del capoverso preclude è lo stato di necessità a tutela della propria persona.

Le cose cambiano radicalmente quando si consideri che il detentore del dovere di affrontare un pericolo inerente alla funzione svolta può trovarsi nella necessità di porre in essere una condotta volta a evitare il pericolo di un danno grave non alla propria ma all'*altrui* persona. In un caso del genere non gli si può muovere il rimprovero di essersi posto in salvo, malgrado il dovere volontariamente o per legge as-

---

valori costituzionalmente e penalmente protetti, di quella dell'interesse difeso ed il male inflitto all'aggredito abbia una intensità di gran lunga superiore a quella del male minacciato".

[43] Perspicua per quanto concerne l'affermazione che il requisito dell'evitabilità è sancito solo per lo stato di necessità e non anche per la legittima difesa, Cass. I, 12 aprile 1980, n. 4765: "La situazione di necessità prevista dall'art. 384 c.p. non è costituita da un evento di pericolo, come è per la legittima difesa e per lo stato di necessità, ma da un evento di danno; per cui, ad integrare la esimente speciale prevista dalla predetta norma per i reati contro l'amministrazione della giustizia, non è sufficiente il semplice pericolo – come è per le due menzionate esimenti comuni, il quale peraltro deve essere attuale e non volontariamente causato, né, quanto allo stato di necessità, altrimenti evitabile – ma occorre un effettivo grave nocumento nella libertà o nell'onore, evitabile solo con la commissione di uno dei reati in relazione ai quali opera l'esimente in parola". Per il resto, forse più che sottile, inafferrabile, risulta l'asserita distinzione fra il pericolo di cui agli artt. 52 e 54 c.p. e il danno di cui all'esimente dell'art. 384 c.p. Anche in quest'ultima, realizzandosi il fatto che sarebbe costitutivo di reato *prima* che il danno si verifichi, si agisce sempre in presenza di una situazione di pericolo, né più e né meno di quel che avviene in istato di legittima difesa o di necessità.

sunto. La sua non è condotta egoistica che trascura gli obblighi propri alla funzione, bensì intervento volto a impedire il danno grave alla persona di un terzo.

Tutto ciò porta a considerare con particolare attenzione quello che si definisce soccorso di necessità.

Quest'ultimo è, senza dubbio, consentito ogni volta che il bene sacrificato sia di valore inferiore a quello salvato. Così, ad esempio, in caso di impossessamento di un'autovettura di proprietà altrui, al fine di permettere al terzo minacciato da un aggressore con intento omicidiario di porsi in salvo. Resta a vedere se situazioni del genere, caratterizzate, cioè, dalla disparità di valore tra quanto si offende e quanto si difende, siano le uniche configurabili in un soccorso di necessità. A prima vista sembrerebbe di no. Si prospettano ipotesi nelle quali i beni-interessi che vengono in conflitto appaiono di ugual valore: la vita dell'uno contro la vita dell'altro. Se, però, si analizzano queste ipotesi, riassumibili per tutte in quella della zattera capace di sorreggere un solo corpo, su cui giaccia svenuto un naufrago e sulla quale cerchi di salire un'altra persona, l'azione di chi si trovi su una tavola vicina, anch'essa *unius capax*, contro colui che vuole salire sulla prima zattera è solo psicologicamente caratterizzata dal dilemma: salvo l'uno o l'altro. In realtà essa realizza il sacrificio di una vita in una situazione nella quale, se non ci fosse l'intervento del terzo, due sarebbero le vite spente. Quindi, non un'equivalenza tra offesa e salvataggio, equivalenza che si spiegherebbe con la neutralità, l'indifferenza dell'ordinamento rispetto all'una o all'altra soluzione, bensì la netta opzione per il male sicuramente minore.

Questo discorso ci porta ad alcune riflessioni sul testo del I comma dell'art. 54 c.p. Tale disposizione sembra considerare rette dalle medesime condizioni sia lo stato di necessità per salvare la propria persona che il soccorso di necessità. In realtà, fra le due ipotesi intercorre una notevole differenza proprio per ciò che concerne la clausola della non volontaria causazione del pericolo. A differenza di quella consistente nella non impedibilità per altra via, che si presenta negli identici termini per ciascuna delle due ipotesi configurate dalla norma in esame, la prima rileva unicamente per lo stato di necessità volto alla difesa della propria persona. L'argomentazione svolta a proposito della fattispecie del primo capoverso deve essere allargata a ogni ipotesi in cui si agisca per difendere la persona altrui.

Non avrebbe nessun senso precludere il ricorso alla scriminante al soggetto che si è volontariamente posto nella situazione da cui scaturisce il pericolo, quando agisca per impedire che si produca un danno grave alla persona altrui.

Occorre, a questo punto, precisare quale sia la struttura della clausola negativa, per affrontare, poi, il problema se abbia rilevanza, e quale sia questa rilevanza, la condotta di chi abbia volontariamente cagionato il pericolo. La legge menziona come oggetto della volontà il pericolo. Volere il pericolo significa volere, quanto meno nella forma del dolo eventuale, l'evento proibito. Il pericolo consiste, infatti, in una costellazione di elementi che rendono altamente possibile il verificarsi della modifica nel mondo esterno presa in considerazione dalla legge. Se mi rappresento e voglio tale costellazione di elementi nella consapevolezza che essi costituiscono un pericolo, non posso non rappresentarmi e volere (salvo, come vedremo, leggerezza, imprudenza, imperizia ecc., cioè colpa) l'evento o gli eventi che ne possono derivare. In questo caso non potrò invocare lo stato di necessità anche se ritenessi di agire per salvare una terza persona. Si faccia il caso del capo cordata che per uccidere Tizio, allacciato alla corda di cui egli ha il capo, abbia manomesso la fune o uno degli attacchi. All'ultimo momento si aggancia un'altra persona. Se questa non viene fermata, prima che la salita abbia inizio, non v'è dubbio che il capo cordata agisce con dolo intenzionale nei confronti della vittima designata, con dolo diretto nei confronti di colui che ha inaspettatamente deciso di partecipare all'ascensione[44]. In queste condizioni è chiaro che non potrà appellarsi al soccorso di necessità se ha fatto in modo di salvare la persona cui l'offesa non era intenzionalmente indirizzata, sacrificando, invece, quest'ultima. Egli ha volontariamente previsto e cagionato il pericolo: risponderà di omicidio doloso per l'evento letale verificatosi e di delitto tentato, con l'attenuante del recesso attivo, rispetto all'alpinista nei cui confronti non c'era dolo intenzionale – naturalmente, quando abbia impedito che si verificasse l'evento letale a carico di quest'ultimo.

Possiamo, adesso, precisare meglio la struttura della clausola negativa di cui ci stiamo occupando. Occorre dare una interpretazione restrittiva alla lettera della legge. Non aver volontariamente cagionato il pericolo significa, in caso di soccorso di necessità, non aver volontariamente posto in essere la condotta dalla quale discende la situazione di pericolo. Se tale situazione ha costituito oggetto di rappresentazione e volontà, non è questione di applicabilità dell'art. 54 c.p. L'imputazione degli eventi causati avverrà secondo le regole generali.

Sempre in tema di rilevanza della condotta che dà luogo al pericolo, si deve prendere in esame l'ipotesi in cui essa – ed accade frequentemente – si qualifichi come colposa: dovuta, cioè, ad imperizia, imprudenza, negligenza, ovvero a violazione di leggi, regolamenti, ordini o discipline. Si faccia l'esempio dell'automobilista che coscientemente e volontariamente si impegni in una manovra particolarmente azzardata. Per evitare di schiacciare un passante, è costretto a sterzare improvvisamente, colpendo altra persona che si trovi accanto alla prima. Egli non risponderà, a titolo di dolo, delle lesioni così cagionate: ma non andrà esente dall'accollo, per colpa, dell'evento prodottosi.

In conclusione, riteniamo che "la causazione volontaria del pericolo", quando vi sia dolo anche nei confronti della persona salvata, escluda il soccorso di necessità. Quando sussista colpa, consente l'applicazione della scriminante, sempre permanendo la responsabilità per il risultato cagionato a titolo di imprudenza, legge-

---

[44] Cfr. Cass. SS.UU., 25 gennaio 1994: "In tema di elemento soggettivo del reato possono individuarsi vari livelli crescenti di intensità della volontà dolosa. Nel caso di azione posta in essere con accettazione del rischio dell'evento, si richiede all'autore una adesione di volontà, maggiore o minore, a seconda che egli consideri maggiore o minore la probabilità di verificazione dell'evento. Nel caso di evento ritenuto altamente probabile o certo, l'autore, invece, non si limita ad accettarne il rischio, ma accetta l'evento stesso, cioè lo vuole e con una intensità maggiore di quelle precedenti. Se l'evento, oltre che accettato, è perseguito, la volontà si colloca in un ulteriore livello di gravità, e può distinguersi fra un evento voluto come mezzo necessario per raggiungere uno scopo finale, ed un evento perseguito come scopo finale (...)".

rezza e così via. A chiarir meglio le cose, va osservato che nel primo dei due casi prospettati il pericolo è dolosamente voluto e rappresentato anche nei confronti di chi, poi, verrà salvato. Nel secondo caso, invece, rispetto al passante, cui si eviti il danno grave alla persona, non esisteva dolo, la condotta volontaria attuata a danno della persona lesa realizza una costante del soccorso di necessità. È precluso, pertanto, l'accollo a titolo di dolo delle lesioni personali cui si è dato causa; ma non può dimenticarsi che a tale evento si è giunti per aver volontariamente intrapreso una condotta colposa.

Anche l'art. 54 c.p., così come l'art. 52 c.p., esige che il soggetto agente sia stato costretto dalla necessità di salvare sé o altri da un pericolo attuale ... Circa l'attualità del pericolo vale quel che in proposito si è detto trattando della legittima difesa. Problemi sorgono, invece, quanto al significato da attribuire, nella struttura dello stato di necessità, al requisito della costrizione ad agire scaturente dalla necessità di evitare un danno grave alla propria o altrui persona. Si è detto, infatti, che a differenza di ciò che è richiesto nella legittima difesa, lo stato di necessità esige la consapevolezza da parte del soggetto agente dell'attualità del pericolo di danno grave alla persona.

L'argomentazione è la seguente. Lo stato di necessità non sarebbe una causa di giustificazione, bensì una causa che, senza escludere l'illiceità della condotta, si limita a scusare chi l'ha posta in essere. In quanto tale, la sua applicazione è condizionata dalla consapevolezza dello stato di pericolo. Assurdo, infatti, sarebbe ravvisare una scusante per chi abbia ignorato le condizioni in presenza delle quali ha realizzato un fatto illecito. L'opinione esposta ha il suo punto di forza nella circostanza che, come sappiamo, nella disciplina dei fatti illeciti civili, lo stato di necessità non esclude l'antigiuridicità del comportamento, ma costituisce soltanto una attenuante. Va però considerato che chi segue l'ordine di idee cui facciamo riferimento pensa che lo stato di necessità lasci sussistere, oltre che illiceità extra penali, la stessa illiceità penale.

Si aprirebbe, a questo punto, un interessante discorso sulla possibilità di contrapporre scusanti, non inerenti alla persona del colpevole, di un comportamento che rimane penalmente antigiuridico a cause che, per contro, giustificano il comportamento.

Ma sarebbe errato avviarci lungo questa strada, che porterebbe a sovrapporre il concetto alla regola, quando la questione che stiamo esaminando si risolve, in via interpretativa, all'interno del sistema penale.

Una prima obiezione alla psicologicizzazione del requisito della costrizione nasce dalla constatazione che la terminologia normativa è la stessa, tanto nella legittima difesa che nello stato di necessità. In entrambi si legge: costretto dalla necessità ... Ora, a proposito della legittima difesa, salvo i positivisti [45], assai pochi han-

[45] Incentrato sul concetto di pericolosità sociale, il positivismo penale non può non privilegiare l'idea che le situazioni scriminanti esigono d'esser conosciute dal soggetto agente.

no ritenuto che l'espressione non abbia un significato oggettivo, semplicemente funzionale. E se ne conclude che un contesto linguistico, formalmente identico, deve avere uguale contenuto sia all'art. 52 che all'art. 54 c.p. L'argomento, serio e rispettabile, non è, però, decisivo. Abbiamo già visto come il linguaggio normativo non ubbidisca a regole fisse o costanti. Può assegnare, e lo fa frequentemente, distinti significati a formulazioni che si presentano negli stessi termini. Ciò accade, per non andare lontani, a parole usate per esprimere nozioni centrali della parte generale del diritto penale: ad esempio, fatto, azione, evento; e, in diritto civile, per esempio, alla "causa" del contratto. Tutte parole polivalenti, che assumono diverso contenuto a seconda della proposizione normativa in cui figurano. Detto questo, si deve riconoscere che la valenza puramente oggettiva dell'espressione in esame, così come appare all'art. 54, emerge dal confronto con l'art. 384 c.p. (falsa o reticente testimonianza per salvare sé o un prossimo congiunto). Questa scriminante, prevista in relazione ad una serie di delitti contro l'amministrazione della giustizia, contempla il fatto commesso per salvare da un grave e inevitabile nocumento alla libertà o all'onore, in primo luogo, sé medesimi e, per ciò che concerne terzi, un prossimo congiunto. Il soccorso di necessità, invece, può attuarsi a tutela di qualsiasi terza persona, insomma: di chiunque. Ciò dimostra come la *ratio* delle due scriminanti sia diversa. Per l'art. 384 c.p. è rappresentata da quel complesso di valutazioni d'ordine psicologico e anche etico che si compendiano nella formula della non esigibilità di un comportamento conforme alle prescrizioni di legge. Formula che, più o meno felicemente, è il frutto, in chiave precettiva, della comprensione accordata a moventi di auto-conservazione o di protezione di persone, di regola, particolarmente vicine e care. Ne discende che elemento costitutivo della scriminante è la consapevolezza che l'agente abbia del pericolo in cui egli stesso o un prossimo congiunto incorrerebbe. E si noti, ma sul punto ritorneremo, che questa conclusione non urta contro il principio che le circostanze di esclusione della pena sono valutate a favore dell'agente anche se da lui non conosciute o per errore ritenute inesistenti (art. 59 c.p.). Le circostanze di esclusione della pena: dunque, i fatti giuridici che abbiano tale rilevanza, realizzati al completo di tutti i dati che li costituiscono. Ora, se tra questi dati vi è un momento di conoscenza di una determinata situazione, solo quando questa conoscenza si abbia potrà dirsi realizzata la causa di esclusione della pena.

Si pone a questo punto la domanda: il confronto con l'art. 384 c.p. non giustificherebbe una distinzione nell'ambito dello stesso art. 54, I comma, c.p.? Viene da chiedersi, cioè, se la condotta posta in essere per evitare un danno grave alla propria persona vada scriminata solo quando il soggetto agente sia consapevole del pericolo incombente. Anche qui, insomma, la *ratio* coinciderebbe con la presa in considerazione dell'istinto auto-conservativo, se vogliamo, con l'*inesigibilità* di un comportamento conforme a quanto ordinariamente prescritto dalla legge. In quest'ordine di idee, vi sarebbe netta contrapposizione, anche più forte di quella che abbiamo constatato a proposito della clausola della "non volontaria causazione del pericolo", fra le due ipotesi contemplate dal I comma dell'art. 54 c.p. Non soltanto due ipotesi, ma due distinte scriminanti. A favore della lettura dell'art. 54, I comma, c.p., secondo la quale la costrizione ha un valore tutto oggettivo, funzionale, sta però il rilievo – riteniamo – decisivo, che dalla norma in questione la punibilità è esclusa in caso di equivalenza degli interessi in conflitto, o addirittura, come avviene in non pochi casi di soccorso di necessità, di prevalenza anche quantitativa degli interessi salvati rispetto a quelli sacrificati. Situazione, questa, assai lontana da quella che rappresenta il quadro centrale dell'esimente dell'art. 384 c.p. Gli interessi opposti sono tali che non può assolutamente parlarsi di costante maggior valore dell'interesse (alla libertà o all'onore) difeso, rispetto all'interesse della amministrazione della giustizia soccombente. Non condividiamo gli orientamenti per i quali l'interesse che fa capo allo Stato è, per definizione, di rango superiore a quello proprio del singolo: sta di fatto, però, che la non punibilità *ex* art. 384 c.p. è assicurata anche quando la persona, propria o di un prossimo congiunto, merita il grave nocumento alla libertà o all'onore che, attraverso il comportamento scriminato, le si vuole evitare[46].

Il che riporta questa causa di non punibilità tutta ad una *ratio* imperniata sulla comprensione del movente per il quale si agisce: con un'area di applicabilità, quindi, assai più ridotta di quella dello stato di necessità vero e proprio.

E che non si possa stabilire un rapporto costante tra gli interessi *ex* art. 384 contrapposti è dimostrato dal silenzio di questa norma sulla proporzione che dovrebbe intercorrere tra il fatto e il pericolo. Proporzione richiesta, invece, dall'art. 54; che, al riguardo, modifica solo formalmente il dettato dell'art. 52 c.p.: in istato di necessità non può parlarsi di proporzione "tra difesa e offesa" ma semplicemente di proporzione "tra fatto e pericolo". Rappresenta, per contro, una variante notevole alla legittima difesa il requisito della *gravità* del danno alla persona propria o altrui. mentre ai sensi dell'art. 52 si può reagire, purché vi sia proporzione fra i beni contrapposti, anche a tutela di un diritto il cui oggetto sia di scarso valore, il danno per evitare il quale si agisce in stato di necessità deve essere di notevole consistenza: deve profilarsi, cioè, il pericolo di una rilevante menomazione alla persona, sia dal punto di vista fisico che da quello morale.

L'ultimo comma dell'art. 54 c.p. contempla l'ipotesi che lo stato di necessità sia determinato dall'altrui minaccia. La norma ha un duplice scopo: evitare che chi ha cagionato con il suo comportamento minaccioso l'illecito vada esente da sanzione e porre le premesse per la soluzione di un problema di concorso di reati.

Per ciò che riguarda la struttura della situazione prevista dal III comma dell'art. 54 c.p., è chiaro che la minaccia dà vita allo stato di necessità se ne pone in essere tutti i requisiti. Quando la minaccia non è minaccia di pericolo attuale di un danno grave alla persona propria o altrui, se non si realizzano tutti gli elementi necessari, a seconda dei casi, allo stato di necessità, la minaccia potrà rappresenta-

---

[46] Cfr. art. 378, ultimo cpv., c.p.: "Le disposizioni di questo articolo si applicano anche quando la persona aiutata non è imputabile o risulta che non ha commesso il delitto"; nonché, per il favoreggiamento reale, l'art. 379, ultimo cpv., c.p.: "Si applicano le disposizioni del primo e dell'ultimo capoverso dell'articolo precedente".

re una causa di attenuazione della pena, ma sicuramente non scrimina. Ora, poiché il pericolo ad evitare il quale si agisce può trovar causa negli eventi più disparati, può essere determinato da forze di natura come da condotte umane, la non punibilità del soggetto coartato da violenza morale sarebbe discesa senza fallo dal I comma dell'art. 54 c.p. Si è voluto dare particolare rilievo al caso della minaccia innanzitutto per non lasciare impunito l'illecito perpetrato e, conseguentemente, per prevenire dubbi sulla configurabilità di un concorso di reati. In primo luogo il III comma dell'art. 54 dispone che del reato posto in essere dall'esecutore materiale risponde chi ha attuato la minaccia. Risultato questo a cui non sempre si sarebbe potuto arrivare alla stregua dei principi sul concorso di più persone nel reato. Questi principi – e lo vedremo trattando delle cosiddette forme di manifestazione del reato – esigono che vengano posti in essere tutti gli elementi costitutivi dell'offesa (lesione o messa in pericolo dell'interesse tutelato) contenuto del reato [47]. Allorché Tizio commette un fatto criminoso, perché minacciato, non è detto che ciò sempre avvenga. Più precisamente: l'offesa troverà compiuta esecuzione quando essa concerna interessi puramente oggettivi. Così, quando il coartato si trovi costretto a danneggiare una cosa mobile altrui. Diversamente è a dire, però, ove l'offesa comprenda la violazione di una particolare pretesa che leghi il destinatario della norma trasgredita al titolare dell'interesse protetto. Se, sotto minaccia, un pubblico ufficiale forma in tutto o in parte un atto pubblico falso o altera un atto vero (art. 476 c.p.) sarà leso l'interesse alla fede pubblica, ma non il vincolo di fedeltà e lealtà che lega il pubblico ufficiale alla pubblica amministrazione – l'eroismo non può essere comandato. In virtù della previsione da parte dell'ultimo comma dell'art. 54, la responsabilità di chi abbia effettuato la minaccia è fuori discussione: anche quando l'offesa, contenuto del reato sia caratterizzata dalla trasgressione di un dovere funzionale, facente capo, come nell'esempio, al pubblico ufficiale e non all'autore della violenza morale.

Abbiamo detto che scopo del III comma dell'art. 54 c.p. è anche quello di permettere la soluzione di una questione di concorso di reati. L'art. 611 c.p. punisce il comportamento violento o minaccioso volto a costringere o determinare altri a commettere un reato. Come è chiaro, detta norma trova applicazione indipendentemente dalla circostanza che il soggetto passivo della coartazione abbia realizzato il fatto criminoso. Nessun problema di confine con l'ultimo comma dell'art. 54 qualora sia stata realizzata la condotta incriminata dall'art. 611 c.p., ma all'illecito coartato non si sia addivenuti. Si faccia il caso, però, che l'autore della minaccia sia riuscito nel suo intento, che, cioè, il terzo abbia dato vita al reato cui è stato costretto. Fermo restando che la persona minacciata non è punibile, ci pare fuori dubbio che l'autore della minaccia risponda, ai sensi dell'ultimo comma dell'art. 54 c.p., del fatto commesso dal coartato; e, a' sensi dell'art. 611 c.p., della violenza morale esplicata. Gli interessi tutelati dalle due norme sono nettamente distinti. L'ultimo comma dell'art. 54 c.p., come sappiamo, tutela l'interesse del

[47] Cfr. M. GALLO, *Le forme di manifestazione del reato*, in *Appunti di diritto penale*, vol. VIII, Giappichelli, Torino, 2003.

soggetto passivo del reato al quale taluno è stato costretto da minaccia costitutiva di stato di necessità. Ad esempio, Tizio costringe Caio a falsificare una scrittura privata: la punibilità del coartante è in funzione dell'offesa arrecata al soggetto passivo del reato, determinato dalla minaccia. Il delitto di cui all'art. 611 c.p. è un delitto contro la libertà morale. Punendo chi usa violenza o minaccia al fine di costringere taluno a commettere un reato, non si tutela l'interesse del soggetto passivo del reato al quale si vuole coartare una persona, bensì l'interesse alla libera determinazione di chi subisce violenza o minaccia. È all'offesa a questa libera determinazione, alla libertà morale, per seguire la terminologia del codice, che dà rilevanza l'art. 611 c.p. Offese e interessi tutelati distinti: la responsabilità per l'uno e per l'altro titolo (art. 54, III comma, c.p. in relazione al reato commesso e art. 611 c.p.) ci pare pienamente giustificata [48].

La disposizione dell'art. 54 c.p. sembra a taluno bisognosa di una integrazione per via di estensione analogica. In casi di particolare gravità del danno incombente, su diritti diversi da quelli facenti capo alla persona propria o altrui, ma per il resto caratterizzati da tutti gli altri elementi costitutivi dello stato di necessità, si è proposta un'operazione di aggiustamento per analogia, sulla base dell'asserita identità di *ratio* che la situazione prevista dalla legge (danno grave alla persona) e quella non espressamente prevista (danno ad altro diritto) presenterebbero. Si pensi al caso di Tizio che vede andare in fiamme un museo disabitato. Per spegnere l'incendio si impossessa di un estintore, infrange vetri, penetra nell'edificio, abbatte porte: realizzando, così, numerosi reati tutt'altro che di poco conto. Conclusione, questa, giustamente ritenuta inaccettabile, che può essere evitata, si dice, estendendo all'ipotesi non contemplata dalla legge l'art. 54 c.p. Tale operazione, però, non convince. Di nuovo una lettura sistematica risparmia un *excursus* sulla ammissibilità o no del procedimento analogico, sia pure *in bonam partem*, in diritto penale. In due articoli, frutto ed oggetto di elaborazione approfondita come sono quelli sulla legittima difesa e sullo stato di necessità, è stabilito, nel primo, che si può agire a difesa di qualsivoglia diritto proprio o altrui. È evidente, quindi, la volontà di limitare l'ambito di applicazione dello stato di necessità rispetto a quello della legittima difesa. Ciò detto, lasciamo la scriminante dell'art. 54 c.p. ai confini che la legge le assegna e poniamo mente all'istituto della gestione di affari (si intende: altrui) disciplinato dal codice civile agli artt. 2028 ss., fino al 2032. Si ha gestione di affari allorché una persona compie un atto – materiale o negoziale – al posto di un'altra, quando questa non gliene ha conferito l'incarico, né al compimento dell'atto l'agente risulti, comunque, obbligato.

---

[48] Cfr. Cass. VI, 21 marzo 1990, n. 4131: "Il delitto previsto dall'art. 611 c.p. (violenza o minaccia per costringere a commettere un reato) è reato di pericolo che si consuma nel momento stesso dell'uso della violenza o della minaccia, indipendentemente dal realizzarsi del reato-fine. Se, però quest'ultimo reato poi si realizza, per effetto dell'azione o della compartecipazione del soggetto passivo della coazione, anche tale soggetto ne risponde in base alle norme sul concorso nel reato, a meno che non sia configurabile a suo favore una causa di esclusione della punibilità, come ad esempio quelle previste dagli artt. 46, 54, 86 c.p. (costringimento fisico, stato di necessità, determinazione dello stato di incapacità)".

Dal dovere di condurre a termine l'atto fino a quando il sostituto non sia in grado di provvedervi da se stesso si evince che, al momento della assunzione della gestione, tale possibilità deve mancare. Il soggetto che così agisce si sostituisce al titolare del bene, dell'interesse minacciato, o al titolare del bene utilizzando il quale protegge il diritto altrui o anche proprio, andando incontro a tutte le conseguenze che la gestione d'affari comporta. Val la pena di sottolineare come l'istituto in questione trovi applicazione non solo quando si agisce per salvaguardare la cosa altrui, ma anche nel caso in cui la spinta ad agire sia la tutela della cosa propria: ciò che è indispensabile è che ci si sostituisca a chi sarebbe stato in grado, ma di fatto non aveva tale possibilità, di intervenire. Così, ad esempio, quando taluno, per domare un incendio sviluppatosi nella propria casa non abitata, si impossessa dell'estintore custodito nel garage di un terzo, anche se questo garage non corre pericolo di sorta. Qui la gestione è effettuata tenendo il comportamento che sappiamo, *al posto* del detentore del garage. Se il principio di solidarietà non è vuota declamazione, dobbiamo ritenere che, secondo parametri di ordinaria civiltà, il proprietario dell'estintore, di fatto impossibilitato a farlo, sarebbe corso in aiuto – quanto meno, ed è quel che basta, fornendo l'apparecchio.

In conclusione, può dirsi che le ipotesi che dovrebbero dar luogo ad uno stato di necessità guadagnato per via analogica si risolvono, con piena aderenza al sistema, in esercizio di facoltà legittima, costituita e disciplinata dai citati articoli del codice civile. E qui potrebbe obiettarsi che si è spesa qualche parola di troppo per arrivare allo stesso risultato cui si perviene attraverso il procedimento estensivo, che rifiutiamo. Ma le cose non stanno precisamente a questo modo. Se fossimo in presenza di stato di necessità, l'autore del fatto dannoso sarebbe sempre tenuto ad un'indennità, la cui misura è rimessa all'equo apprezzamento del giudice.

Nella gestione di affari, si tiene conto che l'agente ha posto in essere la condotta che, alla stregua di normali modelli di comportamento, chi ha subito un pregiudizio avrebbe lui stesso realizzato. Egli risponderà soltanto per colpa e, in considerazione delle circostanze per effetto delle quali ha assunto la gestione, il giudice può moderare il risarcimento dei danni cui sarebbe tenuto a cagione della sua colpa.

Sezione II – QUESTIONI SISTEMATICHE E PROBLEMI COMUNI AGLI ELEMENTI NEGATIVI DEL FATTO

8. *L'art. 59, IV comma, c.p.: criterio distintivo tra esimenti e altre cause di non punibilità*

Abbiamo già detto che le scriminanti si distinguono, innanzitutto, a seconda che siano comuni (come quelle previste agli artt. da 50 a 54 c.p.), tendenzialmente idonee a esplicare la loro efficacia in rapporto a tutti i reati o alla maggior parte di essi, ovvero speciali, ipotizzate, cioè, soltanto con riferimento ad uno o a più determinati reati. Questa distinzione ci introduce alla individuazione di quelle cause di non punibilità previste nella parte speciale del codice penale o nelle leggi complementari, che debbono definirsi esimenti o scriminanti alla pari di quelle di cui ci siamo finora occupati. Più in generale, si potrebbe dire che la distinzione in parola apre la strada per reperire il criterio alla stregua del quale va posto il confine tra scriminanti e ogni altra causa che esclude la punibilità.

Questo è vero: ma altrettanto certo è che l'operazione si presenta particolarmente necessaria quando ci troviamo di fronte a situazioni di fatto che, almeno a prima vista, appaiono contestuali al fatto di reato. In tutti gli altri casi, in cui la non punibilità dipende da condizioni o qualità personali dell'agente – si pensi ai soggetti assolutamente, parzialmente o relativamente non destinatari della regola incriminatrice [49] – ovvero a mancanza di volontà colpevole – un danneggiamento, reato punito soltanto se commesso con dolo, realizzato per negligenza, imprudenza, ecc. –, la contrapposizione rispetto alle cause di giustificazione è netta e non solleva particolari problemi.

Nella prima ipotesi (presenza di condizioni o qualità personali dell'agente) abbiamo a che fare con l'assenza di titolarità dell'obbligo penalmente sanzionato: così, ad esempio, nei casi previsti dall'art. 649 c.p. Nella seconda (difetto di volontà colpevole) manca uno degli elementi costitutivi positivi del reato.

I dubbi sorgono, invece, quando è posto in essere il fatto, che però, in forza di una situazione che sembra contestuale, non è punibile. Vedremo subito che non sempre, in circostanze del genere, si ha a che fare con un'esimente. La risposta al quesito è data dall'applicabilità o no dell'art. 59, IV comma, c.p.: "Se l'agente ritiene per errore che esistano circostanze di esclusione della pena queste sono sempre valutate a favore di lui. Tuttavia, se si tratta di errore determinato da colpa, la punibilità non è esclusa, quando il fatto è preveduto dalla legge come delitto colposo".

---

[49] Cfr. Parte I, capitolo V, p. 139 ss.

La prima conseguenza che possiamo trarre dalla lettura di questa norma è che la supposizione erronea di una circostanza di esclusione della pena rende sempre impossibile l'imputazione del fatto a titolo di dolo. Può aversi responsabilità unicamente per colpa quando l'errore sia dovuto a colpa e il fatto posto in essere sia preveduto dalla legge come delitto colposo (nota: e se è una contravvenzione?).

Ora, se non è possibile imputazione per dolo, vuol dire che questo elemento, costituito da volontà e rappresentazione del fatto, non si è realizzato. Ma ciò avviene solo se non vi è stata rappresentazione di uno degli elementi essenziali positivi del fatto o, simmetricamente, vi è stata rappresentazione di un elemento negativo, di un elemento, cioè, che deve mancare perché si dia illiceità penale.

L'art. 59, IV comma, c.p., in altre parole, esige che la circostanza di esclusione della pena, oggetto di supposizione erronea, sia costituita da elementi di fatto o di diritto che si consumano assieme al fatto positivo di reato. Quando la non punibilità è dovuta, in tutto o in parte, a elementi che si verificano *successivamente* alla consumazione del fatto criminoso siamo fuori del disposto della norma in esame. Non si può ritenere per errore l'esistenza di quanto deve prodursi *dopo* il reato. Così, ad esempio, non avrebbe senso supporre esistente una causa di estinzione del reato o della pena, necessariamente futura e operativa su un reato realmente, o ipoteticamente, posto in essere[50]. Possiamo allora dire che è causa di giustificazione quanto rientra sotto l'ambito del IV comma dell'art. 59 c.p.

È avvalendoci di questo criterio, di questa sorta di prova del nove, che possiamo stabilire quali sono le cause di non punibilità previste nel secondo e terzo libro del codice penale o da leggi complementari, definibili come scriminanti. Sicuramente tale è quella dell'art. 384 c.p., sulla quale ci siamo intrattenuti a proposito dello stato di necessità. Altrettanto certa è la qualifica in discorso quando si esamini la circostanza di non punibilità dettata dal II comma dell'art. 599 c.p. In entrambi i casi, con la precisazione di cui immediatamente ci occuperemo, è ipotizzabile la supposizione erronea degli elementi di fatto contestuali alla condotta dell'agente. Si pensi, così, all'errore di chi si rappresenti, contrariamente al vero, grave ed inevitabile pericolo di nocumento alla libertà o all'onore, suoi o di un prossimo congiunto, e commetta, in conseguenza, uno dei delitti richiamati dall'art. 384 c.p. O, ancora, al caso della persona che pensi erroneamente di essere stata vittima di un fatto ingiusto altrui e ponga, quindi, in essere, subito dopo, ingiuria o diffamazione.

Abbiamo avvertito che occorre, al riguardo, una precisazione. Le scriminanti citate hanno *struttura* soggettiva perché esigono l'una che l'agente sia consapevole del pericolo incombente per la libertà o l'onore suoi o di un prossimo congiunto[51], l'altra che si trovi nello stato d'ira richiesto dalla provocazione. Come è chiaro, su queste componenti psicologiche – rappresentazione o particolare stato emo-

---

[50] Così, se taluno agisce configurandosi il sopravvenire di un provvedimento di amnistia, la sua non sarà previsione bensì mera speranza.

[51] Cfr. questo capitolo al § 6.

tivo – non può darsi supposizione erronea: o ci sono o non ci sono. Nelle esimenti caratterizzate da una tale struttura la putatività potrà aversi solo sugli elementi materiali o, più esattamente, esterni all'agente. Ciò posto, non v'è dubbio, però, che l'art. 59, IV comma, c.p. trova applicazione: naturalmente con riferimento a quegli elementi in ordine ai quali può darsi supposizione erronea. Ciò che conta è che tanto l'elemento soggettivo, richiesto dalla struttura della causa di non punibilità, quanto l'errore sugli elementi materiali costitutivi di quest'ultima, si realizzano *contestualmente* alla rappresentazione del fatto, più esattamente, sono l'uno obiettivamente contestuale, l'altro, l'errore, riferito a dati che sul piano obiettivo rilevano in quanto contestuali alle componenti positive dell'illecito.

Si pensi, per contro, alle condizioni in presenza delle quali può aversi la non punibilità disposta dal I comma dell'art. 599 c.p. Qui è prevista una vicenda di ingiurie reciproche: in tale ipotesi il giudice può dichiarare non punibile uno o entrambi gli offensori. Si noti l'ampiezza del potere discrezionale. Può essere pronunciata condanna anche nei soli confronti del soggetto che abbia reagito ad un'ingiuria ricevuta, ribattendo in modo assolutamente sproporzionato, non adeguato, alla parola o alla frase che, tutto sommato, esorbitasse di poco dallo scherzo, sia pure pesante e inopportuno. Questo vuol dire che chi è implicato in una storia del genere può rappresentarsi, erroneamente, di essere stato ingiuriato e di rispondere, quindi, in situazione di reciprocità. Resta fuori, però, dalla sua rappresentazione, quello che sarà il verdetto del giudice, perché non è rilevante la rappresentazione di ciò che potrebbe verificarsi dopo la consumazione del fatto illecito. Così come non avrebbe senso assumere quale supposizione, erronea, *ex* art. 59, IV comma, c.p., di una circostanza di non punibilità la speranza, o anche la certezza, dell'intervento di una causa estintiva del reato, che si verificherà, se si verificherà, necessariamente dopo la supposta consumazione dell'illecito al completo di tutti i suoi elementi, altrettanto deve dirsi per ciò che riguarda la futura decisione del giudice: anche questa si colloca dopo la consumazione del reato.

Non di scriminante può, allora, parlarsi. Il reato si è consumato. L'accento cade sulla dichiarazione giudiziaria che può mancare – e in tal caso risponderanno entrambi gli offensori – ovvero disporre la non punibilità di uno (e non è preventivamente accertabile di quale si tratti) o di tutti e due.

La pronuncia sulla non punibilità costituisce, noi pensiamo, una causa speciale di estinzione del reato. Non rientra fra quelle espressamente dettate in via generale agli artt. da 150 a 170 c.p., ma nulla impedisce che, così come in sede di parte speciale sono enunciate scriminanti diverse da quelle comuni, lo stesso accada per le cause estintive. L'importante è che quelle che si definiscono speciali presentino medesimi caratteri e spieghino la medesima efficacia delle cause estintive comuni. Soluzione, questa, che ci sembra preferibile all'altra, che potrebbe prospettarsi, di una condizione obiettiva di non punibilità.

Una condizione del genere dovrebbe considerarsi come elemento negativo di una fattispecie criminosa della quale farebbe parte l'ingiuria ritenuta esente da pena. Tutto sembrerebbe a posto sul piano della definizione dogmatica. Ove, però, si pensi che l'operazione che conduce a siffatti risultati non è fine a se stessa, ma presenta effettiva utilità quando sintetizzi un modo di disciplina, si comprendono le ragioni della nostra preferenza. La qualifica di causa speciale di estinzione del reato permette di chiarire come, in ipotesi di più persone – due gruppi di individui che, agendo, ciascuno all'interno del proprio gruppo in concorso con altri, si offendano reciprocamente – la dichiarazione di non punibilità abbia effetto soltanto per coloro ai quali si riferisce; non si estende, cioè, ai partecipi (art. 182 c.p.).

L'analisi condotta sulla scriminante prevista dall'art. 384 c.p. e su quella dell'art. 599, I comma, c.p. (provocazione) ha messo in luce la differenza che esiste fra queste e le cause di giustificazione generali. Ci riferiamo, come è chiaro, non alla rilevanza, limitata per le prime a determinati reati ed estesa per le seconde a tutti i reati la cui oggettività risulti compatibile con la scriminante (si capisce che il consenso dell'avente diritto non è operativo nei confronti di un fatto che incide su un diritto indisponibile): differenza, questa, che si esprime proprio parlando di cause generali e cause speciali; bensì alla struttura, che può presentarsi tutta oggettiva o comprendente elementi soggettivi. Da questo punto di vista è giustificato porre l'accento sulle peculiarità strutturali per contrapporre le cause di giustificazione i cui elementi sono tutti oggettivi, o materiali, che dir si voglia, a quelle che hanno una componente psicologica o soggettiva.

Va chiarito, però, che quando parliamo di elementi materiali lo facciamo nella contrapposizione a quelli costituiti da eventi mentali. Tra gli elementi materiali rientrano, cioè, anche gli elementi normativi, così come avviene per il fatto positivo. La struttura oggettiva, materiale, di una scriminante spesso consiste in situazioni di fatto, qualificate dalla norma che prevede la scriminante stessa, alla stregua di una regola normativa diversa da quella che enuncia la causa di non punibilità. Un esempio particolarmente significativo è dato dal requisito dell'ingiustizia dell'offesa, essenziale alla legittima difesa. Dunque, un elemento che fa parte di una formulazione più complessa, rispetto alla quale si pone nel rapporto: parte-tutto. Diversamente stanno le cose quando l'intiera scriminante è costruita in termini normativi che ne esauriscono il contenuto: si pensi all'esercizio di un diritto. Qui la qualifica non rappresenta una frazione di un contesto più ampio, ma definisce l'intiero contesto che dà vita alla causa di non punibilità. Le conseguenze di questa precisazione si coglieranno appieno quando passeremo all'analisi del dolo e della colpa.

9. *Esimenti soggettive ed esimenti oggettive: l'art. 119 c.p.*

Fatta la distinzione, di cui al paragrafo precedente, tra scriminanti a struttura oggettiva e scriminanti a struttura soggettiva, occorre guardarsi dal confonderla con quella che corre tra esimenti oggettive ed esimenti soggettive. Qui non è più questione di struttura, ma, come si usa dire, di natura giuridica. Espressione che si chiarisce quando si spieghi che con essa si vuole intendere la rilevanza posseduta da una esimente: non con riferimento alla sua efficacia rispetto a uno o più determinati reati, o, per contro, rispetto ad una serie tendenzialmente illimitata di illeciti – che è quanto, come sappiamo, significato dall'antitesi cause generali e cause speciali – ma rilevanza in ordine agli effetti dovuti ad una certa esimente.

Per dirla tutta, mentre l'uso dei termini oggettivo e soggettivo appare assolutamente appropriato e rispondente a canoni di chiarezza espositiva se applicato alla struttura; quando si tratta della cosiddetta natura delle esimenti, il linguaggio risulta meno soddisfacente e, tutto sommato, tale da ingenerare equivoci: ma è quello della legge (art. 119 c.p.) ed è con questo che dobbiamo confrontarci per giungere ad una lettura appagante.

La contrapposizione soggettiva-oggettiva per ciò che riguarda le circostanze di esclusione della pena è normativamente posta dall'art. 119 c.p. In caso di realizzazione del reato da parte di più persone, è stabilito che: "Le circostanze soggettive le quali escludono la pena per taluno di coloro che sono concorsi nel reato hanno effetto soltanto riguardo alla persona a cui si riferiscono.

Le circostanze oggettive che escludono la pena hanno effetto per tutti coloro che sono concorsi nel reato.". Tanto nel primo che nel II comma, le circostanze che escludono la pena si identificano con le scriminanti. Affermazione che non trova obiezioni relativamente alle circostanze oggettive, ma che urta contro punti di vista, largamente diffusi, in ordine a quelle soggettive. Non riteniamo, però, accettabile l'interpretazione secondo cui le circostanze soggettive che escludono la pena sarebbero quelle attinenti all'imputabilità del reo, alle sue qualifiche personali, nonché quelle che precluderebbero un giudizio di colpevolezza. Se così fosse, la norma in questione non farebbe che ripetere quanto già enunciato dall'ultimo comma dell'art. 112. Tale disposizione, stabilendo che, in determinate circostanze, chi abbia partecipato alla commissione di un reato assieme a persona non imputabile, ovvero non punibile a cagione di una condizione o qualità personale, ovvero ancora che abbia agito incolpevolmente, subisce, per ciò stesso, un aumento di pena, sancisce, nel contempo, il principio che i suddetti motivi di non punibilità non si estendono alle persone cui non si riferiscono direttamente. Il *quid novi* apportato dall'art. 119, I comma, si fa invece chiaro allorché si ritiene che esso concerna una particolare categoria di elementi, che i disposti precedenti non prendono in considerazione. Si tratta delle *scriminanti* o *esimenti*, vale a dire di quelle situazioni di fatto le quali escludono la rilevanza penale di un comportamento che altrimenti costituirebbe reato.

Le circostanze di non punibilità, tanto soggettive che oggettive, richiamate dall'art. 119 c.p., non possono cioè consistere che in situazioni o fatti giuridici che l'art. 112, ultimo comma non prende in considerazione. Poiché per le cause estintive del reato o della pena provvede l'art. 182 c.p., il riferimento dell'art. 119 non può che riguardare le esimenti.

Si impone, allora, l'individuazione del criterio alla cui stregua definire una qualunque esimente soggettiva o oggettiva per trarne le conseguenze dettate dall'art. 119.

In genere, la dottrina imposta ed affronta tale problema servendosi di schemi preordinati i quali paiono, proprio in questa occasione, uscire dal chiuso di una mera classificazione nominalistica, per spiegare una vera utilità quali chiavi di lettura di un testo normativo. Si afferma, cioè, che circostanze oggettive di esclusione della pena sono quelle che precludono la qualifica di antigiuridicità penale obiettiva, mentre circostanze soggettive sono quelle che impediscono la formulazione di un giudizio di colpevolezza.

Opinione che potrebbe anche essere accolta, attribuendole un valore di puro comodo ai fini dell'indicazione e del raggruppamento di determinati elementi. Il guaio è, invece, che i concetti di antigiuridicità obiettiva e di colpevolezza vengono utilizzati come principi guida di una indagine che, da schiettamente esegetica che dovrebbe essere, trasferisce i propri interessi sulla conferma di certe posizioni dottrinali. Mentre è chiaro come, essendo semmai l'art. 119 l'unico dato normativo da cui si potrebbe risalire alla costruzione di due distinte figure di qualificazione del fatto, svolgentisi entrambe nel quadro dell'antigiuridicità penale globale, tale costruzione non può che seguire, e non, al contrario, precedere l'interpretazione della disposizione in parola.

Un punto, al riguardo, va subito rilevato. Chi si ponga su questo piano interpretativo, che è il solo metodologicamente sicuro [52], non deve lasciarsi trarre in inganno dal linguaggio usato dal legislatore, a proposito tanto delle circostanze che aggravano od attenuano la pena (le circostanze in senso tecnico, insomma), che di quelle chiamate circostanze di esclusione della pena. L'art. 70 c.p., con formulazione che sembra comprendere tutte le circostanze: quelle aggravanti, quelle attenuanti e quelle che escludono la pena, stabilisce che sono oggettive le circostanze che concernono la natura, la specie, i mezzi, l'oggetto, il tempo, il luogo e ogni altra modalità dell'azione, la gravità del danno e del pericolo ovvero le condizioni o le qualità personali dell'offeso; sono circostanze soggettive, invece, quelle che concernono l'intensità del dolo o il grado della colpa, o le condizioni e le qualità personali del colpevole; o i rapporti fra il colpevole e l'offeso; ovvero che sono inerenti alla persona del colpevole.

Ora, a ritenere, come la lettera della legge parrebbe suggerire, che all'art. 70 il termine circostanze comprenda oltre gli elementi accidentali del reato (circostanze aggravanti e attenuanti) anche le scriminanti e, conseguentemente, applicassimo pure a queste ultime i criteri distintivi enunciati dalla norma in parola, dovremmo arrivare alla conclusione che, rappresentando sempre le esimenti una modalità dell'azione, e riverberandosi sempre la loro presenza sul danno o pericolo contenuto dell'illecito, esse possiederebbero, tutte, senza eccezioni, natura oggettiva. Il che, evidentemente, significherebbe assoggettare il I comma dell'art. 119 ad una interpretazione abrogante.

---

[52] Sicurezza che discende dal contenuto effettuale della norma: non certo, come si enuncia nel testo, dal puro e semplice lessico legislativo. Quest'ultimo vincola l'interprete solo quando esprime sinteticamente un modo di disciplina, non quando è semplice espressione di un uso linguistico anche se, per avventura, conforme alla visione "scientifica" che chi pone una certa regola si fa della portata della regola stessa. Non sono rari i casi in cui più che di visione sarebbe corretto parlare di immaginario.

Prima di deciderci, però, per una simile radicale soluzione conviene chiederci se non sia possibile un'altra strada, diversa da questa segnata dall'art. 70, che sbocca nel risultato che abbiamo visto e diversa anche da quella che assume, come premesse nozioni le quali, a loro volta, hanno bisogno di una dimostrazione.

Una traccia assai interessante ci è offerta dalla constatazione che, mentre la rilevanza di talune scriminanti, ipotizzate da disposizioni penali, si estende al di fuori dell'ambito entro cui sono state poste, altre, invece, limitano la loro efficacia esimente al puro settore penale.

Decisiva è, al riguardo, la formulazione dell'art. 652 c.p.p., il quale, disciplinando l'"efficacia della sentenza penale di assoluzione nel giudizio civile o amministrativo di danno" dispone che: "La sentenza penale irrevocabile di assoluzione pronunciata in seguito a dibattimento ha efficacia di giudicato, quanto all'accertamento che il fatto non sussiste o che l'imputato non lo ha commesso o che il fatto è stato compiuto nell'adempimento di un dovere o nell'esercizio di una facoltà legittima, nel giudizio civile o amministrativo per le restituzioni e il risarcimento del danno promosso dal danneggiato che si sia costituito o sia stato posto in condizione di costituirsi parte civile nel processo penale, salvo che il danneggiato dal reato abbia esercitato l'azione in sede civile a norma dell'art. 75, II comma.

La stessa efficacia ha la sentenza irrevocabile di assoluzione pronunciata a norma dell'art. 442, se la parte civile ha accettato il rito abbreviato".

L'importanza dell'art. 652, ed anzi dell'intiero complesso di disposizioni, contenute nel titolo I del libro X del codice di procedura penale, ai fini del problema della rilevanza, extra-penale o, semplicemente, penale di tutta una serie di concetti legislativi penali, che rappresentano la soluzione di problemi che si pongono, nei medesimi termini, anche in altri settori dell'ordinamento, è stata, per lo più, trascurata in dottrina.

Tendenzialmente superata, ormai, la vecchia posizione secondo la quale non potrebbe esservi identità tra nozioni civili e nozioni penali, magari indicate con lo stesso vocabolo (tutti ricordano, ad esempio, la teoria del dualismo tra colpa civile e colpa penale che conserva ancora qualche sostenitore), si ha spesso l'impressione che l'incondizionata accettazione, in campi diversi da quello penale, di categorie elaborate dai penalisti abbia soprattutto un significato di scoperta, tanto più vivo quanto più inaspettato per la maniera con cui problemi e concetti sono dibattuti, analizzati e adoperati dalla dottrina penalistica.

L'asserto che molte delle figure delineate dai penalisti sono figure di teoria generale, e per questo trovano applicazione in ogni campo del diritto, non può però convincere chi consideri che esso è riferito ad elementi come il dolo e la colpa e a requisiti, come il rapporto di causalità, che, essendo tipici elementi di fattispecie, sono suscettibili di essere diversamente enunciati, non solo in ordinamenti diversi, ma anche in settori diversi del medesimo ordinamento. Molto probabilmente, i risultati che si ottengono identificando la struttura di certi dati, poniamo, del diritto civile o amministrativo, con quella di certi dati del diritto penale, sono, nella maggior parte, fondatissimi. Solo, sarebbe desiderabile che fosse prima dimostrata la correttezza del percorso che a questi risultati porta. Senza dilungarci sull'argomento diremo che, a nostro avviso, trattasi di procedimento consentito solo nei limiti segnati dagli articoli del codice di procedura penale che disciplinano i rapporti tra giudicato penale e giudizi extrapenali: in particolar modo dagli artt. 651, 652, 653 e 654 c.p.p.[53].

Ma non usciamo dal tema in esame. Abbiamo visto come l'art. 652 attribuisca rilevanza, anche per il diritto civile e quello amministrativo, alle scriminanti che si riportano all'adempimento di un dovere e all'esercizio di una facoltà legittima. Niente altro che questo, infatti, può voler dire una norma che stabilisce che ha autorità di giudicato, nel giudizio civile o amministrativo in cui si discuta di una responsabilità nascente dal fatto che il giudice abbia dichiarato compiuto nell'adempimento di un dovere o nell'esercizio di una facoltà legittima, la sentenza di assoluzione divenuta irrevocabile. Né, d'altra parte, possono esservi dubbi circa il valore limitativo, nell'ambito delle scriminanti penali, della formula adoperata nell'art. 652. La facoltà legittima, richiesta da tale norma, deve derivare da un ramo dell'ordinamento distinto da quello penale. Se così non fosse, dovrebbe dirsi che, dato che ogni disposizione che contempla una scriminante dichiara non punibili determinati comportamenti, saremmo sempre di fronte ad una ipotesi di esercizio di un diritto. Con conseguenze del tutto opposte a quelle avute di mira dal legislatore.

Certo, esistono scriminanti, originariamente enunciate soltanto in relazione a illeciti penali, che estendono la loro efficacia a ogni branca dell'ordinamento, in quanto corrispondenti ad esigenze che esorbitano dallo stretto terreno penalistico ed investono l'ordinamento nella sua intierezza e nella sua fondamentale unità, la quale non consente che esso possa entrare, sia pure in settori distinti, in contraddizione con sé medesimo[54]. Di chi esercita il proprio diritto: adempie un dovere derivante da una norma o da un ordine formalmente e sostanzialmente legittimo dell'autorità, agisce con l'autorizzazione del titolare degli interessi giuridicamente protetti sui quali il suo operato viene ad incidere, si difende contro una aggressione ingiusta; non può dirsi assolutamente che realizzi una situazione di contrarietà al diritto. Le scriminanti alle quali si è fatto cenno modificano l'obiettività stessa del fatto cui impediscono, pertanto, di assumere natura di lesione giuridica.

Altra, invece, l'efficacia delle esimenti che, come lo stato di necessità, si limitano ad escludere la pura illiceità penale del fatto al quale aderiscono. Si tenga presente, innanzi tutto, che il reato non è tanto un illecito di lesione quanto di modalità di lesione. Ciò posto, che significato assume la contrapposizione tra una scriminante in presenza della quale vien meno la rilevanza come illecito, in ogni ramo del diritto, di un determinato comportamento e una scriminante che operi unicamente sulla illiceità penale? Non sembra azzardato rispondere che in quest'ultimo caso ciò che non si realizza è solo quella modalità da cui discende il disvalore della

---

[53] Fondamentale, al riguardo, resta l'insegnamento di Ludovico Mortara, del quale rinviamo alle pagine di commento al codice Finocchiaro-Aprile, vol. IV, Torino, 1918, p. 192 ss.

[54] Cfr. questo capitolo al § 5.

condotta, decisivo agli effetti penali. Resta, però, sempre l'idoneità del fatto così atteggiato a realizzare un'offesa giuridicamente rilevante.

Si badi: ciò che conta in questa analisi, non è porre in rilievo come certe scriminanti, a differenza di altre, lascino sussistere una qualifica di illiceità in base a norme extra-penali. In primo luogo, non crediamo che una tale qualifica di illiceità extra-penale debba necessariamente sussistere; in secondo luogo, perché agli effetti dell'interpretazione dell'art. 119 è sufficiente sottolineare come in un caso non si ha possibilità alcuna di realizzazione di una offesa giuridica, nell'altro, invece, tale possibilità permanga.

Si rifletta sulla situazione che si crea allorché sono posti in essere gli elementi obiettivi di una fattispecie criminosa, senza il correlativo elemento psicologico. Anche qui non sarà ravvisabile una antigiuridicità penale, ma il fatto potrà benissimo essere illecito in quanto conforme, ad esempio, alla fattispecie dell'art. 2043 c.c. – se la norma penale prevedeva un delitto punibile soltanto a titolo di dolo e il comportamento è stato realizzato per colpa – o ad uno dei tanti momenti di torto obiettivo che rappresentano un elemento della fattispecie in questione. Ora, che la idoneità del fatto a realizzare, malgrado la irrilevanza penale, una offesa giuridica, sia fenomeno privo di interesse per il penalista, è così poco vero che proprio in una situazione come quella or ora descritta non è dubitabile che l'apporto di un terzo possa arrecare il requisito necessario perché sul tronco della potenziale offesa giuridica si dia vita ad una offesa penalmente rilevante.

Lo stesso deve dirsi se il fatto è compiuto in presenza di una scriminante la cui efficacia sia ristretta al settore penale. Caduto il disvalore penale della condotta a cui la scriminante si riferisce, caduto pertanto uno dei requisiti dell'offesa tipica, non si vede perché tale requisito non possa verificarsi ad opera di un partecipe, attuandosi, così, nel quadro di una fattispecie di concorso, l'unità di un'offesa tipica.

E si può essere più radicali.

Se concorrere val quanto cooperare ad una offesa tipica, se i requisiti di questa offesa possono essere variamente distribuiti tra i singoli agenti, ciò che unicamente può impedire la rilevanza di un atto di concorso, quando se ne siano verificati tutti gli altri estremi positivi e soggettivi, sarà la presenza di una causa di giustificazione tale da togliere al fatto ogni valore, sia attuale che potenziale, di offesa. Se quanto precede è esatto, una conclusione si impone: le circostanze soggettive di esclusione della pena, di cui al I comma dell'art. 119 c.p., sono le scriminanti efficaci sul puro terreno penalistico; le circostanze oggettive, di cui al II comma del detto articolo, quelle che estendono la loro efficacia all'intero ordinamento.

Le conclusioni cui, in tema di scriminanti oggettive e scriminanti soggettive, siamo pervenuti, sembrano però urtare contro taluni ostacoli di non lieve entità.

Innanzi tutto, occorre considerare la dinamica dello stato di necessità.

S'è già detto come questa scriminante escluda unicamente l'illiceità penale: secondo il criterio or ora adottato, essa dovrebbe definirsi dunque come una scriminante soggettiva e non estendersi, conseguentemente, in caso di concorso, a tutti i partecipi. Senonché, avendo il nostro legislatore espressamente previsto il cosiddetto soccorso di necessità, e avendo, d'altra parte, stabilito che le "circostanze che escludono la pena" sono valutate a favore dell'agente anche se da lui non conosciute, o da lui per errore ritenute inesistenti, tutte le volte che un partecipe, consapevolmente o meno, concorra obiettivamente a salvare la persona altrui, privilegiando un bene più rilevante o equivalente rispetto a quello leso con l'azione posta in essere, la scriminante non potrà essergli negata. Un effetto estensivo – potrebbe dunque sembrare – che non si concilia con il carattere soggettivo da noi attribuito alla scriminante.

Che lo stato di necessità, verificandosi le condizioni enunciate, possa essere invocato da tutti i concorrenti, è fuori di dubbio. Resta da vedere, però, se questo avvenga in virtù di una estensione della causa di giustificazione dal partecipe, alla cui persona immediatamente si riferisce, a tutti gli altri, la cui condotta non risulterebbe direttamente assistita da una esimente. Se si dovesse rispondere affermativamente, tutto il nostro ragionamento sarebbe messo in crisi, dato che non si saprebbe più come sostenere l'equazione "scriminanti soggettive-scriminanti che escludono la sola antigiuridicità penale".

Ma un'analisi condotta sullo stato di necessità, non solo non scuote ma, al contrario, conferma il nostro punto di vista.

Data la struttura che il legislatore ha conferito all'ipotesi prevista nell'art. 54 c.p., non può non riconoscersi come in tanto ciascuno dei concorrenti benefìci dello stato di necessità, in quanto la scriminante sussiste direttamente nei suoi confronti. Dal combinato disposto degli artt. 54, I comma e 59, I comma, si ricava, infatti, che è condotta posta in essere in istato di necessità quella di chiunque agisca salvando non soltanto se medesimo, ma anche un terzo, dal pericolo attuale di un danno grave alla persona, perfino se tale pericolo è da lui ignorato. Non è, dunque, il caso di parlare di estensione della esimente, se questa, per sua struttura interna, inerisce a tutte le azioni che cooperino ad un determinato evento.

E non basta.

Che quello di cui stiamo trattando non sia un fenomeno di estensione è dimostrato anche dal rilievo che lo stato di necessità non giova al partecipe che abbia causato il pericolo, o che sia titolare di un particolare dovere giuridico di esporsi al pericolo stesso. In tale ipotesi, ponendo in essere questo concorrente uno degli elementi negativi della figura delineata dall'art. 54, non v'è dubbio che egli non sarà esente da responsabilità penale. Il che val quanto dire che lo stato di necessità non si estende e che la regola dell'art. 119, I comma non subisce, almeno a questo riguardo, alcuna eccezione.

Più che un certo criterio interpretativo, addirittura lo stesso principio sancito dall'art. 119 è posto in discussione da chi ritiene che non sempre si verifichi la comunicabilità delle circostanze: quando il partecipe abbia provocato egli stesso, senza giustificazioni, la circostanza che rende lecito il fatto altrui, non potrà beneficiarne a sua volta.

Situazione questa che se ricomprende quella in cui uno dei concorrenti abbia cagionato volontariamente il pericolo che pone gli altri nello stato di necessità e che – come abbiamo visto – si concilia perfettamente col disposto dell'art. 119, non si esaurisce, però, in essa. Vi rientrano, ad esempio, l'induzione in errore di una persona poi determinata a commettere un reato (art. 48 c.p.); l'emanazione di un ordine illegittimo vincolante; l'istigazione ad uccidere con la conseguente uccisione, in istato di legittima difesa dell'aggressore, da parte dell'aggredito.

Per le prime due ipotesi non occorre spendere molte parole. I casi previsti dagli artt. 46, 48, 51 II comma, 54 III comma e 86 c.p. non costituiscono delle ipotesi di concorso: chi, nelle condizioni di cui agli articoli citati, ha determinato altri al fatto criminoso, come abbiamo già visto a proposito dell'ultimo comma dell'art. 54 c.p., è chiamato a rispondere per la realizzazione di un fatto conforme, non alla fattispecie delineata dagli artt. 110 ss., bensì alla fattispecie ricavabile dall'integrazione, rispettivamente, di ciascuna delle disposizioni citate con una disposizione incriminatrice. Quanto, poi, all'eventualità che un terzo partecipi al fatto commesso da un subordinato per ordine illegittimo ma vincolante di un pubblico ufficiale, l'estraneo non concorrerà con l'esecutore, bensì con il pubblico ufficiale, autore dell'illecito. E che questo terzo estraneo non posso beneficiare della scriminante di cui all'art. 51, ultimo comma, è una riprova ulteriore del carattere soggettivo di tale scriminante.

Né si può ravvisare un concorso antigiuridico ad un fatto lecito nel caso in cui Tizio determini Caio ad aggredire Sempronio che sa armato, affinché questi, in istato di legittima difesa, uccida Tizio. Chi istiga ad aggredire non concorre in un fatto lecito ma nel fatto illecito dell'aggressore; egli non può giovarsi della legittima difesa che opera a favore dell'aggredito, per il semplice motivo che non agisce "con" questi, ma "contro" questi; e non può invocare la legittima difesa dell'aggressore, col quale veramente coopera, perché in istato di legittima difesa reagisce l'aggredito e non l'aggressore.

Possiamo, pertanto, ritenere che la regola posta dall'art. 119 c.p. non ammette deroghe e che il criterio interpretativo proposto regge alla prova delle obiezioni che contro di esso potrebbero muoversi.

L'asserto, che si vorrebbe elevare a principio generalissimo della materia in esame, secondo il quale anche le scriminanti cosiddette oggettive si trasmetterebbero ai concorrenti solo quando incidessero, escludendolo, sul piano lesivo dell'intiera fattispecie plurisoggettiva o è tautologico o è erroneo.

È tautologico, se si accetta il punto di vista, a nostro avviso esatto, che non può darsi circostanza oggettiva di esclusione della pena che non privi il fatto, cui accede, dell'idoneità a porre in essere una lesione giuridicamente rilevante; è erroneo, o per lo meno indimostrato, se con esso si voglia intendere che una offesa possa verificarsi malgrado la presenza di una scriminante oggettiva.

Ad un rapido esame delle scriminanti di cui fin qui si è parlato, possiamo, dunque, dire che sono oggettive innanzitutto quelle che consistono nell'esercizio di facoltà legittima, discendente da un'autorizzazione extrapenale che conferisce all'agente un vero e proprio diritto soggettivo. Così il diritto di manifestare liberamente il proprio pensiero (art. 21 Cost.) nel quale si inquadrano il diritto di cronaca, il diritto di critica; il diritto di inseguire gli animali mansuefatti riparati sul fondo del vicino; il diritto di compiere una determinata azione con il consenso di chi può validamente disporre del diritto leso e via dicendo.

Vi sono poi scriminanti che non rientrano immediatamente sotto la previsione dell'art. 652 c.p.p. ma che le leggi civili e amministrative richiamano nei rispettivi ambiti e che hanno, pertanto, piena efficacia scriminante. Si tratta di rilevanza originaria nei singoli settori dell'ordinamento. Per esempio, non può dirsi che l'art. 52 c.p. attribuisca immediatamente e direttamente un vero e proprio diritto di legittima difesa; manca, d'altra parte, una regola che, in via di principio, sancisca tale diritto. Questo però nasce dalla circostanza che la legge civile e quella amministrativa dispongono la non sanzionabilità dei fatti, altrimenti costitutivi di illecito, commessi nella difesa di un diritto proprio o altrui. Come risultato di questa considerazione sistematica e malgrado – ripetiamo – l'inesistenza di una clausola generale di autorizzazione, si può ritenere che la condotta posta in essere in stato di legittima difesa rappresenti esercizio di facoltà legittima e, quindi, mediatamente, rientri sotto la disciplina dell'art. 652 c.p.p.

Nessun dubbio, infine, per ciò che concerne l'adempimento di un dovere nascente da norma giuridica o da ordine (formalmente e sostanzialmente) legittimo della pubblica autorità. Non solo qui vi è la previsione espressa dell'art. 652 c.p.p., ma va tenuto presente come la titolarità di un dovere (*rectius*, come vedremo più appresso, di un obbligo) presupponga necessariamente la legittimazione a porre in essere la condotta che realizza l'adempimento del dovere. Per tutte queste scriminanti la *ratio* formale è data dal principio di non contraddizione; la *ratio* sostanziale dalle ragioni specifiche che stanno alla base del conferimento di un determinato diritto o di un determinato dovere.

Passando alle esimenti soggettive, tipico esempio ne è lo stato di necessità. Come sappiamo, esso opera unicamente sul piano penale, stante il disposto dell'art. 2045 c.c. Ugualmente soggettiva deve ritenersi la scriminante prevista dall'art. 598 c.p.: "Non sono punibili le offese contenute negli scritti presentati o nei discorsi pronunciati dalle parti o dai loro patrocinatori nei procedimenti dinanzi all'Autorità giudiziaria, ovvero dinanzi un'Autorità amministrativa, quando le offese concernono l'oggetto della causa o del ricorso amministrativo.

Il giudice, pronunciando nella causa, può, oltre ai provvedimenti disciplinari, ordinare la soppressione o la cancellazione, in tutto o in parte, delle scritture offensive, e assegnare alla persona offesa una somma a titolo di risarcimento del danno non patrimoniale. Qualora si tratti di scritture per le quali la soppressione o cancellazione non possa eseguirsi, è fatta sulle medesime annotazione della sentenza"; dove è da segnalare la competenza attribuita allo stesso giudice davanti al quale sono state profferite le parole offensive o sono stati depositati scritti contenenti offese a disporre il risarcimento del danno non patrimoniale.

Poiché tale risarcimento, pur essendo sanzione di diritto civile, è ricollegato alla commissione di un reato, se ne può dedurre che questa causa di non punibilità non esclude del tutto gli effetti della qualifica in termini di illiceità penale.

Natura soggettiva va riconosciuta all'adempimento di un ordine della pubblica autorità solo formalmente legittimo, ma vincolante, malgrado l'illegittimità sostanziale, per chi deve adempierlo. Decisivo, al riguardo, è quel che si profila nei confronti del soggetto passivo, della persona, cioè, che subisce le conseguenze dell'adempimento di un ordine di tal fatta. Non può negarsi che, ad onta della non punibilità dell'esecutore, l'offesa posta in essere presenti i caratteri dell'ingiustizia, sì che colui che corre il rischio di sopportare gli effetti può ricorrere alla legittima difesa. Se ciò è vero, significa che in casi del genere vien meno solo l'antigiuridicità penale, residuando nel fatto posto in essere la possibilità di dar vita ad illeciti extrapenali [55].

10. *Eccesso colposo: art. 55 c.p.*

Dobbiamo adesso occuparci di una norma, assai mal congegnata, della cui utilità è lecito dubitare. Si tratta dell'art. 55 c.p., secondo il quale: "Quando, nel commettere alcuno dei fatti preveduti dagli artt. 51, 52, 53 e 54, si eccedono colposamente i limiti stabiliti dalla legge o dall'ordine dell'Autorità ovvero imposti dalla necessità, si applicano le disposizioni concernenti i delitti colposi, se il fatto è preveduto dalla legge come delitto colposo". La situazione considerata è chiara. Si ipotizza una condotta accompagnata, nella fase iniziale, dalla presenza di una delle cause di giustificazione richiamate, i cui limiti vengono però superati per errore inescusabile dovuto a imprudenza, negligenza, imperizia, in una parola, a colpa. Ad evitare equivoci e per sbarazzarci subito di uno pseudo problema, ricordiamo come all'elenco debba aggiungersi anche il fatto realizzato accedendo dai limiti del consenso dell'avente diritto: manca la menzione dell'art. 50 c.p. perché questa norma, come sappiamo, è soprattutto volta a precisare quali siano le condizioni di validità del consenso, mentre dal punto di vista del soggetto che agisce in presenza di autorizzazione si ha vero e proprio esercizio di facoltà legittima che, ovviamente, cade sotto la previsione dell'art. 51 c.p.

Ciò posto, salta agli occhi la stranezza di una regola che, avendo ad oggetto il superamento dei confini entro i quali si svolge correttamente un'azione giustificata da un'esimente, si preoccupa unicamente dei termini di responsabilità per colpa, anzi, più esattamente, per *delitto* colposo. Non sono presi in considerazione espressa il caso in cui i limiti di una scriminante siano superati consapevolmente e volontariamente, né quello, simmetrico, caratterizzato da un errore in cui chiunque, nelle condizioni in cui si è trovato l'agente, sarebbe incorso e, pertanto, scusabile.

Dove si ha per il primo imputazione del fatto a titolo di dolo, per il secondo

[55] Per l'utilizzazione dei criteri posti dall'art. 70 c.p., tanto sotto il vecchio che il nuovo codice di procedura penale, cfr. Cass. I, 12 settembre 1967, n. 871: "Nell'art. 530, III comma, c.p. è configurata una circostanza oggettiva, ai sensi dell'art. 70, come tale valutabile, in applicazione dell'art. 59, a favore dell'imputato anche se da lui sconosciuta (...)"; Cass. VI, 10 febbraio 1990, n. 1840: "L'esimente dell'uso personale di modica quantità di sostanza stupefacente prevista dall'art. 80 della l. n. 685/1975 non è circostanza oggettiva ai sensi dell'art. 70 c.p. e pertanto non può avere effetto, come previsto dall'art. 119 cpv. stesso codice, per tutti coloro che sono concorsi nel reato. Non risultano precedenti".

non punibilità per carenza di elemento soggettivo. E questi sono punti d'arrivo ovvi, che si raggiungono indipendentemente da un dettato normativo che li consideri espressamente: ma lo stesso potrebbe dirsi per il superamento colposo dei limiti di una scriminante. Le ragioni di una norma che si limita a stabilire che si risponde per delitto colposo appaiono frutto di una sovrapposizione di concetti che ha pesato perfino sugli autori del codice penale del 1930. Sul filo di un'impostazione dottrinale che ha costruito la teoria del reato prevalentemente sullo schema dell'omicidio, si è definito il dolo come rappresentazione e volontà dell'evento naturalistico (la morte del soggetto passivo).

Pressappoco come la meno recente dottrina civilistica riportava le note caratteristiche del negozio giuridico alla compravendita. Ora, in ipotesi di eccesso, spesso, non sempre, si vuole cagionare l'evento naturalistico. Si pensi a chi, aggredito da persona della quale potrebbe agevolmente sbarazzarsi con un pugno ben assestato, ritenendo di trovarsi di fronte ad un antagonista armato e mosso da intento omicidiario, reputi necessario, per salvarsi dall'attacco, provocarne la morte. A rimaner fermi all'equazione dolo-volontà dell'evento naturalistico, una vicenda del genere suscita non pochi problemi. Da qui la regola, espressamente sancita, che dispone la responsabilità per colpa: dando l'avvio alla speciosa teoria della colpa impropria.

Tutto questo trascura la lezione che, in tema di oggetto del dolo, si deve trarre dal IV comma dell'art. 59 c.p. Si è già detto come questa regola, impedendo, tutte le volte che si ha supposizione erronea di una scriminante, l'imputazione del fatto per dolo, ponga ad oggetto di questo, oltre che gli elementi che debbono essere presenti nel fatto oggettivo (art. 47, I comma, c.p.), anche gli elementi che debbono mancare, gli elementi negativi. Più precisamente, mentre i primi debbono essere rappresentati, altrimenti si ha l'errore di cui al I comma dell'art. 47 c.p., i secondi debbono non essere rappresentati, altrimenti si ha, appunto, l'errore di cui all'art. 59, IV comma. Alla fuorviante definizione del dolo quale volontà dell'evento naturalistico deve sostituirsi quella del dolo quale volontà dell'intiero fatto criminoso, che, oltretutto, non lascia fuori della definizione i reati di mera condotta, privi di evento naturalistico. A questo punto, non è azzardato tacciare di superfluità la regola dell'art. 55. In primo luogo, va espunto dalla fattispecie della norma in esame il caso di chi supera oggettivamente i limiti della scriminante, non avvertendo l'esatta portata della sua azione e, quindi, del processo causale messo in moto. Così l'aggredito che potrebbe difendersi senza ricorrere a mezzi estremi ma nello stato di agitazione nel quale si trova, non si rende conto di avere tra le mani un'accetta invece di un semplice bastone e vibra un fendente senza la consapevolezza di compiere un atto idoneo a cagionare la morte. Difettando nel suo comportamento la rappresentazione di un requisito positivo, la responsabilità per dolo vien meno in forza del disposto dell'art. 47, I comma, c.p. Residua quella per colpa, se l'errore poteva essere vinto con un maggior controllo delle proprie reazioni.

Restano allora le ipotesi davvero inquadrabili sotto l'art. 55 c.p. Sbaglio sull'oggetto del consenso che mi è stato prestato e vado oltre i limiti di esso (così in occasione di un intervento di chirurgia estetica); e ancora, equivocando sui propositi e sulla prestanza di un aggressore che potrebbe facilmente esser messo a tacere, ritengo di dovergli cagionare una lesione grave. Vicende del genere si caratterizzano, rispetto a quella disciplinata dall'art. 59, IV comma, per il fatto che, quantomeno la fase iniziale della condotta posta in essere, è effettivamente assistita da una scriminante. Ad un certo momento insorge una falsa rappresentazione della realtà che mi porta oltre il lecito. Ora, se è pacifico che questa falsa rappresentazione esclude il dolo, altrettanto certo è che, se l'errore è dovuto ad avventantezza, imprudenza e via dicendo, non potrebbe dubitarsi, in forza dell'art. 59, IV comma, c.p., di una responsabilità per colpa, quando il comportamento posto in essere sia penalmente rilevante anche a questo titolo. E qui ci troviamo di fronte ad un problema reale, ingenerato proprio dalla dizione dell'art. 55 c.p. Perché circoscrivere l'ambito della responsabilità a quello dei *delitti* colposi? Ci si chiede a quale soluzione debba giungersi quando il fatto realizzato sia una contravvenzione punibile, come sappiamo[56], tanto per dolo che per colpa. L'interrogativo riguarda, però, tutta la materia dell'errore. L'art. 47, I comma, c.p., l'art. 59, IV comma, c.p. sanciscono anch'essi una responsabilità limitata ai delitti colposi. Ce ne occuperemo più avanti trattando della fattispecie psicologica del reato[57]. Qui ci basti osservare che non sembra utilizzabile, al riguardo, il disposto dell'ultimo comma dell'art. 43 c.p.: "La distinzione tra reato doloso e reato colposo, stabilita da questo articolo per i delitti, si applica altresì alle contravvenzioni, ogniqualvolta per queste la legge penale faccia dipendere da tale distinzione un qualsiasi effetto giuridico". Non è detto, infatti, che dalla distinzione fra dolo e colpa la legge faccia, in questi casi, discendere per le contravvenzioni un qualche effetto giuridico: anzi, a ben guardare, è proprio questo che occorre accertare. In caso di risposta affermativa, l'applicabilità dell'ultimo comma dell'art. 43 ne è ovvia conseguenza.

Le conclusioni cui siamo giunti ci permettono di risolvere anche una questione non di rado dibattuta in dottrina e oggetto di pronunce giurisprudenziali: se sia configurabile l'eccesso rispetto ad una causa di giustificazione meramente putativa, cioè tutta quanta erroneamente supposta[58]. Si osservi, innanzitutto, che chi

---

[56] Cfr. il capitolo VII al § 5.

[57] Cfr. la Parte III sull'elemento soggettivo del reato.

[58] Con particolare lucidità, cfr. Cass. I, 15 gennaio 1992, n. 298: "In coerenza con la sistematica adottata dal legislatore – per cui si distingue tra errore sul fatto che costituisce reato (art. 47 c.p.) ed errore sulle scriminanti (art. 59 c.p.), l'art. 55 contempla un'ipotesi particolare di errore sulle scriminanti, o più esattamente una particolare modalità della condotta caratterizzata da errore sulle scriminanti. La previsione normativa dell'art. 55 c.p. disciplina, infatti, quelle situazioni particolari nelle quali, per colpa, determinata da imperizia negligenza o imprudenza, si superano i limiti oggettivi di scriminanti effettivamente esistenti, nel senso che il comportamento dell'agente, fino ad un certo punto del suo svolgimento, è sorretto da una causa di giustificazione realmente esistente; mentre in una fase successiva è accompagnato dalla mera putatività di un elemento scriminante, della quale vengono in realtà ecceduti i limiti. Accanto a questa figura di eccesso colposo – che costituisce un eccesso modale – è tuttavia possibile parlare di eccesso anche quando questo si innesta su di una situazione di scriminante erroneamente supposta: l'agente ritiene per errore incolpevole che esista una scriminante – che nella realtà non esiste –

crede possibile questo innesto dell'art. 55 sul IV comma dell'art. 59 c.p. è costretto ad un'ermeneutica decisamente disinvolta. In tema di eccesso, la legge fa chiaramente riferimento a scriminanti, oggettivamente esistenti, che debbono accompagnare, quanto meno, la fase iniziale del comportamento che superi i limiti del lecito. Ma, soprattutto, una costruzione del genere non ci sembra indispensabile. Le ipotesi che sotto di essa dovrebbero ricadere rispondono, senza eccezioni, o, di nuovo a quella dell'errore *ex* art. 47, I comma, c.p., o, immediatamente e direttamente, a quelle della rappresentazione erronea di esimenti inesistenti. Non a caso una regola (l'art. 55 c.p.), in definitiva, superflua porta a discutere di cose in realtà già risolte.

11. *Le scriminanti non scritte*

Ci siamo occupati, fino a questo momento, delle scriminanti espressamente previste dalla legge: a seconda dei casi, nella parte generale del codice – e avremo allora le scriminanti comuni – nella parte speciale del codice stesso o in leggi complementari – e avremo, allora, le scriminanti speciali. Dobbiamo, adesso, rispondere alla domanda se si diano scriminanti non scritte: vale a dire, non configurate da regole scritte dell'ordinamento, in una parola, non codificate[59]. Così impostato, il quesito porta, in primo luogo, a considerare la possibilità di esimenti che trovino la loro fonte nella consuetudine. Abbiamo già preso posizione su questo punto, trattando dell'esercizio del diritto, che è la causa di giustificazione che più facilmente dà adito ad interrogativi sulla rilevanza di norme consuetudinarie[60]. A nostro avviso, la soluzione è data dall'art. 8 delle Disposizioni sulla legge in generale. Se e in quanto la materia sia regolata da una legge, gli usi da questa richiamati hanno efficacia. Si esclude, cioè, in materia penale, la rilevanza di usi cui facciano riferimento regolamenti. Non ci pare, insomma, che si dia deroga o non applicabilità del principio di riserva di legge. La motivazione secondo la quale una deroga siffatta sarebbe consentita perché le norme che ipotizzano esimenti non sono norme penali ci sembra tutt'altro che convincente. Innanzitutto, non si comprende perché si esemplifichi sempre soltanto in termini di esercizio del diritto. Dall'uso potrebbero discendere anche scriminanti che non coincidano con l'e-

---

ma nell'agire trascende colposamente i limiti consentiti dalla disposizione. Tale forma di eccesso, che esula dalla disciplina dell'art. 55 c.p., è riconducibile alla figura generale dell'art. 59 terzo comma seconda parte, che implicitamente prevede anche una forma di eccesso: l'agente, cioè, opera nella erronea ma giustificata convinzione della esistenza di una scriminante, che nella realtà non sussiste (e che sarebbe quindi coperta dalla scriminante positiva) ma, per colpa, non si rappresenti o non osservi i limiti della scriminante stessa e concretamente li trascenda".

[59] Usiamo il termine non codificate perché largamente entrato nell'uso linguistico. Più precisamente dovrebbe dirsi, però, non stipulate, cioè che non formano oggetto di specifica convenzione.

[60] Cfr. questo stesso capitolo, § 2, sull'esercizio del diritto.

sercizio di una facoltà. Ma poi, ed è questo rilievo decisivo, il frammento di norma extrapenale che contribuisce a disegnare i contorni della figura di illecito, è parte essenziale della regola che stabilisce che cosa sia proibito e che cosa sia, invece, permesso. Le esigenze di monopolio legislativo, alla base della riserva, sono appagate quando l'intiero fatto di reato risulti delineato, immediatamente o mediatamente[61], da una norma di legge.

Su un piano diverso e cioè non come problema di fonti, bensì come interpretazione dell'ordinamento penale, considerato nel suo insieme, si pongono certe situazioni il cui effetto scriminante troverebbe origine nella estensione per analogia di specifiche regole ipotizzanti cause di giustificazione, o in principi generali di ordinamento.

Sulla correttezza o no del ricorso all'analogia, in campo penale, abbiamo già preso posizione. Quanto abbiamo or ora osservato a proposito dell'appartenenza delle regole che prevedono scriminanti alla norma penale reale, ci esime dall'esaminare se dette regole siano di natura eccezionale. Un'analisi del genere presuppone, infatti, che si ritenga che le proposizioni normative individuanti cause di giustificazione non facciano parte del diritto penale. Così, invece, non è – e questo risparmia una serie di questioni nelle quali i termini corretti paiono curiosamente capovolti. Anche a ragionare alla stregua della polarità fra disposizione incriminatrice e disposizione giustificante, sembra difficile negare che sovente sia la prima ad avere carattere eccezionale (in quanto limitatrice del diritto di libertà) e la seconda, carattere di principio generale. I brocardi del tipo: *qui iure suo utitur neminem laedit, necessitas non habet legem* e via dicendo si concretizzano in regole che dettano esimenti.

A questo punto la questione, formalmente risolta, merita una chiarificazione. Consideriamo quelle che sono le situazioni che vengono più frequentemente citate come cause di giustificazione non scritte. Due cose colpiscono immediatamente. La prima è che all'analogia *legis* si contrappone il ricorso a principi generali dell'ordinamento, considerati non tanto come regole ricavate, per astrazione generalizzante, dalle norme positive (il che vorrebbe dire operare in chiave di analogia *iuris*), bensì come principi coesistenti con le norme scritte, rispetto alle quali svolgono una funzione delimitatrice. La seconda è la seguente: quando è individuata la norma scritta di riferimento, ci si accorge che il più delle volte si tratta dell'art. 51 c.p.; più precisamente, di uno dei diritti il cui esercizio è richiamato dall'art. 51 c.p.

Secondo la teoria dell'azione socialmente adeguata, l'ordinamento non punisce un comportamento che, alla stregua della scala di valori espressa dalle regole oggettivamente presenti nel sistema, pur se formalmente rispondente allo schema descrittivo della norma incriminatrice, risulti conforme alle esigenze di adeguatezza poste da quei valori. Tanto i fautori della adeguatezza sociale che gli indirizzi che sostengono la necessità del ricorso all'analogia – *legis* o *iuris* – basano i loro asserti sulla indispensabilità dell'uno o dell'altro criterio per dare appagante solu-

---

[61] Cfr. Parte I, capitolo II, p. 42 ss.

zione a casi che non sarebbero previsti da norme scritte. Si rende, allora, necessario verificare la validità di una siffatta premessa. Una rapida disamina delle situazioni prospettate per dimostrare la necessità di andare oltre la regola scritta porta a ritenere che, per affermare la non punibilità dei fatti caratterizzati dalla presenza di una di queste situazioni, non vi sia bisogno alcuno di operazioni di estensione analogica o di ricorso a principi generali espressivi dei valori propri di un dato ordinamento.

Così è indubbio che determinate attività intellettuali – cronaca, commento critico su temi di rilevanza generale (letteratura, politica, sport e via dicendo) – rientrano nella previsione dell'art. 21 Cost. che sancisce la libertà di espressione del pensiero con ogni mezzo di diffusione. Certo, non è facile determinare l'esatto contenuto e l'ampiezza di questi diritti: ma sono difficoltà che, dal più al meno, si presentano nell'interpretazione di qualunque regola giuridica che facoltizzi ad un certo comportamento. In ogni modo, ed è quel che conta, non sono difficoltà per superare le quali occorra far ricorso all'argomento analogico: dal simile previsto al simile non previsto, o a un preteso principio generale. Anche la realizzazione, nel corso di attività sportive, di comportamenti che potrebbero configurare reati (percosse, lesioni personali) costituisce esercizio di facoltà legittima. Naturalmente, è necessario che l'agente rispetti le condizioni e le regole che disciplinano tali attività, autorizzate dalla legge e dai regolamenti che la completano, proprio a patto che vi sia l'osservanza dei requisiti in questione. Ché se poi da una di tali attività derivi un evento letale o particolarmente grave e, comunque, non calcolabile secondo l'*id quod plerumque accidit* nell'ordinario svolgimento, poniamo, di un incontro di pugilato, l'imputazione ne sarà possibile se, pur nel rispetto delle regole di comportamento, si siano verificate evenienze particolari che avrebbero imposto la necessaria prudenza. Come vedremo, si verifica qui un caso di rilevanza della colpa generica (imprudenza, negligenza, imperizia) che segna il passaggio dal rischio consentito, e quindi non punibile, perché inerente, potremmo dire: ineliminabile, al tipo di attività disciplinata, all'evento che si colloca fuori di ciò che ordinariamente avviene e non può ritenersi, pertanto, coperto dall'autorizzazione.

A soluzioni diversificate conduce, invece, la materia delle informazioni che potremmo definire professionali. Effettuate da agenzie investigative, regolarmente facoltizzate a fornire notizie e dati, deve ritenersi che sia, anche in questo caso, questione di esercizio di un diritto. Diversamente è a dire quando l'informazione, oggettivamente lesiva della reputazione di una persona, provenga da chi è investito della cura di interessi di terzi: commercialista, legale, funzionario di banca e via dicendo. In ipotesi del genere, la condotta posta in essere è scriminata se ricorrono tutti gli estremi della legittima difesa di un diritto altrui. Anzi, noi pensiamo, allorché vi sia pericolo attuale di offesa ingiusta e non si eccedano i limiti della proporzione, non è nemmeno necessaria una particolare legittimazione di carattere professionale: chiunque può fornire quelle notizie che valgono ad impedire la lesione di un diritto.

Quanto all'attività medico-chirurgica, va innanzitutto osservato che il problema della sua liceità sorge tanto se l'esito è felice, quanto se è infausto. In entrambi i casi, infatti, si ha, dal punto di vista oggettivo, un'ingerenza su un interesse altrui oggetto di tutela. Deve, allora, stabilirsi quando questa ingerenza sia legittima oppur no. In primo luogo, l'attività di cui si tratta è scriminata se è posta in essere con il consenso (effettivo e non presunto) del paziente o di chi può prestarlo in sua vece – naturalmente deve trattarsi di consenso che cada su un diritto disponibile[62]. Fuori di questa ipotesi, l'intervento è giustificato ove si diano gli estremi del soccorso di necessità o ricorrano quelli del dovere di assistenza a norma dell'art. 593, II comma, c.p.

Come si vede, i problemi delle cosiddette scriminanti non codificate si risolvono indipendentemente dal ricorso all'analogia o alla regola dell'adeguatezza sociale. Di quest'ultima, in particolare, può dirsi che essa unifica in una regola di diritto una serie articolata e complessa di situazioni che possono essere riportate sotto la *ratio* dell'adeguatezza sociale: ma non vien data dimostrazione dell'esistenza di un fondamento di diritto positivo alla pretesa regola normativa.

12. Ratio *delle scriminanti*

A questo punto del nostro discorso deve esser chiaro come sia impossibile formulare una proposizione che enunci il motivo ispiratore, la ragion d'essere, in una parola, la ratio che sorregga tutte le scriminanti. I tentativi che, in proposito, si sono avuti sono approdati a risultati che non appagano quelle che sono le esigenze vere, per soddisfare le quali si muove all'individuazione della *ratio*. Raggiunta la quale si ottiene non un mero criterio di raggruppamento, più o meno esaustivo, della materia trattata, ma una chiave di lettura dei dati studiati. Così, parlare di bilanciamento di interessi contrapposti che conduce alla prevalenza di uno sull'altro o sugli altri, di carenza di danno sociale, significa, e lo abbiamo già visto[63], uscire in formulazioni non sbagliate ma sicuramente tautologiche: frutto del senno di poi. Ciò che conta è chiarire che cosa stia a fondamento di una o più scriminanti, in modo da utilizzare il risultato raggiunto ai fini della comprensione della struttura della scriminante. Lo stesso principio di non contraddizione dell'ordinamento, che non può entrare in contrasto con se medesimo, non va oltre una mera approssimazione. Certo, è chiaro che non può esservi punibilità quando si eserciti una facoltà legittima o si adempia ad un dovere formalmente e sostanzialmente legittimo: ma comprendiamo subito come si tocchi il nocciolo della questione allorché ci si chieda quali siano i valori, gli interessi, le connessioni sistematiche che determinano l'imputazione (e il contenuto) di un diritto o di un dovere.

Dalla regola formale della non contraddizione si deve arrivare a quella sostanziale: per qual motivo l'ordinamento mi considera titolare di un diritto o destina-

---

[62] Cfr. questo stesso capitolo al § 2, sull'esercizio del diritto, in nota.

[63] Cfr. questo capitolo al § 6, p. 322.

tario di un dovere. Il resto segue da solo. Non v'è dubbio, infatti, che quando avremo colto la natura delle cose, così come recepita e valutata dall'ordinamento, saremo in grado di cogliere limiti e spessore, ad esempio, di un certo diritto. Si pensi, per tutti, a quello di esprimere liberamente il proprio pensiero. Probabilmente, l'ipotesi più rilevante di causa di giustificazione che, presente come tale in ogni settore del sistema, costituisce un caso di esercizio di facoltà legittima e pone in luce, a contempo, le ragioni della propria operatività, è quello della legittima difesa. Qui la funzione di sanzione primaria dell'ordinamento, caratteristica dell'*impedibilità* di un'offesa ingiusta ad un diritto proprio o altrui, ci permette di cogliere il perché della non punibilità. La funzione sanzionatoria emerge dagli elementi costitutivi della scriminante, ma va al di là di questi consentendo di concludere per la struttura oggettiva della stessa [64].

Altre volte accade che da un elemento di fattispecie esimente che ci indica quale è la *ratio* di questa perveniamo a comprendere in che cosa consista altro elemento della fattispecie in esame. È il caso della non punibilità prevista dall'art. 384 c.p. La circostanza che certi reati (contro l'amministrazione della giustizia) vengano meno allorché si agisca costretti dalla necessità di salvare se medesimi o un *prossimo congiunto* da un grave e inevitabile nocumento alla libertà o all'onore, nel raffronto con il disposto del soccorso di necessità (art. 54 c.p.), esperibile invece, nei confronti di chiunque, pone in evidenza come la *ratio* di detta esimente vada ravvisata nella inesigibilità, alla stregua dei destinatari delle norme penali di una condotta conforme a quanto prescritto dalle disposizioni cui inerisce questa, speciale, causa di giustificazione. Il che significa che si potrà ritenere costretto dalla necessità solo chi sia consapevole del pregiudizio alla libertà o all'onore che minacci la propria persona o quella di un prossimo congiunto.

C'è poi la possibilità che una stessa disposizione configuri due scriminanti, aventi *ratio* e struttura diverse. Tipico, al riguardo, l'art. 4 del d.lgt. 14 settembre 1944, n. 288. La storia di questa causa di giustificazione è ben nota. Prevista dal codice Zanardelli, ignota al codice Rocco, ha costituito oggetto di una delle prime novelle della legislazione penalistica, già nel Regno del Sud, prima della riunificazione del territorio nazionale. Si pone come significativa affermazione della volontà di garantire il cittadino dai soprusi dei rappresentanti di pubblici poteri. Ora, se si analizzano i reati rispetto ai quali la scriminante è operativa, si coglie subito una netta distinzione tra quelli che ruotano intorno a condotte di resistenza, di violenza o minaccia e quelli che si incentrano su una condotta di oltraggio. Rispetto a questi ultimi (oggi, dopo la l. n. 205/1999, art. 18, alla lettera, l'oltraggio a corpo politico, amministrativo o giudiziario (art. 342 c.p.) e l'oltraggio a magistrato in udienza (art. 343 c.p.) [65] non v'è dubbio che l'esimente non è in funzione

[64] Cfr. questo capitolo ai §§ 5 e 8.

[65] Art. 4, d.lgt. 14 settembre 1944, n. 288: "Non si applicano le disposizioni degli artt. 336, 337, 338, 339, 341, 342, 343 del codice penale, quando il pubblico ufficiale o l'incaricato di pubblico servizio ovvero il pubblico impiegato, abbia dato causa al fatto preveduto negli stessi articoli, eccedendo con atti arbitrari i limiti delle sue attribuzioni".

dell'impedibilità di comportamenti illegittimi, ma costituisce il riconoscimento, da parte dell'ordinamento, della non illiceità di uno sfogo ingiurioso ad opera di chi ha patito il comportamento illegittimo e arbitrario[66] di un pubblico ufficiale. Ne consegue che, nei confronti dei delitti di oltraggio, la scriminante ha struttura soggettiva: si esige, cioè, la rappresentazione dell'eccesso arbitrario posto in essere dal pubblico ufficiale. Dunque, una *ratio* di inesigibilità. Sempre di inesigibilità si tratta quando la reazione agli atti arbitrari, reazione che si concreti in resistenza o violenza o minaccia, avvenga dopo la commissione del comportamento che ha superato, con modalità di arbitrio, i limiti delle attribuzioni del pubblico ufficiale. Anche qui è data rilevanza allo stato psicologico che si crea in chi sa di aver subito un sopruso. Altrimenti va detto se la condotta di resistenza, di violenza o di minaccia sia posta in essere durante la realizzazione, da parte del pubblico ufficiale, dell'eccesso arbitrario. In tal caso, si profila una *ratio* di autotutela e, pertanto, riteniamo che a queste condizioni la scriminante possegga struttura oggettiva.

L'art. 18 della l. 25 giugno 1999, n. 205 ("*Abrogazioni e modifiche al codice penale.* Sono abrogati gli artt. 275, 297, 298, 303, 327, 332, 341, 344, 394, 395, 396, 397, 398, 399, 400, 401, 657, 670, 692 II comma, 710, 711, 726 II comma e 732 c.p.

Abrogato il III comma dell'art. 6 della l. 18 gennaio 1994, n. 50.

All'art. 342, I comma, c.p. le parole: "è punito con la reclusione da sei mesi a tre anni" sono sostituite dalle seguenti: "è punito con la reclusione fino a tre anni".

All'art. 343, I comma, c.p. le parole: "è punito con la reclusione da uno a quattro anni" sono sostituite dalle seguenti: "è punito con la reclusione fino a tre anni") ha abrogato l'art. 341 c.p. Il fatto ivi previsto oggi si qualifica, pertanto, come ingiuria aggravata. Riteniamo, però, che, *a fortiori*, la scriminante mantenga la sua operatività in relazione all'offesa arrecata a uno o più pubblici ufficiali nell'esercizio o a causa delle loro funzioni.

[66] Cfr. Cass. VI, 7 agosto 1968, n. 775: "Per l'applicazione della scriminante di cui all'art. 4 del d.lgt. n. 288/1944 non basta provare che l'atto commissivo od omissivo del pubblico ufficiale fu illegittimo ossia non conforme o contrario alla legge, ma occorre dimostrare che fu arbitrario e cioè consapevolmente attuato per vessazione, per malanno, per prepotenza, per capriccio. Non è perciò sufficiente la semplice colpa del pubblico ufficiale a configurare l'arbitrarietà del suo atto, sibbene un comportamento doloso, ossia deliberatamente aggressivo dell'ordinamento giuridico e coscientemente esorbitante dai suoi poteri o dalla sua sfera di discrezionalità talché la valutazione dell'atto va eseguita con riferimento ai fatti quali si presentano al pubblico ufficiale nel momento dell'atto stesso e alle sue intenzioni nello stesso momento desumibili dalle particolari circostanze di ciascun caso"; Cass. VI, 7 dicembre 1968, n. 1457: "L'arbitrio nell'esercizio delle pubbliche funzioni deve consistere non soltanto in uno sconfinamento di potere, bensì in un fatto doloso aggressivo e vessatorio ed in particolare in un comportamento che riveli carattere di prepotenza o di sopruso. Il mero errore del pubblico ufficiale sui limiti del suo potere, non accompagnato da atti che rivelano, nelle modalità di esecuzione, obiettivamente le indicate caratteristiche vessatorie, non legittima la reazione del privato"; Cass. I, 29 novembre 1969, n. 1219: "Nella nozione di atto arbitrario di cui all'art. 4, d.lgt. 14 settembre 1944, n. 288, deve essere compreso oltre che lo sconfinamento di potere nell'esercizio delle pubbliche funzioni, anche il fatto doloso aggressivo e vessatorio del pubblico ufficiale ed in particolare il comportamento che riveli carattere di prepotenza e di sopruso".

PARTE III
IL REATO: L'ELEMENTO PSICOLOGICO

CAPITOLO X

L'ART. 42 C.P.

SOMMARIO: 1. Coscienza e volontà dell'azione od omissione, dolo, colpa e preterintenzione. – 2. Coscienza e volontà: i criteri di accertamento.

1. *Coscienza e volontà dell'azione od omissione, dolo, colpa e preterintenzione*

Ci occuperemo, in questo volume, degli elementi cosiddetti soggettivi o interni o psicologici in base ai quali un determinato fatto umano può essere addebitato all'agente con conseguente (eventuale) [1] responsabilità penale.

Possiamo subito dire che il reato appartiene alla categoria degli atti giuridici, di quei comportamenti umani, cioè, la cui rilevanza giuridica dipende dal collegamento, reale o virtuale, fra il fatto e la volontà e coscienza dell'agente. Studiare l'elemento interno del reato significa rendersi conto di come l'ordinamento ricolleghi alla coscienza e volontà del soggetto il fatto illecito oggettivo.

Il I comma dell'art. 42 c.p. dispone: "Nessuno può essere punito per un'azione od omissione preveduta dalla legge come reato, se non l'ha commessa con coscienza e volontà".

Da tale norma risulta la necessità di una partecipazione psichica del soggetto al fatto di reato. Il II comma dello stesso articolo specifica poi in quali forme la partecipazione del soggetto al fatto può concretarsi: "Nessuno può essere punito per un fatto preveduto dalla legge come delitto, se non l'ha commesso con dolo, salvi i casi di delitto preterintezionale o colposo espressamente previsti dalla legge".

L'art. 43, infine, offre le nozioni del delitto doloso, del delitto preterintenzionale e di quello colposo.

Sembrerebbe, quindi, che sulla base di un denominatore comune (la coscienza e volontà dell'azione od omissione) la legge stabilisca una triplice forma di parte-

[1] Responsabilità d'ordine penale si ha anche quando la conseguenza giuridica sia una misura di sicurezza (cfr., al riguardo, la Parte I, p. 40). La dichiarazione di responsabilità deve considerarsi eventuale perché prima di pronunciarsi sulla estinzione del reato il giudice ha l'obbligo di accertare che dagli atti non risulti evidente che il fatto non sussiste o che l'imputato non lo ha commesso o che il fatto non costituisce reato (art. 129, II comma, c.p.p.).

cipazione soggettiva dell'agente al fatto: dolo, preterintenzione e colpa (art. 42, II comma, c.p.).

Fra la rilevanza del dolo e quella della preterintenzione e della colpa esiste, poi, una fondamentale distinzione: per tutti i reati più gravi, cioè per i delitti, la forma di partecipazione ordinariamente richiesta è il dolo; si risponde a titolo di colpa o di preterintenzione solo nei casi espressamente[2] previsti dalla legge. Per i reati minori la disciplina è diversa; è stabilito che, di regola, di un fatto contravvenzionale si risponde indifferentemente a titolo doloso o colposo: la colpa, cioè, è equiparata al dolo[3].

Questa lettura dell'art. 42 c.p. deve ritenersi corretta. Bisogna, però, precisare quali siano i rapporti fra "coscienza e volontà" da una parte e dolo, preterintenzione e colpa dall'altra.

In prima approssimazione verrebbe spontaneo ritenere che la coscienza e volontà sia il concetto riassuntivo di quanto è comune al dolo e alla colpa: la riferibilità ai poteri cognitivi e volitivi dell'agente. Quanto alla preterintenzione, anche quest'ultima non dovrebbe sottrarsi al canone generale della riconducibilità alla coscienza e volontà, seppure potrebbe pensarsi in via di intuizione eidetica utilizzando criteri di accertamento diversi da quelli che valgono per il dolo e per la colpa (e vedremo più avanti che le cose stanno proprio così). Verrebbe da dire, insomma, che quando si esige che la rilevanza penale di un fatto è subordinata alla presenza degli elementi cosiddetti interni, ciò avviene perché lo si considera riportabile alla coscienza e volontà del soggetto.

Dunque, coscienza e volontà della condotta non costituirebbe un vero e proprio elemento della fattispecie criminosa, ma unicamente una nozione riassuntiva delle ragioni di politica legislativa che inducono di regola ad incriminare un fatto solo se realizzato con dolo o con colpa. Quanto alla preterintenzione, come vedremo, l'esigenza che il fatto, nel suo insieme, sia riferibile a coscienza e volontà porta a superare, in base al disposto decisivo dell'art. 27, I comma, Cost.[4], la concezione secondo la quale il dato realizzato preterintenzionalmente sia imputato unicamente in forza del rapporto da effetto a causa con la condotta voluta.

Questo vuol dire che il dato preterintenzionale non può sottrarsi alla riferibilità a coscienza e volontà dell'agente. Come già accennato, il collegamento avviene utilizzando criteri diversi da quelli che presiedono all'imputazione per dolo o colpa. Il III comma dell'art. 42 c.p., pur inficiato dal vizio di enunciare più di quanto

---

[2] Si badi, però, che previsione espressa non vuol dire previsione esplicita. La rilevanza della colpa può risultare implicitamente dalla particolare struttura di una figura criminosa.

[3] Questa la regola, alla quale fanno eccezione contravvenzioni strutturalmente dolose, il cui fatto, cioè, non può essere realizzato se non "intenzionalmente" come ad esempio quella di cui all'art. 651 c.p. (Rifiuto d'indicazioni sulla propria identità personale), e contravvenzioni strutturalmente colpose, come quella di cui all'art. 712 c.p. (Acquisto di cose di sospetta provenienza), allorché la cosa proviene da delitto. Qualora, invece, la cosa provenga da contravvenzione, il reato *de quo* si realizza tanto con dolo che con colpa. Cfr. Parte II, capitolo VII, p. 188 ss.

[4] Cfr. Parte II, capitolo VIII, p. 274 ss.

la norma volesse effettivamente dire, dà, al riguardo, un'indicazione precisa ("La legge determina i casi nei quali l'evento è posto altrimenti a carico dell'agente come conseguenza della sua azione od omissione").

La lettera dell'art. 42 consente anche di opinare che coscienza e volontà sia un dato che debba sempre accompagnarsi a ciascuno dei tre criteri di imputazione enunciati dall'art. 42 c.p. L'imputazione soggettiva di un fatto al suo autore sarebbe condizionata, su tal via, dalla coesistenza della coscienza e volontà accanto al dolo e, nei casi espressamente previsti, alla colpa e alla preterintenzione. A questa stregua la coscienza e volontà si porrebbe come autonomo elemento di fattispecie assieme al dolo, alla colpa e alla preterintenzione.

Altra e diversa lettura dell'art. 42 c.p. conduce a negare sia che la coscienza e volontà abbia il mero valore di concetto di sintesi che spiega il *perché* dell'imputazione per dolo, per colpa o preterintenzione, sia che essa rappresenti un elemento che, con struttura e contenuto autonomi, debba affiancarsi al dolo o alla colpa: per la preterintenzione, il discorso è tutto da farsi.

Accantonato il punto di vista secondo il quale nella formula normativa dovrebbe riconoscersi l'enunciato esplicativo dei motivi di politica legislativa che conducono ad esigere la riportabilità del fatto a coscienza e volontà, nonché quello che vede in questo requisito un *quid* indipendente da due dei criteri di imputazione soggettiva prescritti dall'art. 42, II comma, c.p. (dolo e colpa), non resta che trarre una prima conseguenza da quanto ci fa intravedere – e meglio constateremo in seguito – la struttura del dolo, della preterintenzione e della colpa: si arriva, cioè, ad ipotizzare che il requisito in esame costituisca, comunque, il segmento iniziale tanto della condotta dolosa che di quella colposa o preterintenzionale.

In altri termini, che un certo comportamento sia stato posto in essere con dolo, colpa o preterintenzione significa affermare che il relativo criterio di imputazione, prima di svilupparsi in quelle note che lo contraddistinguono, poniamo come colposo, e lo differenziano dagli altri due, è passato attraverso lo stadio della riferibilità a coscienza e volontà.

Senza tale riferibilità non può darsi né comportamento doloso, né comportamento colposo, né comportamento preterintenzionale.

Naturalmente, a questo punto, si giustifica l'interrogativo seguente: ma perché mai il sistema avrebbe enunciato l'esigenza della coscienza e volontà in modo autonomo, quando gli elementi che la fondano sarebbero impliciti nel dolo, nella preterintenzione o nella colpa, dei quali, tutti, rappresenterebbe il primo momento. La risposta ad una siffatta più che ragionevole domanda è data dalla considerazione che la tecnica di previsione normativa adottata è dovuta alla doppia funzione che la coscienza e volontà svolge. Sul piano dell'analisi strutturale essa fa parte dei criteri di imputazione soggettiva: dunque, dell'elemento interno e soggettivo del fatto di reato. Sul piano sistematico, come già abbiamo avuto modo di esporre[5], la coscienza e volontà dell'azione od omissione non appartiene all'elemento cosiddetto psico-

---

[5] Cfr. Parte II, capitolo VIII, p. 220 ss.

logico del reato, a quella che si chiama anche volontà colpevole, ma al fatto oggettivo, delineato dalle disposizioni incriminatrici del codice o delle leggi complementari.

Ritorniamo al punto di partenza: il fatto penalmente rilevante è un atto giuridico. Ciò che permette di considerarlo tale è che esso si pone come estrinsecazione attuale o virtuale dei poteri di volizione e rappresentazione umani: che non si ponga nel mondo della fattualità allo stesso modo di una forza della natura o, comunque, di un accadimento che si sottrae al controllo di eventi mentali – siano essi reali o potenziali. E sappiamo già [6] che non si tratta di mera puntualizzazione cosiddetta dogmatica. Le conseguenze che si traggono dal doppio ruolo che caratterizza la coscienza e volontà dell'azione od omissione si colgono immediatamente sul piano processuale. Se si accerta che la vicenda si è svolta senza partecipazione reale o possibile della coscienza e volontà (ad esempio un operaio, sopraffatto da una improvvisa, imprevedibile ed irresistibile folata di vento, cade dal piano su cui stava lavorando, ferendo un passante), la formula di proscioglimento sarà che il fatto "non sussiste", non quella secondo la quale il fatto "non costituisce reato", per difetto di elemento soggettivo. Di ciò che è accaduto non soltanto il diritto ma anche il senso comune parlano non come di un fatto, bensì come di un accadimento [7]. E basta pensare alle diverse conseguenze, anche extrapenali [8], che le due

---

[6] Cfr. Parte II, capitolo VIII, p. 222 ss.

[7] Le prese di posizione giurisprudenziali sulla forza maggiore appaiono incerte e, tutto sommato, poco convincenti. Così, nel caso di improvviso e imprevedibile malore che colga un automobilista la cui vettura, priva di controllo, investa un passante, si ondeggia fra il ricorso al caso fortuito (cfr., ad esempio, Cass. IV, 17 aprile 1982, n. 3984: "Il malore improvviso costituisce caso fortuito e va rigorosamente provato dall'imputato che lo invochi. Il relativo apprezzamento del giudice di merito, se è immune da vizi logici e giuridici, si sottrae al sindacato di legittimità della Cassazione") e il ricorso alla non imputabilità (così, ad esempio, Cass. IV, 16 aprile 1983, n. 3183: "L'improvviso malore che colpisca chi guida un autoveicolo sopprimendone la capacità di intendere e di volere, va ricondotto sotto il profilo della imputabilità e non sotto quello della esimente del caso fortuito, sicché l'onere della prova non è a carico dell'imputato"). La prima soluzione travisa il concetto di caso fortuito che, come vedremo meglio in seguito (cfr. appresso, capitolo sulla colpa, p. 457 ss.), si verifica quando l'evento dannoso o pericoloso, pur dovuto ad una condotta colposa, si sarebbe ugualmente prodotto anche se fosse stata osservata ogni regola di comportamento. Quanto alla riconduzione alla esclusione dell'imputabilità, va osservato che si profila assai problematica la presenza di un'infermità quale causa del deficit mentale. Non pare, infatti, giustificabile l'abbandono dell'equazione infermità-malattia, propria della medicina legale, cui al riguardo dovrebbe spettare l'ultima parola. Oltretutto, argomentando nel senso da noi criticato, si corre il rischio di rendere applicabile una misura di sicurezza: e ciò per un comportamento che certo non ne appare meritevole. Chi menziona la non imputabilità è chiaramente animato dalle migliori intenzioni. Si mira ad evitare che l'onere probatorio cada sull'imputato, che, pertanto, non risulterebbe gravato dalla necessità di dimostrare la forza maggiore. Ma si tratta di buone intenzioni che segnano, però, una falsa partenza. Di onere probatorio non può in alcun modo parlarsi nell'ambito del diritto e del processo penale: come emerge in modo estremamente chiaro dal disposto dell'art. 530, II comma, c.p.p., il quale dispone che se vi è dubbio sull'esistenza di una causa di giustificazione o di una causa personale di non punibilità "il giudice pronuncia sentenza di assoluzione a norma del I com-

formule comportano per rendersi conto che la distinzione operata tra funzione sistematica e funzione strutturale non è di poco momento.

2. *Coscienza e volontà: i criteri di accertamento*

Abbiamo finora parlato, in modo volutamente generico, di riferibilità della azione od omissione a coscienza e volontà. È necessario, a questo punto, rifarci a quanto già esposto trattando della "fattispecie oggettiva" del reato [9] per precisare quale sia il criterio in base al quale tale riferibilità va affermata. Come elemento costitutivo del fatto materiale di reato, deve dirsi che essa è presente tutte le volte in cui la condotta non sia cagionata da forza maggiore. Il fatto cosciente e volontario è quello rispetto al quale può affermarsi la libertà del soggetto agente. Libertà esclusa dalla forza maggiore. Vale a dire da ognuna di quelle circostanze in presenza delle quali l'uomo non agisce ma è fatto agire. Sarà, allora, causa di forza maggiore (art. 45 c.p.) la forza maggiore in senso stretto, intesa come forza esterna che, per il suo potere irresistibile, determina la persona in modo necessario ed inevitabile ad un movimento corporeo o a uno stato di inerzia o quiete (così il colpo di vento nell'esempio sopra riportato); l'effetto di una forza umana, costringimento fisico, che determina irresistibilmente la persona al compimento o all'omissione di un atto (situazione che l'art. 46 c.p. fa oggetto di specifica previsione per puntualizzare come del fatto commesso dalla persona costretta risponda l'autore della violenza); la forza, infine, che rende completamente impensabile un atto di volontà diverso (incoscienza involontaria, non addebitabile, cioè, a colpa) [10].

---

ma". Con particolare incisività cfr. Cass. I, 1° ottobre 1988, n. 9612: "Il vizio di mente, totale o parziale, che esclude totalmente ovvero scema grandemente soltanto, la capacità di intendere e di volere, deve essere dovuto ad una 'infermità' che non si identifica, però, necessariamente con la infermità mentale, dato che nel concetto di 'infermità' possono essere comprese anche infermità aventi origine fisica o, comunque, organica. Pertanto, dovendo sempre dipendere da una infermità così intesa, il vizio di mente di cui agli artt. 88 e 89 c.p. deve essere direttamente o indirettamente collegabile ad uno stato patologico. L'accertamento e la valutazione di un tale stato patologico prima, quale possibile causa del vizio di mente, e della sua incidenza, poi, sulla capacità di intendere e di volere, costituiscono quindi, i passaggi logici cui il giudice di merito è obbligato allorquando è posto davanti alla necessità o meno di un'indagine sullo stato di mente dell'imputato".

[8] Si legga, a questo riguardo, l'art. 652 c.p.p. La sentenza irrevocabile di assoluzione pronunciata in seguito a dibattimento ha autorità di cosa giudicata nel giudizio civile o amministrativo per il risarcimento del danno o le restituzioni "quanto all'accertamento che il fatto non sussiste, che l'imputato non lo ha commesso o che il fatto è stato compiuto nell'adempimento di un dovere o nell'esercizio di una facoltà legittima". Dunque tale sentenza non fa giudicato qualora la formula terminativa sia quella che il fatto non costituisce reato. Evidente è allora l'importanza che presenta l'appartenenza della coscienza e volontà alla struttura del fatto: qualora essa manchi, il fatto non sussiste, con tutte le conseguenze che ne discendono.

[9] Cfr. Parte II, capitolo VIII, p. 220 ss.

[10] In giurisprudenza è assai frequente, probabilmente per la suggestione dell'art. 45 c.p. che pare mettere sullo stesso piano caso fortuito e forza maggiore, la considerazione delle due situa-

Questo, ripetiamo, per quel che concerne la nozione di coscienza e volontà, elemento della struttura del fatto di reato. È evidente che, come già sopra si è detto, tale nozione si affida ad un minimo comune denominatore identificabile nell'assenza di forza maggiore.

Altrettanto evidente è che, a questo modo, si segnano i confini di una nozione molto ampia, contenutisticamente non unitaria, in cui si passa da coscienza e volontà rappresentata da effettivo impulso volontario e cosciente a quella riferibilità che si evince dal virtuale controllo che coscienza e volontà, quali eventi mentali in realtà non realizzati, avrebbero potuto e dovuto esercitare sulla azione od omissione posta in essere [11]. Vedremo meglio più avanti come, mentre nei reati dolosi la coscienza e volontà della condotta è sempre costituita da un impulso cosciente, nei reati colposi talvolta è affermata alla stregua di criteri psicologici, talvolta alla stregua di criteri normativi di imputazione. Ogni ordinamento normativo (e non solo quello giuridico, ma anche quello etico, sociale e, comunque, prescrittivo di certe condotte) non rinuncia a sanzionare quei comportamenti che, pur non essendo sorretti da un impulso cosciente e volontario, sono riferibili alla coscienza e volontà della persona, perché rientrano nei suoi poteri di dominio e di controllo.

Le possibilità di dominio e di controllo della persona vengono meno in ogni caso in cui difetti l'elemento condizionante l'attualità dell'obbligo e, quindi, la sua violazione. Elemento che non discende dai contenuti di questo o quell'ordinamento storicamente dato, ma dalla natura del dover essere, anzi dell'"esser dovuto". Tale elemento manca quando si verifica una situazione che rende completamente impensabile un atto della volontà rivolto a controllare o impedire la condotta (casi di incoscienza involontaria: epilessia, svenimenti), ovvero rende assolutamente irrealizzabile qualsiasi atto derivante dalla contraria volontà del soggetto agente (forza fisica a cui non ci si può materialmente opporre): quando si è in presenza di forza maggiore.

---

zioni come equivalenti. Si vedano, in proposito, Cass. III, 30 luglio 1991, n. 8434: "Fondamento del caso fortuito e della forza maggiore sono la eccezionalità del fatto e la imprevedibilità dello stesso. Tali caratteristiche non sono ravvisabili nel verificarsi di una gelata notturna che danneggi gli impianti di depurazione, determinando la fuoriuscita di liquami inquinanti"; Cass. III, 24 ottobre 1995, n. 10571: "In tema di commercializzazione dei prodotti alimentari ortofrutticoli 'sfusi', anche deteriorabili, il grossista ha il dovere di porre in vendita il prodotto conforme alle prescrizioni di legge, in ipotesi di accertata difformità egli risponde penalmente, a titolo di colpa, per non aver fatto eseguire i controlli e preso le precauzioni idonee ad evitare l'immissione in commercio di un prodotto non regolamentare. La responsabilità può essere esclusa solo dalla assoluta buona fede riferibile solo a ipotesi di forza maggiore o di caso fortuito".

[11] Per tutte, cfr. Cass. IV, 16 giugno 1969, n. 175: "Nei delitti formali (nella specie, omissione di atti di ufficio), pur non richiedendosi una volontà diretta ad un evento, si esige in ogni caso un comportamento commissivo od omissivo, cosciente e volontario. Pertanto, non può qualificarsi tale l'omissione dovuta a pura dimenticanza, perché questa, per grave che sia, si risolve in una assenza di volontà cosciente e in uno stato psichico nel quale, al più, è possibile ravvisare la colpa".

Resta, ancora, da precisare come si atteggi la coscienza e volontà nei casi di preterintenzione. Avremo modo di constatare che, per quanto riguarda la coscienza e volontà rivolta al segmento iniziale del comportamento posto in essere, movimento corporeo o stato di inerzia, non ci sono differenze rispetto a quel che accade nelle fattispecie dolose e in quelle colpose: occorre solo verificare se le ipotesi di imputazione preterintenzionale esigano tutte una prima fase della condotta sorretta da dolo o se si diano anche fattispecie in cui l'evento naturalistico addebitato a titolo preterintenzionale consegue ad una condotta colposa.

Da precisare rimane il regime di imputazione degli elementi del fatto che non costituiscono oggetto del dolo o della colpa. Abbiamo visto come il I comma dell'art. 42 c.p. enunci quali criteri di imputazione il dolo, la colpa e la preterintenzione. Il III comma dello stesso articolo prevede i casi in cui l'accollo dell'evento sia disposto diversamente da quanto stabilito nei commi precedenti. Alla lettera parrebbe che tale diversità si ponga anche nei confronti del delitto preterintenzionale. L'analisi delle fattispecie contrassegnate dall'imputazione regolata dal III comma dell'art. 42 conduce, però, a ritenere che tale diversità non sussiste: il criterio di imputazione è sempre lo stesso tanto nel delitto preterintenzionale (art. 584 c.p.) che in ogni altro caso di evento non addebitato a titolo di dolo o di colpa. Non ci troviamo, insomma, di fronte a un quarto criterio di imputazione, distinto anche, oltre che dal dolo e dalla colpa, dalla preterintenzione. Che i criteri siano soltanto i tre enunciati nel I comma dell'art. 42 è confermato dalla circostanza che l'art. 43 c.p., nel delineare la struttura del cosiddetto elemento psicologico del reato, detta soltanto le caratteristiche del reato doloso, del reato colposo e di quello preterintenzionale.

Nella formulazione del codice, ma prima dell'entrata in vigore della Costituzione, il criterio di imputazione diverso dal dolo o dalla colpa era quello dell'accollo per responsabilità oggettiva. Era sufficiente, cioè, che l'evento, elemento di fattispecie, ma non del fatto, fosse ricollegabile alla condotta del soggetto agente quale effetto a causa. La regola della personalità della responsabilità penale (art. 27, I comma, Cost.) ha enunciato un requisito minimo di imputazione soggettiva che concerne l'intiera fattispecie penalmente rilevante. Talora questa regola, a seguito di novella (l. 7 febbraio 1990, n. 19), è stata espressamente enunciata nel corpo delle disposizioni codicistiche (art. 59, I comma, c.p. e art. 118 c.p.): sempre, però, deve ritenersi operante ogniqualvolta si tratti di stabilire quali siano le condizioni in base alle quali può effettuarsi l'imputazione di elementi a carico dell'agente. Ove si tratti di un evento, in primo luogo occorrerà stabilire l'esistenza di un rapporto causale, in secondo luogo la rappresentabilità, alla stregua di parametri di valutazione media, vale a dire validi nella generalità dei casi, integrati dalle eventuali maggiori conoscenze dell'agente [12]. A questo modo sono conciliate due

---

[12] Quanto sostenuto nel testo si discosta, di non poco, da quella giurisprudenza secondo la quale l'elemento psicologico dell'omicidio preterintenzionale sarebbe costituito da dolo, nei confronti degli atti diretti a ledere o a percuotere, e da colpa, nei confronti dell'evento letale. Il richiamo alla colpa, nella figura criminosa *de qua*, non appare però sufficientemente motivato.

A differenza di quel che si riscontra in altre fattispecie (l'*aberratio delicti* dell'art. 83 c.p. e il reato diverso da quello voluto da taluno dei concorrenti dell'art. 116 c.p.), all'art. 584 c.p. la colpa non è menzionata affatto: nemmeno per indicare un tipo di disciplina. Va detto, in ogni modo, che la citazione della colpa è più verbale che sostanziale. La prevedibilità dell'evento maggiore non è oggetto di accertamento caso per caso, ma viene considerata inerente alla progressione cui una condotta, volta a cagionare lesioni o percosse, può dar luogo rispetto alla causazione della morte. Cfr. Cass. I, 23 marzo 1979, n. 2989: "L'elemento psicologico dell'omicidio preterintenzionale è da ravvisare in un dolo misto a colpa, riferendosi il primo al reato meno grave e la seconda all'evento più grave in concreto realizzatosi, nel senso che quest'ultimo derivante dalla mancanza di attenzione nell'attività esecutiva del reato si pone come una progressione di quello voluto ed è, pertanto, anche prevedibile"; Cass. V, 16 dicembre 1981, n. 10994: "L'elemento che distingue l'omicidio preterintenzionale da quello volontario è quello psicologico, che, nel primo caso è da ravvisare in un dolo misto a colpa, mentre nell'omicidio volontario ricorre quando risulti o che l'agente si sia rappresentata la morte come conseguenza diretta della propria azione od omissione (dolo diretto), ovvero che si sia rappresentato l'evento morte come indifferente rispetto a quello di lesioni (dolo indiretto alternativo), ovvero, ancora, che l'agente si sia rappresentato come probabile e possibile anche l'evento morte, e ciononostante, abbia agito, così accettando di esso preventivamente il rischio e mostrando in definitiva di volerlo cagionare (dolo indiretto eventuale)"; Cass. I, 8 novembre 1983, n. 9294: "L'elemento differenziale tra omicidio preterintenzionale e omicidio volontario è solo quello psicologico, che, nel primo caso, è costituito da dolo misto a colpa e, nel secondo, da dolo anche eventuale, nel senso che il soggetto agente siasi rappresentato come probabile l'evento morte, accettandone il rischio"; Cass. I, 16 maggio 1985, n. 4836: "Il criterio distintivo tra l'omicidio preterintenzionale e quello volontario va individuato nella diversità dell'elemento psicologico. Nel primo, dove è voluto solo l'evento minore (percosse o lesioni) e non è, invece, voluto l'evento più grave (morte), che pur costituisce conseguenza diretta della condotta dell'agente, l'elemento psicologico è costituito dal dolo, riferibile all'evento minore e misto a colpa, che è in relazione all'evento maggiore. Nondimeno, se queste componenti siano insussistenti o restino comunque escluse, l'omicidio deve qualificarsi volontario se l'agente abbia voluto anche l'evento più grave; e ciò si realizza sia nel caso che l'agente se lo sia rappresentato come conseguenza diretta della propria azione od omissione (dolo diretto) sia quando se lo sia rappresentato come indifferente rispetto a quello di lesioni (dolo indiretto alternativo) ovvero anche nell'ipotesi che se lo sia configurato come probabile o opinabile e, ciononostante, abbia agito anche a costo di cagionarlo, così accettandone il rischio e, in definitiva, mostrando di volerlo cagionare (dolo indiretto eventuale). Ne consegue che l'agente, il quale nel corso di un litigio con altro individuo, aggredisca quest'ultimo, adoperando un robusto e pesante bastone e lo colpisca in maniera reiterata verso le parti vitali dell'organismo anche dopo che questo sia caduto a terra dopo i primi colpi, commette omicidio volontario e non già omicidio preterintenzionale, in quanto si è quantomeno potuta rappresentare la morte dell'avversario quale conseguenza della propria azione criminosa"; ad una presunzione assoluta si affida Cass. V, 8 marzo 2006, n. 13673, secondo la quale la prevedibilità dell'evento più grave sarebbe assorbita "dall'intenzione di risultato". Formulazione elegante che, all'atto pratico si risolve nella versione in bella copia della tesi della imputazione mista: dolosa in rapporto alla condotta, per responsabilità oggettiva riguardo all'evento. "Il delitto di cui all'art. 584 c.p. ha un titolo proprio ed esclusivo di responsabilità. L'art. 42 c.p., fondando la regola di responsabilità nel dolo, prevede quali eccezioni il delitto preterintenzionale e colposo. E infine afferma che la legge determina i casi in cui l'evento è posto altrimenti a carico dell'agente come conseguenza della sua condotta. Va perciò escluso che l'omicidio preterintenzionale sia punibile a titolo di dolo e responsabilità obiettiva insieme. Si era ritenuto che lo fosse per dolo misto a colpa (cfr. Cass. V, n. 10994/1981, rv. 151265; 9294/83 – 161038; 4836/85 –

esigenze apparentemente opposte: la soggettività richiesta dall'art. 27 Cost. e la

---

169259; 2634/93 – 194325). Ma questa Corte (sez. V, n. 13114/02, P.G. in proc. Izzo, rv. 222054), giusta lettera della norma incriminatrice, afferma che l'elemento psicologico dell'omicidio preterintenzionale è costituito unicamente dalla volontà di infliggere percosse o provocare lesioni. Per intendere la ratio normativa, va innanzitutto osservato che l'art. 43 c.p., costruisce l'elemento psicologico quale causalità morale, in parallelo a quella materiale (art. 40 c.p.), fondandola sul rapporto tra intenzione, costituita da volontà e previsione del risultato della condotta, ed evento conseguente alla stessa condotta. Definendo il delitto doloso secondo l'intenzione, l'articolo pone la regola di responsabilità nella corrispondenza dell'evento, da cui dipende l'esistenza del reato, all'intenzione di risultato. La corrispondenza permane nel delitto preterintenzionale, nel quale è superata solo dalla maggior gravità dell'evento. La corrispondenza è invece esclusa nel delitto colposo nel quale l'evento, seppure preveduto, è in contrasto con il risultato intenzionale. [...] Il sistema dunque significa che quanto al delitto preterintenzionale, la disposizione dell'art. 43 assorbe la prevedibilità di evento più grave nell'intenzione di risultato, per il quale parametri di negligenza, imprudenza o imperizia, men che d'inosservanza di norme sono assolutamente irrilevanti. [...] L'errore ermeneutico è dunque dovuto al travisamento della categoria (idea) di prevedibilità, per la colpa (concetto), che è una specie del genere elemento psicologico. Ma se la prevedibilità va codificata in un carattere (negligenza, imprudenza, etc.) necessario del delitto colposo, perché l'evento si verifica contro l'intenzione, questa necessità non esiste nel delitto preterintenzionale, a fronte dell'intenzione del risultato della condotta. A riprova strutturale, l'elemento psicologico dell'omicidio preterintenzionale è unico, perché ad esso corrisponde un solo evento, da cui dipende l'esistenza del reato. Tanto trova conferma, oltre che nella lettera della norma incriminatrice in rapporto al dettato dell'art. 15 c.p., nelle norme sul concorso di reati. [...] Orbene, se l'agente ha voluto un evento minore omogeneo, quale conseguenza della condotta ai sensi dell'art. 581 o 582 c.p., la progressività del delitto di cui all'art. 584 c.p., implica, giusta la regola dell'art. 15 c.p., assorbimento del delitto sussidiario di cui all'art. 581 o 582 c.p.[...] l'art. 584 c.p., non richiede un ulteriore elemento psicologico oltre il dolo di delitto sussidiario, perché l'evento da cui dipende l'esistenza del reato progressivo è unico". Cass. V, 19 marzo 1993, n. 2634: "È manifestamente infondata la questione di legittimità costituzionale dell'art. 584 c.p., in quanto previsione normativa di un'ipotesi di responsabilità obiettiva, in contrasto con l'art. 3 Cost., sotto il profilo della disparità di trattamento rispetto a fattispecie che presenterebbero identica connotazione (evento non voluto posto a carico dell'agente: artt. 83, 116, 586 c.p.) e con l'art. 27, I comma, Cost., in forza del quale l'imputazione dell'illecito penale si concreta nella rapportabilità (o riferibilità) psichica del fatto all'agente sotto il profilo minimale della prevedibilità, intesa quale capacità di prevedere le conseguenze della propria condotta e di esercitare su questa il dovuto controllo finalistico. Da un lato, infatti, non è invocabile il principio di uguaglianza, quando si pongono a raffronto situazioni come quelle richiamate dagli artt. 584, 116, 586 c.p., che sono sostanzialmente dissimili tra loro, al di là del dato formale comune dell'imputazione di un evento non voluto o non avuto di mira direttamente dall'agente. Dall'altro, poi, va considerato che la giurisprudenza configura la preterintenzione come dolo misto a colpa, i cui profili non confliggono, ma sono in linea con le pronunce nn. 364 e 1085/1988 della Corte costituzionale, in tema di personalizzazione dell'illecito penale".

Il collegamento psicologico tra condotta ed evento che, a nostro avviso, caratterizza, come in ogni altra ipotesi di imputazione di un elemento necessario di fattispecie, apparentemente basata sul solo nesso causale, l'accordo dell'evento a titolo di omicidio preterintenzionale è costituito dalla rappresentabilità dell'evento alla stregua di regole generali che, a parte le maggiori cognizioni eventualmente possedute dall'agente, prescindono dalle peculiarità del caso concreto (art. 27, I comma, Cost.).

diversità rispetto alle regole di imputazione per dolo o per colpa. C'è la riferibilità a coscienza e volontà, ma essa va accertata non con riferimento a ciò che in base all'appartenenza ad una determinata sfera tecnico-sociale si può e si deve richiedere all'autore del fatto (questo equivarrebbe ad esigere la colpa), bensì utilizzando il criterio medio di massime di esperienza, modellate sull'*id quod plerumque accidit*.

CAPITOLO XI

I CRITERI DI IMPUTAZIONE SOGGETTIVA: IL DOLO

SOMMARIO: 1. Il c.d. concetto unitario di colpevolezza-rinvio. – 2. Introduzione al delitto doloso. – 3. I punti focali della ricerca. – 4. L'oggetto del dolo. – 5. Il fatto di reato: la condotta. – 6. Gli elementi precedenti e concomitanti alla condotta. – 7. Gli elementi normativi del fatto. – 8. Le conseguenze della condotta. – 9. Gli elementi negativi del fatto. – 10. Dolo e consapevolezza del disvalore del fatto. Premesse. – 11. L'offesa contenuto del dolo. – 12. La rilevanza dell'offesa sul piano oggettivo. – 13. Precisazioni sull'offesa-oggetto del dolo. – 14. L'art. 5 c.p. secondo la lettura della Corte costituzionale (sent. 24 marzo 1988, n. 364). – 15. Forme ed intensità del dolo. – 16. Profili dell'accertamento.

1. *Il c.d. concetto unitario di colpevolezza-rinvio*

Abbiamo visto come, rispetto al dolo e alla colpa, la coscienza e volontà possegga solo l'autonomia funzionale che le deriva dal costituire elemento essenziale del fatto oggettivo: dal punto di vista strutturale essa costituisce, torniamo a ripetere, null'altro che il segmento iniziale di ogni comportamento doloso e colposo. Non è ipotizzabile una realizzazione sorretta da dolo o da colpa che non passi attraverso la fase di un primo atto o di una prima inerzia cosciente e volontaria. Lo stesso vale sotto il profilo della preterintenzione, per quanto riguarda la condotta dolosa o colposa, inizio della fattispecie preterintenzionale, per le ipotesi che possono ricondursi sotto il paradigma della preterintenzione.

Una differenza c'è – come abbiamo già visto – ed è di non lieve importanza. Gli elementi (tipico, per tutti, l'evento naturalistico) che in tali fattispecie non costituiscono oggetto del dolo o della colpa sono imputati al soggetto agente in quanto riferibili, con le precisazioni di cui sopra si è detto, a coscienza e volontà. Questa, nelle figure di cui si tratta, caratterizzate dal terzo criterio di imputazione, ben differenziato dal dolo e dalla colpa, rappresenta un collegamento "psicologico" fra gli elementi fattuali che esulano dal campo del dolo e della colpa e l'agente. Non va dimenticato, però, che i due criteri di imputazione basilari sono il dolo e, nei casi espressamente previsti dalla legge, la colpa: anche perché, nel nostro sistema, non si ha possibilità di accollo "diverso" (art. 42, II comma, c.p.), se non attraverso una prima fase di condotta dolosa o colposa.

Stabiliti quali siano i criteri di imputazione che costituiscono "l'elemento psicologico del reato" (art. 43 c.p.), si opera, in genere, una curiosa inversione di quello che dovrebbe essere il filo della ricerca. Si tenta, cioè, di elaborare una nozione unitaria che unifichi il dolo e la colpa e di arrivare, a questo modo, ad una formula che esaurisca l'aspetto interno o, appunto, psicologico dell'illecito penale: quello della *colpevolezza*. Ovviamente, il dato di partenza è la funzione di imputazione che accomuna le due forme di elemento psicologico. Ma si vuole andare oltre e reperire una nota comune sul piano strutturale. Ora, è difficile non cogliere il vizio che inficia quest'ordine di idee. Ad una tale nota comune si perviene – se possibile – solo dopo averne ben chiara la struttura del comportamento doloso e di quello colposo. Se da due concetti di specie si deve pervenire ad un concetto di genere, è incontestabile che prima vanno definiti i dati specifici; soltanto a questo momento acquista un senso chiederci se sia possibile un concetto di genere. Ci sono, poi, altri interrogativi: imbarazzanti, ma utili per chiarire in primo luogo che utilità presenterebbe, al di fuori del cagionare una sorta di compiacimento dogmatico, un siffatto concetto; in secondo luogo se, in ogni caso, più che del concetto, si debba parlare del principio di colpevolezza. Ma il fascino del *Begriff* è forte e durevole: è difficile rinunciarvi. Anche a costo di trovarsi, al termine dell'indagine, al punto di partenza: a rinvenire la "nota concettuale" nella funzione di criterio di imputazione, unico aspetto tanto del dolo che della colpa sul quale non è possibile discutere.

2. *Introduzione al delitto doloso*

Il codice penale non dà una definizione del dolo che, come sappiamo, nel nostro sistema, è il criterio di imputazione fondamentale: vale per tutti i delitti e rileva, sia pure in genere, equiparato alla colpa, per ciò che concerne la realizzazione del reato[1], anche nelle contravvenzioni. L'art. 43, I comma, alinea I, c.p. precisa ciò che deve intendersi per delitto doloso. Si dirà che, ad ogni modo, le cose non cambiano: ma questo non è del tutto vero. La circostanza che non vi è una disposizione che offra la nozione di dolo, bensì quella del delitto sorretto da dolo, porta a chiedersi se la struttura di questo criterio di imputazione sia desumibile dal solo art. 43 c.p. o se vi siano altre regole che non si limitino ad esplicitare quanto già enunciato all'art. 43, ma contribuiscano a segnare oggetto e contenuto del dolo. Prendiamo, per il momento, le mosse dal disposto dell'art. 43 c.p.: "Il delitto:

è doloso, o secondo l'intenzione, quando l'evento dannoso o pericoloso, che il risultato dell'azione od omissione e da cui la legge fa dipendere l'esistenza del de-

---

[1] L'art. 133 c.p., che fissa i criteri alla stregua dei quali va determinata la pena irrogata in concreto, menziona la gravità del reato desunta, fra l'altro, dall'intensità del dolo e dal grado della colpa. Poiché la regola concerne ogni reato, sia delitto sia contravvenzione, dobbiamo concluderne che se per l'attribuzione di un fatto contravvenzionale, di norma, la colpa è equiparata al dolo, quando si tratta di dosare la pena bisogna distinguere tra realizzazione dolosa e realizzazione colposa.

Cfr. Parte II, capitolo VII, p. 188 ss.

litto, è dall'agente preveduto e voluto come conseguenza della propria azione od omissione;

è preterintenzionale, o oltre la intenzione, quando dall'azione od omissione deriva un evento dannoso o pericoloso più grave di quello voluto dall'agente; (...)". Sembrerebbe, a questo punto, possibile desumere che quel che rende doloso un delitto è la previsione e volontà dell'evento – conseguenza della condotta criminosa. In modo sbrigativo, seppur non privo di comunicativa efficacia, si può concludere che, alla stregua di detta norma, il dolo è previsione e volontà dell'evento.

La definizione così ottenuta dà prima di tutto luogo ad interrogativi concernenti la struttura di ciò che viene chiamato "evento". Inoltre, essa rischia di sembrare non sufficientemente esauriente. Si affaccia, a questo punto, la necessità di prendere in considerazione le regole, presenti nel sistema, che, prescindendo sempre da una definizione del dolo, che – come abbiamo detto – manca, ne dettano la disciplina. Solo dopo questo esame, strettamente correlato alla precisazione del significato che occorre attribuire al termine "evento", potremo rispondere alla domanda se il I alinea del I comma dell'art. 43 c.p. enuncia tutto quanto concorre a determinare l'imputazione a titolo di dolo, o se esso debba essere integrato dalle disposizioni che stabiliscono i casi in cui l'accollo per dolo non è possibile. Si tratta, insomma, di precisare se tali regole siano essenziali per decidere se un certo fatto possa qualificarsi doloso oppur no, ovvero se esse rappresentino dettami esplicativi di un enunciato pienamente offerto dall'art. 43 c.p. Certo, se, verificandosi determinate ipotesi, viene meno ogni responsabilità per dolo, e residua al più una punibilità a mero titolo di colpa, siamo autorizzati a concludere che tra gli elementi costitutivi del dolo rientra anche il contrario della situazione che ha per effetto di escluderlo. Un esempio per tutti: l'errore sul fatto costitutivo di reato fa venir meno la punibilità a titolo di dolo, residuando solo la possibilità di rispondere del fatto per colpa quando l'errore sia dovuto a colpa e il fatto realizzato sia preveduto dalla legge come delitto colposo. È facile arguire, quindi, che fra gli elementi costitutivi essenziali del dolo rientra il contrario della situazione che lo esclude. La rilevanza dell'errore sul fatto significa che all'imputazione per dolo è indispensabile la rappresentazione degli elementi costitutivi del fatto di reato. Tutto questo è indubbiamente vero. Si potrà, però, dire che l'art. 47, I comma, c.p. apporti un *quid novi* rispetto la formulazione dell'art. 43 oppure ne costituisca soltanto un'esplicitazione, quando, come abbiamo sopra accennato, saremo pervenuti ad una lettura dell'"evento" coerente con il linguaggio legislativo ed il sistema.

Accantoniamo, per il momento, questo aspetto della ricerca, che entra nel vivo della trattazione: cerchiamo, piuttosto, di mettere in evidenza i punti intorno ai quali si sviluppa la nostra indagine.

3. *I punti focali della ricerca*

Dall'art. 43 c.p. che identifica il delitto doloso, o secondo l'intenzione, con quello contrassegnato dalla volizione e previsione dell'evento si desume che l'imputazione per dolo esige la realizzazione di una serie di eventi mentali (di volontà e di rappresentazione) che, data l'espressione riassuntiva "secondo l'intenzione", non possono essere meramente *potenziali*, ma debbono costituire accadimenti reali nella psiche del soggetto. A questo punto si profila la necessità di precisare in che cosa consista l'evento cui sono rivolte volizione e rappresentazione. Chiedere come requisiti della imputazione per dolo gli eventi mentali in questione, polarizzati su un *oggetto* definito "evento", comporta la necessità di individuare quanto di tale oggetto è coperto sia da volizione che da rappresentazione e quanto costituisce materia di sola rappresentazione. Il contrario non è possibile perché il linguaggio normativo, allorché si riferisce a volizione effettiva, e non virtuale, segue i canoni della psicologia classica: non ammette, quindi, che si possa volere ciò di cui non si è consapevoli. Già sul filo di questa possibile differenziazione, la formula dell'art. 43, che sembra esigere volontà e previsione per l'intiero oggetto del dolo, si apre a possibili precisazioni.

Dunque, un problema di struttura e un problema di oggetto, le cui soluzioni, come vedremo, sono interdipendenti. Ad essi bisogna aggiungerne un terzo che si prospetta nel seguente modo.

Se è già abbastanza arduo ricostruire un accadimento puramente esterno o materiale, le difficoltà aumentano ogniqualvolta si tratti di arrivare all'accertamento di un fatto interno o spirituale. Qui il grado di immediatezza con cui dal dato probatorio si perviene al dato da provare è infinitamente minore e, in ultima analisi, il convincimento dell'interprete non potrà formarsi che per mezzo di un procedimento di estensione analogica dell'*id quod plerumque accidit*[2]. Per determinare, insomma, se una persona abbia effettivamente voluto o previsto un possibile risultato della sua azione, sarà sempre necessario affidarsi ad una serie di regole di esperienza, la conformità alle quali, ove non sussistano circostanze che lascino ragionevolmente supporre una deviazione dal modo in cui di solito vanno le cose materiali ed umane, è sufficiente per ritenere dimostrato il fatto psicologico da provare[3].

Il giudizio che afferma la realizzazione di un fatto giuridico interno può compiersi, dunque, solo in virtù dell'estensione al caso individuale dei risultati offerti da una certa massa di conoscenze e di esperienze; in altre parole, l'esistenza di una

---

[2] Superfluo sottolineare come parliamo, a proposito dell'accertamento, di ricorso all'analogia non con riferimento alla soluzione di questioni di diritto, bensì alla verifica di dati fattuali. Siamo, ancora una volta, di fronte alla contiguità fra l'operare del giudice penale e quello dello storico. Che Giulio Cesare fosse o no intenzionato ad assumere il diadema regale quando respinge Antonio che, nel corso dei Lupercali, glielo offre con insistenza può desumersi unicamente alla stregua dell'esperienza che si ricava dai comportamenti precedenti, contemporanei e successivi all'episodio.

[3] Eccessiva è però la posizione kelseniana secondo la quale i veri elementi costitutivi della fattispecie sarebbero quelli dai quali si desumono gli elementi psicologici e non questi ultimi. Eccessiva, si badi, anche se non errata. Conviene fermarsi a mezza strada; anche per non caricare di troppi passaggi e difficoltà espositive la dimostrazione di eventi mentali, quali, ad esempio, l'errore.

volizione, di una rappresentazione, di un movente, può inferirsi unicamente dall'esistenza delle circostanze esteriori che, normalmente, costituiscono l'espressione, o accompagnano o, comunque, sono collegate a quegli stati psichici.

Circostanze esteriori che, si badi, non coincidono con il fatto materiale di reato, non ci sono, cioè, fattispecie criminose costruite su comportamenti i quali di per sé implichino, di regola, l'imputazione a titolo di dolo (c.d. *dolus in re ipsa*).

A questo modo, si dà credito ad una vera e propria presunzione, superabile soltanto attraverso la prova del contrario: il che equivale a dimenticare il rilievo che possiede nell'illecito penale il momento soggettivo, che verrebbe, invece, ravvisato, come implicito, nello stesso fatto materiale[4]. Ora, di queste peculiarità di accertamento bisogna tener conto in sede di definizione concettuale di elementi psicologici giuridicamente rilevanti. Non è concesso, cioè, di costruire le nozioni relative in modo tale che, se pure sulla carta impeccabili, si rivelino, poi, insuscettibili di una completa verifica. Né, d'altro canto, cedendo al diffuso pregiudizio, per il quale l'accertamento di tali elementi darebbe luogo ad una sorta di *probatio diabolica*, si debbono approvare la prassi giurisprudenziale e l'orientamento di quella parte della dottrina che tentano di ridurne al minimo la rilevanza effettiva. Si tratta, quindi, di trovare un terreno di conciliazione fra la teoria, che sempre con maggiore insistenza ravvisa la nota distintiva dell'illecito penale nella sua natura soggettiva, e la prassi che, attraverso un sistema, più o meno larvato, di pre-

---

[4] Senza contestare espressamente la configurabilità del *dolus in re ipsa* – che sarebbe stato, forse, un *obiter dictum* – negano che se ne possa correttamente parlare in non poche decisioni correttamente riferite a fattispecie concreta Cass. V, 6 febbraio 1987, n. 1358: "Ai fini della sussistenza del delitto di falsità, materiale o ideologica, in atto pubblico, è sufficiente il dolo generico. Ciò non importa, però, che il dolo *inest in re ipsa*: al contrario, esso deve essere sempre rigorosamente provato e deve essere escluso tutte le volte in cui la falsità risulti essere oltre o contro la intenzione dell'agente, come quando risulti essere semplicemente dovuta ad una leggerezza o ad una negligenza di costui, poiché il sistema vigente ignora del tutto la figura del falso documentale colposo. Quanto alla prova, il dolo, quale fenomeno interno e soggettivo, si manifesta attraverso segni esteriori, sicché essa resta affidata ai *facta concludentia*, ossia a quelle modalità estrinseche dell'azione dotate di valore sintomatico; assume anche rilievo (a volte decisivo), ai fini della prova, l'eventuale scopo perseguito o meno dall'agente, di modo che l'indagine – riservata al giudice di merito – esige che ogni singolo caso sia inquadrato e valutato nella cornice di circostanze concomitanti. (Fattispecie relativa ad annullamento di sentenza assolutoria non sufficientemente motivata, alla stregua degli indicati parametri, sulla mancanza di dolo)"; Cass. V, 29 dicembre 1999, n. 14659: "Il dolo specifico del reato di spendita ed introduzione nello Stato, senza concerto, di monete falsificate non può essere desunto, con riferimento alla detenzione di una sola banconota falsa ed a fronte della prospettazione difensiva di averla ricevuta in buona fede e di averla conservata per farne constatare la falsità al cedente, dalle sole modalità della detenzione stessa. Poiché, infatti, l'elemento psicologico del reato in questione consiste nella finalità di mettere in circolazione la falsa moneta, ricevuta in mala fede, a tanto consegue che, da un lato, non può ravvisarsi "*dolus in re ipsa*", dall'altro, esso può essere desunto solo da elementi sintomatici, gravi e convergenti, idonei a rappresentare, in modo inequivoco, l'intenzione di mettere in circolazione la banconota (elementi quali ad esempio: il numero ed il valore delle false monete detenute, il tempo intercorso tra la ricezione e la spendita delle stesse, lo scopo della conservazione e della mancata consegna all'autorità)".

sunzioni, finisce col relegare sullo sfondo tutte le questioni attinenti alle componenti psicologiche del reato. La sola possibilità di avviare questo contrasto ad una soluzione è, a nostro avviso, data da una spregiudicata presa di posizione nei confronti delle particolari caratteristiche dell'accertamento dei fatti a contenuto psicologico, seguita da tutte le conclusioni che da essa debbono trarsi. In primo luogo, la rinuncia ad elaborare concetti che si dimostrino inutilizzabili ai fini di una concreta verifica e, quindi, dell'applicazione del diritto[5]. In secondo luogo, non supporre più complessa di quanto davvero sia la determinazione di un elemento

---

[5] Si veda, al riguardo, per una presa di posizione particolarmente convincente, Corte cost. 9 aprile 1981, n. 96: "A base del principio di tassatività della fattispecie contenuto nella riserva assoluta di legge in materia penale, di cui all'art. 25 Cost., sta in primo luogo l'intento di evitare arbitrii nell'applicazione di misure limitative di quel bene sommo ed inviolabile costituito dalla libertà personale. Per effetto di tale principio, onere della legge penale è quello di determinare la fattispecie criminosa con connotati precisi in modo che l'interprete, nel ricondurre un'ipotesi concreta alla norma di legge, possa esprimere un giudizio di corrispondenza sorretto da fondamento controllabile. Tale onere richiede una descrizione intellegibile della fattispecie astratta, sia pure attraverso l'impiego di espressioni indicative o di valore e risulta soddisfatto fintantoché nelle norme penali vi sia riferimento a fenomeni la cui possibilità di realizzarsi sia stata accertata in base a criteri che allo stato delle attuali conoscenze appaiano verificabili. Se un simile accertamento difetta, l'impiego di espressioni intellegibili non è più idoneo ad adempiere l'onere di determinare la fattispecie in modo da assicurare una corrispondenza fra fatto storico che concretizza un determinato illecito e il relativo modello astratto. Ogni giudizio di conformità del caso concreto a norme di questo tipo implicherebbe invero un'opzione aprioristica e perciò arbitraria in ordine alla realizzazione dell'evento o al nesso di causalità fra questo e gli atti diretti a porlo in essere, frutto di analoga opzione operata dal legislatore sull'esistenza e sulla verificabilità del fenomeno. Pertanto, nella dizione dell'art. 25 Cost., che impone espressamente al legislatore di formulare norme concettualmente precise sotto il profilo semantico della chiarezza e dell'intellegibilità dei termini impiegati, deve logicamente ritenersi anche implicito l'onere di formulare ipotesi che esprimano fattispecie corrispondenti alla realtà. Sarebbe infatti assurdo considerare determinate, in coerenza col principio di tassatività della legge, norme che, sebbene concettualmente intellegibili, esprimano situazioni e comportamenti irreali o fantastici o comunque non avverabili ovvero concepire disposizioni legislative che inibiscano o ordinino o puniscano fatti che per qualunque nozione ed esperienza devono considerarsi inesistenti o non razionalmente accertabili. La compiuta descrizione di una fattispecie penale non è quindi sufficiente ai fini della legittimità costituzionale di una norma che, data la sua struttura e la sua formulazione astratta, non consenta una razionale applicazione concreta. Va di conseguenza dichiarata l'illegittimità costituzionale, per contrasto con il principio di tassatività della fattispecie contenuto nella riserva assoluta di legge in materia penale, consacrato nell'art. 25 Cost., dell'art. 603 c.p. (concernente il reato di plagio) la cui formulazione letterale prevede un'ipotesi non verificabile nella sua effettuazione e nel suo risultato, non essendo né individuabili né accertabili le attività che potrebbero concretamente applicarsi per ridurre una persona in totale stato di soggezione, né come sarebbe oggettivamente qualificabile questo stato, la cui totalità, legislativamente dichiarata, non è mai stata giudizialmente accertata. Ed infatti, l'esame dettagliato delle varie e contrastanti interpretazioni date all'art. 603 nella dottrina e nella giurisprudenza mostra chiaramente l'imprecisione e l'indeterminatezza della norma, l'impossibilità di attribuire ad essa un contenuto oggettivo, coerente e razionale e astrattamente riferibile a qualsiasi fatto che implichi dipendenza psichica di un essere umano da un altro essere umano, senza che vi sia alcun sicuro parametro per accertarne l'intensità".

psicologico, sì da avere un comodo pretesto per sottrarsi ad indagini indubbiamente assai delicate.

4. *L'oggetto del dolo*

Dei tre problemi proposti dal dolo (struttura, oggetto ed accertamento), quello concernente l'oggetto merita d'essere considerato per primo. E, invero, come meglio vedremo in seguito, il più delle volte è proprio argomentando dalla natura, dalle particolari caratteristiche dell'"oggetto", che ci renderemo esatto conto della natura del processo psicologico che lo riflette: sarà, insomma, l'oggetto a dirci dove, accanto alla rappresentazione di una realtà esterna, occorra anche una specifica intenzionalità; dove, invece, basti la semplice rappresentazione e, finalmente, che significato quest'ultima assuma nell'economia di quella complessa attività psichica che è il dolo.

In proposito, ci sono offerte due strade, che, peraltro, conducono entrambe a identici risultati.

Si potrebbe, anzitutto, prendere direttamente le mosse dall'art. 43, I comma, c.p. Questa disposizione – come si è detto – polarizza gli elementi psicologici costitutivi del comportamento doloso su un certo dato (l'evento), conseguenza dell'azione od omissione. Su tal via, l'indagine volta a chiarire l'oggetto del dolo coinciderà con quella volta a precisare che cosa il legislatore ha inteso col termine "evento". Indagine delicata, poiché questo termine denota nel linguaggio legislativo tanto la modificazione del mondo esterno, effetto della condotta del soggetto agente (cosiddetto evento in senso naturalistico), quanto l'offesa all'interesse tutelato dalla norma penale. E la dottrina, tendenzialmente restia a riconoscere la pluralità di significati propri ad un certo termine normativo (a riconoscere, insomma, che sul medesimo segno semantico debbono costruirsi, talora, più concetti), opta, in genere, o per l'uno o per l'altro dei due significati indicati: atteggiamento, questo, particolarmente evidente proprio nella lettura dell'art. 43 c.p. A seconda che si adotti l'uno o l'altro di detti significati, si arriva a conclusioni diverse.

Nel primo caso il dolo viene incentrato su un unico elemento, in rapporto da conseguenza a causa con la condotta vietata dal diritto; nel secondo, invece, costituiscono oggetto del dolo tutti quei dati che concretano l'offesa all'interesse protetto dalla norma.

La migliore via per cominciare a trattare di questo argomento è, forse, quella di esaminare le conseguenze discendenti da una interpretazione condotta, rispettivamente, sul filo dell'uno o dell'altro significato assegnabile al termine in questione.

La prima cosa da notare è che l'evento, di cui all'art. 43, I comma, c.p., è considerato come elemento che non può mancare in nessuna fattispecie criminosa. Ora, questo non è certamente il caso dell'evento naturalistico, il quale difetta in tutte le figure di reato contrassegnate dalla rilevanza della sola condotta, indipendentemente dalle conseguenze che essa determini (reati, appunto, di mera condotta o – come anche si dice – formali).

Volendo tener ferma la definizione del momento soggettivo del comportamento doloso in funzione dell'evento naturalistico, bisognerebbe, dunque, riconoscere che nel nostro ordinamento manca un disposto che ci dica quando va considerata dolosa la realizzazione di un reato di pura condotta: conclusione senza dubbio abbastanza strana e tale da indurre a riflettere seriamente sulla fondatezza del presupposto da cui muove. Né appare convincente il tentativo di superare questa difficoltà osservando che non è difficile evitare ogni contraddizione tra l'art. 43 e le altre parti del sistema, in cui sono contemplati numerosi reati senza evento naturalistico. Basta pensare, infatti – si dice – che questa categoria di reati costituisce, pur sempre, una minoranza, mentre la grandissima parte dei fatti puniti è costituita da reati con evento naturalistico. Di qui deriverebbe che l'art. 43 va considerato come dettato in vista del tipo comune e frequente di reato, che è quello dei reati con evento, mentre i reati senza evento si presenterebbero quali forme rare quasi eccezionali.

In primo luogo, non si può consentire nell'affermazione che i reati senza evento siano tanto pochi da giustificare una completa dimenticanza da parte del legislatore. Probabilmente più fondata appare, anzi, l'opinione secondo la quale in qualsiasi codice penale la maggioranza dei reati è senza evento. Ma, a parte ogni frequenza statistica, anche se si dovesse ritenere il contrario, rimarrebbe sempre l'obiezione, a nostro avviso, insuperabile, che la definizione degli elementi che contrassegnano un comportamento doloso, vale a dire di uno dei punti chiave del sistema penale, è troppo importante perché nell'enunciarla si sia tralasciata tutta una serie di fattispecie nelle quali il dolo rileva né più e né meno che nelle rimanenti.

Inoltre, l'art. 43 non parla solo di evento, bensì di evento dannoso o pericoloso e può accadere che non vi sia coincidenza tra la modificazione del mondo esterno intenzionalmente prodotta e il suo carattere dannoso o pericoloso per l'interesse tutelato dalla norma, come dimostra, ad esempio, l'evento dell'automutilazione[6]. Ma di ciò meglio in seguito.

Qui basta rilevare come, già da questo primo approccio, emergono tutte le difficoltà cui si va incontro interpretando il termine "evento", di cui al I comma dell'art. 43 c.p., come evento in senso naturalistico.

---

[6] Art. 157 c.p.m.p.: "(Procurata infermità al fine di sottrarsi permanentemente all'obbligo del servizio militare). Il militare, che, al fine di sottrarsi permanentemente all'obbligo del servizio militare, stabilito dalla legge o volontariamente assunto, si mutila o si procura infermità o imperfezioni, o in qualsiasi altro modo si rende permanentemente inabile a prestare il servizio stesso, è punito con la reclusione da sei a quindici anni.

Nel caso di delitto tentato, si applicano le disposizioni dell'art. 46, sostituita alla reclusione la reclusione militare". Dove è chiaro che l'offesa-contenuto del delitto non riguarda l'interesse all'integrità corporale del soggetto agente (che è la lesione in cui si concreta l'evento naturalistico), ma quella dello Stato-amministrazione militare a una determinata prestazione personale.

A questo punto, però, bisogna evitare una suggestione, facile, ma palesemente semplicistica. Scartato, cioè, il primo dei significati accennati, si presenta quasi naturale accogliere, senza ulteriori verifiche, il secondo. Soluzione questa che troverebbe il suo punto di forza nella lettera stessa dell'art. 43, specialmente se considerata alla luce delle visuali di teoria generale del reato dei compilatori del codice[7]. Ora, l'elusione delle domande imbarazzanti è sempre possibile e molto praticata. Ma il nocciolo del problema si impone da sé. Questo nocciolo evidente e inevitabile può essere così espresso. L'art. 43, I comma, c.p. presenta l'inconveniente di poter essere letto come regola meramente definitoria del fatto doloso: anzi, si pensa, saltando qualche passaggio logico, del dolo. Se così stanno le cose, non sarebbe corretto accontentarcene senza tener conto anche delle altre regole che dettano la disciplina dell'imputazione a titolo di dolo; regole il cui esame è indispensabile per convalidare o respingere il risultato che incomincia ad intravedersi.

Un ordinamento può prendere posizione rispetto al dolo, ed al suo oggetto, negativamente o positivamente. Con la prima tecnica esso attribuirà rilevanza a certi elementi prescindendo dal loro riflettersi nella volontà dell'agente. Ad esempio di questo *modus operandi* legislativo può indicarsi l'art. 59, I comma, c.p., secondo il quale le circostanze attenuanti e quelle di esclusione della pena sono valutate a favore dell'agente anche se da lui non conosciute o da lui per errore ritenute inesistenti. Pure le circostanze aggravanti esulano dall'oggetto del dolo. Sono valutate a carico dell'agente "soltanto se da lui conosciute ovvero ignorate per colpa o ritenute inesistenti per errore determinato da colpa" (art. 59, II comma, c.p.).

Dove è chiaro che il criterio di imputazione necessario e sufficiente per questi elementi eventuali del reato, quello che in ultima analisi conta, non è la conoscenza effettiva, ma la conoscibilità da parte del soggetto agente. Identico sistema è seguito dall'art. 44 c.p., per ciò che concerne le cosiddette condizioni obiettive di punibilità. Questo significa che ci troviamo di fronte ad elementi estranei al dolo. Non può dirsi però che gli elementi che sono accollati, come componenti essenziali della fattispecie criminosa, siano al di fuori di ogni collegamento psicologico con l'autore del fatto: vale anche per essi la regola di imputazione soggettiva, sulla quale ci siamo già soffermati[8], dettata dall'art. 27, I comma, Cost. Per gli elementi eventuali, circostanze aggravanti, all'accollo psicologico provvede, oltre che naturalmente l'art. 27 Cost., immediatamente e specificamente l'art. 59, II comma, c.p.[9].

---

[7] Indispensabile, al riguardo, la lezione de "*L'oggetto del reato*" di Arturo Rocco.

[8] Cfr., in questo stesso volume, p. 369 ss.

[9] Cfr. art. 59, II comma, c.p.: "Le circostanze che aggravano la pena sono valutate a carico dell'agente soltanto se da lui conosciute ovvero ignorate per colpa o ritenute inesistenti per errore determinato da colpa", la lettura del quale deve essere completata con quella dell'art. 60, I e ultimo comma, c.p.: "Nel caso di errore sulla persona offesa da un reato, non sono poste a carico dell'agente le circostanze aggravanti, che riguardano le condizioni o qualità della persona offesa, o i rapporti tra offeso e colpevole.

(...) Le disposizioni di questo articolo non si applicano, se si tratta di circostanze che riguardano l'età o altre condizioni o qualità, fisiche o psichiche, della persona offesa" e dell'art. 82, I comma, c.p., nella parte in cui rinvia all'art. 60.

Last but not least – ed è punto sul quale dovremo ritornare ampiamente – l'art. 5 c.p. dispone, come tutti sanno, che nessuno può invocare a propria scusa l'ignoranza della legge penale: se ne ricava che l'antigiuridicità penale del comportamento realizzato non entra tra le note costitutive dell'oggetto del dolo. Vedremo, però, che anche il dato costituito dalla trasgressione di una regola penalmente sanzionata non si sottrae all'imputazione soggettiva prescritta dall'art. 27 Cost.

Accanto alle norme ora ricordate ne figurano, però, altre che direttamente chiariscono che cosa deve far parte dell'oggetto del dolo, stabilendo, ad esempio, che se taluno ignora la presenza di un certo elemento di fattispecie, o erra su di esso, è esclusa la possibilità di attribuirgli il fatto a titolo di dolo. Dal che si ricava che quel dato elemento rientra nell'oggetto del dolo. In primo luogo viene in considerazione l'art. 47, I comma, c.p.: "L'errore sul fatto che costituisce il reato esclude la punibilità dell'agente. Nondimeno, se si tratta di errore determinato da colpa, la punibilità non è esclusa quando il fatto è preveduto dalla legge come delitto colposo". Fermiamoci su questo I comma dell'art. 47, fondamentale per gli sviluppi successivi.

L'errore (a cui è equiparata, *a fortiori*, l'ignoranza) sul fatto che costituisce il reato impedisce la punibilità a titolo di dolo, lasciando sussistere una residua responsabilità colposa se l'errore stesso è dovuto a colpa e il fatto realizzato è previsto come delitto colposo. In base a tale disposizione, quindi, l'errore sul fatto di reato esclude sempre ed in ogni caso il dolo. Se ne desume che quest'ultimo comprende la rappresentazione di tutti gli elementi che integrano il fatto di reato.

Oltre all'art. 47, cit., ai fini della nostra indagine, rileva l'art. 59, IV comma, c.p., per il quale se l'agente suppone erroneamente l'esistenza di "circostanze di esclusione della pena", queste sono valutate a favore di lui. Anche tale norma stabilisce che in caso di errore cagionato da colpa la punibilità non è esclusa quando il fatto è preveduto dalla legge a titolo di delitto colposo. Come si vede, una perfetta simmetria di formulazione rispetto all'art. 47. Dunque, qualora il soggetto ponga in essere una condotta obbiettivamente conforme ad una fattispecie criminosa, ritenendo di operare in presenza di una situazione di fatto corrispondente a una scriminante, potrà aversi nei suoi confronti, se l'errore è dovuto a colpa e se il fatto realizzato costituisce un delitto colposo, un'imputazione a titolo di colpa, ma il dolo è senz'altro escluso.

Siamo, così, in grado di determinare con sufficiente concretezza i limiti dell'oggetto del dolo. Completeremo la disamina fin qui svolta con quella di norme che, pur avendo anch'esse importanza fondamentale, agiscono all'interno del concetto che ora vogliamo delimitare. Per il momento, ci è sufficiente precisare che il profilo esterno dell'oggetto del dolo è rappresentato da tutti gli elementi obiettivi positivi della fattispecie criminosa, meno quelli la cui rilevanza è espressamente esclusa ai fini di una imputazione a titolo di dolo [10]. Non si riflettono, quindi, nel

---

[10] Così Cass. Sez. Un. 2009, n. 12433: "La questione rimessa alle Sezioni unite riguarda, come si è visto, la compatibilità del dolo eventuale con il delitto di ricettazione, e la sezione rimet-

dolo le condizioni obiettive di punibilità, gli eventi preterintenzionali, le circostanze aggravanti e attenuanti, la presenza di scriminanti, l'antigiuridicità penale. Tutti gli elementi del fatto – salvo i casi di responsabilità anomala – costituiscono, invece, elementi che integrano l'oggetto del dolo: a seconda della loro struttura, dovranno essere voluti e rappresentati, ovvero solo rappresentati. Inoltre, non può parlarsi di dolo se il soggetto ha agito con il convincimento erroneo della presenza di circostanze, nella realtà inesistenti, che, se davvero fossero realizzate, darebbero luogo ad un'esimente.

5. *Il fatto di reato: la condotta*

Così avviata l'indagine sull'oggetto del dolo, dobbiamo ora ricostruire il fatto oggettivo di reato, in funzione della rilevanza che esso presenta ai fini della nozione che ci interessa.

Il nucleo di ogni fatto è costituito da una condotta, attiva od omissiva [11].

Occorre, allora, stabilire come si atteggi il dolo in relazione a questo momento essenziale della fattispecie obiettiva.

Abbiamo già visto [12] come l'azione od omissione, cui si riferisce la coscienza e volontà del primo comma dell'art. 42 c.p., debba ravvisarsi, sotto il profilo naturalistico, positivamente come puro movimento corporeo esterno percepibile da terzi, negativamente, nell'iniziale stato di quiete di quelle parti del corpo il cui movimento dipende dalla volontà del soggetto. Sia l'uno che l'altro atteggiamento costituisce condotta attiva od omissiva a seconda che l'obbligo trasgredito sia obbligo di *facere* o di *non facere*. Abbiamo anche chiarito come, da un punto di vista

---

tente, dopo aver ricordato gli argomenti addotti a sostegno dei due orientamenti giurisprudenziali contrastanti, ha indicato un'ulteriore ragione, di carattere preliminare, che a suo avviso potrebbe imporre una soluzione negativa, perché ha osservato che la provenienza illecita nella ricettazione costituisce un presupposto del fatto, rispetto al quale può dubitarsi che assuma rilevanza l'atteggiamento psicologico nel quale si fa consistere il dolo eventuale. Si tratta però di un dubbio agevolmente superabile perché il dolo eventuale è una figura di costruzione giurisprudenziale e dottrinale e non c'è ragione di ritenere che essa possa riferirsi al solo evento del reato e che l'atteggiamento psicologico nel quale la si fa consistere non possa riguardare anche i presupposti. L'elemento psicologico del reato è costituito, prima che da una componente volitiva, da una componente rappresentativa, che investe il fatto nel suo complesso, e dunque non solo gli effetti della condotta ma anche gli altri elementi della fattispecie, e dà piena ragione della colpevolezza dell'agente. Perciò se si ritiene che il dolo sia costituito dalla rappresentazione e volizione del fatto antigiuridico o anche, nel caso di dubbio, dalla sua accettazione, alla quale si collega secondo la giurisprudenza il dolo eventuale, non c'è ragione di distinguere il caso in cui il dubbio cade sulla verificazione dell'evento, che viene accettato, da quello in cui cade su un presupposto. In un caso e nell'altro l'agente si rappresenta la possibilità di commettere un delitto e ne accetta la realizzazione".

[11] Sulla impossibilità di configurare reati cosiddetti di mero sospetto cfr. Parte II, capitolo VII, pp. 207 e 208.

[12] Cfr. Parte II, capitolo VIII, p. 221 ss.

funzionale, la coscienza e volontà, avente l'oggetto che si è detto, rappresenti il minimo coefficiente psicologico da cui si sviluppa l'agire doloso o colposo[13]. In altre parole, prendiamo le mosse dal segmento iniziale del fatto, isolato da ogni altro elemento della fattispecie, cogliendolo nella sua pura essenza di atteggiamento umano, astraendo dalle note che lo qualificano e, a maggior ragione, dalle conseguenze eventualmente prodotte nel mondo esterno. Solo così avremo adempiuto all'esigenza di scomposizione, che ci permetterà di sapere che cosa significa precisamente dire: "Tizio ha voluto fare alcunché" o "Tizio ha voluto non fare alcunché".

Ciò posto, è possibile arrivare ad un primo importante risultato.

La realizzazione dolosa di una condotta, nel senso sopra indicato, implica necessariamente una volizione nello stretto significato psicologico del termine. È indispensabile, cioè, un impulso cosciente del volere diretto al movimento o a conservare lo stato di inerzia. Qui davvero si può dire che la nozione di volontà con cui lavora il giurista e quella propria dello psicologo classico coincidono perfettamente. Coincidenza tanto più significativa, in quanto si verifica soltanto rispetto alla condotta. È unicamente a questo proposito, infatti, che si riscontra quella fusione tra mentale e fisico che rappresenta la caratteristica essenziale del processo volitivo.

La legge parla di volontà dell'evento come risultato dell'azione od omissione. Vedremo in seguito che cosa si debba intendere per volontà rispetto ad un risultato esterno alla condotta: quello che adesso preme mettere in rilievo è l'impossibilità di configurare un atteggiamento che possa comunque definirsi volitivo nei confronti delle conseguenze di un proprio *facere* od *omittere*, senza passare attraverso l'effettiva, concreta volizione della condotta. Non solo: analizzando il nesso psichico che, in caso di realizzazione dolosa di un illecito penale, unisce l'agente alla sua condotta, si riscontra anche quella inscindibilità tra volontà e rappresentazione che il legislatore sembra postulare, invece, nei confronti dell'intero fatto. Gli elementi che costituiscono l'aspetto fisico o materiale della condotta sono, cioè, contemporaneamente previsti e voluti, anzi, più esattamente, voluti perché previsti.

Si rende necessario stabilire quale sia la condotta in rapporto alla quale occorre accertare l'esistenza di tale volizione.

Come ogni problema di imputazione, anche questo dell'imputazione di una condotta a titolo di dolo è problema di ordine tipicamente normativo, sia per ciò che concerne il dato oggettivo che viene addebitato, sia per quanto attiene agli elementi soggettivi che ad esso vanno riferiti.

All'uopo, dobbiamo porre attenzione al requisito chiave: quello per cui diciamo che un contegno umano assume rilevanza per il diritto; dobbiamo, cioè, chiederci come si presenti il requisito della corrispondenza al tipo descrittivo di una norma, rispetto alla fase iniziale del comportamento. È evidente, infatti, che non

---

[13] Cfr., in questa Parte, p. 371 ss.

basta dire che il dolo incomincia il suo *iter* come volizione della condotta: bisogna anche aggiungere che deve trattarsi di una condotta tipica. Le difficoltà di precisare quali siano gli atti che danno luogo all'azione tipica, fra quelli costitutivi del processo esecutivo di un reato, non sono eccessive allorché l'azione appare specificatamente individuata nell'astratta figura legale. Qui tutto si riduce ad un puro giudizio di corrispondenza tra fatto storico e schema.

Diversamente stanno le cose quando, piuttosto che sul tipo dell'azione, il legislatore pone l'accento sull'evento, e, cioè, quando, adoperando espressioni come "cagionare", "determinare", ovvero "diretto a" un certo risultato e simili, tipicizza il comportamento in funzione della sua efficacia causale, reale o potenziale [14], nei riguardi di una determinata conseguenza nel mondo esterno.

Occorre, evidentemente, stabilire quale tra gli atti che condizionano un effetto contrario al diritto deve considerarsi tipico.

Il semplice criterio causale, seppure indispensabile, non può essere da solo sufficiente.

Ogni atto della vita umana rinvia immediatamente ad un precedente col quale appare così intimamente collegato che, movendo a ritroso da effetto a condizione, rischieremmo di allargare indefinitamente i confini delle fattispecie di illecito. Né a questa insufficienza potrebbe ovviare la considerazione del nesso psicologico che sorregge i singoli atti nei quali eventualmente si scinda il processo esecutivo. In primo luogo, perché ciò che desideriamo conoscere è proprio quale di questi atti è necessario che sia effettivamente voluto. In secondo luogo, perché porterebbe ad ovvie disastrose conseguenze in tema di tentativo ritenere che ogni atto animato da una certa intenzione e reputato in astratto – sulla base di un calcolo probabilistico – indispensabile alla produzione di un dato risultato, costituisca esecuzione di attività criminosa.

Sulla implicita premessa che si può parlare di atto tipico solo quando vi sia una descrizione normativa basata su note interne, si è ritenuto che riguardo alle fattispecie causalmente orientate non si prospetti una questione di "tipicità". Qualunque condotta, insomma, assumerebbe rilevanza quando pervenga o sia idonea a produrre la conseguenza vietata dal diritto. Affermazione, questa, non tanto inesatta quanto elusiva perché, ancora una volta, lascia insoddisfatta l'esigenza di in-

---

[14] Tipica fattispecie imperniata su un nesso di causalità meramente virtuale è, ad esempio, quella prevista dall'art. 241 c.p.: "Chiunque commette un fatto diretto a sottoporre il territorio dello Stato o una parte di esso alla sovranità di uno Stato straniero, ovvero a menomare l'indipendenza dello Stato è punito [con la morte].

Alla stessa pena soggiace chiunque commette un fatto diretto a disciogliere l'unità dello Stato, o a distaccare dalla madre Patria una colonia o un altro territorio soggetto, anche temporaneamente, alla sua sovranità". Va ricordato come la figura criminosa in questione esiga, in base al principio generale posto dall'art. 49 c.p. e per il fatto stesso che è ipotizzato un processo causale, sia pure potenziale, non soltanto che gli atti siano soggettivamente diretti al risultato vietato dalla legge, ma che si configurino anche come idonei a cagionare l'evento dannoso. Sul punto rinviamo a quanto avremo modo di esporre sui rapporti tra siffatte figure delittuose e il tentativo nel volume dedicato alle forme di manifestazione del reato.

dividuare l'atto che deve essere sorretto da volizione.

Per risolvere il quesito, si deve precisare che significato acquisti la tipicità quando manca uno schema descrittivo, risultante da note interne, che funga da criterio di misurazione.

Poniamo mente, al di là di ogni nominalismo, alla funzione svolta dalla tipicità, e sarà a tutti evidente che nelle fattispecie causalmente orientate atto tipico vuol dire nulla più che atto essenziale; e, quindi, atto rispetto al quale deve essere reperito l'elemento psicologico dell'illecito.

Nelle forme dolose tale atto non può essere che l'ultimo. Ci si raffiguri, infatti, una serie causale costituita da un insieme di comportamenti di un certo soggetto. Questi comportamenti possono essere tutti realizzati per negligenza, forza maggiore, magari costringimento fisico. Ove, però, l'ultimo di essi sia voluto, nella più rigorosa accezione psicologica del termine, l'intiero processo causale diventa proprio dell'agente, legittimando, così, le ulteriori indagini necessarie per accertare la possibilità di imputare a titolo di dolo il fatto nel suo insieme.

A nulla rileva che io acquisti un fucile, mi apposti nelle vicinanze di un luogo ove Tizio suole abitualmente passare, spiani l'arma contro di lui soltanto perché materialmente costrettovi; se ho voluto la pressione del mio dito sul grilletto, avrò dato vita all'azione tipica del reato di omicidio doloso, a quell'azione, cioè, che deve necessariamente verificarsi onde sia realizzata la figura criminosa in questione. E, per contro, se le azioni sopra descritte sono volontarie, ma lo scatto dell'arma avviene perché scivolo e cado a terra, l'eventuale uccisione non potrebbe essermi attribuita a titolo di dolo. Perché questo sussista, la volontà dell'atto deve essere effettiva, e non va ricavata alla stregua di una doppia presunzione: la prima, che l'agente avrebbe lo stesso volontariamente sparato; la seconda, che avrebbe raggiunto ed ucciso la vittima designata.

A conclusione di quanto detto, possiamo affermare che nelle fattispecie di azione causalmente orientata è tipico l'ultimo atto compiuto prima della messa in moto di un processo causale, indipendente da successivi interventi dell'agente.

Come sappiamo, tanto il concetto di azione che quello di omissione sono concetti di relazione, che presuppongono l'uno l'esistenza di un dovere a contenuto negativo, l'altro di un dovere a contenuto positivo. In entrambi i casi, ci troviamo davanti a termini che si pongono come costitutivi di un giudizio. Nell'azione, il primo di tali termini è rappresentato da ogni atteggiamento umano, di movimento o di inerzia, che suoni violazione dell'obbligo di astensione da un certo comportamento.

Nell'omissione è un contegno umano che dal punto di vista naturalistico può consistere tanto in un movimento corporeo che in uno stato di quiete del corpo. Quel che conta è che esso vada contro un obbligo giuridico di *facere*, alla cui stregua il contegno, che può benissimo essere positivo, acquista un valore negativo. La condotta omissiva si pone, dunque, come un non fare particolarmente qualificato, un non fare che viola un dovere di attivarsi, di svolgere una condotta positiva.

È opportuno soffermarci, anzitutto, sulla categoria dei reati omissivi propri.

A prima vista, parrebbe decisivo il seguente rilievo: poiché l'omissione consiste nella mancata esplicazione di una condotta giuridicamente dovuta, e, cioè, nella violazione di un obbligo a contenuto positivo, dal momento che la condotta dedotta a contenuto di un tale obbligo sarà sempre caratterizzata da un termine, espresso o implicito, l'omissione si potrà dire realizzata alla scadenza di tale termine. Pertanto, il non fare rilevante agli effetti penali (e cioè "tipico") sarebbe quello immediatamente antecedente allo scadere del termine e ad esso dovrebbe essere necessariamente rivolta la volizione.

Una simile impostazione è, però, da rifiutarsi, anche se apparentemente convincente. Indubbio, infatti, che ogni obbligo a contenuto positivo presenta una modalità cronologica, ma altrettanto vero è che la sua violazione può avvenire anche in un momento anteriore allo scadere del termine stesso. Facciamo un esempio: Mevio, che ha l'obbligo, penalmente sanzionato, di consegnare tutta la valuta straniera in suo possesso entro una certa data, viene sorpreso, poche ore prima che questa maturi, mentre sta cercando di varcare la frontiera, in un luogo molto distante da quello in cui doveva effettuare la consegna. Anche volendo, egli non potrebbe più adempiere all'obbligo prescritto dalla legge. In questo caso non è tipica l'inerzia contestuale alla scadenza del termine, ma quella contemporanea alla condotta, tenuta dal soggetto, che ha reso impossibile l'osservanza del dovere.

Nei *delicta per omissionem commissa* (cosiddetti delitti commissivi mediante omissione o omissivi impropri), invece, il "non fare" sostenuto da volizione sarà legato all'ultima condotta positiva che avrebbe potuto ancora evitare l'evento naturalistico. Oltre tale limite, o non si può più realizzare la condotta atta a scongiurare l'evento, ovvero bisognerà ricorrere ad altri mezzi, irrilevanti ai fini dell'osservanza dell'obbligo.

Si pensi, infatti, che la formula "la mancanza di *a* ha causato *c*" è espressione ellittica che sostituisce "se *a* si fosse verificato, *b* non avrebbe causato *c*"; dove *a*, contenuto di un obbligo giuridico, è dato da un contegno reputato idoneo a impedire il prodursi del risultato dannoso. In altre parole, affermando che l'omissione ha causato l'evento, rimproveriamo al soggetto di non aver compiuto l'azione prescritta. Anzi, poiché qui ci interessano le ipotesi di omissione dolosa, gli rimproveriamo di essersi coscientemente rifiutato di tenere la condotta positiva impostagli da una norma giuridica. È stata la sua inerzia, dunque, a permettere lo svolgimento del nesso causale che ha condotto all'evento proibito. Ecco perché alla domanda relativa al momento in cui deve collocarsi l'inattività alla quale la volontà va rivolta, bisogna rispondere che tale momento è quello del non fare contrapposto all'ultimo possibile comportamento positivo che avrebbe scongiurato l'evento.

Così, la balia che avendo deciso di far morire di inedia il bambino affidatole, cessi di nutrirlo, ma venga, per cause a lei non imputabili, ridotta ad incoscienza prima che lo stato di inedia sia divenuto fatalmente letale, non sarà responsabile, a titolo di dolo, della morte, eventualmente sopravvenuta, del piccolo. E, invero, se le possibilità, che ancora rimanevano, di impedire l'evento sian venute a mancare per motivi che non possono esserle rimproverati, non si può dire che essa abbia voluto non impedire l'evento e, quindi, cagionarlo. Ritenere il contrario significherebbe dimenticare che il dolo consta di processi psicologici effettivi, che non possono essere sostituiti da argomentazioni ipotetiche (nell'esempio addotto, ragionando nel seguente modo: se non fosse caduta in incoscienza, la nutrice avrebbe continuato a non voler impedire l'evento e quest'ultimo si sarebbe quindi verificato). Ciò non vuol dire, però, che ella vada esente da ogni responsabilità: come vedremo [15], nel comportamento tenuto vanno ravvisati tutti gli estremi del delitto tentato.

6. *Gli elementi precedenti e concomitanti alla condotta*

Esaminata la condotta in senso stretto, sia positiva (azione) che negativa (omissione), dobbiamo ora occuparci di quelle note che, nella figura astratta di reato, la caratterizzano ed individuano.

Il movimento corporeo o lo stato di inerzia, che finora ci siamo limitati a considerare, costituiscono l'aspetto più caratteristicamente umano del fatto penalmente rilevante; ma non lo esauriscono. E ciò per ragioni di ordine naturale, prima ancora che per la struttura delle singole figure di reato. Un atto o una omissione, completamente avulsi da una concreta situazione spaziale, temporale, materiale, personale, sono delle pure ipotesi di laboratorio, prive di ogni contatto con la realtà. Abbiamo utilizzato la relativa nozione, perché ci serviva per studiare lo scomporsi di un processo psicologico in relazione ai vari elementi della fattispecie, ma è tempo, ormai, di portarci su una base più ampia e più aderente al reale.

Occorre, insomma, integrare la considerazione della condotta con quella delle note che la qualificano e le attribuiscono il suo significato giuridico-sociale.

Possiamo distinguere tali note a seconda che riguardino: le caratteristiche del soggetto passivo del reato, l'oggetto materiale, lo strumento o il mezzo, il luogo, il tempo della condotta, determinate situazioni di fatto o di diritto a quest'ultima preesistenti.

Accertato che la condotta in senso stretto deve essere voluta dal soggetto, ci chiediamo come il dolo si atteggi rispetto alle note che, accompagnando l'azione od omissione, ne determinano la corrispondenza al tipo descrittivo. Dall'art. 47 si ricava che l'agente deve rappresentarsi questi elementi; l'interrogativo sopra posto si profila, allora, nei seguenti termini: è sufficiente la rappresentazione, o è necessario qualcosa di più e, cioè, una volizione?

Un punto va precisato. Ciò che desideriamo sapere non è se la condotta, qualificata dalla presenza degli elementi che la integrano, possa "considerarsi" voluta dal soggetto, ma, più analiticamente, se tali elementi qualificanti rientrino nell'oggetto della volontà.

Si ricordi che gli elementi di cui trattiamo sono dati naturalistici o giuridici, la

---

[15] Cfr. il volume concernente le forme di manifestazione del reato, in *Appunti di diritto penale*, vol. VIII, Giappichelli, Torino, 2003.

cui esistenza è indipendente dalla condotta dell'agente.

Stando così le cose, essi non cadono nel raggio della volontà, ma possono semplicemente costituire oggetto di una pura attività intellettiva. Chi agisce dolosamente dovrà, cioè, rappresentarsi il fatto che la cosa mobile di cui si impossessa è altrui, ma non potrà, sicuramente, *volere* tale qualifica giuridica, da lui assolutamente svincolata; nell'omicidio dovrà rappresentarsi che l'oggetto della propria azione è un uomo, ma nessuno vorrà sostenere che l'agente debba volere questa qualità della sua vittima. Nei confronti di un dato fattuale, non ricollegabile al comportamento umano, ma sul quale questo si compie, non ha senso parlare di volizione in senso stretto che si esaurisce su un fare o non fare, naturalisticamente intesi, ma non si può nemmeno ragionare in chiave di intenzionalità. Per restare all'esempio fatto, intenzionale sarà cagionare la morte di taluno, ma che questi sia un uomo esula da ciò che intendiamo per intenzionalità. Che il bersaglio avuto di mira sia una persona umana può essere solo oggetto di conoscenza, di volta in volta contrassegnata da sentimenti che vanno dal compiacimento al rammarico, passando attraverso l'indifferenza.

Ecco, allora, individuata una prima divergenza tra l'oggetto della volontà e quello della rappresentazione. Mentre la condotta deve essere, insieme, prevista e voluta, gli elementi che la qualificano sono dati in relazione ai quali può concepirsi solo un'attività intellettiva. Un dubbio sorge a proposito della precisa struttura di quest'ultima.

Allorché si tratta di elementi già esistenti al momento della condotta, sembra richiesta, invece che una semplice rappresentazione, una vera e propria conoscenza.

Questa specificazione, le cui conseguenze vanno molto al di là di una mera correzione terminologica, è, però, alquanto pericolosa.

Esaminiamo il seguente esempio: Tizio vuole impossessarsi di una determinata cosa.

Nel momento dell'azione è in dubbio se la cosa gli appartenga o no; ciò nonostante se ne impadronisce. In una situazione di questo tipo è chiaro che non si potrà parlare di "conoscenza" dell'altruità della cosa. Pertanto, se dicessimo che la conoscenza delle note che caratterizzano l'azione è indispensabile ai fini dell'esistenza del dolo, dovremmo concludere che quest'ultimo non è stato realizzato. A convincerci del contrario vale il richiamo all'art. 47, I comma, c.p. che disciplina l'errore sul fatto costitutivo di reato. Da esso si ricava che l'errore esclude sempre il dolo, pur potendo lasciare sussistere la colpa. Il che equivale a dire che *dolo è l'inverso dell'errore*. È da chiedersi, quindi, se colui che opera in stato di dubbio agisca in errore rilevante ai sensi dell'art. 47. Ora, non è facile dimostrare che, di per sé, l'incertezza non può considerarsi errore. Se è fuori discussione che questo può consistere in una falsa rappresentazione della realtà o nella mancanza di rappresentazione di uno, di più o di tutti gli elementi del fatto, non può contestarsi che la rappresentazione dell'oggetto in termini di possibilità presuppone ignoranza.

Si rende, pertanto, necessario risalire alla *ratio* che ha promosso l'imputazione a titolo di dolo, alla funzione che essa assolve nel sistema. Il determinarsi all'azione, nonostante la previsione della possibilità che il fatto si verifichi, significa consentire al fatto stesso: in altri termini, significa volerlo. Ma su questo punto, di importanza centrale per l'intendimento di quella forma di dolo che è il dolo "eventuale", torneremo più appresso.

A conclusione di quanto si è detto, può affermarsi che, nei confronti dell'azione od omissione, il dolo implica la volontà, nel pieno significato psicologico, della condotta, nonché la rappresentazione delle note rilevanti per il diritto che qualificano la condotta stessa.

Nel complesso mentale del soggetto debbono, cioè, riflettersi tutti i requisiti accolti dal modello normativo. Condizione questa che, per l'esistenza del dolo, è, oltre che necessaria, anche sufficiente. L'erronea rappresentazione, o l'ignoranza, di requisiti che caratterizzano nella realtà l'accadimento concreto, senza trovar riscontro nella fattispecie astratta, non esclude il dolo. Così, nei reati contro il patrimonio, ci si dovrà rappresentare l'altruità della cosa, ma è indifferente che l'agente pensi che essa sia di Sempronio, quando, invece, è di Caio [16].

7. *Gli elementi normativi del fatto*

Proprio quest'ultima osservazione ci porta ad occuparci di uno dei più delicati problemi della teoria del dolo: quello dei cosiddetti elementi normativi del fatto.

Abbiamo già visto [17] come detti elementi possano essere elementi del fatto in senso stretto ovvero elementi di fattispecie. Nel primo caso essi fanno parte di quel complesso di elementi che, a seconda della natura dell'imputazione, costituiscono oggetto del dolo o della colpa. Nel secondo caso, estranei al fatto, appartengono alla struttura eventualmente più ampia della fattispecie criminosa, cioè di quell'insieme di elementi che condizionano l'applicabilità della sanzione, talora non coincidenti, perché ulteriori, rispetto a quelli costitutivi del fatto: sempre, però, indispensabili al perfezionarsi della previsione normativa. Ancora una volta ricordiamo come a cagione del disposto costituzionale dell'art. 27 Cost., non è che questi elementi esulino dall'oggetto della componente cosiddetta psicologica del reato. Ciò che li differenzia dagli elementi del fatto è che il criterio di imputazione soggettiva che li riguarda non coincide con quello di imputazione del fatto criminoso: dolo se abbiamo a che fare con un delitto, salva l'ipotesi di previsione espressa della relativa figura colposa; dolo o colpa se il fatto è contravvenzionale. Per gli elementi di fattispecie, quale che ne sia la natura, il criterio di imputazione è dato dalla pura e semplice rappresentabilità. Questa, come sappiamo, costituisce il limite oltre il quale non può parlarsi di responsabilità penale personale [18]. Siano

[16] Si tratta di un caso di c.d. *aberrato ictus*; situazione quest'ultima espressamente prevista e disciplinata, sia pure con qualche variante, in base ai principi generali. Sul punto cfr. più appresso, p. 495 ss.

[17] Cfr. Parte II, capitolo VIII, p. 269 ss.

[18] Cfr. Parte II, capitolo VIII, p. 270.

elementi del fatto siano elementi di fattispecie, la struttura degli elementi normativi è sempre la stessa. Essi sono caratterizzati da un substrato di fatto al quale si applica una qualifica discendente da norme diverse da quella incriminatrice. Tali norme possono essere di diritto privato, di diritto pubblico ecc. Ad esempio, per intendere la nota dell'"altruità" della cosa, nei reati contro il patrimonio, occorre fare riferimento alle norme di diritto privato che disciplinano il rapporto di proprietà. *Mutatis mutandis*, uguale procedimento si impone nelle fattispecie caratterizzate da espressioni del tipo: "chiunque illecitamente, ingiustamente, senza giusta causa, senza giustificato motivo, ecc.". Val la pena di notare che la regola giuridica dalla quale proviene la qualifica che investe il substrato di fatto può essere anche una norma penale: purché, al solito, diversa da quella che svolge funzione incriminatrice nei confronti dell'intiero fatto. Così, nel delitto di calunnia, per intendere che cosa è il "reato" oggetto della falsa incolpazione, dovremo riferirci ad un fatto qualificato come illecito penale in base ad una delle norme incriminatrici che compongono il sistema, compresa quella stessa sulla calunnia, assunta però, come è ovvio, non quale criterio di incriminazione. Si parlerà, allora, in quest'ultimo caso, di calunnia di calunnia.

Insomma, mentre di regola, nell'esame di una determinata figura criminosa, il passaggio dalla norma al fatto avviene con piena immediatezza, in alcuni casi è necessario il tramite di una norma diversa da quella alla cui stregua si compie l'incriminazione e da cui discende al fatto la qualifica che permette di individuarlo e isolarlo nell'insieme dei dati giuridicamente rilevanti [19].

Una questione particolare sorge, poi, a proposito dell'ampiezza da attribuire alla categoria degli elementi normativi. Sino a questo momento abbiamo sempre accennato a casi contrassegnati dal riferimento a norme giuridiche. Non poche volte, però, si può dubitare – ed è problema di parte speciale, che concerne l'interpretazione di una particolare figura di reato – se la legge penale rinvii esclusivamente a norme giuridiche o anche ad un sistema di valutazioni etico-sociali operanti in un determinato ambiente. Ciò avviene quando sono usate espressioni che appaiono idonee ad essere intese attraverso il ricorso, più che a norme giuridiche, a norme etiche o, in genere, non giuridiche [20]. Al riguardo, è da ritenersi che, salve

---

[19] Cfr. Parte II, capitolo VIII, p. 269 ss.

[20] Cfr. Cass. III, 3 ottobre 1997, n. 8959: "Ai fini della distinzione tra i reati di cui agli artt. 527 e 726 c.p. le nozioni di osceno e di pudore non sono riferite ad un concetto considerato in sé, ma al contesto ed alle modalità in cui gli atti o gli oggetti sono compiuti o esposti. Il criterio discretivo va individuato nel contenuto più specifico del delitto di "atti osceni", che si richiama alla "verecondia sessuale", rispetto a quel complesso di regole etico-sociali, che impongono a ciascuno di astenersi da tutto quanto possa offendere il sentimento collettivo della più elementare costumatezza. Ne consegue che il nudo integrale – considerando il sentimento medio della comunità ed i valori della coscienza sociale e le reazioni dell'uomo medio normale – assume differenti valenze. Può essere incluso nella speciale causa di esclusione dell'oscenità (art. 529 c.p.) – come ad esempio per le lezioni di educazione sessuale o per le opere cinematografiche o teatrali – ovvero essere espressione della libertà individuale o derivare da convinzioni salutiste o da

controindicazioni contenute nelle disposizioni che prevedono le relative figure criminose, in linea generale e di metodo, non è contestabile che gli elementi normativi possano rendere necessario il ricorso a norme o a sistemi di norme non giuridici.

Ciò posto, vediamo come si realizzi il comportamento doloso nei confronti degli elementi normativi del fatto, inteso quest'ultimo come complesso degli elementi, coincidenti, o esaustivi o non con quelli costitutivi della fattispecie, che debbono essere voluti e rappresentati dall'agente.

La presenza nel fatto criminoso di qualifiche che imprimono un determinato significato al substrato naturalistico ci pone di fronte al problema, importantissimo, se il soggetto, che non si rappresenta il significato di cui la norma che lo prevede investe un determinato oggetto, agisca o no dolosamente.

In linea astratta si può rispondere al quesito sia positivamente che negativamente. Dove è chiaro che, a seconda della risposta, l'oggetto del dolo risulterà notevolmente diverso.

L'errore sulla qualifica di un elemento (normativo) può trarre origine da un duplice ordine di motivi. L'agente, cioè, può non rappresentarsi, ad esempio, l'altruità della cosa, o perché egli interpreta inesattamente le norme del diritto privato in tema di diritto di proprietà (ritiene che un accordo preliminare sortisca tutti gli effetti costitutivi della proprietà); o perché agisce in base ad un errore di fatto (Tizio si impossessa di un oggetto scambiandolo con uno, assai simile, di cui è proprietario).

Tutti sono concordi nel ritenere che l'errore sulla qualifica esclude il dolo quando sia determinato da un errore di fatto. Presa di posizione, questa, che non può fermarsi a mezza strada a pena di incorrere in una inammissibile contraddizione.

E, invero, tanto se l'agente che si impadronisce di una determinata cosa la crede propria per errore sulla legge civile che disciplina il diritto di proprietà, quanto se il suo convincimento riposa sulla circostanza che egli la confonde con altra che gli appartiene – cui la prima rassomiglia – il rapporto psicologico col fatto viene ad essere contrassegnato dalla mancanza di rappresentazione della qualifica che spetta alla cosa stessa.

Vero è che in quest'ultima ipotesi, la cui soluzione è pacifica, alla mancanza di rappresentazione della qualifica si arriva attraverso un errore di fatto (lo scambio fra due cose), ma altrettanto vero è che questo errore importa l'errore sulla qualifica.

---

un costume particolarmente disinibito. Esso, se praticato in una spiaggia appartata, frequentata da soli naturisti, è penalmente irrilevante; mentre non è tale in una località balneare affollata da soggetti variamente abbigliati. In particolare, l'esibizione degli organi genitali (diversamente da quella del seno nudo, che non integra più alcuna ipotesi di reato) – al di fuori delle eccezioni ricordate – configura il delitto di atti osceni, poiché mira al soddisfacimento della "libido". (Nella specie trattavasi di soggetto, che si era denudato in uno scompartimento ferroviario. Il pretore aveva ravvisato la contravvenzione di cui all'art. 726. La Corte ha annullato la sentenza, affermando il suddetto principio)".

Come si spiegano, allora, su queste premesse, i dubbi che sorgono allorché la mancata rappresentazione della qualifica deriva da un errore non di fatto, bensì di interpretazione, o da ignoranza della norma diversa da quella incriminatrice di parte speciale, da questa richiamata?

È indispensabile prendere le mosse dal III comma dell'art. 47 c.p., per il quale l'errore su legge diversa da quella penale esclude la punibilità a titolo di dolo quando ha cagionato un errore sul fatto che costituisce il reato.

Chiediamoci come si giunga da un errore che ha ad oggetto immediato una norma, ad un errore sul fatto – elemento materiale dell'illecito penale; come possa, cioè, colui che erra su una norma (ad esempio, in tema di trasferimento della proprietà) pervenire ad un errore sul comportamento costitutivo dell'elemento materiale del delitto di appropriazione indebita o di furto.

Se teniamo presente il modo con cui una norma si innesta su una fattispecie criminosa dovremo concludere che in tanto un errore su di essa può determinare un errore sul fatto criminoso, in quanto la norma in questione concorra a sfigurarlo. Dove è chiaro come il fatto di cui qui si parla non è il fatto storico, l'aspetto obiettivo della fattispecie concreta realizzata, ma il fatto astratto: cioè, la descrizione legale di un dato accadimento. Certamente, anche nelle ipotesi che consideriamo, si arriva ad un errore sul fatto concreto, ma – ed è questo il punto – per il tramite di un errore sul fatto astratto. Così, chi ritiene che una cosa gli appartenga ancora per effetto di erronea interpretazione della legge civile, si raffigurerà inesattamente il proprio comportamento concreto solo perché si è prima inesattamente raffigurata una delle tante disposizioni civili, alla stregua delle quali si concretizza il requisito dell'"altruità", richiamato nelle disposizioni penali.

L'errore contemplato nel III comma dell'art. 47 c.p. è, dunque, un errore che ha per oggetto immediato la figura legale astratta, la cui descrizione risulta dall'integrazione della norma incriminatrice con le altre disposizioni alle quali la prima rinvia.

È evidente, a questo punto, la grande portata della norma in esame. Essa, infatti, rappresenta una vera e propria deroga all'art. 5 c.p. L'errore disciplinato da quest'ultimo può derivare o da ignoranza dell'esistenza di una data norma incriminatrice o, più, frequentemente, da una errata interpretazione, per effetto della quale si attribuisce alla disposizione penale una estensione diversa da quella che effettivamente le spetta. Ora, non è chi non veda come il meccanismo psicologico dell'errore *ex* art. 5 c.p. sia identico a quello dell'errore disciplinato dall'ultimo comma dell'art. 47. Nel primo, ad esempio, Mevio ritiene che il termine "uomo" di cui all'art. 575 c.p. non comprenda il neonato. In tali ipotesi, poiché il legislatore (penale) si serve dei termini "uomo", "neonato" in una stretta accezione naturalistica, l'errore sul modo di intendere tali elementi cade sotto la regolamentazione dell'art. 5 c.p.; peraltro, la situazione psicologica di chi versa nell'errore ora descritto è perfettamente identica a quella di colui che – per restare all'esempio più volte citato – interpretando inesattamente o, addirittura, ignorando una norma in tema di proprietà, reputi proprio un oggetto altrui. Nel primo caso, però, ci troviamo di fronte alla norma di sbarramento dell'art. 5, mentre in questo secondo troverà applicazione il III comma dell'art. 47 che limita, agli effetti dell'imputazione per dolo, il principio dell'irrilevanza della *ignorantia iuris*, disponendo che questa esclude il dolo quando cade su elementi normativi della fattispecie astratta.

Conclusione che ci consente di trarre un corollario, di notevolissima importanza ai fini della nostra ricerca, relativamente alla formula: "l'errore di fatto esclude il dolo, l'errore di diritto, invece, è irrilevante", che è oltremodo diffusa e che deve essere respinta perché superata dalla disciplina positiva. Essa, cioè, trascura di prendere in considerazione le ipotesi di errore su legge diversa dalla legge penale che – come abbiamo visto – sono vere e proprie ipotesi di errore di diritto: anzi, più precisamente, ipotesi di errore sulla legge penale, a cui l'ordinamento riconosce l'efficacia di escludere il dolo. Il che, tra l'altro, si inquadra in modo perfettamente armonico con gli orientamenti del diritto penale moderno, sempre più teso ad affermare la natura soggettiva, o personale che dir si voglia, dell'illecito.

Nelle considerazioni che precedono è da trovare la ragione delle prese di posizione giurisprudenziali e dottrinali, quando si rivolgono a limitare, senza risultati apprezzabili, la portata del III comma dell'art. 47 c.p.

Proprio perché ci si rende conto dell'ampiezza e molteplicità di applicazioni che si potrebbero fare della norma citata, se ne tenta di circoscrivere o addirittura di vanificare l'ambito di applicabilità.

Su tal via, si dice, si impone una distinzione tra le norme extrapenali. Vi sarebbero, cioè, norme, pur diverse da quella penale incriminatrice, le quali, richiamate da quest'ultima, darebbero luogo ad un contesto unitario con la stessa. In tali casi, non si potrebbe ammettere la rilevanza di un errore su queste norme, a pena di violare il principio fondamentale dell'art. 5. Altre norme extrapenali, invece, sarebbero sì richiamate dalla norma incriminatrice, ma non farebbero corpo con questa, non costituirebbero, cioè, un tutt'uno con il precetto penale. Esse manterrebbero la loro individualità e, pertanto, dovrà ammettersi, alla stregua dell'ultimo comma dell'art. 47, la rilevanza di un errore che le concerna[21]. Secondo l'ordine

---

[21] Due sono le linee argomentative adottate dalla giurisprudenza per ridurre e magari cancellare gli effetti derivanti dal disposto dell'art. 47, III comma, c.p. La prima, dopo la ritenuta "insufficienza" dell'errore di fatto, ravvisa puramente e semplicemente errore vincibile, e come tale irrilevante, sulla legge penale incriminatrice. Così Cass. V, 12 maggio 1995, n. 5447: "In tema di violazione degli obblighi di assistenza familiare, nella forma dell'omessa prestazione dei mezzi di sussistenza, non si può invocare l'errore di fatto, né l'ignoranza della legge penale sotto il profilo della sua inevitabilità. Poiché l'obbligo sanzionato deriva da inderogabili principi di solidarietà, ben radicati nella coscienza della collettività, prima ancora che nell'ordinamento. (Fattispecie nella quale il difetto del dolo era stato sostenuto dall'imputato adducendo che l'udienza presidenziale di separazione tra i coniugi era stata rinviata, senza che alcun provvedimento fosse stato adottato riguardo al mantenimento)"; Cass. III, 17 ottobre 1995, n. 10352: "I ghiri sono fauna selvatica e specie protetta ed è prevista una sanzione penale per la caccia agli stessi. (Nella specie la S.C., nel rigettare il ricorso nel quale si sosteneva che il ghiro non sarebbe selvaggina o fauna selvatica e apparterrebbe alla stessa famiglia dei topi e dei ratti, animali ai quali non si applica la tutela normativa, ha ritenuto insufficiente l'errore sul fatto che costituisce reato o l'ignoranza inevitabile della legge penale, essendo l'esercizio venatorio soggetto ad abilitazione conseguibile addirittura con esame su materie tra cui la legislazione venatoria e la zoo-

logia applicata alla caccia, con prove pratiche di riconoscimento delle specie cacciabili)". La seconda, apparentemente più motivata, ma logicamente insostenibile, distingue tra regole extrapenali che non entrano a far parte della disposizione incriminatrice e regole che si compenetrano nel contenuto di quest'ultima. L'errore sulle regole appartenenti al secondo gruppo, coincidendo in tutto e per tutto con quello disciplinato dall'art. 5 c.p., se non invincibile, non escluderebbe il dolo. Si vedano, al riguardo: Cass. VI, 22 novembre 1996, n. 10020: "In tema di peculato per ritardato versamento di somme riscosse dal pubblico ufficiale per conto della Pubblica Amministrazione non può ritenersi errore scusabile, atto ad escludere il dolo, quello che investe la norma amministrativa di contabilità che impone un tempestivo versamento: ciò in quanto tale norma è integrativa di quella penale. Conseguentemente risulta irrilevante una invocata prassi in senso contrario alla suddetta disciplina"; Cass. VI, 11 dicembre 1998, n. 12981: "In tema di oltraggio, per la sussistenza dell'elemento psicologico del reato non è necessario che l'agente conosca i presupposti normativi del conferimento della pubblica funzione – la cui ignoranza, risolvendosi in ignoranza della legge penale, dà luogo a un errore non scusabile, integrando detti presupposti la fattispecie penale – ma è sufficiente che il soggetto attivo del reato si renda conto che la persona offesa esercita una funzione pubblica. (Fattispecie in tema di reato commesso in danno di "guardiacaccia" nell'esercizio delle sue funzioni di sorveglianza dell'attività venatoria)"; Cass. VI, 16 giugno 1999, n. 7817: "Ai sensi dell'art. 47 c.p., legge diversa dalla penale è quella destinata in origine a regolare rapporti giuridici di carattere non penale e non esplicitamente incorporata in una norma penale o da questa non richiamata anche implicitamente. Pertanto deve essere considerato errore sulla legge penale, e quindi inescusabile, sia quello che cade sulla struttura del reato, sia quello che incide su norme, nozioni e termini propri di altre branche del diritto, introdotte nella norma penale a integrazione della fattispecie criminosa. (La Corte ha precisato che le disposizioni legislative che disciplinano l'operato e i doveri delle varie tipologie di pubblici ufficiali o incaricati di pubblici servizi non hanno natura di norme extrapenali, poiché l'art. 323 c.p., obbligando al rispetto delle leggi e dei regolamenti nell'esercizio del pubblico ufficio, recepisce le regole riguardanti l'attività dei singoli pubblici ufficiali o incaricati di pubblico servizio: nel caso si verteva in ipotesi di valutazione della conoscenza della normativa regolante le concessioni di alloggi demaniali da parte dell'intendente di finanza)"; Cass. V, 23 febbraio 2000, n. 2174: "L'errore su legge diversa da quella penale, idoneo ad escludere la punibilità, è solo quello che riguarda una norma destinata in origine a regolare rapporti giuridici di carattere non penale, non richiamata né esplicitamente né implicitamente nella norma penale. Non è perciò scusabile l'errore che incide su precetti e termini di altre branche del diritto, introdotti ad integrazione della norma penale, proprio perché essi determinano il contenuto del comando penale. (Nella fattispecie, relativo alla pretesa dell'imputato di veder riconosciuto l'errore sulle norme in tema di società, la Corte ha affermato che la figura dell'amministratore di una società è espressamente richiamata dagli artt. 2624 c.c. e 223 l. fall. che prevedono reati propri)"; Cass. IV, 24 giugno 2000, n. 7402: "Il datore di lavoro deve ispirare la sua condotta alla acquisizione della migliore scienza ed esperienza per fare in modo che il lavoratore sia posto nelle condizioni di operare con assoluta sicurezza. Pertanto, non è sufficiente che una macchina sia munita degli accorgimenti previsti dalla legge in un certo momento storico se il processo tecnologico cresce in modo tale da suggerire ulteriori e più sofisticati presidi per rendere la stessa sempre più sicura. L'art. 2087 c.c., infatti, nell'affermare che l'imprenditore è tenuto ad adottare nell'esercizio dell'impresa misure che, secondo le particolarità del lavoro, l'esperienza e la tecnica, sono necessarie a tutelare l'integrità fisica e la personalità morale del lavoratore, stimola obbligatoriamente il datore di lavoro ad aprirsi alle nuove acquisizioni tecnologiche. La circostanza che in occasione di visite ispettive non siano stati mossi rilievi in ordine alla sicurezza della macchina non può essere invocata per escludere la responsabilità del datore de lavoro, atteso che la punibilità dei reati colposi non è esclusa da un qualsiasi errore sul fatto che costituisce reato ma (per i reati colposi) solo dall'errore non determina-

di idee in questione, si avrebbero, insomma, norme extrapenali integranti e norme extrapenali non integranti quella incriminatrice.

Giustamente, però, è stato osservato che una tale distinzione è logicamente impossibile.

E, invero, o nessuna delle norme richiamate da quella incriminatrice fa corpo con essa, o tutte se ne debbono considerare parte integrante. Al limite, e indipendentemente da ogni considerazione di diritto positivo, sarà consentito optare per l'una o per l'altra soluzione ma, certamente, non è possibile distinguere.

Naturalmente, come sempre quando ci si trova di fronte a diffuse e ripetute affermazioni di dottrina e giurisprudenza, ricercarne i motivi vale almeno quanto denunciarne l'eventuale inesattezza.

Molto probabilmente le cause dell'orientamento da noi contrastato risalgono alla preoccupazione delle conseguenze cui porterebbe il riconoscimento che l'errore su una legge extrapenale si traduce necessariamente in un errore sulla fattispecie astratta.

Si prospetta, anzitutto, il caso delle cosiddette "norme penali in bianco"[22], cioè di quelle disposizioni il cui precetto è dato dal contenuto di un'altra norma.

Inoltre, sempre per provare che vi sarebbero ipotesi di errore su legge extrapenale che metterebbero in crisi il ricorso al disposto del III comma dell'art. 47, ci si rifà ai cosiddetti "reati propri".

---

to da colpa, ai sensi dell'art. 47 c.p. (Fattispecie relativa a lesioni personali riportate da un operaio ad una mano con una macchina denominata calandra carta per la lavorazione della seta, sfornita di un'idonea barra di sicurezza)"; Cass. VI, 6 febbraio 2001, n. 5117: "La violazione, da parte del notaio, degli obblighi imposti dagli artt. 7 e 8 della l. n. 349/1973, disciplinanti i diritti spettanti per ogni titolo protestato, e l'indennità di accesso, comprensiva del rimborso spese, per ogni atto compiuto fuori dalla sede, è rilevante ai fini della configurabilità del reato di abuso di ufficio, atteso lo specifico contenuto prescrittivo delle norme in parola, poste a tutela degli interessi dei soggetti debitori. (Nella fattispecie, relativa a notaio che si era auto-liquidato ulteriori compensi rispetto a quelli previsti, la Corte rigettava l'eccezione difensiva circa la sussistenza dell'errore, dovuta a prassi generalizzata, su una legge diversa da quella penale, e affermava che l'art. 323 c.p., obbligando il pubblico ufficiale al rispetto di leggi e regolamenti nell'esercizio delle sue funzioni, recepisce nella struttura del reato ogni disciplina dei doveri del pubblico ufficiale medesimo)". In proposito, deve osservarsi che l'errore su legge diversa da quella incriminatrice, per tradursi in errore sul fatto costitutivo di reato, deve necessariamente concernere norme che modellano la struttura della fattispecie criminosa. E allora: o tutte le regole extrapenali, in quanto tali, debbono ritenersi estranee al precetto, o tutte contribuiscono al contenuto di esso. Come è stato rilevato con la maggior autorevolezza, nessuno è in grado di fornire il criterio distintivo: e questo perché la distinzione non ha base logica.

[22] Cfr. Cass. VI, 21 febbraio 1997, n. 1632: "L'art. 348 c.p., che punisce il reato di abusivo esercizio di una professione, ha natura di norma penale in bianco, in quanto presuppone l'esistenza di altre disposizioni, integrative del precetto penale, che definiscono l'area oltre la quale non è consentito l'esercizio di determinate professioni. L'errore su tali norme, costituendo errore parificabile a quello ricadente sulla norma penale, non ha valore scriminante in base all'art. 47 c.p. (Fattispecie riguardante la normativa disciplinante l'attività sanitaria, in ordine alla quale si assumeva da parte della difesa che l'imputato, biologo accusato del predetto reato per avere praticato un prelievo di sangue venoso a fini di analisi, fosse incorso in errore)".

Si sostiene che, in entrambi i casi, ammettere l'applicabilità dell'ultimo comma dell'art. 47 equivarrebbe a frustrare gli scopi stessi della norma incriminatrice. E, sul rilievo, è difficile non essere d'accordo.

Ma è proprio vero che l'errore sulla norma richiamata da quella penale in bianco e l'errore da parte dell'autore di un reato proprio sulla qualifica da lui posseduta, rientrano nell'ambito di operatività del III comma dell'art. 47 c.p.?

Per quanto concerne i reati propri, è giustificato pensare che il soggetto e le qualifiche che lo distinguono non facciano parte del fatto costitutivo di reato. Questo è composto dalla condotta, dalle note che la qualificano, eventualmente dalle conseguenze giuridicamente rilevanti della condotta, nonché dalla mancanza di situazioni scriminanti. Il soggetto attivo e le sue qualifiche stanno a sé e rappresentano un presupposto del fatto. Pertanto, l'errore che cade sulla qualifica soggettiva presa in considerazione dalla legge in una ipotesi di reato proprio non si traduce in un errore sul fatto, perché – ripetiamo – l'errore concerne elementi estranei a quest'ultimo [23].

Diverso discorso è a farsi per le norme penali in bianco. In tutte le ipotesi finora considerate l'errore incideva su uno degli elementi del fatto, e, cioè, su quella parte della figura criminosa costituita da un elemento normativo. L'errore che riguarda la norma richiamata da una norma penale in bianco abbraccia, invece, l'intiero fatto di reato. Chi ignora la disposizione alla quale fa rinvio una norma in bianco, ignora anche l'esistenza di una determinata figura di reato. Egli non interpreta, inesattamente, questa figura con riguardo ad uno dei suoi elementi, ma versa in una situazione psicologica perfettamente riconducibile a quella contemplata dall'art. 5 c.p.

In nessun modo, pertanto, queste due ipotesi possono frapporsi all'accettazione dell'ampia rilevanza da noi invocata per l'errore su legge diversa dalla legge penale.

---

[23] Naturalmente quanto esposto nel testo vale solo per i reati propri in senso stretto. Quelli, cioè, il cui fatto sarebbe realizzabile da "chiunque": la qualifica soggettiva, senza rifluire sulla struttura del fatto, delimita la cerchia dei destinatari dell'obbligo nascente dalla norma incriminatrice. Così, ad esempio, all'art. 269 c.p. La comunicazione fuori dal territorio dello Stato di notizie false, esagerate o tendenziose sulle condizioni interne dello Stato, per modo da menomare il credito o il prestigio dello Stato all'estero di fatto può essere posta in essere da chiunque, anche dal cittadino straniero. Per ovvi motivi, la legge penale considera rilevante la realizzazione di un tale comportamento unicamente se compiuta da un cittadino italiano.

Diversamente stanno le cose quando la qualifica soggettiva è calata nel fatto costitutivo di reato, sì che essa si ricaverebbe, anche se taciuta nella norma incriminatrice, dalla struttura dell'illecito. Si pensi al peculato (art. 314 c.p.). Qui il legislatore avrebbe potuto omettere la menzione della qualifica di pubblico ufficiale o incaricato di pubblico servizio e definire il soggetto attivo come "chiunque". Le qualifiche in questione si sarebbero desunte dalla stessa composizione del fatto di reato. Si esige che il possesso o la disponibilità della cosa oggetto materiale della condotta si verifichi per ragioni dell'ufficio o del servizio. Ora, di ufficio o servizio, nel sistema penale, si parla unicamente quando si tratta di ufficio o servizio pubblico (artt. 357 e 358 c.p.). Questo vuol dire che la qualifica soggettiva nasce, a ben vedere, da elementi del fatto oggettivo, con la conseguenza che sarà applicabile la disciplina in tema di errore sul fatto.

Prima di concludere sull'argomento, è opportuno meglio precisare il significato dell'espressione "legge diversa da quella penale", che è al centro dell'art. 47, III comma, c.p.

A prima vista, la formula in parola sembrerebbe indicare la sola norma giuridica extrapenale, ossia di diritto civile, amministrativo ecc., dotata di perfetta autonomia in un settore dell'ordinamento distinto da quello penale, prima e indipendentemente dall'integrazione in una fattispecie criminosa.

Senonché, come abbiamo visto, vi sono non poche figure di reato in cui l'elemento normativo rinvia a disposizione, diversa da quella incriminatrice penale, ma penale pur essa. Così, ad esempio, nel delitto di omessa denuncia di reato da parte di un pubblico ufficiale. È evidente che, per determinare che cosa sia "reato", occorre far riferimento a tutta la legislazione penale nel suo complesso.

Ora, il pubblico ufficiale può non denunciare quanto ha appreso ritenendo – per erronea interpretazione o ignoranza di una legge penale – che il fatto di cui è venuto a conoscenza non costituisca reato. In simili casi l'errore sulla norma penale (diversa da quella che incrimina l'omissione di denuncia) si traduce in un errore sul fatto oggettivo di reato. Il pubblico ufficiale non ha avuto la consapevolezza di omettere la denuncia di un reato, proprio perché non si era raffigurata l'esistenza di quest'ultimo [24]. Non si vede, pertanto, il motivo di negare che una situazione del genere rientri sotto la disciplina dell'ultimo comma dell'art. 47 c.p.

Sia la *ratio* di questa disposizione, sia il procedimento attraverso il quale si giunge ad una erronea valutazione del fatto realizzato, portano a ritenere del tutto arbitraria una soluzione restrittiva.

Né può essere di ostacolo il rilievo che l'art. 47 parla di "legge diversa dalla legge penale", mentre nel caso considerato l'errore cade su una legge di natura penale. Nulla vieta, infatti, di intendere, senza nemmeno sforzare la lettera fino al limite della sua elasticità, la locuzione "legge diversa da quella penale" non come equivalente a "legge extrapenale" o legge che "non sia essa stessa una legge penale" ma, in modo assai più rispondente alle esigenze di unità del sistema, "legge diversa dalla legge penale incriminatrice". Diversa, cioè, da quella che prevede la particolare fattispecie in cui è contenuto il rinvio ad altra norma.

Quanto, poi, all'ipotesi che l'elemento normativo ripeta la sua qualifica da criteri non giuridici, occorre pensare come, stante la struttura che gli elementi normativi possiedono, sempre la stessa, anche quando la qualifica discenda loro da

---

[24] Cfr. Cass. VI, 3 febbraio 1999, n. 1407: "L'elemento soggettivo del reato di omissione di denuncia (art. 361 c.p.) consiste nella consapevolezza e volontarietà dell'omissione della denuncia allorché si sia verificato il presupposto da cui deriva l'obbligo di informare l'autorità giudiziaria, ovvero la conoscenza, da parte del pubblico ufficiale, del fatto costituente reato a causa e nell'esercizio delle sue funzioni. È, invece, estraneo alla nozione del dolo di omissione il motivo che induca il soggetto, su cui grava l'obbligo di informazione, ad astenersene; sicché è irrilevante che il pubblico ufficiale ritenga che l'informativa della 'notitia criminis' di cui sia venuto a conoscenza, competa ad altro pubblico ufficiale ovvero supponga che l'informativa medesima sia stata da questi già fornita. Infatti, l'errore in cui il soggetto possa incorrere, al riguardo, non esclude la volontarietà dell'omissione, ma concerne semmai la sua legittimità ed è, pertanto, penalmente inescusabile".

una norma extragiuridica, tale situazione si presenta sostenuta dalla medesima *ratio* di quella che finora abbiamo considerato regolata dall'art. 47, III comma, c.p.: e cioè dalla situazione caratterizzata dal rinvio ad altra norma giuridica.

Ma non può dirsi che la lettera del disposto in questione non ricomprenda anche il rinvio a regola non giuridica: ad esempio, regola morale e così via. Anche qui non occorre portare la locuzione "legge diversa da quella penale" aldilà dell'usuale significato. Se è vero che nel linguaggio del legislatore la parola "legge" equivale, di solito, a "norma giuridica avente un determinato rango nella scala delle regole di diritto", non può negarsi che, in un contesto che autorizzi o, addirittura, imponga una tale soluzione, per "legge" debba intendersi qualsiasi norma secondo cui si disciplina la condotta degli uomini. Certo, ripetiamo, vi è uno scarto dall'uso che ordinariamente caratterizza la semantica del legislatore: ma c'è un contesto che lo giustifica, senza possibilità di dubbi. La parola "legge" ha un significato base di cui quello di prodotto di atto statuale avente certe caratteristiche formali rappresenta solo una specificazione. Posso e debbo ritornare al significato più ampio quando considerazioni sistematiche e il principio di ragionevole uguaglianza di trattamento portino ad abbandonare la valenza terminologica più tecnica a favore di quella più ampia e generale.

Interpretazione estensiva che si differenzia profondamente dall'estensione analogica[25]. Pensare il contrario varrebbe quanto buttare dalla finestra i dizionari della lingua italiana. In conclusione, siamo dell'avviso che l'errore su norma extragiuridica, dalla quale discenda la qualifica che concorre a formare un elemento normativo del fatto, quando si traduca in errore sul fatto, sia disciplinato dall'art. 47, III comma.

Un dubbio potrebbe, a questo punto, profilarsi a proposito dell'efficacia dell'errore contemplato dall'ultimo comma dell'art. 47.

Si confronti, infatti, la norma citata con quella di cui al I comma dello stesso articolo. Mentre, in caso di errore sul fatto che costituisce reato, qualora l'errore sia determinato da colpa, la punibilità non è esclusa se il fatto è preveduto dalla legge come delitto[26] colposo, il disposto che disciplina l'errore su legge diversa dalla legge penale ricalca quello del I comma, ma non enuncia la riserva di residua

---

[25] Si consideri, al riguardo, l'espansione che il termine uomo subisce all'art. 575 c.p., fino a comprendere il feto durante il parto. Se ciò non fosse, si perverrebbe alla conclusione aberrante che l'uccisione del feto durante il parto, nel contesto ipotizzato dalla norma in questione, sarebbe punita; per contro, la causazione della morte del feto al di fuori delle condizioni dell'art. 578 c.p. – e magari per motivi sordidi come, ad esempio, quelli di successione ereditaria – risulterebbe penalmente irrilevante. Né si dica che a questo modo si confonde interpretazione estensiva con interpretazione sistematica: questa non fornisce direttamente il criterio risolutivo ma le motivazioni di una lettura estensiva del testo normativo.

[26] La norma dice meno di quello che vorrebbe effettivamente significare. All'esordio si parla di errore sul fatto costitutivo di reato, per concludere che la punibilità non è esclusa quando l'errore è dovuto a colpa e il fatto è previsto come delitto colposo.

In realtà si voleva affermare che la punibilità non vien meno ogniqualvolta il fatto sia previsto come colposo: tanto se delitto che contravvenzione.

responsabilità a titolo di colpa. Poiché anche l'errore sulla norma che qualifica un elemento di fattispecie criminosa può essere dovuto a colpa, ci chiediamo se l'autore risponderà o no del fatto posto in essere, sempreché, naturalmente, questo sia contemplato anche nella forma colposa.

Di solito il problema non è affrontato o, se lo è, si risolve individuando nell'errore di cui al III comma dell'art. 47 una specificazione dell'errore sul fatto, come tale rientrante sotto la disciplina generale del I comma dell'articolo in questione.

Con il che, la possibilità che l'errore su legge diversa dalla legge penale possa accompagnarsi a responsabilità a titolo di colpa, è data per scontata.

Il procedimento, però, è troppo sbrigativo.

L'errore di cui all'art. 47, ultimo comma non è un errore di fatto. Esso cade sulla fattispecie astratta, cagionando un errore sul fatto costitutivo di reato, soltanto per l'inesatta qualifica che l'agente dà al comportamento realizzato. Abbiamo visto come la rappresentazione della qualifica possa mancare per errore di fatto (mi impossesso di un libro altrui uguale al mio) o per ignoranza od inesatta interpretazione di una norma extrapenale. In quest'ultimo caso, l'errore sul comportamento oggettivo non è di fatto come quello previsto nella prima parte dell'art. 47, bensì di qualificazione. E, d'altra parte, non possono aversi dubbi sul punto che l'errore regolato dal I comma dell'art. 47 sia errore di fatto. Se così non fosse, bisognerebbe ritenere del tutto privo di significato l'art. 5 c.p. Il presupposto del ragionamento seguito comunemente si rivela, dunque, infondato.

Stante la differenza intercorrente fra la situazione ipotizzata nella prima e quella ipotizzata nell'ultima parte dell'art. 47, unitamente alla circostanza che non è qui possibile ricorrere all'analogia (la quale sarebbe *in malam partem*), sembrerebbe imporsi la conclusione che l'errore su componenti normative della fattispecie, precludendo ogni forma di responsabilità, non concerna il dolo solamente, bensì l'intero elemento psicologico del reato.

Giunti a questo punto, e prima di accogliere un siffatto ordine di idee, conviene, però, considerare come un errore su legge diversa da quella penale può cagionare un errore sul fatto costitutivo di reato, anche quando non cada su un elemento normativo della fattispecie astratta. Un esempio chiarirà l'assunto. Taluno ritiene di vantare dei crediti nei confronti di altro soggetto, ad esempio per anticipazioni fatte a favore di determinati lavoratori della propria azienda. Al momento in cui deve riscuotere le somme anticipate, il datore di lavoro presenta all'ente che dovrà rimborsarlo, l'elenco di coloro che hanno avuto diritto all'anticipo (poniamo: tutti quelli che non hanno la qualifica di dirigente). Solo che, interpretando erroneamente la norma che individua la figura del dirigente, include nella lista persone che in realtà non erano ammesse al beneficio. È chiaro che egli ha errato su norma diversa da quella incriminatrice; ed altrettanto chiaro è che, prima ancora di mancare della consapevolezza dell'ingiustizia del profitto, il datore di lavoro in questione non si è nemmeno rappresentato di realizzare un comportamento di artifici o raggiri.

Ora, l'errore che ha determinato la mancanza di rappresentazione del carattere artificioso del proprio comportamento è indubbiamente un errore di diritto. Ma rientra esso nella previsione dell'ultimo comma dell'art. 47, ovvero in quella del I comma del medesimo articolo? La risposta al quesito dipende dalla funzione svolta dalla regola che disciplina l'errore su legge diversa dalla legge penale. Questa regola ha una sua ragion d'essere solo se la si intende rivolta all'errore su elemento normativo del fatto: errore che, lo abbiamo visto, comporta un errore sulla figura astratta di reato. Dunque, un errore che se non ci fosse questa norma sarebbe ricaduto sotto la previsione dell'art. 5 c.p. in forza del quale, anche oggi, dopo la decisione 24 marzo 1988, n. 364 della Corte costituzionale deve ritenersi irrilevante ai fini dell'esclusione del dolo. Ora, proprio il rapporto regola-eccezione fra l'art. 5 c.p. e il III comma dell'art. 47 c.p. fa sì che quest'ultimo non possa essere letto come comprensivo di situazioni che a tale rapporto sfuggono. Insomma, la presenza nel sistema della norma in questione si spiega unicamente in quanto deroga espressa all'apparente assolutezza dell'art. 5. Il che vuol dire che la sua portata è circoscritta a quella di principio regolatore dell'errore su elementi normativi della fattispecie. Ogni altro errore sul fatto, sia esso di fatto o, come nell'esempio sopra citato, di diritto, non implica errore sui confini della norma incriminatrice e, pertanto, per la sua disciplina non c'è bisogno del III comma dell'art. 47 c.p.: il I comma di questo articolo si impernia sull'errore sul fatto, dovuto tanto a ragioni di fatto che di diritto, che non implicano deroga all'art. 5 c.p.; concerne, insomma, ogni ignoranza o erronea rappresentazione del fatto, dovute a qualsivoglia causa, che non sia l'ignoranza o l'erronea rappresentazione della norma incriminatrice. Quando l'ignoranza o l'errore sui confini della disposizione incriminatrice è cagionato da ignoranza o errore su elemento normativo (astratto), provvede l'ultimo comma dell'art. 47 c.p. Ove sia applicabile il I comma dell'art. 47 può profilarsi – a certe condizioni – una responsabilità a titolo di colpa. Se veramente il ricorso all'ultimo comma dell'art. 47 escludesse la punibilità sia per dolo che per colpa, si correrebbe il rischio di trattare la medesima situazione psicologica – errore su una legge extrapenale – in modo ben diverso, a seconda del dato puramente estrinseco che essa riguardi elementi normativi della fattispecie o cagioni direttamente un errore sul fatto di reato. Diversità di trattamento realmente inspiegabile, che non può ammettersi da chi ritenga che nell'interpretazione delle formule normative debba prevalere l'esigenza dell'unità organica e coerente dell'intero sistema. Alla luce di queste considerazioni sembra più esatto ritenere che l'errore su legge diversa da quella incriminatrice esclude il solo dolo[27].

---

[27] Cfr. Cass. IV, 24 giugno 2000, n. 7402: "Il datore di lavoro deve ispirare la sua condotta alle acquisizioni della migliore scienza ed esperienza per fare in modo che il lavoratore sia posto nelle condizioni di operare con assoluta sicurezza. Pertanto, non è sufficiente che una macchina sia munita degli accorgimenti previsti dalla legge in un certo momento storico se il processo tecnologico cresce in modo tale da suggerire ulteriori e più sofisticati presidi per rendere la stessa sempre più sicura. L'art. 2087 c.c., infatti, nell'affermare che l'imprenditore è tenuto ad adottare nell'esercizio dell'impresa misure che, secondo le particolarità del lavoro, l'esperienza e la

8. *Le conseguenze della condotta*

Oltre che all'azione, l'indagine sull'atteggiamento doloso nei confronti di fatti illeciti, deve rivolgersi anche alle conseguenze della condotta, rilevanti per il diritto. Al riguardo, è anzitutto necessario avere una idea precisa di che cosa significhi "conseguenza penalmente rilevante della condotta"; problema, questo, che coincide sostanzialmente con quello della distinzione tra reati di pura condotta e reato con evento cosiddetto naturalistico.

In linea di principio, la differenziazione sembra assai facile, tanto da far registrare diffusi consensi sul criterio alla cui stregua essa avviene.

Si insegna, così, che un reato è di pura condotta, o formale, quando nella fattispecie criminosa il legislatore attribuisce rilevanza ad un comportamento umano, prescindendo dai possibili risultati da esso prodotti. Allorché, invece, la norma prende in considerazione la condotta più un risultato che ne discende, si avrà un reato caratterizzato dall'evento (naturalistico).

Se, in qualche caso, decidere sull'appartenenza di un dato reato all'una o all'altra categoria non presenta grosse difficoltà (si pensi, ad esempio, all'omissione di referto contrapposta all'omicidio o alla truffa), su altrettante, e forse più numerose, ipotesi la discussione è accanita. A ben guardare, le divergenze, quando sorgono, dipendono essenzialmente dal modo di concepire la conseguenza della condotta, elevata ad elemento di fattispecie criminosa.

Ora, conseguenza vuol dire qualcosa che è determinato da un certo gruppo di condizioni, che è collegato ad esse dal rapporto che intercorre tra l'effetto e la causa. Ma al diritto penale non interessano tutte le condizioni necessarie, considerate in blocco. L'ordinamento, cioè, concentra la sua attenzione su una condizione particolarmente qualificata che, come è noto, è la condotta umana. Ciò vuol dire che, data questa condizione, la quale, ripetiamo, è semplicemente una delle tante che esplicano efficacia causale rispetto ad un certo risultato, non possiamo ancora

---

tecnica, sono necessarie a tutelare l'integrità fisica e la personalità morale del lavoratore, stimola obbligatoriamente il datore di lavoro ad aprirsi alle nuove acquisizioni tecnologiche. La circostanza che in occasione di visite ispettive non siano stati mossi rilievi in ordine alla sicurezza della macchina non può essere invocata per escludere la responsabilità del datore di lavoro, atteso che la punibilità dei reati colposi non è esclusa da un qualsiasi errore sul fatto che costituisce reato ma (per i reati colposi) solo dall'errore non determinato da colpa, ai sensi dell'art. 47 c.p.". Nel rinvio alla intiera disciplina dell'art. 47 c.p., seguito dalla considerazione che questa non esclude la responsabilità per colpa, è implicita una presa di posizione nel senso che, anche in caso di errore su legge diversa dalla legge penale, può residuare responsabilità a titolo di colpa. Esplicitamente, con riferimento all'art. 8, oggi abrogato, della l. 7 agosto 1982, n. 516, è stato affermato che: "La disposizione dell'art. 8 della l. 7 agosto 1982, n. 516, prevede che l'errore sulle norme tributarie, quando ha cagionato un errore sui fatti costitutivi dei nuovi reati tributari nella stessa legge previsti, esclude la punibilità. Trattasi, di una causa di esclusione della punibilità astrattamente collegata all'elemento soggettivo del reato e, in particolare, una causa di esclusione del dolo che lascia sussistere la responsabilità per colpa nelle ipotesi in cui l'errore sia colpevole e, quindi, non scusabile, e sempre che si tratti di reato punibile a titolo di colpa" (Cass. III, 23 ottobre 1986, n. 11716).

sapere se tale risultato si verificherà o no. Il suo prodursi, infatti, dipenderà, oltre che dalla condotta, anche dalla presenza di tutte le altre condizioni che gli sono indispensabili. Precisazione che potrebbe suonare assolutamente ovvia se non fosse spesso inesplicabilmente negletta. E, invero, sappiamo come questo elemento di cui cerchiamo di determinare la natura deve esser posto in nesso causale con la condotta[28]; sappiamo anche come la condotta non possa, logicamente, fornire che una delle condizioni necessarie al suo verificarsi; dobbiamo, quindi, concludere che esso non può rappresentare un *quid* che sia inseparabile dalla condotta, bensì semplicemente qualcosa che rispetto all'azione costituisca una pura eventualità: più o meno probabile, ma sempre eventualità. La necessarietà del prodursi del risultato è, infatti, in funzione non solo della condotta, ma di tutte le rimanenti condizioni di cui, al momento della condotta, ci è ignoto se si realizzeranno o meno.

La condotta e la sua – o le sue – conseguenze non formano, dunque, un tutto inscindibile. Conseguenze della condotta sono quelle entità che rispetto ad essa fanno sorgere un problema causale. Problema che, come sempre, si pone in duplice grado. In primo luogo, verificatasi una certa condotta, ci domandiamo se essa sboccherà in un certo risultato; successivamente, una volta che la modifica del mondo esterno conforme alla previsione astratta dell'evento si sia effettivamente verificata, ci chiediamo se la condotta abbia davvero posto in essere una delle condizioni necessarie e, in caso affermativo, in qual modo essa abbia influito sul processo eziologico[29]. Ogni elemento, in relazione al quale non si giustifica, o non ha senso, una domanda di questo tipo, non può considerarsi conseguenza della condotta[30].

Tornando al punto di partenza, ci chiediamo che cosa si debba esattamente intendere per conseguenza della condotta, precisando, inoltre, in quali casi l'ordinamento attribuisca rilevanza al dato così enucleato.

Sotto un profilo puramente naturalistico, la conseguenza di una condotta consiste nella modificazione, del mondo fisico o psichico, da essa cagionata. Agire

[28] Qui discutiamo del nesso causale tra azione ed omissione e quel dato che la legge chiama "evento". Va ricordato, però, che, come abbiamo già visto (cfr. Parte II, capitolo VIII, p. 238 ss.), questioni di causalità sorgono anche all'interno della condotta, nonché (si pensi al concorso di più persone nel reato) tra condotta di un soggetto e condotta di altro o altri soggetti.

[29] Si veda Parte II, capitolo VIII, p. 249 ss.

[30] La confusione tra conseguenza vera e propria, rappresentata dalla modifica del mondo esterno *successiva* alla azione od omissione ed a questa collegata, e l'incidenza sul mondo esterno inscindibile da un certo tipo di condotta è particolarmente evidente in Cass. V, 29 novembre 1990, n. 15850: "Il delitto di distrazione fallimentare non è un reato di pura condotta, in quanto in esso è configurabile un evento storico naturalistico. La distrazione, infatti, è il 'compimento di qualsiasi atto negoziale di disposizione patrimoniale, affetta da anomalie genetiche e/o funzionali, dal quale deriva una diminuzione patrimoniale oggettivamente certa e prevedibile'". Non v'è dubbio, infatti, che se la distrazione è effettivamente tale essa non significa altro che comportamento con il quale si attua inevitabilmente una diminuzione patrimoniale oggettivamente certa. Diciamo: inevitabilmente. Ciò vuol dire che non vi è posto per l'interrogativo che caratterizza la possibilità del nesso causale: data la condotta, un certo risultato si verificherà o no?

equivale, in ogni caso, a modificare: ma, se ciò è indubbiamente vero, bisogna anche pensare come la qualità, il tipo della modificazione prodotta non dipendano unicamente dall'azione, ma da questa più tutte le circostanze in presenza delle quali il comportamento si svolge.

Insomma, non ci sarà condotta senza mutamento, ma ci potrà benissimo essere una condotta senza un determinato mutamento; che è quanto dire che l'imputazione di un mutamento concreto ad una condotta come a sua causa, presuppone risolti tutti quei problemi relativi al nesso di causalità cui abbiamo sopra accennato.

Conseguenza della condotta sarà, pertanto, una modificazione del mondo fisico o psichico, rilevante per il diritto. A tale concetto fanno riferimento, oltre che – come si è detto – le singole figure di reato nelle quali una condotta è punita solo se produce (reati d'azione) o non impedisce (reati di omissione impropria) un determinato evento, le disposizioni sul nesso di causalità, il quale è pensabile in relazione, oltre che ai rapporti che possono svolgere all'interno della condotta[31], nei confronti dell'effettivo mutamento arrecato dalla condotta stessa.

Ciò che vogliamo sapere, allora, è come si atteggi il dolo nei confronti di questo risultato che, secondo la terminologia corrente, chiamiamo "evento in senso naturalistico".

La precisazione del nesso psichico rispetto all'evento ha costituito il campo di battaglia classico tra sostenitori della teoria della volontà e sostenitori della teoria della rappresentazione.

Che l'evento vada rappresentato è, invero, cosa di cui nessuno dubita (le regole generali dettate in tema di errore si riferiscono a tutti gli elementi del fatto; quindi, anche all'evento, ove sia richiesto dalla figura legale); quel che vogliamo sapere, però, è se la rappresentazione basti, o occorra qualche altro requisito ulteriore.

Al riguardo, giova prender le mosse da quelle ipotesi in cui l'evento può dirsi realizzato intenzionalmente, estendendo successivamente l'indagine ai casi in cui esso non costituisce il fine verso il quale tende l'agente, ma è previsto semplicemente quale sicuro, probabile o semplicemente possibile.

L'agire intenzionale è caratterizzato dalla circostanza che in tanto il soggetto si determina ad una data condotta in quanto ritiene che tale condotta porti ad un certo risultato. La rappresentazione di quest'ultimo costituisce, così, la causa psichica dell'atto volitivo che mette capo a quel movimento o a quell'inerzia corporei con cui l'uomo arreca il proprio contributo alla produzione di una modificazione nel mondo esterno.

Ogni volizione cosciente presuppone uno scopo cosciente e, perciò, dobbiamo ammettere che un elemento di intenzionalità non mancherà mai in nessuna realizzazione dolosa di una condotta penalmente rilevante.

Ove, però, l'oggetto della rappresentazione che esplica questa particolare efficacia causale sul processo volitivo, sia dato dall'evento tipico di una fattispecie criminosa, il dolo raggiunge il suo massimo grado di intensità, esprimendo il più stretto legame possibile tra chi agisce e le conseguenze della propria condotta.

---

[31] Cfr. Parte II, p. 258 ss.

Ma, se passiamo ad analizzare la struttura di questo legame, saremo costretti a riconoscere che, come sempre accade tutte le volte che ci chiediamo quali siano i nessi che intercorrono tra l'agente ed elementi distinti dall'azione od omissione, dovremo constatare nient'altro che rappresentazione: dotata di speciale intensità e forza causale, ma pur sempre rappresentazione.

Alla medesima conclusione arriviamo, *a fortiori*, allorché prendiamo in esame la posizione psicologica del soggetto che agisce per uno scopo diverso da quello della causazione dell'evento, ma è consapevole che quest'ultimo si verificherà sicuramente come conseguenza della propria condotta. Ad esempio: Tizio, che, inseguito dalla polizia, fugge a bordo di un'automobile, prevede di investire il carretto che allo sbocco di un angusto vicolo gli sbarra la strada; ma il suo scopo non è di provocare tale danno, bensì, e unicamente, di mettersi in salvo. Anche qui, cioè, l'imputazione a titolo di dolo dell'evento proibito si svolge sulla base di un rapporto puramente intellettivo, come è quello costituito dalla certezza di cagionare con il proprio operato volontario un risultato che, magari, potrà essere contrario a tutte le aspirazioni e a tutti i desideri dell'agente.

Il pensiero dominante ha spiegato il profilarsi, in tali ipotesi, di una responsabilità dolosa richiamandosi al principio secondo il quale chi vuole un certo risultato, vuole anche le conseguenze inevitabilmente connesse con questo. Dove è evidente che "volere" è in questa accezione espressione ellittica per significare "è giusto che sia trattato *come se* avesse realmente voluto le conseguenze necessariamente connesse con il risultato preso di mira".

Il vero è che la persona che si determina ad una certa condotta, pur prevedendo che ne deriverà un evento vietato dal diritto, mostra di preferire alla rinuncia all'azione il verificarsi di quest'evento e, quindi, se ne accolla la responsabilità quasi allo stesso grado che se l'avesse cagionato intenzionalmente.

L'accettazione del rischio implicito nella propria condotta si riscontra anche nelle ipotesi in cui il risultato dannoso è previsto soltanto come probabile o possibile[32].

---

[32] Cfr. Cass. SS.UU. 25 gennaio 1994: "In tema di elemento soggettivo del reato possono individuarsi vari livelli crescenti di intensità della volontà dolosa. Nel caso di azione posta in essere con accettazione del rischio dell'evento, si richiede all'autore una adesione di volontà, maggiore o minore, a seconda che egli consideri maggiore o minore la probabilità di verificazione dell'evento. Nel caso di evento ritenuto altamente probabile o certo, l'autore, invece, non si limita ad accettarne il rischio, ma accetta l'evento stesso, cioè lo vuole e con una intensità maggiore di quelle precedenti. Se l'evento, oltre che accettato, è perseguito, la volontà si colloca in un ulteriore livello di gravità, e può distinguersi fra un evento voluto come mezzo necessario per raggiungere uno scopo finale, ed un evento perseguito come scopo finale. Il dolo va, poi, qualificato come 'eventuale' solo nel caso di accettazione del rischio, mentre negli altri casi suindicati va qualificato come 'diretto' e, nell'ipotesi in cui l'evento è perseguito come scopo finale, come 'intenzionale'". Pronuncia esemplare per chiarezza di esposizione e lucidità concettuale. Qualche perplessità rimane solo a proposito della riconduzione a dolo diretto e non a dolo eventuale della previsione dell'evento come altamente probabile ma non certo.

Sembrerebbe, dunque, che pure in questi casi debba bastare che l'evento sia oggetto di rappresentazione, per giustificarne l'accollo a titolo di dolo.

Senonché, si è, in genere, piuttosto riluttanti ad arrivare ad una simile conclusione. Soprattutto per ciò che concerne le situazioni contrassegnate dalla previsione dell'evento come appena possibile, c'è la tendenza a pensare che per aversi dolo sia indispensabile, accanto all'elemento intellettivo, un ulteriore requisito, variamente determinato a seconda delle varie correnti di pensiero. Ciò che apparirebbe difficilmente spiegabile e alquanto contraddittorio (specialmente a chi ricordi come lo stesso non accada per gli elementi concomitanti [33] all'azione, rispetto ai quali, stante l'opinione corrente che il dubbio non esclude il dolo, ci si limita a pretendere una mera rappresentazione), se l'ordinamento non contemplasse una particolare figura di colpa caratterizzata, appunto, dalla previsione dell'evento.

Il che fa nascere, evidentemente, una delicata questione di confine tra dolo e colpa.

Se la previsione dell'evento è stato psicologico compatibile con un rimprovero per colpa, segno è che al dolo occorre qualcosa di più, oltre tale previsione. Si ponga mente, però, che il problema sorge soltanto in relazione agli eventi previsti come possibili, ma non presi direttamente di mira. Gli altri eventi sono assolutamente fuori discussione. Quelli presi direttamente di mira sono imputati a titolo di dolo, siano previsti come certi o soltanto come possibili, così come sono sicuramente imputati a titolo di dolo gli eventi previsti come certi, anche se non presi direttamente di mira. Né, infine, il problema si pone per gli eventi non previsti: la loro imputazione può avvenire, infatti, unicamente a titolo di colpa.

Si è, finora, trattato il problema come se concernesse esclusivamente l'atteggiamento doloso nei confronti dell'evento-conseguenza naturalistica della condotta. Presupposto di un siffatto orientamento è, fuor di ogni dubbio, l'opinione che l'evento cui si riferiscono l'art. 43, III comma e l'art. 61, n. 3, c.p., che delineano espressamente una forma di colpa contrassegnata dalla previsione di esso, debba essere inteso in chiave naturalistica.

Le prospettive, però, mutano completamente se l'evento di cui all'art. 43 va interpretato come offesa agli interessi tutelati dalla norma. Poiché, su tal via, l'evento esprime l'intiero fatto, compreso il disvalore di cui è carico, accogliendo questo punto di vista, appare chiaro che la delimitazione tra dolo eventuale e colpa cosiddetta cosciente andrà compiuta non rispetto ad un unico elemento del fatto oggettivo di reato, bensì in rapporto a quest'ultimo, al completo di tutte le note che lo costituiscono.

---

[33] In ordine agli elementi precedenti l'azione, cosiddetti presupposti della condotta, è frequente l'asserto che essi debbono essere previsti come certi: in questi casi, il dolo non ammetterebbe il dubbio. Posizione difficilmente accettabile come principio generale. Sembra, piuttosto, che essa sia suggerita dal confronto tra il delitto di ricettazione (art. 648 c.p.) e l'acquisto di cose di sospetta provenienza (art. 712 c.p.). Qui l'assunto appare del tutto fondato, ma valido in relazione alla specifica situazione cui dà luogo la contiguità fra le due figure criminose: non si vede proprio perché debba assurgere a regola generale.

Prima di prendere posizione sul problema, le cui implicazioni operative sono di per sé evidenti, è indispensabile completare la ricostruzione sistematica dell'oggetto del dolo. Solo dopo avere assolto a tale compito, ci sarà possibile, in conformità alle premesse di metodo sopra esposte, sviluppare esaurientemente la tematica delle forme che il dolo può assumere.

Per il momento, ci è sufficiente indicare gli aspetti sicuri e, per contro, quelli problematici della relazione "dolo – evento naturalistico", fermo restando che, in ogni caso, è fuori discussione l'appartenenza dell'evento a ciò che chiamiamo: oggetto del dolo.

Un cenno particolare, infine, per le considerazioni cui può dar luogo, merita la questione se sia necessario che il processo causale che lega la condotta all'evento venga rappresentato (in questo caso, possiamo dire: previsto) dal soggetto agente con le modalità che ne accompagneranno l'effettivo svolgimento.

Al riguardo, occorre fare una distinzione. Vi sono fattispecie criminose nelle quali il legislatore non si limita a dire, come di solito, "chiunque cagiona, determina, produce", ma individua più dettagliatamente con notazioni di carattere interno (come nella truffa) il rapporto causale indispensabile per la realizzazione del reato. Quando ciò si verifica, quando la rilevanza del rapporto causale è condizionata a tali notazioni, non c'è dubbio che esse entrano a far parte dell'oggetto del dolo. Soltanto il processo causale svoltosi con certe modalità, potrà, infatti, considerarsi fornito del requisito della tipicità. Pur con qualche perplessità, è riconducibile a tale categoria quella dei reati di omissione impropria. Poiché la legge considera, in tali figure criminose, equivalente al cagionarlo il non impedire un evento che si aveva l'obbligo giuridico di impedire, parrebbe necessario concludere, conformemente a quanto sopra osservato in tema di elementi normativi del fatto, che l'omittente deve raffigurarsi la trasgressione del dovere discendente da una norma giuridica diversa da quella incriminatrice, che permette il prodursi dell'evento [34]. A meno di sostenere che l'equivalenza posta fra la violazione di un dovere del ge-

---

[34] Cfr. Cass. I, 6 novembre 1984, n. 9630: "Il delitto contemplato dall'art. 437 c.p. è strutturato in due ipotesi di cui una consiste nell'omettere di collocare impianti, apparecchiature o segnali destinati a prevenire disastri o infortuni sul lavoro. L'omissione riveste carattere delittuoso quando avviene da parte di chi ha l'obbligo giuridico di collocare gli impianti, apparecchi o segnali (o da parte obbligata) e quando si rinvengano la volontà cosciente e libera nonché la intenzione di violare il proprio obbligo giuridicamente imposto, essendo sufficiente al riguardo la semplice consapevolezza della omissione e la rappresentazione del pericolo per la sicurezza dell'ambiente di lavoro". Più sfumata: Cass. III, 26 luglio 1997, n. 6208: "Anche per i reati imputati ai sensi dell'art. 40 cpv. l'elemento psicologico si configura secondo i principi generali, sicché è sufficiente che il 'garante' abbia conoscenza dei presupposti fattuali, del dovere di attivarsi per impedire l'evento e si astenga, con coscienza e volontà, dall'attivarsi, con ciò volendo o prevedendo l'evento (nei delitti dolosi) o provocandolo per negligenza, imperizia, imprudenza o violazione di norme (nei delitti colposi e nelle contravvenzioni in genere)". L'asserto che è sufficiente che il "garante" si rappresenti i presupposti fattuali del dovere di attivarsi per impedire l'evento meriterebbe un congruo chiarimento. Quali sono i presupposti fattuali di un dovere a contenuto positivo? Il richiamo ai principi generali non ci dice molto al riguardo.

nere e il cagionare, attraverso la realizzazione di una *conditio sine qua non*, arrivi fino al punto di assoggettare in tutto e per tutto la condotta di inosservanza alle regole che disciplinano l'elemento soggettivo dell'illecito in ordine ad un processo di causalità non specificato per note interne.

Riassumendo brevemente i risultati cui ha condotto la nostra indagine possiamo fissare il seguente punto.

Il dolo, che il legislatore definisce in maniera unitaria, imperniandone la nozione sul concetto di volontà, si è venuto profilando, invece, come un elemento di natura complessa, nel quale si riscontrano un momento volitivo, nel preciso significato psicologico del termine, diretto al movimento o all'inerzia corporei, che costituiscono la condotta in senso stretto; più un momento intellettivo che investe tutti gli altri elementi della fattispecie[35].

---

[35] Omettiamo di dilungarci, per ora, sulle implicazioni dei concetti enunciati nel testo; la specificazione se sia sufficiente il solo momento intellettivo o debba accertarsi anche qualcosa di più appartiene, infatti, a nostro avviso, alla tematica della distinzione fra colpa cosciente e dolo eventuale (su cui v., *infra*).

Riteniamo, peraltro, opportuno, già da adesso, precisare il diverso gioco della volontà e della rappresentazione nei confronti delle varie componenti dell'oggetto del dolo. È, infatti, evidente, giusta quanto detto nel testo, la distinzione fra elementi che debbono essere oggetto di volizione ed elementi nei confronti dei quali è concepibile soltanto la rappresentazione. Si è osservato, invece, che la soluzione accettata, in tema di limiti del dato volitivo nei confronti di quello intellettivo (che sarebbe "notevolmente" esteso a spese del primo), dipende dal fatto di muovere principalmente dal dolo eventuale. Procedimento, questo, si aggiunge, metodologicamente non corretto, non essendo consentito, per la costruzione di un concetto, ancorarsi ad una forma marginale di esso (quale è, rispetto, al dolo, quello cosiddetto eventuale). La critica non è puntuale.

In via preliminare, osserviamo che, nella ricostruzione di un concetto, generale e pienamente operante, occorre tener conto di tutte le modalità che lo interessano, siano esse proprie di forme marginali o di forme principali.

Entrando, poi, nel merito della questione, rileviamo che l'operata delimitazione tra momento volitivo e momento di rappresentazione deriva dalla struttura stessa del dolo. Ed invero, in relazione a ciò che solitamente si definisce dolo diretto, nel quale si avrebbe una polarizzazione dell'intenzione verso l'evento, è agevole osservare che il momento rappresentativo può atteggiarsi in due diversi modi: o nel senso di motivare la volizione del fatto (e cioè determinando il soggetto a realizzare una certa condotta idonea a provocare quell'evento che egli si è previamente rappresentato: rappresentazione-motivo della volizione); oppure nel senso che il soggetto, volendo agire in un determinato modo, se ne rappresenti le conseguenze (ad esempio, Tizio spara e si rappresenta, in conseguenza di tale azione, il prodursi di un certo accadimento).

Aggiungiamo che, in relazione anche alla necessità di graduare l'intensità del dolo (cfr. art. 133, I comma, n. 3, c.p.), i due momenti, intellettivo e volitivo, si atteggiano diversamente e non possono non essere distinti. Mentre la volizione, infatti, non è suscettibile di determinazioni quantitative (essa, invero, o esiste o non esiste), la rappresentazione presenta tutta una serie di tonalità, che permettono di prospettare un problema di intensità del dolo in relazione al tipo ed all'oggetto della rappresentazione stessa.

Stabilita così la necessità di distinguere le due componenti del dolo, la distinzione di cui trattasi è imposta dagli stessi caratteri dei vari elementi che concorrono a formare l'oggetto del dolo medesimo, in relazione alla tipologia delle figure criminose delineate dal codice (reati di

Giunti a questo punto, dobbiamo chiederci se gli elementi del fatto si esauriscano davvero in quelli di cui ci siamo finora occupati e, cioè, la condotta con tutte le note che la qualificano, più i suoi effetti esterni eventualmente rilevanti per il diritto.

9. *Gli elementi negativi del fatto*

Il criterio metodologico che ci ha guidati nell'enucleazione degli elementi che si raggruppano a costituire l'oggetto del dolo è quello dell'efficacia dell'errore: conseguentemente, abbiamo ascritto all'oggetto del dolo ogni elemento, l'errore sul quale escluda il dolo stesso. In altri termini, se l'errore o l'ignoranza su un certo dato fa venire meno il dolo, ciò vuol dire che la rappresentazione del dato stesso è elemento essenziale del dolo. Il procedimento seguito induce a domandarci che rapporti intercorrano tra il dolo e le "circostanze di esclusione della pena".

L'art. 59, III comma, c.p. dispone che "se l'agente ritiene per errore che esistano circostanze di esclusione della pena, queste sono sempre valutate a favore di lui".

Ci chiediamo, in primo luogo, in che cosa consistano le "circostanze di esclusione della pena" cui si riferiscono i commi I e IV dell'art. 59 c.p.

Per ciò che concerne la prima delle disposizioni citate, è da escludersi che essa, con l'espressione in esame, comprenda le qualifiche soggettive, attinenti alla capacità di intendere e di volere del reo. A parte l'argomento sistematico, importante, certo, ma non decisivo, la *ratio* dell'art. 85 c.p. è tutta nel senso di una rilevanza meramente oggettiva della incapacità di intendere o di volere. Pertanto, se l'art. 59, I comma fosse dettato per tale ipotesi, esso risulterebbe completamente inutile. Non solo. Qualora sotto il disposto dell'art. 59, I comma rientrasse la non imputabilità, non si comprenderebbe il motivo per il quale il legislatore, che parla di circostanze di esclusione della pena, non abbia fatto menzione delle situazioni di esclusione della pericolosità, le quali operano anch'esse oggettivamente.

Uguale negativa risposta va data alla domanda se sia possibile includere nella categoria in esame le cosiddette immunità. Il nostro ordinamento considera que-

---

pura condotta e reati con evento). Anche ammesso, infatti, che, nei reati cosiddetti materiali, l'evento (naturalistico) possa dirsi voluto, non si vede come ciò possa avvenire in quelli cosiddetti formali.

Alla luce di queste considerazioni, ed in relazione al metodo strettamente normativo da noi seguito è, infine, da rilevare che l'uso di espressioni quali "pienezza di volizione" e simili significa adesione ad un metodo interpretativo "giuridico-psicologico", che non possiamo, ovviamente, accogliere. Tanto più se si ritiene – come noi pensiamo – che impostazioni del tipo di quella da noi criticata, mentre sembrano, a prima vista, valorizzare al massimo il dato naturalistico sottostante alla valutazione normativa, in realtà lo deformano, pretendendo di attribuirgli significati in contrasto con le conclusioni stesse della psicologia. Inconveniente, questo, che invece non si verifica per chi si limita a sussumere nell'ambito normativo il dato naturalistico; dandogli, quindi, quel tanto di autonomia che è necessario.

ste ultime quali limiti all'obbligatorietà della legge penale e, pertanto, dà per scontato che esse rilevino anche se non conosciute dal soggetto che ne beneficia[36].

Né può dirsi che la previsione dell'art. 59, I comma si estenda alle cause sopravvenute di estinzione del reato o della pena. E, invero, non si vede proprio come al momento della realizzazione del fatto l'agente possa non conoscere o ritenere per errore inesistenti fatti giuridici futuri rispetto alla di lui condotta.

L'art. 59, I comma trova, dunque, per la parte che riguarda le circostanze di esclusione della pena, la sua ragion d'essere solo se dette circostanze si identificano con le esimenti o cause di giustificazione.

A identico risultato arriviamo esaminando il IV comma dell'art. 59, che qui direttamente ci interessa. È intuitivo, infatti, che non possono cadere sotto la previsione della norma in questione le cause estintive del reato o della pena. Su di esse non può darsi errore dell'agente, nel senso voluto dalla legge. Il loro verificarsi potrà, al massimo, essere oggetto di speranza, ma non è ammissibile, durante l'esecuzione del fatto, un convincimento erroneo circa la loro esistenza. Al pari di quanto abbiamo visto per il I comma, nemmeno le qualifiche soggettive che comportano l'esclusione della pena sono prese in considerazione dall'art. 59, IV comma. Se tale norma trovasse applicazione con riferimento, ad esempio, ad una situazione di esclusione dell'imputabilità, si realizzerebbe una disciplina inspiegabilmente diversa, a seconda che il soggetto fosse capace (l'errore sulle proprie condizioni mentali ne escluderebbe la responsabilità per dolo) o pericoloso (sarebbe sempre assoggettabile a misura di sicurezza) o, insieme imputabile e pericoloso (e comunque assoggettabile a misura di sicurezza). Né l'ostacolo si supera ritenendo che il IV comma dell'art. 59 si riferisca alle circostanze di esclusione della sanzione criminale in senso lato (comprendente tanto la pena che la misura di sicurezza). Mentre è concepibile, anche se insolito, un errore sulla capacità naturalistica – che preesiste al fatto – analoga situazione non può configurarsi nei riguardi della pericolosità, l'accertamento della quale si compie tenendo conto, in primo luogo, della gravità del reato. Come pericolosità criminale, e non generica pericolosità naturalistica, essa non precede ma si basa sul reato commesso: che non è mera occasione del giudizio sulla pericolosità, ma oggetto del giudizio in parola[37].

---

[36] Le immunità, situazioni di incapacità giuridico-penale, sono talmente al di fuori da ogni collegamento soggettivo da non consentire, al soggetto che ne è portatore, la rinuncia.

[37] Cfr. Cass. I, 8 gennaio 1969, n. 1312: "Per l'applicazione della norma di cui all'art. 222 c.p. il giudice deve tener conto soltanto della pericolosità del soggetto, desumendola dal fatto-reato inteso nella sua obiettività ed in ogni suo elemento, principale ed accessorio, in tale valutazione, quindi, rientrano anche le circostanze aggravanti che incidono sull'entità del reato e lo caratterizzano"; Cass. IV, 19 gennaio 1989, n. 535: "In virtù dell'abrogazione dell'art. 204 c.p., operata dall'art. 31 della l. 10 ottobre 1986, n. 663, l'applicazione della misura di sicurezza, come la colonia agricola, può essere ordinata se sia stato in concreto accertato che l'agente è persona socialmente pericolosa. Ne consegue che la pericolosità sociale, che non va confusa con quella valutata esclusivamente sul piano psichiatrico, va desunta *ex* art. 203 c.p. dalle circostanze indicate nell'art. 133 c.p., la cui valutazione è compito specifico ed esclusivo del giudice di merito; il quale deve tener conto, ai predetti fini, del fatto-reato inteso nella sua obiettività ed in

Ancor più evidente, poi, è che la supposizione erronea regolata dall'art. 59, IV comma non concerne le situazioni di immunità, od incapacità di diritto penale che dir si voglia. Esse operano in una fase logicamente anteriore al fatto, in quanto relativa al rapporto soggetto-norma penale. D'altra parte, nei loro confronti non è possibile asserire la rilevanza della putatività, senza svisarne completamente la *ratio*.

Anche ai sensi dell'art. 59, IV comma, "circostanze di esclusione della pena" sono le esimenti o cause di giustificazione. Anzi, occorre avvertire come, mentre la precisazione abbia nel I comma un valore puramente sistematico, nulla togliendo alla rilevanza oggettiva che, indipendentemente dalla norma citata, certi fatti giuridici posseggono, nel IV comma il processo di riduzione or ora compiuto si rivela della massima importanza ai fini applicativi.

Precisato l'oggetto su cui deve cadere la supposizione erronea prevista dall'art. 59, IV comma, ci tocca ora analizzare la struttura dell'errore in cui essa consiste ed il rilievo posseduto nell'economia del dolo.

L'art. 59, IV comma dispone l'efficacia dell'errore, senza distinguere fra quello di fatto e quello di diritto. Sembrerebbe, pertanto, inevitabile riconoscere che il convincimento di agire in presenza di una scriminante escluda la punibilità a titolo di dolo, sia che l'agente erri sui presupposti di fatto, sia che egli si rappresenti inesattamente i limiti giuridici di una causa di giustificazione, o si configuri una causa di giustificazione non contemplata dall'ordinamento. In altri termini, la norma in parola troverebbe applicazione tanto nell'ipotesi in cui taluno ferisse un'altra persona ritenendosi da questa aggredito (legittima difesa putativa), quanto se egli credesse di poterla ferire ai fini di un arresto (errore sui limiti del diritto d'arresto), o pensando di essere autorizzato a infliggere una correzione corporale a colui il quale l'avesse ingiuriato (erronea supposizione di una causa di giustificazione non riconosciuta dal diritto).

Ad evitare conseguenze del genere, che svuoterebbero di gran parte del suo contenuto la regola della irrilevanza della *ignorantia iuris*, inevitabile e scusabile, si osserva che, anche alla stregua dell'ultimo comma dell'art. 59, l'efficacia dell'errore di diritto incontra il limite sancito nell'art. 5 c.p. La lettera della disposizione in esame permetterebbe solo di considerare rilevante l'errore di diritto incidente su un elemento normativo di una scriminante realmente prevista dall'ordinamento.

Riservandoci di tornare più appresso su quest'ultima ipotesi – che si verificherebbe, ad esempio, allorché Tizio ritenesse, per errore di diritto, ingiusta l'offesa che sta per essere portata ad un determinato soggetto, e, conseguentemente, reagisse ritenendo di operare in istato di legittima difesa –, va subito detto come, se

---

ogni suo elemento, principale ed accessorio"; Cass. I, 11 febbraio 1989, n. 2102: "Ai fini dell'applicazione delle misure di sicurezza personali, la pericolosità sociale – la quale postula la formulazione di un giudizio proiettato nel futuro circa la probabilità che l'imputato possa commettere altri reati – deve essere accertato in concreto sulla base degli elementi indicati nel I e nel II comma dell'art. 133 c.p. globalmente valutati".

fosse vera la premessa che l'art. 59, IV comma abbraccia, oltre che l'errore di fatto anche quello di diritto, sarebbe arbitrario circoscrivere, nel senso sopra visto, la portata della norma in questione, unicamente per sfuggire ad una deroga all'art. 5.

La regola sancita da quest'ultimo non è, infatti, assoluta ed inderogabile. Basta pensare, per intanto, all'errore su una legge extrapenale, che consiste sempre e necessariamente in un errore sulla fattispecie astratta di reato, per convincerci che, nei riguardi dell'art. 5, norma generale, è configurabile una norma speciale che ad esso faccia eccezione. A prima vista, insomma, non vi sarebbero motivi per ammettere da un lato che l'art. 47 ultimo comma deroga all'art. 5 e per negare, dall'altro, che lo stesso possa avvenire ad opera dell'art. 59, IV comma.

Ciò che decide in senso assolutamente contrario alla equiparazione delle due situazioni, col risultato di identificare l'errore sulle scriminanti in un vero e proprio errore di fatto, è la diversa portata che assumerebbe un errore di diritto, eventualmente rilevante su queste ultime, rispetto all'errore su legge diversa da quella incriminatrice.

Abbiamo visto come chi si impossessi di una cosa altrui, ritenendola propria, per errore di diritto *ex* art. 47, ultimo comma, agisca sì raffigurandosi inesattamente i limiti della fattispecie posta in essere, ma al tempo stesso, a cagione di un tale errore, non si rappresenti uno degli elementi costitutivi del fatto di reato.

Il che significa che, se è fuori discussione la deroga arrecata dall'art. 47 ultimo comma all'art. 5, questa deroga trova la sua ragion d'essere nella circostanza che l'errore su norma extrapenale esclude la rappresentazione del fatto quale è delineato dalla norma incriminatrice.

Del tutto diversa sarebbe la portata di una deroga all'art. 5 da parte dell'art. 59, IV comma. In questo caso, l'errore non verrebbe ad incidere sulla rappresentazione del fatto ma, unicamente, sulla qualificazione penale del fatto stesso.

Attribuire rilevanza ad un errore del genere equivarrebbe non solo ad ammettere una deroga all'art. 5 – deroga in sé e per sé perfettamente concepibile e, come abbiamo visto e meglio approfondiremo più avanti [38], non ignota all'ordinamento – ma qualcosa di più: e, cioè, introdurre un principio per effetto del quale vi sarebbe esclusione del dolo anche quando l'agente si fosse rappresentato in tutti i suoi elementi un fatto di reato, convinto, però, di agire lecitamente.

Ciò posto, occorre dire che, a una interpretazione sistematica, il IV comma dell'art. 59 non appare norma che sarebbe idonea a ricomprendere anche l'errore di diritto se non fosse delimitata, dall'esterno, dalla regola di cui all'art. 5. L'erronea supposizione di una causa di giustificazione va dunque direttamente ricondotta allo schema, puro e semplice, dell'errore di fatto [39].

---

[38] Vedi oltre, in questo stesso capitolo, al § 14.

[39] Cfr. Cass. VI, 20 giugno 1967, n. 341: "La esimente putativa dell'art. 59, ultimo comma, c.p. non può essere invocata quando l'errore dell'agente cade sulla efficacia obbligatoria o sulla sussistenza di una norma giuridica. Essa, pertanto, non può venire applicata nel caso di uno sciopero esercitato al di là dei suoi limiti legittimi, con conseguente violazione di altri interessi penalmente protetti. In tale ipotesi, infatti, l'errore dell'agente si risolve in ignoranza della legge

Conclusione questa che ci permette, da sola, di respingere, perché contrario al diritto positivo, quella opinione secondo la quale l'errore sull'esistenza di una scriminante, rileverebbe in quanto errore sull'antigiuridicità del fatto. E si badi. Diciamo: contraria al diritto positivo, non solo per eccesso, ma anche per difetto. Quando si afferma, infatti, che quale che sia la natura dell'errore su una causa di giustificazione, l'agente verserebbe sempre in un errore sull'antigiuridicità della attuazione dolosa del fatto tipico, si mettono assieme situazioni delle più diverse, che possono non presentare alcuna nota in comune.

Si pensi, per esempio, a un individuo che ritenga di agire in una situazione tale che, se effettivamente sussistesse, presenterebbe tutti gli estremi dello stato di necessità. Il suo errore, evidentemente determinato da una inesatta valutazione dei presupposti di fatto, in cospetto dei quali si svolge la sua azione, può benissimo accompagnarsi con il convincimento, derivante dall'ignoranza della disciplina che la legge penale dà alla situazione, che egli si configura esistente, di commettere un reato. Si può, dunque, avere errore di fatto sulla presenza di una causa di giustificazione, che non conduce a ritenere lecito il proprio comportamento; anzi tale errore può essere accompagnato addirittura dal convincimento di realizzare un fatto proibito dalla legge [40]. Ora, se a fondamento della disciplina posta dall'ultimo comma dell'art. 59 c.p. stesse l'ignoranza del carattere antigiuridico del proprio comportamento, si dovrebbe, di volta in volta, accertare se chi ha agito per errore, supponendo l'esistenza degli elementi costitutivi di una scriminante, abbia avuto o no la rappresentazione della liceità della propria condotta ed escludere il dolo, se tale rappresentazione c'è stata, affermarlo, invece, se essa è mancata.

Ma, anche a prescindere dalle osservazioni sopra svolte circa la rilevanza che il nostro ordinamento riconosce (o meglio: non riconosce) all'errore sull'antigiuridicità del fatto realizzato, una interpretazione del genere deve essere respinta, perché introduce nell'art. 59, IV comma un qualcosa che in realtà la legge non contempla. Questa, infatti, si limita ad esigere che vi sia errore sulla presenza di una scriminante. Se, dunque, un simile errore è perfettamente compatibile con la convinzione, da parte dell'agente, di realizzare un comportamento antigiuridico, possiamo concluderne una cosa sola: e, cioè, che la rappresentazione o meno dell'antigiuridicità penale non ha niente a che fare con il contenuto dell'errore disciplinato dalla norma in esame.

Residua, tuttavia, il problema relativo alla rilevanza dell'errore che cada su un elemento normativo della scriminante. In proposito, abbiamo già richiamato il caso della persona che ritenga, per ignoranza o inesatta interpretazione di una legge extrapenale, ingiusta la lesione minacciata a un bene proprio o altrui.

---

penale, che non scusa (art. 5 c.p.)". Va tutto bene, salvo che l'errore che cade su una norma giuridica è irrilevante solo quando concerne la legge penale incriminatrice. Quanto all'errore su elementi normativi della scriminante, si veda più avanti nel testo.

[40] Così, ad esempio, il proprietario che insegua animali mansuefatti riparati sul fondo del vicino può ritenere di commettere un fatto illecito, quando, invece, esercita una facoltà legittima della quale non è a conoscenza (art. 925 c.c.).

Chi pensa che il IV comma dell'art. 59 c.p., salvo il limite costituito dall'art. 5, non faccia differenza alcuna tra l'errore di fatto e quello di diritto, non trova difficoltà di sorta a riconoscere l'efficacia scusante di questa particolare ipotesi di errore su legge extrapenale.

Naturalmente, la plausibilità della tesi viene meno quando se ne rifiuti la premessa e si circoscriva la portata dell'ultimo comma dell'art. 59 unicamente all'errore di fatto.

Occorre a questo punto fare riferimento ancora una volta all'art. 47, III comma, c.p. Né si potrebbe obiettare che non sarebbe consentito l'immediato ricorso a questa norma perché essa disciplina soltanto l'errore su elemento normativo del fatto, così come delineato in una figura criminosa di parte speciale. La lettura del I comma dell'art. 47 come regola del solo errore su elementi del fatto positivo (cioè, ripetiamo, del fatto conforme all'ipotesi proposta da una norma incriminatrice) è imposta dal rilievo che dell'errore sulle circostanze di esclusione della pena, vale a dire dell'errore sulle cause di giustificazione, si occupa specificamente il IV comma dell'art. 59 c.p. Diversamente stanno le cose quando consideriamo la funzione propria del III comma dell'art. 47 c.p. Si tratta, come sappiamo, di un limite – e non è il solo – alla irrilevanza dell'*ignorantia iuris*, semprecché questa cagioni un errore sul fatto. Ora, la funzione di limite è assolta tanto nel caso che l'agente si rappresenti inesattamente o ignori un elemento normativo del fatto positivo, quanto allorché ci si raffiguri, sbagliando, o non ci si rappresenti affatto, per errore su legge diversa dalla legge penale, un dato normativo di una scriminante, cioè di un elemento negativo. In entrambe le ipotesi, l'errore su legge extrapenale determina un'inesatta visione di quelli che sono i confini dettati dalla disposizione incriminatrice[41]: ben naturale, quindi, che l'ordinamento appresti una soluzione unitaria, senza distinguere tra errore su elementi normativi del fatto positivo ed errore su elementi normativi di circostanze di esclusione della pena[42].

---

[41] Si faccia, ad esempio, il caso di chi sta per essere arrestato da un privato nelle condizioni di cui all'art. 383 c.p.p. Egli si rappresenta l'offesa alla propria libertà personale, ma per errore su norma giuridica richiamata dall'art. 52 c.p. è convinto di reagire ad un'offesa ingiusta: pensa che il *quivis de populo* non abbia il potere di arrestare.

[42] Isolata ma pienamente convincente, Cass. IV, 29 novembre 1991, n. 12137: "In tema di uso legittimo di armi, nel caso di resistenza posta in essere con la fuga, manca il rapporto di proporzione tra l'uso dell'arma e il carattere non violento della resistenza opposta al pubblico ufficiale. In tale ipotesi il pubblico ufficiale che abbia fatto uso dell'arma non può invocare l'esimente 'de qua' sotto il profilo della putatività, assumendo di aver ritenuto di agire in presenza di una causa di giustificazione, essendo incontrovertibile che l'errore sull'esistenza delle circostanze di esclusione della pena spiega efficacia scriminante quando investe i presupposti di fatto che integrano la causa di giustificazione o una norma extrapenale integratrice di un elemento normativo della fattispecie giustificante, e non quando si risolve in un errore di diritto, sfociante nell'erronea e inescusabile convinzione che la situazione (nella specie: un uomo in fuga) nella quale l'agente si trova ad operare rientri tra quelle cui l'ordinamento giuridico attribuisce efficacia scriminante, giacché diversamente si finirebbe con il considerare inoperante, sul

Con perfetta simmetria rispetto alla disciplina dell'erronea supposizione di un elemento positivo, art. 49, I comma, c.p. (mi impossesso di una cosa che è mia, credendola altrui) e alla disciplina dell'ignoranza che cada su un elemento negativo, scriminante, in realtà, invece, presente. Sia che ci si configuri un elemento che deve essere realizzato, e che invece fa difetto, sia che non ci si configuri un elemento che deve mancare perché il fatto sia penalmente rilevante (art. 59, I comma, c.p.) e che, in realtà, assiste il comportamento posto in essere, la situazione è sempre contrassegnata dalla carenza dell'oggettivo fatto criminoso.

La portata del III comma dell'art. 47 è però limitata dal III comma dell'art. 51 c.p. Quest'ultimo, a proposito della esimente dell'adempimento di un ordine legittimo della pubblica autorità, dispone che risponde del reato non solo chi ha impartito un ordine illegittimo, ma anche "chi ha eseguito l'ordine, salvo che, per errore di fatto, abbia ritenuto di obbedire a un ordine legittimo".

Non c'è dubbio che la norma citata si riferisce ad un errore che concerne un elemento normativo di scriminante e, precisamente, la "legittimità" dell'ordine della pubblica autorità. Altrettanto indubbio è che il legislatore si preoccupa, in questo caso, di subordinare l'efficacia scusante dell'errore alla condizione che esso sia un errore di fatto. Ora, una volta ammessa, in linea generale, la riconducibilità al disposto dell'art. 47, III comma dell'errore su elementi normativi di scriminante, la lettera della legge esclude tale riconducibilità per il particolare tipo di errore previsto dall'art. 51, III comma. E, invero, poiché dal sistema si ricava che la disciplina dell'errore su legge extrapenale vale anche per le scriminanti, se il legislatore avesse inteso conformarsi ad un principio del genere pure per ciò che concerne l'erronea supposizione di obbedire ad un ordine legittimo, non avrebbe qui parlato di mero errore di fatto. In altri termini, mentre l'efficacia scusante del convincimento di agire in presenza dei presupposti di fatto che danno luogo ad una situazione di adempimento di un ordine legittimo, deriva dal disposto di cui all'ultimo comma dell'art. 59 c.p., disposto che, come abbiamo visto, viene, di regola, integrato da quello dell'art. 47, III comma, la specificazione enunciata nell'art. 51 elimina proprio la correttezza di un procedimento che, con riferimento alla scriminante *de qua*, ricorresse a quella che abbiamo visto essere, in tema di errore su legge extrapenale, regola generale.

Allo stesso modo che abbiamo escluso l'applicabilità dell'art. 47, III comma al caso di errore sulla disposizione integratrice di una legge penale cosiddetta in bianco, dobbiamo escludere la possibilità di applicare la norma citata alle ipotesi in cui la scriminante appaia imperniata esclusivamente su un dato normativo costituito dal *nomen juris* di una situazione giuridica soggettiva (adempimento di un dovere, esercizio di un diritto) che rinvii ad altre norme per la individuazione di tutti gli elementi che in concreto la realizzano. Fermiamoci un istante sull'esimente dell'esercizio di un diritto. Il termine "diritto" rinvia a tutte le facoltà legittime, aventi un certo contenuto, di cui il soggetto agente è titolare.

---

terreno delle cause di giustificazione, il principio generale, posto dall'art. 5 c.p., secondo cui l'ignoranza (inescusabile) della legge non scusa".

Qualora si fosse dell'avviso che, se taluno si crede, per errore su leggi extrapenali, titolare di un diritto che in realtà non gli spetta o, addirittura, nemmeno previsto dall'ordinamento, dovrebbe trovare applicazione l'art. 47, III comma, con esclusione del dolo, le conseguenze sarebbero non solo gravi ma incompatibili con il sistema.

Non a caso abbiamo ricordato il rapporto fra norma penale in bianco e disposizioni che la integrano. Si è già visto come presupposto essenziale per l'applicazione dell'art. 47, III comma è che l'errore incida su un elemento normativo del fatto, convertendosi, quindi, in errore su uno degli elementi costitutivi del reato; e se ne è concluso nel senso della inapplicabilità della disposizione in parola ove essa cada su legge diversa dalla legge incriminatrice, che delinei l'intiera fattispecie criminosa.

Ora, la disposizione richiamata da quella che configura una scriminante imperniata tutta su un dato normativo come è quella che fa genericamente riferimento a un dovere, a un diritto, di cui non specifica il contenuto, svolge il medesimo ruolo: non si limita, cioè, a fornire una delle componenti della causa di giustificazione, ma esaurisce compiutamente la struttura di quest'ultima.

È evidente, allora che siamo fuori dall'ambito di applicabilità del III comma dell'art. 47 c.p. Queste, che appaiono considerazioni meramente formali, qualcuno dirà: formalistiche, trovano puntuale riscontro nella sostanza dei fenomeni analizzati.

Se lo svolgimento e la descrizione di una esimente dipendono intieramente da legge diversa da quella penale, chiaro è che colui il quale ritenga di agire nell'esercizio di una facoltà che in realtà l'ordinamento giuridico non contempla, si rappresenta in tutto e per tutto il fatto di reato, errando, unicamente, sulla qualificazione penale di quest'ultimo.

Possiamo allora tirare le fila da quanto siamo venuti osservando.

In primo luogo, la supposizione erronea esclude il dolo quando concerne non l'esistenza di una immaginaria esimente, in realtà non contemplata dall'ordinamento, bensì gli elementi costitutivi, fattuali e normativi, di una causa di giustificazione effettivamente prevista.

In secondo luogo, la situazione in esame si esaurisce tutta in questo errore: è necessario e sufficiente, cioè, che l'agente supponga di trovarsi in circostanze tali che, ove esistessero, egli agirebbe in presenza di una scriminante sancita dal diritto positivo.

Affermazioni che non possono essere adeguatamente valutate se non si ponga l'accento sulla connessione tra la rilevanza oggettiva di una esimente ignorata dall'agente e la rilevanza dell'errore che quella esimente concerna.

Sotto il primo profilo, come sappiamo, è decisivo l'art. 59, I comma, il quale stabilisce che le "circostanze di esclusione della pena" (che, nell'economia della norma, coincidono con le cause di giustificazione) sono calcolate a favore del soggetto pur se egli non se ne configuri la presenza o, per errore, le ritenga inesistenti. Il che vuol dire che un fatto, per il resto conforme al tipo descrittivo di un reato, assistito da una esimente anche non rappresentata dall'agente, non è assoggettabile a conseguenze sanzionatorie d'ordine penale: allo stesso modo che la mancanza di un elemento positivo (necessario a realizzare il fatto criminoso) esclude la punibilità, pur se per errore esso venga ritenuto presente.

Già su tal via risulta in piena luce la necessità di riconoscere che nel fatto penale le cause di giustificazione svolgono il ruolo di "elementi negativi" [43].

Nella formula strutturale di una figura astratta di reato, essi si presentano preceduti dal segno "meno". Insomma, le scriminanti rappresentano elementi negativi, per la ragione che la fattispecie penale è realizzata solo quando manchino quelle determinate circostanze in cui consistono. Ove, invece, una di quelle circostanze si verifichi, il fatto concreto posto in essere non risponde all'astratto modello normativo, difetta del requisito della tipicità, sì che, in tutto il suo svolgimento, non può mai considerarsi torto penale.

La disciplina della supposizione erronea di cause di giustificazione rafforza tale conclusione.

Se l'errore di cui all'ultimo comma dell'art. 59 ha per effetto di escludere il dolo, e cioè un elemento interno del fatto di reato, non si comprende come le scriminanti possano rappresentare fatti giuridici distinti da quello costitutivo di illecito penale.

Anche qui, come accade in sede di rilevanza oggettiva, la relazione che si instaura tra gli elementi negativi del fatto e il dolo appare perfettamente simmetrica a quella posta in essere con gli elementi positivi.

Così come questi ultimi devono riflettersi, con i requisiti tipici, nelle rappresentazioni dell'agente e, mancando una tale rappresentazione, a nulla rileva, eccettuati i casi di colpa, la loro obbiettiva esistenza; gli elementi negativi debbono non essere supposti, e se c'è una tale supposizione, eccettuati sempre i casi di colpa, a nulla rileva la loro inesistenza obbiettiva.

Il tipo descrittivo di un reato è, dunque, composto, sul piano oggettivo, da elementi che debbono verificarsi meno elementi la cui mancanza è necessaria ai fini della tipicità penale; sul piano soggettivo, il dolo implica, corrispondentemente, la rappresentazione degli elementi positivi meno la supposizione degli elementi negativi del fatto. Dove è chiaro che, per tal modo, le cause di giustificazione non sono ricondotte nell'oggetto del dolo: è la loro rappresentazione che si pone quale limite negativo di quest'ultimo.

Con il che si supera una obiezione, più volte sollevata, la quale nasce, in realtà, da incomprensione di ciò che rappresenta la categoria degli elementi negativi.

Si è detto, infatti, che se fosse vero che le esimenti sono elementi negativi, ad aversi dolo occorrerebbe, proprio nell'ordine di idee da noi sostenuto, la rappresentazione della mancanza di ogni e qualunque causa di giustificazione potenzialmente rilevante nei confronti del comportamento posto in essere. Pretesa, questa, si aggiunge, innegabilmente assurda dato che la consapevolezza della mancan-

---

[43] Cfr. Parte II, capitolo IX, p. 291 ss.

za di tutte le situazioni scriminanti costituirebbe materia di un'impossibile *probatio* diabolica.

E si rafforza il rilievo osservando come là dove la figura criminosa contiene realmente degli elementi negativi, il dolo necessita della rappresentazione della loro mancanza.

Si fa così l'esempio dell'ingresso abusivo nel fondo altrui, alla realizzazione del quale è necessario da parte dell'agente la consapevolezza di agire senza necessità.

Senonché, avanzare un simile argomento è frutto del più completo fraintendimento di ciò che vuol dire "elemento negativo del fatto". Come sappiamo, elemento del genere è quello la cui mancanza è indispensabile perché si abbia reato. Al contrario, la circostanza che l'ingresso nel fondo altrui avvenga "senza necessità" è indispensabile al verificarsi di un fatto conforme alla figura delineata dall'art. 637 c.p. Qui siamo in presenza di un vero e proprio elemento positivo a contenuto negativo.

Né varrebbe obiettare che ogni esimente potrebbe essere inserita come elemento positivo a contenuto negativo nel tipo descrittivo di parte speciale. Se ciò è indubbiamente possibile, la scelta operata dal legislatore quando delinea un elemento negativo al posto di un elemento positivo negativamente costruito implica proprio una scelta sull'oggetto del dolo in ordine a una certa figura di reato.

Nel primo caso il dolo è escluso dal convincimento positivo che esista una scriminante, in realtà non verificatasi. Nel secondo, ripetiamo, il dolo esige che ci si configuri la mancanza di quella situazione che, sotto il profilo negativo, integra il fatto costitutivo di reato.

10. *Dolo e consapevolezza del disvalore del fatto. Premesse*

L'esame compiuto sembra aver mostrato come, contrariamente a quanto ritiene gran parte della dottrina, sia inesatto limitare l'oggetto del dolo all'evento – conseguenza della condotta – che, oltre a costituire uno soltanto degli elementi che devono riflettersi nel dolo, non si può nemmeno considerare requisito costante di ogni figura criminosa. Al suo posto abbiamo invece individuato il "fatto" e, cioè, l'aspetto obiettivo del comportamento, analizzando, quindi, il rapporto psichico posto in essere dal dolo nei confronti di ciascuno degli elementi che il fatto stesso costituiscono.

Con il che non abbiamo ancora sciolta la riserva circa l'aderenza a quanto siamo venuti enucleando della definizione legislativa del dolo. La formula dell'art. 43, I comma, c.p. andrebbe, invero, considerata insufficiente solo se l'"evento" di cui in essa è menzione dovesse necessariamente intendersi nell'accezione cosiddetta naturalistica.

Il procedimento seguito ci ha portato, inoltre, ad accertare come, mentre tutti gli elementi del fatto obiettivo debbono almeno riflettersi nelle rappresentazioni dell'agente, diversamente dall'opinione del legislatore sulla struttura dell'atteggiamento psichico in cui il dolo consiste, unicamente la condotta in senso stretto può essere oggetto di volizione vera e propria.

In conseguenza di ciò possiamo, per il momento, definire il dolo come la volizione di una condotta tipica, accompagnata dalla consapevolezza di realizzare (o di poter realizzare) un fatto conforme a quello descritto da una norma incriminatrice.

Ci domandiamo, ora, se requisito del dolo sia o no la coscienza del disvalore del fatto posto in essere.

La risposta che daremo a questo interrogativo servirà non solo a prendere posizione sul punto specifico, ma altresì a risolvere alcuni dei problemi precedentemente sollevati, ed accantonati, in attesa di una raggiunta più ampia visuale sulla tematica sollevata dal dolo.

La questione della necessità o no della consapevolezza del disvalore del fatto, come elemento strutturale del dolo, è stata affrontata in genere su un piano di indagine che, prescindendo dalla regolamentazione effettiva, dettata da questo o quell'ordinamento positivo, ha posto le relative domande come se discendessero dalla natura stessa della norma e, in ultima analisi, dall'intiera fenomenologia giuridica o, se non altro, da un concetto di dolo che si potrebbe dire "prenormativo".

Tipicamente orientato in quest'ultimo senso appare il pensiero di chi ritiene che esistono certe esigenze, le quali fanno sì che nell'ambito del diritto penale il dolo non si esaurisca nella pura e semplice volizione e consapevolezza del fatto tipico, ma vada arricchito di un momento ulteriore che ne esprime la essenziale natura. Si invoca, così, la tradizione che avrebbe sempre considerato la volontà che anima il reato intrinsecamente cattiva o maliziosa, vale a dire: consapevole del male che si arreca. Anzi, si aggiunge che il dolo, in fondo, è volontà cattiva e solo in quanto tale può distinguersi dalla colpa che è leggerezza.

Considerazioni, queste, sulle quali si potrebbe in larga parte concordare se non presentassero l'inconveniente di prescindere da una dimostrazione valida per il diritto positivo.

In altri termini, un ordine di idee come quello sopra esposto, omette di indicare la regola di diritto in base alla quale si arriva a certe conclusioni. Ridotto al nocciolo esso costituisce un ritorno ad un orientamento di tipo giusnaturalistico contrassegnato per di più dalla completa assenza di ogni tentativo di giustificare le ragioni per cui, a proposito del dolo, si adotta una simile metodologia.

Più complesso, e ricco di motivi, si presenta quell'insegnamento che, dalla immediata suggestione della identificazione della forma della norma giuridica in quella di un comando, conclude che non si può non ammettere la necessità logica della conoscenza del comando.

Senza affrontare, in questa sede, la discussione sulla cosiddetta natura imperativa del diritto e, soprattutto, evitando di chiederci se sia proprio vero che, qualora la norma giuridica funzionasse sempre come un comando, ne discenderebbe il corollario della indispensabilità della conoscenza del comando stesso; ci limitiamo, nello svolgimento di questa tesi, a coglierne il momento più grave[44], che si verifica allorché si vuole conciliare la necessità logica della conoscenza della norma con il disposto dell'art. 5. Le difficoltà, infatti, non sono per nulla superate affermando che l'ordinamento si limita a sancire una presunzione di conoscenza, lasciando, per il resto, inalterata la realtà delle cose, sì che l'art. 5 c.p. sarebbe norma di carattere meramente processuale, diretta al giudice, al quale verrebbe fatto divieto di indagare sulla consapevolezza o no, da parte dell'agente, del disvalore penale del comportamento.

Basta pensare al dovere di applicare la legge incriminatrice ignorata, perché la "necessità logica" si mostri nella sua vera natura di ideale di giustizia, di aspirazione da realizzare, ma non di elemento senza il quale – su un piano di interpretazione del diritto positivo – il dolo viene a mancare.

Né paiono convincenti le argomentazioni volte ad evitare che la tesi si riduca a un puro e semplice asserto di sapore ideologico. Si richiamano, in proposito, le norme relative alla capacità di intendere e di volere, alla varia posizione dei soggetti e alla rilevanza delle azioni in rapporto a tale capacità; quelle che riguardano l'elemento soggettivo del reato; la considerazione dei coefficienti, interni ed esterni, che agiscono su tale elemento; la norma fondamentale dell'art. 25, II comma, Cost. e quella dell'art. 1 c.p. per cui nessuno può essere punito per un fatto che al tempo in cui fu commesso non fosse espressamente previsto come reato dalla legge.

Da ciascuna di esse emergerebbe l'esigenza basilare del diritto come imperativo: vale a dire, la correlazione tra soggetto e norma; l'obbligo e la cognizione dell'obbligo come fondamento della disciplina giuridica.

A noi sembra, però, che queste disposizioni non tanto provino che la norma penale è un imperativo, quanto che il legislatore si è preoccupato di assicurare i modi e le condizioni perché possa funzionare come tale: il che presuppone, naturalmente, anche la possibilità che essa venga conosciuta. Ma una volta adempiuta questa esigenza, l'ordinamento considera applicabile la legge sia che il soggetto abbia avuto o non abbia avuto consapevolezza di andare contro un dovere impostogli dalla legge stessa. Rilevare come in quest'ultima ipotesi si sovrapponga l'art. 5, che preclude al giudice di prendere in esame la mancanza di rappresentazione del disvalore penale del fatto, significa semplicemente che l'art. 5 (proprio nell'interpretazione in chiave processuale offertane dagli imperativisti) pone una presunzione *iuris et de iure* di conoscenza. La sua effettiva portata consisterebbe,

[44] Momento più grave perché dà per superate le obiezioni che sono state mosse alle tesi, oggi di gran lunga prevalenti, secondo le quali è giusto che si consideri violato un obbligo soltanto da chi aveva conoscenza dell'esistenza dell'obbligo stesso: sferzante l'invettiva di Pascal nelle "Provinçiales" che osserva come bisognerebbe considerare incolpevoli quei "francs pecheurs", quei "peccatori, induriti, interi e compiuti, senza mescolanze" né ombra di timore o rimorso i quali vivono "immersi nell'avarizia, nell'impudicizia, nella bestemmia, nei sacrilegi" (*Quatrienne lettre écrite à un Provinçial par de ses amis (sur le subjet des disputes présentes de la Sorbonne)*; Paris 25 février 1656).

tutta, nella dichiarazione che, tra i requisiti necessari per imputare il fatto al soggetto, non è compresa la coscienza dell'antigiuridicità penale del comportamento tenuto.

E, a questo punto, tanto vale riconoscere che decidere se nel dolo entri o meno, quale elemento costitutivo, la consapevolezza di realizzare un fatto antigiuridico, non è problema di teoria generale del diritto, perché non si tratta di mettere a fuoco una delle costanti di ogni ordinamento qualificabile come giuridico, ma problema di interpretazione, che va risolto, pertanto, in rapporto ad un determinato sistema positivo.

Le possibilità che si presentano a una ricerca intesa, non certamente a negare, ma a superare e ad inquadrare in una cornice più vasta il principio della inescusabilità dell'*ignorantia iuris*, in modo da consentirne una conciliazione con la tendenza, apparentemente opposta, che porta a ravvisare nella coscienza del disvalore del fatto realizzato un momento costitutivo del dolo, per chi si ponga in posizione di indipendenza dal quadro concettuale della teoria imperativistica, sono, in sostanza, le seguenti.

Si sostiene da taluni che non sarebbe richiesta una concreta puntuale consapevolezza, bensì l'idoneità a concretare un normale processo di motivazione; vale a dire la capacità di intendere i propri atti nel loro pieno valore, determinandosi in conformità di questo in maniera coerente alla propria personalità: in una parola, l'imputabilità nel suo significato giuridico-sociale.

Una volta parificata la possibilità astratta di intendere il fatto nel suo valore, e quindi anche in funzione del diritto, alla conoscenza effettiva, il principio che asserisce l'irrilevanza della conoscenza della legge penale perderebbe la sua portata più dura: per diventare, di nuovo, nulla più che una regola dettata per disciplinare la prova di un certo elemento.

Ma l'equivalenza fra il non conoscere e il conoscere non è cosa che si possa sostenere logicamente, e il tenere ugualmente responsabile chi sa e chi ignora vuol dire fondare la responsabilità su una base che prescinde completamente dalla conoscenza.

Il problema è, insomma, eluso quando si afferma che la consapevolezza dell'antigiuridicità della condotta è questione che non riguarda il dolo, bensì l'imputabilità. Poiché potrà sempre darsi un soggetto imputabile, cioè capace di intendere e di volere, e, quindi, di conoscere la legge, che nel caso concreto abbia agito privo di una tale conoscenza, la domanda che ci interessa rimane ancora senza risposta. Ci resta da sapere se, e come, il sistema che, senza alcun dubbio, costruisce l'illecito penale come un illecito soggettivo, personale, dà riconoscimento a quello che si può considerare l'ultimo e più raffinato corollario di una simile concezione del torto: per usare una frase pittorescamente efficace, la necessità di proiettare l'antigiuridicità nella coscienza del soggetto.

Uguale discorso negativo si può fare per il tentativo di ancorare la illiceità giuridico-positiva, la cui rappresentazione farebbe parte della struttura del dolo, alla norma penale considerata, questa volta, non nella sua intierezza, ma in un suo momento o funzione particolare.

Pur dando per dimostrata la correttezza della distinzione fra momento valutativo e momento determinativo della norma penale, è certo che nell'interpretazione dell'art. 5 occorrerebbe tenere presente proprio il primo di tali momenti e, cioè, quello in cui un certo fatto è valutato come contrario all'ordinamento penale.

Anche per tal via, dunque, non si supera l'ostacolo costituito dalla inescusabilità dell'*ignorantia iuris*. Più interessante si presenta l'opinione secondo la quale requisito del dolo sarebbe la consapevolezza di una illiceità giuridico-positiva, non penale.

Certo, se si potesse dimostrare che ogni fatto di reato, in quanto tale, pone necessariamente in essere la violazione di una norma non penale, si sarebbe fatto un notevole passo verso la individuazione di un criterio che non solleverebbe problemi nei confronti dell'art. 5. Ora, non c'è dubbio che, senza impegnarci sulla natura sanzionatoria o meno del diritto penale, l'analisi del nostro ordinamento positivo conduce a riconoscere che gran parte dei reati pone necessariamente in essere la trasgressione di una norma, antecedente a quella penale e fornita di vera e propria sanzione giuridica. In questi casi, già la pura e semplice realizzazione di un fatto conforme ad una figura tipica di reato, in mancanza di determinate cause di esclusione dell'antigiuridicità e indipendentemente dalla presenza di dolo o colpa, autorizza colui che, per effetto di una simile condotta, vede minacciato un proprio o altrui diritto ad impedirne la commissione[45]. Solo quando è posta in pericolo una situazione di diritto soggettivo in senso stretto o di interesse obiettivamente protetto è, però, dato ravvisare nella fattispecie criminosa un momento di antigiuridicità obbiettiva – rispetto al quale la norma penale costituisce un mero indizio – che dà vita a quel pericolo di offesa ingiusta che è al centro dell'art. 52 c.p. In tali ipotesi è raggiunta la individuazione di un criterio di valutazione giuridica, alla cui stregua diventa possibile qualificare obiettivamente ingiusto il comportamento che realizza l'aspetto obiettivo di una fattispecie criminosa. Chi agisce con dolo dovrebbe, appunto, rappresentarsi il disvalore derivante dall'impedibilità del fatto che egli realizza. Cominciamo, però, col ricordare[46] che un asserto del genere potrebbe valere soltanto quando il pericolo attuale concerna un diritto soggettivo o un interesse obiettivamente protetto. Tutte le volte, invece, che minacci di venir frustrata l'aspettativa ad un comportamento amministrativo, l'omissione del quale lede ciò che si chiama interesse legittimo, non vi è posto per l'impedibilità.

Certo si può limitare la valenza del principio ai casi in cui si profila la violazione di un diritto soggettivo o di un interesse obiettivamente protetto, con esclusione di tutti gli altri. Ma anche a non voler tener conto dell'arbitrarietà di un *distinguo* che, incrinando la compattezza della teorica, ne mette in crisi la fondatezza, occorrerebbe dimostrare che esiste un principio normativo in base al quale bisogna riconoscere che il dolo comprende la rappresentazione di tale nucleo di anti-

[45] Cfr. Parte II, capitolo IX, p. 311 ss.

[46] Cfr. Parte II, capitolo IX, p. 316 ss.

giuridicità obiettiva. Parrebbe, a tutta prima, potersi qui invocare l'ultimo comma dell'art. 47, che disciplina l'errore su legge diversa da quella penale. Il soggetto che avesse agito privo della consapevolezza dell'antigiuridicità obiettiva del proprio comportamento avrebbe, in sostanza, errato sulla qualificazione discendente dalla norma, diversa da quella penale incriminatrice, in base alla quale è impedibile il fatto obiettivo realizzato.

Dove è evidente che tutto il ragionamento sta e cade a seconda che l'errore di cui qui ci occupiamo coincida o no con quello oggetto della disciplina dell'art. 47, III comma. Ma l'errore sull'ingiustizia del fatto (di reato) posto in essere, e cioè sulla sua impedibilità, è situazione ben diversa da quella che abbiamo visto disciplinata dalla norma citata. Esso cade sul significato, sul valore dell'intiero fatto obiettivo conforme al tipo descrittivo delineato dalla legge. È una situazione che può ricondursi a quella dell'errore su legge integratrice di norma penale in bianco: e noi sappiamo che a quest'ultima ipotesi non può applicarsi l'art. 47, III comma.

A riprova, può ricordarsi come, allorquando l'elemento normativo consiste in una qualifica che abbraccia l'intiero fatto obiettivo, il legislatore adotta espressioni del tipo "chiunque illegittimamente, chiunque con abuso dei poteri, chiunque arbitrariamente, ecc.". In questi casi, la legge espressamente esige che il soggetto sia consapevole della illegittimità che deve caratterizzare il fatto materiale (cosiddette ipotesi di "illiceità speciale"). Il che dimostra che là dove si ritiene necessaria, ai fini del dolo, la consapevolezza di una qualifica discendente da norma diversa da quella incriminatrice, che involga l'intiero fatto obiettivo, ciò viene espressamente significato attraverso l'uso di una delle formule indicative di illiceità speciale. A sostenere, pertanto, che il dolo implica, ove si realizzi una situazione di impedibilità, la consapevolezza della impedibilità del proprio comportamento, si verrebbe, in aperto contrasto con il sistema, a considerare le figure criminose, per le quali varrebbe il principio in discussione, come caratterizzate, tutte, da antigiuridicità speciale.

Viene, infine, un ultimo gruppo di opinioni, secondo le quali la norma della cui violazione chi agisce dolosamente deve essere cosciente, non solo non è norma penale, ma addirittura non è nemmeno giuridica. Il punto di partenza comune alle formulazioni che si muovono in un siffatto indirizzo è l'idea della coincidenza normale dell'ordinamento giuridico con quello etico, o con quel sistema di giudizi di valore che, in un certo ambito e in una certa epoca, appaiono dominanti.

E, invero, non è possibile concepire la cognizione dell'immoralità o dell'antisocialità della condotta come elemento costitutivo del dolo, senza, per ciò stesso, dare implicitamente per scontato che ogni reato, proprio per il suo essere illecito penale, realizza la trasgressione di una norma morale o di una regola di cui, indipendentemente dall'imputazione formale a un ordinamento, si può constatare che è caratteristica di una determinata società.

Ora, se si parla di contrarietà a norme etiche, appaiono insuperabili i rilievi volti a mettere in evidenza la contraddizione esistente tra precetti morali e qualche disposizione penale[47], nonché la reciproca indifferenza che, molto spesso, caratterizza le regole appartenenti ai due ordini normativi.

Né più esatto appare ravvisare in ogni reato la violazione di una norma sociale. Si può, anzi, dire che questa teoria, che vorrebbe essere un correttivo di quella cui or ora si è fatto cenno, finisce in sostanza con l'arrivare a conclusioni ancora più incompatibili col diritto positivo. E, infatti, se è vero che un ordinamento tende normalmente a coincidere con il sistema delle leggi morali vigenti in una data società, lo stesso non vale per ciò che concerne il rapporto con le regole di condotta, diverse da quelle giuridiche, entro il suo ambito osservate.

In ogni sistema penale moderno acquistano, ogni giorno di più, importanza le cosiddette norme propulsive, quelle, cioè, con le quali chi detiene il potere di produzione normativa mira a imporre una propria concezione di vita, a volte antitetica con il modo di sentire di un determinato ambiente. È evidente, quindi, che il contrasto con una norma penale potrà prescindere completamente dal contrasto con una norma sociale[48].

11. *L'offesa contenuto del dolo*

Alla diffusa opinione che tra i momenti costitutivi del dolo rientra quello in cui l'agente si pone di fronte ai valori normativamente proposti e prende atto del significato negativo che da essi discende alla sua condotta, non corrisponde, dunque, una dimostrazione compiutamente convincente. Sembrerebbe giustificata la tesi riduttiva, secondo la quale il dolo si esaurirebbe tutto nella volizione e nella rappresentazione degli elementi di fatto. Ma l'intuizione, che è la natura stessa dell'illecito penale e delle conseguenze (giuridiche e sociali) che gli sono riconnesse, ad esigere una partecipazione più intima del soggetto al fatto, resta, malgrado ogni scacco, ancora valida.

E vi è di più. Se consideriamo nel loro insieme le concezioni cui abbiamo accennato, ci accorgiamo che – nonostante la diversità di formulazioni – esse presentano tutte una nota comune: e, cioè, il procedimento, attraverso il quale si cerca di dare una base ed un inquadramento dogmatico alla coscienza del disvalore del fatto come requisito del dolo, suggerisce l'idea che si ritenga che tale problema costituisca, per così dire, una questione interna all'elemento soggettivo del reato, da trattarsi su un piano del tutto indipendente dall'aspetto obiettivo di que-

---

[47] Si pensi, ad esempio, alla scriminane dello stato di necessità, che ispirata, in buona sostanza, al principio che *necessitas non habet legem*, non di rado motiva comportamenti che, ad una valutazione morale, non si sottraggono al rimprovero che si muove al "sacro egoismo".

Analoghe considerazioni valgono per l'esimente dell'adempimento del dovere, troppo spesso riparo e scudo di chi vuole sottrarsi a responsabilità personale.

[48] Le norme a finalità propulsiva costituiscono una realtà della quale non può non prendersi atto. Altro e diverso discorso se, rappresentando una sorta di anticamera dello Stato etico, meritino il favore loro accordato da non poche correnti di pensiero giuridico.

st'ultimo. Che è una vera e propria inversione metodologica. Non si può, in altri termini, affermare che la rappresentazione di un certo dato faccia parte del contenuto del dolo, se prima non si dimostri: *a*) che tale dato è previsto nella fattispecie legale; *b*) che esso si riferisce al "fatto", vale a dire a quel complesso di elementi che si riflettono nella volontà colpevole. Il che conferma, di nuovo, se ce ne fosse ancora bisogno, che occorre condurre un'indagine strettamente limitata al diritto positivo.

Incominciamo dal primo punto e chiediamoci se sia corretto parlare di un contenuto di disvalore presente nell'aspetto puramente materiale del reato, avulso dalle sue componenti soggettive.

La rapida indagine, svolta precedentemente, ci consente di precisare che il disvalore del fatto non è costituito da una qualifica che discenda all'elemento obiettivo dell'illecito penale da una norma, sia essa la norma incriminatrice o altra norma – giuridica o no – da questa richiamata. Conclusione alla quale deve aggiungersi un rilievo che, mentre a tutta prima sembrerebbe decisivo per il rigetto delle concezioni che arricchiscono il dolo della coscienza dell'elemento in parola, in realtà aiuta a comprendere meglio la ragione pratica del problema e, conseguentemente, ci induce a chiederci se, e in qual modo, l'ordinamento si sia dato carico di questa ragione pratica.

Un fatto, cioè, è innegabilmente e, apparentemente, inspiegabile. Mentre, in sede di enunciazioni di massima, c'è la tendenza a concepire la coscienza del disvalore del fatto come consapevolezza di una qualifica formale, di cui quest'ultimo risulterebbe investito, allorché si passa all'analisi delle singole figure criminose, il principio formulato diventa lettera morta e soltanto in talune ipotesi si profila, accanto alla coscienza e volontà del comportamento, un terzo elemento, costituito dalla consapevolezza del carattere lesivo della condotta, nei confronti dell'interesse protetto dalla norma. Ma, se così è, ci troviamo di fronte ad un bell'esempio di incongruenza. Si sarebbe tentati di attribuirne la colpa alla diversa mentalità che presiede all'enfasi delle astrazioni di parte generale, sempre al confine tra la vera e propria scienza del diritto e preoccupazioni di varia ideologia, e la concretezza delle questioni sollevate dalle indagini condotte sui singoli reati. Ma, a correggere questa prima e deplorevole impressione, interviene la considerazione dei casi in cui dottrina e giurisprudenza sentono il bisogno di completare la nozione del dolo con l'aggiunta di un ulteriore requisito, di volta in volta ravvisato nell'intenzione o nella consapevolezza di ledere o mettere in pericolo l'interesse protetto [49]. Ciò si verifica quando una data fattispecie criminosa non è definita in manie-

---

[49] Cfr. Cass. V, 11 aprile 1972, n. 2285: "In tema di ingiuria e diffamazione, lo scopo o motivo di scherzo, il quale si manifesta in modo suscettivo di ledere l'onore, il decoro o la reputazione altrui, lascia sussistere tutto ciò che è necessario per concretare il reato, così dal lato materiale come da quello psichico. Qualora, malgrado l'animo di scherzare, si esponga altri all'offesa che la legge reprime, il reato sussiste non essendo lecito divertirsi o far divertire a spese dell'onore, del decoro o della reputazione altrui"; "Cass. V, 25 febbraio 1991, n. 2489: "In tema di diffamazione a mezzo stampa, lo scopo o il motivo di scherzo che si manifesti in modo suscetti-

ra tale che ogni realizzazione di un fatto corrispondente allo schema normativo ponga necessariamente in essere un pregiudizio dell'interesse tutelato, quando, in altri termini, di fronte ad un fatto conforme alla figura legale, ci si può ancora chiedere se esso realizzi, davvero, un'offesa penalmente rilevante.

Se la gran parte dei reati è così configurata che, fuori di casi davvero eccezionali, ogni soggetto, capace di intendere e di volere, rappresentandosene il fatto, sarà conscio, al contempo, della natura lesiva della propria azione, ci sono, e non pochi, reati nei quali manca un collegamento così stretto tra corrispondenza allo schema descrittivo e offesa. Ci sono, insomma, illeciti penali delineati, nella norma incriminatrice, in maniera tale che può darsi un fatto il quale, pur essendo conforme al modello di parte speciale, non arrechi in concreto alcun pregiudizio alla situazione oggetto della tutela.

Si possono, su tal via, prospettare due situazioni, nettamente distinte, anzi: nettamente contrapposte. Il fatto rientra nella formula descrittiva della norma, ma appare non meritevole di essere assoggettato a pena perché non realizza un'offesa rilevante per il diritto penale; è, in altri termini, "innocuo". Ovvero, il fatto risponde tanto al requisito della conformità al tipo descrittivo che a quello della lesività, ma il soggetto, consapevole di realizzare un comportamento corrispondente ad una previsione astratta di reato, non si rende conto di ledere con la propria azione l'interesse alla cui salvaguardia la norma penale è predisposta. Possibilità, queste, che, se ricorrono con maggiore frequenza in rapporto a certe figure di reato (per esempio, quelli contro la fede pubblica, contro l'onore, parecchie contravvenzioni, ecc.), sono, in linea logica, riferibili a tutti i reati, anzi all'intiero campo dell'illecito. Non abbiamo, cioè, a che fare con figure criminose caratterizzate da note strutturali che le distinguano dalle altre, sì che esse dovrebbero considerarsi appartenenti ad una categoria di reati individuabili in forza del particolare contenuto; si tratta semplicemente di una eccessiva ampiezza delle relative descrizioni legali, che una tecnica legislativa più accorta specificherebbe (quando ciò è possibile) maggiormente.

Ci si chiede, allora, quale sia la rilevanza che *de iure condito* spetta all'offesa all'interesse oggetto di tutela e alla relativa consapevolezza che il soggetto deve averne per agire dolosamente. Se è vero che ogni norma, segnatamente ogni norma penale, costituisce tutela di una data situazione di interessi[50] e, quindi, che

---

vo di ledere la reputazione altrui, non impedisce l'integrazione del reato sia sul piano materiale che su quello psichico. Attribuire, pertanto, in un manifesto, ad un personaggio pubblico (nella specie sindaco), espressioni volgari e di pesante ironia, assume comunque carattere diffamatorio, costituendo un attacco alla sua reputazione attraverso il discredito che un simile linguaggio comporta a chi ne faccia uso". Da entrambe le decisioni emerge che nel contesto delle fattispecie concrete non può ritenersi assente la consapevolezza di offendere i beni tutelati.

[50] Ovviamente, non è sempre dato riscontrare la preesistenza alla norma di un interesse socialmente apprezzabile. L'interesse, che è espressione della sovranità, può essere creato e definito dalla stessa norma incriminatrice. E qui potrebbe obiettarsi: ma se è così, tutto si risolve nella corrispondenza del comportamento concreto al tipo descrittivo astratto. Non è esatto. Come abbiamo più volte notato, l'astrazione generalizzatrice, inseparabile da ogni norma giuridica, fa

ogni reato costituisce offesa a quest'ultima, occorre precisare il ruolo svolto da tali concetti nel quadro della fattispecie.

In primo luogo, come è chiaro, bisognerà provare che il momento dell'offesa possiede una propria autonoma rilevanza sul piano oggettivo del reato. Ove ad un tale risultato non sia possibile arrivare, diventa insuperabile l'obiezione secondo la quale, anche ammesso che la norma penale è sempre rivolta alla tutela di uno o più interessi, la lesione o la messa in pericolo dei quali rappresenta una nota distintiva, un requisito, un carattere del fatto criminoso, l'ordinamento opererebbe alla stregua di una presunzione assoluta, *iuris et de iure*, secondo la quale, a ritenere realizzata l'offesa all'interesse protetto, basterebbe il puro e semplice fatto.

Se così fosse, il momento dell'offesa non assumerebbe un reale valore di requisito di fattispecie, ma esaurirebbe la propria funzione in quella di criterio di interpretazione, quando non si esaurisse in una mera indicazione sociologica o di politica legislativa. Spiegherebbe, insomma, la ragione per la quale certi fatti sono elevati a reato, o tutt'al più ne aiuterebbe a comprendere il tipo, ma non apparterrebbe alla struttura della fattispecie penalmente rilevante, bensì alla *ratio* di una determinata incriminazione.

L'offesa dell'interesse, o degli interessi giuridicamente rilevanti, è presa in considerazione in una serie di situazioni e categorie dogmatiche che, nonostante partano dalla medesima premessa, finiscono con l'esprimere dei contenuti notevolmente diversi.

Tali categorie, come sappiamo[51], sono: l'antigiuridicità sostanziale o materiale in contrapposto all'antigiuridicità formale; l'offesa o danno criminale in contrapposto al danno risarcibile; e, finalmente, l'evento giuridico in contrapposto all'evento naturale.

Del superamento della contrapposizione fra antigiuridicità sostanziale o materiale e antigiuridicità formale ci siamo già occupati trattando della struttura oggettiva del fatto di reato[52]. Quanto alla distinzione fra cosiddetto danno criminale e danno risarcibile, una volta precisato l'ambito dei pregiudizi risarcibili e messo in evidenza che il danno criminale, e cioè l'offesa che è insita nel reato, comprende anche dei mali che non sono suscettibili di risarcimento; o, per contro, che non può aversi reato senza danno risarcibile, è indubitabile che in tale confronto l'importante è determinare il concetto di danno risarcibile.

In altre parole, si pone una domanda cui viene data una risposta esauriente anche da chi, delineata una certa nozione di danno criminale, ometta, poi, di prendere posizione sul ruolo che tale nozione svolge: *ratio* della norma o effettivo re-

---

sì che sotto la previsione della regola di diritto possano cadere fatti che, in realtà, non offendono l'interesse di cui la norma è portatrice. In questi casi diventa particolarmente forte il significato del contenuto offensivo del reato e della coscienza che di esso deve avere l'agente: l'ordinamento è obbligato a giocare con le carte che esso stesso ha scelto, non sono consentite deviazioni dagli statuti posti.

[51] Cfr. Parte II, capitolo VII, pp. 195 e 197.

[52] Cfr. Parte II, capitolo VII, p. 198 ss.

quisito di fattispecie, la cui mancanza determina il venir meno del reato.

Un rilievo del tutto particolare acquista, invece, la contrapposizione tra "evento in senso giuridico" ed "evento in senso naturalistico".

Abbiamo già visto come[53] con quest'ultima espressione si indichi l'effetto naturale dell'azione, il risultato fisico, fisiologico o psichico del movimento corporeo dell'agente o quello che va imputato alla sua condotta omissiva in quanto non impeditiva degli effetti delle condizioni positive che lo hanno naturalisticamente cagionato: insomma, la modificazione del mondo esterno rilevante per il diritto. Poiché l'atteggiamento doloso va studiato anche nei confronti degli accadimenti successivi alla condotta e da essa cagionati, il concetto in questione non può essere trascurato nella ricostruzione dell'oggetto del dolo. Ma abbiamo anche detto come la identificazione dell'evento, di cui all'art. 43, I comma, con quello naturalistico, condurrebbe alla necessità di riconoscere che la definizione del dolo enunciata nel nostro ordinamento manca di ogni riferimento ai reati di pura condotta.

Un secondo motivo, sempre nell'interpretazione dell'art. 43, si oppone ad intendere l'evento come il risultato dell'azione od omissione, rilevante per il diritto.

Si ricordi, innanzitutto, che, come ognun sa, chi ha elaborato il codice si ispirava alla concezione cosiddetta giuridica dell'evento: quella per cui esso è la lesione o la messa in pericolo dell'interesse tutelato. Naturalmente, alla stregua di una tale impostazione, non si potevano configurare casi di reati privi di evento.

In quest'ordine di idee, la definizione dettata dall'art. 43, I comma, c.p. risulterebbe perfettamente aderente alla realtà del dolo come elemento polarizzato nei confronti dell'intiero fatto di reato, o, meglio, nei confronti di quel requisito che esprime il significato globale del fatto, rispetto alla situazione di interessi tutelata dalla legge.

Né vale osservare che l'art. 43 del codice non può riferirsi al cosiddetto evento giuridico, perché la formula usata dal legislatore ("evento dannoso o pericoloso che è il risultato dell'azione od omissione e da cui la legge fa dipendere l'esistenza del delitto") non differisce sostanzialmente da quella che figura nell'art. 40, il quale, regolando il rapporto di causalità, considera, in primo luogo, l'evento naturalistico[54].

Così argomentando, infatti, ci si limita a porre in rilievo quella che è indubbiamente una improprietà terminologica degli estensori della legge. L'offesa all'interesse tutelato non è qualcosa che, come l'evento naturalistico, si stacca dalla condotta costituendone un effetto; l'evento in senso giuridico rappresenta – ripetiamo – l'incidenza del fatto sul piano degli interessi tutelati dal diritto.

Non è, dunque, la condotta a *cagionare* la lesione degli interessi tutelati, ma è tutto il fatto che risulta lesivo oppur no di tali interessi.

Inesattezza per inesattezza, si potrebbe, anzi, rilevare come la qualifica di "dannoso o pericoloso" attribuita all'evento, tanto nell'art. 43 che nell'art. 40, ap-

---

[53] Sul problema del nesso di causalità nei reati omissivi, vedi Parte II, capitolo VIII, p. 258 ss.

[54] Cfr. Parte II, capitolo VIII, p. 248 ss.

pare certamente fuori posto in quest'ultimo, dove sicuramente ci si riferisce all'evento naturalistico. Vero è che, essendo il risultato della condotta costituito molto spesso dall'offesa di fatto di un bene o di un interesse (così, ad esempio, la morte nell'omicidio, la distruzione o il deterioramento della cosa nel danneggiamento), si è generalmente propensi a ritenere che l'evento naturalistico consista sempre in un danno o in una messa in pericolo. Senonché, ove si proceda ad una attenta analisi della struttura delle conseguenze dell'azione, penalmente rilevanti, ci si deve accorgere che ben può darsi una fattispecie nella quale si richieda un evento, e cioè una modificazione del mondo esterno, senza esigere, però, che questa modificazione abbia carattere di per sé dannoso o pericoloso.

Come è stato rilevato, tale forma di evento non offensivo si ha, in genere, in tutti i reati in cui la condotta consiste in parole, quando si ritenga che queste debbano essere udite dal soggetto passivo, anche se non abbiano prodotto un danno o un pericolo.

Ben può darsi, insomma, che una figura di reato non realizzi in nessuno dei suoi elementi, individualmente considerati, un danno o un pericolo; e ancora: anche quando l'evento materiale si presenta come risultato dannoso non è sempre esatto che esso costituisca l'elemento nel quale l'offesa – contenuto del reato si manifesta con evidenza maggiore.

Si pensi, ad esempio, all'automutilazione per sottrarsi al servizio militare (art. 157 c.p.m.p.). Mentre l'evento naturale di questo reato è dato dalla mutilazione del proprio corpo e, quindi, dalla lesione di un interesse che fa capo allo stesso soggetto agente, l'interesse tutelato dalla norma incriminatrice è incontestabilmente un interesse di pertinenza dello Stato. Poiché le medesime considerazioni possono svolgersi a proposito di numerose altre fattispecie delittuose (si ricordino la fraudolenta distruzione della cosa propria, il danneggiamento al patrimonio archeologico, storico o artistico nazionale; la distruzione o il deturpamento di bellezze naturali, ecc.) occorre convenire che è inaccettabile il punto di vista secondo il quale, in ogni ipotesi di evento naturale, la norma penale sarebbe diretta, appunto, a impedire il verificarsi di questa realtà. Gli esempi riportati dimostrano chiaramente come questa coincidenza non sempre esista. Così, con riferimento all'automutilazione non si può davvero dire che ciò di cui si tende a evitare il realizzarsi sia la lesione dell'interesse all'integrità personale dell'agente, essendo a tutti evidente che la *ratio* della disposizione in parola va ravvisata nella tutela dell'interesse statuale a determinate prestazioni da parte dei cittadini.

Questo per dire che il danno e il pericolo posti in essere a alcuni, e nemmeno tutti, gli eventi naturalistici saranno, al più, dei puri momenti di fatto, necessari, né più e né meno degli altri che risultano formare la fattispecie criminosa, ma sicuramente non tali da illuminare in maniera particolare sul perché l'ordinamento reputi illecito un determinato comportamento. Si possono pertanto elevare le più ampie riserve sul punto di vista adottato dal legislatore quando nell'art. 40 si riferisce al risultato della condotta come all'evento dannoso o pericoloso da cui la legge fa dipendere l'esistenza del reato.

Il vero è che l'utilizzazione della lettera della legge, a fini di interpretazione del contenuto di un elemento giuridicamente rilevante, esige un discorso più cauto di quello che sorregge l'ordine di idee in esame. Se la determinazione di un qualunque dato costitutivo di fattispecie nient'altro può significare se non l'individuazione delle regole che definiscono operativamente tale dato, che indicano, cioè, il senso da attribuirsi alle proposizioni in cui esso si riscontra, è indispensabile distinguere l'enunciato normativo che si limita a rivelare l'opinione "dottrinale" dei compilatori della legge, da quello che sintetizza un tipo di disciplina e, soprattutto, delinea gli elementi essenziali della fattispecie. Che all'art. 43 si accenni all'evento come risultato dell'azione od omissione, o che all'art. 40 l'evento sia qualificato dannoso o pericoloso, non toglie nulla alla realtà delle cose: la quale ci costringe a riconoscere che mentre una interpretazione in chiave di elementi naturalistici, realmente in rapporto da effetto a causa con la condotta umana, renderebbe gravemente incongrua la definizione del dolo, non si può parlare sempre di dannosità o pericolosità come caratteristiche dell'evento che è al centro dell'art. 40. Ma così come non ci formalizziamo a proposito di quest'ultima norma e, malgrado la terminologia poco appropriata adoperata dal legislatore, la circostanza che in essa si disciplini il rapporto da causalità ci impone di accogliere l'accezione naturalistica dell'evento, allo stesso modo la specificazione "conseguenza dell'azione od omissione", frutto di una erronea visuale d'ordine dommatico, non può farci perdere di vista il dato, decisivo, che prima di pervenire alla conclusione che nella legge si incontra una definizione monca o insufficiente di un elemento fondamentale del reato quale è il dolo, è buona regola ermeneutica cercare di salvarne il contenuto essenziale. Il che vuol dire che, posti davanti ad una scelta fra un atto di fiducia nella ragionevolezza delle sovrastrutture "dottrinali" del codice e un'analoga professione di fede nella razionalità del sistema noi propendiamo per quest'ultima.

Di ben altro peso è, invece, il rilievo che oggetto del dolo possono essere solo gli elementi costitutivi del reato, tra i quali non sarebbe annoverabile l'offesa dell'interesse protetto. Nessun dubbio, infatti, che se dovessimo consentire su quest'ultima proposizione, le conseguenze che si ricaverebbero dall'identificazione dell'evento, verso cui appare polarizzato il dolo, con la lesione degli interessi oggetto di tutela, sarebbero da un lato puramente nominalistiche, dall'altro imporrebbero, onde far salva la definizione dell'art. 43, I comma, una ingiustificata complicazione nel sistema.

Certo, anche aderendo al punto di vista secondo il quale l'offesa degli interessi protetti non fa parte dell'oggetto del dolo, o, il che è lo stesso, non è requisito del fatto di reato, si potrebbe sempre attribuire all'evento concepito in senso giuridico il valore di termine riassuntivo dell'intiero fatto di reato che, appunto perché tale, sarebbe da considerarsi, in ogni caso, lesivo di una data situazione di beni-interessi.

Ma, in tal modo, si perverrebbe solo a far salva una formula definitoria, senza aggiungere al dolo un elemento che ne arricchisca la struttura, come sarebbe quello che esprimesse la necessità che l'agente si rappresenti il carattere offensivo della propria condotta. Ora, poiché alla considerazione di tutto quanto il fatto materiale come oggetto del dolo, si perviene agevolmente – e lo abbiamo visto – alla stregua di norme diverse da quella dell'art. 43, I comma (basti pensare, sotto il profilo positivo all'art. 47 e all'art. 59 e, sotto il profilo negativo, all'art. 5 c.p.) non è chi non veda come un risultato del genere sarebbe assolutamente sproporzionato al costo che esso imporrebbe: l'onere di interpretare in due modi distinti il termine evento, distinguendo i casi in cui esso figura nelle norme disciplinanti il rapporto di causalità dai casi in cui costituisce il termine di riferimento dell'elemento psicologico del reato.

Va da sé che l'attribuzione di due o più significai ad un medesimo termine legislativo è cosa possibile e frequentemente ricorrente nel sistema. Ma se ad essa dovesse arrivarsi unicamente per non guastare la compiutezza di quella che, su tal via, risulterebbe una mera definizione, è innegabile che sarebbe di gran lunga preferibile un franco riconoscimento della inadeguatezza del dettato legislativo.

Tutto sta, dunque, a vedere se, per aversi conformità alla fattispecie, già sul piano obiettivo, sia indispensabile, oltre la corrispondenza al tipo descrittivo, anche il requisito dell'offesa.

Se la risposta sarà positiva, se proprio dovremo ammettere che l'ordinamento dà riconoscimento, traendone le relative conseguenze, alla possibilità, accertata in linea puramente logica, che un fatto rispondente allo schema di parte speciale sia privo di contenuto lesivo, ogni perplessità circa il significato cosiddetto giuridico posseduto dal termine evento nell'art. 43, viene a cadere.

12. *La rilevanza dell'offesa sul piano oggettivo*

Vi è un'ipotesi tipica di divergenza fra conformità allo schema descrittivo e realizzazione dell'offesa: il reato impossibile per inidoneità dell'azione.

L'art. 49, II comma, c.p. dispone che la punibilità è esclusa "quando per la inidoneità dell'azione … è impossibile l'evento dannoso o pericoloso". Anche qui, evidentemente, il significato della norma ruota intorno a quello da attribuirsi al termine "evento". Anche qui, già in sede di prima approssimazione, sembrerebbe necessario fare riferimento all'evento in senso giuridico, posto che altrimenti non si saprebbe come giustificare la delimitazione della figura del cosiddetto reato impossibile ai soli reati con evento naturalistico. L'impressione è esatta ma onde non incorrere, fra l'altro, nel rimprovero di annettere importanza eccessiva a quella che potrebbe essere una svista terminologica del legislatore, va completata da una dimostrazione che colga la struttura essenziale del fatto che, a' sensi dell'art. 49, II comma, si caratterizza per la inidoneità dell'azione.

Poiché l'art. 56 c.p. stabilisce che colui il quale "compie atti idonei", diretti in modo non equivoco a commettere un delitto, risponde di delitto tentato se l'azione non si compie o l'evento non si verifica, l'art. 49, nel comma che ci interessa, può essere inteso come norma che anticipa, sotto il profilo negativo, la disciplina del delitto tentato[55]. Sì che, in questo ordine di idee, è perfettamente comprensibile che affiori il sospetto che il legislatore avrebbe potuto fare a meno di dettare il disposto in parola. L'unico elemento che ne motiverebbe l'esistenza sarebbe, in tutto e per tutto, la previsione dell'assoggettabilità dell'autore del fatto ad una misura di sicurezza.

Stando così le cose, però, riesce assai difficile comprendere perché non sia stato aggiunto all'art. 56 il comma collocato, invece, a chiusura dell'art. 49. E inoltre: anche a tacere della stranezza di una tecnica legislativa che si preoccuperebbe di caratterizzare negativamente un certo fenomeno, prima di definirlo da un punto di vista positivo, la regolamentazione risultante ad una interpretazione dell'art. 49, II comma, come doppione rovesciato dell'art. 56, sarebbe veramente incongrua.

Poiché l'art. 56 si riferisce soltanto al delitto tentato, mentre l'art. 49 comprende sotto il proprio ambito anche le contravvenzioni, coordinando le due norme si arriverebbe a questa assurda conclusione: gli atti idonei diretti in modo non equivoco a commettere una contravvenzione non configurano – e questo è pacifico – tentativo e, per tal modo, vanno esenti da ogni conseguenza sanzionatoria

[55] Nel senso del testo: Cass II, 13 ottobre 1982, n. 9052: "Il reato è impossibile quando l'azione posta in essere per perpetrarlo sia inidonea in sé a commetterlo e non quando l'inidoneità derivi da cause estranee alla volontà dell'agente. In quest'ultima ipotesi infatti è ravvisabile tentativo di reato"; Cass. III, 10 dicembre 1982, n. 1588: "Può considerarsi inidonea un'azione solo quando la sua capacità di provocare l'evento sia assoluta e originaria in via astratta, risultante tale secondo una valutazione oggettiva da compiersi risalendo al momento iniziale dell'azione; alla inidoneità della azione o del mezzo adoperato non può essere equiparata la insufficienza di essa perché questa denota soltanto la mancanza di forza sufficiente a conseguire lo scopo perseguito in concreto, senza escludere in alcun modo la punibilità dell'attività posta in essere"; Cass. I, 30 maggio 1984, n. 5015: "Perché una azione possa essere considerata inidonea agli effetti dell'art. 49, 1 cpv., c.p. in relazione all'art. 56 c.p., è necessario che la sua incapacità a produrre l'evento sia assoluta, intrinseca e originaria e tale risulti secondo una valutazione oggettiva da compiersi risalendo al momento iniziale dell'azione"; Cass. I, 28 giugno 1984, n. 6075: "Il reato impossibile è determinato soltanto dell'assoluta inidoneità del mezzo, mentre l'insufficienza di esso, se esclude la piena consumazione del reato, non impedisce tuttavia la realizzazione del tentativo"; Cass. II, 2 ottobre 1985, n. 8363: "Ai fini dell'esclusione della punibilità per inidoneità della azione in base all'art. 49, II comma, c.p. è necessario che l'incapacità dell'azione a produrre l'evento sia assoluta, intrinseca ed organica secondo una valutazione oggettiva da compiersi, risalendo al momento iniziale dell'azione stessa. Ne consegue che la non punibilità si verifica nella sola ipotesi di inidoneità dell'azione che renda impossibile e non solo improbabile l'evento"; Cass. I, 21 gennaio 1989, n. 721: "Perché un'azione possa considerarsi inidonea agli effetti dell'art. 49, 1 cpv., in relazione all'art. 56 c.p. è necessario che la sua incapacità a produrre l'evento sia assoluta, intrinseca e originaria e tale risulti secondo una valutazione oggettiva da compiersi risalendo al momento iniziale dell'azione. La idoneità degli atti, valida per integrare la figura del delitto tentato, deve essere, invero, considerata sotto il profilo potenziale, dal punto di vista dell'attitudine causale a conseguire il risultato prestabilito, indipendentemente da ogni intervento che in concreto abbia impedito la realizzazione dell'evento. Per la configurabilità del reato impossibile, pertanto, l'inidoneità, in rapporto all'evento voluto, deve essere assoluta, con valutazione astratta della inefficienza strutturale e strumentale del mezzo che non deve consentire neppure una attuazione eccezionale del proposito criminoso".

penale; atti non idonei diretti a commettere una contravvenzione, concretando un reato impossibile, darebbero luogo all'applicabilità di una misura di sicurezza. O, in altri termini, il comportamento, indubbiamente più grave, non produrrebbe effetti penalmente rilevanti, quello meno grave, invece, sì.

La conclusione che si impone a chi metta insieme tutti i dati or ora richiamati è una sola, e cioè, che l'art. 49 non rappresenta, puramente e semplicemente, rispetto all'art. 56, l'altra e superflua faccia della medaglia. Con il che si è, come è chiaro, sgombrato il campo da un equivoco, ma non si è ancora precisata la struttura dell'azione inidonea che dà vita ad un reato impossibile.

A questo risultato si giunge ponendo la dovuta attenzione sulla circostanza che, mentre l'art. 56 prevede atti idonei ..., nell'art. 49 si parla di azione non idonea. Se è fuori discussione che gli atti costitutivi di delitto tentato sono quelli che non approdano alla compiuta realizzazione di uno schema descrittivo di parte speciale (occorre, infatti, che l'azione non si compia o che l'evento non si verifichi), il termine azione usato nell'art. 49 acquista l'autonomia, che conferisce ragion d'essere alla disposizione in esame, quando sia inteso come indicativo di un comportamento perfettamente rispondente alla descrizione della norma incriminatrice, ma che, per un motivo qualsiasi, risulti posto in essere in circostanze tali da rendere assolutamente impossibile il realizzarsi dell'evento-contenuto del reato[56].

Ciò vuol dire che, nel nostro ordinamento, il requisito dell'offesa non è considerato come necessariamente insito in un fatto che riproduca le note descrittive proprie di una figura criminosa, ma esprime l'esigenza che tale fatto, oltre a possedere i connotati formali tipici, si presenti, anche nel caso concreto e non unicamente in astratto, carico del significato in forza del quale è assunto come fattispecie produttiva di conseguenze giuridiche.

Una situazione di fatto è elevata ad oggetto di qualificazione giuridica ed una volta qualificata è idonea a produrre gli effetti giuridici stabiliti dalla norma, non come fine a sé stessa, bensì in vista di uno scopo.

Ove, pertanto, la qualificazione di una situazione di fatto concreta, della quale sia già stata accertata la rispondenza al modello legale, non appaia conforme allo scopo che l'ordinamento, attraverso una data norma, persegue, viene meno ogni motivo per procedere alla qualificazione stessa, ossia, per ciò che concerne il diritto penale e il campo dell'illecito in genere, per definire antigiuridico un dato comportamento[57]. E di ciò il nostro diritto positivo si dà carico nell'art. 49, II comma, che è una delle norme-chiave del sistema[58].

Cade, allora, a questo punto, ogni esitazione a considerare l'evento, nei cui confronti è polarizzata la nozione del dolo nell'art. 43, come offesa all'interesse

---

[56] Sul significato del termine azione, cfr. Parte II, p. 220 ss.

[57] L'offesa-contenuto del reato costituisce, come è chiaro, la specificazione nel settore dei fatti illeciti del concetto generale di causa dell'atto giuridico (in particolare, con riferimento al contratto, cfr. art. 1325 c.c.).

[58] Cfr. Parte II, p. 194 ss.

tutelato dalla norma. Non solo si riconosce così alla definizione legislativa quella perfetta aderenza al dato che essa vorrebbe sintetizzare; aderenza che è, invece, messa in crisi allorquando si ragiona in termini di evento naturalistico. Non solo, cioè, l'evento – offesa, contenuto del reato – riassume il valore di quest'ultimo nel complesso dei fatti giuridici, ma, ciò che più conta, l'asserto che nel dolo deve riflettersi l'offesa all'interesse tutelato esce dal cerchio delle tautologie per significare un vero e proprio requisito del dolo, oggetto, come tutti gli altri, di accertamento.

13. *Precisazioni sull'offesa-oggetto del dolo*

Conviene, a questo punto, uscire dalla genericità con cui abbiamo parlato finora, indifferentemente, di offesa, di lesione, di danno o di messa in pericolo di un interesse protetto, per precisare più accuratamente la struttura del concetto espresso attraverso i termini citati. Il che ci sarà utile anche per superare perplessità e rilievi, cui la soluzione proposta dà luogo.

Pregiudizialmente, val la pena di considerare quelle posizioni che intendono l'offesa come nozione di genere che comprenderebbe tanto l'effettiva lesione che la messa in pericolo dell'interesse tutelato dalla norma incriminatrice. È opinione comune, cioè, che, mentre alcune norme ipotizzano figure criminose il contenuto delle quali è costituito dalla effettiva lesione di un certo interesse, altre delineano ipotesi di reato il cui evento giuridico coinciderebbe col puro e semplice esporre a pericolo di un pregiudizio l'interesse medesimo. Prospettiva, questa, che muove dal presupposto che l'interesse la cui violazione fornisce il contenuto del reato è l'interesse cosiddetto di categoria: quello comune a tutto un gruppo di disposizioni incriminatrici. Senonché, l'interesse di categoria è concetto inutile e, ancor più, pericoloso quando non venga inteso, come deve essere, quale semplice criterio di raggruppamento di più reati, al massimo utilizzabile in via di interpretazione sistematica. Allorché, però, si riconosca che non esista, ad esempio, un generico interesse di natura patrimoniale, bensì tanti interessi aventi questo carattere quanti sono i reati contro il patrimonio; allorché, in altri termini, si ammette che ogni singola norma incriminatrice tutela uno (o più) interessi specifici, e, correlativamente, ogni reato rappresenta l'offesa di uno (o più) di tali interessi, si deve concludere che, a ben guardare, ogni offesa penalmente rilevante è una offesa di lesione. L'idea di messa in pericolo rinvia ad interessi extranormativi, o di fatto che dir si voglia, rispetto ai quali la violazione dell'interesse protetto dal diritto costituisce un momento anticipato. Ciò posto, potrebbe, anzitutto, obiettarsi che l'evento giuridico, nel suo puntuale significato di offesa all'interesse protetto, rappresenta, rispetto al dolo, ciò che è il tutto rispetto alla parte. Non si potrebbe, pertanto, esigere che esso si rifletta nella volontà colpevole, dato che si realizza solo attraverso un fatto sorretto dall'elemento psicologico prescritto dalla legge.

Così, se esaminiamo l'ipotesi di omicidio (art. 575 c.p.), è chiaro che la norma incriminatrice non tutela *sic et simpliciter* l'interesse alla vita, ma l'interesse a che quest'ultima non sia distrutta mediante condotte volontarie. Tanto è vero che, ove la causazione della morte di un uomo avvenga per caso fortuito, l'interesse alla vita non è assolutamente oggetto di protezione da parte dell'ordinamento giuridico, per lo meno sul piano penale. Ciò dimostra, dunque, come sia esatto che l'offesa all'interesse tutelato è collegata al verificarsi di un fatto conforme, non solo agli elementi oggettivi, ma anche a quelli soggettivi del tipo descrittivo. Senonché, anche ammesso che l'offesa, nel suo complesso, non può prescindere dal dolo o dalla colpa, rispettivamente richiesti in una data figura criminosa, l'ostacolo si supera facilmente.

Innanzi tutto va detto che difficoltà del tipo di quella menzionata sorgono ogniqualvolta si affermi che la coscienza della qualificazione globale della propria azione è indispensabile in chi agisce dolosamente. E, invero, potrebbe ben dirsi che chi compie un'azione, conforme ad una qualche figura criminosa, ignorando di andare contro una norma penale, non errerebbe sul valore del fatto posto in essere, ma agirebbe nell'esatta convinzione di realizzare un fatto che è realmente lecito (proprio per la mancanza del requisito soggettivo in questione – naturalmente, in un sistema che tale requisito espressamente esigesse).

Il problema, però, è nuovamente di interpretazione. Se il legislatore, in sede di art. 43, si riferisce all'evento giuridico, proprio perché quest'ultimo è contrapposto al dolo, l'offesa deve essere intesa non nella sua essenza e compiutezza globali, bensì nella sua dimensione oggettiva. Il dolo sarà, cioè, puntualizzato nei confronti dell'offesa in quanto inerente ad un fatto conforme ad una figura tipica di reato, prescindendo dalla presenza dell'elemento soggettivo.

Né questa enucleazione, nel quadro di un concetto generale, di un suo momento o aspetto particolare, costituisce tecnica insolita per il legislatore penale. Per non fare che alcuni tra i vari esempi possibili, basti qui ricordare come nell'art. 81, II comma si esiga una pluralità di azioni od omissioni, per indicare con tali termini l'intiero fatto di reato. All'art. 42, I comma, c.p. di azione ed omissione si parla, invece, in senso meramente oggettivo, come risulta dalla contrapposizione rispetto al requisito soggettivo della *coscienza e volontà*. Lo stesso può dirsi a proposito del termine "fatto" che mentre, ad esempio, all'art. 1 del codice è usato in una accezione comprensiva di tutti gli elementi del reato, nell'art. 47, proprio perché considerato quale punto di riferimento di eventi psicologici, deve essere inteso come fatto oggettivo.

Sgombrato il campo da quello che potrebbe essere un rilievo senza dubbio importante, vediamo, ora, come il dolo si atteggi nei confronti dell'offesa. Essendo quest'ultima un requisito del fatto posto in essere, requisito che naturalmente risulta anche da elementi preesistenti alla condotta, non si potrà esigere che l'agente debba volere il significato che essa imprime all'azione. Tutto ciò che si può concretamente domandare è la coscienza di realizzare un comportamento, con determinate caratteristiche offensive, lasciando per il momento impregiudicata la questione se sia sufficiente questo momento intellettivo o non occorra, invece, qualcosa di più.

Anche in ordine all'offesa si pone una esigenza di tipicità. Il che vuol dire che il soggetto deve essere consapevole di offendere con il proprio fatto quell'interesse alla cui tutela è predisposta la norma incriminatrice. Si noti, però, che affermare che l'agente deve esser conscio di ledere l'interesse obiettivamente protetto, non equivale assolutamente a pretendere che egli debba rappresentarsi anche la tutela che l'ordinamento accorda all'interesse leso. La rappresentazione relativa all'offesa è una rappresentazione che cade su momenti di fatto e sul loro significato nei confronti delle situazioni di interessi garantite dalla legge. Non è una rappresentazione che concerna il valore giuridico la qualifica discendente dalla norma incriminatrice. Possono, insomma, benissimo coesistere, l'una accanto all'altra, la consapevolezza di ledere quell'interesse che è oggetto della tutela e l'opinione, determinata da errore di diritto, di tenere un comportamento perfettamente lecito. Si esige, insomma, la rappresentazione della lesione di un interesse tipico, non quella della tipicizzazione di tale interesse. Non si vede, dunque, come sia sostenibile che richiedere la rappresentazione dell'offesa significherebbe richiedere la rappresentazione dell'antigiuridicità penale, con palese dimenticanza dell'art. 5 c.p.[59].

[59] A proposito del quale art. 5 va detto che la giurisprudenza è estremamente cauta nel riconoscere la scusabilità, e quindi la rilevanza, dell'errore su legge penale. La tendenza è a mantenere integro il rigore del disposto *de quo*: fino a svuotare la regola del III comma dell'art. 47 c.p., concernente l'errore su legge diversa dalla legge penale, con l'esigere che gli effetti della norma extrapenale rimangano circoscritti al settore dell'ordinamento cui la norma appartiene – senza contribuire a definire la struttura degli elementi del fatto di reato. Si ha, insomma, l'impressione che la scusabilità dell'errore su legge penale venga ravvisata solo quando il soggetto agente, per ragioni a lui non imputabili, non si sia reso conto dell'offesa agli interessi protetti. Cfr., da ultime, Cass. III, 29 gennaio 1997, n. 646: "Ai fini della scusabilità dell'errore sul precetto, non possono assumere rilevanza le dichiarazioni del tecnico di un piccolo Comune, dotato di modesta preparazione professionale, qualora le stesse siano in contrasto con un consolidato orientamento giurisprudenziale; non trovino uniforme applicazione nella stessa Provincia o Regione ovvero siano macroscopicamente illegittime. Deve, in tal caso, ritenersi inadempiuto l'obbligo d'informarsi in maniera adeguata con diligenza ed attenzione conformi al parametro dell'*'homo eiusdem condicionis et professionis'*"; Cass. VI, 21 febbraio 1997, n. 1632: "Alla stregua della sent. n. 364/1988 della Corte costituzionale, l'errore sul precetto è inevitabile nei casi di impossibilità di conoscenza della legge penale da parte di ogni consociato. Ma mentre per il comune cittadino l'inevitabilità dell'errore va riconosciuta ogniqualvolta l'agente abbia assolto, con il criterio della ordinaria diligenza, al cosiddetto 'dovere di informazione', attraverso l'espletamento di qualsiasi utile accertamento per conseguire la conoscenza della legislazione vigente in materia, per tutti coloro che svolgono professionalmente una determinata attività, tale dovere è particolarmente rigoroso, tanto che essi rispondono dell'illecito anche in virtù di una '*culpa levis*' nello svolgimento dell'indagine giuridica. In questa seconda situazione occorre, cioè, ai fini dell'affermazione della scusabilità dell'ignoranza, che da un comportamento positivo degli organi amministrativi o da un complessivo pacifico orientamento giurisprudenziale l'agente abbia tratto il convincimento della correttezza della interpretazione e, conseguentemente della liceità del comportamento futuro"; Cass. VI, 4 dicembre 1997, n. 11204: "In tema di abuso d'ufficio, il pubblico ufficiale può invocare, ai fini della esclusione del dolo, la ignoranza di circostanze di fatto, anche attinenti all'ufficio, ma non quella delle norme che regolano lo svol-

gimento delle proprie funzioni. Infatti tali norme sono implicitamente richiamate dalla legge penale a integrazione della ipotesi criminosa, per cui la ignoranza di esse si riverserebbe non sul fatto ma sulla stessa legge penale e sarebbe pertanto irrilevante"; Cass. III, 13 febbraio 1998, n. 1835: "In tema di tutela dei vincoli ambientali, il rilascio di una irrituale autorizzazione comunale provvisoria in sostituzione della necessaria autorizzazione regionale per l'esercizio di un chiosco stagionale in zona sottoposta a vincolo, può legittimamente indurre in errore il destinatario, che pure sia consapevole della necessità dell'autorizzazione regionale per averla in precedenza già richiesta ed ottenuta, sulla conformità della propria condotta alla legge ed esclude la punibilità per la violazione dell'art. 1 *sexies* della l. 7 agosto 1985, n. 431"; Cass. VI, 3 febbraio 1999, n. 1407: "L'elemento soggettivo del reato di omissione di denuncia (art. 361 c.p.) consiste nella consapevolezza e volontarietà dell'omissione della denuncia allorché si sia verificato il presupposto da cui deriva l'obbligo di informare l'autorità giudiziaria, ovvero la conoscenza, da parte del pubblico ufficiale, del fatto costituente reato a causa e nell'esercizio delle sue funzioni. È, invece, estraneo alla nozione del dolo di omissione il motivo che induca il soggetto, su cui grava l'obbligo di informazione, ad astenersene; sicché è irrilevante che il pubblico ufficiale ritenga che l'informativa sulla '*notitia criminis*' di cui sia venuto a conoscenza, competa ad altro pubblico ufficiale ovvero supponga che l'informativa medesima sia stata da questi già fornita. Infatti, l'errore in cui il soggetto possa incorrere, al riguardo, non esclude la volontarietà dell'omissione, ma concerne semmai la sua legittimità ed è, pertanto, penalmente inescusabile"; Cass. III, 21 giugno 1999, n. 8048: "In tema di finanziamento o contributo ai partiti politici, possono ritenersi leciti i contributi o finanziamenti provenienti dalle società solo se siano stati deliberati dall'organo sociale competente e regolarmente iscritti in bilancio. Ne consegue che integra il reato previsto dall'art. 7 della l. n. 195/1974 la condotta di chiunque corrisponda o riceva contributi 'senza che sia intervenuta la deliberazione dell'organo societario o senza che il contributo o il finanziamento siano stati regolarmente iscritti nel bilancio della società stessa'. Ed invero, la liceità del contributo o del finanziamento provenienti da società dipendono da un duplice adempimento: deliberazione della società ed iscrizione in bilancio; in assenza di uno soltanto di tali adempimenti i contributi o i finanziamenti non sono più conformi alla legge. (Nella specie la Corte ha ritenuto che non fosse invocabile da parte dell'imputato la causa di non punibilità prevista dall'art. 47, in relazione all'art. 5 c.p., essendosi correttamente rilevato, da parte dei giudici di merito, che il preteso errore scusabile non riguardava l'interpretazione di una legge extrapenale, bensì l'applicazione di norme del codice civile in materia di deliberazioni di società e di iscrizioni in bilancio, espressamente richiamate dall'art. 7 della l. n. 195/1974 ad integrazione del precetto penale)"; Cass. VI, 16 giugno 1999, n. 7817: "Ai sensi dell'art. 47 c.p., legge diversa dalla penale è quella destinata in origine a regolare rapporti giuridici di carattere non penale e non esplicitamente incorporata in una norma penale o da questa non richiamata anche implicitamente. Pertanto deve essere considerato errore sulla legge penale, e quindi inescusabile, sia quello che cade sulla struttura del reato, sia quello che incide su norme, nozioni e termini propri di altre branche del diritto, introdotte nella norma penale a integrazione della fattispecie criminosa. (La Corte ha precisato che le disposizioni legislative che disciplinano l'operato e i doveri delle varie tipologie di pubblici ufficiali o incaricati di pubblici servizi non hanno natura di norme extrapenali, poiché l'art. 323 c.p., obbligando al rispetto delle leggi e dei regolamenti nell'esercizio del pubblico ufficio, recepisce le regole riguardanti l'attività dei singoli pubblici ufficiali o incaricati di pubblico servizio)"; Cass. V, 23 febbraio 2000, n. 2174: "L'errore su legge diversa da quella penale, idoneo ad escludere la punibilità, è solo quello che riguarda una norma destinata in origine a regolare rapporti giuridici di carattere non penale, non richiamata né esplicitamente né implicitamente nella norma penale. Non è perciò scusabile l'errore che incide su precetti e termini di altre branche del diritto, introdotti ad integrazione della norma penale, proprio perché essi determinano il contenuto del comando penale"; Cass. VI, 7 giugno 2000, n. 6776: "Alla stregua della sent. costituzionale n. 364/1988, l'errore sul precetto è inevi-

Rilievo tanto frequente quanto sopravvalutato è quello per cui ravvisare nel dolo la coscienza di agire in maniera disforme da come si dovrebbe, renderebbe inefficiente il meccanismo penale nei confronti dei cosiddetti delinquenti di convinzione, tra cui principalissimi quelli politici.

La consapevolezza di ledere un interesse altrui non soltanto non manca nella stragrande maggioranza dei delinquenti di convinzione, ma, nel caso del delinquente politico, si trasforma addirittura nello scopo in vista del quale questi agisce. In tali ipotesi, anzi, chi agisce convinto di compiere un atto eticamente e socialmente positivo, non per questo non si rappresenta di ledere l'interesse che l'ordinamento tutela: potrà ritenerlo un interesse indegno di protezione ma, nella maggior parte dei casi, avrà addirittura anche la rappresentazione della tutela apprestata dall'ordinamento.

Più nitida, e comunque non derivante da fraintendimento della tesi esposta, si profila la critica secondo la quale, esistendo per un numero assai notevole di reati grande discordia in dottrina e giurisprudenza sulla determinazione dell'interesse tutelato, a richiedere la rappresentazione dell'offesa a tale interesse si apre il varco ad una infinità di discussioni ed incertezze. E, si aggiunge, nei reati contravvenzionali (si ricordi che anche le contravvenzioni possono essere realizzate con dolo e che esistono, senza alcun dubbio, contravvenzioni esclusivamente dolose), l'oggetto giuridico sarebbe generalmente inafferrabile.

Prescindendo dal rilevare che assai spesso i contrasti circa l'individuazione dell'interesse tutelato concernono più la categoria cui quest'ultimo va ricondotto che non la sua struttura, si risponde che nessuno può sperare di ridurre l'interpretazione a un puro procedimento meccanico, sì da escludere dissensi e perplessità. Così come questi si presentano in tema di accertamento degli elementi del fatto, non si vede perché ciò non possa verificarsi anche a proposito dell'interesse tutelato.

Quanto, poi, al rilievo che in certi reati l'interesse protetto sarebbe inafferrabile, esso equivale ad ammettere l'esistenza di reati che non ne offendono alcuno. Ora, al riguardo, è opportuno precisare che "l'interesse tutelato da una certa norma" non è qualsiasi fine umano tipizzabile e giuridicamente tutelabile, bensì quello, accertato secondo criteri di valutazione media, che è effettivamente oggetto di previsione da parte di una norma. Si potrà, quindi, discutere se un dato interesse sia o no degno di tutela, ma quel che conta è che l'ordinamento lo abbia ri-

---

tabile nei casi di impossibilità di conoscenza della legge penale da parte di ogni consociato. Deve ritenersi tuttavia che, per coloro i quali svolgono professionalmente una determinata attività, esiste un 'dovere di informazione' particolarmente rigoroso, tanto che essi rispondono anche in caso di '*culpa levis*' nello svolgimento dell'indagine giuridica e, quindi, nella interpretazione delle leggi"; Cass. III, 21 aprile 2000, n. 4951: "La esclusione della colpevolezza nelle contravvenzioni non può essere determinata dall'errore di diritto dipendente da ignoranza non inevitabile della legge penale, quindi, dal mero errore di interpretazione, che diviene scusabile quando è determinato da un atto della pubblica amministrazione o da un orientamento giurisprudenziale univoco e costante, da cui l'agente tragga la convinzione della correttezza dell'interpretazione normativa e, di conseguenza, della liceità della propria condotta".

tenuto tale. Se ciò è vero, l'esistenza di incriminazioni che non tutelino un certo interesse val quanto ammettere l'esistenza di norme che non hanno alcuna ragion d'essere.

Simmetrico a quello precedentemente esposto, ma sempre rivolto a mettere in risalto le difficoltà che sorgerebbero dal punto di vista qui accolto, è il rilievo che fa capo alla presenza, nel sistema, di non poche incriminazioni volte alla tutela di una pluralità di interessi.

Mentre, da un lato, esigere che l'autore di un reato del genere (cosiddetto plurioffensivo) sia consapevole di arrecare un pregiudizio a tutti e ciascuno degli interessi protetti, porterebbe ad escludere sempre, o quasi sempre, il dolo; dall'altro, non sembra sufficientemente motivata l'opinione secondo la quale basterebbe la rappresentazione dell'offesa ad almeno uno degli interessi in questione.

In realtà il dilemma non esiste.

Di reato plurioffensivo si parla per indicare due tipi fondamentalmente diversi di fattispecie criminose. Il primo comprende quei reati previsti da norme incriminatrici che sono predisposte alla tutela di più interessi, ciascuno dei quali è del tutto svincolato dagli altri, sì che l'illecito concretamente posto in essere può lederne uno solo, alcuni o tutti quanti insieme.

Mediante norme siffatte, l'ordinamento realizza, insomma, una sorta di economia legislativa [60].

Ora, non c'è dubbio che nei reati appartenenti a tale categoria, nei reati, cioè, che soli meritano a buon diritto la qualifica di plurioffensivi, poiché l'offesa che ne rappresenta il contenuto è posta in essere anche attraverso la lesione di uno soltanto degli interessi tutelati, sarà sufficiente ad integrare il dolo la rappresentazione di offendere anche uno solo di essi.

Il secondo gruppo comprende, invece, quelle norme che tutelano interessi complessi, tali che la lesione di uno, per essere giuridicamente rilevante, ad un certo titolo, deve verificarsi accompagnata dalla contemporanea (e necessaria) offesa dell'altro o degli altri.

Qui, a differenza di quanto è riscontrabile per i reati del primo gruppo – che sono in verità i meno numerosi – oggetto della tutela è un interesse unico, la cui struttura però si presenta costituita dalla fusione di più interessi semplici. In tali ipotesi, posto che l'offesa sorge solo con la lesione dell'interesse in tutte le sue componenti, l'agente dovrà possedere la consapevolezza di tenere un comportamento lesivo dell'interesse così come è modellato dalla norma.

---

[60] Tipica, al riguardo, doveva ritenersi la fattispecie dell'art. 559 c.p. (Adulterio). Gli interessi tutelati erano tanto quello alla fedeltà coniugale che quello di impedire la cosiddetta *turbatio sanguinis* nello stipite familiare. È chiaro che il fatto corrispondente alla previsione normativa (oggi abrogata) poteva offendere uno soltanto di tali interessi o entrambi assieme. In ogni caso, il reato doveva considerarsi realizzato.

Lo stesso discorso può farsi per il falso in bilancio (art. 2621 c.c.); le false comunicazioni sociali possono ledere disgiuntamente l'interesse societario, quello di uno o più singoli soci, quello dei creditori, o congiuntamente tutti gli interessi protetti.

Resta, finalmente, l'osservazione di maggior peso che, pur se di rado espressamente formulata, è quella che, in fondo, motiva tutte le altre. La difficoltà di provare un elemento di fattispecie che abbia a contenuto una rappresentazione o un giudizio così squisitamente personali. Ma di questa osservazione dovremo occuparci quando esamineremo il problema dell'accertamento del dolo.

14. *L'art. 5 c.p. secondo la lettura della Corte costituzionale (sent. 24 marzo 1988, n. 364)*

Analizzando la struttura del comportamento doloso, ci siamo più volte imbattuti nell'art. 5 c.p. Questa norma nella originaria versione codicistica si presenta come norma dichiarativa, di sbarramento: nel senso che esclude, ai fini dell'accertamento di responsabilità penale, la rilevanza dell'ignoranza della legge incriminatrice. Il rigore del principio è stato smussato attraverso vari percorsi. A partire da quello che assume quale scusante la buona fede nelle contravvenzioni, con una curiosa e difficilmente spiegabile limitazione della regola alle sole contravvenzioni[61], si è, in maniera più convincente, fatto leva su caratteristiche intrinseche al

---

[61] Cfr. Cass. III, 28 maggio 1990, n. 7353: "Nel caso in cui l'autore di un illecito urbanistico provveda spontaneamente alla demolizione delle opere abusive realizzate, questo fattore può costituire prova sia della mancanza di un danno penalmente rilevante, sia della buona fede dell'imputato (nel caso di specie le opere abusive erano state abbattute prima che il sindaco ne ordinasse la demolizione)"; Cass. I, 20 maggio 1991, n. 5533: "In materia contravvenzionale – pur avendo il vigente codice penale accolto una concezione naturalistica dell'elemento soggettivo del reato, non esigendo né la coscienza dell'antigiuridicità della condotta né l'intenzione di violare la legge – non è sufficiente la semplice volontarietà dell'azione, essendo pur sempre necessaria quantomeno la colpa. In tale ambito la buona fede acquista giuridica rilevanza solo se si traduce, a causa di un elemento positivo, estraneo all'agente, in uno stato soggettivo che esclude anche la colpa. Ad escludere la colpa non è sufficiente l'errore dipeso da ignoranza non scusabile, nella quale rientra l'erronea interpretazione o l'ignoranza della legge penale. Va tuttavia valutata l'attività della pubblica amministrazione, capace di determinare l'erroneo convincimento della regolarità e completezza degli adempimenti a questa spettanti, e quindi la buona fede per fatto estraneo all'agente, che incide sulle stesse condizioni sulle quali fondare la necessaria rimproverabilità della violazione ritenuta"; Cass. III, 3 marzo 1992, n. 2336: "In materia contravvenzionale è configurabile la buona fede ove la mancata coscienza della illiceità del fatto derivi non dall'ignoranza incensurabile della legge, ma da un elemento positivo, cioè da una circostanza che induce nella convinzione della sua liceità, come un comportamento dell'autorità amministrativa"; Cass. I, 25 novembre 1992, n. 11357: "In tema di inosservanza dei provvedimenti dell'Autorità, si verifica una evidente ipotesi di buona fede, cui è da riconoscersi efficacia scusante, nel caso in cui risulti accertato che l'obbligo di adempiere il comando contenuto nel provvedimento dei Carabinieri sia rimasto inosservato da parte dell'imputato perché costui sia stato indotto – dal difensore, il quale, a sua volta, abbia ricevuto assicurazione dal Giudice, che quell'ordine aveva provocato – a ritenere che il comando dovesse considerarsi caducato"; Cass. I, 28 settembre 1993, n. 8860: "L'elemento soggettivo nei reati contravvenzionali è escluso dalla buona fede dell'agente, circa la liceità del suo comportamento. Buona fede determinata non dalla mera non conoscenza della legge, bensì da un fattore positivo esterno (circolare ministeriale)

concetto di obbligo – soprattutto, di obbligo penalmente sanzionato. Questo, si è giustamente osservato, non tanto è un imperativo, quanto deve presentare contenuto e struttura idonei a farlo funzionare come imperativo. Dal che non discende, certo, la necessità che la norma che pone l'obbligo entri in effettivo contatto con la volontà del soggetto agente, il quale pertanto dovrebbe conoscerla, quanto l'attitudine a porsi come fattore capace di vincolare la volontà dei consociati.

Ciò significa che tutte le volte in cui sia impossibile l'esplicarsi di questa funzione di vincolo (l'esempio classico è quello della legge che entri in vigore prima della pubblicazione) l'obbligo, ad una valutazione generale che abbraccia la posizione di tutti i destinatari, si profila inattuabile: i comportamenti ad esso eventualmente contrari non vanno considerati illeciti perché quello che avrebbe dovuto essere il criterio di valutazione in chiave di antigiuridicità non ha effettualmente adempiuto al suo ruolo. Come si vede, non una questione di struttura dell'elemento soggettivo, bensì di pre-condizione all'applicabilità della norma. Realtà, questa, certo ben presente al legislatore quando ha inserito l'art. 5 nel titolo I del codice penale tra le regole che concernono, appunto, la legge penale e le sue condizioni di applicabilità.

Può darsi che ciò non basti ad appagare le esigenze di soggettivizzazione del diritto penale implicite nella natura di illecito personale propria del reato e, soprattutto, enunciate dal precetto costituzionale del I comma dell'art. 27: "la responsabilità penale è personale". Sull'onda di queste idee e di questi sentimenti, la Corte costituzionale, con una decisione ampiamente e dottamente motivata, in special modo con riferimento al principio – però, non definito – di colpevolezza, chiamata a decidere sulla legittimità dell'art. 5 alla stregua dei disposti della Costituzione che più accentuano il momento soggettivo del reato, si è pronunciata per una limitazione della portata dell'art. 5, basata sulla correlazione: inevitabilità dell'errore su legge penale – scusabilità dell'errore[62]. Si tratta, con ogni evidenza, di una sentenza additiva, di quelle, cioè, caratterizzate dalla dichiarazione di incostituzionalità nella parte in cui non è dato rilievo a quanto avrebbe dovuto essere espresso nella norma oggetto di giudizio. E, sull'efficacia che va riconosciuta a decisioni del genere, ci siamo già espressi[63]. Ma dimentichiamo pure questo aspetto

---

che abbia indotto il soggetto in errore incolpevole"; Cass. III, 21 dicembre 1994, n. 12710: "Nelle fattispecie contravvenzionali la buona fede può acquistare giuridica rilevanza solo a condizione che si traduca in mancanza di coscienza dell'illiceità del fatto (commissivo od omissivo) e derivi da un elemento positivo, estraneo all'agente, consistente in una circostanza che induca alla convinzione della liceità del comportamento tenuto. La prova della sussistenza di un elemento positivo di tal genere, però, deve essere data dall'imputato il quale ha anche l'onere di dimostrare di avere compiuto tutto quanto poteva per osservare la norma violata".

[62] "... l'inevitabilità dell'errore sul divieto (e, conseguentemente, l'esclusione della colpevolezza) non va misurata alla stregua di criteri c.d. soggettivi puri (ossia di parametri che valutino i dati influenti sulla conoscenza del precetto esclusivamente alla luce delle specifiche caratteristiche personali dell'agente) bensì secondo criteri oggettivi: ed anzitutto in base a criteri (c.d. oggettivi puri) ..." (sent. n. 364/1988 della Corte costituzionale).

[63] Si veda la Parte I, p. 56 ss.

di carattere generale e prendiamo la decisione per quello che essa mira ad aggiungere all'art. 5. Il nocciolo dell'argomentazione sta nell'asserto che l'errore inevitabile (e qui non interessa il parametro secondo il quale l'inevitabilità è ritenuta) sarebbe per ciò stesso scusabile. Cominciamo col dire che inevitabilità e scusabilità si pongono come termini di una tautologia. È evidente che ciò che è inevitabile è, al tempo stesso, scusabile. Senonché non si tratta di scusare o no l'errore, ma di stabilire se e quando l'errore scusa il comportamento tenuto.

Ora, non ci sembra che al quesito possa darsi in via assoluta una risposta affermativa. Facciamo il caso di chi, in istato di ignoranza inevitabile sull'esistenza di un precetto penale, agisca con la piena consapevolezza di ledere l'interesse obiettivamente tutelato da quella norma che egli non poteva conoscere. Ci si chiede per quale ragione si dovrebbe escludere il dolo: sono stati realizzati tutti gli elementi essenziali di un fatto doloso. Per negare la volontà colpevole bisognerebbe affidarsi ad un azzardato giudizio ipotetico: se il soggetto avesse avuto nozione del precetto, si sarebbe astenuto (ma chi ce lo assicura?) dalla trasgressione. E, poi, la valutazione va portata su come si è operato e non su come si sarebbe operato in circostanze diverse da quelle che contrassegnano il caso concreto. E questo è tanto vero che la decisione della Corte non afferma che l'ignoranza inevitabile esclude il dolo, ma, a monte, la colpevolezza. Abbiamo già detto che di questa non viene offerta una definizione puntuale, ma ciò non rappresenta una rarità in un clima culturale che, talora a ragione, talora a torto, ha in gran sospetto i "Begriffi" e le ideologie che essi fondano.

Ciò che conta è che, circoscrivendo l'efficacia scusante dell'inevitabilità dell'ignoranza della legge penale, si tagliano fuori da questa disciplina i comportamenti dei non imputabili ai quali, per generale consenso, non si addice e non si rivolge il giudizio di colpevolezza. Conclusione paradossale perché non garantisce proprio coloro che di garanzie hanno maggiormente bisogno e, sicuramente, non voluta dai Giudici della Consulta. Ma tant'è: chi dice A deve dire anche Z.

A concludere queste osservazioni, che nulla vogliono togliere al merito della sottolineatura soggettivistica della struttura del fatto penale, possiamo dire che, al di fuori dei casi in cui deve ritenersi l'inefficacia dell'obbligo in quanto non attuabile dalla generalità dei consociati – ed è, come sappiamo, questione che attiene all'applicabilità in astratto della legge – l'ignoranza della norma incriminatrice esclude il dolo tutte le volte che il dolo non si realizza nei suoi elementi costitutivi. Paradigmatico il caso di chi abbia ricevuto da autorità competente l'assicurazione della liceità della condotta che si propone di tenere e che poi effettivamente pone in essere. È vero che in una simile ipotesi ci sarà ignoranza della legge trasgredita, ma, prima ancora, supposizione erronea, a seconda delle circostanze, dell'adempimento di un dovere o dell'esercizio di un diritto: cioè la rappresentazione di un elemento negativo del fatto che fa venir meno la volontà dolosa.

Questo, naturalmente, a condizione che l'assicurazione prestata da competente autorità si basi sulla asserita presenza dell'adempimento di un dovere effettivamente statuito dall'ordinamento o dell'esercizio di un diritto, di cui nel caso concreto difettano gli estremi di fatto, ma che è comunque in astratto previsto dalla legge. Debbono riproporsi, insomma, tutti gli elementi dell'erronea supposizione di scriminante di cui al IV comma dell'art. 59 c.p.

Anche il caso[64] di improvviso, non preannunciato, mutamento di giurisprudenza, per effetto del quale viene considerato illecito un comportamento fino a quel momento reputato penalmente irrilevante, non propone questione di deroga all'art. 5. Prima ancora della impossibilità di conoscere la "formula" incriminatrice, qui si tratta, in tutta la sua cogenza logico-giuridica, di problema di irretroattività della regola incriminatrice. Ci siamo già occupati[65] della distinzione, oggi pressoché dominante in dottrina, tra proposizione linguistica, la quale enuncia tutti i segni con cui è significata la volontà normativa, e norma reale: che è la regola effettualmente vigente nell'ordinamento.

Il rilievo ha grande importanza perché il *dictum* raramente si profila tale da consentire che gli sia attribuito quel solo significato che dà contenuto alla regola effettiva. Ordinariamente più di uno saranno i significati riconducibili ad un contesto linguistico: non solo perché ogni sforzo per evitare un tale risultato si presenta quanto mai arduo e di difficilissimo esito positivo, ma anche perché nel procedimento di produzione normativa la possibile polivalenza di un testo è ritenuta tutt'altro che un difetto.

Si profila, anzi, spesse volte, come strumento di mediazioni altrimenti impossibili. Stanti così le cose, una interpretazione giurisprudenziale che innovi in modo incompatibile con quella precedente la lettura di una regola di diritto val quanto la posizione di una norma nuova rispetto a quella prima in vigore. Se questa norma nuova è più sfavorevole per il destinatario si avrà, sostanzialmente, l'applicazione retroattiva di una regola di comportamento che il soggetto non era tenuto a prendere in considerazione. Diciamo retroattività sostanziale, dall'angolo visuale della fonte di produzione, sostanziale e formale insieme quando teniamo presente ciò che nella concretezza del principio di irretroattività realmente conta: e, cioè, che non si debbano risentire le conseguenze sfavorevoli di una regola formulata *dopo* che la condotta in discussione sia stata posta in essere.

15. *Forme ed intensità del dolo*

Possiamo fissare i seguenti punti. Il comportamento doloso, che il legislatore delinea in maniera unitaria, imperniandone la nozione sul concetto di volontà, si profila contrassegnato da eventi mentali di natura diversa, quali sono il momento volitivo, nel preciso significato psicologico del termine, diretto al movimento o

---

[64] Si pensi all'orientamento assunto da alcune Procure della Repubblica quando hanno indiziato di favoreggiamento i clienti delle prostitute. Per una soluzione a mezza strada tra questo indirizzo e quanto sostenuto nel testo cfr. il *Corpus Juris 2000* (versione fiorentina), *annexe II, Principes Directeurs, Principes Traditionneles, Principe de la Légalité*, secondo cui i cambiamenti di interpretazione sono ammessi soltanto quando fossero ragionevolmente prevedibilii.

[65] Cfr. Parte I, p. 56 ss.

all'inerzia corporei, che costituiscono la condotta in senso stretto; e il momento intellettivo che investe tutti gli altri elementi del fatto. Siamo adesso in grado di sciogliere la riserva sopra formulata circa la necessità o meno di un requisito ulteriore rispetto a quello intellettivo. Come abbiamo accennato, il problema si pone allorquando il risultato dannoso è previsto soltanto come probabile o ragionevolmente possibile. In realtà, però, superato l'ostacolo costituito dall'interpretazione dell'evento di cui all'art. 43 come modificazione del mondo esterno rilevante per il diritto, la questione trova i suoi termini esatti se si imposta nei confronti non del solo evento naturalistico, bensì dell'intiero fatto criminoso.

Il dato che, a tutta prima, sembra giustificare le più fondate perplessità sulla possibilità di ammettere che, per aversi dolo, sia sufficiente che alla volizione della condotta in senso stretto si accompagni la rappresentazione del verificarsi del fatto come probabile o ragionevolmente possibile, è costituito dalla presenza nel nostro ordinamento di una forma di colpa che la legge definisce qualificata dalla previsione dell'evento. Se la previsione dell'evento, inteso come termine di sintesi con il quale ci si riferisce al fatto ed al disvalore del fatto, è stato psicologico compatibile con un rimprovero per colpa, pare necessario convenire che al dolo occorre qualcosa di più oltre tale previsione. Naturalmente, il problema sorge soltanto in relazione agli eventi previsti come possibili, ma non presi direttamente di mira. Gli altri eventi sono assolutamente fuori discussione. Gli eventi presi direttamente di mira sono imputati a titolo di dolo, siano previsti come certi o soltanto come possibili, così come sono imputati a titolo di dolo gli eventi previsti come certi, anche se non presi direttamente di mira. Né, infine, la questione ha ragion d'essere per gli eventi non previsti: la loro imputazione può avvenire, infatti, unicamente a titolo di colpa cosiddetta incosciente. Si tratterebbe, allora, come è chiaro, di enucleare il requisito aggiuntivo che permetta di imputare a titolo di dolo, cosiddetto eventuale o indiretto, l'evento previsto come possibile. Secondo la teoria della probabilità, che nasce sul tronco della teoria della rappresentazione, è decisivo il grado di possibilità con cui l'agente ha previsto il prodursi dell'evento. L'agente sarebbe, cioè, in dolo se si è rappresentato come più probabile il verificarsi, anziché il non verificarsi, dell'evento; in colpa nel caso contrario. Si osserva, però, che o la norma penale tende a proibire soltanto quei comportamenti che siano accompagnati dalla rappresentazione dell'evento come immancabile e, allora, non è concettualmente ammissibile un dolo eventuale. O, invece, essa impone di astenersi dall'azione anche quando ci si rappresenti la semplice ragionevole possibilità di un evento dannoso e, allora, appare arbitrario operare, nell'ambito della possibilità, distinzioni di carattere qualitativo, laddove è questione di mere differenze quantitative. Accantoniamo pure l'idea che la distinzione tra dolo e colpa, tra due criteri di imputazione soggettiva radicalmente diversi, non possa avvenire sulla base di differenze meramente quantitative: è risaputo che la variante quantitativa può essere così rilevante da tradursi in variante qualitativa. Questo a ragionare puramente sulla scarna geometria di concetti giuridici disegnati in modo del tutto noncurante della effettiva applicazione. Quando però ci facciamo carico che sotto il concetto astratto deve essere sussunta una realtà concreta, i limiti operativi diventano perentori. E a questo punto dobbiamo fare i conti con tutte le difficoltà che si incontrano a stabilire dove incominci la probabilità e finisca la possibilità. Insomma, su tal via, all'interprete in generale e al giudice in particolare sarebbe imposta un'indagine praticamente inattuabile.

Ancor meno convincenti si rivelano quei tentativi di raggiungere una soddisfacente delimitazione mediante il ricorso a stati affettivi come la speranza, il desiderio. Applicando il punto di vista così prospettato, dovrebbe escludersi il dolo in chi agisca rappresentandosi la *possibilità* del verificarsi, come sviluppo della propria azione, di un fatto di reato, sperando o desiderando, però, che ciò non avvenga. Un premio ai buoni sentimenti che non si traducono, però, in comportamenti effettivi: pertanto, moralmente del tutto ingiustificato. Non solo di buone intenzioni, ma anche di buoni sentimenti non accompagnati da un operare corrispondente è lastricata la via per l'inferno.

Né maggiore consistenza presenta il criterio del consenso: si avrebbe dolo (eventuale) allorché alla previsione dell'evento come possibile si unisce una particolare presa di posizione del soggetto nei confronti di questo evento: allorché egli ne abbia assunto la responsabilità, vi abbia aderito psicologicamente, abbia accettato il rischio relativo. Nell'argomentare giuridico è spesso presente lo scambio tra il *perché*, la *ratio* della rilevanza di un certo fatto giuridico e la struttura del fatto giuridico stesso. Si ritiene, cioè, che enunciare le ragioni per le quali è posta una data disciplina sia equivalente o, per lo meno, sufficiente a denunciare gli elementi che condizionano questa disciplina. Non vogliamo certamente negare il rapporto di dare e avere che intercorre fra *ratio* e regolamentazione nella quale la *ratio* si esprime: ma i rispettivi concetti vanno tenuti nettamente distinti. Se questo non accade, si arriva a formule estremamente generiche, che accrescono, in ultima analisi, quegli spazi di interpretazione che oggi si tende, a torto o a ragione, a ridurre. Spazi di interpretazione alla cui stregua si decide, assai spesso, se vi è o no punibilità [66]: dunque con effetti ricollegabili, alla fine, a quelli dell'esercizio di un vero e proprio potere discrezionale. Ma quando si può ritenere intervenuto il consenso? Tutti capiamo subito che è giusto far carico a taluno di un risultato dannoso o pericoloso al cui verificarsi si è prestato consenso o, che è lo stesso, non ci si è negati. Ma ugualmente capiamo che è necessario precisare quando si possa ritenere realizzato un evento mentale come quello che legittima la responsabilità per dolo eventuale. Altrimenti si rende possibile dare alla formula i contenuti più vari: dall'incertezza interpretativa si perviene ad un'amplissima discrezionalità, tanto più ampia in quanto non si saprebbe a quali criteri ancorarne l'esercizio. Secondo un orientamento, che ha incontrato notevole fortuna, bisogna accertare che cosa avrebbe fatto l'agente che ha previsto l'evento come possibile, nel caso che lo

---

[66] Dal più al meno questo vale per ogni operazione interpretativa: ma *est modus*. Le conseguenze discendenti dall'ampiezza degli "spazi interpretativi" diventano plateali quando dalla scelta operata dipende l'accertamento o l'esclusione del dolo nelle figure criminose che ammettono soltanto questo criterio di imputazione.

avesse, invece, previsto come sicuro. Se si perviene alla conclusione che egli avrebbe agito egualmente ci sarà dolo eventuale, altrimenti, colpa cosciente.

È facile obiettare, però, che, anche a prescindere dal rilievo che la prova di un accadimento ipotetico è assai più delicata e difficile da raggiungersi della prova di un accadimento reale, ancora una volta dobbiamo dire che ciò che conta non è il modo in cui una persona si sarebbe comportata in condizioni diverse da quelle che hanno effettivamente accompagnato la sua azione, ma il modo con cui essa ha preso concretamente posizione di fronte alle circostanze che le erano presenti al momento della decisione. Quel che occorre, allora, è puntualizzare la struttura del dolo eventuale, così come si fa per quello intenzionale e quello diretto. Mettere, insomma, in chiaro quand'è che si realizzi quella situazione psicologica che ci consenta di dire che taluno ha accettato il rischio di un evento non direttamente preso di mira, né previsto come certo o molto probabile. Il dolo consiste in eventi mentali reali, non virtuali, come invece è caratteristica della stragrande maggioranza delle ipotesi di colpa.

Il fatto costitutivo di reato deve essere oggetto di rappresentazione positiva: e questo vuol dire che non rispondono alle peculiarità dell'imputazione dolosa espressioni come "in quelle condizioni il soggetto poteva e, quindi, doveva rappresentarsi l'evento". In situazioni del genere il collegamento psicologico non è effettuale ma, vogliamo ripetere, virtuale: non significa dolo. Né, d'altra parte, può dirsi che vi sia accettazione del rischio quando potevo e dovevo rappresentarmi un evento, che in realtà non mi sono rappresentato. Di accettazione possiamo parlare soltanto allorché l'agente abbia avuto la rappresentazione effettiva della possibilità del verificarsi dell'evento dannoso o pericoloso. Possibilità naturalmente non in termini di pura immaginazione (tutto posso con la fantasia raffigurarmi), ma basata su dati di esperienza concreta.

Ora, quale prova più decisiva potremmo avere del fatto che chi ha previsto un certo risultato ne ha accettato il rischio che la realizzazione della condotta dalla quale si prevede *possa* derivare un evento dannoso o pericoloso. Se non avesse accettato il rischio, se non avesse, tutto sommato, nutrito indifferenza per il prodursi dell'evento vietato dalla legge, si sarebbe astenuto dall'azione o dall'omissione produttive di un tale evento. Senza far professione di comportamentismo, non c'è dubbio che l'accettazione, il consenso, è nei fatti. Chi si rifiuta ad una certa possibilità si guarderà dal porre in essere la condizione causale di ciò da cui, mentalmente, rifugge. Naturalmente la rappresentazione della possibilità dell'evento dovrà ricavarsi, come avviene per ogni dato psicologico, dalla costellazione di fatti esterni che lo accompagna. In questo senso, sono molto vicine alla formulazione proposta quelle motivazioni secondo le quali il soggetto "in quelle condizioni non poteva non rappresentarsi l'evento". Peccato, però, che assai spesso la puntualità dell'espressione sia svuotata dal corollario: "e quindi doveva rappresentarsi".

In conclusione, dobbiamo ritenere che lo stato di dubbio non esclude il dolo. Finché l'agente si rappresenta la possibilità positiva del prodursi di un fatto di reato lesivo di un interesse tutelato dal diritto, il rimprovero che gli si muove non è di aver agito con leggerezza; bensì di essersi volontariamente determinato ad una condotta, nonostante la previsione di realizzare un illecito penale[67].

D'altra parte, l'analisi di ciò che si intende per "previsione dell'evento" nella ipotesi di cosiddetta colpa cosciente, ci conferma nell'ordine di idee esposto.

Si pensi a taluno dei casi più frequentemente addotti come casi di colpa accompagnata da previsione; il giocoliere che lancia dei coltelli intorno al corpo di un'altra persona, l'automobilista che guida a velocità eccessiva in una strada molto affollata. Costoro, si dice, prevedono certamente la possibilità di cagionare un evento dannoso, ma, fidando nella loro abilità, agiscono con la piena convinzione che questo non si verifichi.

A ben guardare, però, un tal convincimento nient'altro significa se non che l'agente ha escluso la possibilità positiva che l'evento si verificasse. In altre parole, dalla previsione generica della idoneità di un comportamento, quale egli tiene, a sfociare in astratto in un reato, è passato alla previsione concreta che, per particolari circostanze concrete (per esempio, la perizia acquistata in una certa attività), ciò non avrà a verificarsi.

Il giudizio dubitativo: "un reato può verificarsi", si conclude così nel giudizio che asserisce: "un reato non si verificherà". La cosiddetta colpa cosciente si rivela, dunque, caratterizzata dalla previsione negativa che un fatto di reato non si realizzerà; presuppone, insomma, un atteggiamento psicologico che, se è indubbiamente ben diverso da quello di chi agisce senza neppure configurarsi la possibilità astratta di cagionare un risultato vietato, non può, però, confondersi con lo stato mentale di chi, rappresentandosi la possibilità di porre in essere un fatto di reato, non arrivi a superare questa posizione di dubbio[68].

Le osservazioni che precedono ci permettono di trarre alcuni corollari.

In primo luogo, dobbiamo ammettere come l'atteggiamento dell'agente si de-

---

[67] Come abbiamo già visto, la giurisprudenza è orientata nel senso di ritenere che vi sia dolo eventuale quando l'evento dannoso o pericoloso è previsto come probabile o, comunque, notevolmente possibile. Abbiamo già espresso i nostri dubbi su una siffatta presa di posizione: anche se pensiamo che con essa si richieda, più che una certa intensità quantitativa nella previsione, che la previsione sia ragionevole e non frutto di mera fantasticheria.

[68] Per tutti, F. CARRARA, *Programma del corso di Diritto Criminale*, parte generale, vol. I, Lucca, 1877, p. 91, § 83: "...Vi sarebbe contraddizione in chi dicesse – tu hai preveduto che ciò non avvenisse, dunque tu hai preveduto che ciò avvenisse.". E in nota a piè di pagina: "Ho esploso il mio archibugio contro una fiera: nel folto del bosco che le stava dietro vi era un uomo, e l'ho ferito. Non ho niente preveduto che quell'uomo fosse colà, ma se io poteva prevederlo sono in colpa: ed è la prima ipotesi. Ho esploso contro la fiera; a grande distanza da lei vi era un uomo; io l'ho veduto, ho fatto i miei calcoli, ed ho preveduto che attesa la grande distanza a cui stava quell'uomo la botta non lo avrebbe colpito; avviene però che la botta giunge all'uomo e lo ferisce: io sono sempre in mera colpa; ed è la seconda ipotesi. Errerebbe chi mi obiettasse che io aveva preveduto la possibilità di colpirlo, e che perciò sono in dolo; no, io ho preveduto di non colpirlo: ho errato nei miei calcoli, e qui sta la colpa, perché era prevedibile ciò che avvenne; ma a torto la previsione di non colpire si vorrebbe identificare con la previsione di colpire. Ho esploso contro l'uomo senza volontà di ucciderlo, ed a ragione della distanza ho preveduto come cosa incerta che la mia botta ne cagionasse la morte; ...".

finisca in termini di rappresentazione nei confronti di ciascuno degli elementi del fatto di reato, diversi dalla condotta in senso stretto. Più precisamente, allorché si tratta di un avvenimento futuro rispetto alla condotta, è corretto parlare di "previsione".

A seconda dell'intensità di tale rappresentazione, sia in rapporto all'efficacia causale sul processo volitivo, che al grado di probabilità con cui il suo oggetto viene raffigurato, si delineano distinte forme di dolo e si realizza, altresì, un criterio alla cui stregua si gradua l'intensità di quest'ultimo. Intensità che sarà massima allorché la rappresentazione del verificarsi di un fatto di reato (completo degli elementi che ne costituiscono il tipo oggettivo, nonché l'offesa-contenuto) è lo scopo in vista del quale il soggetto si determina alla condotta (in senso stretto). In tale ipotesi, il dolo assume la forma specifica di "dolo intenzionale". Distinta da questa, e seconda in ordine di intensità, è la figura del "dolo semplice" o "diretto", che si verifica quando l'agente ha compiuto volontariamente una certa azione, rappresentandosene con certezza lo sbocco in un fatto di reato, senza però che questa rappresentazione eserciti efficacia determinante sulla volizione della condotta.

Si ha, infine, "dolo eventuale" o "indiretto" quando l'azione volontaria è accompagnata dalla rappresentazione della probabilità o della possibilità che il fatto criminoso si realizzi, sempreché – giustamente, si avverte – sia da escludersi un'efficacia determinante, la cui presenza renderebbe il dolo intenzionale.

Il frequente ricorso da parte della giurisprudenza al concetto di dolo eventuale, soprattutto quando questo non è colto nella sua esatta struttura e viene mortificato in formule del tipo: "non poteva non rappresentarsi un certo risultato e quindi doveva rappresentarselo" ha condotto al tentativo di contenerne la rilevanza nella definizione del dolo o del comportamento doloso. Con esiti non del tutto soddisfacenti. Viene da dire che, piuttosto che sulla nozione generale, sembra opportuno lavorare sulla previsione del dolo in quelle figure di reato che risultano particolarmente ostiche al dolo eventuale. La strada potrebbe essere quella già segnata nel nostro ordinamento, ad esempio, in tema di calunnia: inserire, quale elemento della singola fattispecie criminosa un termine che, come il verbo "sa" dell'art. 368 c.p., esige che il fatto oggettivo sia rappresentato con certezza.

Un cenno particolare va dedicato al momento rappresentativo del dolo nei confronti dei dati, fattuali o di diritto, presupposti della condotta tipica. Così l'altruità della cosa oggetto materiale dell'azione, che figura in tanti reati contro il patrimonio o che comunque offendono il patrimonio, e la provenienza da delitto nella ricettazione (art. 648 c.p.). È ripetuta in giurisprudenza l'affermazione che, perché ci sia dolo, i presupposti della condotta debbono essere conosciuti, rappresentati con certezza, al di fuori di ogni dubbio [69]. L'assunto trae probabilmente

---

[69] Cfr. Cass. III, 26 giugno 1997, n. 6208: "Anche per i reati imputati ai sensi dell'art. 40 cpv. l'elemento psicologico si configura secondo i principi generali, sicché è sufficiente che il "garante" abbia conoscenza dei presupposti fattuali del dovere di attivarsi per impedire l'evento e si astenga, con coscienza e volontà, dall'attivarsi, con ciò volendo o prevedendo l'evento (nei

origine dalla necessità di porre un confine preciso fra ricettazione e acquisto di cose di sospetta provenienza (art. 712 c.p.). La certezza della provenienza illecita è propria del dolo di ricettazione; il sospetto che la cosa acquistata o ricevuta a qualsiasi titolo provenga da reato contrassegna l'elemento psicologico della contravvenzione. Ineccepibile la delimitazione che, sul piano della volontà colpevole, vien fatta fra le due ipotesi criminose. Non poche perplessità solleva, però, elevare questa conclusione di specie a principio generale. Ove non ci siano ragioni di regolamentazione di confini, come tra ricettazione e incauto acquisto, è difficile scorgere le ragioni per le quali il dubbio sull'esistenza di un presupposto della condotta sarebbe incompatibile con il dolo.

Si dà il caso che il soggetto si configuri più fatti di reato come svolgimento della propria azione od omissione.

Le ipotesi del genere vanno distinte a seconda che i fatti criminosi siano tra di loro compatibili o no: a seconda, cioè, che il realizzarsi di uno di essi ammetta o precluda il realizzarsi degli altri.

Se tra i fatti vi è compatibilità, per determinare la forma di dolo che presiede alla loro realizzazione, occorre tener conto del modo in cui ciascuno di essi, isolatamente considerato, è rappresentato dall'agente. Si possono configurare, in relazione ai singoli fatti, tutte le possibili combinazioni delle tre forme di dolo sopra individuate. Ad esempio: Tizio spara con una arma automatica contro una folla, per uccidere un suo nemico. Così facendo, egli è sicuro di colpire anche altre persone o, per lo meno, non è convinto del contrario. Il suo comportamento appare, allora, sorretto da dolo intenzionale nei confronti della vittima presa di mira; da dolo diretto o da dolo indiretto nei confronti dei terzi eventualmente raggiunti.

Qualora, invece, i fatti previsti siano incompatibili tra di loro, ed è indifferente al soggetto quale di esso possa realizzarsi, si parla di dolo alternativo.

Categoria, questa, che può essere accettata, purché sia chiaro come essa non venga a designare un'altra forma di dolo, accanto a quelle finora considerate. E,

---

delitti dolosi) o provocandolo per negligenza, imperizia, imprudenza o violazione di norme (nei delitti colposi e nelle contravvenzioni in genere). (Nella specie la S.C. ha ritenuto priva di fondamento giuridico la tesi secondo cui l'imputato doveva essere assolto perché difettava il dolo nei delitti e la colpa nelle contravvenzioni, osservando che non v'era dubbio che l'amministratore titolare conosceva i suoi doveri giuridici di vigilare sul comportamento dell'amministratore di fatto e aveva coscientemente omesso di esercitarli, con ciò accettando il rischio che l'amministratore effettivo commettesse i reati tributari che egli aveva il dovere di impedire)"; Cass. VI, 3 febbraio 1999, n. 1407: "L'elemento soggettivo del reato di omissione di denuncia (art. 361 c.p.) consiste nella consapevolezza e volontarietà dell'omissione della denuncia allorché si sia verificato il presupposto da cui deriva l'obbligo di informare l'autorità giudiziaria, ovvero la conoscenza, da parte del pubblico ufficiale, del fatto costituente reato a causa e nell'esercizio delle sue funzioni. È, invece, estraneo alla nozione del dolo di omissione il motivo che induca il soggetto, su cui grava l'obbligo di informazione, ad astenersene; sicché è irrilevante che il pubblico ufficiale ritenga che l'informativa della '*notitia criminis*' di cui sia venuto a conoscenza, competa ad altro pubblico ufficiale ovvero supponga che l'informativa medesima sia stata da questi già fornita. Infatti, l'errore in cui il soggetto possa incorrere, al riguardo, non esclude la volontarietà dell'omissione, ma concerne semmai la sua legittimità ed è, pertanto, penalmente inescusabile".

infatti, anche il dolo alternativo si specifica in dolo alternativo intenzionale, dolo alternativo semplice e dolo alternativo indiretto, alla stregua del ruolo giocato dalla rappresentazione o dal suo grado di intensità sul processo volitivo. A seconda, insomma, che il soggetto abbia compiuto una data azione allo scopo di realizzare uno qualunque fra più fatti di reato previsti; si sia rappresentato come sicuro il verificarsi di uno qualunque di questi; o, finalmente, abbia agito rappresentandosi la probabilità, o la ragionevole possibilità, del prodursi di uno qualunque di essi.

Una certa fortuna ha incontrato in dottrina la distinzione tra dolo di danno e dolo di pericolo. Con tali formule che, evidentemente, fanno riferimento alla offesa recata al bene protetto dalla norma penale, si possono intendere due, e ben diverse, situazioni. In un primo senso, la distinzione, prima ancora che riguardare l'elemento soggettivo del reato, ne concernerebbe l'aspetto materiale od oggettivo. Si parla, così, di dolo di pericolo allorquando il reato è considerato perfetto col semplice verificarsi di una situazione di pericolo [70]; di dolo di danno in tutti gli altri casi.

La possibilità di accedere ad un punto di vista del genere viene, però, a cadere per chi ritenga che l'evento giuridico, caratteristico di una determinata fattispecie criminosa, sia sempre e necessariamente evento di lesione. Tutt'al più, la contrapposizione in discorso potrà essere accolta limitatamente a quelle fattispecie in cui la struttura dell'interesse tutelato risulta, oltre che dal fatto di reato, anche da una cosiddetta condizione obiettiva di punibilità.

In questi casi, si può distinguere l'offesa-contenuto del reato da quella costituita dal pregiudizio all'interesse oggetto della tutela disposta dalla norma incriminatrice.

Poiché, di regola, tali interessi si pongono in un rapporto di progressione, ben può dirsi che il dolo, elemento essenziale del reato, sia dolo di pericolo nei confronti dell'interesse protetto dalla disposizione che configura l'intiera fattispecie criminosa: e ciò a cagione del fatto che l'offesa-contenuto del reato rappresenta la messa in pericolo dell'interesse, più complesso, e sempre, e al medesimo titolo, penalmente rilevante, delineato dall'insieme degli elementi costitutivi della fattispecie [71].

---

[70] Si veda il volume *Le forme di manifestazione del reato*, in *Appunti di diritto penale*, vol. VIII, Giappichelli, Torino, 2003.

[71] Cfr. Cass. V, 25 maggio 1999, n. 6470: "La condotta ipotizzata nel reato societario punito ai sensi dell'art. 2624 c.c. (divieto di contrarre prestiti con la società amministrata) diventa un fatto di bancarotta fraudolenta, in caso di dichiarazione di fallimento della società, poiché realizza una distrazione, punibile ai sensi del I comma dell'art. 223 in relazione all'art. 216 l. fall. Infatti, il bene tutelato nella previsione del reato societario è il vincolo di destinazione del patrimonio sociale, violato o posto in pericolo dall'impiego a scopo personale dell'amministratore. In caso di declaratoria di uno stato di decozione della società, dunque, la modifica in senso personalistico della destinazione viene a configurare la 'distrazione' in danno della massa creditoria, al soddisfacimento dei cui diritti l'attivo patrimoniale risulta destinato una volta subentrato lo stato di insolvenza. Peraltro, l'elemento soggettivo del reato non può connotarsi in maniera

In una seconda accezione, la qualifica di dolo di pericolo sta a significare non una particolarità dell'oggetto del dolo dipendente dalla struttura obiettiva del reato, bensì una semplice modalità di realizzazione dell'elemento soggettivo in parola. Agirebbe con dolo di pericolo colui il quale si rappresentasse la semplice possibilità del verificarsi della lesione del bene tutelato: dove è chiaro che, su tal via, la nozione viene a coincidere con quella di dolo eventuale, perdendo così ogni autonomia.

Una distinzione alla quale, contrariamente a quanto abbiamo visto a proposito della precedente, va, invece, attribuita grande importanza è quella tra dolo generico e dolo specifico.

Si ha il primo allorché la norma incriminatrice esige soltanto che il dolo investa gli elementi del fatto tipico più l'offesa che esprime il disvalore giuridico di quest'ultimo. Si configura il secondo quando, alla stregua di una determinata norma incriminatrice, è necessario agire in vista di uno scopo, fissato dalla legge, la cui realizzazione non trova riscontro sul piano della fattispecie obiettiva. In tali ipotesi, il dolo appare caratterizzato da una particolare composizione strutturale la quale pone, altresì, un problema di oggetto con riferimento al risultato, in vista del quale si agisce, se da un lato, cioè, l'efficacia causale, rispetto alla volizione, svolta dalla rappresentazione di questo risultato, svuota di rilevanza ogni indagine circa l'intensità (certezza, probabilità o possibilità) di essa, dall'altro è indubbio che ciascuna delle regole dettate in tema di errore, quale situazione la cui presenza impedisce il sorgere del dolo, vale anche per l'oggetto della rappresentazione costitutiva del particolare elemento che integra il dolo specifico[72]. Per il resto, va detto che quest'ultimo può essere intenzionale (il che avverrà quando a spingere il colpevole ad agire sia stato, oltre che il fine espressamente richiesto dalla legge, la rappresentazione dell'intiero fatto di reato); diretto (se, fermo restando lo scopo, il fatto è preveduto semplicemente come certo) e, perfino, eventuale (ad esempio, nel caso di chi con la finalità di trarne profitto, si impossessi di una cosa altrui, incerto se sia o no di sua proprietà).

I reati a dolo specifico presentano innegabili affinità con quelli cosiddetti "a consumazione anticipata", nei quali la "volontà" si estende ad abbracciare un evento non richiesto per la consumazione.

La circostanza che in questi ultimi manca la rilevanza esplicita dello scopo – necessaria, invece, per il dolo specifico – sembra non più che indicativa di una caratteristica della lettera della legge. In certi casi, cioè, il legislatore avverte la necessità di enunciare espressamente la finalità che deve sorreggere l'azione colpevole; in altri, ne fa a meno, tale finalità emergendo dalle note che individuano il fatto.

---

diversa dalla comune coscienza e volontà di compiere l'azione distrattiva comportante danno o pericolo per i creditori".

[72] Così, ad esempio, invocherà l'errore di cui all'art. 47 (rispettivamente a' sensi del I comma di detto articolo se l'errore è errore di fatto, ai sensi del III comma se è errore su legge diversa dalla legge penale incriminatrice) chi, avendo il possesso di denaro altrui, se ne appropri, ritenendo di agire in compensazione di un credito corrispondente (artt. 1241 e ss. c.c.).

A causa di tale errore, infatti, non si è rappresentata l'ingiustizia del profitto in vista del quale ha agito.

Frutto di equivoco, per contro, si rivela l'accostamento o, addirittura, la riconduzione al gruppo dei reati a dolo specifico dei reati cosiddetti a tendenza interna. La categoria in questione era stata elaborata dalla dottrina tedesca unicamente per la riluttanza ad ammettere che gli elementi normativi del fatto, e le relative qualifiche, facciamo parte dell'oggetto del dolo. Ancor meno utile, poi, si presenta la categoria in questione ad una visuale che tenga conto della rilevanza posseduta dal momento dell'offesa.

Tralasciamo la distinzione del dolo in iniziale, concomitante e successivo: attraverso la quale non si individuano forme particolari, ma si sollevano solo pseudo problemi che vengono dissipati ad una considerazione del principio che il dolo concerne il fatto nella sua tipicità. Dunque, nella esecuzione monosoggettiva[73], dall'azione od omissione nucleo del fatto, fino ad abbracciare quest'ultimo in tutto il suo svolgimento: insomma, *dolus superveniens non nocet*.

Vediamo come si determinino i diversi gradi di intensità dell'elemento psicologico in parola.

A differenza di quanto accade per la colpa, rispetto alla quale non è facile, nella infinita varietà di regole di condotta e quindi di atteggiamenti richiamati dall'art. 43, III comma, trovare un esatto criterio di graduazione, la valutazione dell'intensità del dolo, imposta dall'art. 133 c.p., si ispira a canoni sufficientemente precisi.

Abbiamo già visto come un ruolo decisivo sia svolto dalla forma intenzionale diretta o eventuale che il dolo può assumere esprimendo il grado di partecipazione della coscienza e volontà al reato.

Anche la durata e la complessità del processo di deliberazione, e cioè della valutazione dei motivi va tenuta presente perché tanto più ponderata è la scelta che porta alla decisione, più l'atto e le sue conseguenze si debbono considerare significativi della personalità dell'agente.

Inoltre, occorrerà soffermarsi sulla consapevolezza che il soggetto abbia o meno di violare una legge penale. E, invero, la coscienza di andar contro ai dettami del diritto rappresenta un dato estremamente eloquente ai fini della sua valutazione quantitativa.

16. *Profili dell'accertamento*

La difficoltà di provare un elemento di fattispecie che, come il dolo, è costituito da un evento mentale ha spesso condotto a scambiare per presunzioni legali quelle che sono soltanto inevitabili esigenze di accertamento. Per determinare, cioè, se una certa persona abbia effettivamente voluto e previsto un possibile risultato della sua azione, o il significato che quest'ultima presenta nel mondo del diritto, sarà sempre necessario affidarsi – come abbiamo già osservato – ad una

[73] Si veda il volume *Le forme di manifestazione del reato*, in *Appunti di diritto penale*, vol. VIII, Giappichelli, Torino, 2003, con particolare riferimento al concorso di persone nel reato.

serie di regole di esperienza, la conformità alle quali, in mancanza di dati da cui sia possibile inferire che, nel caso concreto, le cose non si sono adeguate ad esse, è sufficiente per ritenere dimostrato il fatto psicologico da provare.

Il ricorso a tali regole di esperienza rappresenta una costante del cosiddetto conoscere e ricostruire storico e non ha niente a che fare con l'applicazione delle norme che determinano i criteri e le cognizioni di allegazione e di controllo di un qualunque mezzo di prova. Tali norme, infatti, non incidono sulla intrinseca natura dell'attività di accertamento, bensì la presuppongono e, rimanendole estranee, possono tutt'al più porle dei limiti o impedirne l'ulteriore estrinsecazione o approfondimento.

Stante la dimensione della indagine che concerne i percorsi lungo i quali si svolge l'operazione di accertamento storico, il diritto positivo non può precisare né i confini entro cui questa va condotta né i materiali di cui può servirsi. Non c'è dubbio, quindi, che ogni domanda volta a chiarire se per accertare il dolo sia o no possibile tener conto di elementi che non appartengono alla fattispecie legale del reato o, addirittura, sono ipotizzati in un'altra fattispecie, è viziata in partenza. Al pari dello storico – è stato benissimo detto – l'interprete ha di fronte a sé il fatto non come una realtà esistente, ma come qualcosa da ricostruire. Quello che ha dinanzi è solo un complesso di prove, testimonianze, documenti; e su tale base bisogna che giunga a raffigurarsi, nel quadro della propria esperienza mentale, "come sono realmente andate le cose". Ora, allo stesso modo che sarebbe metodologicamente privo di senso e contraddittorio vietare allo storico di utilizzare questo o quell'elemento ai fini della sua ricerca, non si possono, di regola, porre limiti ai dati che, in quanto appartenenti alla realtà del fatto, sono utilizzabili dall'operatore del diritto ai fini della ricostruzione storica[74].

Se il fatto è stato posto in essere, in assenza di circostanze da cui possa dedursi che esso non ha costituito oggetto di volizione (nel significato che abbiamo sopra chiarito), il giudice potrà tranquillamente concludere per l'esistenza di volontà e rappresentazione del fatto stesso, senza venir meno al suo dovere di motivazione.

Vi potranno essere comportamenti che, per il modo peculiare con cui si estrinsecano nella realtà, consentono una più rapida deduzione del dolo (e sono quelli per i quali appare coniata e più frequentemente ricorrente l'espressione, in verità assai equivoca, di *dolus in re ipsa*); altri, nei quali l'evidenza sintomatica è molto più debole. Per i primi e per i secondi, però, il meccanismo di accertamento del dolo rimane immutato: occorrerà sempre raggiungere la prova del dolo, anche se questa risulta semplificata.

Ma non vogliamo che sorgano equivoci. Quale delle due ipotesi abbia a verificarsi, provare il dolo significherà sempre la medesima cosa: e, cioè, inferire da dati esterni conclusivi, l'ambito dei quali – ripetiamo – di norma non è suscettibile d'essere *aprioristicamente*[75] determinato, e alla luce di appropriate massime di

[74] Cfr. l'art. 2, I comma, c.p.p.: "Il giudice penale risolve ogni questione da cui dipende la decisione, salvo che sia diversamente stabilito".

[75] A deroga del principio esposto nel testo può citarsi l'autorità di giudicato, anche in cam-

esperienza, un comportamento psicologico o interno. Il che fa sorgere, indubbiamente, per l'imputato, la necessità pratica di allegare e di provare egli stesso, nel processo, il dato da cui possa dedursi la mancanza della volizione del fatto materialmente posto in essere. Abbiamo usato un'espressione: necessità pratica, che, se è generica, non presenta, in compenso, gli inconvenienti della formula, più tecnica, ma qui fuori di posto, "onere della prova". E, invero, non ricorre questa ultima situazione perché il dato che rompe la conseguenzialità tra massima d'esperienza, fatto esterno e fatto psichico da provare può essere acquisito al processo dal giudice o dall'accusa stessa.

Soltanto così si evita da un lato l'imposizione di un *modus procedendi* che rischierebbe di ridursi ad una vera *probatio diabolica*; dall'altro il ricorso a schemi presuntivi, ignoti al diritto penale.

Quanto sopra osservato permette di superare quelle che si presentano come le più gravi fra le obiezioni cui va incontro ogni tentativo che porti a vedere nel dolo non una mera volontà del fatto, ma una volontà *cattiva*, vale a dire conscia del male che è insito nel comportamento realizzato.

Innanzitutto, e il rilievo pur concernendo l'aspetto materiale della figura criminosa è ricco di riferimenti al nostro tema, deve ritenersi che il collegamento tra conformità al tipo descrittivo di una norma incriminatrice e offesa all'interesse tutelato è normale: certo, non costante ma ordinariamente realizzato. Può darsi, cioè, e lo abbiamo visto, che sotto la figura criminosa cadano anche comportamenti i quali, malgrado la conformità al modello legale, si rivelino, per effetto di particolarità che il legislatore nel suo sforzo di astrazione non ha potuto prevedere, del tutto innocui nei confronti dell'interesse alla cui protezione la norma penale è preordinata.

Questa divergenza, però, contrastante coll'*id quod plerumque accidit*, va concretamente accertata di volta in volta solo allorquando emergano circostanze che lascino ragionevolmente presumere la divergenza stessa. Se mancano elementi dai quali essa possa desumersi, si deve concludere nel senso della lesività del fatto rispondente ad una figura tipica di reato.

Ciò posto, il ragionamento va ripetuto per quel che riguarda il requisito della consapevolezza dell'offesa.

Stante il carattere normalmente dannoso di un comportamento fornito del requisito *formale* della rispondenza alle note descrittive di una fattispecie criminosa, l'esperienza insegna che la persona che abbia realizzato, coscientemente e volontariamente, un comportamento del genere, avrà pure avuto, di regola, la consapevolezza di ledere un interesse altrui. Con la conseguenza che solo ove si profili un elemento da cui possa dedursi l'assenza di questa componente del dolo, dovrà essere presa in considerazione la possibilità di una deviazione rispetto al risultato cui condurrebbe l'applicazione della massima di esperienza.

---

po penale, posseduta dalla sentenza irrevocabile del giudice civile che ha deciso una questione sullo stato di famiglia: si faccia il caso che tale questione di presenti in un processo per incesto.

CAPITOLO XII

LA COLPA

SOMMARIO: 1. Premessa. – 2. Il dato legislativo. – 3. Il presupposto negativo della colpa. – 4. Il collegamento psicologico con il fatto. – 5. Negligenza, imprudenza ecc. come elementi obiettivi di imputazione soggettiva. – 6. L'individuazione delle regole di condotta. – 7. La misura della rappresentabilità. Il rischio permesso. – 8. La relatività, all'interno della colpa, della distinzione fra negligenza, imprudenza, imperizia. – 9. L'inosservanza di leggi, regolamenti, ecc. – 10. Strumenti per accertare la colpa nelle attività sanitarie: le c.d. Linee guida. – 11. La condotta cui deve riferirsi l'elemento positivo della colpa. – 12. Il grado della colpa. – 13. Il caso fortuito.

1. *Premessa*

Antigiuridica, illecita, è ogni condotta che contrasti con una pretesa giuridica. Colpevole, solo l'azione che infranga una pretesa con determinate caratteristiche strutturali. Come è chiaro, facciamo qui riferimento, e sul punto dovremo ritornare, al concetto di colpevolezza inteso come figura di qualificazione dell'intiero comportamento. Figura di qualificazione che individua la contrarietà ad una pretesa dotata di specifici connotati intrinseci [1]. In questo senso, antigiuridicità e colpevolezza non concernono, entrambe, il medesimo fatto e non si applicano a fasi o aspetti diversi di questo. La valutazione è, cioè, sempre unitaria; in rapporto ad una data norma, a seconda del tipo di comportamento astrattamente previsto, il fatto umano o è soltanto antigiuridico (come violazione di un dovere) o è soltanto colpevole (come violazione di un obbligo). La qualifica di colpevolezza rappresenta l'intiera, specifica antigiuridicità di un comportamento, un'antigiuridicità particolarmente atteggiata, l'antigiuridicità, per usare una locuzione tradizionale, soggettiva.

Essa è presente in tutti i casi nei quali per imputare a taluno un certo contegno esterno si richieda un elemento che vada oltre la semplice realizzazione fisica della condotta o la determinazione causale dell'evento.

Tale elemento, che in dottrina suole chiamarsi spirituale, soggettivo o psichico, può assumere la forma del dolo o della colpa, ma non si esaurisce in questi ultimi. Abbiamo più volte sottolineato come anche quando la fattispecie criminosa non è

[1] Cfr. in questo stesso volume, capitolo XI, § 14.

intieramente sorretta da dolo o colpa, del requisito della riferibilità soggettiva imposto dall'art. 27, I comma, Cost. non si possa fare a meno. L'imputazione a titolo di dolo, per quanto concerne i delitti, ha carattere normale.

A proposito della colpa, occorre fare una distinzione: nei delitti ha carattere complementare nel senso che in tanto essa trova posto in quanto vi sia una disposizione che la preveda espressamente come modalità di realizzazione di un fatto criminoso; nelle contravvenzioni, invece, agli effetti dell'accollo del fatto oggettivo, essa è equiparata al dolo – salvi i casi nei quali la struttura del reato contravvenzionale è configurata come esclusivamente dolosa o colposa [2].

Diversamente da quanto avviene in non pochi sistemi, il nostro legislatore ha definito il delitto colposo in una norma generale, secondo la quale il delitto "è colposo, o contro l'intenzione, quando l'evento, anche se preveduto, non è voluto dall'agente e si verifica a causa di negligenza o imprudenza o imperizia, ovvero per inosservanza di leggi, regolamenti, ordini o discipline". Prima di analizzare gli elementi che figurano in questa definizione e prendere posizione sul punto, assai delicato, se essa esaurisca o no tutte le forme di delitto colposo contemplate dal nostro ordinamento, è opportuno rilevare che, come per il dolo, la definizione concerne non il criterio di imputazione in sé e per sé considerato, bensì il delitto da tale criterio contrassegnato. L'osservazione è fondata non soltanto da un punto di vista meramente letterale. Certo, essa in gran parte riposa sulla curiosa concezione che delle definizioni legali i giuristi assai spesso mostrano di avere. Il vero è che la determinazione della struttura di un qualunque dato costitutivo di fattispecie niente altro può significare se non la individuazione delle regole che definiscono operativamente tale dato, che indicano, cioè, il senso da attribuirsi alle proposizioni in cui esso si riscontra: e questo, appunto, vuole fare il legislatore elencando i presupposti in presenza dei quali è configurabile un delitto colposo.

Che detti presupposti rilevino anche nelle contravvenzioni e, in forza delle norme di collegamento tra giudizio penale e giudizi extra-penali [3], poste dal codice di procedura penale, anche nell'illecito civile e amministrativo, sta a significare non la generale, apodittica, valenza di un preteso concetto generale di colpa, ma, più semplicemente, che l'uso che nell'ordinamento è fatto di un certo termine coincide sempre con quello praticato nella enunciazione dei requisiti del delitto colposo. In linea di principio è stato frequentemente osservato che non può approvarsi l'inclusione in testi legislativi di definizioni di termini, il chiarimento dei quali sarebbe compito esclusivo della dottrina e della giurisprudenza.

Un codice penale – si dice – deve essere sì l'espressione di un chiaro pensiero dommatico, ma non può costituire esso medesimo l'esposizione di una dommatica, non può, cioè, trasformarsi in un trattato.

---

[2] Si rinvia all'esempio fatto al capitolo XI, § 7, p. 403.

[3] Si veda l'art. 609-*sexies* c.p.

È necessario distinguere. Indubbiamente il rimprovero di dottrinalismo fuori posto può rivolgersi a numerose leggi, e tra queste è, senza dubbio, per certi versi, il codice Rocco.

Altrettanto vero, però, è che un tale rimprovero deve ritenersi giustificato soltanto quando tragga spunto da quelle definizioni con le quali il legislatore si limita ad attribuire una qualificazione dommatica alla disciplina dettata per determinate materie.

Un esempio vistoso è offerto, a questo proposito, dalla denominazione del titolo VIII del libro I del codice penale, dove il parlare delle misure di sicurezza come di misure "amministrative" ci rivela soltanto quella che era l'opinione "scientifica" dei compilatori del codice.

Ben altro discorso va fatto, invece, per le definizioni che sintetizzano un tipo di disciplina e, soprattutto, per quelle che enunciano gli elementi costitutivi di una fattispecie.

Qui ci troviamo di fronte alla determinazione della struttura di dati il cui contenuto può variare, e varia, nel corso del tempo e da ordinamento ad ordinamento.

La puntualizzazione legislativa appare, quindi, non soltanto utile ma indispensabile; che nella dottrina tedesca, ad esempio, si siano potuti elaborare il concetto di dolo e quello di colpa, movendo in tutto e per tutto dalla disciplina della rilevanza dell'errore in diritto penale, non dimostra certo la superfluità delle prese di posizione legislative, ma soltanto l'equivoco insito nella pretesa distinzione tra norme che definiscono il concetto e norme che pongono la disciplina di un fatto giuridico.

2. *Il dato legislativo*

Vi è un altro punto di partenza da stabilire; esso riguarda, come s'è accennato, la portata dell'enunciato del legislatore.

Ci si domanda, cioè, se il III alinea del I comma dell'art. 43 si limiti ad offrire dei "criteri di orientamento" onde pervenire alla nozione di colpa; per la compiuta fisionomia della quale sarebbe necessario, però, il ricorso a disposizioni che ammettono la figura del delitto colposo anche nei casi nei quali l'evento è intenzionale, ma il soggetto supera colposamente i limiti entro i quali gli è consentito di agire lecitamente (art. 55 c.p.), o ritiene erroneamente, in situazioni di inescusabilità, che sussistano a suo favore circostanze di esclusione della pena (art. 59, ultimo comma, c.p.).

Ora, non v'è dubbio che, se "l'evento", la cui volizione è assunta dall'art. 43, I comma, III alinea, a nota concettuale della colpa, viene inteso nel significato di evento naturalistico, e cioè di modificazione del mondo esterno, cagionata dalla condotta umana, e rilevante per il diritto, non si offrono all'interprete che due strade. O si resta fermi alla definizione dell'art. 43, e allora si è costretti a ritenere che le fattispecie sopra delineate sono costituite da comportamenti dolosi, disciplinati soltanto per quanto riguarda la pena come delitti colposi. O si dichiara la insufficienza della definizione legislativa, e si estendono le basi normative, di cui è necessario tener conto nella ricostruzione del concetto di colpa, a tutte le disposizioni che prevedono situazioni di fatto da cui nasce, appunto, una responsabilità per colpa.

Mentre la prima delle soluzioni prospettate non supera l'ovvio rilievo che non si capirebbe perché il legislatore debba punire come reato colposo un reato che sarebbe invece strutturalmente doloso, la seconda appare metodologicamente ineccepibile.

Se l'evento, di cui all'art. 43, I comma, III alinea, è l'evento naturalistico, l'atteggiamento psicologico di chi lo cagiona colposamente non può essere circoscritto alla semplice involontarietà, ma dovrà ravvisarsi anche nella opinione, erronea e inescusabile, di realizzarlo in circostanze escludenti la responsabilità penale. Conclusione questa che, certamente, non precluderebbe di per sé la possibilità di concepire in modo unitario la caratterizzazione psicologica della colpa, ma le cui conseguenze andrebbero bene al di là di una pura e semplice individuazione dei dati normativi da cui si ricava la struttura di un criterio di imputazione, incidendo, invece, e abbastanza profondamente, sulla portata di questo.

Le prospettive mutano completamente allorché l'evento sia inteso non nella accezione naturalistica di cui si è detto, bensì come offesa agli interessi tutelati dalla norma.

Poiché tale categoria dommatica esprime il significato sostanziale di tutto il comportamento criminoso, la sua incidenza sugli interessi tutelati, il suo valore essenziale e definitivo, parlare di evento significa utilizzare un termine di sintesi con il quale ci si riferisce contemporaneamente al fatto e al disvalore del fatto. Il che val quanto dire che ciò che deve non esser voluto per aversi colpa non è un singolo elemento della fattispecie, rispetto al quale soltanto delineare l'elemento soggettivo del reato sarebbe incongruo [4], bensì l'intiero fatto carico del significato che l'ordinamento gli attribuisce.

3. *Il presupposto negativo della colpa*

Conviene, a questo punto, passare ad esaminare, più da vicino, la formula dell'art. 43, I comma, III alinea, c.p.

Una prima osservazione concerne quello che si profila come requisito negativo

[4] Ci si può chiedere quali siano le ragioni che hanno condotto a prevedere in una regola a sé stante l'errore sugli elementi normativi. Il fatto è che, più o meno chiaramente, si è intuito che un errore del genere è errore sui limiti della legge penale incriminatrice. Da qui, dato il disposto dell'art. 5 c.p., l'opportunità, e meglio si direbbe: la necessità, di dare apposita, espressa disciplina a situazioni ritenute meritevoli di una deroga al principio generale sull'ignoranza della legge penale.

del delitto colposo. Perché quest'ultimo si realizzi è necessario che il soggetto agente abbia agito senza la volizione, anche se con la previsione, dell'evento posto in essere.

Tralasciando, per il momento, di occuparci del valore dell'inciso per il quale sembrerebbe che colpa possa aversi anche nonostante la previsione dell'evento, si può convenire con l'affermazione, pacifica in dottrina e giurisprudenza, che detto requisito sta ad esprimere la necessità che nel comportamento dell'agente non sia riscontrabile dolo.

Questo, infatti, è il significato dell'inciso "il delitto è colposo o contro l'intenzione". Nel I alinea dello stesso comma dell'art. 43 il delitto doloso è definito "secondo l'intenzione". Qualificare il delitto colposo "contro l'intenzione" vuol dire nient'altro che presupposto negativo della colpa è che il fatto non sia stato realizzato "secondo l'intenzione", con dolo. Vero è che, nella formula legislativa, leggiamo che l'evento, nei delitti colposi, deve non essere voluto, ma può essere oggetto di previsione ("anche se preveduto").

Abbiamo già trattato, a proposito de481
l dolo, della distinzione tra dolo eventuale, costituito dalla rappresentazione a contenuto positivo dell'offesa come ragionevolmente possibile, e colpa cosciente o con previsione, adombrata nel III alinea del I comma dell'art. 43 c.p. ("anche se preveduto"). Prima di richiamare le conclusioni cui sul punto eravamo arrivati[5] è opportuno sottolineare come non sia ammissibile un'interpretazione abrogante di questo inciso, sì da sbarazzarci di quello che è il fondamento normativo della colpa cosciente. Non possiamo liquidare questo concetto, considerandolo come mera espressione di "opinione scientifica" del legislatore, non tradotta in effettivo contenuto normativo, perché tra le circostanze aggravanti comuni previste dall'art. 61 c.p. è espressamente enunciato al n. 3 "l'avere, nei delitti colposi, agito nonostante la previsione dell'evento". Dunque, non una mera definizione, che risulterebbe poi contraddetta dalla disciplina normativa – che è quella che conta – ma il punto di riferimento di una regola che detta precise ed importanti conseguenze giuridiche.

A questo punto non resta che richiamare quanto si è detto in tema di dolo eventuale e colpa cosiddetta cosciente o con previsione. Abbiamo visto come quest'ultima sia caratterizzata dal passaggio dalla previsione generica che un evento dannoso o pericoloso potrebbe verificarsi quale conseguenza della propria condotta, al convincimento che in concreto, a cagione, ad esempio, della supposta abilità in una determinata attività, l'evento non si verificherà. I casi richiamati, di scuola, ma efficaci, del lanciatore di coltelli o dell'automobilista che si avventuri in una manovra pericolosa, sono sufficientemente eloquenti. Insomma, non previ-

---

[5] Per compiutezza di discorso andrebbe considerato anche l'art. 118 c.p.: ma ciò presupporrebbe un quadro completo, almeno nelle linee essenziali, del concorso di più persone in un reato. Poiché, ai fini della dimostrazione che tentiamo di offrire nel testo, è sufficiente la lettura degli artt. 59, I e II comma, e 60, I e II comma, c.p., rinviamo l'analisi dell'art. 118 c.p. al volume su "*Le forme di manifestazione del reato*".

sione del verificarsi dell'evento vietato dalla legge, ma, tutt'al contrario, previsione che questo evento non si verificherà[6].

Ciò posto, va detto che il vero problema della colpa cosciente è di politica legislativa. È davvero il caso di punire più severamente colui il quale, almeno inizialmente, si è fatto carico della possibilità di realizzare il fatto criminoso, ed ha poi superato questo momento psicologico convincendosi del contrario, rispetto a chi risulta talmente avventato da porre in essere un comportamento anche assai pericoloso senza, nemmeno lontanamente, prospettarsi ciò che dalla sua condotta può derivare? La soluzione adottata dal nostro codice è probabilmente ispirata alla concezione secondo la quale l'uomo è chiamato a rispondere soltanto dei vizi del suo comportamento, non del suo modo di essere, del suo carattere, al limite contrassegnato da fenomenale incoscienza. Viene ritenuta, insomma, decisiva la differenza che si riscontra tra la persona cieca davanti ai valori giuridici, alle altrui situazioni di interesse tutelate dall'ordinamento, e quella che, attraversata dal pensiero che il proprio agire possa portare a conseguenze dannose o pericolose, si auto convince che, per un qualche motivo, a *lui* ciò non accadrà. Ragioni serie stan-

---

[6] *Contra*, Sez. Un. 18 settembre 2014 n. 38343, a proposito della tragedia torinese verificatasi alla Thyssen. Dico subito che ho stima e ammirazione per ciascuno dei componenti il Collegio. In particolare, mi permetto di dire che ritengo il Relatore, sia professionalmente sia scientificamente, penalista singolarmente dotato. Ma: *et bonus*... Quali sono i passaggi dell'argomentazione che mi sembrano più fragili. Non mi soffermo sulla indeterminatezza di termini come "volontà", "volontarietà" e simili, quando non siano scomposti nella serie di eventi mentali che ci permettono di farne uso. Qui mi basta richiamare quanto ho ritenuto di scrivere in tema di dolo, la cui struttura mi pare basata su processi psicologici tutti attuali, non virtuali. Cose dette e ridette alle quali si usa replicare assumendo come elemento di fattispecie quella che è, invece, la *ratio* di un disposto: che io pensi che, al contrario, i piani vadano tenuti nettamente distinti, i miei due o tre lettori lo sanno già. E certamente alle Sezioni Unite, nella sentenza di cui discutiamo, non possono imputarsi cadute metodologiche. C'è, anzi, il proposito di dare alla colpa con previsione positiva dell'evento dannoso o pericoloso una ragione ermeneutica che si affianca e approfondisce il suggerimento che viene dalla lettera della legge. L'attenzione ermeneutica è scolpita a chiare lettere nel passo che segue: "Le teorie volontaristiche muovono dalla critica alla dottrina che nel dolo eventuale valorizza il momento rappresentativo. Si considera che la 'previsione negativa' circa la possibilità che l'evento si realizzi, che costituisce l'unico criterio idoneo a definire rigorosamente il meccanismo psicologico della colpa cosciente, rappresenta il punto debole della costruzione. Infatti il codice esige la previsione dell'evento e non la previsione negativa. Il concetto di prova negativa è equivoco e sistematicamente inaccettabile. Sotto il profilo dell'oggetto, la previsione di un non evento finisce col postulare come oggetto del nesso psichico un requisito che non fa parte del fatto tipico: del fatto tipico fa parte l'evento, non la sua negazione". Ma l'ermeneutica non può fare a meno dell'esegesi, della quale rappresenta generalizzazione tanto più efficace quanto minori sono gli scarti operati sul materiale normativo che bisogna considerare. E allora, ci domandiamo: come si fa a dire che il concetto di prova negativa è sistematicamente inaccettabile quando la norma che assieme all'art. 59, IV comma, c.p. vale a chiarire la struttura dell'elemento psicologico del reato, impernia l'imputazione a titolo di colpa proprio sull'errore sul fatto costitutivo di reato, purché determinato da negligenza, imprudenza ... Dunque la leggerezza in che consiste la colpa si riflette sulla mancata rappresentazione di uno degli elementi essenziali della fattispecie criminosa. Come a dire che la non previsione di uno degli elementi tipici è tutt'altro che estranea al sistema.

no, dunque, alla base di questa disciplina. Forse non tali, però, da far ritenere superfluo un ripensamento in sede di riforma[7].

Presupposto negativo del delitto colposo è dunque l'assenza di dolo. Diventa chiaro, allora, il significato del termine evento che figura all'alinea III del I comma dell'art. 43 c.p. Esso coincide in tutto e per tutto con quello che va riconosciuto al termine stesso nel I alinea del I comma. Solo che, in questo, costituisce oggetto positivo del dolo; nell'alinea III, e cioè nei delitti colposi, *non* deve essere né voluto né rappresentato. Se evento vuol dire fatto oggettivo e disvalore del fatto, viene meno ogni motivo per dubitare della riconducibilità dell'errore sulla presenza di una scriminante, dovuto a colpa, e dell'eccesso, sempre dovuto a colpa, dai limiti di una scriminante, alla struttura generale della colpa. Situazioni che possono sembrare estranee a tale struttura solo a chi ritenga che, nella definizione dei delitti colposi di cui all'art. 43 c.p., evento equivalga a modifica del mondo esterno rilevante per il diritto: sia, cioè, l'evento naturalistico. Superato questo punto di vista, dal quale oltretutto scaturirebbe una nozione di delitto colposo che non comprenderebbe i reati di mera condotta, privi, cioè, di evento naturalistico, non c'è motivo per ritenere fuori regola la supposizione erronea colposa di un'esimente o l'eccesso colposo dai limiti che la caratterizzano[8]. Senza contare, poi, che, se le fattispecie cui danno luogo fossero dolose e trattate come colpose solo *quoad poenam*, non sarebbe facile cogliere il perché di questo scarto fra struttura e disciplina del fatto.

4. *Il collegamento psicologico con il fatto*

Prima di procedere alla determinazione della qualifica che caratterizza i fatti colposi, è opportuno sbarazzare il campo da una questione che, soprattutto sul piano dommatico, ha dato non pochi strani frutti.

La dimostrazione della impossibilità di ravvisare nell'agire colposo un legame psichico con l'evento, ché, anzi, a questo proposito, l'analisi conduce a porre in evidenza la mancanza di volizioni e rappresentazioni realmente prodottesi, ha indotto qualche autore, in una visuale rigorosamente ispirata alla concezione imperativistica del diritto, a spezzare la colpa in due parti distinte e a farle scomparire una entro il concetto di dolo, l'altra nel concetto di torto obiettivo. Secondo una

---

[7] Cfr. l'art. 583, I comma, n. 1, c.p.: "La lesione personale è grave, e si applica la reclusione da tre a sette anni: 1) se dal fatto deriva una malattia che metta in pericolo la vita della persona offesa, ovvero una malattia o un'incapacità di attendere alle ordinarie occupazioni per un tempo superiore ai quaranta giorni. (...)".

Dove è chiaro come l'incapacità di attendere alle proprie occupazioni costituisce elemento che non si aggiunge, specificandola, alla struttura del fatto base, ma si sostituisce all'elemento malattia, posto in alternativa e considerato equivalente.

[8] Cfr. il volume *Le forme di manifestazione del reato*, in *Appunti di diritto penale*, vol. VIII, Giappichelli, Torino, 2003.

formulazione ormai classica nella dottrina italiana, si è notato che quando il precetto non dice 'non uccidere' 'non ledere', ma semplicemente 'sii nelle tue azioni diligente, prudente, ecc.'; quando la lesione non è l'effetto direttamente vietato, ma soltanto l'effetto che si vuole impedire con una norma che ha tutte le caratteristiche di una norma di polizia, che cosa ha da essere la lesione tranne che una mera condizione obiettiva di punibilità?

E si è, conseguentemente, arrivati a ritenere che essendo necessario all'esistenza della colpa che il soggetto abbia la consapevolezza "di agire con imprudenza, o di comportarsi negligentemente in guisa da esporre a pericolo un certo determinato bene o più beni protetti dalla norma penale" la colpa non esisterebbe in quanto criterio autonomo di imputazione soggettiva. La colpa cosciente si identificherebbe, infatti, sostanzialmente col dolo di pericolo; la colpa incosciente non sarebbe colpa, bensì responsabilità senza colpa, torto oggettivo.

Alla quale opinione si è reagito, anzitutto e in linea di principio, denunciando l'arbitrarietà di una costruzione aprioristica del concetto di colpa, in contrasto con il sistema legislativo: l'evento cagionato contro l'intenzione non può rappresentare una condizione di punibilità perché esso è in diretta relazione da effetto a causa con il comportamento tenuto dal soggetto, mentre la condizione di punibilità suppone logicamente la presenza di un fatto tipico, essendo l'evento nel quale la condizione si sostanzia del tutto estrinseco, tanto alla causalità materiale quanto a quella psicologica; ponendo in rilievo, infine, come il fatto doloso sia un fatto volontario che non si doveva volere e il fatto colposo un fatto involontario che non si doveva produrre: in entrambi i casi, cioè, la colpevolezza deriverebbe dall'aver agito, consapevolmente o meno, in modo difforme dal modo in cui si doveva agire.

Mentre il rilievo di metodo è senza dubbio fondato, non pare che si colga il nucleo della teoria criticata facendo leva sulle caratteristiche delle condizioni obiettive di punibilità, o sulla contrarietà al dovere, discendente dalla norma penale, ravvisabile tanto in un fatto colposo che in un fatto doloso.

Al di là di ogni definizione dommatica, l'affermazione più saliente della tesi in esame è quella per cui in ogni caso di colpa l'evento verrebbe imputato su basi puramente oggettive.

Ma in questo modo è evidente che sparisce ogni possibilità di differenziare le ipotesi di colpa da quelle nelle quali l'evento è posto "altrimenti" a carico dell'agente, come pura conseguenza della sua azione od omissione (art. 42, III comma).

Anche nei casi di responsabilità oggettiva si è agito in modo non conforme ad una pretesa normativa; il contrasto con il dovere discendente dalla norma penale incriminatrice non rappresenta quindi la nota distintiva tra casi di colpa e casi di torto incolpevole.

Così ragionando si elude, insomma, la vera ragione per la quale, anche nelle ipotesi di colpa, l'evento deve considerarsi oggetto della volontà colpevole.

Ma di ciò meglio in seguito.

Quello che qui importa, piuttosto, porre in luce è come, pur rinunciando a cogliere nella colpa un legame psichico con l'evento, la dottrina sia, invece, generalmente convinta che esso debba necessariamente esistere in rapporto alla condotta, cioè alla azione od omissione da cui l'evento deriva.

Che queste, anche nella colpa, siano sempre sorrette da un coefficiente psichico può anzi dirsi insegnamento assolutamente ufficiale: la considerazione unitaria del comportamento doloso e di quello colposo in sede di fattispecie obiettiva avviene, appunto, sotto il segno di tale coefficiente comune.

Senonché, tutta una serie di casi mette in crisi il preteso principio: in parecchi reati colposi, sia di azione che di omissione, manca in rapporto alla condotta tenuta non soltanto una concreta volizione, ma persino qualunque altro atteggiamento che, a rigore, si possa considerare psichico.

Si tratta, come è noto, dei comportamenti colposi di omissione dovuta a dimenticanza e di quelli in cui l'azione è costituita da un atto cosiddetto automatico.

Per comprendere come si svolga il processo di imputazione di tali comportamenti, giova distinguere a seconda che essi siano di azione o di omissione.

Per quest'ultima occorre tener presente che il problema dei presupposti soggettivi di imputazione di una omissione, si risolve avendo riguardo alla natura di inadempimento di una pretesa normativa a contenuto positivo, che deve riconoscersi all'omissione stessa.

Ora, perché sia configurabile la trasgressione di un obbligo è necessario che il soggetto non abbia agito in condizioni tali da escludere un contegno conforme alla norma.

È necessario, cioè, che non risulti, secondo le valutazioni medie caratteristiche del diritto, che in quella determinata ipotesi un atto di volontà rivolto all'adempimento della pretesa fosse o del tutto impensabile o, se pur possibile come mero accadimento interno, destinato, per effetto del gioco di circostanze avverse, a non realizzarsi nel mondo esterno. È necessario, cioè, che il comportamento obiettivo, effettivamente posto in essere, non sia dovuto a forza maggiore[9]. Ma se di violazione di un dovere di agire può parlarsi solo allorché il contegno tenuto non sia materialmente necessitato, il coefficiente psichico minimo della omissione si identificherà, dunque, con l'assenza di fatti dai quali sia possibile dedurre che una concreta volizione, tesa a produrre una situazione di conformità al dovere, non avrebbe potuto aver luogo, in quanto il comportamento, o i comportamenti, realizzati al posto di quello prescritto, si presentano, anche ipoteticamente, come non impedibili.

Il rapporto tra il profilo soggettivo e quello oggettivo della omissione appare, dunque, assai stretto.

Concetto tipicamente normativo, l'omissione non può essere intesa, sia da punto di vista materiale che da quello psichico, se non con riferimento al dovere che ne costituisce il presupposto.

---

[9] Cfr. art. 61, n. 7, c.p.: "l'avere, nei delitti contro il patrimonio, o che comunque offendono il patrimonio, ovvero nei delitti determinati da motivi di lucro, cagionato alla persona offesa dal reato un danno patrimoniale di rilevante gravità".

Per ciò che concerne, invece, gli atti automatici, costitutivi di una condotta colposa, essi danno luogo ad una caratteristica mescolanza di momenti naturalistici e momenti normativi, mescolanza la quale accusa, in ultima analisi, l'insufficienza di una nozione puramente naturalistica di azione.

Che tali atti possano essere impediti mediante uno sforzo della volontà; che essi rivestano un valore sintomatico per la personalità dell'agente, non può certo negarsi; ma se considerazioni del genere servono a spiegare il perché di una incriminazione, si sostanziano, insomma, in eccellenti ragioni di politica legislativa, non ci danno alcun criterio per stabilire quando si tratti di atti soggetti ai poteri di impulso e di inibizione della volontà, e quando, invece, la condotta si svolga al di fuori di ogni controllo del volere.

Ora, bisogna anzitutto pensare che la impedibilità di tali atti non è commisurabile alla stregua del soggetto agente: entro i limiti in cui si suol ritenere che il comportamento è vincolato al principio di causa ed effetto, deve riconoscersi infatti che nell'esatta situazione nella quale si trovò l'agente, il non impedimento prova l'impossibilità di impedire.

Si sposta così l'accento dal soggettivo all'oggettivo e il giudizio sulla impedibilità dell'atto diventa un tutt'uno con quello che lo qualifica in una data maniera.

Per restare fermi al requisito della volontarietà, nello stretto significato psicologico del termine, bisognerebbe invero dimostrare come la qualifica in questione lo presupponga necessariamente, potendo sorgere soltanto sul suo fondamento.

Sappiamo già come, in tema di reati colposi, questa qualifica si determini sulla base della contrarietà ad un certo sistema di regole di condotta richiamate dal legislatore nella definizione concettuale del delitto colposo; ora, la violazione di una regola di condotta (di qualunque tipo: etica, giuridica, sociale) non è condizionata alla volontà del comportamento che la trasgredisce: il suo presupposto di fatto si determina unicamente alla stregua della possibilità materiale di tenere il comportamento dedotto a contenuto del dovere, possibilità che non è certo esclusa dalla involontarietà dell'azione contraria alla regola.

Possiamo, dunque, concludere che l'imputazione di una omissione dovuta a dimenticanza, o quella di un atto automatico, si fondano unicamente sulla esistenza di un dovere, sempre giuridico nel primo caso, giuridico o extragiuridico, ma giuridicamente rilevante, nel secondo, che rispettivamente prescriva una azione diversa da quella in realtà posta in essere o vieti l'atto positivo, per lo meno nelle modalità concrete con cui si è verificato.

Notiamo come, mentre nei reati colposi di azione non sorretta da volizione in senso stretto, la "coscienza e volontà" coincide con la colpa dell'atto, che costituisce il primo gradino perché si abbia colpa per l'intiero fatto, lo stesso non vale per i comportamenti omissivi di cui si è parlato.

In questi casi, la violazione del dovere attiene soltanto al momento oggettivo del fatto: accertarla equivale ad accertare l'esistenza di una omissione rilevante per il diritto, ma non ci dice alcunché sulla natura colposa o no della omissione stessa.

5. *Negligenza, imprudenza ecc. come elementi obiettivi di imputazione soggettiva*

Precisate le caratteristiche strutturali di un contegno, positivo od omissivo, su cui può cadere la qualifica di colpa, l'indagine deve affrontare la determinazione delle note che individuano quest'ultima.

In altri termini, stabilito quello che potrebbe definirsi il campo di azione della colpa, va precisato quale è il criterio differenziale tra l'agire colposo e l'agire non colposo.

Così impostato il problema, si evita quello che costituisce uno dei pericoli maggiori della teoria della colpa: vale a dire lo scambio tra una ricerca, che ha per fine la determinazione di un elemento di fattispecie, e quella che tende, invece, a cogliere il fondamento della punibilità a titolo di colpa. Scambio che, mentre trova origine nelle critiche, varie volte sollevate in dottrina, alla legittimità della punibilità dei comportamenti colposi, finisce assai spesso con l'essere influenzato proprio dal punto di vista al quale si oppone.

Invero, quasi sempre le critiche mosse alla adozione della colpa come criterio di imputazione di fatti penalmente rilevanti appaiono dettate dalla riduzione di ogni colpevolezza a colpevolezza del volere, o, più genericamente, ad un rapporto psichico realmente esistente tra l'agente e il proprio comportamento.

La stessa concezione normativa della colpevolezza non rinuncia, come vedremo, a questo sostrato psicologico.

Su tal via, sia che si parli, secondo una concezione della colpa assai diffusa nella dottrina civilistica, di negligenza come mancanza di uno stato di tensione psicologica, sia che si affermi che l'agire colposo è caratterizzato da una inerzia mentale in contrasto tanto con la coscienza che con la volontà dell'azione, il tentativo di chiarire l'essenza della colpa in termini psicologici, sia pur negativi, non supera i limiti di una giustificazione della sua punibilità, riportata, appunto, ad una volontà che non si è esplicata, ma poteva esplicarsi.

Senonché, il problema esegetico-costruttivo della colpa nasce proprio a questo punto: quando ci si domandi, cioè, a quali condizioni l'ordinamento ritenga possibile e doverosa una volizione che l'agente, in realtà, non ha avuto. In altri termini, se l'agente non ha né voluto né previsto il suo fatto, che cos'è che permette una imputazione la quale deve differenziarsi da quella meramente oggettiva?

Stabilito che un certo diritto positivo dà rilevanza alla colpa, non si precisa poi quando questa mancanza di attenzione sia inescusabile.

Né ha più senso parlare di mancanza dell'attenzione imposta dall'ordinamento giuridico, ove non si definisca il criterio alla cui stregua si deve ritenere richiesto un certo grado di attenzione.

Anzi, una formulazione di questo tipo corre il rischio di vanificare il concetto di colpa accomunando in un'unica categoria il fatto colpevole e quello incolpevole.

L'inconsistenza di ogni definizione della colpa come fatto psichico, sia pur negativo, e la deficienza di un concetto normativo, ottenuto alla stregua del contrasto con la norma penale incriminatrice, spostano l'accento dal soggettivo all'oggettivo, dalla mancanza di conoscenza e dall'errore alla conoscibilità. Momento segnato nel nostro diritto dagli elementi della negligenza, imprudenza, imperizia, o inosservanza di leggi, regolamenti ecc.

Mentre la dottrina generalmente considera questi quali "fattori psichici" del reato colposo, in realtà essi, senza appartenere all'elemento oggettivo del reato, costituiscono elementi oggettivi della imputazione soggettiva.

Sul carattere obiettivo delle qualifiche in cui questi elementi si sostanziano non possono, invero, aversi dubbi.

La negligenza esprime un'antitesi fra il comportamento tenuto e l'attesa, socialmente rilevante, che certe azioni siano svolte con date modalità.

L'imprudenza indica un analogo rapporto con l'attesa socialmente rilevante che certe azioni non siano poste in essere o non siano poste in essere con certe modalità.

L'imperizia si pone come insufficienza della condotta realizzata rispetto alle regole tecniche valevoli per la condotta medesima [10].

L'inosservanza di leggi o di regolamenti ecc. che abbiano natura di norme giuridiche indica un contrasto tra comportamento e regole di condotta le quali presentano la particolarità di essere direttamente dettate dall'ordinamento giuridico.

La trasgressione di regolamenti non giuridici e di ordini o discipline non sanzionati dal diritto costituisce un rapporto di "irregolarità sociale", individuato con riferimento alla posizione del soggetto agente.

Si tratta, come è chiaro, di una tipologia puramente esterna delle condotte colpose, ottenuta utilizzando il criterio offerto dal contrasto tra la condotta e un sistema di regole, giuridiche, o semplicemente sociali, distinte dalla norma incriminatrice e da quest'ultima richiamate.

Riservandoci di esaminare, più appresso, le caratteristiche, sopra appena abbozzate, delle qualifiche in questione, importa adesso rilevare come la frattura che sembra correre fra due gruppi che emergono dalla definizione dell'art. 43, III alinea: colpa per trasgressione di regole non giuridiche e colpa per violazione di regole giuridiche, sia più apparente che effettiva.

In realtà, tanto la prima che la seconda pongono lo stesso fondamentale problema.

Per entrambe occorre, cioè, intendere la regola la cui inosservanza qualifica la condotta, in modo da ottenere un criterio di imputazione distinto da quello meramente oggettivo. Il che è possibile, per entrambe, sulla scorta di un unico, comune, criterio.

Ma se il problema è sempre lo stesso, esso si presenta diversamente nei due gruppi di ipotesi contemplate dalla legge: o, più esattamente, diverse sono le ragioni da cui esso immediatamente scaturisce nell'una o nell'altra forma di colpa.

---

[10] Cfr. Parte I, p. 67 ss.

6. *L'individuazione delle regole di condotta*

Incominciamo dalla colpa per negligenza, imprudenza, imperizia.

Senza essere in alcun modo inesatta, l'affermazione secondo la quale essa consisterebbe sempre e soltanto nella inosservanza di regole di condotta non giuridiche aventi la finalità di evitare che da una attività, in sé e per sé lecita, possano derivare conseguenze dannose per i terzi, ci pone subito di fronte all'interrogativo sul come vadano individuate queste regole di condotta.

Pensare, infatti, che prescrivano tutto quanto appaia assolutamente necessario per evitare la realizzazione di un fatto obiettivo vietato dal diritto, renderebbe assolutamente superfluo il ricorso che ad esse viene fatto.

Non si saprebbe, cioè, distinguere il loro contenuto da quello di una norma penale che proibisse puramente e semplicemente la commissione materiale di una condotta o la causazione di un certo risultato [11]. Occorre, quindi, un criterio per stabilire quale sia la regola di diligenza, di prudenza, di perizia che un determinato agente deve osservare nello svolgimento della sua azione.

Ora, questo processo di individuazione e di concretizzazione della regola di condotta, la cui trasgressione dà luogo, in un certo contesto, a colpa, non può essere attuato se non alla stregua dei due criteri della rappresentabilità ed evitabilità dell'evento. Preferiamo usare il termine rappresentabilità anziché quello, più frequente, di prevedibilità. La prevedibilità, infatti, a stretto rigore, concerne soltanto eventi futuri rispetto alla condotta umana. Rappresentabile, per contro, è tanto ciò che potrà accadere quanto ciò che è precedente o contestuale all'agire umano.

Ci troviamo di fronte a comportamenti i quali, realizzando la fattispecie obiettiva di un reato, dimostrano la loro idoneità a ledere o comunque mettere in pericolo un interesse tutelato. Se ci si può rappresentare che la condotta A possiede questa attitudine, ne conseguiranno una o più norme di condotta che, come meglio vedremo appresso, a seconda dei casi, prescriveranno l'astensione da A o l'osservanza di determinate misure cautelari.

Tra la concezione secondo cui l'essenza della colpa come negligenza, imprudenza, imperizia sarebbe costituita dalla violazione di regole aventi lo scopo di prevenire un evento proibito dall'ordinamento, e quella che afferma che, per questa prima categoria di reati colposi, l'imputazione soggettiva si svolgerebbe tutta sul fondamento della rappresentabilità ed evitabilità dell'evento, lungi dall'esservi differenze o contrasti, vi è un vero e proprio rapporto di complementarità.

Non soltanto in sede di accertamento concreto della colpa, ma già prima, nella determinazione delle regole che disciplinano una certa attività, è indispensabile ricorrere ai due criteri in questione.

Far riferimento agli usi sociali, infatti, per individuare le regole di comportamento di volta in volta rilevanti, non rappresenta nulla più che la utilizzazione dei risultati cui sono pervenuti giudizi di rappresentabilità e di evitabilità generalmente accettati.

---

[11] F. CARNELUTTI, *Teoria generale del reato*, Cedam, Padova, 1933, p. 169 ss.

Ma che l'uso sociale non fornisca un criterio, in sé e per sé determinante, è dimostrato, con ogni evidenza, dalla circostanza che si può profilare una responsabilità a titolo di colpa anche per la realizzazione di condotte rispetto alle quali l'uso sociale non si è potuto ancora pronunciare.

Si pensi, così, al caso di un ricercatore che lavorando su un prodotto le cui proprietà sono soltanto a lui note e la cui tecnica di lavorazione è da lui soltanto conosciuta, si comporti negligentemente o imprudentemente.

Nessuno dubita che anche in tali ipotesi dovrà ammettersi colpa, pur se, in una situazione di questo tipo, dagli usi sociali non può ricavarsi alcuna regola di condotta; a meno che si volesse sostenere che la norma di cautela dettata dagli usi imponga, a chi è in possesso di determinate cognizioni, di manipolare sostanze pericolose con l'osservanza di tutte le precauzioni necessarie.

Ma, a questo modo, la colpa assumerebbe contorni di una genericità inammissibile.

Omettendo di precisare la cautela che in concreto si doveva tenere o il comportamento che andava evitato, sul piano sostanziale si sconfinerebbe nella responsabilità obiettiva; sul piano processuale si eluderebbero le esigenze della contestazione [12].

Ciò che conta, dunque, in ogni caso, è la rappresentabilità e l'evitabilità dell'evento.

Né le critiche avanzate contro questi criteri, che immancabilmente riaffiorano in dottrina e in giurisprudenza, paiono convincenti.

In particolare, è facilmente superabile il rilievo secondo il quale attraverso la nozione di rappresentabilità, si darebbe credito alla idea di un obbligo di conoscenza, del quale non soltanto sarebbe difficile, per non dire impossibile, provare l'esistenza, ma che, addirittura, contrasterebbe con la funzione del diritto che è di comandare o vietare comportamenti e non stati intellettivi.

Pur riconoscendo come non poche formulazioni imperniate sulla rappresentabilità si prestino facilmente, almeno dal punto di vista terminologico, ad un rilievo del genere, non è affatto vero che adottare il criterio in questione val quanto presupporre l'esistenza di un dovere di conoscenza [13].

Non si punisce per fatto colposo chi ha agito quando non ha previsto ciò che doveva invece prevedere, bensì chi ha agito in un certo modo malgrado la rappresentabilità dell'evento.

In linguaggio più rigoroso, potrà dirsi che nell'analisi della norma penale incriminatrice la rappresentabilità si pone come uno dei due criteri che, assieme, condizionano la possibilità di operare una delle qualificazioni contemplate dall'art. 43, III alinea; dal punto di vista delle regole di condotta richiamate da queste

---

[12] Ovvio che occorre, oggi, rifarsi al testo novellato dell'art. 59 c.p.: quello che detta la regola generale di imputazione delle circostanze aggravanti. Anche le circostanze relative all'età o altre condizioni o qualità, fisiche o psichiche, della persona offesa andranno accollate al colpevole solo se da lui ignorate per colpa o per colpa ritenute inesistenti.

[13] Quello, cioè, disposto dai primi due commi dell'art. 60 c.p.

qualifiche, la rappresentabilità, integrata dalla prevenibilità, costituisce presupposto del sorgere di tali regole, il cui contenuto è determinato dalla sola prevenibilità (sarà, cioè, un fare o un non fare).

Quanto, poi, alle difficoltà che ad una spiegazione in termini di rappresentabilità nascerebbero dalle ipotesi di colpa con previsione, sono superate dalla constatazione che nella colpa cosiddetta cosciente si agisce proprio con la rappresentazione del non verificarsi di uno degli elementi del fatto costitutivo di reato [14].

7. *La misura della rappresentabilità. Il rischio permesso*

Non ci si può nascondere, tuttavia, come ponendo a fondamento dell'esistenza e del contenuto delle regole di condotta, la cui trasgressione dà luogo a colpa, la rappresentabilità e la prevenibilità dell'evento, occorre risolvere due problemi sui quali paiono concentrarsi i più seri motivi di dubbio.

L'attributo di negligente, imprudente, imperita dato alla condotta colposa, mentre postula, come si è visto, la rappresentabilità e la prevenibilità dell'evento lesivo, impone la determinazione della misura alla cui stregua viene affermata la possibilità di comportamenti che non si sono verificati.

Affermare che questa misura è offerta dallo stesso soggetto agente, nel senso che non potrebbe qualificarsi colposa la condotta di chi, malgrado la dovuta attenzione e diligenza, non avrebbe potuto prevedere l'evento, significa svuotare la rappresentabilità e la prevenibilità della loro funzione di criteri individuatori della diligenza, prudenza, perizia dovute, e quindi del carattere colposo dell'azione.

D'altra parte, non è da ritenersi che la prevenibilità possa essere asserita con riguardo all'agente nella esatta situazione in cui questi si è trovato (situazione caratterizzata, dunque, da tutte le circostanze soggettive: capacità, competenza, forza di volontà, stanchezza, tensione nervosa).

Come è stato giustamente osservato, questo concetto di possibilità di un evento passato è addirittura grottesco.

Né vale sostituire all'agente di fatto un terzo, il quale operi nelle stesse condizioni che avevano accompagnato la condotta del primo.

Invero, non può non riconoscersi che a questo modo si configura soltanto un doppione inutile dell'agente, col risultato che anche qui il principio di causalità costringe a concludere che ciò che non è stato rappresentato ed evitato, non poteva essere rappresentato ed evitato.

Prendendo spunto da queste considerazioni, potrebbe avanzarsi anche per la determinazione della colpa il criterio della prognosi postuma.

Sarebbe, cioè, rappresentabile ed evitabile ciò che, rispetto all'agente, appariva tale al momento dell'azione, prescindendo quindi dalle condizioni la cui incidenza è posta in luce dall'intiero processo causale in tutto il suo decorso.

---

[14] Relazione del Guardasigilli, *Lavori Preparatori*, vol. V, parte I, p. 108.

Ma anche una siffatta costruzione, la quale indubbiamente mostra di tener conto del vizio logico insito nel parlare di possibilità di un avvenimento che non si è verificato, quando non si astragga da almeno una delle circostanze del caso concreto, non può essere accettata. Applicata rigorosamente, essa condurrebbe a negare la colpa in una condotta tenuta in circostanze tali da escludere, già prima che la condotta stessa fosse intrapresa, la rappresentabilità, da parte dell'agente, di un risultato vietato dal diritto: e ciò – si badi – anche quando costituirebbe violazione di una regola di condotta (ad esempio di prudenza), proprio l'intraprendere in quelle condizioni un certo comportamento.

Il problema si profila, allora, nei suoi termini precisi.

Mentre è da scartare il riferimento al cosiddetto uomo medio, la cui nozione non costituisce un *prius* rispetto ai modelli di comportamento proposti dal diritto, ma, al contrario, si ricava da questi ultimi; per le ragioni sopra viste non può adottarsi una misura esclusivamente soggettiva.

L'incontro tra le due distinte esigenze, quella di non soggettivizzare la colpa fino a renderla inattuabile, e quella di mantenere alla qualificazione di negligenza, imprudenza ecc. quel minimo di aderenza alla situazione concreta che permetta di considerarla criterio di imputazione soggettiva, si raggiunge abbinando la considerazione dell'agente con la necessità di astrarre da taluna delle note che ne hanno caratterizzato l'operare.

Occorre tener conto pertanto delle conoscenze possedute dal soggetto, nonché di quelle conoscenze che era legittimo presumere in lui data la posizione sociale e l'attività svolta.

Si dovrà, invece, prescindere da quegli stati o condizioni personali che di fatto hanno impedito il processo di rappresentazione [15].

Si badi, però, che il giudizio con il quale si accerta la rappresentabilità dell'evento non consente ancora di qualificare colposo un certo comportamento, se l'evento stesso non risulti essere uno di quelli che vanno evitati mediante l'astensione dall'azione, da certe modalità dell'azione, o adottando particolari cautele.

Così, ad esempio, benché astrattamente rappresentabile, il sinistro cagionato dalla condotta realizzata in particolari condizioni di menomazione delle proprie capacità, menomazione per un qualunque motivo non avvertita dall'agente, non è imputabile a titolo di colpa, in quanto in un caso del genere non appare formulabile alcuna regola di comportamento la cui osservanza sia idonea a prevenire l'evento.

---

[15] Cfr. C. SALTELLI, E. ROMANO-DI FALCO, *Commento teorico-pratico del nuovo Codice penale*, vol. I, Utet, 1931, p. 366.

Per un'isolata presa di posizione in giurisprudenza, coincidente con quanto esposto nel testo, cfr. Cass. V, 20 aprile 1983, n. 3319: "È applicabile la provocazione nel caso di errore sulla persona del provocatore, e cioè nell'ipotesi di reazione rivolta per errore di persona contro un soggetto diverso dal provocatore. La reazione nei confronti del presunto provocatore non integra, infatti, l'ipotesi dell'art. 59 cpv., c.p. (vale a dire il caso della cosiddetta provocazione putativa, in cui l'agente suppone erroneamente la provocazione nel fatto altrui), bensì quella dell'art. 60 cpv., c.p., ossia l'ipotesi di erronea supposizione, per errore sulla persona dell'offeso, dell'esistenza di una circostanza attenuante concernente i rapporti fra offeso e colpevole".

Occorre però dissipare un secondo motivo di dubbio che, come avevamo avvertito, sembra frapporsi all'accettazione del criterio della rappresentabilità.

Se la rappresentabilità dei fatti dannosi comporta, quando il fatto sia evitabile, il carattere colposo della condotta, ne conseguirebbe che il campo delle offese addebitate perché riconoscibili (ed impedibili) sarebbe troppo vasto per essere equo.

Così, non si può certo dire che anche chi guidi a velocità moderata e con la massima prudenza un'automobile non abbia la possibilità di prevedere di travolgere un passante che si cacci sotto le ruote della vettura.

Ora, se alla colpa bastassero la rappresentabilità e la evitabilità del risultato, poiché nell'esempio prospettato entrambe sarebbero presenti, non si potrebbe negare la responsabilità colposa per l'incidente che, nei termini sopra descritti, avesse a verificarsi.

Per le attività che comportano pericoli più evidenti, si parla di "rischio consentito", e si integra il criterio della rappresentabilità con l'asserto che può dar luogo a colpa soltanto quella condotta la realizzazione della quale vada oltre i limiti della adeguatezza sociale.

Il tentativo di integrare così la teoria della rappresentabilità, considerata come criterio generale della colpa, non sembra, però, convincente: non risultano precisati i limiti del rischio consentito.

Sempre in polemica con la teorica dello *erlaubtes Risiko*, si è anche osservato che le fattispecie di attività pericolose permesse non rappresentano una eccezione con la quale verrebbe sottratta alla regola della prevedibilità la disciplina di attività consone al progresso sociale: la potenzialità di un danno è, infatti, insita nelle più svariate condotte.

Rilievo indubbiamente esatto, il quale, però, lungi dal costringere all'abbandono del criterio della rappresentabilità, apre una strada alla soluzione del problema.

Si pensi, infatti, che mentre ordinariamente le attività lecite possono portare ad un evento vietato solo col concorso di particolari circostanze, certe attività sono espressamente autorizzate e disciplinate dal diritto nonostante sia facilmente prevedibile che, in ogni caso, la loro realizzazione comporti un certo margine di rischio. Sottolineiamo: "in ogni caso".

Ciò significa che, indipendentemente da una particolare modalità che in concreto la caratterizzi, l'azione di quest'ultimo tipo è, in sé e per sé, pericolosa.

Si rifletta, adesso, a come potrebbe configurarsi in questa ipotesi una regola di condotta tendente ad evitare l'evento.

Non v'è dubbio che essa non potrebbe avere altro contenuto che quello di non tenere la condotta pericolosa: per restare all'esempio prospettato, di non porsi alla guida di un'automobile. Risultato evidentemente assurdo, il quale porrebbe l'ordinamento giuridico in contraddizione con se stesso: da un lato si autorizzerebbero condotte delle quali le più elementari massime di esperienza confermano un certo grado di pericolosità, dall'altro verrebbe imputata, perché rappresentabile ed evitabile, qualunque conseguenza dannosa derivante da una di queste attività.

Ma la regola di condotta non può prescrivere l'astensione dalla attività consentita; questo vuol dire che colpa vi sarà soltanto in relazione a quegli eventi, rappresentabili e prevenibili mediante l'adozione di particolari cautele, o l'astensione da modalità le quali non incidano, però, sulla essenzialità del comportamento consentito.

Per ciò che concerne le attività lecite semplicemente perché non proibite, la regola di condotta, oltre ad avere i contenuti sopra indicati, *in presenza di particolari condizioni,* potrà arrivare fino a proibire la condotta stessa [16].

8. *La relatività, all'interno della colpa, della distinzione fra negligenza, imprudenza, imperizia*

La colpa per negligenza, imprudenza e imperizia consiste dunque sempre nella inosservanza di una regola di condotta tendente a prevenire il verificarsi di un danno del tipo di quello che la regola stessa mirava a prevenire.

Sappiamo già che se la regola prescrive un'attività positiva, la sua trasgressione si qualificherà come negligenza, mentre se da essa discende l'obbligo di non tenere una certa condotta, o di non tenerla con particolari modalità positive, si avrà imprudenza.

Possiamo adesso aggiungere che l'imperizia, già definita come insufficienza rispetto alle regole tecniche valevoli per una data condotta, si risolverà, a seconda del contenuto della regola violata, in imprudenza o in negligenza qualificata.

Data la struttura obiettiva delle qualifiche in discorso, è chiaro infatti come non possa esservi una nozione intermedia tra il fare e il non fare.

Tanto se l'imperizia nasca da uno stato di ignoranza delle nozioni necessaria per una data professione od arte, o di inabilità ed inettitudine ad applicare quelle nozioni (sia poi o no il soggetto consapevole di queste sue mancanze); quanto se il soggetto, pur possedendo le cognizioni e le capacità richieste, in concreto non le applichi, ciò che verrà in considerazione per il giudizio sulla realizzazione di un reato colposo sarà sempre la obiettiva difformità tra la condotta posta in essere e quella che le regole della professione o arte avrebbero prescritto.

Né ci pare il caso di attribuire troppa importanza alla distinzione fra l'una o l'altra delle tre forme di colpa in esame.

Le qualifiche relative rilevano solo perché delimitano all'esterno ciò che è colpa da quello che colpa non è.

---

[16] Cfr. Cass. I, 28 settembre 1968, n. 843: "Nel caso di *aberratio ictus* in cui il soggetto agente colpisce per errore non già il provocatore contro il quale l'azione era diretta, sibbene una persona diversa (nei cui confronti la provocazione non esiste), il legislatore ha espressamente stabilito che l'agente fruirà ugualmente di detta attenuante e tanto per effetto del rinvio fatto dall'art. 82, I comma, all'art. 60 c.p. Nel caso di *aberratio ictus* in cui, oltre alla persona diversa, venga offesa anche quella contro cui l'offesa era diretta, si deve applicare lo stesso trattamento, dato che il legislatore non ha dettato disposizioni diverse, e dato che, ove si negasse l'applicazione dell'attenuante, si verrebbe ad escludere il relativo favorevole trattamento proprio per il caso in cui, oltre al terzo, sia offesa la persona che ha provocato l'agente".

Sopravvalutarne le distinzioni all'interno della categoria di atti che esse inquadrano sarebbe, anzi, gravemente pericoloso.

Così, potrebbe indurre a ritenere che si siano sufficientemente precisati gli estremi di un comportamento imputato a titolo di colpa col definirlo negligente, imprudente, ecc.; mentre ciò che conta è mettere in rilievo quale sia la regola di condotta, determinata ed individua, che il soggetto abbia trasgredito.

Sembra superfluo, poi, rilevare che il dire che può aversi colpa tanto *in faciendo* che *in omittendo*, non ha nulla a che fare con la natura di azione o di omissione della condotta qualificata negligente, imprudente, ecc.

Un'azione positiva potrà così essere colposa perché negligente; e un'omissione, colposa perché imprudente.

9. *L'inosservanza di leggi, regolamenti, ecc.*

Abbiamo già detto che il problema di fondo proposto dalle ipotesi di colpa previste nella seconda parte dell'art. 43, III comma (colpa per inosservanza di leggi, regolamenti, ordini o discipline) è, in sostanza, lo stesso che sorge per le ipotesi della prima parte: e, cioè, la differenziazione dell'imputazione a titolo di colpa dall'imputazione che si svolge su basi esclusivamente oggettive. Un primo punto deve essere chiaro. Se fra i regolamenti, gli ordini, le discipline richiamate nella formula normativa, si considerano anche (e sembra impossibile contestarlo) i regolamenti ecc. non giuridici, una data condotta sarà colposa a cagione della inosservanza di una di tali regole, solo se la trasgressione si sostanzi in un difetto di precauzioni doverose. Solo, cioè, se alla stregua dei criteri della rappresentabilità e della evitabilità, al regolamento, all'ordine, alla disciplina vada riconosciuta una finalità preventiva, e l'evento realizzato rientri tra quelli che in tal modo si mira a prevenire. Chi pensasse diversamente, finirebbe coll'attribuire al privato, per esempio all'imprenditore nell'ambito della sua azienda, il potere di estendere l'ambito di un'incriminazione a suo piacimento. Le regole eventualmente poste dall'imprenditore dovranno, insomma, essere tali che la loro inosservanza comporti negligenza, imprudenza o imperizia.

Le cose sembrano, però, stare diversamente per ciò che concerne la trasgressione di regolamenti, ordini e discipline giuridiche e, soprattutto, di leggi. Qui parrebbe che decisiva agli effetti della qualifica di colpa sia la fonte della regola trasgredita. Ogni violazione di norma giuridica, compresa naturalmente la violazione dolosa di legge penale, darebbe luogo, pertanto, a responsabilità per colpa rispetto agli eventi non voluti che ne fossero derivati.

Al riguardo, si parla, anzi, di colpa presunta.

A parte il rilievo, forse non soltanto terminologico, che se l'opinione prospettata fosse da accogliersi, non sarebbe corretto parlare di colpa presunta, bensì, a' sensi del nostro codice, di vera e propria colpa, un'interpretazione che tenga conto, oltre che della lettera della disposizione, in sé e per sé considerata, anche del sistema in cui quella disposizione si incardina, conduce a risultati ben diversi. Si pensi agli illeciti sanzionati da responsabilità che complessivamente va oltre i confini del dolo o della colpa. Sono caratterizzati da una condotta dolosa (qualche volta da un fatto doloso) che realizza gli estremi di un reato, cui segue un evento (o un secondo evento) nei confronti del quale è sufficiente il semplice rapporto di causalità, integrato dal coefficiente di riferibilità psichica imposto dall'art. 27, I comma, Cost. Ora, poiché il legislatore considera l'evento attribuito quale mera conseguenza dell'azione od omissione, posta a carico dell'agente "altrimenti" che per colpa, ciò significa che l'imputazione a questo titolo poggia su basi diverse dalla causazione di un evento che costituisca il risultato non voluto di una violazione, sia pure dolosa, di legge. Occorre insomma interpretare l'alinea III dell'art. 43 tenendo conto del III comma dell'art. 42. Il che può avvenire unicamente ritenendo che non tutte le norme giuridiche, ma solo quelle che mirano a prevenire un evento vietato dal diritto, possano essere fonte di responsabilità colposa.

A questo punto, diventa necessario un criterio per stabilire quali siano le norme contrassegnate da tale scopo. Interrogativo al quale si deve rispondere facendo ricorso alla rappresentabilità ed alla prevenibilità dell'evento dannoso. Darà, cioè, luogo a colpa unicamente la trasgressione di quelle norme giuridiche che prescrivano o vietino comportamenti, astenendosi dai quali o realizzando i quali, è prevedibile il verificarsi di un evento dannoso come conseguenza della propria azione od omissione.

Una sola differenza queste ipotesi di colpa presentano rispetto alla negligenza, imprudenza, imperizia: e cioè la minore flessibilità e adattabilità alle circostanze del caso concreto della regola di condotta, dalla cui trasgressione esse sono caratterizzate. Ma occorre aggiungere che si tratta di una rigidità più apparente che reale. Poiché queste norme disciplinano particolari attività pericolose, esse si rivolgono ad una cerchia di destinatari assai più ristretta di quella posseduta dalle regole non espressamente sancite dal diritto.

Il criterio della rappresentabilità e della prevenibilità assolve, dunque, una funzione di importanza fondamentale, tanto in sede di definizione concettuale che di accertamento concreto anche nella colpa derivante da inosservanza di leggi, ecc. Per quanto riguarda, in particolare, l'accertamento, l'affermazione esattissima che, anche in tali casi, la responsabilità non si estende a tutti gli eventi che comunque siano derivati dalla violazione della norma, ma è limitata ai risultati che la norma stessa mira a prevenire, non può essere intesa al di fuori di un ricorso al criterio in parola. Si ricordi un esempio diventato classico nella nostra letteratura. Un giovane a bordo di una carrozza trainata da cavalli (siamo tra gli ultimi anni '800 e i primi '900) percorre a velocità sfrenata, non osservando alcuna cautela, una strada lungo la quale è posta una scuola da cui stanno uscendo delle bambine. Un anziano signore al balcone della sua casa a un centinaio di metri dal percorso assiste alla scena e, vedendo le bambine fuori della scuola attraversare la via, è colto da uno spavento tale da incorrere in una crisi cardiaca, a seguito della quale muore.

È chiaro che non si può imputare a colpa l'evento verificatosi: la finalità del regolamento trasgredito dal guidatore non era certo di evitare collassi come quello realizzatosi. Ciò che essa, secondo l'*id quod plerumque accidit*, postulava rappresentabile ed evitabile, adottando una linea di maggiore prudenza, era l'impatto con persone o cose, non certamente la morte cagionata nelle condizioni di cui si è detto. Non può addursi per sostenere l'inoperatività del doppio criterio prospettato il principio in forza del quale non risponderebbe mai a titolo di colpa chi, nel rispetto di tutte le cautele sancite espressamente dall'ordinamento, avesse cagionato un evento prevedibile ed evitabile.

Prima di tutto, infatti, è da notare che un principio del genere in questa ampiezza non sarebbe accettato nemmeno dai sostenitori della irrilevanza del criterio in discorso nei casi di colpa per violazione di leggi, ecc. E, invero, anche in quest'ordine di idee si ha cura di avvertire che l'osservanza delle norme giuridiche è sufficiente perché venga meno la responsabilità penale, solo a patto che non siano violate altre regole dettate dall'esperienza. In realtà l'evento prevedibile, del quale non si risponde a titolo di colpa, sarà, nello svolgimento di attività disciplinate dal diritto, e cioè di attività consentite e non meramente lecite perché non proibite, l'evento evitabile solo mediante l'astensione dalla attività stessa.

Ma sappiamo già che, nell'esercizio di un'attività autorizzata, non può profilarsi una regola di condotta che importi l'astensione dall'attività stessa. Così, se impiantata una linea ad alta tensione è sempre prevedibile un sinistro, non è da dire che, qualora questo si verifichi, la colpa sia esclusa perché qui non giuoca il criterio della rappresentabilità: osservate tutte le precauzioni discendenti da regole giuridiche e non giuridiche, non può profilarsi colpa per violazione di una regola che porrebbe l'ordinamento in contraddizione con se stesso.

Naturalmente bisogna tener conto che la disciplina giuridica di un'attività pericolosa è dettata alla stregua di quel che ordinariamente contrassegna lo svolgimento di tale attività. Se si verificano situazioni delle quali non poteva far governo la regola cautelare (ad esempio, per effetto di una calamità naturale, i luoghi dove sorgono gli impianti ad alta tensione debbono accogliere una moltitudine di rifugiati con numerosi ragazzini), è chiaro che si imporranno, proprio per la mutata situazione e la prevedibilità di sinistri che essa ingenera, misure atte ad evitare tali sinistri che vanno oltre quelle dettate dalla regolamentazione ordinaria.

Val la pena di fare, a questo punto, una breve considerazione sul rapporto intercorrente fra il rilievo che nell'applicazione del diritto assumono, l'una di fronte all'altra, le due forme di colpa delineate dall'art. 43, III alinea: colpa generica (negligenza, imprudenza, imperizia) e colpa specifica o normativa (violazione di leggi, regolamenti, ordini o discipline). Storicamente, fino ai primi del secolo scorso, la parte del leone è fatta dalla colpa generica. A partire, però, dagli anni immediatamente precedenti la I guerra mondiale, l'ordinamento statuale si estende sempre più ad aree in precedenza lasciate al potere dispositivo dei privati. Fenomeno che la gigantesca mobilitazione che si verifica in tutto il mondo occidentale fra il 1914 e il 1918 ingigantisce ed esaspera. Intieri settori, prima ignoti alla regolamentazione giuridica, danno luogo a branche importanti e vistose dell'ordinamento. Per fare i casi più semplici, si pensi alle norme anti-infortunistiche e a quelle sulle varie specie di traffico. La forma predominante di colpa diventa, allora, quella dell'infrazione di un precetto giuridico. E tutto sembrerebbe andare avanti così, con l'utilizzo della colpa generica nei capi di imputazione soprattutto quale valvola di sicurezza contro una lacuna della regolamentazione positiva, ma soprattutto per sopperire al non aver pensato ad una norma particolare nel *mare magnum* delle disposizioni statuali; fino al parziale capovolgimento e ritorno al passato che la velocità, ieri inimmaginabile, dello sviluppo tecnologico porta con sé. La macchina della produzione normativa diventa sempre più lenta rispetto alla velocità della tecnica e della scienza. Il rapporto fra le due forme di colpa tende, perciò, quantomeno all'equilibrio.

10. *Strumenti per accertare la colpa nelle attività sanitarie: le c.d. Linee guida*

Un tentativo di rimediare alla divaricazione tra regolamentazione positiva e progressi, o comunque sviluppi, tecnologici deve ravvisarsi nel D.L. n. 158 del 13 settembre 2012 intitolato "Disposizioni urgenti per promuovere lo sviluppo del Paese mediante un più alto livello di tutela della salute", il c.d. Decreto Balduzzi. Il campo è delimitato con sufficiente precisione. Si tratta di regole dirette agli esercenti la professione sanitaria. Come vedremo subito, il decreto è imperniato su tre punti focali: imperizia, linee guida e colpa lieve. Di quest'ultima non mi occupo non solo e non tanto perché definirla è difficile, e ne tratterò più avanti, quanto per la ragione decisiva che una legge, la n. 24 del 8 marzo 2017, nota come legge Gelli-Bianco, intervenendo sulla materia già disciplinata dal decreto Balduzzi, di colpa lieve non fa più menzione. Vedremo quale sia il *novum* di questa legge: prima di prenderne visione, stante la quasi completa sovrapposizione fra l'oggetto disciplinato dalla nuova normativa e quello del decreto precedente, mi sembra opportuno prendere atto di come quest'ultimo avesse cercato di superare, per quanto è possibile, la sfasatura fra regola e regolato. E allora, i due testi a confronto. Per quanto qui ci interessa, l'art. 3, I comma, del D.L. c.d. Balduzzi: "*L'esercente la professione sanitaria che nello svolgimento della propria attività si attiene a linee guida e buone pratiche accreditate dalla comunità scientifica non risponde penalmente per colpa lieve. In tali casi resta comunque fermo l'obbligo di cui all'articolo 2043 del codice civile. Il giudice, anche nella determinazione del risarcimento del danno, tiene debitamente conto della condotta di cui al primo periodo*".

Le legge Gelli-Bianco, art. 6 (oggi art. 590-*sexies* c.p.), sullo stesso tema, sviluppa quanto nella precedente regolamentazione era implicito e, al tempo stesso, modifica, in misura non indifferente, il dettato precedente: "*Se i fatti di cui agli articoli 589 e 590 sono commessi nell'esercizio della professione sanitaria, si applicano le pene ivi previste salvo quanto disposto dal secondo comma.*

Qualora l'evento si sia verificato a causa di imperizia, la punibilità è esclusa quando sono rispettate le raccomandazioni previste dalle linee guida come definite e pubblicate ai sensi di legge ovvero, in mancanza di queste, le buone pratiche clinico-assistenziali, sempre che le raccomandazioni previste dalle predette linee guida risultino adeguate alle specificità del caso concreto".

E ancora, all'art. 7: "*La struttura sanitaria o sociosanitaria pubblica o privata che, nell'adempimento della propria obbligazione, si avvalga dell'opera di esercenti la professione sanitaria, anche se scelti dal paziente e ancorché non dipendenti dalla struttura stessa, risponde, ai sensi degli articoli 1218 e 1228 del codice civile, delle loro condotte dolose o colpose.*

La disposizione di cui al comma 1 si applica anche alle prestazioni sanitarie svolte in regime di libera professione intramurali ovvero nell'ambito di attività di sperimentazione e di ricerca clinica ovvero in regime di convenzione con il Servizio sanitario nazionale nonché attraverso la telemedicina.

L'esercente la professione sanitaria di cui ai commi 1 e 2 risponde del proprio operato ai sensi dell'articolo 2043 del codice civile, salvo che abbia agito nell'adempimento di obbligazione contrattuale assunta con il paziente. Il giudice, nella determinazione del risarcimento del danno, tiene conto della condotta dell'esercente la professione sanitaria ai sensi dell'articolo 5 della presente legge e dell'articolo 590-sexies del codice penale, introdotto dall'articolo 6 della presente legge".

Il grimaldello è trovato nelle c.d. linee guida. A riguardo, voglio citare quanto scritto in un lavoro recente[17] che ha affrontato ed approfondito l'argomento in modo sicuro e convincente: "*È noto che, per quanto riguarda certe attività pericolose o delicate, gli interpreti si sono premurati di elaborare delle procedure che dovrebbero permettere, in tutta sicurezza, lo svolgimento dell'attività e la sua felice conclusione. Queste sono, appunto, le linee guida*". Vengono così presi in considerazione, prosegue lo scritto citato, i più diversi settori della vita sociale: linee guida per la sicurezza stradale, per la sicurezza sul lavoro, per l'integrazione degli alunni stranieri, per la tutela processuale delle vittime vulnerabili, linee guida in materia di appalti, in campo medico, e così via. È prescritto, insomma, un modello di comportamento, attenendosi al quale al soggetto agente sarebbe più difficile, o addirittura impossibile, cagionare certi danni. Subito la domanda: seguire scrupolosamente tali direttive mette, o no, a riparo da addebiti e responsabilità? Fermiamoci al campo medico: nella comunità scientifica non c'è unanimità circa l'assoluta valenza di queste guide. Incontestata l'utilità, c'è chi le definisce "cuore ed insieme tallone d'Achille della professione medica". Fino a che punto sono attendibili: *lobbies* varie, emotività cagionata da certe evenienze, diverso grado di sviluppo scientifico da Paese a Paese, possono condizionarle, non di rado in modo negativo. Senza contare, poi, che, il documento, lo scritto, cristallizza lo stato dell'arte in un determinato momento: quasi fatalmente si perde il passo con le procedure d'avanguardia. Superfluo, poi, sottolineare, ma questo è di ogni norma, che

---

[17] Cfr. V.G. BRIGANDÌ, *Attività pericolosa. Un classico tra i concetti normativi*, Giappichelli, 2018, p. 59 ss. Si veda anche la penetrante analisi di F. CONSORTE, *Colpa e linee guida*, in *Dir. pen. proc.*, 2011, p. 1227 ss.

spesso sarebbe auspicabile maggiore flessibilità: situazione patologica in sé e per sé e condizioni personali del paziente spesso presentano particolarità sfuggite alla regolamentazione, per mancanza di fantasia o, addirittura, perché chi le ha redatte non poteva nemmeno prospettarsele.

A questo fine l'art. 590-*sexies*, riforma Gelli-Bianco, puntualizza che l'osservanza delle linee guida esclude la punibilità a patto che ciò che è prescritto, ciò che è raccomandato, per usare il linguaggio poco impegnativo della legge, risulti adeguato al caso concreto: con il che si vuole, appunto, ovviare alla inevitabile fissità della regola. A questo risultato, alla necessità di considerare le specificità del singolo episodio, si sarebbe potuti arrivare anche sotto la precedente normativa (decreto Balduzzi): in ogni modo la specificazione può funzionare da richiamo all'interprete, specie all'interprete-giudice.

Problematica, invece, l'esclusione della responsabilità, quando siano state osservate le linee guida, solo in ipotesi di imperizia. Prima di tutto, riesce difficile pensare ad un operatore, ritenuto nel caso concreto imperito, che si sia attenuto alle linee guida. La semplice constatazione dell'allineamento su tali prescrizioni, dovrebbe, nello specifico, far cadere ogni possibilità di imputazione a titolo di imperizia. Per dare un senso al dettato, bisogna intendere l'imperizia come qualifica di una condotta che di per sé, prescindendo dalla condotta storicamente messa in atto, avrebbe richiesto una particolare "perizia". Ma non basta. Anche letta così, la norma solleva notevoli perplessità: perché limitare le situazioni di non punibilità escludendo dalla regolamentazione relativa i casi di negligenza e imprudenza? Vero che anche se la lettera della legge fosse in tal senso, ci sarebbero non poche difficoltà a considerare negligente o imprudente il sanitario che tenga conto delle guide. Avremmo potuto, però, anche qui volenterosamente intendere la regola come applicabile a interventi, clinici o chirurgici, che richiedano particolare diligenza o prudenza: si sarebbero, così, evitate incomprensibili disparità di trattamento.

C'è, poi, una particolarità dell'attuale 590-*sexies* che esaspera le difficoltà della recente normativa. Nel decreto Balduzzi la responsabilità era esclusa, alle condizioni che sappiamo, purché la colpa del sanitario fosse lieve. L'attuale art. 590-*sexies* fa a meno di questa lievità, rendendosi, per tal modo, applicabile ad ogni forma o grado di colpa. Il che, a seconda delle vicende e del modo che ha l'interprete di intendere e valutare le cose, può suscitare talora consenso, più spesso meraviglia o rifiuto.

Un cenno ancora alla disciplina della responsabilità civile nascente dal reato del sanitario. Il decreto Balduzzi, in proposito, richiamava in tutta ovvietà l'articolo 2043 del codice civile – responsabilità per il danno ingiusto cagionato con dolo o con colpa. Novità del decreto Balduzzi, l'onere per il giudice di tener conto, nella determinazione del risarcimento del danno, della condotta dell'operatore – se abbia o no rispettato le linee guida. Richiamo alle modalità della condotta giustificato: tanto da far sorgere il pensiero che, forse, dovrebbe essere esteso ad ogni imputazione colposa. Quanto alla struttura sanitaria o sociosanitaria pubblica o privata, l'art. 2049: non espressamente menzionato, ma coerente, inevitabile corollario del citato 2043. Non evocata dal decreto Balduzzi, ma altrettanto indiscutibile, la responsabilità contrattuale qualora vi fosse un contratto da rispettare.

Più completa e, al tempo stesso, più analitica la riforma Gelli-Bianco. Quanto al sanitario, responsabilità *ex* 2043 c.c., salvo che abbia agito adempiendo ad un'obbligazione contrattuale stipulata con il paziente. Ribadita la necessità che il giudice, determinando l'ammontare del risarcimento del danno, valuti la condotta dell'esercente la professione sanitaria in base ai parametri della legge stessa [18].

Frettoloso il disposto che concerne la struttura sanitaria o sociosanitaria pubblica o privata che si avvalga, adempiendo un'obbligazione, dell'opera di esercenti la professione sanitaria...: risponde, ai sensi degli artt. 1218 e 1228 del codice civile, della loro condotta dolosa o colposa. Alla lettera, la norma sembra disporre, in base ai citati articoli del codice civile, la responsabilità della struttura sempre e soltanto in caso di fatto doloso o colposo del sanitario. In realtà, l'art. 1218 statuisce la responsabilità del debitore se non prova che l'inadempimento o il ritardo è stato determinato da impossibilità della prestazione derivante da causa a lui non imputabile. Prescinde, dunque, dal dolo o dalla colpa dell'autore materiale o diretto del fatto illecito, soggetto che può avere agito per caso fortuito o per forza maggiore a lui non imputabile: il debitore, però, è sempre responsabile, a meno che non riesca a provare che alla mancata prestazione egli non avrebbe potuto assolutamente sottrarsi. Che significa, per il debitore, l'obbligo di disporre rimedi e, prima ancora, cautele per scongiurare le conseguenze non solo del fatto doloso o colposo dell'operatore sanitario ma anche del caso fortuito o della forza alla quale non si possa resistere. L'obbligo di risarcire il danno è, dunque, conseguenza di una condotta omissiva: non aver predisposto strumenti di prevenzione del danno. Insomma, situazioni di caso fortuito o di forza maggiore, che impediscano di considerare *autore personale* del danno l'operatore, possono profilarsi in modo diverso rispetto alla struttura (ovviamente ai preposti alla struttura stessa) cui incombe l'onere di calcolare anche la possibilità che la prestazione sia interrotta o turbata da sopravvenienze che rendano impossibile la prestazione a chi materialmente e direttamente deve porla in essere. Ciò significa che è assolutamente corretta la citazione dei due articoli – 1218 e 1228 c.c. – menzionati, salvo che per il riferimento, comune ad entrambe le previsioni di detti articoli, alla condotta dolosa o colposa del sanitario. Condotta che, invece, rileva solo ai fini dell'applicabilità del-

---

[18] Per questi parametri, oltre che il 590-*sexies* c.p. introdotto dall'art. 6 della legge, fondamentale l'art. 5, architrave della normativa in questione: "*Gli esercenti le professioni sanitarie, nell'esecuzione delle prestazioni sanitarie con finalità preventive, diagnostiche, terapeutiche, palliative, riabilitative e di medicina legale, si attengono, salve le specificità del caso concreto, alle raccomandazioni previste dalle linee guida pubblicate ai sensi del comma 3 ed elaborate da enti e istituzioni pubblici e privati nonché dalle società scientifiche e dalle associazioni tecnico-scientifiche delle professioni sanitarie iscritte in apposito elenco istituito e regolamentato con decreto del Ministro della salute, da emanare entro novanta giorni dalla data di entrata in vigore della presente legge, e da aggiornare con cadenza biennale. In mancanza delle suddette raccomandazioni, gli esercenti le professioni sanitarie si attengono alle buone pratiche clinico-assistenziali*".

l'art. 1228: il 1218 è studiato proprio per "fare giustizia" in ipotesi nelle quali il danno c'è ma non dipende dal dolo o colpa del sanitario. Dobbiamo, a questo punto, tentare una formulazione che tenga nel debito conto che due, e ben diverse, sono le situazioni che condizionano l'applicabilità delle due norme. L'art. 1228, ripeto, è disposto in previsione di illecito posto in essere dall'operatore; l'art. 1218, invece, riguarda l'inosservanza dell'onere di prevenire ogni possibile causa dell'evento, compresa fatalità o caso che si siano abbattuti sul sanitario. Ne consegue che le due norme sono entrambe applicabili – sempre che ne ricorrano gli estremi. Non si gridi al *ne bis in idem*. Abbiamo visto che diverse sono le fattualità dalle quali discendono le conseguenze sanzionatorie, sì che possono darsi le seguenti combinazioni: responsabilità a solo titolo del 1218, perché non erano state realizzate le misure preventive; responsabilità, a prevenzione attuata, unicamente ex 1228, a cagione del dolo o della colpa del sanitario, imprevedibili, per come si sono effettivamente verificati, dalla struttura; responsabilità per entrambi i titoli evocati – dolo o colpa del sanitario preceduti da trascuranza o cattiva volontà della struttura che non aveva provveduto a mezzi di prevenzione e rimedio. Nel quale ultimo caso, occorre precisare che, mentre sempre lo stesso è il danno subito dal paziente e non c'è pertanto obbligo di risarcire due volte, a questo danno si aggiungerà, quasi inevitabilmente, il danno arrecato ad altro soggetto, ad esempio la Regione competente per la politica sanitaria. Mi azzardo, a questo punto, a proporre quello che, a mio avviso, avrebbe dovuto essere il testo dell'art. 7 della legge Gelli-Bianco: "La struttura sanitaria o sociosanitaria pubblica o privata [...] risponde, ai sensi dell'art. 1218 codice civile e, in caso di condotta dolosa o colposa dell'esercente la professione sanitaria, anche ai sensi dell'art. 1228 codice civile".

11. *La condotta cui deve riferirsi l'elemento positivo della colpa*

Sappiamo già che elemento negativo della colpa, così come risulta dalla definizione del delitto colposo, è l'assenza di dolo. Sarebbe, però, assolutamente erroneo ritenere che gli atti i quali, onde realizzare una fattispecie di illecito colposo, vanno presidiati da colpa, coincidano con gli atti che, ai fini della integrazione di una fattispecie dolosa, occorre siano commessi con dolo.

Questa coincidenza si verificherà, certamente, allorché l'azione sia individuata, per note intrinseche, nell'astratta figura normativa. Il che avviene nelle contravvenzioni.

Diversamente stanno, invece, le cose quando sulle modalità dell'azione prevalga la considerazione della produzione dell'evento; quando, cioè, il legislatore, adoperando espressioni come "cagionare", "determinare" e simili, ovvero ricorrendo a verbi che sintetizzano un processo causale (ad esempio "avvelena acque o sostanze destinate all'alimentazione"; art. 439 c.p.), ponga l'accento sulla efficacia causale del comportamento e tipicizzi quest'ultimo in funzione del suo risultato.

Il che accade nel nostro ordinamento per non pochi delitti dolosi e per la maggior parte dei delitti colposi. Parlare di tipicità dell'azione significa, in tali casi, individuare il momento tipicamente necessario perché il comportamento produttivo di un effetto rilevante per il diritto possa ritenersi proprio di un agente; significa, in altri termini, ricercare nel complesso degli atti compiuti da un soggetto, e causalmente collegati ad un evento, quello tra essi che più esprime, nelle forme e nei modi richiesti dall'ordinamento, la signoria reale o potenziale dell'agente sul fatto.

Nella forma dolosa, come si è visto, questo atto non può essere che l'ultimo compiuto dal soggetto, o, più esattamente, l'atto che il soggetto compirebbe per ultimo in un processo di esecuzione monosoggettiva.

Così, nell'esempio sopra prospettato, una responsabilità per delitto doloso sorgerebbe soltanto ove il guidatore fosse stato in dolo nel momento in cui ha compiuto la manovra che cagionò l'investimento di un passante.

Anche nelle ipotesi colpose delle fattispecie costruite in senso causale la tipicità della condotta è in funzione dell'elemento soggettivo che deve sorreggerla.

Qui, però, al contrario di quello che avviene nella forma di imputazione soggettiva primaria, azione tipica, nella serie degli atti condizionanti un certo evento, sarà l'azione che per prima dia luogo ad una situazione di contrarietà rispetto ad uno dei criteri di qualificazione richiamati dal legislatore nella definizione della colpa.

Più precisamente, azione tipica è il primo degli atti posti in essere assistito dalla rappresentabilità ed evitabilità dell'evento (colpa per negligenza, imprudenza, imperizia) o dalla rappresentabilità di una situazione nella quale, ottemperando ad un precetto giuridico, è evitabile l'evento dannoso o pericoloso. Naturalmente è necessario che, prima del prodursi di tale evento, fino a quando sia ancora possibile da parte del soggetto agente un intervento che neutralizzi gli effetti della propria condotta, permangano le condizioni che giustificano il giudizio di rappresentabilità e di evitabilità: consentendo l'adozione di una condotta diligente, prudente, tecnicamente adeguata, ovvero l'osservanza di una regola di diritto a finalità preventiva. Così, proprio perché le condizioni in questione sono venute meno, non risponderà di causazione dell'evento per colpa dovuta ad eccesso di velocità l'automobilista che, dopo essersi sfrenato in un primo tratto di strada, si sia poi riportato ad un'andatura assolutamente regolare: potrebbe dirsi che se egli non avesse corso troppo in precedenza, non avrebbe cagionato il sinistro quando la sua andatura era diventata normale. È chiaro che di colpa per eccesso di velocità non può parlarsi, posto che la regola trasgredita non mira certo ad evitare che a causa del superamento dei limiti previsti ci si trovi poi, quando si era tornati alla norma, davanti ad un ostacolo. La regola, di comune prudenza o specificamente dettata, vuole prevenire quegli eventi che si verificano quando sia ancora in atto la sua trasgressione.

12. *Il grado della colpa*

L'art. 133 del codice, fra gli elementi di cui il giudice deve tener conto nel valutare la gravità del reato, annovera "il grado della colpa"; in qualche legge speciale la volontà colpevole viene puntualizzata nella colpa grave. Non è facile, però, nella infinita varietà di regole di condotta, e quindi di atteggiamenti colposi richiamati dall'art. 43, III comma, trovare un esatto criterio di graduazione. In difetto di canoni puramente logici, il giudizio dovrà largamente ispirarsi ad intuizioni emotive; prenderà in considerazione il fatto come espressione della personalità dell'agente; si soffermerà in particolare sull'atteggiamento rivelato nei confronti delle altrui situazioni di interesse; non trascurerà, naturalmente, le circostanze obiettive che hanno contrassegnato l'azione: soprattutto quando queste segnino il superamento dei limiti posti dalla regola o dalle regole infrante in misura più o meno rilevante. Colpa vi sarà sempre nel caricare una piattaforma di un peso superiore alla sua portata massima: ma una cosa è 50 Kg. in più, altra 10 quintali.

13. *Il caso fortuito*

Il doppio criterio della rappresentabilità ed evitabilità rileva anche quando l'imputazione è per colpa cosiddetta specifica o normativa. È possibile, infatti, affermare che una certa regola giuridica o, comunque, richiamata dal diritto ha finalità preventiva solo attraverso la seguente argomentazione: ci si può rappresentare il verificarsi di un evento dannoso o pericoloso se non si adempie a quanto prescrive una legge, un regolamento, un ordine o una disciplina. Ma, a differenza di quanto si dà nella colpa per negligenza, imprudenza o imperizia, dove o ci sono rappresentabilità ed evitabilità in concreto e, quindi, colpa o rappresentabilità ed evitabilità sono assenti (l'una o l'altra, o tutte e due assieme) e, quindi, non c'è colpa, l'accertamento della violazione della regola espressamente prescritta può non risultare sufficiente a qualificare colposa una certa condotta. Si pensi a chi, alla guida di un'automobile, superi vistosamente la velocità consentita. Lungo la corsa, travolge un passante: si prova, però, che l'incidente si sarebbe verificato anche se la velocità fosse stata mantenuta nei limiti. Sentiamo subito che, malgrado la violazione della regola giuridica dettata per prevenire una certa classe di eventi, alla quale classe appartiene l'evento causato, questo non è addebitabile a colpa dell'agente. La condotta ha materialmente cagionato l'evento; non può dirsi però che la trasgressione sia stata condizione del sinistro.

Ci si chiede a questo punto quale sia la base normativa che giustifichi, non soltanto sul piano di ciò che appare appropriato ed equo, ma anche su quello del diritto positivo quanto osservato in tema di colpa specifica. E qui entra in gioco una norma, la cui interpretazione è non poco controversa. L'art. 45 c.p., secondo cui: "Non è punibile chi ha commesso il fatto per caso fortuito o per forza maggiore".

Norma della quale deve innanzitutto dirsi che si presenta malamente congegnata, dal momento che affianca, assegnando loro, apparentemente, la medesima efficacia, due fatti giuridici dal significato ben diverso. La forza maggiore – e lo abbiamo visto – esclude il coefficiente psichico dell'azione od omissione: la coscienza e volontà dell'art. 42 c.p. Dunque la forza maggiore, seppure incide sulla fase iniziale dell'elemento psicologico, strutturalmente agisce sull'elemento oggettivo: impedisce, insomma, che un certo comportamento vada considerato come vero e proprio atto, riferibile alla persona umana, e non come qualcosa di assimilabile a cieca forza della natura. Che la norma in questione usi tanto con riferimento alla forza maggiore che al caso fortuito un'unica, non differenziata, locuzione ("chi ha commesso il fatto") significa solo che si dà rilievo alla realizzazione materiale di una condotta: senza riguardo a come essa risulti, a seconda che sia stata posta in essere per forza maggiore o per caso fortuito. Le differenze nascono dal sistema. Ciò posto, vediamo allora che cosa la legge voglia dire quando dichiara non punibile il fatto commesso per caso fortuito.

Pacifico che non ci troviamo di fronte ad un dato che, pur diverso, abbia gli stessi effetti della forza maggiore. Quest'ultima esaurisce l'intiera gamma delle situazioni che fanno venir meno la coscienza e volontà dell'azione od omissione. È spiegabile, allora, perché sia stata presa in considerazione una possibile rilevanza del caso fortuito sul nesso causale[19]. Basta tener conto, però, dell'elemento sistematico, che nel nostro codice ha, di regola, grande importanza, per scartare questa soluzione. L'art. 45 c.p. sia nella parte che concerne la forza maggiore sia in

---

[19] Cfr. Cass. IV, 19 dicembre 2012, n. 6982: "La rilevanza giuridica del caso fortuito è inesorabilmente legata ad un'azione umana, come riconosce la dottrina assolutamente prevalente, e come è rilevato dalla stessa formulazione dell'art. 45 c.p. che, adoperando l'espressione "commettere", suppone la presenza di un comportamento umano, attivo o negativo. Dall'incrocio di questo con l'avvenimento casuale deriva la produzione dell'evento, nel senso che questo, secondo il principio della equivalenza delle cause, è eziologicamente riconducibile alla condotta dell'uomo, il quale tuttavia non ne risponde per l'intervento del fattore causale imprevedibile. Dunque, il caso fortuito presuppone l'integrità del rapporto di causalità materiale tra la condotta e l'evento, collocandosi come causa (soggettiva) di esclusione della punibilità. Questa concezione è contrastata da quella, oggettiva, secondo la quale il fortuito escluderebbe il rapporto materiale. In linea di principio, questa Corte ritiene che la concezione soggettiva risponda compiutamente alla logica del sistema normativo, sia perché l'art. 45 c.p., pur non definendo il fortuito, si riferisce a questo come ad un evento (imprevedibile) che si inserisce nel corso di un'azione umana, sia perché la tesi che esclude il rapporto di estreme deduzioni, carattere pleonastico dell'art. 45 c.p., che sarebbe un duplicato dell'art. 41 cpv. c.p.; il che sembra inammissibile, per la presunzione di coordinata razionalità che deve pur assistere la redazione di un testo normativo improntato a sistematicità. D'altro canto, questa medesima teoria finisce per ammettere che il caso fortuito esclude la colpevolezza, sia pure come conseguenza riflessa del venir meno del rapporto di causalità materiale. (Cass. SU 14 giugno 1980, Felloni; conformi Cass. III, 18 dicembre 1997, Rosati, RV 209868, CP 1999, 988; Cass. IV, 30 ottobre 1990, Lo Nigro, RV 186075). Dunque, l'accadimento fortuito, per produrre il suo effetto di escludere la punibilità dell'agente – sul comportamento del quale viene ad incidere – deve risultare totalmente svincolato sia dalla condotta del soggetto agente, sia dalla sua colpa. Ne consegue che in tutti i casi in cui l'agente abbia dato materialmente causa al fenomeno – solo, dunque, apparentemente fortuito – ovvero nei casi in cui, comunque, è possibile rinvenire un qualche legame di tipo psicologico tra il fortuito e il soggetto agente, (nel senso che l'accadimento, pure eccezionale, poteva in concreto essere previsto ed evitato se l'agente non fosse stato imprudentemente negligente o imperito) non è possibile parlare propriamente di fortuito in senso giuridico. (Cass. IV, 9 dicembre 1988, Savelli, RV 180850)".

quella che concerne il caso fortuito, si pone come chiusura di norme dedicate alla disciplina del cosiddetto elemento psicologico del reato: la volontà colpevole. Del nesso causale si occupano, invece, gli artt. 40 e 41 c.p. In modo particolare è il II comma dell'art. 41 che prevede l'interruzione del rapporto eziologico in forza di "cause sopravvenute da sole sufficienti a determinare l'evento". È chiaro, allora, che non si spiegherebbe perché il caso fortuito non sia stato menzionato in questa sede, preferendo, al contrario, operare uno strano salto all'indietro, per tornare dall'elemento psicologico al rapporto causale. Ma è soprattutto il carattere di eccezionalità che il nostro codice assegna all'intervento di fattori che, nonostante la relazione di *condicio sine qua non* tra condotta ed evento, fanno venir meno il nesso causale che rende inaccettabile l'idea di una disciplina dettata fuori dall'area del rapporto di causalità. Il carattere di eccezionalità dei fattori cui è dovuta l'esclusione del nesso eziologico non si concilierebbe con la previsione di un fattore, rilevante in ordine alla causalità, rispetto al quale non sarebbe stato espressamente indicato tale effetto. Ancor meno convincente appare, poi, l'opinione secondo la quale caso fortuito equivarrebbe a mancanza di rappresentabilità ed evitabilità dell'evento: costituirebbe, per così dire, il rovescio della colpa. Ora, se di quest'ultima consideriamo la forma generica (negligenza, imprudenza, imperizia) il fatto giuridico denominato caso fortuito verrebbe, su tal via, ad essere né più né meno che un'inutile ed ingombrante ripetizione. C'è colpa se c'è rappresentabilità ed evitabilità dell'evento: se queste mancano non c'è colpa. Ricorrere alla nozione di caso fortuito equivarrebbe, allora, ad affermare che se l'omicidio è cagionare la morte di un uomo, chi non cagiona tale evento non commette omicidio. Asserto ineccepibile, ma assolutamente privo di valenza autonoma. Questo per la colpa generica. Diversamente stanno le cose quando l'addebito è di colpa specifica. Abbiamo già visto come, in questo caso, non è sempre convincente limitarsi ad accertare la violazione di una regola giuridica, o giuridicamente rilevante, avente finalità preventiva, anche se l'evento prodotto appartiene al tipo degli eventi che la regola trasgredita mirava ad evitare.

Ricordiamo: si raggiunge la prova che l'evento vietato si sarebbe verificato pur se il soggetto agente avesse ottemperato alle previsioni giuridiche e fuori dell'ipotesi in cui, per evenienze non calcolabili dai fattori di produzione normativa, si fosse creata una situazione bisognosa di misure ulteriori rispetto a quelle prescritte. È in queste circostanze, quando cioè possiamo affermare che l'evento si sarebbe prodotto anche nel rispetto del dovuto, che si rivela l'importanza del caso fortuito (nell'esempio fatto: passante che si muove sconsideratamente), nella struttura della colpa normativa. Questa risulta, insomma, costituita da requisiti positivi – e sono quelli che danno luogo alla violazione di leggi, regolamenti, ordini o discipline – e da elementi negativi – i quali debbono, cioè, mancare – che danno luogo al caso fortuito.

CAPITOLO XIII

IGNORANZA ED ERRORE

SOMMARIO: 1. Errore nel processo formativo della volontà ed errore nell'esecuzione. – 2. La rilevanza dell'ignoranza-errore sugli elementi essenziali del fatto. – 3. La rilevanza dell'ignoranza-errore sulle circostanze.

1. *Errore nel processo formativo della volontà ed errore nell'esecuzione*

Il nostro sistema prende in considerazione, usando identica terminologia, due distinte ipotesi di errore. La prima è quella che si verifica nel processo formativo della volontà e consiste in una rappresentazione della realtà non corrispondente al vero[1]. Come vedremo, con ciò non si vuol dire che la concreta volizione è sempre determinata da questa infedele rappresentazione: il dato costante è che, quando sussiste, si accompagna alla volizione. La seconda ipotesi è quella dell'errore-sbaglio: Tizio, ad esempio, vuole colpire Caio e raggiunge, invece, Mevio. Ci occupiamo adesso dell'errore che si verifica lungo il processo formativo della volontà.

Il linguaggio normativo utilizza a volte il termine ignoranza, più frequentemente il termine errore. Così all'art. 5 c.p. è detto che: "Nessuno può invocare a propria scusa l'ignoranza della legge penale". Formulazione adottata anche nella disciplina dei delitti contro la libertà sessuale (art. 609-*sexies* c.p.): "Quando i delitti previsti negli artt. 609-*bis*, 609-*ter*, 609-*quater*, 609-*octies* sono commessi in danno di persona minore di anni quattordici, nonché nel caso del delitto di cui all'art. 609-*quinquies*, il colpevole non può invocare, a propria scusa, l'ignoranza dell'età della persona offesa".

All'art. 59, I comma, c.p. è enunciata la regola che: "Le circostanze che attenuano o escludono la pena sono valutate a favore dell'agente anche se da lui non conosciute, o da lui per errore ritenute inesistenti". Dove è chiaro che, in que-

[1] Cfr. Cass. II, 9 novembre 2011, n. 5975: "la causa di giustificazione di cui all'art. 47 c.p. è esclusa dalla sussistenza nell'agente del dubbio in merito al fatto. Difatti, mentre l'errore determina il convincimento circa l'esistenza di una situazione che non corrisponde alla realtà, il dubbio determina per contro uno stato di incertezza, una possibilità di differente valutazione la quale, permanendo, impedisce il formarsi dell'erronea certezza richiesta dalla norma (Cass. 2 marzo 2005, n. 15388)".

st'ultima norma il "non conosciute" equivale in tutto e per tutto ad ignorate. Altrettanto chiaro è che, pur attribuendo loro la medesima rilevanza, questa norma distingue fra i due stati mentali, enunciati disgiuntamente. In altri e fondamentali disposti è fatta, invece, menzione del solo errore. Così all'art. 47, I, II e III comma, c.p.: "L'errore sul fatto che costituisce il reato esclude la punibilità dell'agente. Nondimeno, se si tratta di errore determinato da colpa, la punibilità non è esclusa, quando il fatto è preveduto dalla legge come delitto colposo.

L'errore sul fatto che costituisce un determinato reato non esclude la punibilità per un reato diverso.

L'errore su una legge diversa dalla legge penale esclude la punibilità, quando ha cagionato un errore sul fatto che costituisce reato" e all'art. 59, III e IV comma, c.p.: "Se l'agente ritiene per errore che esistano circostanze aggravanti o attenuanti, queste non sono valutate contro o a favore di lui.

Se l'agente ritiene per errore che esistano circostanze di esclusione della pena, queste sono sempre valutate a favore di lui. Tuttavia, se si tratta di errore determinato da colpa, la punibilità non è esclusa, quando il fatto è preveduto dalla legge come delitto colposo". La variante terminologica non cambia, però, la sostanza degli eventi (o dei non eventi) mentali regolati. Ignoranza ed errore rappresentano il diritto e il rovescio della medesima situazione. Chi agisce nell'ignoranza di una legge penale incriminatrice, si fa, per ciò stesso, una falsa immagine di quello che è il nostro ordinamento. Allo stesso modo, chi si impossessa di una cosa mobile altrui, confondendola con la propria, ignora (non conosce) ciò che effettivamente pone in essere.

E ancora: quando si reagisce ipotizzando uno stato di fatto che, se fosse presente, realizzerebbe al completo gli estremi, ad esempio, della legittima difesa, si ignora che questo non è. Ignoranza ed errore, insomma, sono fratelli indivisi.

2. *La rilevanza dell'ignoranza-errore sugli elementi essenziali del fatto*

Per brevità di esposizione, parleremo, dunque, soltanto di errore: salvo che non sia necessario mettere a fuoco eventuali peculiarità dello stato di non conoscenza o ignoranza. Riservandoci di ritornare all'art. 5 c.p., sul quale ci siamo già intrattenuti analizzando la struttura del dolo[2], notiamo subito come tanto all'art. 47 che all'art. 59 c.p. è attribuita all'errore in qualche caso irrilevanza, in altri, rilevanza.

Cominciando da questi ultimi, richiamiamo il disposto del I comma dell'art. 47 c.p. che prevede l'errore sul fatto costitutivo di reato. L'intestazione dell'intiero articolo ("Errore di fatto") non risulta pienamente aderente al contenuto delle regole poste. In primo luogo la mancata rappresentazione di uno degli elementi costitutivi del reato (I comma) può essere dovuta tanto a motivi fattuali (per la

---

[2] Cfr. in questa Parte, capitolo XI, § 14.

grande somiglianza fra le due borse, prendo per mia quella che invece è di un altro), quanto a motivi di diritto (ignorando o interpretando inesattamente una legge amministrativa non mi rappresento come raggiro il comportamento che realizzo[3]. Ciò che conta è che la falsa rappresentazione concerna un elemento essenziale di fatto: cada, cioè, sul fatto costitutivo di illecito penale, considerato nella sua essenza naturalistica, senza tener conto delle qualifiche che, eventualmente, ne facciano parte. Si tratta, quindi, non di errore di fatto, ma di errore *sul fatto*.

Come sappiamo, cagiona sempre – salvo espresse deroghe[4] – l'esclusione del dolo. La responsabilità a titolo di colpa residua nelle contravvenzioni e nei delitti preveduti anche come colposi allorché la situazione sulla quale incide l'errore era rappresentabile, ed evitabile risultava il comportamento posto in essere.

L'errore disciplinato dal III comma dell'art. 47 è sempre errore sul fatto, cioè su uno degli elementi costitutivi dell'illecito, ma si caratterizza per essere errore di diritto che concerne un elemento normativo. Dunque, l'art. 47 disciplina l'intera gamma degli errori sul fatto considerando nel I comma tanto l'errore di fatto che quello di diritto, purché riguardino componenti fattuali del reato; nel III comma regola l'errore di diritto che cade su una qualifica normativa del fatto[5].

---

[3] Si rinvia all'esempio fatto al capitolo XI, § 7, p. 403. Cfr. Cass. II, 23 novembre 2011, n. 46669: "La scusabilità dell'ignoranza e l'inevitabilità dell'errore va riconosciuta ogniqualvolta l'errore sia stato originato da un comportamento positivo degli organi amministrativi o da un complessivo pacifico orientamento giurisprudenziale da cui l'agente abbia tratto il convincimento della correttezza della interpretazione e, conseguentemente della liceità del comportamento futuro in forza della sentenza n. 364 del 1988 della Corte Costituzionale) (cfr. per tale orientamento, sez. IV, n. 32069, 15 luglio 2010 c.c. (dep. 18 agosto 2010) Rv. 248339). La Consulta, con la sentenza 24 marzo 1988 n. 364 e con la successiva sentenza 22 aprile 1992, n. 185, ha attribuito rilevanza alla sola "ignoranza inevitabile" della legge penale (art. 5 c.p.). A tal fine, come già puntualizzato dalle Sezioni unite (sent. 10 giugno 1994, Calzetta), per stabilirne i presupposti e i limiti, deve ritenersi che per il comune cittadino l'inevitabilità dell'errore va riconosciuta in tutte le occasioni in cui l'agente abbia assolto, con il criterio della normale diligenza, al cosiddetto 'dovere di informazione', attraverso l'espletamento di qualsiasi utile accertamento per conseguire la conoscenza della legislazione vigente in materia. Invece, per tutti coloro che svolgono professionalmente una determinata attività, tale dovere è particolarmente rigoroso, incombendo su di essi, in ragione appunto della loro posizione, un obbligo di informarsi con tutta la diligenza possibile e essi rispondono dell'illecito anche alla stregua della *culpa levis*; in questa seconda situazione, occorre cioè, ai fini della scusabilità dell'ignoranza, che da un comportamento positivo degli organi amministrativi o da un complessivo pacifico orientamento giurisprudenziale l'agente abbia tratto il convincimento della correttezza dell'interpretazione normativa e, conseguentemente, della liceità del comportamento tenuto (cfr. sez. VI, 27 giugno 2005, Pitruzzello; sez. VI, 20 maggio 2010, Pinori ed altro)".

[4] Si veda l'art. 609-*sexies* c.p.

[5] Ci si può chiedere quali siano le ragioni che hanno condotto a prevedere in una regola a sé stante l'errore sugli elementi normativi. Il fatto è che, più o meno chiaramente, si è intuito che un errore del genere è errore sui limiti della legge penale incriminatrice. Da qui, dato il disposto dell'art. 5 c.p., l'opportunità, e meglio si direbbe: la necessità, di dare apposita, espressa disciplina a situazioni ritenute meritevoli di una deroga al principio generale sull'ignoranza della legge penale.

Finalmente il II comma dell'art. 47 c.p., che avrebbe dovuto essere l'ultimo perché è una vera e propria norma di chiusura, dispone che l'errore "sul fatto che costituisce un determinato reato non esclude la punibilità per un reato diverso".

E qui bisogna intenderci. Il reato diverso, del quale si risponde quando si sia versati in errore su quello realmente commesso, si pone come figura generale rispetto a figura speciale, contrassegnata proprio dall'elemento investito dall'errore. Rapporto di specialità che, in vicende del genere, non può essere che di specialità in astratto. E in prima approssimazione gli esempi non mancano e sembrano portare tutti a soluzioni convincenti. Così chi offenda un'Autorità costituita in Collegio ignorando che si tratta di Autorità pubblica: non risponderà *ex* art. 342 c.p. (Oltraggio a un Corpo politico, amministrativo o giudiziario) ma di ingiuria (art. 594 c.p.). La sua condotta, infatti, ha realizzato non soltanto l'elemento oggettivo di tale reato ma anche quello soggettivo: si è voluta arrecare offesa all'onore o al decoro (l'art. 342 c.p. menziona il prestigio e non il decoro dell'art. 594: ma il *vulnus* al prestigio comporta inevitabilmente quello al decoro) di più persone presenti. I guai cominciano quando l'elemento specializzante non aggrava ma attenua quella che si pone come figura generale. Si pensi ad omicidio volontario (art. 575 c.p.) e ad omicidio del consenziente (art. 579 c.p.). A prima vista, il disposto del II comma dell'art. 47, in forza del quale l'errore su un elemento costitutivo non esclude la punibilità per un reato diverso, si riferisce anche al caso di chi, supponendo erroneamente il consenso della vittima, cagiona la morte di persona che tale consenso non aveva prestato. E che dire dell'ipotesi speculare: Tizio ha voluto cagionare la morte di un uomo, senza minimamente supporre che egli fosse consenziente, mentre la vittima aveva, in realtà, prestato piena adesione alla uccisione. A parte ogni considerazione sulla accettabilità morale di una responsabilità per omicidio comune a carico di chi abbia ignorato il consenso realmente prestato, bisogna dire che né in questo caso, né in quello simmetrico si riscontrano gli estremi richiesti dal II comma dell'art. 47 c.p. Come si è visto a proposito dell'errore su elemento essenziale del fatto che lo renda più grave rispetto a una figura generale, della realizzazione di quest'ultima si risponde perché ne sono state poste in essere tutte le componenti, psicologiche ed oggettive.

Non così, invece, quando l'errore cada su un elemento essenziale specializzante che attenua la gravità del reato. Profondamente diversa è la realtà effettuale e normativa cui dà luogo la condotta di persona che vuole offendere l'onore o il prestigio di più soggetti presenti, riuniti ad esempio in Collegio, non sapendo che essi costituiscono pubblica Autorità, rispetto a quella di chi, credendolo consenziente, cagiona la morte di un uomo. Dei due comportamenti deve dirsi che il primo è anche ingiuria (la violazione della norma speciale contiene implicitamente quella della norma generale), non così, invece, per il secondo. Chi suppone erroneamente il consenso della vittima non ha il dolo di omicidio comune e, per converso, chi uccide il consenziente ignorandone l'adesione alla morte non realizza il fatto oggettivo dell'art. 575 c.p. Il nostro codice non prende in espressa considerazione le ipotesi prospettate. Dobbiamo partire, allora, da una premessa di tutta evidenza. La lettura di una regola giuridica va compiuta avendo presente che questa regola fa parte di un contesto, vale a dire di un sistema.

Ciò significa che la regola reale, la cui individuazione costituisce primo e, forse, fondamentale tempo del processo interpretativo è raggiunta quando sulla proposizione immediatamente sottoposta a lettura si innestano tutte quelle altre regole che in positivo o in negativo ci danno il predicato della rilevanza giuridica di quella che, alla fine dell'operazione, ci si presenta come fattispecie. Ciò posto, vediamo con più precisione come si atteggiano i rapporti tra norma incriminatrice generale e norma incriminatrice arricchita di un elemento specializzante. Se l'elemento aggrava il reato, purché i connotati essenziali dell'offesa rimangano immutati, non v'è dubbio che il dolo della figura generale meno grave è comunque realizzato anche da chi ignori il dato specializzante. La punibilità a' sensi dell'illecito meno pesante risponde al canone della necessità che dell'illecito per cui si è sanzionati siano state poste in essere tutte le componenti essenziali. Qualora invece l'elemento che specializza una fattispecie criminosa nei confronti di altra generale abbia l'effetto di attenuare la gravità della prima, non può dirsi lo stesso. Il dolo di omicidio del consenziente non racchiude il dolo dell'omicidio comune: secondo l'*id quod plerumque accidit* se non me ne fossi rappresentato il consenso non avrei voluto uccidere. Sul piano normativo deve dirsi che, dall'interpretazione sistematica delle figure criminose previste rispettivamente dall'art. 575 c.p. e dall'art. 579 c.p. il dolo della prima – e più grave – si profila caratterizzato da una clausola negativa implicita: rappresentazione e volontà di cagionare la morte di persona non consenziente. Discorso che, specularmente, vale anche per l'elemento oggettivo. Siamo sempre davanti all'incrocio dell'elemento soggettivo di un delitto con l'elemento materiale di un altro. È chiaro, però, che, su tal via, non abbiamo ancora risposto alla domanda su quale sia la norma applicabile ove si presenti una delle situazioni indicate. Ripetiamo che fa difetto una previsione espressa: c'è, però, un filo d'Arianna che, utilizzando il principio di non contraddittorietà ci permette di arrivare alla soluzione che emerge dal sistema. Ma questo filo d'Arianna ha un capo che parte dalla disciplina dell'errore sulle circostanze: di quegli elementi, cioè, che non fanno parte della struttura essenziale di un reato, ma che con la loro presenza ne aumentano o ne diminuiscono la misura della pena. Si tratta, in primo luogo, dell'art. 59, I e II comma, c.p. e dell'art. 60, I e II comma, c.p. [6]. Fa d'uopo, quindi, passare all'esame di dette norme che costituiscono importanti aperture del sistema al rilievo posseduto dalla volontà colpevole. L'art. 60 già nella formulazione originaria del codice. L'art. 59 con un'accentuazione dovuta alla novella della l. 7 febbraio 1990, n. 19.

---

[6] Per compiutezza di discorso andrebbe considerato anche l'art. 118 c.p.: ma ciò presupporrebbe un quadro completo, almeno nelle linee essenziali, del concorso di più persone in un reato. Poiché, ai fini della dimostrazione che tentiamo di offrire nel testo, è sufficiente la lettura degli artt. 59, I e II comma, e 60, I e II comma, c.p., rinviamo l'analisi dell'art. 118 c.p. al volume su "*Le forme di manifestazione del reato*".

3. *La rilevanza dell'ignoranza-errore sulle circostanze*

Una delle tecniche alle quali il codice vigente ricorre, al fine di consentire una valutazione del fatto posto in essere la più vicina possibile alle caratteristiche di quanto concretamente è stato commesso, è la previsione di elementi che, come si è detto, non appartengono alla struttura del fatto di reato ma, determinando con la loro presenza una maggiore o minore gravità del danno criminale o della capacità a delinquere dell'agente, cagionano un aumento o una diminuzione di pena. Dovremo occuparcene in maniera analitica nel volume dedicato a "Le forme di manifestazione del reato" o, meglio, alle forme di manifestazione dell'offesa penalmente rilevante. Per il momento, ci basti sottolineare la distinzione fondamentale tra aggravanti ed attenuanti, che è di grande importanza per quel che verremo esponendo. Un'altra cosa è bene tener presente. Non è detto che l'elemento circostanziale si aggiunga sempre, specificandolo, al fatto costitutivo di reato: può, anche se si verifica abbastanza di rado [7], porsi come elemento che, con l'effetto di inasprire o di alleggerire la sanzione, si sostituisce ad un elemento essenziale. Stabilire quando ci si trovi di fronte a un elemento che faccia parte integrante della struttura del reato e quando, invece, ci si trovi davanti a una mera circostanza è decisivo in ordine alla determinazione dell'oggetto del dolo. Se è elemento essenziale deve essere coperto da rappresentazione e volizione, intese come eventi mentali effettivi. Se è circostanza esula da tale ambito [8]. Prima della novella 7 febbraio 1990, n. 19, le circostanze, sia aggravanti che attenuanti, salvo il disposto dell'art. 60 c.p. in tema di errore sulla persona, dovevano ritenersi estranee anche all'oggetto della colpa. Fuori, ripetiamo, dei casi previsti dall'art. 60, esse erano imputate, sia in danno, sia in favore del reo, per il semplice fatto della loro esistenza. Data la frequenza con cui si presentano nella concretezza dell'esperienza giuridica (un reato non circostanziato è quali un'ipotesi di scuola), questa rilevanza, completamente sottratta ai riflessi della volontà colpevole, dava luogo, nel sistema, al più vistoso e praticato caso di responsabilità oggettiva. Naturalmente ciò era vero per le circostanze aggravanti. Che le circostanze attenuanti diminuiscano la pena "anche se ... non conosciute, o ... per errore ritenute inesistenti" ricadeva, e ricade, sotto il principio in forza del quale la mancanza di un elemento che fonda la responsabilità o la presenza di un elemento che esclude o diminuisce la responsabilità giova sempre al soggetto agente: del putativo non si può far carico, semmai

---

[7] Cfr. l'art. 583, I comma, n. 1, c.p.: "La lesione personale è grave, e si applica la reclusione da tre a sette anni:

1) se dal fatto deriva una malattia che metta in pericolo la vita della persona offesa, ovvero una malattia o un'incapacità di attendere alle ordinarie occupazioni per un tempo superiore ai quaranta giorni. (...)".

Dove è chiaro come l'incapacità di attendere alle proprie occupazioni costituisce elemento che non si aggiunge, specificandola, alla struttura del fatto base, ma si sostituisce all'elemento malattia, posto in alternativa e considerato equivalente.

[8] Cfr. il volume, *Le forme di manifestazione del reato*, in *Appunti di diritto penale*, vol. VIII, Giappichelli, Torino, 2003.

quando concerne esimenti o attenuanti può essere valutato a discolpa o come diminuente. Per le aggravanti, invece, la disciplina era, eccezion fatta per l'art. 60, tutta improntata a responsabilità oggettiva. Potevo ignorare che l'oggetto materiale del furto che volevo commettere fosse di grandissimo valore; potevo addirittura pensare che si trattasse di cosa di scarsissimo pregio: perpetrato l'impossessamento illecito, l'aggravante dell'art. 61, n. 7, c.p. era fuori discussione[9]. Dunque, come si è detto, piena estraneità sia all'oggetto del dolo che all'oggetto della colpa. La novella citata, l. n. 19/1990, ha, all'art. 1, radicalmente mutato il dato normativo: "Le circostanze che aggravano la pena sono valutate a carico dell'agente soltanto se da lui conosciute ovvero ignorate per colpa o ritenute inesistenti per errore determinato da colpa" (art. 59, II comma, c.p.). Siccome ciò che conta è il limite estremo di imputazione, non può darsi addebito di una circostanza che aggrava la pena tutte le volte che essa sia stata ignorata senza colpa o ritenuta inesistente per errore non dovuto a colpa. Dunque, se la rilevanza di tali circostanze dipende dal carattere colposo della loro mancata rappresentazione o, che è poi lo stesso, dal carattere colposo della supposizione che esse siano, di fatto, inesistenti, dobbiamo concluderne che rientrano a buon diritto nell'oggetto della colpa. Un primo tassello del mosaico che, nel silenzio della legge, conduce a ritenere assai improbabile che un elemento essenziale che trasforma un reato in altro meno grave (si ritorni, col pensiero, al consenso della vittima dell'omicidio) sfugga alle regole della volontà colpevole, dal momento che queste regole si sono imposte anche per elementi, le circostanze aggravanti, tradizionalmente posti a carico a titolo soltanto oggettivo. Un altro passo avanti è compiuto, sempre nel medesimo ordine di idee, allorché si consideri come operi a favore del reo la circostanza attenuante non conosciuta o erroneamente ritenuta inesistente. Facciamo riferimento soltanto alla disciplina degli elementi circostanziali: preferiamo tacere su quella dettata per gli elementi che escludono la pena. Poiché questi ultimi sono, sia pur negativi (debbono mancare), elementi essenziali del fatto, confrontarli con gli elementi *costitutivi* che danno luogo ad una figura di reato meno grave rispetto ad altra generale (omicidio e omicidio del consenziente) significherebbe utilizzare *eadem ratio*, ricorrere, insomma, ad una operazione di estensione analogica. La regolamentazione espressa varrebbe, per similitudine, anche per i casi non espressamente contemplati[10]. Profondamente diversa è l'argomentazione che prende le mosse dal come sono disciplinate le circostanze attenuanti che, sempre fatte salve le ipotesi di cui all'art. 60 c.p., svolgono la loro efficacia indipendentemente da collegamenti soggettivi. Incomincia a delinearsi un caso esemplare di interpretazione sistematica condotta sul filo del principio di non contraddizione. Se l'ordinamento attribuisce rilevanza ad una circostanza attenuante non conosciuta, obiettivamente realizzata, che non è toccata dalla volontà colpevole, non può non atteggiarsi allo

[9] Cfr. art. 61, n. 7, c.p.: "l'avere, nei delitti contro il patrimonio, o che comunque offendono il patrimonio, ovvero nei delitti determinati da motivi di lucro, cagionato alla persona offesa dal reato un danno patrimoniale di rilevante gravità".

[10] Cfr. Parte I, p. 67 ss.

stesso modo nei confronti di un elemento essenziale del fatto che, qualificando in modo specifico un reato, viene a creare una nuova figura autonoma meno grave.

Ancor più decisivo, ai fini della soluzione della questione da cui abbiamo preso le mosse, si rivela l'art. 60 c.p., che disciplina l'"errore sulla persona". Abbiamo già anticipato come questa norma arrecasse nella formulazione originaria del codice vigente un'ampia, importante deroga al criterio oggettivo dell'imputazione delle circostanze, nonché alla regola della irrilevanza del putativo rispetto alla realtà delle cose, quando la supposizione erronea concernesse una circostanza attenuante. La riforma dell'art. 59 c.p. ha attenuato la vistosità della deroga per quel che riguarda le aggravanti. L'eccezione si conferma in tutta la sua vastità nell'ipotesi di opinione erronea che siano presenti certe diminuenti.

Va detto, però, che la lettura che ci accingiamo a dare dell'art. 60, pur conforme al pensiero dei fattori legislativi, così come risulta dai lavori preparatori e, soprattutto, dalla Relazione, al Progetto Preliminare, del Guardasigilli al Re, si discosta, e non poco, da quella che ne hanno fatto e ne fanno dottrina e giurisprudenza, soprattutto a partire da un libro tanto intelligente quanto intrigante: "La teoria generale del reato" di Francesco Carnelutti [11]. Siamo nella prima metà degli anni '30, a ridosso, quindi, della nascita del Codice. È singolare, allora, come nello studio teoretico e nella prassi applicativa ci si discosti dall'*intentio legis*, non per assicurare maggiori spazi di garanzie, ma, proprio al contrario, per vanificarli. Che cosa abbia portato a questa tensione di severità è più facile supporre che darne piena dimostrazione. Certo è che anche coloro, non tantissimi ma neppure in scarso numero, che denunciavano l'eccessivo rigore della responsabilità oggettiva si adeguarono all'interpretazione che dell'art. 60 c.p. forniva un grande studioso di diritto, sostanziale e processuale, civile, di fresco approdato al diritto penale. Fascinazione dovuta forse al prestigio di schemi e concetti privatistici importati da chi parlava, senza peli sulla lingua, del "penalista indigeno". E veniamo al punto. L'art. 60 c.p. rubricato "Errore sulla persona dell'offeso" stabilisce che: "Nel caso di errore sulla persona offesa da un reato, non sono poste a carico dell'agente le circostanze aggravanti, che riguardano le condizioni o qualità della persona offesa, o i rapporti tra offeso e colpevole.

Sono invece valutate a suo favore le circostanze attenuanti, erroneamente supposte, che concernono le condizioni, le qualità o i rapporti predetti.

Le disposizioni di questo articolo non si applicano, se si tratta di circostanze che riguardano l'età o altre condizioni o qualità, fisiche o psichiche, della persona offesa". Lasciamo da parte l'ultimo comma, che ci riporta alla disciplina generale dell'art. 59 c.p. [12]. Dei primi due commi si sostiene che regolano un tipico caso di errore nel processo formativo della volontà: più precisamente, quello che si realiz-

[11] F. CARNELUTTI, *Teoria generale del reato*, Cedam, Padova, 1933, p. 169 ss.

[12] Ovvio che occorre, oggi, rifarsi al testo novellato dell'art. 59 c.p.: quello che detta la regola generale di imputazione delle circostanze aggravanti. Anche le circostanze relative all'età o altre condizioni o qualità, fisiche o psichiche, della persona offesa andranno accollate al colpevole solo se da lui ignorate per colpa o per colpa ritenute inesistenti.

za nel cosiddetto errore-scambio. Tizio vuole uccidere Caio, ma spara contro Mevio che, a distanza, viene confuso con la vittima designata. C'è la volontà di cagionare la morte della persona bersaglio del colpo: ma questa volontà è viziata dall'errore in cui cade l'agente prendendo l'uno per l'altro. In un caso del genere non sono poste a carico dell'omicida le circostanze aggravanti concernenti le condizioni o qualità personali dell'offeso o i rapporti tra colpevole e offeso – si intende, ignorate – ma oggettivamente esistenti. È valutata, invece, a suo favore la supposizione erronea delle circostanze attenuanti, concernenti le dette condizioni e rapporti.

Un primo rilievo a tale interpretazione. L'errore che si vorrebbe disciplinato dall'art. 60 sarebbe l'errore di persona. Nella rubrica e, quel che più conta, nel testo della norma è detto sempre: errore sulla persona. Non facciamo gran caso, meglio: cerchiamo di fare giusto caso, delle parole. Certo è che errore sulla persona presuppone una vicenda a due soggetti: un colpevole che agisce non rappresentandosi condizioni (costituenti circostanze aggravanti) dell'offeso o, per contro, raffigurandosene condizioni o qualità (costituenti circostanze attenuanti). L'errore di persona si colloca invece nel contesto di una vicenda a tre soggetti.

È evidente che una lettura dell'art. 60 che si imperni sull'"errore sulla persona", vale a dire, ripetiamo, su una vicenda a due soggetti, riduce di parecchio l'area di quella che, prima della novella del '90, era per le circostanze aggravanti pura e semplice responsabilità obiettiva e, oggi, riformato l'art. 59 c.p., deve considerarsi comunque responsabilità anomala. Altrettanto importante è, specularmente, il riconoscimento della rilevanza del putativo rispetto al reale in tema di attenuanti che presentino le caratteristiche enunciate dalla norma in esame. Non si tratta solo di mitigare il rigore di tecniche di imputazione lamentate ma, in definitiva, accettate. Come già si è detto, l'interpretazione proposta coincide, nella sua parte essenziale, con quanto pensavano i legislatori del codice vigente. Ci sono i lavori preparatori; c'è un commento redatto da due magistrati che avevano seguito tutte le discussioni e le risoluzioni della commissione ministeriale; c'è un passo, particolarmente eloquente della "Relazione, al Progetto Preliminare, del Guardasigilli del Re": "Il temperamento testé indicato [13] concerne tutti i casi di errore sulla persona, e cioè non soltanto l'errore sulla identità (*aberratio ictus*, non riconoscimento della persona che si vuole offendere), ma anche la ignoranza delle qualità e condizioni dell'offeso, ovvero l'ignoranza dei rapporti tra colpevole e offeso. Così che, ad es., chi uccida il padre, ignorando i rapporti di parentela che lo legano alla vittima, risponderà di omicidio e non di parricidio" [14]. Parole assai chiare che rendono immediatamente il senso e la portata dell'art. 60 c.p. come regola concernente, nel pensiero del legislatore, anche un rapporto a due persone: colpevole e offeso. Conclusione, questa, avvalorata dalla considerazione che altamente improbabile, se non addirittura impossibile, sarebbe la supposizione erronea di una at-

[13] Quello, cioè, disposto dai primi due commi dell'art. 60 c.p.

[14] Relazione del Guardasigilli, *Lavori Preparatori*, vol. V, parte I, p. 108.

tenuante che riguardasse le condizioni o qualità personali dell'offeso e, più ancora, i rapporti tra colpevole e offeso nell'ipotesi di errore-scambio. Se Tizio colpisce Caio che passa per un dato luogo quando vi avrebbe dovuto transitare Mevio, come fa ad ipotizzare un'attenuante che riguardi le predette condizioni o rapporti nei confronti di persona della quale probabilmente non sa nulla e, in ogni caso, non è quella cui l'offesa era diretta. Né deve meravigliare che in un sistema improntato, in tema di circostanze, al criterio della responsabilità oggettiva (cfr. art. 59 nella versione precedente la l. n. 19/1990 che lo ha modificato) sia stata apprestata una eccezione, così vistosa, a proposito delle circostanze di cui si discute.

Si avverte subito che vi è una profonda differenza tra l'ignorare, ad esempio, l'ingente valore della cosa illecitamente sottratta, e ignorare che colui contro il quale si agisce è un ascendente o un discendente. Sarà pur vero che il codice attuale sembra più attento alle cose che non alle persone, ma certi giudizi qualche volta suonano ingiusti e, in ogni modo, non vanno spinti oltre il dovuto. Indubbiamente non vi era grande chiarezza sui rapporti tra l'art. 60 e l'art. 82 c.p. Sulla falsa riga della Relazione del Guardasigilli, nel commento steso da due dei segretari della Commissione Ministeriale si legge che l'estensione della formula "errore sulla persona offesa dal reato" "comprende tutti i casi di errore sulla persona, ossia non solamente l'errore circa la sua identità, come il caso di *aberratio ictus*, ossia di errore di colpo, e l'altro caso che l'agente scambi la persona che voleva offendere, per un'altra; ma anche i casi di ignoranza della qualità o delle condizioni dell'offeso o di ignoranza dei rapporti tra colpevole e offeso. Talché, per esempio, (...) colui che abbia ucciso il proprio padre, ignorando i rapporti di parentela che a lui lo legavano, risponderà non di parricidio, ma di omicidio semplice[15]". Il fatto è che il fulcro dell'art. 82 c.p. è stato visto costantemente nella disciplina dell'errore nell'esecuzione: A vuole raggiungere B e, fallendo il colpo, ferisce invece C. Tipico caso di errore che non incide sulla formazione della volontà. Il latinetto "*aberratio ictus*" con il quale tradizionalmente si descrive la fattispecie regolata dall'art. 82 c.p. costituisce il compendio di tale modo di considerare la norma. Dunque, sembrerebbe giustificata la contrapposizione tra errore nel fare, disciplinato dall'art. 82, ed errore nel volere, disciplinato dall'art. 60. Senonché questo modo di accostarsi all'art. 82 trascura che l'offesa a persona diversa da quella a cui era diretta può essere cagionata oltre che per errore sui mezzi d'esecuzione, anche per "un'altra causa". Dove è chiaro che l'altra causa può essere (e forse co-

[15] Cfr. C. SALTELLI, E. ROMANO-DI FALCO, *Commento teorico-pratico del nuovo Codice penale*, vol. I, Utet, 1931, p. 366.

Per un'isolata presa di posizione in giurisprudenza, coincidente con quanto esposto nel testo, cfr. Cass. V, 20 aprile 1983, n. 3319: "È applicabile la provocazione nel caso di errore sulla persona del provocatore, e cioè nell'ipotesi di reazione rivolta per errore di persona contro un soggetto diverso dal provocatore. La reazione nei confronti del presunto provocatore non integra, infatti, l'ipotesi dell'art. 59 cpv., c.p. (vale a dire il caso della cosiddetta provocazione putativa, in cui l'agente suppone erroneamente la provocazione nel fatto altrui), bensì quella dell'art. 60 cpv., c.p., ossia l'ipotesi di erronea supposizione, per errore sulla persona dell'offeso, dell'esistenza di una circostanza attenuante concernente i rapporti fra offeso e colpevole".

stituisce il caso di più probabile realizzazione) confondere la vittima designata con altra persona. Sempre una vicenda a tre soggetti: nella quale, però, non può parlarsi di errore-sbaglio di esecuzione, ma di errore che indirizza la volontà come non si sarebbe indirizzata si vi fosse stata una rappresentazione esatta della situazione. Per quanto concerne le circostanze, l'art. 82 rinvia all'art. 60 c.p. Riferimento, questo, più che opportuno: sia in ordine alle circostanze aggravanti non conosciute, sia in ordine alle attenuanti erroneamente supposte. Anche per queste ultime la regola è assolutamente convincente. La supposizione erronea di circostanze che riguardino condizioni, qualità personali, rapporti fra colpevole e soggetto passivo non ha per oggetto la persona effettivamente offesa, bensì quella contro la quale l'offesa era diretta [16].

E adesso possiamo tirare le fila di questo discorso, ritornando all'ipotesi da cui abbiamo preso le mosse. Si ricorderanno i dubbi sollevati dalla realizzazione oggettiva, ignorata dall'agente, di un elemento essenziale del fatto che, specificando una figura generale di reato, dia luogo ad altra meno grave, nonché quelli, speculari, della supposizione erronea di un elemento del genere. Il dato che dobbiamo trarre dalla disciplina dell'errore sulle circostanze è assai eloquente. La rilevanza attribuita alla presenza materiale delle attenuanti (di tutte le attenuanti) non conosciute dal colpevole e, per contro, la rilevanza della supposizione erronea delle circostanze attenuanti concernenti la persona dell'offeso e i rapporti tra quest'ultimo e il colpevole pongono l'interprete davanti ad una chiara alternativa. Negata valenza ad una componente necessaria di un certo fatto di reato, la cui presenza sia ignorata dall'agente, quando tale componente abbia l'effetto di mutare l'illecito in altro meno grave; e, ancora, non dar peso alla supposizione erronea di un elemento avente tali caratteristiche. Ma è innegabile che, su tal via, l'ordinamento entrerebbe in vistosa contraddizione con la disciplina data alle circostanze. O superare tale contraddizione col ricorso all'argomento *a majori ad minus*, facendo uso, cioè, dell'interpretazione sistematica per ritenere assoggettate alla stessa disciplina delle circostanze gli elementi costitutivi del fatto di reato dei quali stiamo discutendo. Vale la pena, a questo punto, di sottolineare perché si tratti di operazione *a majori ad minus*. Se una certa soluzione è adottata a garanzia dell'agente in tema di circostanze, di elementi che si collocano rispetto alla volontà colpevole in una relazione più debole di quella che intercorre tra volontà colpevole ed elementi essenziali del fatto, a maggior ragione dovrà essere accolta quando la questione

[16] Cfr. Cass. I, 28 settembre 1968, n. 843: "Nel caso di *aberratio ictus* in cui il soggetto agente colpisce per errore non già il provocatore contro il quale l'azione era diretta, sibbene una persona diversa (nei cui confronti la provocazione non esiste), il legislatore ha espressamente stabilito che l'agente fruirà ugualmente di detta attenuante e tanto per effetto del rinvio fatto dall'art. 82, I comma, all'art. 60 c.p. Nel caso di *aberratio ictus* in cui, oltre alla persona diversa, venga offesa anche quella contro cui l'offesa era diretta, si deve applicare lo stesso trattamento, dato che il legislatore non ha dettato disposizioni diverse, e dato che, ove si negasse l'applicazione dell'attenuante, si verrebbe ad escludere il relativo favorevole trattamento proprio per il caso in cui, oltre al terzo, sia offesa la persona che ha provocato l'agente".

si ponga nei confronti di quest'ultimo. La regolamentazione dettata per le circostanze, marginali rispetto all'illecito e, ordinariamente, addebitate in modo non conforme al canone della volontà colpevole, non può essere negata ad elementi rispetto ai quali il principio della responsabilità personale si pone in tutta pienezza. Il che vuol dire che nei delitti dolosi non si risponde di ciò che non si conosce e, simmetricamente, ci si giova della supposizione erronea di ciò che torna a favore. E non si vuole, a questo modo, contrabbandare un'operazione di estensione analogica sotto diversa e meno inquietante etichetta. La lettura di un complesso di regole, costituito in ordinamento o in settore di ordinamento, non può che essere condotta sul filo del principio di non contraddizione. Se sistema è un concetto e non un semplice termine di comodo, dobbiamo trarne tutte le conseguenze: non in chiave di sovrapposizione di istanze meta-giuridiche, ma avendo costantemente presente che la coerenza delle soluzioni è la nota che distingue ciò che definiamo ordinamento, anche settoriale, da un ammasso di norme.

CAPITOLO XIV

IL REATO ABERRANTE

1. *L'*aberratio ictus*: premessa*

Ci siamo già imbattuti in non poche ipotesi di divergenza tra il voluto e il realizzato. In particolare, ci siamo soffermati sull'errore su un elemento essenziale del fatto disciplinato dal II comma dell'art. 47 c.p., quando si tratta di errore su un elemento che, specificando la figura di un reato, la rende più grave; sull'errore su elemento essenziale che, per contro, sempre specificando una figura generale, la trasforma in reato meno grave, regolato, per il principio di non contraddizione, alla stregua del disposto dell'art. 60 c.p. in tema di errore concernente le condizioni o qualità personali dell'offeso, nonché i rapporti tra colpevole e offeso. Anche l'art. 60 c.p. concerne un caso di divergenza tra voluto e rappresentato da un lato e realizzato dall'altro: solo che questa norma ha per oggetto non l'errore che cade su un elemento essenziale del reato, bensì, come abbiamo visto, quello che investe una circostanza aggravante ignorata, o creduta non esistente, ovvero una circostanza attenuante supposta, ma non oggettivamente presente nel comportamento posto in essere. Abbiamo anche sottolineato come questa sia ipotesi imperniata su una relazione tra due soggetti, il colpevole e la vittima designata.

L'art. 82 c.p. dispone, invece, su una vicenda a tre soggetti: l'agente, la vittima designata e un terzo che viene offeso al posto della persona che si voleva colpire (art. 82, I comma, c.p.) o assieme a quest'ultima (art. 82, II comma, c.p.). Più precisamente, la norma in questione pone la seguente regola: "Quando, per errore nell'uso dei mezzi di esecuzione del reato, o per un'altra causa, è cagionata offesa a persona diversa da quella alla quale l'offesa era diretta, il colpevole risponde come se avesse commesso il reato in danno della persona che voleva offendere, salve, per quanto riguarda le circostanze aggravanti e attenuanti, le disposizioni dell'art. 60.

Qualora, oltre alla persona diversa, sia offesa anche quella alla quale l'offesa era diretta, il colpevole soggiace alla pena stabilita per il reato più grave, aumentata fino alla metà".

La fattispecie del I comma presenta evidenti elementi in comune con quella di cui all'art. 83, I comma, della quale ci occuperemo più appresso. In particolare, entrambe le situazioni appaiono caratterizzate: *a*) dalla divergenza tra l'offesa concretamente voluta e quella realizzata; *b*) dalla dipendenza di tale divergenza da un "errore" sull'uso dei mezzi di esecuzione del reato o da qualunque altra causa, anche accidentale ed autonoma rispetto al fatto dell'agente.

Mentre, però, nell'*aberratio delicti*, la deviazione concerne il fatto realizzato, determinando un evento appartenente ad una categoria penale diversa dall'evento voluto, nell'*aberratio ictus*, di cui adesso ci occupiamo, l'offesa, pur cadendo su persona diversa dal soggetto al quale era diretta, rimane identica nella specie e non cagiona mutamento nel titolo di reato. Si tenga, insomma, presente che tutte le volte che siamo di fronte ad una divergenza di titolo tra l'illecito penale ideato e quello compiuto – e non ricorra l'ipotesi configurata dal I capoverso dell'art. 47 c.p. – (qualunque sia il motivo da cui tale divergenza derivi), versiamo in tema di *aberratio delicti*; si verifica, invece, *aberratio ictus* allorché l'evento voluto viene realizzato nella sua obiettività, ma incide su persona che non è quella contro cui l'azione era diretta. L'esempio più semplice e più chiaro è dato dal fatto di Tizio che, volendo uccidere Caio, sbaglia il colpo e uccide Sempronio.

2. *La fattispecie dell'art. 82, I comma*

Ciò premesso, passiamo all'analisi della fattispecie delineata dall'art. 82, I comma. Anzitutto, occorre precisare se l'esecuzione del fatto di reato posto in essere debba essere necessariamente preceduta da atti di tentativo: il reato aberrante non potrebbe non presupporre che nei confronti della persona designata sussista, oltre che il dolo, quel complesso di condizioni obiettive che conferisce all'azione le note della illiceità o della punibilità. Si è, cioè, ritenuto che se la legge si accontentasse della sussistenza del solo elemento intenzionale nei confronti della vittima designata, per imputare a dolo l'azione che è ricaduta su una persona diversa, apporterebbe una grave deroga al canone *cogitationis poenam nemo patitur*. Tolto il carattere delittuoso all'azione compiuta nei confronti della vittima designata, non sarebbe, di conseguenza, più possibile operare quel riferimento, di cui parla l'art. 82, del reato alla persona che si voleva offendere: se l'azione aberrante nei confronti della vittima designata non costituisce reato, non sarebbe consentito prendere in prestito da questa azione quell'elemento intenzionale, che nei confronti della persona offesa non esiste.

Ne verrebbe che l'azione aberrante, perduto ogni collegamento colla vittima designata (allorché nei confronti di quest'ultima non costituisse neppure tentativo), andrebbe valutata alla stessa stregua di una attività causa di un evento illecito non intenzionale: vale a dire, come attività colposa; senza che sia necessario – si ha cura di aggiungere – accertare, in concreto, l'imprudenza, negligenza, inosservanza di ordini, regolamenti, discipline. Una attività che il soggetto si rappresenta dolosa sarebbe indubbiamente convertibile in attività colposa.

Lasciamo pure da parte il rilievo che, anche a voler accettare la tesi secondo la quale ogni attività realizzata in violazione di una legge penale può essere, per ciò stesso, qualificata colposa [1], non si vede proprio in che modo la pura e semplice rappresentazione di una siffatta attività potrebbe attribuire tale carattere ad un operato che, nei confronti della legge che si intendeva violare, non ponga in essere neppure atti punibili a titolo di tentativo.

Il punto è, evidentemente, tutt'altro e concerne la stessa natura dell'imputazione a titolo di dolo, disposta dall'art. 82, I comma: se cioè essa avvenga in modo conforme ai principi, o si ponga, invece, rispetto a questi ultimi, come una deroga espressamente sancita dalla legge.

3. *L'imputazione, a titolo di dolo, dell'offesa a persona diversa è conforme ai principi generali*

I termini del problema sono chiari: se davvero l'offesa nei confronti della persona diversa "prendesse a prestito" l'elemento intenzionale dall'azione aberrante nei confronti della vittima designata, ciò non potrebbe avvenire ove tale azione non costituisse reato. Altrimenti si avrebbe la rilevanza di un puro atteggiamento interno che non si sarebbe estrinsecato in alcunché di congruo sul piano oggettivo. Diversamente stanno le cose, ove si dimostri che l'offesa realizzata a danno di un soggetto che non è quello che si intendeva colpire, proprio nell'ipotesi in cui contro quest'ultimo non sia stato posto in atto nemmeno un tentativo debba, necessariamente, in base ai principi generali sull'elemento psicologico del reato, considerarsi oggetto del dolo che ha sorretto il comportamento. E la dimostrazione non è, invero, difficile. Sappiamo che l'agente si proponeva di realizzare un'offesa, di un dato tipo, nei confronti di Caio, e che questa offesa si è realizzata nei confronti di Sempronio. Alla volizione e rappresentazione di un'offesa corrisponde sempre la realizzazione di un'offesa che diverge da quella ideata solo per ciò che concerne l'identità del soggetto passivo. È noto anche che, per aversi imputazione a titolo di dolo, è indispensabile che nel complesso mentale dell'agente si riflettano tutti i requisiti del fatto concreto accolti dal modello normativo. Condizione questa che, ai fini dell'esistenza del dolo, è, oltre che necessaria, anche sufficiente. L'erronea rappresentazione, o l'ignoranza, di requisiti che nella realtà ca-

---

[1] *Contra*, vedi in questa parte al capitolo XII.

ratterizzano il fatto storico, ma non trovano riscontro nella fattispecie astratta, non escludono il dolo. Ora, se è vero che determinate qualità giuridiche o naturalistiche della persona contro la quale si dirige la condotta del reo sono talora elevati a elementi del fatto, è pure vero che tra queste qualità non è mai ricompresa l'identità personale. Pertanto, la deviazione tra il rappresentato ed il cagionato che riguardi l'identità del soggetto passivo della condotta lascia sussistere un comportamento doloso. Semprecché – si badi – all'unicità dell'offesa voluta corrisponda l'unicità dell'offesa cagionata.

Possiamo allora concludere che, essendo l'offesa, in danno di persona diversa, imputabile a titolo di dolo in base ai principi che regolano quest'ultimo e, potrebbe dirsi, indipendentemente dall'esistenza di una disposizione che ciò espressamente sancisca, viene a cadere ogni fondamento per sostenere che l'azione aberrante dovrebbe passare per la fase del tentativo nei confronti della vittima designata. Ma non basta. Non solo alla stregua dell'opinione che si critica non si potrebbe parlare di *aberratio ictus* per i reati che non ammettono il tentativo ma, e lo vedremo meglio in seguito, è proprio nelle ipotesi in cui l'azione criminosa verso la persona alla quale l'offesa era diretta non perfezioni un tentativo, o perché trattasi di reato che non lo permette, o per inidoneità o per non univocità degli atti, che il I comma dell'art. 82 trova applicazione in modo indipendente dalla regola del capoverso.

4. *Divergenza nei confronti del soggetto passivo e della persona-oggetto materiale della azione*

L'elemento obiettivo della fattispecie in esame è, dunque, costituito da una offesa, della stessa categoria penale di quella ideata, arrecata a persona diversa da colui che si intendeva colpire. Ora, il soggetto contro cui il reato si dirige può venire in considerazione su due piani distinti, come *soggetto passivo* del reato o come *oggetto materiale* dell'azione criminosa. Occorre, allora, precisare se la divergenza configurata nell'art. 82 si riferisca soltanto alla prima delle due ipotesi, ovvero ad entrambe. Si è, al riguardo, osservato che se è indubbio che la legge prevede il primo caso, non si spiegherebbe un'esclusione del secondo per il quale ragioni che determinano la disciplina sancita dall'art. 82 si presentano, semmai, con maggior energia. E, invero, se la riconduzione del reato al suo schema intenzionale nei riflessi del soggetto offeso si giustifica per la considerazione che l'identità di tale persona non ha rilievo nella struttura del reato, del quale si presenta come una accidentalità, è evidente che identica deve essere la soluzione data ad ipotesi di divergenza personale che si riferisca all'oggetto materiale, la cui individualità ha minore importanza nella struttura del reato.

L'asserto è indiscutibilmente esatto: purché con esso ci si limiti a mettere in rilievo come, nel nostro sistema, la deviazione dell'*iter* criminoso su persona-oggetto materiale dell'azione diversa da quella rappresentata, non precluda l'imputazione del fatto a titolo di dolo. Siamo, ancora una volta, di fronte ad una conseguenza che deriva inequivocabilmente dai principi e per la quale non ci sarebbe bisogno di far ricorso all'art. 82.

5. *Valore della formula dell'art. 82: si risponde come se si fosse arrecata offesa alla persona designata*

Sembra, dunque, motivato il sospetto che l'art. 82, almeno nel suo I comma, sia norma superflua, che non aggiunge nulla di nuovo alle disposizioni che regolano il fenomeno della cosiddetta imputazione soggettiva. Senonché, a ben guadare, il senso della legge non si esaurisce nello stabilire che del fatto di reato, commesso a danno di persona diversa da quella che si voleva raggiungere, si risponda a titolo di dolo (il che – torniamo a ripetere – non avrebbe richiesto una apposita enunciazione). L'art. 82, I comma, dice qualcosa di più: e, precisamente, che il colpevole risponde "come se avesse commesso il reato in danno della persona che voleva offendere", salva l'applicazione, per quanto riguarda le circostanze, del disposto dell'art. 60. Il reato è, in altri termini, trattato *come se* fosse stato compiuto in danno della vittima ideata; disciplina che non sarebbe, certamente, ricavabile dalle regole sul dolo. Alla stregua di queste regole, infatti, proprio per la completa corrispondenza, sul piano normativo, tra l'offesa rappresentata e quella posta in essere, per tutto quanto attiene alle "circostanze di esclusione della pena" ed alle circostanze aggravanti ed attenuanti, andrebbero applicate le regole dettate dagli artt. 59 e 60 c.p.[2]. Così, invece, non è. L'art. 82, I comma, c.p. arreca al sistema una peculiare innovazione, che conduce a risultati diversi da quelli che si sarebbero avuti se esso fosse mancato. Solo un'indagine in tal senso può permetterci di cogliere, nel suo esatto significato, la portata della norma in esame.

È, innanzitutto, necessario distinguere tra quelle che il legislatore chiama "circostanze di esclusione della pena", elementi negativi del fatto criminoso, e le circostanze in senso tecnico, elementi accidentali o eventuali del fatto stesso. Per ciò che concerne le prime, la formula "il colpevole risponde come se avesse commesso il reato in danno della persona che voleva offendere" non deve trarre in inganno, facendo credere che non abbiano rilevanza le situazioni scriminanti eventualmente esistenti in rapporto all'offesa realizzata e non a quella ideata. L'art. 82 esige che a persona diversa da quella che si intendeva ledere sia cagionata un'offesa: ora, di offesa, nel senso di effettivo pregiudizio o messa in pericolo di un bene – interesse tutelato dal diritto – non può parlarsi allorché il fatto obiettivamente realizzato risulti assistito da una esimente. Sotto questo profilo, dunque, la disciplina sancita dall'art. 82 non differisce da quella che si ricaverebbe in base ai principi. A

[2] Rileverebbero, cioè, le cause di esclusione della pena e le circostanze, aggravanti ed attenuanti, esistenti in rapporto alla persona effettivamente offesa. Salvo, per ciò che concerne le circostanze attinenti alle condizioni o qualità dell'offeso o i rapporti tra offeso e colpevole, il disposto dell'art. 60 c.p.

constatazione analoga arriviamo pure quando passiamo a considerare la rilevanza della rappresentazione, da parte del soggetto agente, di una scriminante relativa all'offesa ideata, siano, poi, gli elementi costitutivi di tale scriminante realmente esistenti o erroneamente supposti. Anche in difetto di una norma del tipo dell'art. 82, la soluzione, in un caso del genere, sarebbe sempre la stessa: vale a dire, l'esclusione di ogni responsabilità a titolo di dolo, nei confronti della persona offesa. Rappresentandosi una situazione di fatto esistente in rapporto all'offesa ideata, o, comunque, tale che, ove sussistesse, egli eserciterebbe una facoltà o adempirebbe un dovere sanciti dall'ordinamento, l'agente non si configura un fatto tipico di reato. Nel suo operato non sarebbe, quindi, ravvisabile dolo, e, pertanto, verrebbe a mancare il presupposto necessario per imputargli, appunto a titolo di dolo, qualsivoglia offesa obiettivamente posta in essere. Dove, invece, l'art. 82 spiega una autentica efficacia innovatrice, è nel caso in cui l'agente ignori che l'offesa ideata (nei confronti della vittima designata) sarebbe scriminata per effetto di una causa di giustificazione da lui non conosciuta, ad esempio: il consenso dell'avente diritto. Qui, non può ritenersi che manchi il dolo, dato che l'agente, come abbiamo detto, non si rappresenta l'esimente; d'altra parte, muoviamo proprio dal presupposto che tale scriminante non possa essere riferita al fatto realizzato. Solo in virtù della regola che ricollega alla offesa reale quelle conseguenze giuridiche che sarebbero state proprie dell'offesa ideata, si può e si deve ritenere, in questa ipotesi, l'esclusione di responsabilità per dolo. Un caso, quindi, di prevalenza dell'ipotetico sul cagionato, che non si saprebbe come giustificare se mancasse il disposto dell'art. 82.

Così determinate le ragioni di coincidenza e di non coincidenza tra la disciplina sancita dall'art. 82 e quella che, per ciò che attiene al regolamento delle scriminanti, si sarebbe avuta in base ai principi, dobbiamo porci la medesima domanda nei confronti delle circostanze, aggravanti ed attenuanti. Decisivo è, in proposito, il rinvio operato dall'art. 82 all'art. 60, che prende in considerazione l'"errore sulla persona dell'offeso", e, cioè, una ipotesi che, per i motivi che si sono sopra esposti, malgrado apparenti affinità, si differenzia notevolmente da quella oggetto del nostro esame. L'art. 60, infatti – torniamo a ripetere – disciplina una vicenda a due protagonisti: colpevole e offeso; l'art. 82 ipotizza una vicenda a tre persone: colpevole, vittima designata e persona diversa offesa. Qui sta la profonda differenza tra le fattispecie contemplate dalle due norme. Come già abbiamo visto[3], non può parlarsi di una distinzione basata sul rilievo che mentre l'art. 60 presupporrebbe un errore nel momento formativo della volontà, al centro della fattispecie di cui all'art. 82, I comma, c.p. sarebbe l'errore-inabilità, vale a dire quello che incide non sulla ideazione ma sull'esecuzione di una condotta.

Abbiamo già anticipato[4] come sotto l'inciso "o per un'altra causa" si riconducano oltre che successioni di eventi che, pur svolgendosi tutti sul piano oggettivo,

[3] Cfr. il § 1 di questo stesso capitolo.

[4] Cfr. il § 1 di questo stesso capitolo.

nulla hanno a che fare con manchevolezze di esecuzione (ad esempio, dietro la vittima designata spunta improvvisamente altra persona che subisce il colpo mentre la prima, per un qualsiasi motivo, si china a terra), anche casi di errore-sbaglio, per i quali si confonde una persona con un'altra; è raggiunto chi si voleva offendere sol perché lo si prende per la vittima designata.

Il rinvio all'art. 60 determina alcune sostanziali limitazioni all'ampiezza del principio per cui la responsabilità per *aberratio ictus* sarebbe fondata sul voluto e non sul cagionato: ma si tratta di limitazioni alle quali si sarebbe dovuti pervenire anche in assenza dell'art. 82. Naturalmente tenendo conto che si tratta di vicenda che coinvolge tre persone. In primo luogo, l'ultimo comma dell'art. 60 dispone che, trattandosi di circostanze che riguardano l'età o altre condizioni o qualità fisiche o psichiche, della persona offesa, non si applicano le norme di detto articolo e, quindi, torna in vigore la regola generale dell'art. 59, I comma, c.p. In secondo luogo, occorre considerare come l'art. 59 trovi, indiscutibilmente, applicazione nei casi non configurati dall'art. 60. Quelle che non vanno a carico dell'agente sono le circostanze aggravanti che riguardano le condizioni o qualità della persona offesa o i rapporti tra offeso e colpevole, ignorate o per errore ritenute inesistenti; per converso, opereranno a suo favore le circostanze attenuanti concernenti le medesime condizioni, erroneamente supposte.

La particolare struttura della fattispecie in esame distingue però le circostanze concernenti condizioni, qualità personali o rapporti tra colpevole e offeso a seconda che siano aggravanti o attenuanti. Le prime dovranno riferirsi alla persona realmente offesa; le diminuenti, erroneamente supposte, invece, possono logicamente concernere soltanto la vittima designata. Conclusione, questa, cui, ad un'interpretazione logica dell'art. 60, si sarebbe pervenuti anche se non vi fosse l'art. 82, I comma, c.p.

Appare manifesta, a questo punto, la esatta portata dell'art. 82, I comma: ciò che, in altri termini, tale disposizione aggiunge di veramente nuovo al sistema. Certamente, non l'imputazione, a titolo di dolo, dell'offesa recata a persona diversa, dato che questo è risultato che si sarebbe ugualmente ottenuto argomentando dalle regole generali. Né, come sopra s'è visto, possono essere ritenute conseguenze peculiari all'applicazione della norma in esame, l'esclusione della responsabilità per difetto di dolo allorché l'agente si sia, esattamente od erroneamente, rappresentata una scriminante inerente all'offesa ideata. Ancor meno, poi, è riconducibile alla presenza nel sistema dell'art. 82, I comma, la disciplina delle circostanze nella situazione configurata dall'ultimo comma dell'art. 60 o in quelle che, non essendo considerate dai primi due commi del disposto citato, vanno risolte secondo quanto stabilisce l'art. 59 (I e II comma).

In conclusione, dobbiamo riconoscere che il *quid novi* apportato dall'art. 82, I comma, si limita alla prevalenza attribuita in taluni casi all'ipotetico sul reale. Quanto alla prevalenza del putativo sul reale, la logica dell'art. 60 c.p. si sarebbe esplicata anche nella fattispecie a tre soggetti: colpevole, vittima designata, persona offesa.

6. *Il criterio alla cui stregua è risolto il problema enunciato nel § 4*

Possiamo, allora, sciogliere la riserva formulata alla fine del § 4. C'eravamo chiesti se la divergenza configurata nell'art. 82 si riferisca anche al caso in cui diversa da quella ideata sia la persona oggetto materiale dell'azione criminosa e non il soggetto passivo del reato. Avevamo anche avvertito come l'accollo, a titolo di dolo, di un fatto contrassegnato da una simile deviazione nell'*iter* criminoso derivi direttamente dai principi, senza necessità di ricorrere all'art. 82. Le osservazioni sopra svolte confermano questo punto e ci consentono, al tempo stesso, di affrontare il problema nei suoi termini esatti. Poiché l'elemento di novità, che caratterizza il disposto dell'art. 82, I comma, in confronto a quanto è già contenuto nel sistema, va ravvisato nell'asserto secondo il quale "il colpevole risponde come se avesse commesso il reato in danno della persona che voleva offendere" (e abbiamo visto in quali casi ciò conduca a risultati che altrimenti non si potrebbero giustificare), occorre preliminarmente decidere se il mutamento della persona oggetto materiale dell'azione, fermo restando il soggetto passivo, possa portare ad una valutazione del fatto diversa da quella che si sarebbe operata senza un tal mutamento. Il che val quanto chiedersi se siano configurabili scriminanti e circostanze le quali, in presenza, sempre, del medesimo soggetto passivo, rilevino qualora la condotta si diriga su una certa persona, oggetto materiale della condotta stessa, e non rilevano, invece, ove questa persona cambi. La soluzione va, pertanto, ricercata in una indagine sulla struttura delle singole esimenti e dei singoli elementi accidentali del reato. Per quanto concerne la teoria dell'*aberratio*, dobbiamo limitarci, pertanto, a sottolineare come, non esistendo in linea di principio alcun motivo plausibile per rispondere negativamente al quesito prospettato, non si può escludere, in astratto, che la divergenza personale disciplinata dall'art. 82 comprenda anche l'ipotesi in cui la deviazione dell'*iter* criminoso si riferisca a quella persona che, per la sua corrispondenza al bene-interesse protetto, viene a cadere materialmente sotto l'azione del colpevole. Né varrebbe, al riguardo, obiettare che l'espressione "persona offesa" è dal codice riservata a designare solo il vero e proprio soggetto passivo del reato. Ora, non sembra che l'interpretazione letterale sia così cogente da escludere nel caso particolare che la locuzione "persona offesa" comprenda anche quella che si pone come oggetto materiale della condotta. Conclusione, questa, avvalorata dalla constatazione che il disposto dell'art. 82, I comma, deve considerarsi dettato a favore dell'agente. Si è visto come, mentre l'imputazione, a titolo di dolo, della offesa cagionata a persona diversa da quella presa di mira, si sarebbe avuta, in base ai principi, indipendentemente dalla presenza di detta norma, l'effetto caratteristico di essa va ravvisato nella riconduzione dell'offesa realizzata all'offesa ideata. Ora, tale riconduzione, come abbiamo sopra visto, si verifica soltanto nei casi in cui ridonda a vantaggio dell'agente[5].

---

[5] Non concernono il caso contemplato nel testo le seguenti decisioni: Cass. I, 21 luglio 1978, n. 9989: "Nell'ipotesi prevista dall'art. 82, I comma, c.p. (*aberratio ictus*) non si ha un reato ten-

7. *La natura della fattispecie delineata dall'art. 82, I comma*

Emerge, dalle osservazioni ora fatte, che la fattispecie dell'art. 82, I comma, delinea un'unica figura di reato, non soltanto formalmente, ma anche sostanzialmente, doloso. È ben vero che, come abbiamo visto, il senso particolare della norma sta proprio nell'apportare modifiche, di non poco conto, a quella che sarebbe stata l'ordinaria regolamentazione di un fatto realizzato con dolo: ma si tratta di deroga che non vale ad intaccare l'unità della figura né la sua natura dolosa.

8. *La fattispecie dell'art. 82, II comma c.p.*

Dispone il II comma dell'art. 82 che "qualora, oltre alla persona diversa, sia offesa anche quella alla quale l'offesa era diretta, il colpevole soggiace alla pena stabilita per il reato più grave, aumentata fino alla metà".

---

tato rispetto alla vittima designata ed un reato colposo consumato nei confronti della persona colpita, bensì un'unica offesa in danno di persona diversa da quella contro la quale l'offesa era diretta. In tal caso, infatti, il codice vigente, come emerge anche dai lavori preparatori, ravvisa nel fatto un unico reato doloso, considerando indifferente, salvo che per le circostanze, la divergenza verificatasi nello sviluppo causale e la diversità del soggetto offeso, poiché trattasi di mero errore accidentale, come tale irrilevante, che riguardando soltanto l'oggetto materiale del reato, non esclude la unicità sostanziale del reato stesso"; Cass. V, 2 maggio 1983, n. 4144: "Nell'ipotesi prevista dall'art. 82 c.p., l'errore cade non sull'oggetto giuridico ma sull'oggetto materiale e l'evento si considera commesso in danno della persona che si voleva offendere; questa finzione favorisce il reo il quale risponde di un solo reato, quello consumato. Nel caso disciplinato dall'art. 83 c.p., invece, l'elemento voluto è di natura diversa da quello cagionato, nel senso che non vi è omogeneità tra il bene giuridico che si voleva ledere e quello effettivamente leso; sicché il fatto realmente commesso va posto a carico dell'agente in base al principio della causalità psichica"; Cass. I, 30 giugno 1988, n. 7736: "Mentre la norma di cui all'art. 83 c.p. disciplina il caso della realizzazione di un evento di natura diversa da quello cui l'agente si proponeva ("*aberratio delicti*") l'art. 82, invece, prevede l'errore che cade sull'oggetto materiale (persona o cosa) del reato ("*aberratio ictus*") sol che invece di offendere il bene interesse cui l'offesa era diretta lede lo stesso bene interesse di altra persona. Pertanto, anche se v'è una discordanza di specie tra i due eventi pur essendo l'evento prodotto e quello voluto della stessa natura si dovrà rispondere del reato effettivamente commesso con la sola differenza che si considera come commesso in danno della persona che s'intendeva colpire. Infatti non si può ritenere che, in rapporto alla persona offesa per errore colui che ha commesso il fatto non si trovi in dolo perché se il titolo originario era il dolo l'offesa di una persona invece di un'altra non vale a mutare la direzione della volontà. (Fattispecie di ferimento mediante colpi di arma da fuoco del soggetto preso di mira ed uccisione d'altro soggetto attinto per essersi improvvisamente spostato, fatto quest'ultimo ritenuto riconducibile all'ipotesi di cui all'art. 82 c.p., mentre i giudici di merito avevano ritenuto la riconducibilità all'ipotesi di cui all'art. 83 stesso codice)".

Vi si parla, è vero, di offesa che ricade sull'oggetto materiale della condotta, ma sono regolate solo quelle vicende caratterizzate dalla coincidenza tra persona-oggetto materiale della condotta e persona-soggetto passivo del reato. Ipotesi, indubbiamente, più frequente: che non esclude, però, la possibilità che le dette qualifiche riguardino persone diverse.

L'ipotesi di *aberratio ictus* con pluralità di eventi che qui è delineata appare, dunque, contrassegnata dalla realizzazione dolosa dell'offesa, nei confronti della persona che si voleva ledere, e dal verificarsi di un'offesa nei confronti di una persona diversa.

In coerenza ai risultati delle indagini sopra condotte, un primo punto va fissato con ogni chiarezza. È necessario, cioè, ricordare come nei casi in cui l'offesa alla persona designata sia rimasta alla fase del tentativo, trova applicazione la regola del II comma dell'art. 82, e non il I comma del disposto in questione.

Anche per quanto riguarda, poi, la determinazione del criterio di imputazione dell'offesa a persona diversa, si pone il problema della necessarietà o no della colpa e della configurabilità di una colpa presunta. Contro l'opinione di chi asserisce che la colpa dovrebbe essere accertata di volta in volta, valgono le obiezioni che dovremo muovere analizzando l'art. 83 [6], ma soprattutto il rilievo che nella norma in esame manca ogni riferimento alla colpa, sia pure limitata al tipo di responsabilità. Quanto, poi, alla concezione di una colpa che si profilerebbe per il fatto stesso della violazione dolosa di una legge penale, ci limiteremo a ricordare come quando l'agente abbia provocato con la sua condotta un effetto dannoso e non possa, in linea di principio, sottrarsi ad una sanzione, col provare che non ha preveduto e voluto l'effetto dannoso della sua condotta, e che ha adempiuto al dovere giuridicamente rilevante di osservare quelle precauzioni, grazie alle quali, in circostanze normali, l'effetto dannoso avrebbe potuto essere evitato, non si tratta più di responsabilità per colpa, ma di responsabilità oggettiva.

Ne consegue che la seconda offesa non voluta, sussistendo anche in quei casi in cui non è dato ravvisare una qualsiasi forma di colpa, è imputata sulla base del rapporto di causalità tra la condotta intenzionale e l'evento diverso non voluto. Non abbiamo a che fare, però, con un'ipotesi di vera e propria responsabilità oggettiva: anche in questo caso deve sussistere quel legame psicologico, meno intenso della colpa, richiesto dal principio di personalità della responsabilità penale. Deve potersi ravvisare, cioè, la rappresentabilità dell'evento, rapportata non al soggetto agente, al suo ambito culturale e alle esigenze che ne derivano, bensì rappresentabilità in assoluto: vale a dire, riferita non alle condizioni di questo o quel soggetto ma a chiunque.

9. *La struttura dell'*"aberratio ictus" *con pluralità di eventi*

Si profila, a questo punto, il problema, assai delicato, dell'unità o pluralità dei reati commessi.

È stato sostenuto, con la massima autorevolezza, che nell'*aberratio ictus* configurata dal capoverso dell'art. 82, la duplicità dei reati si impone. Tizio voleva uc-

[6] Cfr., oltre, al § 14.

cidere Caio, ed ha ucciso, oltre Caio, anche Sempronio. Se l'uccisione della persona diversa, ancorché non voluta, deve essergli addebitata a titolo di dolo, alla stregua del I comma dell'art. 82, e la uccisione di Caio deve essergli addebitata al medesimo titolo perché è volontaria, la conclusione – si afferma – è ovvia; Tizio ha commesso due omicidi, ma in deroga alle norme sul concorso di reati, la legge ha disposto che la pena per il delitto più grave non possa essere aumentata oltre la metà.

Siamo, se non andiamo errati, davanti ad uno scambio tra il piano della fattispecie e quello del trattamento della fattispecie stessa. D'accordo che il reato, considerato doloso ai sensi dell'art. 82 capoverso, potrà anche essere quello posto in essere contro la persona non designata, ove sia l'offesa a quest'ultima che risulta più grave. Si pensi al caso di chi, volendo uccidere Sempronio, realizzi, puramente e semplicemente, atti di tentativo nei confronti della vittima ideata e determini, invece, la morte di Mevio. Ma, pur riconoscendo che tutto questo è esatto, non si può negare la profonda differenza che intercorre tra l'imputazione dell'offesa contro la persona diversa, operata ai sensi del I comma dell'art. 82 e l'imputazione della stessa offesa, attuata in virtù del capoverso dell'articolo in questione. Nella prima ipotesi, il legislatore applica la disciplina caratteristica dei fatti dolosi ad un fatto che doloso sostanzialmente è: l'agente voleva realizzare una offesa, e tale offesa ha effettivamente cagionato, non rilevando, dal punto di vista dei principi generali sul dolo, la divergenza tra il soggetto passivo ideato e quello leso. Nel secondo caso, invece, l'agente, sia pur fermandosi allo stato del tentativo, ha realizzato l'offesa contro la persona che aveva di mira e, pertanto, solo quest'ultima offesa può essere ritenuta oggetto del suo dolo. L'imputazione del secondo evento cagionato ma, questa volta, non voluto, avviene sì a titolo di dolo se, come nell'esempio fatto, tale evento è il più grave, ma ognun vede come il richiamo alla responsabilità per dolo qui attenga unicamente alle conseguenze giuridiche e non abbia corrispondenza alcuna nella struttura della fattispecie. Senza contare, inoltre, che anche il riferimento al tipo di disciplina viene a mancare allorché sia più grave l'offesa voluta rispetto a quella non voluta.

Ne consegue che la fattispecie delineata dal capoverso dell'art. 82 non può, in alcun modo, ricondursi allo schema di concorso di reati, dato che nella situazione di fatto posta in essere non si ravvisa una duplice realizzazione, completa di tutti gli elementi obiettivi e soggettivi, di un'unica fattispecie astratta. Ancor meno fondata si presenta, poi, la tesi, accreditata dalla relazione ministeriale, secondo la quale la situazione prevista nel capoverso dell'art. 82 realizzerebbe un'ipotesi di reato complesso, nonché quella che ravvisa in detta situazione un caso di reato aggravato dall'evento. In precedenti lavori avevamo ritenuto che decisivo contro un siffatto inquadramento dogmatico (ma non soltanto dogmatico) fosse il rilievo che tanto il reato complesso quanto il reato aggravato dall'evento non rappresentano una categoria generale, adattabile ad ogni illecito penale. Soltanto la loro configurazione apparterrebbe alla parte generale, ma la individuazione delle singole fattispecie astratte, riconducibili all'uno o all'altro dei due schemi, rientrerebbe nella parte speciale. In altri termini, potremmo dire che mentre esiste una figura generale di reato continuato o di concorso ideale, applicabile a tutti i reati nei quali siano realizzabili i presupposti di essa, non esiste una figura generale di reato complesso o di reato aggravato dall'evento, riferibile ad ogni illecito. Esisterebbero quei determinati reati complessi e quei determinati reati aggravati dall'evento che, come tali, sono stati previsti dal legislatore. Pertanto non si potrebbe ritenere che di qualunque reato doloso sia configurabile l'ipotesi complessa o quella aggravata dall'evento, come si sarebbe costretti ad ammettere se si riconducesse la fattispecie dell'art. 82 cpv. ad una delle due categorie.

Tutto ciò sarà pur vero: ma debbo constatare come della ritenuta differenza tra reato complesso, che non sarebbe figura generale, da un lato, e, ad esempio, reato continuato (che figura generale sarebbe) dall'altro, non enunciavo il perché. Piuttosto che avventurarci nell'opinabile è preferibile verificare se la struttura della fattispecie del II comma dell'art. 82 presenti i caratteri del reato complesso o quelli del reato aggravato dall'evento. La risposta deve essere negativa sia per l'una che per l'altra ipotesi. Quanto si è visto a proposito della carenza di elemento soggettivo (dolo) per una delle due offese oggettivamente poste in essere impedisce che la fattispecie in esame sia qualificata ai sensi dell'art. 84 c.p. Quest'ultimo esige che quali elementi costitutivi di un reato o circostanza aggravante di esso risultino fatti che costituirebbero, per se stessi, reato: *per se stessi*, dunque, al completo di ogni elemento oggettivo e soggettivo[7]. Quanto, poi, alla riconducibilità alla figura del reato aggravato dall'evento, potremmo accettarla se l'offesa base, quella più grave, fosse sempre l'offesa arrecata alla vittima designata. Avremmo, se le cose stessero così, lo schema tipico del reato aggravato dall'evento. Ma che dire nei casi in cui è più grave l'offesa a danno di persona diversa da quella presa di mira, l'offesa, cioè, contenuto del fatto che verrebbe a rappresentare il segmento iniziale e fondante dell'ipotesi prevista dall'art. 82, II comma, c.p. In tal caso, si capovolgerebbero i termini della struttura del reato aggravato dall'evento: il fatto base verrebbe a essere quello non voluto, mentre l'evento aggravatore costituirebbe oggetto del dolo.

Ciò posto, diventa chiaro perché da un lato non si applichino all'*aberratio ictus*

---

[7] Come è chiaro, rifiutiamo il concetto di reato complesso in senso lato, o reato composito, costituito da un reato completo di tutti gli elementi che lo compongono e da uno o più altri elementi non aventi, di per sé, rilevanza penale. Una tale figura, oltre a non corrispondere alla previsione dell'art. 84 c.p., risulta, soprattutto, superflua. Tutti i problemi cui essa può dar luogo si sciolgono in base al principio di specialità (in astratto). Pacifico, dunque, che agli illeciti, così caratterizzati, non si applicano le regole sul concorso di reati: del quale manca il presupposto e, cioè, la realizzazione di più reati. Vero è che anche del reato complesso in senso stretto potrebbe dirsi che, in base alla specialità, si rivela superfluo. Se così è, per ciò che concerne, ad esempio, il trattamento sanzionatorio, la circostanza che detta figura contempla la commissione di più fatti, ciascuno dei quali sarebbe *di per sé* reato, fa sorgere problemi che sarebbero mal risolti alla stregua delle regole sul concorso materiale di illeciti penali. Come è dimostrato, ad esempio, dalla espressa presa di posizione operata dall'art. 170, II comma, c.p.: "La causa estintiva di un reato, che è elemento costitutivo o circostanza aggravante di un reato complesso, non si estende al reato complesso".

quelle disposizioni che presuppongono una unificazione legislativa, in realtà qui mancante (tipica di tali disposizioni la norma del capoverso dell'art. 170 c.p., in tema di cause estintive del reato); dall'altro, perché il trattamento del colpevole non possa in nessun caso risultare più rigoroso di quello consentito dalla disciplina del concorso. Sarebbe, infatti, veramente assurdo trattare con maggiore severità chi, pur avendo cagionato due offese, ne abbia voluta una sola, rispetto a chi ha realizzato due offese entrambe sorrette da coefficienti di volontà colpevole.

10. *Problemi particolari*

Notevoli perplessità sorgono, infine, in dottrina e in giurisprudenza, allorché, rimasta illesa la persona designata, siano offese due o più persone diverse, ovvero quando, oltre alla persona presa di mira, ne sia offesa più di una. Rientrano tali situazioni rispettivamente sotto le fattispecie di cui al I comma e al capoverso dell'art. 82? Non ci pare. Espressamente, tanto nel comma I che nel capoverso, la legge prevede soltanto *una* offesa a persona diversa da quella alla quale l'offesa era diretta. Non si potrà, pertanto, estendere la responsabilità sancita per questa offesa a casi che non ricadono sotto l'ambito di previsione della norma in esame.

Si dovrà sempre, però, stabilire quale degli eventi cagionati a persona diversa da quella presa di mira andrà imputato ai sensi del I comma o del capoverso dell'art. 82. Non c'è dubbio, infatti, che *uno* di tali eventi sia espressamente contemplato nelle due ipotesi di detto articolo. Nel silenzio della legge, non resta che applicare il principio del *favor rei*.

Se, cioè, l'agente senza aver arrecato alcuna offesa, neppure nella forma del tentativo, a Caio preso di mira, abbia invece leso Sempronio e Mevio, l'evento che dovrà essergli addebitato, ai sensi dell'art. 82, I comma, sarà quello meno grave, che supponiamo realizzato ai danni di Sempronio. Quanto all'offesa arrecata a Mevio, dovendosi escludere il ricorso al principio stabilito dal capoverso, per la cui applicazione è necessario che sia offesa anche la persona designata, il colpevole ne risponderà in base alle regole generali: e, cioè, a titolo di reato colposo se di questo esistano tutti i presupposti.

Ove, invece, oltre a Sempronio e Mevio, resti offeso anche Caio, persona designata, occorrerà, innanzi tutto, stabilire quale delle due offese non volute possa ritenersi ulteriore rispetto a quella diretta contro Caio. Sulla scorta del criterio avanzato, essa sarà la meno grave tra le offese arrecate a Sempronio e Mevio. Alla stregua dell'art. 82 cpv., andrà, quindi, applicata la pena stabilita per il reato più grave tra quello costituito dall'offesa, determinata nel modo sopra indicato, e che supponiamo nei confronti di Sempronio, e quello commesso in danno di Caio. L'offesa realizzata contro Mevio sarà imputata, in base ai principi generali, come delitto colposo, ove di questo si ravvisino tutti gli estremi [8].

---

[8] Ci si domanda se al fatto previsto dal capoverso e a quello addebitato, se ve ne sono tutti i presupposti, a titolo di colpa convenga la disciplina del concorso materiale o quella del concor-

11. *L'*aberratio delicti*: premessa*

L'art. 83 c.p. stabilisce che "... se per errore nell'uso dei mezzi di esecuzione del reato, o per un'altra causa, si cagiona un evento diverso da quello voluto, il colpevole risponde, a titolo di colpa, dell'evento non voluto, quando il fatto è preveduto dalla legge come delitto colposo.

Se il colpevole ha cagionato altresì l'evento voluto si applicano le disposizioni sul concorso dei reati".

Questa norma è tutt'altro che perfetta. Innanzi tutto, specie per quanto riguarda il I comma, non si giustifica la sua collocazione nel capo relativo al concorso di reati. In secondo luogo, deve essere considerata imprecisa la frase "evento diverso da quello voluto", la quale va tradotta con maggiore esattezza in quest'altra: "evento penalmente rilevante in maniera diversa dall'evento voluto" [9]; infatti, l'erronea rappresentazione, o l'ignoranza, di requisiti che nella realtà caratterizzano l'accadimento concreto, ma non trovano riscontro nella fattispecie astratta, non escludono il dolo e, pertanto, non costituiscono il presupposto della disposizione. Se vi è una differenza tra la specie della cosa oggetto dell'azione furtiva posta in essere e la specie della cosa oggetto dell'azione ideata, è chiaro che, per quanta diversità ne risulta tra i due eventi, non saremmo nel campo di applicazione della norma in discorso.

Altra osservazione da fare, infine, è la seguente: la divergenza tra il voluto ed il realizzato può dipendere, oltre che da un difetto di percezione o di valutazione, da uno sviamento nello svolgimento dell'azione. È quest'ultima ipotesi di divergenza che l'art. 83 prende per prima in considerazione. Non certamente quella dell'errore-giudizio che cade nel processo formativo della volizione. Poiché, per determinare un'offesa diversa da quella voluta, un errore del genere non può che cadere su un elemento costitutivo del reato (credo di provocare un incendio e, scambiandolo per una miccia a lenta accensione, uso invece materiale esplosivo, cagionando una strage), la disciplina sarà quella dell'art. 47, I comma, c.p. Ma è questo il solo caso in cui può, a stretto rigore, parlarsi di errore: quando si è fuori del giudizio, si è fuori dell'elemento psicologico; e l'errore, come è pacifico, non può concernere che tale elemento. Potrebbe forse, a questo proposito, utilizzarsi la distinzione fra errore-anomalia del giudizio ed errore-inabilità se l'ampia dizio-

---

so formale di reati. Data l'unicità della condotta posta in essere ci sembra preferibile optare per la regolamentazione del concorso formale c.d. omogeneo (art. 81, I comma, c.p.): "chi con una sola azione od omissione (...) commette più violazioni della medesima disposizione di legge". Sul punto cfr. questo stesso capitolo al § 17.

[9] Cfr. Cass. I, 25 febbraio 1989, n. 3168: "L'evento non voluto è valutabile ai sensi dell'art. 83 c.p. ed è quindi addebitabile all'agente a solo titolo di colpa, soltanto quando sia assolutamente diverso e, cioè, di altra natura rispetto all'altro, perché, ove, invece, tale diversità sia da escludere – o perché l'evento verificatosi costituisca una sorta di progressione naturale e prevedibile di quello voluto, ovvero perché risulti di entità maggiore o più grave di questo ultimo – anche il secondo evento va addebitato all'agente a titolo di dolo, sia pure alternativo od eventuale.

ne dell'art. 83, per la quale è rilevante la diversità dell'evento cagionato da quello voluto, anche dipendente da causa differente da "errore nell'uso dei mezzi di esecuzione del reato", non precludesse la possibilità di qualificare "inabile" ogni condotta riconducibile alla previsione di detto articolo.

Se ne conclude che la fattispecie in esame è caratterizzata, puramente e semplicemente, da una divergenza, indipendente da difetto nel giudizio, tra il voluto e rappresentato e il realizzato: sia poi tale divergenza dovuta, in concreto, ad inabilità ovvero a qualunque altro fattore autonomo rispetto all'uso dei mezzi di esecuzione (per esempio: una improvvisa caduta dell'individuo preso di mira per effetto della quale il proiettile raggiunge un contenitore di benzina, dando vita ad un incendio). Dove è chiaro come la nota che individua la situazione di cui trattiamo sia quella negativa: la circostanza, cioè, che la divergenza non possa imputarsi ad errore vero e proprio.

12. *La fattispecie dell'art. 83, I comma: la volizione di un fatto di reato*

Ciò posto, passiamo ad analizzare il contenuto della norma in questione, distinguendo come sempre ciò che attiene al *piano della fattispecie* da ciò che concerne, invece, la *disciplina della fattispecie* stessa ed il suo inquadramento (se possibile) in una categoria generale, legislativa o elaborata dalla scienza del diritto penale.

Dal primo degli angoli visuali enunciati, si osserva come la situazione ipotizzata nell'art. 83, I comma, esiga la volizione, da parte dell'agente, di un fatto diverso da quello cagionato. Si richiede, in altri termini, che nel soggetto sia riscontrabile quel complesso di volizione e rappresentazioni, aventi ad oggetto una determinata offesa criminosa, che costituisce ciò che si chiama dolo, e che tale volizione e tali rappresentazioni, come è chiaro, non investano l'"evento" effettivamente causato.

È questa l'unica indicazione relativa all'elemento psicologico che si ricava dalla legge. In particolare, non si giustifica la limitazione alle forme più intense di dolo (dolo intenzionale o anche diretto), con esclusione del dolo eventuale. Né sembra necessario insistere sul punto che se l'"evento" cagionato rientra in qualunque modo nell'ambito delle rappresentazioni a contenuto positivo dell'agente, sia, cioè, imputabile a titolo di dolo eventuale, esula l'*aberratio* [10].

---

[10] Cfr. Cass. V, 18 febbraio 1987, n. 2202: "Sussiste l'elemento intenzionale del reato di danneggiamento, nella forma del dolo eventuale, nell'ipotesi in cui l'agente, mediante un colpo violento al viso, cagioni a taluno non solo lesioni personali, ma anche la rottura degli occhiali – infatti, tale forma di dolo si configura quando l'agente si sia rappresentato, come probabile o possibile, anche un evento diverso da quello voluto e, ciò nonostante, abbia agito ugualmente accettando il rischio del suo verificarsi – ne deriva che, in tale caso, non può farsi luogo dell'applicazione dell'art. 83 c.p. (evento diverso da quello voluto dall'agente), in quanto l'ipotesi di responsabilità per colpa è configurabile allorquando l'evento diverso, anche se preveduto, non è voluto dall'agente".

13. *L'evento diverso da quello voluto*

La causazione di un evento diverso da quello voluto è il secondo elemento di cui consta la figura in esame.

Giova, subito, avvertire come non deve meravigliare che nell'accertamento dei requisiti essenziali della fattispecie si sia qui invertito quell'ordine per cui la premessa indispensabile ad una esatta impostazione dello studio dell'aspetto soggettivo è dato dall'indagine sulla struttura oggettiva. Se è vero che tra il lato esterno ed il lato interno del comportamento umano giuridicamente rilevante intercorre un legame strettissimo, ciò avviene perché di norma la struttura dell'atteggiamento interno si chiarisce solo quando questo è posto in contatto con il "fatto" esterno che in esso deve rispecchiarsi. Nessun dubbio, insomma, che è proprio argomentando dalla natura e dalle particolari caratteristiche dell'*oggetto*, che ci si rende esatto conto della natura del processo psicologico che lo riflette: ma a condizione, si badi, che una tale compenetrazione sia effettivamente richiesta dalla legge; il che, del resto, è quanto di regola avviene.

L'applicazione del principio diventa, invece, puramente meccanica e tale da dimostrare che del principio medesimo non si sono afferrate le ragioni più vere allorché, come nell'ipotesi delineata dall'art. 83, I comma, ci si trovi di fronte ad un così vistoso fenomeno di divergenza tra il rappresentato ed il reale. Se mai, il canone metodologico ritorna attuale quando ci si domandi se l'aspetto esterno della fattispecie sia assolutamente al di fuori di ogni imputazione alla coscienza e volontà del soggetto.

Ma non vogliamo indulgere in siffatte moralità. Più importante è stabilire che cosa si debba intendere per "evento diverso" ai sensi dell'art. 83. L'analisi investe, come è chiaro, innanzi tutto la nozione legislativa di evento; poi, il criterio alla cui stregua si determina la diversità tra la situazione, denominata evento, cagionata e la situazione ideata.

Sul primo punto non ci sembra possibile contestare che il concetto di evento qui accolto sia quello di offesa (effettiva lesione o messa in pericolo) ad un bene o interesse giuridico. Più esattamente, poiché siamo in tema di elemento obiettivo, dovremo concluderne che non si tratta dell'offesa globale-contenuto dell'intera fattispecie delittuosa bensì del momento esterno, o oggettivo che dir si voglia, di tale offesa; momento che si realizza con il verificarsi di quegli elementi obiettivi o esterni nei quali l'offesa si manifesta con evidenza maggiore, ovvero necessari alla sua compiutezza.

La nozione di evento sta, dunque, ad indicare elementi di fatto e quel tanto di disvalore che ad essi inerisce nel quadro della fattispecie criminosa. Ed è evidente, dopo ciò che si è sopra osservato, come la volontà dell'agente non debba rivolgersi né a tali elementi, né al loro disvalore.

Date queste premesse, si risolve anche, implicitamente, il secondo dei problemi indicati: e cioè quello di precisare quando l'evento realizzato debba ritenersi diverso dall'evento voluto.

In base ai principi generali che presiedono alla nozione del dolo, sembra corretto affermare che la differenza tra ciò che è stato oggetto di rappresentazione dolosa e l'accadimento effettivamente realizzato, in tanto assuma rilevanza in quanto investa uno degli elementi ipotizzati in una astratta figura criminosa, arrecando mutamento nel titolo di reato. La modificazione di uno qualunque di tali elementi viene qui dunque in considerazione e determina l'applicabilità dell'art. 83. Sempreché, ben inteso, non sia posta in essere una situazione disciplinata da altre norme: e tra queste conviene richiamare l'art. 47 cpv. Come è noto, "l'errore sul fatto che costituisce un determinato reato, non esclude la punibilità per un reato diverso". Anche qui, dunque, divergenza tra il cagionato ed il voluto; ma chi rifletta su quel che si è precedentemente detto, non vorrà confondere le due fattispecie. In entrambe assistiamo, è vero, ad una mancata corrispondenza tra l'oggetto del dolo e l'evento prodotto. Ma nell'una (quella dell'art. 47 cpv.) ciò è dovuto ad un errore (falsa rappresentazione o ignoranza del reale) che vizia la volontà, nell'altra, quella dell'art. 83 c.p., ad inabilità nell'esecuzione o a qualunque altra causa che non sia l'errore-vizio del volere.

Conducendo fino al suo naturale limite questa distinzione, si evita, fra l'altro, l'equivoco di non ritenere rilevante ai fini dell'art. 83 la diversità del bene o interesse offeso, dipendente da mutamento delle qualità o condizioni personali del soggetto passivo o dei rapporti tra questo e l'agente.

Affermare che tali casi non appartengono alla previsione dell'art. 83, sibbene a quella dell'art. 82; ritenere, cioè, che il colpevole debba rispondere come se avesse commesso il reato in danno della persona che voleva offendere, urta contro la precisa formula della norma in esame, contro l'intenzione dei compilatori del codice, per i quali l'art. 82 postula in ogni caso la realizzazione di un evento della medesima specie, e conduce, soprattutto, a risultati chiaramente inaccettabili. Ci si configuri un'ipotesi di attentato contro il Capo dello Stato, deviato contro un privato. Orbene, in questo e in ogni altro caso contrassegnato dalla maggiore gravità dell'evento voluto rispetto all'evento realizzato, dall'art. 82 discenderebbe inequivocabilmente la punibilità per il reato maggiore. L'asserito correttivo costituito dalla rilevanza del putativo nell'interesse del colpevole qui non giocherebbe davvero: né attraverso l'art. 60, né attraverso l'art. 59. Il ricorso tanto all'art. 60 che all'art. 59, che nel II comma contempla la supposizione erronea di elementi obiettivi negativi del reato, appare evidentemente fuori di luogo. Il soggetto agente non si è configurato niente che possa essere valutato a suo favore: né circostanza, né causa di giustificazione. L'evento da lui voluto è l'evento più grave e in virtù dell'art. 82 proprio di questo evento più grave, voluto e non cagionato, egli dovrebbe rispondere.

14. *I presupposti di imputazione dell'evento diverso da quello voluto*

Così determinata la nozione di evento delittuoso configurata dall'art. 83, non è difficile ravvisare come primo presupposto di imputazione dell'evento stesso all'agente la materiale realizzazione del fatto verificatosi e la dipendenza causale di quest'ultimo dall'azione aberrante. Resta solo da precisare se l'imputazione si svolga tutta sul fondamento di questo presupposto, che abbiamo or ora detto, o se essa non esiga qualcosa di più.

La prima domanda che si pone è quella se l'inciso "a titolo di colpa" si riferisca alla mera disciplina di un evento cagionato per *aberratio* e conforme alla figura obiettiva di un delitto colposo o se esso non fissi anche un elemento di fattispecie, da accertarsi in concreto, caso per caso. Di quest'ultima opinione è chi ritiene che la punibilità sia subordinata ai requisiti ordinari della colpa, così da doversi escludere la responsabilità ogni qual volta l'agente si sia uniformato a certe regole di comportamento, in modo che non ricorra nel suo agire alcuna leggerezza. Opinione più rispettabile che plausibile sol che si pensi che ciò che è stabilito dalla legge "a titolo di colpa" è unicamente il tipo di responsabilità: siamo, dunque, sul piano delle conseguenze giuridiche o, se si vuole, della disciplina, non sul piano di fattispecie.

Fermi restando alle considerazioni suggerite dall'analisi della fattispecie, la natura sostanzialmente colposa dell'evento diverso da quello voluto, è, per altra via, sostenuta da chi accetta la tesi della cosiddetta colpa presunta. Poiché la seconda offesa radicherebbe in una condotta dolosa diretta ad un diverso risultato, essa dovrebbe qualificarsi colposa non per imprudenza, negligenza, imperizia, ma per violazione di legge penale, e, precisamente, della legge penale che incrimina il "reato base" [11].

La problematica inerente alla cosiddetta colpa normativa o specifica è stata trattata a suo luogo [12]; qui ci è sufficiente rilevare come, a tacere delle molteplici e spesso decisive critiche rivolte contro l'idea stessa di una colpa dovuta alla trasgressione di una qualunque disposizione di legge, la tesi enunciata, a proposito dell'*aberratio delicti*, non è sostenibile anche per chi condivida le premesse concettuali da cui essa prende le mosse. E, invero, affermare che, necessariamente, ogni condotta cagionante una offesa diversa da quella che si intendeva produrre, implichi colpa per inosservanza di legge penale, equivale ad assumere come elemento essenziale costitutivo della fattispecie di cui all'art. 83, I comma, atti idonei diretti in modo non equivoco a violare la legge stessa. Ma che così non sia si ricava, oltre che dalla chiara dizione normativa, che si limita a parlare di causazione di evento diverso da quello voluto, senza esigere, per ciò che attiene all'obiettività

---

[11] Cfr. Cass. I, 30 aprile 1975, n. 4680: "Nel caso di evento diverso che è conseguenza della esecuzione di altro reato doloso (per errore nei mezzi di esecuzione o per qualsiasi altra causa), l'elemento soggettivo – la colpa – rispetto a tale evento, risiede nella commissione stessa della condotta esecutiva del reato doloso, che si pone come violazione di legge e cioè come ipotesi di colpa specifica, espressamente prevista dall'art. 43 c.p."; Cass. I, 12 novembre 1982, n. 10697: "Nell'ipotesi di evento diverso, che è conseguenza della esecuzione di un altro reato doloso (per errore nei mezzi di esecuzione o per qualsiasi altra causa), l'elemento soggettivo – la colpa – rispetto a tale evento, risiede nella commissione stessa della condotta esecutiva del reato doloso, che viene così a rappresentare una violazione di legge, costituendo, in tal modo, una ipotesi di colpa specifica".

[12] Cfr. in questa Parte al capitolo XII, §§ 5 ss.

della fattispecie, niun altro elemento, dalla circostanza che non si comprende perché mai dovrebbe, ad esempio, andare esente da pena chi, lanciata una bomba per uccidere una persona in realtà già cadavere, provocasse il ferimento di colui che si trovava accanto al morto. Non soltanto, indipendentemente – ripetiamo – da ogni critica al concetto generale di colpa presunta, tale concetto non sembra applicabile all'ipotesi di *aberratio delicti* che stiamo esaminando, ma le stesse conseguenze pratiche che dalla sua utilizzazione si vorrebbero ritrarre o si rivelano decisamente contraddittorie all'assunto o paiono più facilmente raggiungibili per altra via. Alludiamo all'asserita rilevanza del fortuito e della forza maggiore. Per ciò che riguarda il primo, non si sa proprio come la sua efficacia scriminante potrebbe conciliarsi con una forma di colpa accertata attraverso la pura e semplice constatazione del rapporto di contrarietà esistente tra una condotta ed una legge penale. Quanto alla seconda, essa incide in una fase anteriore a quella costituita dalla volontà colpevole, e, poiché esclude la coscienza e volontà dell'azione od omissione, preclude la stessa esistenza di un comportamento penalmente rilevante.

Concludendo, dobbiamo riconoscere che la responsabilità disposta dall'art. 83, I comma, si rivela di natura anomala, dato che nella relativa fattispecie, rispetto all'evento diverso, non è fatto alcun posto né al dolo né alla colpa. Fermiamoci ancora, per un istante, sulla tesi che in una forma o nell'altra esige, per l'imputazione dell'evento diverso, la colpa. Ci chiediamo, se così fosse, quale sarebbe la ragione della norma in esame. Chi avrebbe potuto dubitare dell'accollo dell'offesa diversa verificatasi per inabilità o per altra causa qualora, comunque intesi, rispetto a tale evento si fossero profilati tutti gli elementi costitutivi di un illecito colposo. Ciò detto, anche nella struttura della fattispecie delineata dal I comma dell'art. 83 appare necessario quel collegamento soggettivo tra l'agente e l'evento diverso cagionato, richiesto dalla rappresentabilità, non in concreto ma in linea generale ed astratta, dall'art. 27 Cost. [13].

---

[13] Il requisito soggettivo posto dall'art. 27, I comma, Cost. ha frequentemente punti di contatto con l'interruzione del rapporto causale dovuta all'intervento di un fattore sopravvenuto, da solo sufficiente a determinare l'evento (art. 41, II comma, c.p.).

In questo senso, per una fattispecie concreta sulla quale confluiscono tanto la necessità del collegamento richiesto dalla regola costituzionale, quanto la disciplina del rapporto causale, cfr. Cass. I, 28 luglio 1984, n. 6869: "Non si ha 'aberratio ictus', ma difetto di causalità, quando l'intervento di fattore sopravvenuto non comporti la sola deviazione dell'offesa verso altra persona, ma abbia reso possibile il prodursi di una offesa che al momento della condotta non era prevedibile come verosimile conseguenza, secondo la miglior scienza ed esperienza". Va detto, però, che l'esigenza di prevedibilità sancita dal I comma dell'art. 27 Cost. può escludere l'imputazione a' sensi dell'art. 83 c.p. anche in casi non contrassegnati dal concorso di fattori eccezionali sopravvenuti. La non prevedibilità (in linea generale) può dipendere da condizioni concomitanti o preesistenti alla condotta del colpevole: condizioni che, come abbiamo visto (cfr. Parte II, p. 249 ss.), anche se eccezionali, non valgono ad escludere il nesso causale.

15. *Il II comma dell'art. 83*

La *aberratio delicti* può condurre sia alla produzione di un solo evento non voluto, sia alla produzione di più eventi. Il capoverso dell'art. 83 contempla espressamente l'ipotesi che il colpevole abbia cagionato "altresì l'evento voluto".

Occorre, innanzi tutto, affrontare il quesito se detta norma sia applicabile allorché l'offesa oggetto della volontà criminosa rimanga allo stato di tentativo avendo, appunto, l'azione del soggetto determinato un "evento" diverso non voluto.

Argomentando dalla lettera della legge, all'interrogativo è stato talora risposto negativamente. Certo, la formulazione è tutt'altro che felice. È indispensabile, però, considerare che secondo l'opinione dei compilatori del codice "... la parola *evento* ... comprende tanto l'evento di danno quanto quello di pericolo ... perciò anche quel particolare evento che sorge dal semplice tentativo" [14] e, soprattutto, non si può prescindere dalle inammissibili conseguenze cui l'opinione in questione condurrebbe. Non è chi non veda, infatti, l'assurdo di una eventuale regolamentazione ad essa ispirata: riportando alla disciplina del I comma dell'art. 83 l'ipotesi in cui, oltre che un evento diverso si fossero verificati anche atti idonei diretti in modo non equivoco alla realizzazione del delitto voluto, il colpevole non soltanto verrebbe esonerato dalla responsabilità per il tentativo posto in essere ma, a cagione della non soverchia gravità delle pene stabilite per i reati colposi, potrebbe godere di un trattamento più favorevole di quello a cui andrebbe sottoposto chi avesse realizzato puramente e semplicemente atti di tentativo. Ma non basta: poiché l'evento diverso ben potrebbe non essere previsto quale delitto colposo, si potrebbe pervenire ad una totale impunità. Rilievi, tutti, che consentono di aderire, senza eccessive perplessità, alla dottrina dominante, la quale ritiene che il caso in cui il delitto ideato sia rimasto nella fase di tentativo rientra sotto la previsione del II comma dell'art. 83 [15].

Anche per quanto riguarda la determinazione del criterio di imputazione dell'offesa diversa, realizzata accanto a quella voluta, si pone il problema della rilevanza o della non rilevanza della colpa, e della configurazione di una colpa presunta. Mentre contro l'opinione che asserisce che la colpa dovrebbe essere accertata di volta in volta, valgono le obiezioni che abbiamo sopra avanzate in sede di interpretazione del I comma dell'art. 83, non ci nascondiamo che l'argomento *interno* che abbiamo utilizzato per negare la possibilità di parlare di colpa presunta rispetto all'evento non voluto, prodotto al posto di quello voluto rimasto inattuato, non vale allorché ci si prospetti il quesito in relazione al capoverso in esame.

---

[14] C. SALTELLI, E. ROMANO-DI FALCO, *Commento teorico-pratico del nuovo codice penale*, cit., p. 448.

[15] *Contra*, in giurisprudenza, cfr. Cass. I, 9 gennaio 1996, n. 175: "La disposizione dell'art. 83, II comma, c.p., secondo la quale 'se il colpevole ha cagionato, altresì, l'evento voluto, si applicano le regole sul concorso di reati', non trova applicazione qualora l'evento voluto sia configurabile come delitto tentato".

Qui abbiamo, per definizione, una condotta che viola, o sotto forma di tentativo o sotto forma di reato perfetto, la legge penale incriminatrice del reato voluto e, pertanto, viene a cadere il rilievo sopra enunciato. Non può, cioè, dirsi che non è ravvisabile il sostrato comportamentistico della qualifica di colpa. Ciò non di meno, bisogna ammettere che è lo stesso concetto di colpa che si ribella alla regolamentazione della presunzione assoluta; dove non è consentito acclarare, caso per caso, se il soggetto abbia realmente trasgredito a determinate regole di condotta statuenti precauzioni doverose, siamo in presenza, malgrado ogni contraria affermazione, di una vera e propria finzione di colpevolezza, del camuffamento verbale di una effettiva ipotesi di responsabilità anomala. Ne deriva che, anche questa volta, si impone la constatazione di una tecnica di imputazione che prescinde dal dolo o dalla colpa e che si basa, quindi, oltre che sulla materiale realizzazione di certi atti e sul nesso di causalità intercorrente tra il comportamento che pone in essere l'offesa non voluta, anche sulla rappresentabilità dell'evento non voluto, secondo quanto discende dal canone della natura personale della responsabilità personale.

16. *Il rinvio al I comma dell'art. 83*

La disciplina dettata dal legislatore per l'ipotesi in cui si realizzi la fattispecie delineata dal I comma dell'art. 83, rappresenta il presupposto della disciplina dettata per l'ipotesi contemplata dal II comma e contrassegnata dalla realizzazione, vuoi dell'offesa voluta, vuoi di quella non voluta. Se nel primo caso è logicamente configurabile una responsabilità per un unico fatto, disponendo, poi, l'ordinamento che questa responsabilità, ove il fatto rappresenti l'elemento materiale di un delitto colposo, sia a titolo di colpa, nel secondo caso il rinvio alle regole sul concorso di reati è monco se non si precisa il titolo di responsabilità per l'offesa non voluta. Ora, che pure a norma del capoverso, tale offesa, sostanzialmente non colposa, vada considerata per quanto riguarda la sua disciplina come se fosse un delitto colposo, non pare dubitabile.

Un concorso, dunque, tra la pena prevista per il fatto doloso e la pena prevista per il fatto non voluto e trattato come se esso dipendesse da colpa. Resta ora a vedere se e come questa disciplina reagisca sulla questione della cosiddetta natura giuridica del fenomeno.

17. *La natura giuridica dell'*"aberratio delicti"* con pluralità di eventi*

Prima di tutto, che cosa significa proporsi una questione del genere? La riconduzione di una qualunque situazione giuridicamente rilevante come autonoma fattispecie ad una categoria generale fissata dal legislatore, o elaborata dalla scienza del diritto, assume significato e importanza soltanto quando, oltre a soddisfare ad una esigenza di classificazione, porta con sé una determinata disciplina: quella, cioè, caratteristica della categoria generale richiamata. Affermare, ad esempio, che una determinata serie di comportamenti è riportabile allo schema del concorso materiale di reati, in tanto esprime qualcosa che abbia utilità e senso per il giurista, in quanto la serie in questione risulti assoggettabile alla disciplina caratteristica del concorso. Se così non è, se cioè la disciplina è diversa, a nulla varranno le affinità o, addirittura, le identità di struttura: occorrerà riconoscere che ci troviamo di fronte ad ipotesi che deroga al concorso materiale di reati, vale a dire, ad una categoria perfettamente autonoma rispetto a quest'ultima. E, per converso, allorché il legislatore disciplini, allo stesso modo, situazioni strutturalmente diverse, diventa più che superfluo, erroneo, tentare a tutti i costi di ravvisare una medesimezza di struttura tra situazioni che identiche non sono.

Stando così le cose, non si potrebbe davvero riportare il reato aberrante con pluralità di eventi diversi ai reati complessi o ai delitti aggravati dall'evento. Non soltanto perché, già sul piano di fattispecie, l'accostamento all'una o all'altra delle categorie in questione è, per lo meno, problematico, ma anche, e specialmente, perché può essere causa di equivoco impedendo l'esatta individuazione della disciplina propria della fattispecie ipotizzata dall'art. 83, II comma. Mediante il rinvio alle regole sul concorso di reati, la legge non sancisce unicamente il cumulo delle pene, ma dichiara applicabile ogni disposto dettato, appunto, in tema di concorso. Basta riflettere alle profonde differenze esistenti tra la disciplina dei reati complessi e dei delitti aggravati dall'evento da un lato e la disciplina del concorso di reati dall'altro, per ciò che concerne, ad esempio, la determinazione del tempo e del luogo di commissione dell'illecito, l'estinzione del reato o della pena ecc., per rendersi subito conto della pericolosità di affermazioni tendenti a ricondurre l'ipotesi, di cui ci stiamo occupando, sotto l'una o l'altra delle due categorie.

Né più accettabile si rivela, poi, l'opinione la quale, risalendo, con un criterio opposto a quello sopra criticato, dalla natura delle conseguenze giuridiche alla struttura della fattispecie cui tali conseguenze sono collegate, ravvisa nell'ipotesi delineata al capoverso dell'art. 83 un vero e proprio caso di concorso formale di reati. Dove l'equivoco è evidente: nel concorso formale la condotta è unica, ma plurime le violazioni penalmente rilevanti, in quanto il fatto realizza *tutti gli estremi* di più fattispecie criminose, ovvero più volte gli estremi di un'unica fattispecie criminosa. Abbiamo detto: tutti gli estremi. Non soltanto quelli obiettivi, quindi, ma anche quelli soggettivi. Ora, dopo quanto si è osservato circa l'imputazione del secondo evento, indipendentemente dall'esistenza di una colpa polarizzata nei suoi confronti, non si vede proprio, in una considerazione che si svolga sul piano degli elementi strutturali, quale sia la figura criminosa alla quale corrisponda l'offesa diversa, non voluta dall'agente.

Falliti, dunque, i tentativi di inquadrare sotto formule note la fattispecie di cui al capoverso dell'art. 83, occorre riconoscere che essa, malgrado sia disciplinata, per ciò che attiene alle conseguenze, come se fosse un caso di concorso di reati, non è riconducibile né a questa, né ad altre categorie generali del diritto penale.

Il dato pacifico ed incontrovertibile è, dunque, quello dell'applicabilità delle regole sul concorso di reati. La formula codicistica non specifica se il riferimento è alla disciplina del concorso materiale o a quella del concorso formale. Prima della modifica attuata dalla l. 7 giugno 1974, n. 220 non occorreva, al riguardo, precisazione di sorta. Il regime sanzionatorio era lo stesso, tanto nell'una che nell'altra ipotesi: cumulo materiale delle pene, con i limiti posti per le pene principali dall'art. 78 c.p., per quelle accessorie dall'art. 79 c.p. La novella citata ha abbandonato, per il concorso formale, il criterio del tendenziale cumulo materiale delle pene.

La nuova disciplina è quella del cumulo giuridico: pena che dovrebbe infliggersi per la violazione più grave, aumentata fino al triplo, con la riserva che la misura della pena, in ogni caso, non può essere superiore a quella applicabile al concorso materiale (art. 81, ultimo comma, c.p.). A questo punto diventa davvero importante stabilire se il riferimento al concorso debba leggersi nel senso che vanno applicate le regole sul concorso materiale o quelle sul concorso formale. Tutto porta a concludere che sono queste ultime le regole richiamate. In primo luogo, sul piano della fattispecie oggettiva, è indiscutibile che ci troviamo di fronte ad un'unica azione od omissione con la quale si violano diverse disposizioni di legge; in secondo luogo, sembra decisiva la considerazione che sarebbe assurdo punire più severamente (con il cumulo materiale delle pene) una condotta che, rispetto a quella di vero e proprio concorso formale, difetta, in ordine ad una delle offese cagionate, del requisito della colpa [16].

18. *Il capoverso dell'art. 83 in caso di pluralità di offese diverse*

Anche a proposito dell'*aberratio delicti*, notevoli perplessità sorgono allorché, non realizzata l'offesa voluta (nemmeno allo stadio di tentativo), siano poste in essere due o più offese diverse rispetto a quella avuta di mira. Ovvero quando oltre l'offesa progettata si siano cagionate due o più offese diverse. Né l'una, né l'altra ipotesi ricade sotto l'immediata e diretta previsione del I comma e del capoverso dell'art. 83: con le dovute differenze, né più e né meno di ciò che va detto a proposito della plurima causazione della medesima offesa a persone diverse per l'art. 82 cpv. Non si può, insomma, estendere *tout court* la disciplina dettata dalla norma in esame a casi che sono fuori della sua previsione. Rimane, però, sempre da stabilire quale delle offese diverse da quella oggetto di dolo va imputata ai sensi del I comma: dove è chiaro che il dolo rileva unicamente per l'accollo a titolo di colpa di uno dei due o più eventi dannosi o pericolosi prodotti. Poiché soltanto una di tali offese è espressamente contemplata nelle due ipotesi enunciate dall'art. 83, nel silenzio della legge va seguito il criterio del *favor rei*.

Se, cioè, l'agente senza avere dato luogo all'offesa avuta di mira, abbia invece cagionato due offese diverse, cioè che, consumate o tentate che siano, rispondano ad un diverso titolo di reato, gli sarà addebitata, ai sensi dell'art. 83, I comma,

[16] Cfr. Cass. I, 28 luglio 1984, n. 6869: "Non si ha 'aberratio ictus', ma difetto di causalità, quando l'intervento di fattori sopravvenuti non comporti la sola deviazione dell'offesa verso altra persona, ma abbia reso possibile il prodursi di una offesa che al momento della condotta non era prevedibile come verosimile conseguenza, secondo la miglior scienza ed esperienza".

c.p., l'offesa meno grave. Quanto a quella più grave, dovendosi escludere il ricorso alla regola stabilita dal capoverso, per la cui applicazione è necessario che sia realizzata anche l'offesa voluta, il colpevole risponderà secondo le regole generali: cioè, a titolo di reato colposo, se di questo esistono tutti i presupposti, secondo la disciplina del concorso formale di reati.

Ove, invece, oltre alle due offese diverse, si sia prodotta anche quella voluta, occorrerà, innanzitutto, stabilire quale di queste due, o più, offese possa ritenersi ulteriore rispetto a quella sorretta da dolo. Anche qui, sempre sulla scorta del criterio avanzato, essa sarà la meno grave. L'altra, o le altre, verranno imputate secondo il regime del concorso formale di reati – a condizione, naturalmente, che risulti presente un effettivo collegamento colposo.

19. *Rapporti tra l'art. 83 e l'art. 586 c.p.*

Vanno esaminati a questo punto i rapporti tra l'art. 83 e l'art. 586 c.p. [17]. Quest'ultimo stabilisce che se "da un fatto preveduto come delitto doloso deriva, quale conseguenza non voluta dal colpevole, la morte o la lesione di una persona, si applicano le disposizioni dell'art. 83, ma le pene stabilite negli artt. 589 e 590 sono aumentate". Si osserva che esso, in virtù della particolare natura dell'offesa non voluta, si pone come norma speciale rispetto alla norma generale ricavabile dall'integrazione del capoverso dell'art. 83 con ogni singola disposizione incriminatrice.

L'elemento specializzante, però, non determina una modificazione nelle linee essenziali della disciplina sancita per l'*aberratio delicti*: l'art. 586, pertanto, viene semplicemente a enunciare una ipotesi aggravata di *aberratio delicti* [18].

---

[17] Andrebbe qui esaminato anche il rapporto fra l'art. 83 e l'art. 116 c.p., che disciplina la realizzazione di un reato diverso da quello voluto da taluno dei concorrenti. Ma la comprensione di questa ultima ipotesi, denominata anche concorso anomalo di più persone, presuppone l'analisi di tutto il complesso di norme che danno vita all'istituto del concorso di più persone nel reato. Ci occuperemo, pertanto, di tali profili nel volume dedicato, fra gli altri, all'argomento in questione.

[18] La contiguità tra la fattispecie dell'art. 586 e quella dell'art. 83 c.p. è avvalorata dalla circostanza che anche per la prima si ricorre alla figura della colpa specifica, consistente nella violazione dolosa della legge penale. Cfr. Cass. IV, 2 febbraio 1995, n. 1129: "Nell'ipotesi, prevista dall'art. 586 c.p., di evento diverso che sia conseguenza non voluta di altro reato doloso, per errore nei mezzi di esecuzione o per qualsiasi altra causa, l'elemento soggettivo rispetto a tale evento è ravvisabile nella commissione stessa del reato doloso che si pone come ipotesi di colpa specifica. Ai fini dell'accertamento dell'elemento soggettivo nel reato di cui all'art. 586 c.p. è, quindi, superflua un'indagine specifica sulla sussistenza in concreto di una colpa generica, essendo sufficiente quella circa la condotta esecutiva del reato doloso e circa l'assenza, nel determinismo eziologico dell'evento non voluto, di fattori eccezionali non imputabili all'agente e da costui non dominabili".

20. *L'*"aberratio causae"

Resta a dire per completezza di sistema della cosiddetta *aberratio causae*. Essa postula che l'evento voluto dall'agente e da questi cagionato si attui in concreto per effetto di un processo causale diverso da quello previsto. Ci si domanda, allora, se il soggetto debba raffigurarsi il processo causale così come, poi, effettivamente si svolge, o se la diversità tra il nesso causale rappresentato e il nesso causale prodotto, escludendo il legame doloso coll'evento, determini un'ipotesi di *aberratio* contigua a quella regolata dall'art. 83 e, conseguentemente, l'applicabilità della disciplina disposta da tale articolo.

Si è, al riguardo, voluto distinguere tra quei reati per i quali la legge non si limita a richiedere la causazione dell'evento, ma esige che questo sia stato prodotto in una data maniera, per una data via, e le rimanenti fattispecie criminose causalmente orientate, nelle quali si esige l'esistenza di un rapporto causale, senza specificarne le modalità.

Relativamente alla prima ipotesi, è stato esattamente osservato che la deviazione causale o si mantiene nella sfera dell'azione descritta (e, quindi, rappresentata e voluta), ed allora non assume alcuna importanza, riducendosi ad una variazione accessoria; oppure esorbita dai limiti della specifica causalità richiesta dalla norma, ed in tale caso il problema resta risolto sul terreno oggettivo, dovendosi escludere, già prima di entrare nell'indagine soggettiva, il nesso di causalità materiale richiesto dalla legge.

E le cose non mutano quando si passi a considerare quei reati nei quali, data l'ampiezza della formula legislativa (limitata ad un mero *cagiona*, *produce* e così via), la divergenza tra il rappresentato ed il reale può essere estremamente ampia, senza che venga meno, obiettivamente, il requisito della tipicità del rapporto causale.

Si è detto, al riguardo, che la deviazione eziologica dovrebbe essere riferita al processo di motivazione, nel senso di escludere il dolo qualora la rappresentazione del diverso processo causale avrebbe trattenuto l'agente dal proposito delittuoso. Ma, in tale modo, si attribuisce una eccessiva ed ingiustificata importanza alla considerazione dello sviluppo del processo deliberativo, alla motivazione della volontà che, nel sistema del nostro diritto positivo, non appartiene all'essenza dell'elemento psicologico del reato. Senza contare, poi, tutte le difficoltà relative ad un accertamento che dovrebbe permetterci di dire, ad esempio, che chi spinge la vittima in un fiume per annegarla, mentre la morte si verifica per frattura del cranio contro uno scoglio o un pilastro del ponte, se avesse previsto le cose nel loro reale andamento, avrebbe cambiato proposito, in considerazione delle maggiori sofferenze del suo avversario.

Il vero è che anche in tali ipotesi la soluzione non può che essere ricercata sul terreno della causalità materiale. Se la deviazione del processo causale, intervenuta tanto durante lo sviluppo dell'azione che ad azione ultimata, è tale da interrompere il nesso causale tra la condotta e l'evento, verrà naturalmente meno ogni possibilità di rispondere a titolo di dolo dell'evento verificatosi (ma non cagionato). Se, al contrario, la deviazione non possegga questa efficacia interruttiva, l'evento prodotto sarà imputato a titolo di dolo, essendo indifferente alla legge che esso si verifichi in un modo o nell'altro.

Anche qui, insomma, i requisiti che rendono *tipico* un certo fatto si debbono riflettere nella coscienza del soggetto soltanto nei limiti della loro rilevanza legale. Qualora l'ordinamento prenda in considerazione una determinata modificazione del mondo esterno causata da una condotta umana, senza esigere un modo di produzione piuttosto che un altro, bisogna ammettere che ogni divergenza tra il supposto ed il reale, che si verifichi in ordine al rapporto causale, costituirà una divergenza soltanto dal punto di vista, strettamente personale, del soggetto agente. Per l'ordinamento, tanto il processo causale supposto che quello realmente svoltosi, quali che possano essere le loro differenze sul piano naturalistico, corrisponderanno sempre al processo causale tipico.

CAPITOLO XV
IL PRINCIPIO DI COLPEVOLEZZA

SOMMARIO: 1. Dal concetto al principio di colpevolezza. – 2. Il principio di colpevolezza. – 3. La responsabilità anomala.

1. *Dal concetto al principio di colpevolezza*

La dottrina penalistica si è lungamente occupata del *concetto* di colpevolezza, per passare, poi, a discutere, in modo come vedremo più appropriato, del *principio* di colpevolezza. Sotto il primo profilo l'indagine vuole reperire, o costruire, una nozione di genere rispetto ai cosiddetti criteri di imputazione soggettiva. Si tratta di cogliere la nota comune al dolo e alla colpa, sì da arrivare ad una nozione riassuntiva di elementi di fattispecie che consenta di distinguere positivamente le fattispecie caratterizzate dal dato della colpevolezza da quelle di mera responsabilità oggettiva. Su tal via, i primi passi sono stati mossi, come era ovvio, sul piano della struttura psicologica del dolo e della colpa. Ma ci si è imbattuti nella contrapposizione fra il carattere effettuale, cioè reale, concreto dei processi mentali che realizzano un comportamento doloso e quello puramente virtuale, almeno nella grande maggioranza dei casi, dei dati sui quali si fonda l'imputazione per colpa. Con l'inevitabile, ma inaccettabile, conseguenza di ritornare al punto di partenza: l'obiettivo che dolo e colpa sono concettualmente unificati in quanto permettono l'accollo soggettivo di un fatto corrispondente ad una figura oggettiva di reato. Che è esattamente la premessa da cui la ricerca si avvia: il tentativo è quello di pervenire ad una componente di struttura che, indipendentemente dalla funzione svolta dal dolo e dalla colpa, li accomuni in un concetto unitario. La rilevanza, tanto nei fatti dolosi che in quelli colposi, del requisito della coscienza e volontà, della attribuibilità soggettiva del segmento iniziale della condotta attiva od omissiva, non è sufficiente ad assicurare l'autonomia di una nozione riassuntiva dei due criteri di imputazione. Coscienza e volontà dell'azione od omissione si riscontrano anche in condotte che non risultano, nel prosieguo della verifica, dolose o colpose. C'è coscienza e volontà dell'atto realizzato al di fuori di ogni intenzionalità o imprudenza, negligenza, imperizia, violazione di leggi, regolamenti, ordini e discipline. Dunque, l'impossibilità di elevare questo dato, pur indispensabile nel processo di imputazione soggettiva, a caratteristica specifica dei comportamenti dolosi o colposi. La problematicità di un'impostazione puramente psicologica motiva, se non da sola, certo in gran parte, la concezione cosiddetta normativa della colpevolezza: quella per cui essa consisterebbe in un giudizio di disvalore, nella riprovevolezza di un dato comportamento. Lasciamo pure da parte le critiche esitanti ed ingenue secondo le quali sarebbe per lo meno curioso ravvisare la colpevolezza di una persona nel giudizio, cioè nella testa, di un'altra. Quel che si vuol dire, in quest'ordine di idee, è che la colpevolezza è data dal complesso di elementi che giustificano una valutazione negativa, di disvalore. Il punto critico della teorica sta, piuttosto, nella difficoltà a rispondere all'interrogativo su quale sia il criterio alla cui stregua si formula il giudizio di riprovevolezza. Non la regola penale incriminatrice che qualifica antigiuridico un intiero fatto, completo di elemento oggettivo e soggettivo. Non una fantomatica norma dell'obbligo, da cui discenderebbe l'imperativo di non volere o non dispiegare leggerezza rispetto a un fatto criminoso. In una norma del genere nessuno si è mai imbattuto nell'esperienza e nell'argomentare giuridico: essa appare escogitata proprio e soltanto allo scopo di dare un punto di riferimento al biasimo rivolto all'aspetto soggettivo del comportamento criminoso.

Più appagante potrebbe sembrare l'opinione che individua nella colpevolezza la figura di qualificazione globale che concerne, cioè, l'intiero fatto di reato, caratterizzata dalla violazione di un obbligo in senso stretto, laddove l'antigiuridicità sarebbe la qualificazione dei comportamenti contrastanti con una situazione giuridico-soggettiva di mero dovere. Dovere ed obbligo, rispettivamente categoria di genere e di specie, si differenzierebbero perché il primo disegnerebbe la situazione giuridico-soggettiva di chi, in caso di realizzazione di un fatto che gli viene attribuito, in tutto o in parte, anche se o, in certi casi: in quanto [1] né doloso né col-

[1] Sono delitti aggravati dall'evento nei quali l'evento aggravatore deve essere non voluto, perché altrimenti si realizzerebbe altra figura di reato, ad esempio, l'omicidio preterintenzionale (art. 584 c.p.: se l'evento morte è voluto, si commette omicidio volontario), il danneggiamento seguito da incendio (art. 424 c.p.: se l'incendio è voluto si commette il delitto di incendio di cui all'art. 423 c.p.). È, invece, indifferente che l'evento aggravatore sia o no oggetto di volizione dolosa nelle figure criminose previste dagli artt. 253, II comma, n. 2, c.p. ("Chiunque distrugge, o rende inservibili, in tutto o in parte, anche temporaneamente, navi, aeromobili, convogli, strade, stabilimenti, depositi o altre opere militari o adibite al servizio delle forze armate dello Stato è punito con la reclusione non inferiore a otto anni.

Si applica la pena: (...) [più severa]

2) se il fatto ha compromesso la preparazione o la efficienza bellica dello Stato, ovvero le operazioni militari."), 255, II comma, c.p. ("Chiunque, in tutto o in parte, sopprime, distrugge o falsifica, ovvero carpisce, sottrae o distrae, anche temporaneamente, atti o documenti concernenti la sicurezza dello Stato od altro interesse politico, interno o internazionale, dello Stato è punito con la reclusione non inferiore a otto anni.

Si applica la pena (...) se il fatto ha compromesso la preparazione o la efficienza bellica dello Stato, ovvero le operazioni militari."), 257, II comma, n. 2, c.p. ("Chiunque si procura, a scopo di spionaggio politico o militare, notizie che, nell'interesse politico, interno o internazionale, dello Stato, debbono rimanere segrete, è punito con la reclusione non inferiore a quindici anni.

Si applica la pena: (...)

2) se il fatto ha compromesso la preparazione o la efficienza bellica dello Stato, ovvero le operazioni militari.").

poso, è sottoposto a sanzione. Esprimerebbe, insomma, unicamente la necessarietà di una sanzione per l'autore del fatto previsto nella parte condizionante della regola giuridica [2]. L'obbligo, invece, promanerebbe da quelle norme che risultano idonee a funzionare come vincolo della volontà dei soggetti cui si rivolgono: questo perché la fattispecie condizionante ha come elementi essenziali l'intenzionalità o la leggerezza. Donde l'attitudine della regola, che enuncia una fattispecie del genere, a porsi come motivo (o uno dei motivi) atto a distogliere il destinatario dal proposito criminoso [3].

La distinzione fra dovere e obbligo non è posta in crisi dalla riferibilità, generale, oggettiva, non misurata sul modello del soggetto agente, imposta, a nostro avviso, dall'art. 27 Cost. quando enuncia la regola della natura personale della responsabilità penale. Questa riferibilità deve esser presente anche nelle fattispecie che, prima della Costituzione Repubblicana, si definivano, ed erano, a responsabilità oggettiva e che oggi, più propriamente, si pongono come ipotesi di responsabilità anomala. C'è sempre una grande differenza tra un processo di imputazione individualizzato, come quello che si basa sul dolo o sulla colpa, e quello che si limita ad esigere che non si diano situazioni in forza delle quali la riferibilità risulterebbe esclusa per qualsiasi persona. In conclusione, dobbiamo ritenere corretta la contrapposizione fra antigiuridicità-violazione del dovere e colpevolezza-violazione dell'obbligo. Giunti a questo punto, però, è lecito domandarci che cosa la colpevolezza, identificata nella figura di qualificazione di fatti penalmente rilevanti solo se commessi con dolo o colpa, aggiunga di nuovo alla conoscenza, o anche soltanto all'argomentazione giuridica.

In fondo, la nozione reperita, applicata ad una determinata fattispecie o ad una serie di fattispecie, non ci dice nulla che già non sapessimo, a partire dal momento in cui dal testo normativo apprendiamo che il fatto rileva unicamente se "intenzionale" o "colposo". E possiamo andare oltre. La ripetitività o la tautologia sembrano contrassegnare ogni uso linguistico della colpevolezza come concetto: sia di elementi di fattispecie, dei quali è impossibile una nozione unitaria che li comprenda e li riassuma, sia di figura di qualificazione, coerente al sistema, ma gnoseologicamente e operativamente superflua. Se esaminiamo il complesso delle regole che definiscono il senso delle proposizioni in cui il concetto di colpevolezza si riscontra, non ci si sottrae al senso di un *deja-vu*. Dire di taluno che è colpevole può significare che egli autore di un illecito, anche di un illecito in ipotesi né doloso né colposo, o che egli ha agito, appunto, con dolo o con colpa. La sua "col-

---

[2] La necessarietà della sanzione non equivale assolutamente alla esistenza dell'obbligo di soggiacere alla stessa. Infatti la condotta con la quale ci si sottragga alla esecuzione della pena (che è cosa ben distinta da quella incriminata a titolo di evasione) non dà luogo alla realizzazione di un illecito. Il condannato raggiunto dal braccio della legge deve, in tutto e per tutto, sottostare alla sanzione inflittagli.

[3] Sul punto, cfr. K.H.K. OLIVECRONA, *Der Imperativ des Gesetz*, Copenaghen, 1942: è forse la più attenta e raffinata analisi della concezione imperativistica del diritto, cui l'Autore, con opportuni aggiustamenti, aderisce.

pevolezza", tanto se intesa come materiale realizzazione di un fatto proibito dalla legge, quanto se specificata in realizzazione caratterizzata da dolo o colpa, emerge dalla lettura della proposizione normativa e dall'applicazione che ne viene fatta ad una fattispecie concreta, reale o come tale pensata. L'uso linguistico, sempre giustificato, purché svolto coerentemente alle premesse stipulate, appare oltre che formalmente corretto anche utile all'operatore quando è calato, invece, in proposizioni in cui la colpevolezza si relativizza: diventa suscettibile di un più e di un meno. Asserti come: Tizio è più colpevole o Tizio è meno colpevole, sia in assoluto che nei confronti di altri soggetti, aprono la strada ad un processo argomentativo che sfocia nella effettualità di conseguenze giuridiche, diverse proprio a seconda del grado, maggiore o minore, di colpevolezza. Ma a questo punto possiamo buttarci sulle spalle, non come fardello inutile (quante cose abbiamo imparato dalle analisi intorno ad essa svolte!) ma come riserva preziosa di insegnamenti metodologici, la colpevolezza-concetto, per chiarirci che cosa significhino quel più e quel meno che accompagnano la colpevolezza-misura: come si dice, il *principio* di colpevolezza.

2. *Il principio di colpevolezza*

Un primo punto va subito messo in chiaro, anche perché esso non è contestato da alcuno. La "quantità" di colpevolezza, il grado di colpevolezza può essere misurato soltanto con riferimento al comportamento di un soggetto imputabile, capace di intendere e di volere (art. 85 c.p.). Nei confronti del non imputabile va calcolato il grado di pericolosità. Quest'ultima, come vedremo, pur basandosi in larghissima parte sugli stessi elementi sui quali si fonda il dosaggio della colpevolezza, li utilizza ad altro fine: esige, infatti, un giudizio proiettato, in tutto e per tutto, sul futuro. Ma di ciò, e del contrario rappresentato dalla valutazione dell'entità della colpevolezza, meglio in seguito. Adesso vogliamo sottolineare come l'asserto secondo il quale può essere ritenuto più o meno colpevole unicamente un soggetto dotato di capacità di intendere e di volere costituisca più uno slogan senza dubbio efficace che una realtà normativa. Sarebbe tale, e cioè pienamente rispondente a quanto la legge dispone, se nel nostro sistema penale il giudizio sulla imputabilità dovesse essere svolto in concreto: come avviene (il paradosso non è di lieve momento e si comprende soltanto per la prevalenza, di origine napoleonica, accordata all'*avere* su l'*essere*) in diritto civile. Che sancisce: "Gli atti compiuti da persona che, sebbene non interdetta, si provi essere stata per qualsiasi causa, anche transitoria, incapace di intendere o di volere al momento in cui gli atti sono stati compiuti, possono essere annullati su istanza della persona medesima o dei suoi eredi o aventi causa, se ne risulta un grave pregiudizio all'autore" (art. 428, I comma, c.c.). Ci aspetteremmo che anche il codice penale segua la medesima strada. Ci troviamo, invece, dopo il solenne proclama che "è imputabile chi ha la capacità di intendere e di volere" (art. 85, II comma, c.p.), di fronte ad una puntuale previsione delle cause che escludono o diminuiscono l'imputabilità. Dovremo, in altro volume, occuparci analiticamente di questa disciplina che si colloca fra le più problematiche del sistema penale, come tale meritevole di attenta rivisitazione. Qui ci basta sottolineare quali esempi di una volontà legislativa preoccupata di non dare troppo ingresso alla non imputabilità gli artt. 88 e 89 c.p., rispettivamente volti a disciplinare il "vizio totale di mente" e il "vizio parziale di mente". Il primo stabilisce che: "Non è imputabile chi, nel momento in cui ha commesso il fatto, era, per infermità, in tale stato di mente da escludere la capacità d'intendere o di volere" (art. 88 c.p.); il secondo che: "Chi, nel momento in cui ha commesso il fatto, era, per infermità in tale stato di mente da scemare grandemente, senza escluderla, la capacità di intendere o di volere, risponde del reato commesso; ma la pena è diminuita" (art. 89 c.p.). E salta subito agli occhi come alla concretezza della valutazione civilistica che considera realizzato lo stato di incapacità di intendere o di volere in virtù di qualsiasi causa, anche transitoria (quel che conta è, in definitiva, che un tale non si trovi *compos sui*), si contrapponga lo schematismo e l'astrazione della previsione penalistica che individua quale causa idonea a escludere o a diminuire l'imputabilità uno stato patologico, una vera e propria malattia, una *infermità*. E il discorso potrebbe continuare dipanandosi dalla regolamentazione dei cosiddetti stati emotivi o passionali attraverso le regole che concernono le varie ipotesi di ubriachezza e i fatti commessi sotto l'azione di sostanze stupefacenti.

Tutto un elenco di quelle che si usava definire presunzioni *juris et de jure* e che, in realtà, stanno a dimostrare solo la precisa intenzione di negare a certi fatti o a certe situazioni quella rilevanza che il senso comune loro attribuirebbe. In ogni modo, pur secondo gli schemi rigidi posti dal codice penale, l'imputabilità, piena o diminuita, rappresenta momento essenziale del giudizio di colpevolezza.

Non per ragioni di carattere meta-giuridico (queste, indiscutibilmente influenti, stanno alle origini della disciplina positiva), ma, *de jure condito*, per il rapporto che corre fra tre dati fondamentali del sistema: imputabilità, pena e colpevolezza. Senza imputabilità, senza capacità di intendere e di volere – comunque disegnata – non c'è assoggettabilità a pena. Il non imputabile va incontro all'applicabilità di misure di sicurezza, se riconosciuto socialmente pericoloso (art. 202 c.p.). Di lui si dovrà discutere in termini, appunto, di più o meno intensa pericolosità. È al soggetto pienamente o parzialmente capace di intendere e di volere che si rivolge il giudizio di colpevolezza, graduata secondo i parametri che regolano l'applicazione in concreto, l'irrogazione della pena.

La materia è retta dagli artt. 132 e 133 c.p. Il primo attribuisce al giudice il potere discrezionale di determinare, nei limiti fissati dalla legge, vale a dire tra il minimo ed il massimo edittali, il *quantum* di pena. Il secondo pone i criteri che debbono presiedere a questo esercizio di discrezionalità: la gravità del reato e la capacità a delinquere. La regola dell'art. 133 c.p., che si snoda in una serie di indici, oggettivi e soggettivi, non a torto è stata vista come una delle disposizioni centrali del sistema. Bisogna però ben guardarsi dal ritenere che essa fornisca risposta appagante all'interrogativo concernente il più o il meno di colpevolezza. Di per sé costituisce soltanto un punto di partenza: ci dice di che cosa si deve tener conto nell'applicazione della pena, ma si ferma a questo punto. Non enuncia alcunché sul *come* occorra far governo dei parametri prospettati[4]. E, certamente, la risposta, soprattutto per ciò che concerne gli indici che nel loro insieme danno vita alla nozione di capacità a delinquere, non si ricava dal contesto normativo. Anzi, si corre il pericolo di legittimare una contrapposizione tra la prima e la seconda parte della norma in esame. Gravità del reato desunta da dati che richiamano l'idea della retribuzione; capacità a delinquere che potrebbe suonare tutta orientata verso il futuro, verso la cosiddetta prevenzione speciale o verso l'emenda. Una contrapposizione dalla quale non si saprebbe come uscire: le due distinte e contrastanti ideologie si paralizzerebbero a vicenda. Questo stato di cose, più che le pregiudiziali d'ordine filosofico, acriticamente accolte e soprattutto non verificate sul contesto normativo, giustifica i profondi contrasti che si sono avuti sul tema prima dell'entrata in vigore della Costituzione repubblicana. La quale ha segnato una svolta assai importante nella contesa sull'essenza e gli scopi della pena. Ritorniamo, ancora una volta, al principio di personalità della responsabilità penale, al quale così spesso abbiamo fatto ricorso per capire la struttura del fatto penalmente rilevante. Ma questo principio, oltre che sulla fattispecie condizionante, dispiega i suoi effetti anche sulle conseguenze condizionate. In primo luogo, la personalità della responsabilità penale fa sì che nell'applicazione della pena non si possa assolutamente guardare alla prevenzione generale. Se la responsabilità – e quindi la sanzione penale – è personale, ciò vuol dire che si può essere puniti soltanto per quanto si è fatto, non perché altri non incorrano nello stesso illecito. È la norma penale, considerata nella sua intierezza, che svolge questa funzione deterrente, non l'effetto che si produce allorché la norma è violata[5].

Non soltanto nel momento della comminazione, cioè della minaccia in astratto, ma anche in quello dell'irrogazione ogni suggestione di *esemplarità* deve essere respinta. Dunque pena commisurata al peso di quella *tranche de vie* che è un reato. Il che potrebbe voler dire tanto proporzione rispetto alla gravità del fatto e alle caratteristiche della propria personalità, quanto, in una con tale proporzione, necessità di non trascurare ciò che attiene ai bisogni della prevenzione speciale. Ma l'art. 27 Cost. è assai chiaro. Enuncia il principio della personalità come regola basilare, ma non dimostra di considerare implicita in essa la funzione di far sì che il soggetto cui è applicata una pena non torni all'illecito. Che la pena debba tendere

---

[4] Si consideri, ad esempio, il diverso, anzi: opposto, significato che assumeranno le circostanze relative alle condizioni di vita individuale, familiare e sociale del reo (art. 133, II parte, c.p.) a seconda della funzione o delle funzioni che vanno riconosciute alla pena.

[5] Sotto questo profilo appare criticabile – e, di fatto, è stato criticato – l'art. 15, II comma, del *Corpus Juris*, version de Florence, 2000, cit., che, tra i criteri alla stregua dei quali deve essere irrogata la pena, enuncia espressamente quello della prevenzione generale ("Au sens du paragraphe 1, dans la détermination de la condannacion, la jurisdiction nationale sera guidée, dans le cas de groupements, par la nécessité de la dissuasion générale et spéciale eidans le cas de personnes physiques, par la nécessité d'une dissuasion générale et spécial, tempérée le cas échéant par la nécessité d'assumer la réhabilitation de l'auteur").

alla rieducazione del condannato è detto dopo l'enunciato di fondo e ben distinto da esso. Dunque proporzione tra la pena e il fatto, in quanto realizzato da un determinato soggetto. Ne consegue che gli indici dell'art. 133 c.p., tutti, sia quelli della prima che quelli della seconda parte, vanno tenuti presenti per determinare un *quantum* di pena *proporzionato* all'illecito e a quel che di personale il soggetto agente ha trasfuso nell'illecito stesso. Nella misura in cui la proporzione esige una pena più elevata, si ha più accentuata colpevolezza e, specularmente, varrà il contrario.

La bivalenza dei parametri dell'art. 133 c.p. si coglie, infine, con ogni evidenza, quando si esamini la pericolosità sociale, che è qualifica indispensabile all'applicazione delle misure di sicurezza. Essa si desume "dalle circostanze indicate nell'art. 133" (art. 203, ultimo comma, c.p.). Le stesse circostanze che vanno utilizzate per il giudizio di colpevolezza: ma in funzione della probabilità che il soggetto commetta in futuro nuovi fatti preveduti dalla legge come reati o a questi equiparati (art. 203, I comma, c.p.). In un'ottica, quindi, simmetrica a quella in cui le circostanze di fatto fissate dall'art. 133 c.p. vanno tenute presenti per formulare il giudizio di maggiore o minore colpevolezza.

3. *La responsabilità anomala*

Nel corso delle pagine precedenti abbiamo più volte sottolineato l'importanza che la regola della *personalità della responsabilità penale* (art. 27 Cost.) presenta ai fini della determinazione dei coefficienti che consentono l'imputazione di un fatto al suo autore. Si è visto come all'esigenza di un collegamento in termini di rappresentabilità generale, che prescinde cioè dalle condizioni che caratterizzano il *tipo* al quale appartiene il soggetto agente, non possa mai rinunciarsi. Questo collegamento rappresenta il minimo denominatore che permette di distinguere l'azione umana dai processi puramente naturali.

Ne consegue che non appare più corretto parlare, nel nostro sistema, di responsabilità oggettiva in senso stretto. Se questa è caratterizzata dalla necessità che manchi ogni forma di relazione "soggettiva" tra il comportamento criminoso, o almeno un segmento del comportamento criminoso ed il reo o, comunque, dalla irrilevanza di un tale collegamento, si deve concludere che il disposto dell'art. 27 fa sì che nell'ordinamento penale vigente ipotesi del genere non possano darsi. E ciò, come sappiamo, non soltanto per illegittimità costituzionale della legge ordinaria che contemplava vera e propria responsabilità oggettiva, ma anche e soprattutto perché la norma costituzionale enuncia un requisito di fattispecie che entra a far parte di quelle previsioni incriminatrici nelle quali in tutto o in parte non vi è posto per il dolo o la colpa[6]. Il che si verifica in modo esemplare nei cosiddetti reati aggravati dall'evento, nei reati subordinati a condizioni obiettive di punibili-

---

[6] Sul punto, cfr. la Parte I, p. 51 ss.

tà, nelle fattispecie di *aberratio delicti* e *aberratio causae*.

Quanto alle circostanze aggravanti, che nella versione originaria del codice del '30 costituivano le più diffuse ipotesi di responsabilità oggettiva, la riforma attuata dall'art. 1, l. 7 febbraio 1990, n. 19, andando oltre il coefficiente della rappresentabilità generale posto dall'art. 27 Cost. ha richiesto, per la loro rilevanza, quanto meno che esse siano ignorate per colpa o, sempre per colpa, ritenute inesistenti.

Dunque, non responsabilità oggettiva nella consolidata e tradizionale accezione, ma responsabilità anomala: anomala, perché le figure che ne risultano caratterizzate sono assai distanti da quelle in cui l'accollo del fatto avviene soltanto se esso costituisce, nella sua intierezza, oggetto di dolo o di colpa, cioè di uno dei due criteri ordinari di imputazione.

Naturalmente, detto tutto questo, non può dimenticarsi ciò che sta dietro e motiva, in un qualsivoglia ordinamento penale, la previsione di ipotesi di responsabilità oggettiva. Non v'è dubbio che l'adozione di una siffatta disciplina obbedisce ad istanze di prevenzione generale. Il principio secondo il quale *in re illicita tenetur etiam pro casu* esercita una innegabile azione deterrente: come di un cartello che posto all'ingresso di un sentiero di montagna avverta della possibile caduta di massi. Chi imbocca quel sentiero lo fa a suo rischio, anche se nel caso concreto la caduta dei massi appare assolutamente improbabile. Ora, e lo abbiamo già rilevato, è indiscutibile che la funzione deterrente è propria di ogni regola incriminatrice: ma essa non può dare contenuto e impronta decisiva alle conseguenze sanzionatorie – almeno per chi ritenga fondamentale che la responsabilità penale è personale.

Occorre, allora, studiare altri percorsi. Escogitare strumenti di prevenzione generale che non coincidano con norme incriminatrici; che pongano in essere un sistema di difesa avanzata prima che la prescrizione penale sia violata. Ciò importa la messa a punto di un delicato meccanismo che senza sacrificare le garanzie non crei, sotto la copertura di differenze nominalistiche, un doppione del sistema penale. Una delle questioni essenziali nei rapporti fra azione amministrativa e azione legislativa.

CAPITOLO XVI

L'OFFENSIVITÀ – REQUISITO DELLA TIPICITÀ

SOMMARIO: 1. Tipicità ed offensività: contenente e contenuto. – 2. Perché, salvo prova contraria, dobbiamo considerare il legislatore come entità mossa da un fine consapevole. – 3. Offensività in astratto e offensività in concreto dopo l'art. 131 *bis* c.p. – 4. Le c.d. soglie di punibilità.

1. *Tipicità ed offensività: contenente e contenuto*

Questo capitolo lo avevo concepito col titolo "Principio di offensività". Ma mi sono reso conto che era terminologia non rispondente a quanto ho sempre pensato di quel requisito essenziale dell'illecito penale (anzi, come brevemente vedremo appresso, di ogni illecito) che chiamiamo offensività. Per capirci, vediamo un po' di che cosa precisamente si tratta, più esattamente: di che cosa vogliamo occuparci.

Il pensiero penalistico presenta un tratto che accomuna le più diverse tendenze. Non ci si accontenta di analizzare la vicenda, narrata in una proposizione normativa, nelle sue componenti fattuali, ma si cerca di porre in evidenza il tratto, la caratteristica che la rende meritevole di rilevanza penale. Sembrerebbe una sorta di riflesso apologetico di chi fa il mestiere delle leggi e si scopre preoccupato di giustificare perché il potere presidia con sanzioni di particolare gravità certe comunicazioni, che diventano divieti e comandi. Il potere: qualunque potere. E lo studioso, senza identificarvisi, è portato a vedere nella severa ingiunzione a comportarsi in un certo modo un dato che va trattato come ogni altro oggetto di esame scientifico, senza indebite manipolazioni – ma è un prodotto culturale che agisce e incide su destini umani: vale la pena, allora, di spiegare il perché, nelle relazioni personali, tiene un certo posto. Come a dire: questa la norma, adesso ti spiego perché è norma e devi osservarla. Le strade percorse per adempiere a questo compito sono parecchie e spesso assai diverse l'una dall'altra: però, si somigliano. Tutte tendono a caricare l'enunciazione di una determinata condotta, come foriera di castigo, del disvalore che giustifica, fa ragionevole il castigo stesso. È questione di individuare da che cosa discenda questo disvalore, questa inammissibilità del comportamento previsto dalla regola. E qui i cammini prendono due direzioni opposte. La prima sbocca nella considerazione del fatto assunto a elemento condizionante la sanzione – e lo chiamiamo fattispecie astratta, normativa – come contrario ad una regola superiore, sia questa regola eteronoma, emanata da una potestà superiore, metafisica o ideale quale la ragione, sia autonoma, dettata dalla interiorità della persona stessa. Questa l'essenza: poi la regola superiore è disegnata nei modi più vari. Ma concepita sempre come criterio, distinto, qualificante il fatto, investito di negatività che, si ritiene, giustifica il castigo.

Diritto naturale, insomma, in tutte le varianti che speculazione e fede hanno saputo dare al concetto. Va da sé che un siffatto modo di impostare e risolvere la questione si scontra con tutte le critiche mosse all'idea di diritto naturale. Critiche che condivido, purché sia ben chiaro che non è in discussione la realtà e la peculiare efficacia del diritto che definiamo naturale, ma il ricorso a questo diritto per sciogliere nodi che riguardano solo il diritto positivo, il diritto vigente. Prodotto, come ho già detto, culturale e in quanto tale soggetto a giudizio critico, a valutazioni svolte secondo criteri meta-positivi che non possono confondersi con dati di fattualità oggettiva. Ora, è di questi dati che mi occupo: il diritto naturale lasciamolo al posto, altissimo, che gli compete – termine di giudizio etico.

Ben diverso il modo di affrontare il problema da chi cerca le ragioni della rilevanza penale nella struttura delle vicende assunte come oggetto dei comandi penali. Ci si fa incontro, a questo punto, la complessa e articolata teorica della antigiuridicità c.d. oggettiva. Il fatto, già nella sua materialità, indipendentemente dalle componenti soggettive che permettono di ritenerlo fatto colpevole, nella sua materialità, dicevo, infrangerebbe l'ordine costituito, sarebbe quindi di per sé antigiuridico. Anche qui, naturalmente, dobbiamo domandarci quale sia il metro alla cui stregua procediamo alla qualifica e ci imbattiamo in un muro: come si può dimenticare che, senza l'elemento psicologico, la regola, pur con qualche eccezione, è che ciò che si fa o si omette per caso fortuito o, addirittura, per forza maggiore non può considerarsi contrario a prescrizioni giuridiche. A dire il vero, mi sono spesso chiesto se questa contrarietà non possa desumersi dalla impedibilità del comportamento. Certo, la legittima difesa, ultimo ed estremo impedimento opposto alla realizzazione di un fatto lesivo del diritto proprio o altrui, è esperibile anche contro condotte non sorrette da dolo o colpa: condotte che minacciano la lesione del diritto, ma non la pongono ancora in essere. Ne deduciamo che l'impedibilità è conseguenza della realizzazione di atti che mettono in pericolo una situazione giuridica favorevole di chi a questo pericolo è esposto. Da ciò concludere che l'impedibilità è sanzione generale, non qualificabile come specificatamente penale, civile e così via, è cosa senza dubbio corretta, che non basta, però, a superare l'obiezione che ci sono fatti illeciti che, per la loro struttura, si svolgono in modi che non ne consentono l'impedimento. Pensiamo, al riguardo, a quegli illeciti che sono posti in essere oralmente: come si fa ad impedire parole che, ad esempio, consumerebbero una falsa testimonianza. Dal particolare al generale: la difficoltà, addirittura l'impossibilità, di impedimento preventivo si profila per ogni illecito che si consumi istantaneamente, in un solo atto o, ancor più in generale, per ogni reato di c.d. impeto.

Torniamo al punto da cui siamo partiti. Ho già detto che il tema è l'individuazione dei tratti o del tratto di fondo su cui si basa la punibilità di un certo comportamento. Abbiamo visto come questa nota comune non sia ravvisabile nella trasgressione di un comando eteronomo, superiore alla norma positiva. Ancora: non ci sono nemmeno caratteristiche interne alla struttura della fattispecie criminosa a cogliere l'essenza, la ragione legittimante la punibilità di condotta costitutiva di reato. Ritengo, però, che questa ragione possa ritrovarsi ad una considerazione degli elementi che formano la fattispecie in parola nel loro insieme unitario. Non stiamo a ripetere che il collante descrittivo ed esplicativo è dato dalla violazione di una norma che, per come è prodotta e per come si offre alla nostra attenzione, qualifichiamo penale. Che ci sia trasgressione ad una regola del genere lo sappiamo: è proprio da questa trasgressione che prendiamo l'avvio.

Visione globale della fattispecie, invece. E allora, una domanda: decisivo rispondere a questa domanda. Abbiamo parlato, finora, di fattispecie come di insieme degli elementi fattuali (si tenga presente che anche gli elementi di diritto, eventualmente menzionati, in quanto pezzi della fattispecie sono elementi fattuali) che esauriscono la vicenda presa in considerazione dalla norma incriminatrice. Ci chiediamo se questo insieme di dati, condizione indubbiamente necessaria alla conseguenza sanzionatoria, sia anche condizione sufficiente. Se la posta in gioco fosse, in tutto e per tutto, il perché della rilevanza penale, dovremmo rispondere subito negativamente. Un no che ci dovrebbe bastare se alla ricerca attribuissimo unicamente e semplicemente il senso di spiegare il retroterra di un certo disposto. Che è compito, di altissimo interesse, di storiografia e di analisi del clima culturale. Compito, insomma, di storiografo e di studioso delle idee politico-sociali di un determinato gruppo in un determinato tempo. Al giurista spetta, però, indagare su ciò che sta sullo sfondo di una regola, ma soprattutto indagare su *come* questa regola è costruita, quali ne sono gli elementi costitutivi essenziali.

2. *Perché, salvo prova contraria, dobbiamo considerare il legislatore come entità mossa da un fine consapevole*

Sulla strada in fondo alla quale sta la risposta al quesito sopra formulato, una riflessione che, a seconda di quanto condividiamo delle ragioni di un certo ordine positivo, spesso può sembrare improntata a malcelata ironia, addirittura a sarcasmo. Ma le cose non stanno affatto in questo modo. Quando diciamo che siamo costretti ad ipotizzare che giochiamo, facciamo i conti, con un legislatore che sa quello che vuole e lo persegue almeno ragionevolmente, non sfoggiamo indulgente superiorità. Quale che sia il giudizio sulle finalità storico politiche di chi detiene il potere di produrre regole che suoneranno diritto positivo, certo è che se non supponiamo scopo e volontà di attuarlo in chi detiene questo potere, ci tagliamo fuori da una lettura delle proposizioni poste come regole, comandi e criteri di valutazione, da una lettura, dicevo, che vada oltre l'apprezzamento stilistico del come si combinano le parole che formano la regola. Insomma: non trascuriamo l'intenzione del legislatore, incisivamente evocata dall'art. 12 delle Disposizioni preliminari alla legge. Forse non c'era bisogno di questa menzione immediata e diretta – ponga un comando o un divieto, l'imperativo, funzione primaria della norma, tende a indurre il destinatario ad un fare o ad un non fare. Innegabile, però, che l'esplicito asserto è quantomai opportuno. Dobbiamo concedere al "legislatore" non soltanto uno scopo, ma uno scopo ragionevole. E questo scopo non può essere che la tutela di un certo interesse, il cui soddisfacimento è assicurato motivando a certi comportamenti chi sta intorno al portatore dell'interesse protetto. Come l'economia, anche il diritto nasce dalla limitazione dei beni e, quindi, dalla puntuale indicazione di chi e in che modo, entro quali limiti, di questi beni possa godere. L'imperativo posto dalla regola dà rilevanza giuridica al rapporto intercorrente tra una persona e un bene, disegnando i confini di questo rapporto mediante il comando a contenuto positivo o a contenuto negativo, impartito a tutti i terzi o a determinati terzi, di porre in essere o di non porre in essere determinate condotte: questo rapporto lo chiamiamo interesse e chiamiamo offensività la caratteristica che ricaviamo dalla considerazione delle condotte interdette come lesive, dannose o pericolose, del rapporto in questione. Traiamo una prima conclusione: la logica che presiede alla sanzione impone di considerare antigiuridico, contrario alla regola, il fatto che riproduce in concerto i caratteri della narrativa proposta dalla regola incriminatrice e che in concreto realizza offesa all'interesse tutelato, all'interesse che, per ciò stesso, si fa giuridico. La rilevanza strutturale del carattere offensivo del comportamento qualificato come antigiuridico è assicurata dalla funzione della norma ed è assicurata come nota essenziale. Resta a vedere, però, se questa nota sia connaturata al fatto così come descritto da una certa regola, sì che, realizzata la conformità al tipo descrittivo, dobbiamo concluderne per l'offensività del comportamento conforme a questo tipo, ovvero se in concreto ci può essere conformità al tipo ma niente offesa. A questo modo ci sarebbe coincidenza fra *ratio* e elemento di fattispecie: una curiosa coincidenza alla quale, malgrado la singolarità prima che sistematica, logica, dovremmo, però, arrenderci.

Facciamo salvo il nostro senso della pulizia della costruzione dommatica attenendoci, una volta di più, a quanto prescrive la regola positiva. Ci imbattiamo, a questo proposito, nella constatazione che non è infrequente il caso di enunciazioni legali che non sono formulate in modo tale che ogni realizzazione di un fatto, corrispondente allo schema proposto, necessariamente realizzi un pregiudizio dell'interesse tutelato: in altri termini, di fronte ad un fatto conforme alla figura legale ci si può ancora chiedere se esso realizzi davvero un'offesa penalmente rilevante. Certo, la gran parte dei reati è così configurata che, fuori di casi sporadici, il fatto conforme in concreto al modello normativamente delineato risulta lesivo dell'interesse che l'ordinamento vuole proteggere. Ci sono però non poche figure criminose nelle quali manca questo stretto collegamento tra corrispondenza allo schema descrittivo e offesa. Ci sono, insomma, comportamenti delineati nella norma incriminatrice in maniera tale che può darsi un fatto che, pur conforme al modello di parte speciale, non arrechi in concreto alcun pregiudizio alla situazione oggetto della tutela. Il fatto rientra nella formula descrittiva della norma, ma è posto in essere in maniera tale da lasciare fortemente dubbiosi sulla ragionevolezza di sottoporlo a sanzione penale. E allora: il sistema ci confina all'insoddisfazione di una constatazione del genere o ci fornisce, piuttosto, lo strumento per evitare l'amaro in bocca di una siffatta constatazione?

Senza dubbio indicative del problema, ma poco soddisfacenti dal punto di vista della fedeltà al dato positivo, le prese di posizione giurisprudenziali e dottrinali che, quando ravvisano divergenza tra tipo descrittivo e offesa, approdano alla definizione del fatto storicamente posto in essere (o che si suppone tale) come innocuo. Con il che l'anima del cittadino è, probabilmente, messa in pace, meno quella del giurista che non si rifugga nel porto solo apparentemente sicuro del diritto naturale. Non è detto, però, che anche chi, più modestamente, si riferisce e trae spunto solo da regole positive debba rassegnarsi a soluzioni che vanno oltre i confini di ciò che è *pubblicamente*, in prescrizioni positive, regolato.

Vedremo meglio, più appresso, occupandoci del delitto tentato [1], che c'è una disposizione che, in via generale, con linguaggio niente affatto enfatico, anzi assolutamente preciso, disegna la figura del reato impossibile, prendendo in considerazione la divergenza fra conformità allo schema descrittivo e realizzazione dell'offesa. Questa disposizione è l'art. 49, II comma, c.p.: "La punibilità è altresì esclusa quando, per la inidoneità dell'azione o per la inesistenza dell'oggetto di essa, è impossibile l'evento dannoso o pericoloso". Il significato della norma dipende da come leggiamo il termine "evento". Già in sede di prima approssimazione sembra necessario fare riferimento all'evento in senso giuridico, cioè all'offesa all'interesse tutelato, piuttosto che all'evento in senso naturalistico, modificazione del mondo esterno cagionata dalla condotta incriminata – più precisamente quella conseguenza che fra le tante discendenti dall'azione umana è presa in considerazione dal diritto, è giuridicamente rilevante. E, infatti, se al termine "evento", così come figura all'art. 49 c.p., dessimo il significato di evento naturalistico, non si capirebbe perché il reato impossibile sarebbe previsto per i soli reati di questo tipo. Conclusione assai difficilmente accettabile anche perché non sarebbe possibile il rimedio dell'analogia: siamo in diritto penale. Non voglio dare importanza eccessiva a quella che potrebbe essere una svista terminologica: peso decisivo presenta l'analisi del fatto qualificato reato impossibile per inidoneità dell'azione e del perché così è qualificato. Inidoneità: il pensiero corre subito all'art. 56 c.p., in forza del quale commette tentativo di delitto chi compie atti idonei ... Facile, allora, vedere nel 49 l'altra faccia della medaglia: da un lato chi compie atti idonei, con quel che segue, commette tentativo; dall'altro, non è punibile chi pone in essere comportamento inidoneo. Facile suggestione, dicevo, ma ancor più facile il rilievo che, su tal via, del disposto dell'art. 49 si potrebbe tranquillamente fare a meno. Al massimo si potrebbe dire che il disposto in parola trova giustificazione nell'assoggettabilità dell'impacciato, goffo, autore del fatto a misura di sicurezza: ma se tutto si riduce a questa previsione, sarebbe bastato aggiungere all'art. 56 il comma collocato, invece, a chiusura dell'art. 49. Inoltre: anche a tacere della stranezza di una tecnica legislativa preoccupata di enunciare negativamente un certo

[1] Cfr. vol. II, parte I, cap. II sul "Delitto tentato".

fenomeno prima di darne la definizione in chiave positiva, l'art. 49, interpretato come doppione rovesciato dell'art. 56, darebbe vita ad una regolamentazione assolutamente incongrua. L'art. 56 costruisce il tentativo unicamente nei confronti dei delitti, mentre l'art. 49 si riferisce anche alle contravvenzioni. Da qui un assetto che sarebbe del tutto assurdo: gli atti idonei diretti in modo non equivoco a commettere una contravvenzione non danno luogo – e questo è pacifico – a tentativo, sono esenti da ogni conseguenza sanzionatoria penale; gli atti non idonei diretti a commettere una contravvenzione, concretando un reato impossibile, potrebbero essere assoggettati a misura di sicurezza. Come dire: il comportamento più grave non dà luogo ad effetti penalmente rilevanti, quello meno grave invece sì. Mettiamo insieme tutti i dati ora richiamati e dovremo concluderne che non può accettarsi l'idea che l'art. 49 sia in tutto e per tutto l'altra faccia, quella negativa, dell'art. 56. Sgombrato il campo da un equivoco, cerchiamo di precisare che cosa si sia voluto dire con azione inidonea. Chi ragiona sulla filigrana "reato impossibile uguale al contrario del tentativo", non dà peso ad una differenza terminologica che ritengo invece assai importante. L'art. 56 prevede la realizzazione di "atti idonei", nell'art. 49 si fa menzione di "inidoneità dell'azione". Se è fuori discussione che gli atti costitutivi di delitto tentato sono quelli che non approdano alla compiuta, concreta, realizzazione di uno schema descrittivo di parte speciale (occorre, infatti, che l'azione non si compia o che l'evento non si verifichi), il termine "azione" usato nell'art. 49 acquista l'autonomia, che conferisce ragion d'essere alla disposizione in esame, quando sia inteso come indicativo di un comportamento perfettamente rispondente alla descrizione della norma incriminatrice, ma che, per un motivo qualsiasi, risulti posto in essere in circostanze tali da rendere assolutamente impossibile il realizzarsi dell'evento-contenuto del reato. Della inidoneità, più appresso: adesso mi preme rilevare come "azione" sia termine al quale il linguaggio legislativo assegna due significati diversi, disegnando due cerchi concentrici. Il primo di questi cerchi copre tutta l'area del fatto criminoso, compiere o non compiere certi atti nonché le conseguenze che da questi atti o dalla mancata realizzazione di questi atti discendono (art. 81 c.p.); nel secondo si collocano, invece, soltanto gli atti effettivamente posti in essere o l'assenza di atti che dovevano, invece, essere realizzati, rimangono fuori gli effetti della condotta (art. 42, I comma, c.p.). Nella contrapposizione fra il dettato dell'art. 56 e quello dell'art. 49 troviamo, come ho già detto, atti nel primo, azione nel secondo. La precisione semantica del codice penale vigente non permette di considerare questi termini come sinonimi: dunque azione nell'art. 49 sta per intero fatto delineato dalla norma incriminatrice. Delineato nei suoi elementi strutturali, privo, però, di piena rilevanza penale perché inoffensivo, perché posto in essere in condizioni che non permettono di realizzare l'evento dannoso o pericoloso da cui la legge fa discendere l'esistenza del reato. Evento che, come sappiamo, dovendo essere presente in ogni fatto criminoso, non può essere che l'evento giuridico, l'offesa o la messa in pericolo dell'interesse o degli interessi tutelati. Questo il disposto di diritto positivo in forza del quale consideriamo l'offesa alla situazione giuridico soggettiva protetta non pura e semplice *ratio* della scelta che porta a considerare reato un certo comportamento, ma che, alla stregua di una precisa regola debitamente enunciata, costituisce elemento essenziale del comportamento elevato ad illecito. Vale la pena di insistere: elevato ad illecito in quanto conforme allo schema descrittivo della norma incriminatrice e lesivo del rapporto fra persona umana e un determinato bene ritenuto meritevole di difesa.

Momento centrale del giudizio se un certo fatto storicamente verificatosi, o come tale pensato, sia o no lesivo della situazione che chiamiamo interesse giuridico è ovviamente quello dell'individuazione dell'interesse che una certa regola intende difendere e che difende, appunto, sanzionando le condotte che danneggiano o mettono in pericolo la situazione stessa. Particolarmente delicata l'operazione volta ad individuare, da norma a norma, l'interesse tutelato. Ancora una volta, decisiva la regola dell'art. 12 delle Disposizioni preliminari alla legge. Campeggia l'onere di dare alle parole della legge il significato discendente dall'intenzione del legislatore, oltre che dagli altri parametri menzionati dalla norma in questione. Intenzione del legislatore: reperire la quale vuol dire ricerca storiografica. Va da sé che in quanto storiografia vera e propria questa indagine non conosce limitazioni o condizionamenti di sorta. Se così non fosse, ci troveremmo di fronte ad un compito che dovrebbe essere svolto su rotaie che, a fronte di evidente tracciato, ci costringerebbero ad una fissità di lettura assolutamente inconciliabile con la realtà fattuale, più ancora, con la pretesa, implicitamente proclamata da ogni legge, di valere indefinitamente per il futuro. Da qui, la semantica e l'ideologia della c.d. interpretazione progressiva, al passo con i tempi. Certo, si tratta di una presa di posizione concettuale che facilita le cose, ma, alla resa dei conti, rinnega la regola posta dall'art. 12. Non è detto, però, che quella della interpretazione in perenne evoluzione sia l'unica lettura possibile della fenomenologia della successione di leggi nel tempo. Precisiamo che cosa debba intendersi con "intenzione del legislatore". Niente ci costringe a dare all'espressione il senso alla stregua del quale bisognerebbe attenersi ai propositi contingenti, dettati dalla pratica della politica quotidiana. Non è che questi propositi vadano messi nel dimenticatoio. Ciò che conta, però, è che, al di sopra delle motivazioni del momento, questi propositi segnino il campo di materia entro il quale va effettuata la lettura della regola. Rispettati questi confini, alla regola può, a certe condizioni, essere dato un senso, alla luce dell'attualità storica opposto a quelle che erano state le intenzioni del legislatore del passato. Mi rifaccio ad una esemplificazione assolutamente chiara ed eloquente. Norme della codificazione fascista volte a garantire il rispetto dell'ordine costituito, possono e di fatto sono state applicate dalla Repubblica per prevenire e reprimere comportamenti che, per i fattori legislativi fascisti erano, al contrario, non solo encomiabili ma addirittura doverosi. Il punto è che nel corso della storia si tratta sempre di garantire un certo ordine costituito: questa la cornice inevitabile. Come fosse e in che cosa consistesse l'ordine garantito non intacca ciò che dobbiamo considerare e far valere come intenzione del legislatore. Oggetto della previsione, poniamo, penale rimane pur sempre la difesa dell'assetto giuridico di base di una determinata società, le linee portanti di un complesso normativo chiamato ordinamento. Questo l'intendimento del legislatore che, malgrado i mutamenti nel corso degli anni, rimane sempre lo stesso e sempre fondamentalmente decisivo. Si incarna, di volta in volta, in una persona o in un certo gruppo di persone, molto spesso orientate in senso diverso e opposto a quello dei predecessori, ma il fattore assolutamente determinante è sempre lo stesso: il clima culturale che sta dietro, permea e dà senso ed unità ad un insieme di regole.

3. *Offensività in astratto e offensività in concreto dopo l'art. 131* bis *c.p.*

Recentemente, il d.lgs. 16 marzo 2015 n. 28 ha introdotto nel codice penale un articolo, il 131 *bis*, che evidenzia in maniera chiara e precisa la dialettica offensività in astratto – offensività in concreto: "*Nei reati per i quali è prevista la pena detentiva non superiore nel massimo a cinque anni, ovvero la pena pecuniaria, sola o congiunta alla predetta pena, la punibilità è esclusa quando, per le modalità della condotta e per l'esiguità del danno o del pericolo, valutate ai sensi dell'articolo 133, primo comma, l'offesa è di particolare tenuità e il comportamento risulta non abituale.*

L'offesa non può essere ritenuta di particolare tenuità, ai sensi del primo comma, quando l'autore ha agito per motivi abietti o futili, o con crudeltà, anche in danno di animali, o ha adoperato sevizie o, ancora, ha profittato delle condizioni di minorata difesa della vittima, anche in riferimento all'età della stessa ovvero quando la condotta ha cagionato o da essa sono derivate, quali conseguenze non volute, la morte o le lesioni gravissime di una persona.

Il comportamento è abituale nel caso in cui l'autore sia stato dichiarato delinquente abituale, professionale o per tendenza ovvero abbia commesso più reati della stessa indole, anche se ciascun fatto, isolatamente considerato, sia di particolare tenuità, nonché nel caso in cui si tratti di reati che abbiano ad oggetto condotte plurime, abituali e reiterate.

...

La disposizione del primo comma si applica anche quando la legge prevede la particolare tenuità del danno o del pericolo come circostanza attenuante".

Una volta tanto, un disposto sufficientemente esplicito. Nel primo comma è sancita una causa di non punibilità consistente, secondo la rubrica, nella "particolare tenuità del fatto": più precisamente, nel corpo della regola si specifica che, per certi reati, vanno prese in considerazione le modalità della condotta e l'esiguità del danno o del pericolo, valutate ai sensi dell'art. 133, primo comma, le quali, quando il comportamento che realizza l'offesa non sia abituale, giustificano un giudizio di particolare tenuità e, pertanto, l'esclusione della punibilità.

Ai fini che adesso ci interessano, non occorre indugiare sul secondo comma, che prevede situazioni fattuali alle quali non è applicabile il dettato del primo comma: ci basta tenerlo presente. Adesso importa, piuttosto, mettere a fuoco la relazione concettuale, regolata dal primo comma, fra offensività in astratto e offensività in concreto. Già alla lettera, che l'offesa sia tenue non significa che sia inesistente – se qualcosa è tenue vuol dire che esiste – o meglio, non significa che l'offesa tenue sia di per sé irrilevante: tant'è vero che, qualora si presentino le situazioni previste nel secondo comma, la punibilità non è minimamente toccata. Né si dica che offensività e offesa esprimono realtà diverse. La prima è nient'altro che qualifica data al fatto. Fatto che, per essere così qualificato, deve presentare, tra i suoi elementi, un'offesa. La prima, nomenclatura; la seconda, componente della fattispecie, tanto astratta che concreta. Ed ancora. Questo articolo fa sua e ribadisce una distinzione fondamentale tra conformità al tipo descrittivo e offensività del fatto. Se quest'ultimo non riproduce tutti e ciascuno dei caratteri enunciati dalla norma incriminatrice, il problema della offensività non ha ragione di porsi.

Il nesso, non necessario ma eventuale, intercorrente tra rispondenza formale alla descrizione normativa e offensività, nesso indispensabile ai fini della punibilità, è colto con la maggiore precisione possibile da recente sentenza della Cassazione, sez. VI. n. 5254 del 10.11.2015: "*L'art. 131 bis cod. pen. ed il principio di inoffensività in concreto operano su piani distinti, presupponendo, il primo, un reato perfezionato in tutti i suoi elementi, compresa l'offensività, benché di consistenza talmente minima da ritenersi "irrilevante" ai fini della punibilità, ed attenendo, il secondo, al caso in cui l'offesa manchi del tutto, escludendo la tipicità normativa e la stessa sussistenza del reato*". E altrettanto lucidamente, in adesione ad esiti dottrinali, con coraggiosa spregiudicatezza, Corte Cost. n. 62/86: "*Il problema, peraltro puramente interpretativo, posto dall'ordinanza di rimessione va risolto mediante il ricorso al principio d'offensività. Può certo discutersi sulla costituzionalizzazione o meno del principio d'offensività ma che lo stesso principio debba reggere ogni interpretazione di norme penali è ormai canone unanimemente accettato. Spetta al giudice, dopo aver ricavato dal sistema tutto e dalla norma particolare interpretata, il bene od i beni tutelati attraverso l'incriminazione d'una determinata fattispecie tipica, determinare, in concreto, ciò (= il quantitativo minimo d'esplosivo) che, non raggiungendo la soglia dell'offensività dei beni in discussione, è fuori del penalmente rilevante.*" La realtà normativa non potrebbe essere espressa meglio. In particolare, la decisione della Suprema Corte (2015) ci dà conferma che la fattispecie penale astratta risulta da due caratteristiche, entrambe proposte in astratto: conformità al tipo descrittivo e offesa. Entrambe debbono presentarsi in concreto. Il fatto è tipico quando in esso troviamo realizzate le due note essenziali: una, l'offesa, può a certe condizioni essere presente ma escludere, se di entità minima, la punibilità, ed è l'eccezione che conferma la regola; quanto all'altra, non può mai far difetto.

Non deve preoccupare l'obiezione spesso sollevata che, a questo modo, si accollerebbe al giudice un sovrappiù di indagine, estenuante e il più delle volte superfluo. Come sempre non va dimenticato che quel che giuridicamente rileva è quel che giuridicamente è accertato. A proposito della tipicità, ciò significa che esperienza e ragionevolezza ci inducono a ritenere che un fatto conforme al modello descrittivo – alla narrazione svolta dalla norma incriminatrice – è quasi sempre lesivo o pericoloso per l'interesse che si vuole tutelare: se non pensiamo ad un legislatore assolutamente pazzo, la salvaguardia di una determinata relazione fra persone e beni materiali o immateriali è proprio il motivo per cui il disegno di un certo comportamento diventa fattispecie giuridica. Di conseguenza, verificata la conformità al tipo descrittivo, si può, anzi si deve concludere per la tipicità del fatto. Ad una condizione, però, essenziale per la comprensione del ruolo svolto dall'offensività nell'economia del fatto rilevante. Non è detto che la narrativa di una certa condotta sia esente da slabbrature che facciano cadere sotto il fuoco della configurazione legislativa anche un comportamento che non risulti offensivo o almeno offensivo in misura tale da giustificare la reazione sanzionatoria.

Il rilievo attribuito all'offensività è, insomma, la presa d'atto, la predisposizione di un rimedio, di una sorta di valvola di sicurezza, avverso la possibilità, sempre presente, anche se talora, per mancanza di fantasia, spesso negata, di una scrittura legislativa che vada oltre l'intento del legislatore. In un sistema che non ammette in certi settori – per eccellenza in quello penale – il ricorso all'operazione analogica, si capisce che il rimedio vale solo contro il rischio di superare quanto si intende realmente comunicare, non per il rischio simmetrico di dire meno di ciò che si vuole in realtà dire.

4. *Le c.d. soglie di punibilità*

Strettamente attinente alla tipicità e alle sue componenti essenziali – conformità al tipo descrittivo e offensività – il tema, oggi uno dei temi alla moda, delle c.d. soglie di punibilità.

Più voci hanno osservato che il vigente codice penale italiano fa uso di un lessico chiaro quanto alla enunciazione dei dati positivi, quelli che debbono esserci perché vi sia punibilità, ma sommario, sbrigativo, troppo spesso inconcludente se ci si chiede per quali vie si arriva, invece, alla irrilevanza penale. Mi sono già pronunciato al riguardo più e più volte. Senza insistere: mi basta ricordare come sotto il lemma "circostanze di esclusione della punibilità" trovino allocazione fatti giuridici e situazioni esistenziali non soltanto del tutto diversi fra di loro, ma, quel che più conta, tali da reagire sul dato cui aderiscono in modi e forme che hanno in comune soltanto l'effetto di escludere la responsabilità penale. Si dirà che questa non è certamente cosa da poco: ma, d'accordo sul punto, fatto è che l'esclusione della punibilità in senso stretto si combina, a seconda della causa che la determina, con tutta una serie di conseguenze di volta in volta peculiari e diverse, penali e non penali, di grande rilievo. Il che porta a chiederci come e perché nei singoli casi normativamente previsti ciò avvenga: è il momento in cui da mero verbalismo la ricerca della c.d. natura giuridica di un dato giuridicamente rilevante acquista consistenza e peso.

Senza addentrarci nella fitta selva che, a questo punto, ci si offre, limitiamoci a tracciare una linea di confine, possibilmente precisa e facilmente percettibile, fra le situazioni e i fatti giuridici evocati che, tutti, escludono la punibilità in senso stretto: già al primo sguardo, emerge una fondamentale differenza. Alcune di queste cause di esclusione della punibilità agiscono aderendo ad un fatto pienamente conforme alla figura tipica delineata dalla norma incriminatrice di parte speciale: così quelle che, a seconda della terminologia che più piace, sono conosciute come cause di giustificazione, esimenti, scriminanti nonché la non imputabilità (ma non per tutti) e cause estintive del reato. Altre volte è valutata come causa di esclusione della punibilità la mancanza o l'imperfezione di almeno uno degli elementi essenziali del fatto criminoso: così, per limitarci ad un caso di tutta sicurezza, l'errore che *ex* art. 47 c.p. esclude il dolo.

Ciò posto, la domanda è come e perché vi sia punibilità e, per converso, non punibilità quando la rilevanza penale della condotta sia subordinata alla condizione che, per una ragione o per l'altra, la condotta stessa superi il limite quantitativo preciso stabilito per legge. Tecnica normativa adottata con particolare frequenza nella disciplina di finanza e tributi.

Consideriamo, in primo luogo, che cosa accade allorché si vada oltre la soglia, la barriera che separa l'irrilevanza dalla punibilità.

La giurisprudenza era finora orientata prevalentemente nel senso di ritenere il superamento della soglia (rappresentata ad esempio dall'ammontare della somma evasa) condizione oggettiva di punibilità: in conseguenza sottraeva il superamento stesso alla consapevole volontà dell'agente. Sul tal via e per tutte, Cass. sez. III penale n. 25213 del 26 maggio 2011: "*Il motivo sulla configurabilità del reato è manifestamente infondato alla stregua dell'orientamento di questa Corte secondo cui, quando la punibilità del fatto è subordinata alla condizione che da esso sia derivata un'evasione delle imposte sui redditi e sul valore aggiunto, nella specie non inferiore a euro 77.468,53, tale accadimento costituisce una vera e propria condizione oggettiva di punibilità, perché non fa parte del contenuto offensivo della fattispecie e non integra elemento costitutivo dell'offesa, bensì attiene a un limite quantitativo dell'evento e non all'evento dell'omesso versamento, che è necessariamente riconducibile al dolo specifico*". Salta subito agli occhi il piglio franco con cui il motivo in forza del quale si decide per la condizione oggettiva di punibilità è, in tutto per tutto, che questo punto di vista corrisponde all'orientamento della Corte. Sono l'ultimo a contestare autorevolezza, prima ancora che prescrittiva, scientifica, ad una giurisprudenza del Supremo Collegio, presentata come costante, ma non posso dimenticare che il nostro ordinamento non conosce vincolo nascente da precedenti giudicati. Il che, se non mi sbaglio di grosso, tra le altre cose significa anche che non è sufficiente rinviare a come è già stato giudicato: occorre, di volta in volta, enunciare le ragioni che stanno alla base della presa di posizione assunta. Certo, questa importante sentenza non si limita ad evocare la corrente di pensiero alla quale il Supremo Collegio si sarebbe di massima ispirato: ne tenta una spiegazione osservando che il superamento del limite legislativamente indicato non fa parte del contenuto offensivo della fattispecie e non integra elemento costitutivo dell'offesa.

A questo punto non mi riesce facile seguire il filo dell'argomentazione. Prima di tutto perché non comprendo come si possa negare che l'offesa penalmente rilevante, cioè la lesione o la messa in pericolo dell'interesse tutelato, possa essere valutata in termini di intensità, di minore o maggiore gravità[2]. Proprio quello che il legislatore fa quando pone dei limiti quantitativi all'oggetto materiale della condotta o di età alla persona del soggetto passivo[3]. Quando, cioè, alla valutazione affidata alle particolarità del singolo caso concreto (art. 49, II comma, c.p.) preferisce una misura generale ed astratta valevole una volta per tutte. Ci sono, insomma, situazioni che non ammettono deroghe, contrassegnate da un'offesa che se si produce al di sotto della consistenza, in una parola: della gravità, a partire dalla quale si ritiene giustificata la sanzione penale, è considerata irrilevante. Il mancato raggiungimento del limite fa scivolare il fatto posto in essere nel penalmente indifferente, perlomeno alla stregua della norma incriminatrice da cui parte la contestazione.

In secondo luogo, mi sembra che la visuale della sentenza citata non tenga conto del modo in cui il momento dell'offesa si pone entro la cornice della tipicità.

Offesa e conformità al tipo descrittivo, due note entrambe necessarie al fatto, ma non separate e distinte. Tipicità significa rispondenza alla vicenda esposta da una regola che configura un reato. Ora, se l'offensività è momento che al dato penalmente rilevante non può essere sottratto, tipico sarà il fatto che, oltre a riprodurre i tratti della descrizione normativa, realizzi lesione o pericolo per l'interesse protetto.

Stando così le cose, che conclusione possiamo trarne in merito alla questione del significato "sistematico" che dobbiamo riconoscere al superamento di una di quelle che si definiscono "soglie di punibilità"?

Per rispondere all'interrogativo, è per prima cosa assai utile evitare di prendere una particolarità stilistica, un modo di esporre il dato condizionante la conseguenza sanzionatoria, di prendere – dicevo – quello che è stilema, mero tratto espositivo per qualcosa di peculiare alle norme che ne risultano corredate. Consideriamo, allora, la portata della regola che permette la sussunzione di un fatto sotto una previsione normativa solo quando questo fatto risulti, ad un tempo, conforme ad una determinata descrizione e offensivo nei confronti di determinati interessi. Sarà questa condizione per cui si raggiunge la tipicità del comportamento preso in esame. E allora ci diventa chiaro che tipicità e soglia di punibilità sono il dritto e il rovescio della medesima realtà. Con la prima affermiamo di trovarci davanti a un dato giuridicamente rilevante, con la seconda che il dato osservato è giuridicamente indifferente. Superare la c.d. soglia vuol dire che si entra nell'ambito della tipicità, mentre restiamo nell'area di ciò che, almeno alla stregua della norma di cui si contesta la violazione, è irrilevante se il limite comunque posto dalla c.d. soglia non è oltrepassato. Né più né meno di quel che si verifica quando, analizzando un certo comportamento umano, dobbiamo concludere che questo

---

[2] Cfr. art. 131 *bis*.

[3] Spieghiamo: non del soggetto attivo perché le valutazione relative all'imputabilità sono fuori del reato.

comportamento non ha per oggetto materiale una cosa altrui ed escludiamo pertanto che esso costituisca furto. L'altruità della cosa su cui si esplica la condotta umana è soglia di punibilità, elemento costitutivo del fatto per ciò che attiene alla sua conformità al tipo descrittivo, condizione essenziale per la rilevanza della lesione o del pericolo nei confronti dell'interesse tutelato dall'art. 624 c.p. Ricondurre quello che sembra, a tutta prima, un caso a sé stante al principio generale che regola il rapporto tra gli elementi della fattispecie condizionante, ha, come abbiamo già visto, una conseguenza particolarmente importante per l'oggetto dell'elemento psicologico delle singole figure di reato. Il superamento di un certo limite è requisito costitutivo del fatto tipico: per restare all'esempio prospettato, così come il requisito dell'altruità della cosa di cui mi impossesso. L'errore su tale requisito esclude categoricamente il dolo.

Vedremo subito come giurisprudenza tanto autorevole quanto recentissima prenda le distanze dal punto di vista secondo il quale le cosiddette soglie sarebbero condizioni oggettive di punibilità.

Prima, però, una considerazione sulla tendenza riscontrabile nell'esposizione di fenomeni e dati rilevanti per il diritto sia in sentenze che in pagine della dottrina: la tendenza, cioè, a dar vita a nozioni cui si vuole attribuire autonomia espressiva, quando, nel migliore dei casi, non sono altro che ripetizione e nuova denominazione di un dato già trattato. Così, ad esempio, quando si è ripetutamente parlato di ultrattività della norma[4]. Che è quanto devi dirsi per le cosiddette soglie di punibilità rapportate ad ogni altro elemento costitutivo di fattispecie. Abbiamo sempre a che fare con confini della conformità al modello descrittivo: di solito il limite è posto con la pura e semplice enunciazione dell'elemento giuridicamente rilevante (ad esempio cosa mobile altrui), a volte mediante una specificazione quantitativa delle caratteristiche che deve presentare l'oggetto materiale della condotta criminosa o il soggetto passivo di quest'ultima. Si segua la prima o la seconda strada, l'obiettivo è sempre il medesimo: distinguere, differenziare ciò che rileva da ciò che non rileva. Mi ripeto, ma voglio ancora una volta dire che

---

[4] A proposito della successione di leggi nel tempo, si è enunciata, accanto alle vicende di irretroattività e retroattività di una regola, anche quella della c.d. ultrattività: né più né meno che quest'ultima fosse un modo di porsi della norma nel tempo, distinto sia dalla irretroattività che dalla retroattività. Ma vediamo in che cosa consisterebbe questa ultrattività. Pensiamo alla sequela di due norme, A e B. Se B è disciplinata secondo il principio generale, non assoluto ma generale, in forza del quale la legge "non dispone che per l'avvenire" (art. 11 disp. prel.), A continua ad applicarsi ai fatti e ai rapporti verificatisi e maturati sotto la sua vigenza; sarà, insomma, ultrattiva. Dove è chiaro che non si tratta di caratteristica peculiare a questa o a quella determinata successione di leggi nel tempo, ma di caratteristica della regola precedente tutte le volte che quella successiva non sia retroattiva. L'ultrattività è l'altra faccia della irretroattività: questa affermata dal punto di vista della norma che subentra ad altra precedentemente in vigore, la prima comune a ogni regola abrogata ad opera di regola posteriore non eccezionalmente retroattiva. Ora, nessuno vuole negare la correttezza di un'analisi che affronti un certo dato da visuali diverse. Una cosa però deve essere chiara: cambia l'angolo dal quale l'osservazione è condotta, non la porzione di realtà, fattuale o concettuale, osservata.

non c'è conformità al modello descrittivo senza soglie di punibilità, comunque queste siano significate.

In questo senso si esprime una lucida pronuncia della Cassazione, III sez. pen., n. 3098/2015, secondo la quale la volontà del fatto deve investire "*anche la soglia di punibilità, che è un elemento costitutivo del fatto, contribuendo a definirne il disvalore*". Ed ancora: "*È fondamentale pertanto considerare che l'integrazione della soglia quantitativa necessaria per il perfezionamento del reato non dipende da un evento futuro ed incerto (ossia da una* condicio*) ma dallo stesso comportamento dell'agente che, nella presentazione della dichiarazione annuale ai fini dell'Iva, sottrae all'imposizione, con il mancato versamento e, dunque, con una condotta omissiva, una quantità di tributo che, integrata la soglia, contribuisce alla realizzazione del fatto tipico*". Non si potrebbe dire meglio. Qualche dubbio solleva solo il passaggio in cui la condizione oggettiva di punibilità è ravvisata quale avvenimento futuro e incerto. A questo modo, si dice troppo e troppo poco. Troppo perché di accadimento possiamo affermare che è futuro ed incerto quando lo rapportiamo ad un referente. Nel caso nostro questo referente sarà la condotta dell'agente per quanto riguarda la sequenza temporale, si ha sempre un prima e un dopo. L'incertezza, poi, caratterizza anche l'evento naturalistico: perfino nella più sicura delle esecuzioni ci saranno sempre dubbi sulla sua realizzazione.

INDICE ANALITICO

Finito di stampare nel mese di dicembre 2020
nella Rotolito S.p.A.
Via Sondrio, 3 – 20096 Pioltello (MI)